南アフリカ

South Africa

ジンバブエ

ザンビア

ボツワナ

ナミビア

レソト

エスワティニ

モザンビーク

地球の歩き方編集室

SOUTH AFRICA  CONTENTS

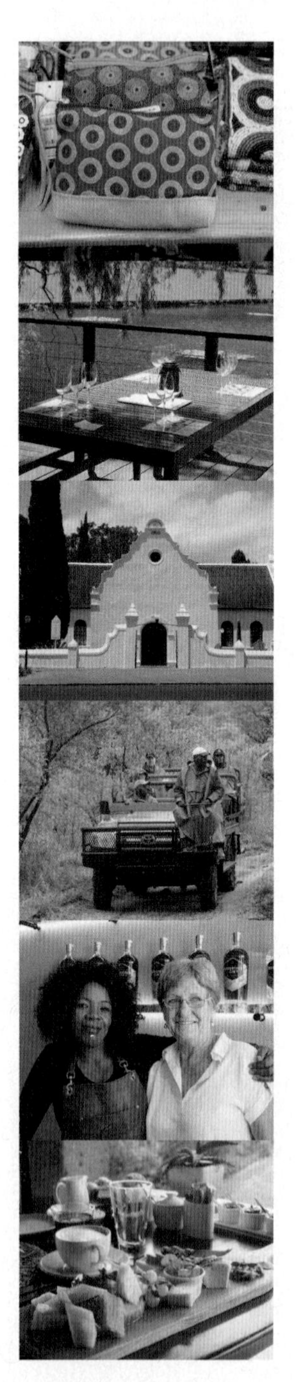

369 旅の準備と技術

409 南アフリカ百科

コラム

略号と記号について 本文中および地図中に出てくる記号は以下のとおりです。

ガイド部

ACCESS 行き方
- ✈ 飛行機
- ボート、フェリー、高速船
- バス
- 車
- 電車
- H ホテル
- R レストラン
- S ショップ
- W ワイナリー
- 住 住所
- St. : Street
- Ave. : Avenue
- Rd. : Road
- Dr. : Drive
- Sq. : Square
- Bldg. : Building
- Blvd. : Boulevard
- Cnr. : Corner
- Sta. : Station
- ☎ 電話番号
- Free 無料通話
- FAX ファクス番号
- URL ホームページアドレス
- Mail 電子メールアドレス
- 開 開館、営業時間
- 休 定休日、休館日
- 料 料金
- R 南アフリカランド
- US$ アメリカドル
- CC クレジットカード
- A アメリカン・エキスプレス
- D ダイナース
- J JCB
- M マスターカード
- V ビザ

ATLANTIC OCEAN COAST

大自然と大都会のよさが味わえる
ケープタウン
Cape Town

MAP P.66-A2

ウオーターフロントの町並みと背後に迫るテーブル・マウンテン

市外局番 021

ACCESS
✈ヨーロッパ、中東の主要都市や南アフリカ国内の主要都市との間に頻繁に便がある。

エアポートバス
●マイ・シティ MyCiTi
URL myciti.org.za
空港からシビックセンターまで所要20～30分。ICカード（カード代R35）だとR47.8～80.7、シングルトリップカードだとR85。詳しくは→P.69欄外。

空港から市内へのシャトルバス
●シティ・ホッパー Citi Hopper
☎(021) 936-3460
URL www.citihopper.co.za
●バックパッカー・バス（→P.104）

観光案内所（空港内）
☎(021) 934-1949
開 月～金 6:00～21:00
土・日 8:00～20:00
休 なし

スキミングに注意
→P.404

1652年に、ヤン・ファン・リーベックがオランダ東インド会社の補給基地を建設したのがこの町の始まり。ヨハネスブルグに次ぐ大都市で、共和国議会が開かれる立法府の首都でもある。堂々としたテーブル・マウンテンの麓に、この町の歴史を物語る建造物や博物館、近代的な高層ビル、公園などが混在し、さまざまな表情を見せている。コロニアル風の町並みと相まって、ヨーロッパの都市のような雰囲気さえ漂う。

行き方 ACCESS

空港から市内へ
ケープタウン国際空港は市街の東約22km、車で所要20～30分の所に位置する。市内までは5:00～21:30（土・日6:00～）の間、30分間隔でエアポートバス（A01番）が運行している。シビックセンター（→MAP P.71-B2）でT01もしくは104に乗り換えてウオーターフロントまで行くことができるので便利だ。料金は多少高くなるが、ホテルの送迎サービスや宿まで送ってくれる民間のシャトルバス（シェアR250、プライベートR350程度）、タクシー（R250 ～）もある。シャトルバスは到着ロビーの窓口で手配できるが、予約がベター。

68

ホテル、レストラン、ショップ、ワイナリー

- H ホテル
- R レストラン
- S ショップ
- W ワイナリー

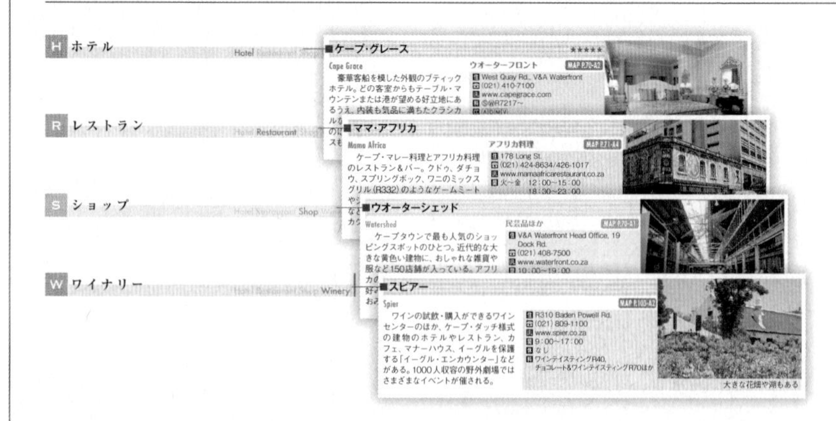

Hotel Restaurant Shop Winery

■ケープ・グレース ★★★★★
Cape Grace
ウオーターフロント MAP P.70-A2
豪華客船を模した外観のブティックホテル。どの客室からもテーブル・マウンテンまたは港が望める好立地にあるうえ、内装も気品に満ちたクラシカ
住 West Quay Rd., V&A Waterfront
☎(021) 410-7100
URL www.capegrace.com
料 S㊙R7217～

■ママ・アフリカ
Mama Africa
アフリカ料理 MAP P.71-A4
ケープ・マレー料理とアフリカ料理のレストラン&バー。クドゥ、ダチョウ、スプリングボック、ワニのミックスグリル（R332）のようなゲームミート
住 178 Long St.
☎(021) 424-8634/426-1017
URL www.mamaafricarestaurant.co.za
開 火～金 12:00～15:00
18:30～23:00

■ウオーターシェッド
Watershed
民芸品ほか MAP P.70-A1
ケープタウンで最も人気のショッピングスポットのひとつ。近代的な大きな黄色い建物に、おしゃれな雑貨や服など150店舗が入っている。アフリ
住 V&A Waterfront Head Office, 19 Dock Rd.
☎(021) 408-7500
URL www.waterfront.co.za
開 10:00～19:00

■スピアー
Spier
MAP P.105-A2
ワインの試飲・購入ができるワインセンターのほか、ケープ・ダッチ様式の建物のホテルやレストラン、カフェ、マナーハウス、イーグルを保護する「イーグル・エンカウンター」などがある。1000人収容の野外劇場ではさまざまなイベントが催される。
住 R310 Baden Powell Rd.
☎(021) 809-1100
URL www.spier.co.za
開 9:00～17:00
休 なし
料 ワインテイスティングR40、チョコレート&ワインテイスティングR70ほか

大きな花畑や湖もある

地図の記号

- 観光局、観光案内所
- ホテル
- 宿泊小屋
- レストラン
- ショップ
- バー、ナイトクラブ
- 銀行
- 空港
- バス乗り場
- バス停
- タクシー乗り場
- 郵便局
- 警察署
- 病院
- 学校
- 教会
- 博物館
- ゴルフ場
- 映画館
- 灯台
- クジラ観測点
- イルカ観測点

紹介しているエリアの名称

紹介しているエリアの地図位置

ホテルについて

掲載しているホテルの料金には税金(10〜20%、ホテルの規模と地方によって異なる)、およびサービスチャージ(10%)がかかる場合がありますが、ホテルの料金に含まれていない場合はそれぞれに明記してあります。

ホテルの記号

- 住 住所
- ☎ 電話番号
- FAX ファクス番号
- URL URL(http://は省略)
- Mail e-mailアドレス
- 料 宿泊料金
- 長期 長期割引
- CC 利用できるクレジットカード
- 室 部屋数
- A アメリカン・エキスプレス
- D ダイナース
- J JCB
- M マスターカード
- V ビザ
- Ⓓドミトリー
- Ⓢ シングルルーム
- Ⓦ ダブル、ツインルーム
- Ⓣトリプルルーム
- ⓈⓊ スイート
- Wi-Fiの有無

■本書の特徴

本書は、南部アフリカを旅行される方を対象に個人旅行者が現地でいろいろな旅行を楽しめるように、各都市へのアクセス、おもな見どころの説明、ホテル、レストランなどの情報を掲載しています。もちろんツアーで旅行される際にも十分活用できるようになっています。

■掲載情報のご利用に当たって

編集部では、できるだけ最新で正確な情報を掲載するよう努めていますが、現地の規則や手続きなどがしばしば変更されたり、またその解釈に見解の相違が生じることもあります。このような理由に基づく場合、または弊社に重大な過失がない場合は、本書を利用して生じた損失や不都合について、弊社は責任を負いかねますのでご了承ください。また、本書をお使いいただく際は、掲載されている情報やアドバイスがご自身の状況や立場に適しているか、すべてご自身の責任でご判断のうえご利用ください。

■現地取材および調査期間

本書は2019年11月〜2020年1月の調査を基に編集されています。しかしながら時間の経過とともにデータの変更が生じることがあります。特にホテルやレストラン、ショップなどの料金は、旅行時点では変更されていることも多くあります。したがって、本書のデータはひとつの目安としてお考えいただき、現地では観光案内所などでできるだけ新しい情報を入手してご旅行ください。

■発行後の情報の更新と訂正について

本書に掲載している情報で、発行後に変更されたものや、訂正箇所が明らかになったものについては「地球の歩き方」ホームページの「更新・訂正情報」で可能なかぎり最新のデータに更新しています(ホテル、レストラン料金の変更などは除く)。出発前に、ぜひ最新情報をご確認ください。

URL www.arukikata.co.jp/travel-support

■投稿記事について

投稿記事は、多少主観的になっても原文にできるだけ忠実に掲載してありますが、データに関しては編集部で追跡調査を行っています。投稿記事のあとに(東京都　○○　'19)とあるのは、寄稿者の居住地と氏名、旅行年度を表しています。ただし、ホテルなどの料金を追跡調査で新しいデータに変更している場合は、寄稿者のデータのあとに調査年度を入れ['20]としています。

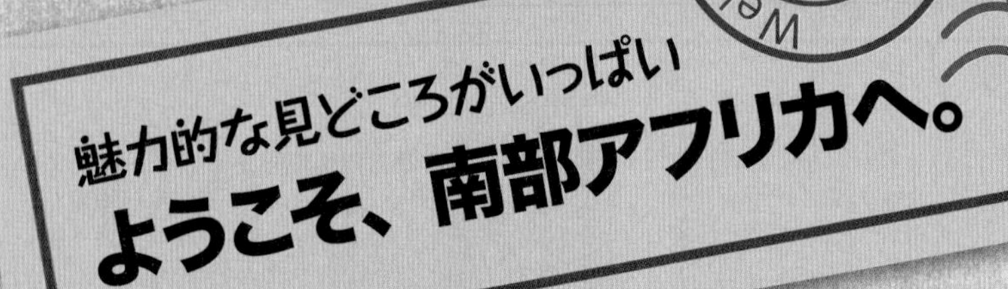

魅力的な見どころがいっぱい ようこそ、南部アフリカへ。

ときには静かに、そしてときにはたけだけしく、
ダイナミックなうなりを見せる
アフリカの大自然。
残酷でありながらも、
神々しい野生のルールに従い、
力強く生きる動物たち。
そして、それぞれの伝統を大切にしながら
暮らす人々がいる。
人種差別や植民地時代という過去を乗り越え、
そこに生きる人々の笑顔はたくましい。
数々の驚きと発見、そして興奮の連続で
訪れる者を魅了してやまない
南部アフリカへ、ようこそ。

ヴィントフック

ナミブ砂漠
→P.346

ナマクアランド
→P.277

ケープタウン

ケープ半島
→P.78

ザンビア
モザンビーク
モザンビーク島
→P.367
ビクトリアの滝→P.281、295、317
ハラレ
チョベ国立公園→P.327
ジンバブエ
グレート・ジンバブエ遺跡→P.305
オカバンゴ
湿地帯→P.333
クルーガー国立公園→P.238
ボツワナ
プレトリア
ハボロネ
ヨハネスブルグ
マプト
南アフリカ
エスワティニ
ブルームフォンテン
レソト
ダーバン
ポート・エリザベス

魅力的な自然保護区がめじろ押し！

サファリでアフリカの大自然を満喫

アフリカならではのアクティビティといえば、自然保護区でのサファリ。
定番の国立公園から、知られざる穴場まで、
編集部おすすめの自然保護区を紹介！

Nature Reserves in Southern Africa

国立公園のサバンナで周囲を威圧する百獣の王

クルーガー国立公園と私営保護区　どっちがいいの？

簡単にいうと、南アフリカならではのゴージャスなサファリ体験を手間をかけずにしたいなら私営保護区。逆にすべて自分で手配して、リーズナブルに楽しみたいなら国立公園といった感じ。安いほうがいいけど、運転ができない、手続きがめんどくさいというような人は、私営保護区に比較的安価なロッジもあるので探してみよう。ゲーム・ドライブ（動物を求めてドライブすること）の違いは、私営保護区はルートを外れてブッシュに入っていく（雨の日は不可）ことができるので動物に近づくチャンスが多いが、国立公園はルートからそれることはできないというくらい。詳しくは→P.242。

初心者からリピーターまで大満足 難易度★☆☆☆☆

クルーガー国立公園 *Kruger National Park* →P.238

- 総面積約２万㎢（四国くらい）でアフリカ最大規模
- アクセスが容易で、公園内の設備もかなり充実
- パッケージツアーにも含まれる定番スポット

広大な敷地に哺乳類147種、鳥類507種などの多彩な動物が生息し、その数は世界有数。あまりにも広いため、公園へのゲートは９ヵ所あり、場所によって３つの空港（プライベートのものを除く）が使用されている。クルーガーの最大の特徴がその設備の充実度。アフリカで最も先進的な国立公園として知られている。

宿泊

10以上の公営のレストキャンプがあり、それぞれが宿泊施設やレストラン、ショップなどを有する。テントやバンガローなど、宿泊施設のタイプもバリエーション豊か。それらを拠点にゲーム・ドライブに参加したり、セルフドライブで公園を回ったりできる。一方、クルーガーの西にいくつか私営保護区があり、こちらには1泊10万円もするような豪華ロッジが多く、ロッジでのゴージャスな滞在とサファリを同時に楽しむのが定番となっている。

アクセス

O.R.タンボ国際空港からクルーガー・ムプマランガ国際空港、フーデスプリット空港、スククーザ空港、ファラボルワ空港への便がある。例えばスククーザ空港からスククーザ・レストキャンプまでは車で約10分。

スククーザ・レストキャンプのレストラン

ゲーム・ドライブでヒョウに遭遇

私営保護区の豪華ロッジに滞在！

サビ・サビで過ごす優雅な休日

クルーガー国立公園に隣接するサビ・サンドは、エリアを代表する豪華ロッジが集まる一番人気の私営動物保護区。サビ・サビは老舗ロッジのひとつで、ナショナルジオグラフィックの「世界のユニークなロッジ」にも名を連ねている。４つのロッジからなるサビ・サビだが、今回は南アフリカのサファリロッジの“新時代”を象徴するアース・ロッジに滞在。そのゴージャスな滞在をリポート！ DATA →P.241。

自然に溶け込む洗練されたデザイン

サビ・サビの特徴ともいえるのが自然をダイナミックに取り入れたデザイン。環境を壊さず、むしろ溶け込むように建物が建てられ、各所には木や岩などでできた印象的なオブジェを配置。なかには南アフリカの彫刻家ジェフリー・アームストロングの作品も見られる。アフリカで最も環境に配慮したロッジともいわれるのも納得だ。

1 伝統的なブッシュロッジスタイルの客室　*2* メイン棟にあるシックなバー。1本の木から造ったバーカウンターがすばらしい　*3* ダイニングエリアのあるメイン棟。ブッシュジャングルの中に溶け込むように立っている　*4* 木の枝を使った照明が印象的なダイニング

いたれり尽くせりの超豪華な客室

客室はアンバースイートを含め全13室。部屋に入るとまず、その贅の限りを尽くした内装に驚くことだろう。小さなダイニングスペースに、ベッドルーム、バスルームといずれもかなり広々。そして窓を開けるとそこにはプライベートプールが。すべてのロッジは十分なスペースを取って建てられ、プライバシーにも配慮されているので、ひとめを気にすることなくゆっくりできる。また、ワインを含むミニバーはすべて料金に含まれるのもうれしいかぎりだ。

5 蟻塚をモチーフに建築された客室。豪華ながらも自然を感じられる　6 客室のプールからブッシュジャングルを眺める。動物が見られることも　7.8 お茶、コーヒー、スナック、ワイン、ソフトドリンクなどが用意されている

9 枯れ木を多用してデザインされたボマディナー会場　10 アマニ・スパではカップルで施術を受けることもできる　11 ブティックの品揃えも充実している

充実のリゾート施設

そのほか、ロッジの施設としてはダイニングエリア、ライブラリー、アートギャラリー、メディテーションガーデン、ジム、6000本のコレクションを誇るワインセラー、ボマディナー（アフリカ式バーベキュー）サイト、スパなどを完備。丸1日ロッジで過ごしても退屈せずに済むようになっている。

サファリは？

基本的には朝食前のモーニングサファリと夕食前のイブニングサファリの2回。最も動物が活動する時間帯だ。このほかに朝食後のウオーキングサファリにも参加可能。すべて料金に含まれている。ゲーム・ドライブには熟練のレインジャー（ドライバー）に加え、動物探しに専念するスポッターも乗り込む。

モーニングサファリの途中で軽くスナックタイム

そのほかの3つのロッジ

ブッシュ・ロッジ
Bush Lodge

キッズセンターがあり、家族も楽しめる。2棟のヴィラと1室のスイートを含む全25室。

セラティ・キャンプ
Selati Camp

かつてサビ・サンド内を走っていた鉄道にインスパイアされたデザインが印象的。

リトル・ブッシュ・キャンプ
Little Bush Camp

ラグジュアリースイートが6室のみと小規模で、プライベート感がある。すぐそばを川が流れている。

Experience report of Safari Lodge

豪華サファリロッジでの1日を

体験レポート！

スケジュール

5:30	軽めの朝食
6:00	朝のゲーム・ドライブ
9:00	ロッジに戻って朝食
10:00	ロッジでのんびり
15:30	アフタヌーンティー
16:00	夕方のゲーム・ドライブ
20:00	夕食
22:00	就寝

5:00 起床

5:30～6:00 軽めの朝食

温かいコーヒーとマフィンで、眠気もすっきり！

6:00～9:00 朝のゲーム・ドライブ

ゲーム・ドライブに出発！

レインジャーたちがライオンの足跡を発見

追跡していくと、夜仕留めたバファローを食事中のライオンに遭遇

人気のキリンとも遭遇！

9:00～10:00 ロッジに戻って、朝食

見晴らしのいいデッキでいただきます！ 果物やチーズなどはビュッフェで、温かいものは注文すると作ってくれることも

10:00～15:30 ロッジでのんびり

ロッジや客室のプールでゆったりしたり、読書をしたり……。スパでマッサージを堪能したり、ブティックに出かけてみやげ物探しをするのもいい

覚えておきたいサファリ用語

● ゲーム・ドライブ

ゲームGameとは獲物を意味し、獲物を求めてドライブすることをゲーム・ドライブという。

● ビッグファイブ

ゾウ、ライオン、ヒョウ、サイ、バファローの5種の動物を指す。昔から狩猟において最も危険かつ大物の動物をビッグファイブといい、現在では特に人気の高い動物といった意味合いで使われている。

● サンダウナー

文字どおり、沈む夕日を眺め楽しむことで、多くのサファリロッジで行われている。ドリンクを片手にビルトンやドライフルーツなどの軽食を楽しむ。夕方のゲーム・ドライブの途中に行われることが多い。

気をつけたいこと

● 野生動物は非常に危険。彼らを刺激しないために、大声を出さない、立ち上がらない（座って見物）、警戒色である赤い服装は避けるなどに気をつけよう。

● サファリ中はトイレに行くことができない状況が続く。サファリ前には絶対にトイレに行っておこう。

● ゲーム・ドライブはおもに早朝や夕方行うので肌寒いこともある。防寒着は必須。

15:30 アフタヌーンティー

キッシュやサモサ、アフリカの伝統菓子など、さまざまなものが用意される

16:00～20:00 夕方のゲーム・ドライブ

ゲーム・ドライブに出発！　さて、今回はどんな出合いがあるだろうか？

車を降りて日の入りの風景を楽しむサンダウナー。各自の好みに合わせて、ワインやシャンパンの用意も！

日が暮れ始めると動物たちの動きも活発に。ずっと昼寝をしていたライオンの群れがやっと起き出した

夕暮れの光景もとてもすてき！

20:00～22:00 夕食

サプライズがあると連れて行かれたのは薮の中。そこにテーブルが設置され、ボマディナーが始まった

地元のダンサーたちのショーも！

22:00 就寝

サファリ大国ボツワナで最も有名な国立公園

チョベ国立公園 *Chobe National Park*

難易度 ★★☆☆☆

→P.327

- ゾウの生息数が世界いちといわれる
- ビクトリアの滝から日帰りも可能
- チョベ川でのボートサファリが人気

6 万頭ものゾウが生息するといわれるチョベ国立公園。ゾウ以外にもライオン、バファローなどのビッグファイブや、キリン、シマウマなど多くの野生動物が生息している。公園は広大でいくつかのエリアに分かれているが、旅行者がおもに訪れるのは最もアクセスのよいチョベ・リバー・フロント。アフリカで最も美しい川のひとつとして知られるチョベ川沿いに広がるエリアで、ボートから水辺に集まった野生動物を見るボートサファリが有名。ゲーム・ドライブとあわせて楽しみたい。

宿泊

カサネの町にバックパッカーズホステルから豪華リゾートまで点在。それらを拠点にゲームドライブやボートサファリを楽しむ。唯一国立公園内にあるチョベ・ゲーム・ロッジは最も豪華なロッジのひとつ。

アクセス

ジンバブエのビクトリア・フォールズ、ザンビアのリビングストンから車（2時間程度）でアクセスするのが一般的。ヨハネスブルグ、ハボロネなどからのフライトもある。

ボートサファリでチョベ川をクルージング。ゲーム・ドライブとあわせて参加すれば、より多くの動物を観察できる。

格安ボートサファリ

カサネのホテル発のボートサファリツアーは半日ツアーが3000円程度と格安。このためバックパッカーにたいへん人気がある。

チョベ川のほとりにたたずむライオン

もちろんジープでのゲーム・ドライブにも参加できる

ボートサファリではカバが間近にみられる

世界の注目を集める動物たちの楽園　難易度★★★☆☆

オカバンゴ湿地帯 *Okavango Delta*

→P.333

- 水を求めて集まるさまざまな動物が見られる
- 伝統的な木彫りの船モコロでのサファリが人気
- まさに秘境ともいえる大自然が広がる

世界最大の内陸性湿地帯オカバンゴ。豊富に水をたたえた湿地が動物たちをひきつけ、野生の楽園を形成している。ヤシの木がそびえ立つ島々と大草原、沼、氾濫原からなり、アシやパピルスが茂る青々とした大地をいくつもの川が蛇行して流れる。桃源郷のような風景が続くオカバンゴは野生動物の宝庫でもある。特に乾季には、水を求めて多くの動物たちが群れをなしてやってくる。それらを狙うライオンやヒョウなどの姿を目にする機会も多い。

宿泊

拠点となるマウンの町周辺にバックパッカーズホステルや高級ロッジが点在。また、湿地帯の中にも高級ロッジが点在しており、多くはセスナでアクセスする。

アクセス

ヨハネスブルグ、ハボロネ、カサネなどから拠点の町マウンまでのフライトがある。遠隔地にあるキャンプへはそこからセスナに乗り換える。

1

2

1 空から見た湿地帯。蛇行する川が特徴的だ　2 モレミ自然動物保護区ではより多くの動物たちと出合うことができる　3 水を求めて川に集まるゾウの群れ　4 自然に囲まれた究極の環境で過ごしたいなら湿地帯内部にあるロッジがおすすめ　5 意外にも危険な動物であるカバ　6 環境にも優しいモコロトリップは大人気

“リアルなアフリカ”を感じられる 難易度 ★★★★☆

カフェ国立公園 *Kafue National Park* → P.320

- アフリカ大陸で最大、ザンビアで最古の国立公園
- 手つかずのブッシュジャングルが広がる
- 490 種もの野鳥が生息

総面積 2 万 2400 ㎢を誇るアフリカ最大の自然保護区で、手つかずの大自然が残されていることで知られている。その美しさゆえ、映画『ホリデイ・イン・ザ・ワイルド（2019 年）』のロケ地にも選ばれている。雄大な湿原、湖やダムなど、さまざまな景観が広がり、母なる大地に沈む夕日は感動的に美しい。サファリだけでなく、村でキャンプをしながら現地の人々と交流したり、ゾウの孤児院や温泉を訪れたりと、さまざまな楽しみ方ができる。

宿泊

広大な国立公園内にはキャンプサイトからラグジュアリーロッジまでが点在。漁師町でもあるイテジテジ周辺のキャンプサイトに滞在し、市場で購入した魚をキャンプサイトで料理するのもおすすめ。キャンプでは野生動物や鳥の鳴き声が目覚まし時計代わりだ。

アクセス

首都のルサカからイテジテジまでバスか車をチャーター、または南部のリビングストンからは車をチャーターして途中舗装されていない道路を突き進む。チャーター機が着陸するエアストリップもある（高額だがチャーターも可）。

1 警戒心が強くなかなか見ることのできないヒョウ　*2* カフエ川で日なたぼっこをするカバの群れ　*3* 間欠泉から温泉が湧き出る　*4* ワイルドライフを描くローカルアーティスト　*5* ブサンガ平原に沈む夕日。リーチュエの群れが見える

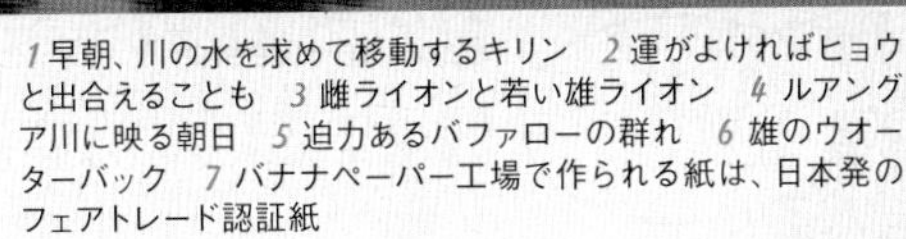

1 早朝、川の水を求めて移動するキリン　*2* 運がよければヒョウと出合えることも　*3* 雌ライオンと若い雄ライオン　*4* ルアングア川に映る朝日　*5* 迫力あるバファローの群れ　*6* 雄のウオーターバック　*7* バナナペーパー工場で作られる紙は、日本発のフェアトレード認証紙

生息する野生動物の数ではザンビアいち　難易度★★★★☆

サウス・ルアングア国立公園 *South Luangwa National Park*

→P.320

- 世界初のサスティナブル国立公園
- ウオーキングサファリの発祥地
- エシカルサファリガイドの資格を持つガイドがサファリを案内

2017年、国連から世界初のサスティナブル（持続可能な）国立公園に選ばれた国立公園。ザンビアで最も多くの野生動物が生息するといわれ、公園を熟知しているエシカル（倫理的な）ガイドの案内でサファリを楽しめる。国立公園近くには日本企業が主導するNPOのバナナペーパー工場がある。

宿泊

キャンプサイトからラグジュアリータイプまで揃い、敷地内にキャンプサイトがあるところも。ゲーム・ドライブと食事を含むインクルーシブの料金設定をしているところが多い。敷地内にゾウやカバなどの野生動物が現れることもしばしば。

アクセス

首都のルサカから最寄りのムフエ空港まで国内線を使うのが一般的。車、バスだと、チパタを経由してアクセス可能。

動物図鑑

南部アフリカの動物たち

追うものに追われるもの。
野生動物の世界には、
それぞれに自然を生き抜く知恵がある。
知れば知るほどおもしろい動物の不思議。
いったい、どんな動物に出合えるだろうか。

狩りをするのはい
つも私たちの役目
なのよね。。。

ライオン　Lion

体高：120cm　体長：200〜300cm
体重：220kg（オス）；150kg（メス）
数頭の成人したメスとその子供で群れを作り、連携プレーで狩猟を行う。群れにオスは3頭まで。こちらも連携して縄張りを守る

ヒョウ　Leopard

体高：70〜80cm　体長：160〜200cm
体重：90kg（オス）；60kg（メス）
個人プレーヤー。オスとメスが行動をともにするのも交尾のときのみ。2年間を母親と過ごしたあと、ひとり立ちする

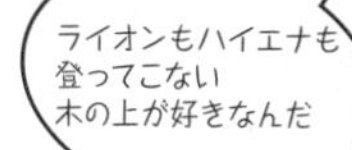
ライオンもハイエナも
登ってこない
木の上が好きなんだ

チーター　Cheetah

体高：80cm　体長：200cm
体重：50〜60kg
目と口の間に涙が流れたかのような黒い線があるのが特徴。その俊足で知られ、最高時速は110kmともいわれている

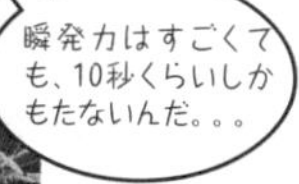
瞬発力はすごくて
も、10秒くらいしか
もたないんだ。。。

ブチハイエナ Spotted Hyaena

体高：85cm　体長：120〜180cm
体重：60kg（オス）；80kg（メス）
メスがリーダーとなって群れを率いる。あごの力が強く、さらに消化器官が強いため、ほかの動物の食べ残しでさえ食べられる

僕たち、きちんと狩
りだってするよ

ジャッカル Black-Backed Jackal

体高：35〜45cm
体長：100〜130cm　体重：6〜12kg
大きな耳が特徴。ほかの捕食動物の食べ残りをあさったり、ネズミやウサギなどの小動物や昆虫をつかまえて食べる

リカオン African Wild Dog

体高：75cm　体長：120cm
体重：20〜36kg
大きな丸い耳と茶、黒、焦げ茶のブチ模様が特徴。ひと組の優勢カップルが十数頭の群れを率いて生活している

バファロー　Buffalo

体高：140cm　体長：320〜450cm　体重：800kg（オス）；650kg（メス）
攻撃性があり、急に突進してくることから、狩猟者に最も恐れられている動物。群れで生活するが縄張りはない

ワイルドビースト（ヌー）Blue Wildbeest

体高：150cm　体長：300cm
体重：250kg（オス）；180kg（メス）
メスにも角がある。オスは交尾の時期のみ縄張り意識をもち、領域に入ろうとするオスを追い出そうとする

ワイルドビーストって、"野獣"って意味だよね??
子供の頃は毛並の色が薄いんだ

トピ　Tsessebe

地元では青いジーンズをはいた牛って、呼ばれているんだ

体高：120cm　体長：200cm
体重：140kg（オス）；110kg（メス）
肩や足に青色の模様があるウシ科の動物。メスも小さな角をもつ

インパラ　Impala

体高：90cm　体長：170cm
体重：50kg（オス）；40kg（メス）
俊敏な足で敵から逃げる。何と1回のジャンプで10mも飛ぶというからすごい

藪の中のマクドナルドって言ったのは誰?

ウオーターバック Waterbuck

ペンキ塗りたての便座に座ったの?なんて言わないでよ
私たちメスには角はないのよ

体高：130cm　体長：180cm
体重：260kg（オス）；230kg（メス）
首と尾の周りの毛が白い輪になっているのが特徴。捕食動物を見ると、水辺に逃げることからこの名前がつけられた

スプリングボック Springbok

体高：75cm　体長：120cm
体重：40kg（オス）；25〜30kg（メス）
薄茶色の背中と真っ白なおなかの間に焦げ茶色の線が帯のように付いているのが特徴。オスもメスも角がある

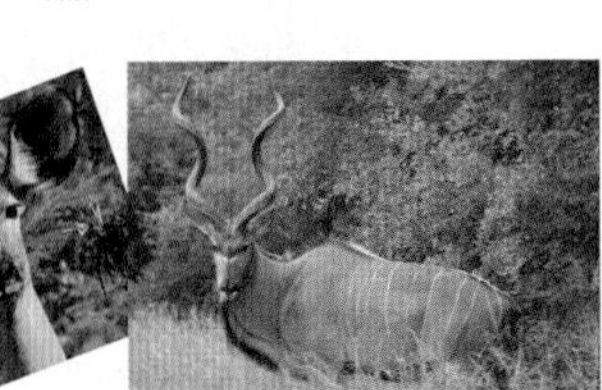

クドゥ　Kudu

体高：150cm　体長：250cm
体重：250kg（オス）；180kg（メス）
体に白い線が入っているのが特徴。オスのみに生える大きな角が特徴で、3歳になる頃には120cmもの長さになる

シマウマ　Zebra

体高：130cm　体長：250〜300cm
体重：340kg（オス）；290kg（メス）
捕食動物から身を守るため、キリンやインパラなどのアンテロープ類とともに群れを作っていることが多い。白と黒の縞は逃げるときに敵をまどわすのに役立つ

リードバック
Reedbuck

体高：85cm
体長：140～180cm
体重：50kg（オス）；40kg（メス）
赤茶色の毛をした、スラッとした体形。オスのみ角がある

ゲムスボック　Gemsbok

体高：120cm　体長：200cm
体重：240kg（オス）；210kg（メス）
真っすぐに伸びた長い角が特徴的。メスにも角があるが、オスに比べるとより細くて短い。オリックスの名でも知られている

オスの角は1m以上に成長。ライオンなどに襲われたときには、この角で致命傷を与えることもできるのさ

セーブルアンテロープ
Sable Antelope

体高：130cm
体長：230～250cm
体重：270kg（オス）；180kg（メス）
数が減ってきているうえ、警戒心が強いため、ほとんど人前には姿を現さない。セーブルとは漆黒を意味するように、成長するとオスは真っ黒な毛並みに変わっていく

トイレのエチケットもばっちり。自分で掘った穴に糞をして、土で覆うんだ

スタインボック
Steenbok

体高：45～60cm
体長：75～95cm
体重：10～15kg
黒線が入った大きな耳と5cm程度の短い尻尾が特徴。危険を察すると草むらに座り込んで身を隠す。オスだけに短くて細い角がある

エランド　Eland

体高：140～160cm　体長：250～300cm
体重：500～700kg（オス）；340～450kg（メス）
アンテロープ類のなかでも最大級のサイズ。オスは首の下のたるんだのど袋が特徴的で、メスともにスクリューのような角がある

ローンアンテロープ
Roan Anterope

体高：140cm　体長：200～240cm　体重：242～300kg（オス）；223～280kg（メス）
大型のアンテロープ。葦毛（Roan）のような赤茶色の毛並から名づけられた。メスにも角はあるが短く、オスの角は1mにも成長する

生まれときは400gしかないの。1年間はずっとお母さんと一緒よ！

ヒヒ
Savanna Baboon

体高：40～60cm　体長：120～180cm　体重：35～45kg（オス）；15～25kg（メス）
一番強いオスがリーダーとなり、数十から100匹くらいの群れを作って生活している

ベルベットモンキー
Vervet Monkey

体高：20～25cm
体長：100～130cm
体重：5～8kg（オス）；4kg（メス）
透き通った灰色の毛をした小柄のサル。通常10～20匹で生活をし、夜は木の枝の上で眠る

ビッグファイブとは？

サファリで特に人気の高いゾウ、ライオン、サイ、ヒョウ、バファローの５種類のこと。かつてはハンティングの獲物ベスト５だったという。大型であること、なかなか出合えないこと、人間に危害を与える可能性がある動物でもある。南アフリカの紙幣のデザインとして用いられている。

私たちの足跡ってこんな感じ

アフリカゾウ　African Elephant

体高：4m　体長：7〜9m
体重：6000kg（オス）；3500kg（メス）
年長のメスが群れをリード。妊娠期間は22ヵ月で、姉妹らが助け合って子育てをする。若いオスは、成熟するまでオス同士の群れを作って生活。オスのおでこはメスと違って丸いのが特徴

キリン　Giraffe

体高：3m　体長：4〜5m
体重：1200kg（オス）；900kg（メス）
小さな角の先に毛がないのがオスで生えているのがメス。アカシアの葉を好んで食べるが、乾季になるとより水分が含まれたモパニなど食べる傾向にある

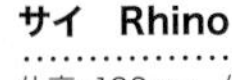

サイ　Rhino

体高：180cm　体長：4〜6m
体重：2500kg（オス）；1600kg（メス）
穏やかな性格で単独または家族単位で生活。地面の草を食べやすいように、シロサイ（左写真）は口先が平べったくなっている。一方、絶滅が懸念されているクロサイ（下写真）は木の葉を食べるため先がとがっており、シロとクロで体の色に差はない。

口の形に注目

ビッグファイブならず、アグリーファイブ（不細工ナンバー5）に選ばれるなんて…。

イボイノシシ　Warthog

体高：60〜80cm
体長：150cm
体重：105kg（オス）；70kg（メス）
小さく上に突き出した牙があり、顔にイボのようなコブがある。走るときには常にしっぽがピンと上を向く

地面に穴を掘って暮らしているんだ

ミーアキャット　Meerkat

体高：12cm
体長：45〜55cm
体重：650〜950g
20匹くらいの群れを作って暮らしている。タカなどの敵から仲間を守るため、後ろ足だけで立って周囲を監視する見張り役がいる

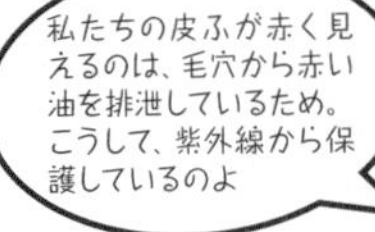

私たちの皮ふが赤く見えるのは、毛穴から赤い油を排泄しているため。こうして、紫外線から保護しているのよ

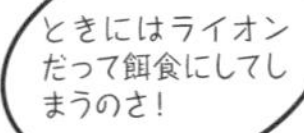

ときにはライオンだって餌食にしてしまうのさ！

クロコダイル　Crocodile

体長：3〜4m
体重：70〜150kg
水の中のハンター。チャンスがあればワイルドビーストのような大型の動物までが餌食に。歯でかみちぎるのではなく、水中で体を回転させて引きちぎる

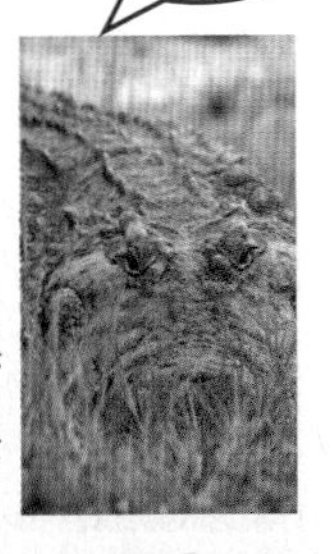

150度も口を開くことができるんだ！

カバ　Hippopotamus

体高：150cm　体長：4m　体重：2000kg（オス）；1700kg（メス）
日中は水の中にいて日が暮れると草を食べに陸へ上がる。1頭の強いオスが10頭ほどのメスとハーレムを作り、ほかのオスが侵入しようとすると戦いを挑む

鳥類にも注目！

鳥図鑑

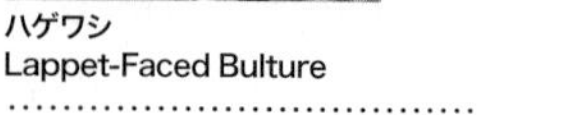

ハゲワシ
Lappet-Faced Bulture

捕食動物の食べ残した腐肉などに群がり、鋭いクチバシであっという間に骨と皮だけにしてしまう

フィッシュイーグル
Fish Eagle

湖、池、沼がある場所に生息。上空から水面近くに泳いでいる魚を見つけると急降下して捕食する

ソウゲンワシ
Tawny Eagle

全長60～75cmで、単独またはペアで行動。腐敗前の死肉のほかウサギや爬虫類なども捕食する

冠羽が耳に留めたペンのように見えることから、「セクレタリーバード（書記官）」って名づけられたのさ

ヘビクイワシ
Secretaty Bird

全長100～150cmの大型の鳥で、地上を歩きながら昆虫やヘビ、ネズミなどを捕食

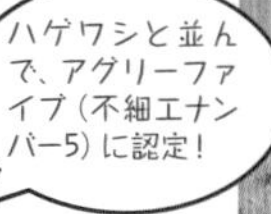

ハゲワシと並んで、アグリーファイブ（不細工ナンバー5）に認定！

アフリカハゲコウ
Marabou Stork

全長約120cmの大型の鳥で、裸出した頭やのどもとにたれ下がるピンク色ののど袋など、特徴的な容姿

クラハシコウ
Saddle-Billed Stork

体長150cmにも及ぶ大型のコウノトリの一種で、黒と赤の長いクチバシが特徴的

真っ黒な体でクチバシに隙間があるから、クロスキですって

クロスキハシコウ
African Openbill

コウノトリの一種。水辺に生息し、カタツムリやカエルを捕食している

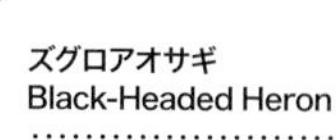

ズグロアオサギ
Black-Headed Heron

全長約85cmの大型のサギで、浅い水辺を歩きながら長くて鋭いクチバシを器用に使って魚やカエルを捕食

シラサギ
Great White Egret

水辺に生息。カエルなどの獲物を見つけると細長い首をS字に曲げて静止し、弾丸のような速さで一気についばむ

ホオジロカンムリヅル
Grey Crowned Crane

全長約100cm。和名のとおり頭に生えている冠のような羽が特徴。真っ白なほおは、繁殖期になるとほおが赤く染まる

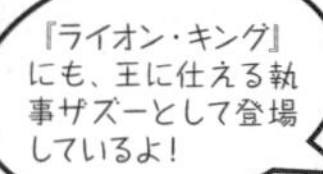

『ライオン・キング』にも、王に仕える執事ザズーとして登場しているよ！

アカハシコサイチョウ
Red-Billed Hornbill

木の穴で産卵すると、小さな隙間を残して土壁でふさぎ、ヒナが大きくなるまでオスが餌を届ける

雨季の到来を知らせる鳥としても知られているのさ

ミナミジサイチョウ
Southern Ground Hornbill

体長90～130cm。クチバシが鋭く発達していて、のど袋と目の周りが赤いのが特徴。メスは成長すると親元を離れるが、オスはしばらく居残って親を助けて兄弟に餌を与える

ミナミキコバシサイチョウ
Yellow-Billed Hornbill

全長50～60cm。大きな黄色いクチバシが特徴的なサイチョウの一種

地元では、フライイング・バナナ（飛ぶバナナ）って呼ばれているんだ

オウカンゲリ
Crowned Lapwing

チドリ科の一種。王冠をかぶっているかのような白い輪が特徴的。成長すると黄色っぽい足が赤色へと変化する

シロクロゲリ
Blacksmith Lapwing

湿地に生息するチドリ科の一種で、メスのほうがオスよりやや大きい

「ティンティン」という金属を打っているような鳴き声から、Blacksmith（鍛冶屋）って名づけられたのさ

水辺のファッションモデルといえば私のことよ！

セイタカシギ
Black-winged Stilt

ピンク色の細長い足、黒色の細長いクチバシが特徴。背中はメスのほうが少し茶色を帯びている

気に入らない巣は、メスにズタズタに壊されてしまうのさ

ハタオリドリ
Southern Masked-Weaver

木にぶら下がっている巣を作っているのはオスたち。立派な巣を作ってメスにアピールしている

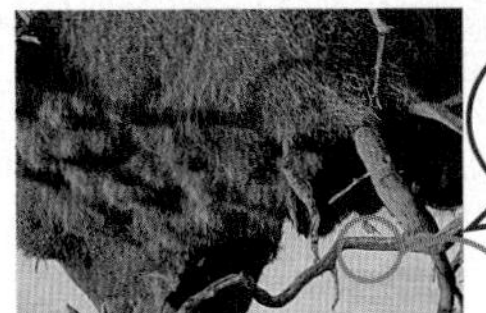

カップル用の小さな巣がいくつも連なってできているんだ

シャカイハタオリ
Sociable Weaver

日本でもおなじみのスズメに似た容姿で、木の上にアパートメントのような何室にも分かれた大きな巣を作って共同で生活している

きちんと毒針を抜いてからハチを食べるのさ

ハチクイ
Little Bee-Eater

緑、コバルト色の美しい鳥で、体長約25cm。その名のとおりハチをはじめとする昆虫を好んで食べる

ベニハチクイ
Carmine Bee-Eaters

深紅色の美しい姿で、飛んでいるバッタやハチなどを空中で捕食する

ライラックニシブッポウソウ
Lilac-Breasted Roller

鮮やかな羽毛が美しい鳥で、通常低木の頂上に止まって昆虫や小さな爬虫類などを探している

スウィンソンズシャコ
Swainson's Spurfowl

ウズラの仲間で、昔から狩猟の対象にもされてきた。赤いアイマスクをつけたような容姿とのどもとの赤色が特徴

アカガタテリムク
Cape Glossy Starling

全長22cm。ムクドリ科の一種。光沢のある紺色の羽毛に覆われ、胸部は鮮やかな水色

シュモクドリ
Hamerkop

名前は、頭部がハンマー（撞木）に似ていることに由来。水辺に生息し、水かきも付いている

チャイロネズミドリ
Speckled Mousebird

ネズミ色の羽毛に覆われていることからネズミドリと名づけられた。おもに果実や種などが餌

ホロホロチョウ
Helmeted Guineafowl

草原や森林に群れで生活。和名は、鳴き声が「ホロホロ」と聞こえることに由来する

シロハラノガン
White-bellied Bustard

地上をヒョコヒョコ歩いている姿がよく見られる。早朝と夕方、「クワークワー」と大きな声で鳴く

カッコー
Burchell's Coucal

フワフワした白い羽毛の胸部と真っ黒な長い尾が特徴的

ダチョウ
Ostrich

大きいものでオスは体高3m近く、体重150kgにも成長する。オスは胴体の羽が黒色に対して、メスは茶色

アフリカオオノガン
Kori Bustard

飛べる鳥としては最大級のサイズ。オスだと体高70～120cm、羽を伸ばすと230～275cmにもなり、体重は18kgほどになるものも

南部アフリカの

多彩な自然風景が広がっている南部アフリカの国々
知られざる絶景が待つ魅惑の地へ今こそ旅立とう！

1年にわずか2週間だけ見られる花たちの饗宴

ナマクアランド *Namaqualand* →P.277

南アフリカ北西部に広がる半砂漠の乾いた大地に1年に1度だけ美しい花畑が出現する地域がある。ナマクアランドだ。ここに暮らすコイコイ族がナマ族とも呼ばれることからの名だが、具体的な地名ではなく、花畑が現れた場所を限定的に指す。冬にわずかな雨が降ると地中の種子がいっせいに目覚め、春には4000種類以上という色とりどりの野生の花が咲く。旅人たちはどこからか伝わる情報をもとに、4輪駆動車で駆け巡って探す。

国立公園内ではスプリングボックも見られる

その年の気候に影響されるので毎年花が咲く時期や場所は異なる

絶景を巡る旅

7月末～9月のほんの数週間だけ、色とりどりの花がいっせいに咲き誇る

空から見た雨季のビクトリアの滝。緑に覆われ、滝の対岸には熱帯雨林が形成されている

いつしか身も心も研ぎ澄まされていく

ビクトリアの滝 *Victoria Falls* →P.281

アフリカ大陸第 4 の長さを有するザンベジ川は、アンゴラの奥地に水源を発し、ジンバブエとザンビアの国境線を形成しながらインド洋へと注いでいる。そんなザンベジ川の中流に位置するビクトリアの滝は、南米のイグアスの滝、北米のナイアガラの滝とともに世界三大瀑布のひとつに数えられる。1855 年、スコットランド人探検家デイビッド・リビングストンによってヨーロッパ世界に紹介されたこの滝は、当時のイギリス女王の名にちなみ「ビクトリアの滝」と命名されたが、現地では「モシ・オァ・トーニャ（雷鳴のとどろく水煙）」と呼ばれている。

ザンベジ川クルーズで見られるカバ

ジンバブエとザンビアの国境に位置するビクトリア・フォールズ大橋

月の光で虹が浮かび上がるルナレインボー。満月の前後3日間ほどだけ見られる

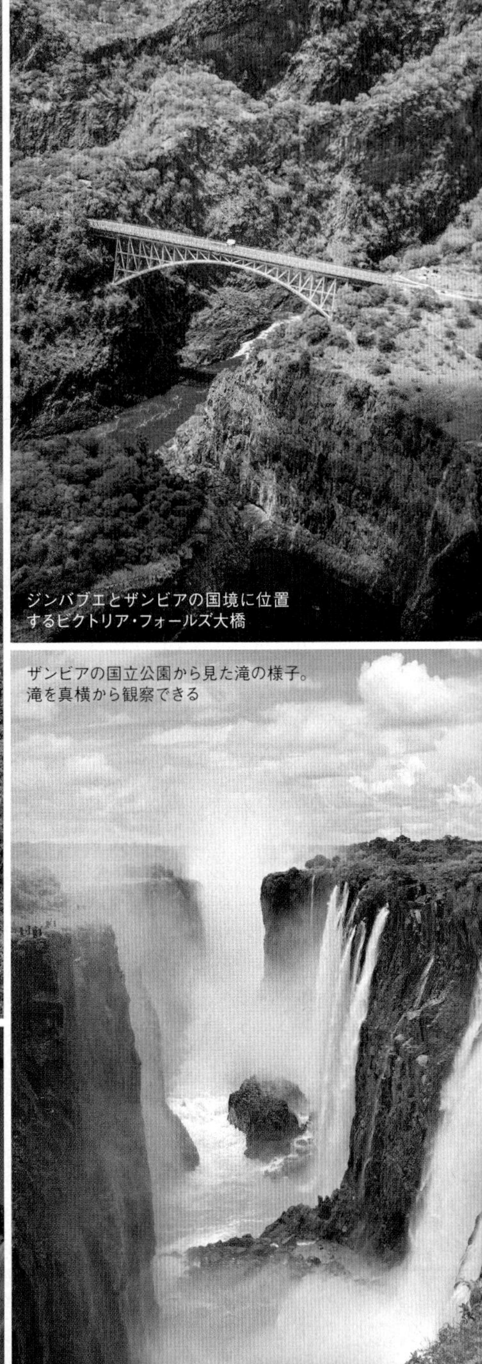

ザンビアの国立公園から見た滝の様子。滝を真横から観察できる

朝日に染まる砂丘に魅せられて

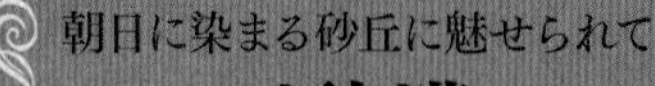

ナミブ砂漠 Namib Desert

→P.346

ナミビア西部に位置する約 5 万㎢にもおよぶナミブ砂漠。世界最古の砂漠ともいわれ、その起源は約 8000 万年前にも遡る。アプリコット色の砂丘が連なるソススフレイは、なだらかな斜面が生き物のように波線を描いて広がり、太陽の光と影に彩られながら刻々と姿を変えていく。さらに南へ進むと、赤い砂丘に囲まれ、立ち枯れた木々が白い大地に突き刺さる、まるでダリの絵画を思わせるようなデッドフレイ（死湖）が現れる。まるですべての生物が姿を消し、時間が止まってしまったかのような不思議な感覚に陥る。

じりじりと太陽が照りつける砂丘。けっこう体力を消耗するので、水分補給を忘れずに

行政の首都を彩るパープルカラー

ジャカランダの並木道

Jacaranda Street → P.202

10月、南半球の南アフリカは春爛漫。鮮やかなジャカランダの花がいっせいに花を咲かせる。特に約7万本があるという行政の首都プレトリアは、町全体がジャカランダの紫で覆い尽くされたかのようになる。つけられた愛称は、ずばりジャカランダ・シティだ。紫に染まる町を一望するなら、東の丘の上に立つユニオン・ビルがおすすめ。

南アフリカを代表する春の花

緑に覆われた壮大な景色に息をのむ

ドラケンスバーグ

Drakensburg → P.186、354

3000m級の山々と断崖、深い谷が連なるドラケンスバーグ。アフリカーンスで「竜の山々」、現地のズールー語で「槍の壁」を意味する。絶滅を危惧されている希少種を含め、山の斜面に沿って数々の草花が植生。エランドやリードバックをはじめとする草食動物のすみかとなっている。また、サン族の人々による壁画が残されており、その数は世界でも有数の規模を誇る。

アンフィシアターと呼ばれる高さ500mもの屏風のような岩が続く、ロイヤル・ナタール国立公園。夕日で真っ赤に染まる夕暮れの風景も見逃せない

アフリカの伝統的なバンガローの形にたとえられる奇岩

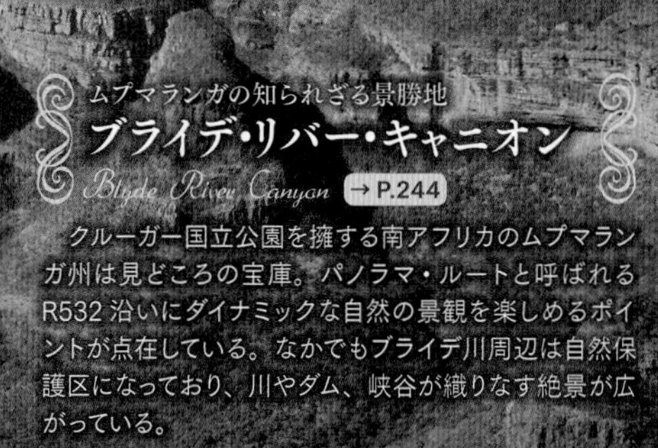

ムプマランガの知られざる景勝地

ブライデ・リバー・キャニオン

Blyde River Canyon → P.244

クルーガー国立公園を擁する南アフリカのムプマランガ州は見どころの宝庫。パノラマ・ルートと呼ばれるR532沿いにダイナミックな自然の景観を楽しめるポイントが点在している。なかでもブライデ川周辺は自然保護区になっており、川やダム、峡谷が織りなす絶景が広がっている。

南アフリカ観光のハイライト！

憧れの町、ケープタウンへ

壮大なテーブル・マウンテンに見守られ、活気に満ちた町ケープタウン。1652年、オランダ東インド会社が中継基地として建設して以来、南アフリカの中心地としての役割を担ってきた。人々はそんな町を親愛と尊敬の念を込めて「マザーシティ」と呼ぶ。山の裾野に開けたモダンな町並みと歴史を語る建造物の数々。そして、周囲には真っ青な海と色鮮やかな花や緑に覆われた大自然が広がっている。驚きと感動で満ちたこの地は、誰もを笑顔で迎え入れる！

for City of Cape Town

ケープタウンで楽しみたいこと

グルメ
Gourmet

ケープタウンは"美食の町"としても有名。ミックスカルチャーの都市ならではの多種多様な料理が楽しめる。

豪華ホテル
Luxury Hotel

数々の贅沢な要望を叶えてくれる絶景&豪華なリゾートが勢揃い。品のあるコロニアル建築も美しい。

ショッピング
Shopping

アフリカのエキゾチックな素材と、ヨーロッパの洗練されたデザインが融合した魅力的なアイテムは要チェック！

モダンアート
Modern Art

風光明媚なケープタウンは、南アフリカにおける現代アートの発信地。さまざまなアートスポットがある。

旅行者でにぎわうウオーターフロント。背後には雄大なテーブル・マウンテンが見える

ケープタウンを遊び尽くす！
2日間のモデルプラン

ケープタウン
拠点の旅
➡P.42

ケープタウンの見どころをすべて網羅するには少なくとも2日間は欲しいところ。
進化し続ける人気都市の魅力を存分に味わい尽くそう。

テーブル・マウンテンに登ってウオーターフロントへ

まずはケープタウンのシンボル、テーブル・マウンテンに登頂。絶景を楽しんだら、
グルメ、ショッピング、見どころなど何でも揃う人気観光エリアのウオーターフロントへ！

8:00
一流ホテルの朝食ビュッフェ

250種類のメニューがずらりと並ぶザ・テーブル・ベイ・ホテルの朝食ビュッフェ。オイスターやその場で焼いてくれるクレープもおいしい！

バリエーションのあるスムージーも人気

10:00 テーブル・マウンテンへ

ケープタウンのシンボル、テーブル・マウンテン（→P.79）は必訪の見どころ。頂上からの景色は壮観！　天気が悪いとケーブルカーは運休となるので注意。

ケーブルカーは混むことが多いのでオンラインで予約しておこう

テーブル・マウンテンからの絶景

14:00
評判のハイティーでほっとひと息

ザ・テーブル・ベイ・ホテルのハイティーは、なんと3段階のコース。ガラス越しにテーブル・マウンテンを眺めながら優雅なひとときを。

ケーキやサンドイッチ一つひとつが美味

湾に面しているため開放感がある

16:00
ウオーターフロントを散策

ショッピングセンターをはじめ、さまざまな買い物スポットのあるウオーターフロント。カフェやレストラン、観覧車などもあり、歩いているだけで楽しめる。

黒人のパフォーマンスグループ

アフリカらしい色使いの雑貨

19:00
シーフードレストランでディナー

ケープタウンはおいしいシーフードでも有名。白ワインと合わせて生ガキやムール貝などを堪能しよう。

生ガキとイカのサラダ

歴史ある建物が点在する中心部を散策＆注目のエリア、ウッドストックへ

ケープタウン中心部は治安の悪いエリアもあるが、そこを除けば町歩きもできる。ありのままの南アフリカに出合えるはず。ウッドストックはおしゃれな物件が急増している再開発エリアだ。

9:00 ケープタウン中心部を散策

ケープタウン中心部は決して夜は出歩かないこと！

町は古い建物や教会が立ち、博物館など見どころも多い。一方、ロング・ストリート（→P.73）やクルーフ・ストリートなどにはおしゃれなレストランや雑貨店が次々にオープンしている。

1825年創立の南アフリカ博物館（→P.75）

きれいに整備されているカンパニー・ガーデンズ（→P.75）

11:00 マレー・クオーター＆ボカープ博物館（中心部）

色とりどりに塗られた家々がかわいらしいマレー・クオーター（→P.76）は、かつて奴隷として連れてこられたマレー系の人々の子孫が暮らすエリア。ボカープ博物館（→P.76）で彼らの歴史について学ぼう。治安に不安があるので注意を。

色とりどりのおもちゃのような家が並ぶ

12:00 ケープ・マレー料理を堪能

マレー系の人々が故郷の味を再現しようと生み出したケープ・マレー料理。マレー・クオーターの一角にはビスミッラー（→P.38）があるので、スパイスの香り豊かな奥深い料理の数々を堪能しよう。

素材の甘みが強いピナン・カリー

料理はたっぷりと時間をかけて作られる

14:00 ウッドストックでショッピング

郊外にある再開発の進むウッドストック地区には工場を改築したオールド・ビスケット・ミル（→P.73）など、おしゃれなスポットがたくさん。

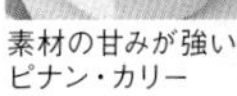
毎週土曜にはマーケットが開かれる！

おみやげ探しにも最適

18:00 最先端のレストランでディナー

ウッドストックのオールド・ビスケット・ミル内にあるフュージョン料理レストラン、ザ・テスト・キッチン（→P.39）は、ケープタウンで最も ホットな美食スポット。

ケープタウンで最も予約の取れない店のひとつ

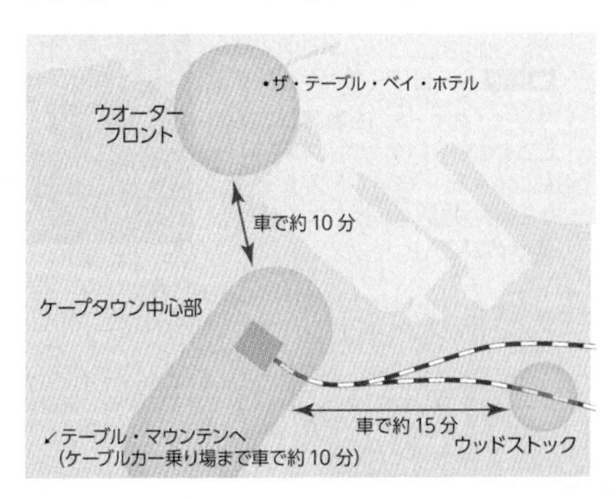

町歩きを楽しむ おすすめホテル

ザ・テーブル・ベイ・ホテル ➡P.89

数々の著名人を迎えてきた、サン・インターナショナルグループの名門ホテル。海に面した部屋からはテーブル・マウンテンの絶景を望み、サービスや食事、施設などすべてにおいて高いクオリティを保持している。

世界でも指折りのグルメシティで極上料理に舌鼓

ケープタウンには、美食家をうならせる美食スポットが勢揃い！
ここではホットなグルメシーンを体感できる名店を紹介しよう。

さまざまな絶品アフリカ料理を

ザ・アフリカ・カフェ
The Africa Café

➡P.94 中心部 アフリカ料理

南部アフリカを中心にアフリカ各国の伝統料理が小皿で何種類も出てくるので、一度にいろいろな料理が楽しめる。何を食べてもおいしく、大人数で楽しみたい。インテリアもユニーク。

スタッフによる伝統ダンス

いろんな味が楽しめる

南アフリカではおいしいステーキがリーズナブルに楽しめる!

品のある盛り付けもうれしい

ステーキといえばココ

カルネ SA Carne SA

➡P.96 中心部 グリル料理

イタリア人シェフ、ジョルジオ・ナヴァ氏が手がけるステーキハウス。すっきりとしたおしゃれな店内で、自社牧場育ちのロマニョーラ牛をいただきたい。各種ゲームミートもあり。

雰囲気のよい店内もGood！

アディス・イン・ケープ
Addis in Cape

➡P.97 中心部
エチオピア料理

独特の文化をもつ東アフリカの国エチオピア。インジェラで包んで食べる煮込み料理がおいしく、エチオピアコーヒーも伝統的な方法でサーブしてくれる。おしゃれなエチオピア人マダムがオーナー。

上／インジェラの上に盛られた煮込み料理
下／コーヒーは乳香をたきながら入れてくれる

盛り付けもかわいらしい

マレー・クオーター散策の際に

ビスミッラー
Biesmiellah

➡P.96 中心部 ケープ・マレー料理

マレー・クオーターを散策した後はここでおいしいケープ・マレー料理を。オーナーはインド人女性で、じっくりと時間をかけて作る料理は美味のひとこと。

店内はすっきりとした内装

ケープ・マレー料理とは…

かつて奴隷としてこの地に連れてこられたインドネシアなどのマレー系の人々が、かぎられた食材で故郷のマレー調理を再現しようとして生まれた料理。ボボティー（アフリカ版ミートローフ）やカレーなどがある。

著名人も宿泊する
豪華ホテルで
優雅な時間を

質の高い紅茶を楽しめる

優雅な雰囲気のラウンジ

ティースタンドも付いてボリューム満点

極上のハイティーが楽しめる

ベルモンド・マウント・ネルソン・ホテル

Belmond Mount Nelson Hotel

➡P.89 中心部 ハイティー

アフタヌーンティー（13:00～15:00、15:30～17:30）はR425で、緑茶、紅茶、ハーバルティーなどさまざまな種類の高級茶葉から好きなだけ注文することができる。また、スイーツのビュッフェも含まれている。

シェフの鮮やかな手つきが間近に見られる

有名シェフが作る絶品料理

ザ・テスト・キッチン

The Test Kitchen

➡P.95 ウッドストック 創作料理

世界のベストレストラン50 など、権威ある数々の賞を獲得してきたシェフ、ルーク・デール・ロバーツ氏が手がける創作料理レストラン。常に進化し続ける料理はひと皿ごとに見るものを驚かせてくれる。

盛り付けにもこだわった繊細な味の料理が楽しめる

アットホームな店内でカジュアルに

シェフズ・ウェアハウス

Chef's Warehouse

➡P.95 中心部 創作料理

キャンティーンスタイルのおしゃれな店内で、タパス風のおしゃれな創作料理が味わえる。日本を含め、世界各国の調理法を取り入れており、メニューも毎日替わる。ちなみに予約は受け付けていない。

少量ずつなのでいろんな味が楽しめる

コースで出てくるタパスの数々

店内を見るだけでも行く価値がある

スタッフの衣装も要チェック!

話題のスチームパンクカフェ

トゥルース・カフェ

Truth Cafe ➡P.97 中心部 カフェ

スチームパンク（SFのジャンルのひとつ）の世界観を忠実に再現した名物カフェ。高級ホテルにも卸しているおいしいコーヒーと絶品カフェ飯が人気で、朝からローカルの人々でにぎわう。

ケープタウンには
ユニークでおしゃれな
カフェが多い

おしゃれなアフリカン雑貨を手に入れよう

アフリカの味わいを生かしつつも、普段使いできそうなおしゃれな雑貨が盛りだくさん！　さまざまな店を訪ねて自分だけのお気に入りを見つけよう。

ナチュラルなフレグランスオイル

レイン
Rain ➡P.99

ハンドメイド、フェアトレードがテーマの、環境にも人にも優しい商品づくりを心がけるナチュラルコスメショップ。野生の植物から抽出したオイルや石鹸などが人気。

いい香りのする店内

ミュージシャンのライブが行われることもある

ウオーターシェッド
Watershed ➡P.98

雑貨やファッション、みやげ物など150店舗もの小さな店が入っている複合施設。個人点も多く、ここでしか手に入らないものも。みやげ物探しにも最適。

モダンなアフリカンドレス

リム Lim ➡P.99

家具デザイナーの女性が南部アフリカ各国から商品を集めている。ナチュラルコスメ、リサイクル商品、生活雑貨、アクセサリーなど、どれもおしゃれで品のあるデザイン。

南部アフリカの伝統的なお面

ナチュラルコスメも扱っている

かわいらしい柄のコップ

オールド・ビスケット・ミル(→P.73) 内にある

クレメンティナ・セラミックス
Clementina Ceramics ➡P.73

南アフリカでは名の知られた陶芸作家クレメンティナさんの作品をおもに扱う。そのほかの作家の陶器や、おしゃれな各種雑貨も取り扱っている。

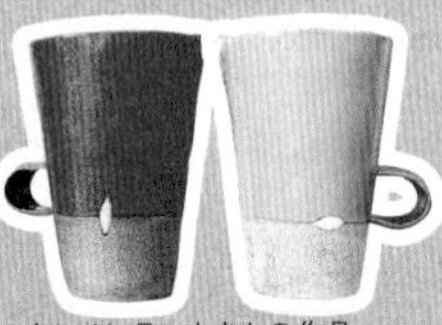
クレメンティナさんの作品

アフリコロジー
Africology ➡P.99

南アフリカ発の高級コスメブランド。南アフリカの固有植物のエキスを使用しており、高級ホテルのアメニティに使われるなど品質には定評がある。

商品はどれも100%ナチュラル

マッサージオイル

高級感のある店内

ツォンガ
Tsonga ➡P.73

ビクトリア・ワーフ・ショッピング・センター内にある、おもにレザー商品を販売するローカルブランド。かわいらしい革製品がリーズナブルに手に入る。

店内はカジュアルな雰囲気

色鮮やかな女性用のバッグ

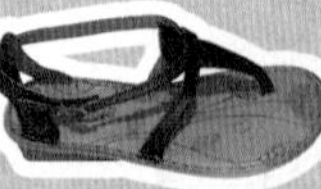
サンダルやシューズもある

知られざるアフリカの現代アートシーンを体感！

自由な空気漂うケープタウンは、最先端アフリカンアートの発信地。
町を歩けば、さまざまなアートスポットに巡り合うことだろう。

2017年に華々しくオープン！

ツァイツ近代アフリカ美術館

Zeitz Museum of Contemporary Art Africa(MOCAA) ➡P.77

2017年9月にウオーターフロントの新興開発地区にオープンした近代美術館。世界各国から集めた近代アフリカンアートを展示している。9フロア、100以上の展示室には、最先端のアフリカンアートが展示され、速足で見ても2～3時間はかかるほど充実。建築家のトーマス・ヘザウィック氏がデザインした印象的な建物も必見だ。

美術館の外観

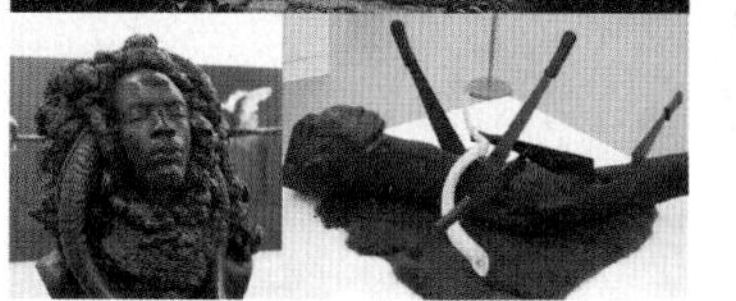

絵画、インスタレーション、映像などさまざまな作品が展示されている。モデルもアーティストもほとんどがアフリカ人

まだまだある！ ケープタウンのアートスポット

ウオーターシェッド

Watershed ➡P.98

雑貨店の多いウオーターシェッドだが、絵画などの芸術作品を売るストールもある。写真は版画家アーティストのボイモレフェ Boyimolefeさん。

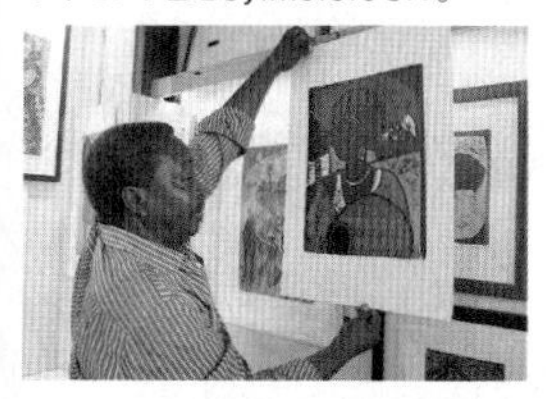

南アフリカ国立美術館

South African National Gallery ➡P.76

アフリカに限らず、世界各国の作品を展示している。それほど混むこともなく、ゆっくりと作品を鑑賞できる。モダンアートの企画展なども催している。

各アートギャラリー

Art Galleries

芸術の盛んな町ケープタウンの中心部には、多くのアートギャラリーが点在している。町歩きの際に見つけたらぜひ訪ねてみよう。

周辺にも見どころ満載！
ケープタウン拠点の旅

大自然に歴史ある古い町並み。
ケープ半島を行く！

→ P.78～

喜望峰にテーブル・マウンテン、そしてボルダーズ・ビーチ……。植生豊かで大西洋とインド洋というふたつの海洋に挟まれたケープ半島には、大自然をはじめ海洋動物が見られるエリアや絶景ドライブルート、個性的な町やビーチなど、数々の見どころがあふれている。

さて、どうやって巡る？

1 ケープタウン近郊なら観光バスが便利！

→P.69欄外

観光客が気軽に利用できるのが、2階がオープンになったダブルデッキの観光バス（シティ・サイトシーイング）。ケープタウン市内の見どころとテーブル・マウンテンなど12ヵ所を巡るレッドルートとケープ半島の主要スポット14ヵ所を巡るブルールートなど4路線があり、それぞれ15分、20分おきに1本の割合で走っている。

good 同じルートをバスが何本も走っているので、好きな場所で降りて十分に満喫したら、再びバスに乗って次の目的地へ。時間も拘束されないので、ゆったりとした観光ができる。

bad ケープ半島の一部しかルートが走っていないが、別料金で、最大の見どころである喜望峰やワインランドへのツアーにも参加できる。

おもな見どころ
- テーブル・マウンテン
- カーステンボッシュ植物園
- ハウト湾（ドイカー島）
- グルート・コンスタンシア

旅行プランの目安
所要時間：半日～2日
予算：全てのルートで使える1日乗車券が大人R245、子供R130

2 一周するならツアーに参加！

時間があまりない人、おもな見どころだけを一挙に訪れたいという人向けなのがツアー。数人～30人程度の観光客と一緒に大型またはワゴン車でケープ半島の見どころを急ぎ足で巡る。

good おもな見どころだけを効率的に巡れ、また土地や言葉に不慣れな人でもとりあえずツアーに参加してしまえば困ることはない。

bad 訪問場所と時間が拘束されているため、気に入った場所があっても長居できないし、反対に興味がなくても訪れなくてはならない。

おもな見どころ
- テーブル・マウンテン
- 喜望峰自然保護区
- ハウト湾（ドイカー島）
- ボルダーズ・ビーチ
- グルート・コンスタンシア
- カーステンボッシュ植物園

旅行プランの目安
所要時間：半日～1日
予算：半日ツアーがR700程度、1日ツアーがR1000程度

※おもな旅行会社→P.87欄外

3 レンタカーで自由に行きたい所へ

ケープ半島の見どころを十分に満喫したいのであれば、やはりレンタカーがいちばん。チャップマンズ・ピーク・ドライブをはじめ、半島には景色のいいドライブルートがある。

good ケープ半島は道もシンプルで標識もしっかり出ているため、道に迷うこともほとんどなく、日本と同じ右ハンドルなので安心。時間に拘束されずに、好きな場所をゆったり巡れる。

bad 個人で巡るとなると、ある程度の英語力は必要となってくる。海外旅行に不慣れな人や運転に不安がある人にとっては、少しハードルが高いかも。

おもな見どころ
上記①②の見どころに加え、自分が行きたい好きな場所すべて。

旅行プランの目安
所要時間：1～3日
予算：レンタカーが1日R400程度～。ほかに道路通行料、ガソリン代、各見どころの入場料など

ケープ半島
知っておきたい基礎知識

Q：訪れるシーズンはいつがベスト？
A：豊かな植生に恵まれたケープ半島を訪れるのであれば、花々が咲き誇る8月中旬から10月がベスト。また、8～11月には近くの海でクジラを見ることもできる。

Q：どんな服装をしていけばいい？
A：場所によっては風が強く、肌寒く感じることも。たとえ暑い日でも薄手の上着を持っていこう。また、岩場も多いので履き慣れたスニーカーで。サングラスと帽子も必携だ。

Q：ガイドなしでも大丈夫？
A：観光客も多く、治安上の問題はないが、自然の見どころが多いので、植物や町の歴史などの詳細について知りたい人はガイドを頼むといい。

見どころを巡ろう!

見どころ満載のケープ半島。ケープタウンからツアーやレンタカーで一周しよう!

ケープタウン

テーブル・マウンテン

カーステンボッシュ植物園

植物保護区でもあるケープ半島。特に8月中旬～10月中旬のベストシーズンには、カーステンボッシュ植物園などで色とりどりの花が見られる

グルート・コンスタンシア

ハウト湾

ドイカー島

チャップマンズ・ピーク・ドライブ

最寄の港町から船で約10分のドイカー島にはオットセイの群れが!

ケープペンギンの見られるボルダーズ・ビーチは大人気!

サイモンズ・タウン

ボルダーズ・ビーチ

サイモンズ・タウンでランチタイム。名物のフィッシュ&チップスを堪能

喜望峰自然保護区

保護区の入口。ここで車に乗ったまま入場料を支払う

喜望峰

ケープ・ポイント

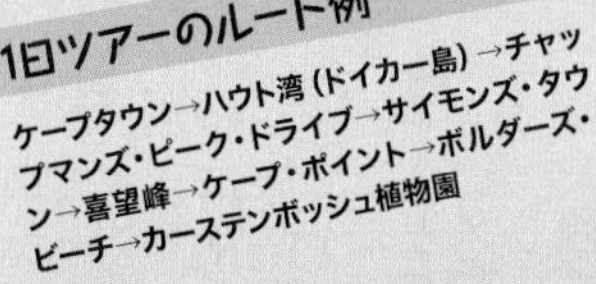

1日ツアーのルート例

ケープタウン→ハウト湾(ドイカー島)→チャップマンズ・ピーク・ドライブ→サイモンズ・タウン→喜望峰→ケープ・ポイント→ボルダーズ・ビーチ→カーステンボッシュ植物園

所要時間 約9時間

費用 約R1000(入場料など含む)

感想 豊かな自然に囲まれたケープ半島はどこを見渡しても絶景! また、オットセイにペンギン、ダチョウなどに出合え、動物好きにもたまらないルートだ。意外におもしろいのが、海岸沿いに古い建物が建ち並ぶサイモンズ・タウン。観光客も多すぎないので宿泊してみるのもいいかも。

展望台からの眺め。奥に見えるのが喜望峰

バズ・バスで巡る
ガーデン・ルート → P.127 ~

ケープタウンからポート・エリザベスまで続く約 600km のインド洋の海岸沿いは、森や湖、渓谷、砂浜などの美しい風景が連なる景勝ルートとして知られている。途中に点在する小さな町や漁村、農場、ビーチなどに立ち寄りながら進めば、さらに楽しさいっぱいの旅になるだろう。バズ・バスに乗ってたくさんの魅力が詰まったガーデン・ルートへ。いざ、出発!

バズ・バスとは?

バックパッカーに人気の中型バス。南アフリカの各地に散らばるバックパッカー宿に立ち寄りながら、ケープタウンからポート・エリザベス、ダーバン、ヨハネスブルグ、プレトリアを周遊する。泊まっている宿まで迎えにきてくれ、さらに目的地の宿泊予定宿まで送ってくれるので、知らない土地でもスムーズに移動できるうえ安全性も高い。各都市からは各見どころへのシャトルバスも出ていて、都市に滞在しながら観光地巡りも楽しむことができる(→P.129、132、391)。

サービスを上手に活用!

Q:どんなチケットがあるの?
A:「Hop on Hop off」(乗り降り自由)というシステムで、到着地までのチケットを購入すれば、ルート上の好きな場所で自由に乗り降りできる。ほかに全ルートの乗り降りが可能なトラベル・パスが1、2、3週間の3種類ある。

Q:予約は必要?
A:前日までに予約は入れておこう。宿泊先の宿に頼めば、予約を代行してくれる。また、ホームページからのチケット購入も可能だ。

Q:本数はどのくらいあるの?
A:ケープタウン⇔ポート・エリザベスが週5回、ポート・エリザベス⇔ダーバン、ダーバン⇔プレトリア/ヨハネスブルグは週3回それぞれ1往復している。

Q:料金はどれくらい?
A:例えばケープタウンからポート・エリザベスまでは片道R2950。8日間のトラベル・パスだとR3200。この場合、各都市に立ち寄りながら8日間以上かけて目的地に行く場合は片道のチケットのほうが安く済む。

Q:提携しているバックパッカー宿はどのくらい?
A:40以上の都市や町に点在する、200軒以上の宿と提携している。

車内はこんな感じ。ひとりで旅行している人も多いから、すぐに友達になれる!

ステレンボッシュ
ケープタウン
ハマナス

バズ・バスのマーク。車体に大きく描かれているからわかりやすい

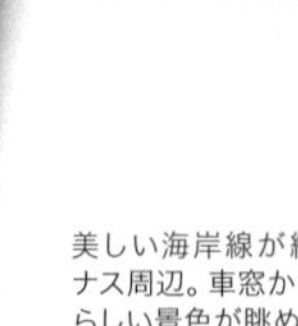

美しい海岸線が続くハマナス周辺。車窓からもすばらしい景色が眺められる

寄り道しながら5日間の旅

1日目
8:30 ケープタウン発
13:45 モッセル・ベイ着 <モッセル・ベイ泊>

2日目
14:15 モッセル・ベイ発
15:15 ジョージ着／発
※シャトルバス
16:15 オーツホーン着 <オーツホーン泊>

3日目
12:30 オーツホーン発
※シャトルバス
13:30 ジョージ着
15:30 ジョージ発
16:35 ナイズナ着 <ナイズナ泊>

4日目
16:45 ナイズナ発
19:00 ストームス・リバー着 <ストームス・リバー泊>

5日目
19:15 ストームス・リバー発
21:45 ポート・エリザベス着 <ポート・エリザベス泊>

ときどきトイレ休憩。ガソリンスタンドやちょっとしたカフェ、ショップのある場所に寄っていく

オーツホーンでは、ダチョウ農園でおそるおそるダチョウに試乗。カンゴー洞窟も見逃せない

歴史的建造物が多いジョージの町なか

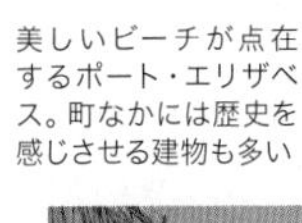

美しいビーチが点在するポート・エリザベス。町なかには歴史を感じさせる建物も多い

ラグーンが美しいナイズナ。ここへ来たら、オイスターもぜひ味わいたい

オーツホーン
モッセル・ベイ
ジョージ
ウィルダネス
ナイズナ
プレッテンバーグ・ベイ
ストームス・リバー
ジェフリーズ・ベイ
ポート・エリザベス

観光客に人気の港町モッセル・ベイ。遊覧船でオットセイ島へ行ける

ストームス・リバーでは高さ139mの橋の上から峡谷を望むことができる

まだまだある、ケープタウン拠点の旅

美味の宝庫、ワイン・ランドへ

→ P.102 ～

ケープタウンの北東に広がるワイン・ランド。南アフリカワインの名産地として有名で、数多くのワイナリーが点在する。ワイナリーを巡ってテイスティングを楽しんだあとは、おいしいワインと料理で贅沢な１日を締めくくるのもいい。優雅な気持ちにさせてくれる地――。それが、ワイン・ランドだ。

ワイン・ランドとは？

南アフリカワインの生産の中心地で、ケープタウンから東へ車で30分～1時間行った場所に広がるエリア。ケープ・ダッチ様式と呼ばれる美しい建物が点在し、山の斜面や麓にはブドウ畑がどこまでも続いている。

これだけは見逃せない！

① おいしいワインと料理

ワイン産業とともに料理が発展したワイン・ランドには、世界のグルメから絶賛を浴びるレストランが数多く点在する。また、オリジナルワインに合った料理を提供しようと、レストランを併設しているワイナリーも多い。

② ワイナリー巡り

ワイン・ランドの最大の見どころは、何といってもワイナリー巡り。ほとんどのワイナリーでテイスティングや見学ツアーが体験でき、ほかでは入手できない貴重なワインを購入することもできる。

さて、どうやって巡る？

■ ツアー VS 個人

ケープタウンから各種ツアーが出ているので、それに参加するのもひとつの方法。ただし、訪れるワイナリーやレストランはすでにスケジュールに組み込まれてしまっているので、じっくりワイナリー巡りを楽しみたいという人には物足りないかもしれない。一方、個人で巡るとなると車が必須だが、ワインを思う存分楽しみたいのであれば運転手（ガイド）付きバンなどをチャーターするのもいい。
※おもな旅行会社→P.87欄外。

■ 日帰り VS 滞在

ケープタウンから日帰りでもワイナリーを2～3ヵ所訪れ、ゆったりランチを食べる時間は十分にある。だが、時間が許せば、ぜひ滞在してみたい。というのもワイン・ランドには、都市部のホテルとはまったく趣が異なる個性的な宿泊施設が点在しているからだ。ブドウ畑に囲まれたワイナリーの敷地に、宿が併設されているところもある。

2泊3日でちょっと贅沢旅

1日目

- 9:00 ケープタウン発
- 10:00 ステレンボッシュ着／町なかを散策
- 11:00 ワイナリー巡り。途中で昼食
- 16:30 チェックイン
- 19:00 レストランで夕食

＜ステレンボッシュ泊＞

2日目

- 9:00 ゆったり朝食
- 11:00 フランシュフックへ
- 11:30 ワイナリー巡り。途中で昼食
- 15:00 パールへ
- 15:30 ワイナリー巡り
- 19:00 レストランで夕食

＜ステレンボッシュ泊＞

3日目

- 9:00 朝食
- 12:00 チェックアウト
- 13:00 ケープタウン着

メモ： ガイド兼運転手を頼んで1日約R1500×3日。宿泊代が1泊約R1000×2泊。テイスティング代や食事代を加えるとふたりでR8000程度。

レンタカーでひたすら走ってみました

1日目

ケープタウン→マルムスベリー→ムーアリーズバーグ→シトラスダル
（移動時間：約5時間　走行距離：約200km）
※寄り道を含む
＜シトラスダル泊＞

2日目

午前　セダーバーグ野生保護区を散策
午後　シトラスダル→クランウィリアム
（移動時間：約1時間30分
走行距離：約100km）
＜クランウィリアム泊＞

3日目

午前　サン族の壁画を見にトレイルへ
午後　町なかを散策
＜クランウィリアム泊＞

4日目

午前　クランウィリアム→ランバーツ・ベイバード・アイランド自然保護区へ
午後　ランバーツ・ベイ→サルダナ→ウエスト・コースト国立公園→ケープタウン
（移動時間：約7時間　走行距離：約400km）
※寄り道を含む
＜ケープタウン泊＞

ケープタウンからN7を北上。牧場や農地の間を延々と走る

道中で農家が経営するショップへ。ここで作っているというチーズを試食

今回2泊したクランウィリアム郊外のオレンジ農園にあるゲストハウス

南アフリカ名産のルイボスティーが採れるのはクランウィリアム周辺のみ。あたり一面にルイボス畑が広がる。

セダーバーグ野生保護区内のトレイルを散策。周辺ではサン族の壁画が多く見つかっている

鳥類の繁殖地として知られるバード・アイランド自然保護区。あまりの数に唖然……

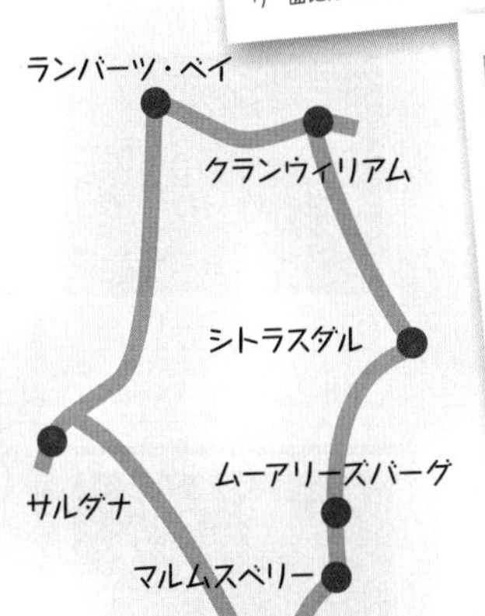

【走行距離：約700km】

ケープタウンから北上して

ウエスト・コーストへ

→ P.114 〜

観光化が進んでいないだけに素朴な風景に出合えるのが、ケープタウンの北のエリア。穀物地帯が広がる道をひたすら車で走ってみた。そこに待っていたのは、驚きと感動。峠を抜けると青々としたシトラス畑へ光景を変え、さらに進むと奇岩が連なる山に。そして海岸沿いには、鳥類や海洋生物の楽園があった。

花図鑑

南アフリカで見た植物

南アフリカは4つの世界自然遺産（うち1件は複合遺産）を擁する自然豊かな国。なかでもケープ植物区保護地域群（→P.80、85）には9000種もの植物が自生し、そのうち6000種が固有種という極めて優れた植生をもつ。

キダチ・アロエ
Aloe Arborescens　アロエ属
300種類もあるアロエのほとんどは南アフリカが原産

アロエ・ストリアータ
Aloe Striata　アロエ属
和名「ジコウニシキ（慈光錦）」、別名「サンゴ（珊瑚）アロエ」

キング・プロテア
（プロテア・キナロイデス）
Protea Cynaroides　ヤマモガシ科
南アフリカの国花。ピンクや赤など直径20cmほどの花を咲かせる

バーバートン・デイジー
Barberton Daisy　キク科
日本でもおなじみのガーベラは、ほとんどが南アフリカ原産

ユリオプス・アブロタニフォリウス
Euryops Abrotanifolius　キク科
「ユリオプス」とはギリシア語で「大きな目をもつ」を意味する

グラスコップ・クラウド・アロエ
Graskop Cloud Aloe　アロエ属
南アフリカに多く植生するアロエの仲間

エリカ・アビエティナ
Erica Abietina　ツツジ科
南アフリカを代表する花のひとつ。約80％が南部アフリカに植生している

エリカ・ケリントイデス
Erica Cerinthoides　ツツジ科
火のように真っ赤な花の色から「ファイヤー・エリカ」とも呼ばれている

バウヒニア・ガルピニイ
Bauhinia Galpinii　マメ科
南アフリカ原産で、高さ3mくらいまで成長。春〜秋に赤い花を咲かせる

パパヴェル・アクレアトゥム
Papaver Aculeatum　ケシ科
英名「サウス・アフリカン・ポピー」とも呼ばれている

アガパンサス
Cape Agapanthus
ユリ科
ギリシア語で「愛の花」を意味する花

コティレドン・オルビクラタ
Cotyledon Orbiculata
ベンケイソウ科
南アフリカでは21種のコティレドンが知られている

コニコシア
Conicosia Elongata　ハマミズナ科
何とひとつの花に150枚以上もの花びらが付いているともいわれている

デロスペルマ
Delosperma　ハマミズナ科
ケープ地方が原産地。名前はギリシア語の「明白な種」に由来する

ピンクッション
Leucospermum Cordifolium
ヤマモガシ科
花が針刺しのようになっていることからこう呼ばれている

ルリマツリ
Plumbago Auriculata Blousyselbos　イソマツ科
南アフリカ原産の常緑低木で、痛み止めやマラリアなどの民間療法にも利用されてきた

オクサリス・ポリフィラ
Oxalis Polyphylla　カタバミ科
南アフリカ原産。日本でも観賞用としてオキザリスの名で親しまれている

バオバブ
Baobab　パンヤ科（アオイ科）
南アフリカには1種類のみ。樹齢2000年とも3000年ともいわれている

アカシア
Acacia　マメ科
ゾウやキリンが好んで食べる木。傘のような枝葉が木陰をつくり、動物たちの格好の昼寝場所にもなっている

キヴァー・ツリー（アロエ・ディコトマ）
Quiver Tree　アロエ属
南アフリカ北部とナミビア南部にしか生息しないアロエの仲間

ソーセージ・ツリー
Sausage Tree　ノウゼンカズラ科
ソーセージのような形の実が特徴的。だが、実は食べられない

モパニ
Mopani　マメ科
チョウチョウのような形の葉っぱが特徴的。この木に付くガの幼虫はパニといわれ現地の人の重要なたんぱく源にもなっている

ジャカランダ
Jacaranda　ノウゼンカズラ科
中南米原産だが南アフリカでも好まれ、町並みを美しく彩っている。とりわけプレトリアの並木道は有名

自然と人類が創りあげた宝物

過去から引き継がれ、次世代へと受け継いでいくべき人類の宝物、世界遺産。圧倒的な大自然と人類のすばらしい歴史が残る南部アフリカには、そんな遺産が数多く登録されている。

※ここでは世界遺産の登録名で表記しているため、一部本書のほかのページの表記と異なる場合があります。

ビクトリアの滝 →P.281、295、317

※Mosi-oa-Tunya/Victoria Falls
※1989年に自然遺産に登録

「モシ・オァ・トーニャ（雷鳴のとどろく水煙）」と呼ばれるのも、滝の雄姿をひとめ見ればその理由を理解することができるはず。北米のナイアガラの滝、南米のイグアスの滝とともに、世界3大瀑布のひとつに数えられる。最大幅約1708m、最高落差約108m、1分間に5億ℓもの水が流れ落ちる。ジンバブエとザンビア両国での登録。

ツォディロ →P.334

※Tsodilo
※2001年に文化遺産に登録

トゥエイフェルフォンテン →P.343

※Twyfelfontein
※2007年に文化遺産に登録

オカバンゴ湿地帯 →P.333

※Okavango Delta
※2014年に自然遺産に登録

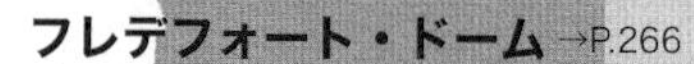

フレデフォート・ドーム →P.266

※Vredefort Dome
※2005年に自然遺産に登録

ナミブ砂海 →P.346

※Namib Sand Sea
※2013年に自然遺産に登録

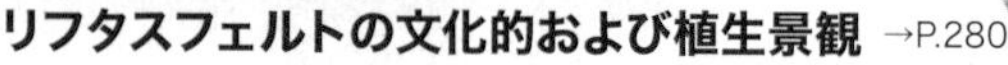

リフタスフェルトの文化的および植生景観 →P.280

※Richtersveld Cultural and Botanical Landscape
※2007年に文化遺産に登録

ナマクアランド北部に位置する乾燥地帯。ごつごつとした峡谷や山々が連なり、一見、不毛で荒涼とした景観が広がるが、そこには砂漠ならではの独特の生命体があふれている。今もナマ族たちがこの地域で、伝統的な放牧生活を営んでいる。

コマニの文化的景観

※Khomani Cultural Landscap
※2017年に文化遺産に登録

スタークフォンテン洞
(南アフリカの人類化

→P.216

※Sterkfontein Caves (Fo
Sites of South Africa)
※1999年に文化遺産に登録

ロベン島 →P.80

※Robben Island
※1999年に文化遺産に登録

ケープ植物区保護地域群 →P.80、85

※Cape Floral Region Protected Areas
※2004年に自然遺産に登録

東・西ケープ州の13の保護地域からなる、総面積約109万4742haのエリア。アフリカ大陸のたった0.5%にも満たない広さでありながら、全体の約20%の植物が生育しているといわれ、その数は約9000種類にも上る。

マナ・プールズ国立公園

※Mana Pools National Park, Sapi and Chewore Safari Areas
※1984年に自然遺産に登録

モザンビーク島 →P.367

※Island of Mozambique
※1991年に文化遺産に登録

キリスト教の重要な伝道拠点でもあり、ポルトガルの植民地時代にはモザンビークでの活動の中心的な役割を果たしていた。1522年に建てられたノサ・セニョラ・デ・バルアルテ礼拝堂は、南半球における現存する最古のヨーロッパ建築といわれている。

ザンビア

モザンビーク

ジンバブエ

カミ遺跡 →P.308

※Khami Ruins National Monument
※1986年に文化遺産に登録

マトボ丘陵 →P.307

※Matobo Hills
※2003年に文化遺産に登録

ボツワナ

マプングブエの文化的景観 →P.258

※Mapungubwe Cultural Landscape
※2003年に文化遺産に登録

グレート・ジンバブエ遺跡 →P.305

※Great Zimbabwe National Monument
※1986年に文化遺産に登録

13世紀にショナ族により建造された石造建築。「ジンバブエ」とは「石の家」の意味で、小高い丘の上には巨大な石でできた「アクロポリス」、平地にはれんがのような石を積み上げた「神殿」、そしてそれらの間に「谷の遺跡」と呼ばれる住居跡が点在する。

バーバトン・マコンジュワ山脈

※Barberton Makhonjwa Mountains
※2018年に自然遺産に登録

エスワティニ

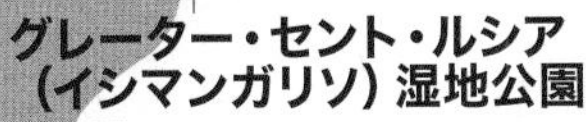

グレーター・セント・ルシア（イシマンガリソ）湿地公園

→P.195

※The Greater St. Lucia (iSimangaliso) Wetland Park
※1999年に自然遺産に登録

レソト

リカ

マロティ・ドラケンスバーグ公園 →P.186、354

※Maloti-Drakensberg Park
※2000、2013年に複合遺産に登録

「竜の山々」を意味する「ドラケンスバーグ」。その名のとおり地殻変動によって造り出された絶壁が竜のように連なる景色は、まるで大地の力によって刻まれた彫刻作品のよう。このエリアには、サン族の壁画もあちらこちらに残されている。南アフリカとレソト両国での登録。

南部アフリカのおみやげ

Souvenirs from Southern Africa

エキゾチックで魅力的なグッズがたくさん！

南部アフリカには、伝統的な工芸品からカラフルなアクセサリーまで、思わず欲しくなってしまう雑貨がたくさんある。特産のお茶やアルコール、スパイスなどの嗜好品も多い。さあ、南部アフリカならではのおみやげを探しにいこう。

カプラナ人形（モザンビーク）

モザンビーク特産の布、カプラナで作られた人形。手作りなので、衣装や姿かたちも一体一体違いがあっておもしろい

コーサ族のパイプ
（南アフリカ）

コーサ族の女性は、これを使って喫煙していたという。柄が長ければ長いほど身分が高いことを示すそうだ

ルイボスティー
（南アフリカ）

ノンカフェインの健康茶。苦味がなく、飲みやすい。原料は南アフリカの一部でしか栽培されていないマメ科の針葉樹。ハニー・ブッシュティーもおすすめ

アマルーラ
（南アフリカ）

アフリカ原産のマルーラ（アプリコットのような果実）から造ったリキュール。チョコレートもある

サンゴーマの祈祷具
（南アフリカ）

ズールー族のサンゴーマ（霊媒師）がお祈りするときの必需品。今もその伝統は息づいていて、儀式の際に使われる

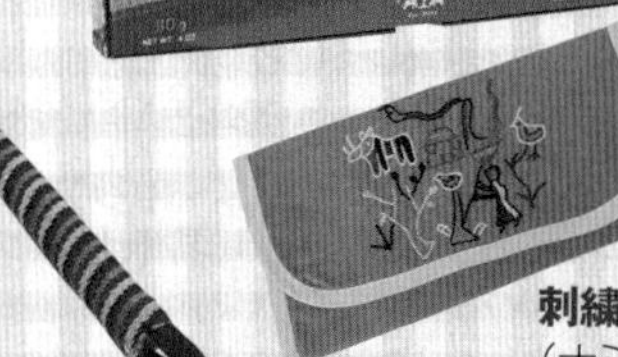

刺繍のバッグ
（ナミビア）

サン族の壁画に描かれているような、伝統的な生活をモチーフにした刺繍を施したバッグ。カラフルな色合いでかわいらしい

陶器

南アフリカのカラフルな幾何学デザインやサン族の壁画などをモチーフとした図柄が特徴。さまざまな形がある

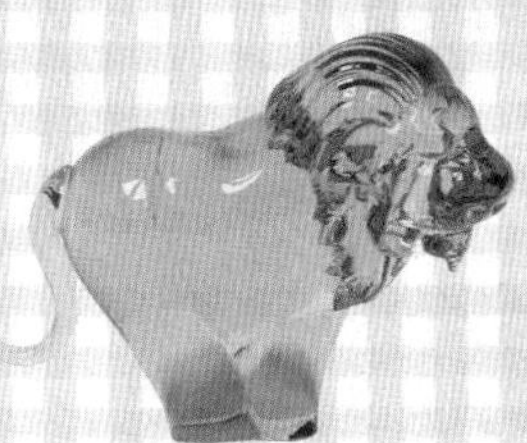

スワジ・グラス
(エスワティニ)

廃材のガラス瓶を再利用して作られている。コップや皿のほかに、動物をかたどった置物やアクセサリーなどが人気

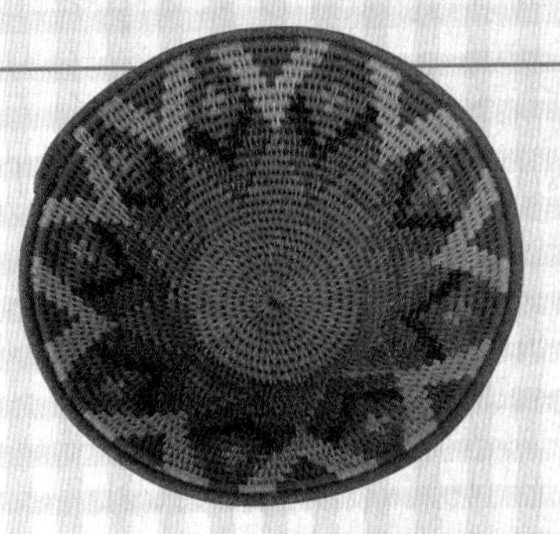

バスケット(エスワティニ)

Sisaiという植物を編み込んで作られている。カラフルなのにシックなデザイン

ヒンバ族のブレスレット
(ナミビア)

今も伝統的な暮らしを続けているヒンバ族のブレスレット。ほかにも首輪、ベルトなど骨で作った多くのアクセサリーがある

バソト・ハット
(レソト)

この帽子と柄物毛布がレソトの伝統的なファッションスタイル。バソト・ハットはレソトの象徴として、国旗にも描かれている

動物モチーフ

野生王国の南部アフリカには、動物をモチーフにした雑貨が各種ある。こちらはキリンの柄が付いたトング

バスケット(ボツワナ)

伝統的な行事や暮らし、植物や動物などをモチーフにしたものが多い。ヤシの葉できめ細かく編み込んでいるので、水を入れても漏れることはない

動物の置物
(ジンバブエ)

木彫りの置物。動物や人をモチーフにしたものが多く、スプーンやお椀などもある

ナチュラルコスメ

ルイボスやバオバブなどを原材料にした、ナチュラル志向のボディローションやオイル、リップクリームなども多く見つかる

木彫りの置物

人物や動物などをモチーフにしたものがほとんど。一つひとつ手作りなので、皆表情が違っていておもしろい

アルミの食器類

カラフルな絵が描かれていて、つい手に取ってしまいたくなるコップや小皿がたくさん。落としても割れないので、持ち運びにも便利

木製のランチョンマット

食事の際に皿や箸の下に敷く板。アフリカらしいデザインが人気。もちろん壁掛けとして利用することも

ゾウの糞で作った紙

毎日たくさんの草を食べるゾウの糞は、実はそのほとんどが食物繊維。それを再利用して作った紙で、便せんや封筒、メモ用紙などさまざまな商品がある

リサイクル小物

古紙をリサイクルして作ったイヤリングやマグネットなど。カラハリ砂漠が広がるボツワナのハンツィでコミュニティプロジェクトとして始まった

電線で作ったバスケット

いらなくなった電線を利用して作ったバスケット。なかにはカラフルなワイヤーを使ってアーティスティックな作品を作るアーティストたちもいる

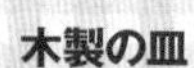

木製の皿

木をくり抜いて作った皿。レストランなどでナッツやスナックなどを入れているのをよく見かける

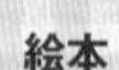

絵本

古くから伝わるストーリーや野生動物に関する子供向け絵本。かわいらしい絵とともに大人でも楽しめる

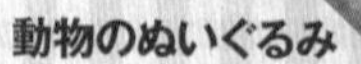

動物のぬいぐるみ

さまざまな野生動物をモチーフにしたぬいぐるみも多数揃っている。かわいらしい表情がたまらない

伝統楽器のマラカス

ヒョウタンに木の柄を付けて作ったマラカス。昔から民族ダンスなどの場で活躍してきた

ローカルアーティストたちのCD

生活のなかにダンスや歌が息づいているアフリカで、音楽は欠かせないもの。試聴できる店もあるので、ぜひ好きなアーティストを見つけてほしい

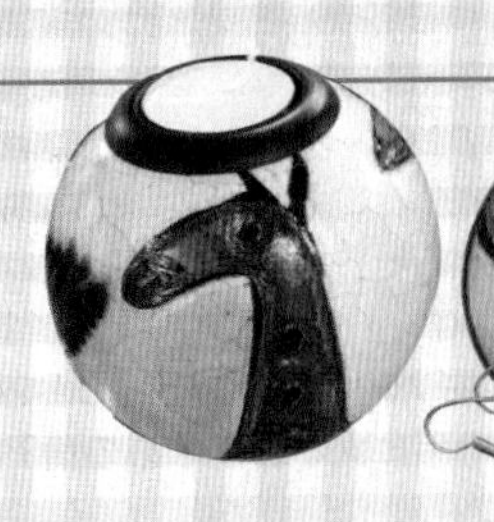

ダチョウの卵

硬くて丈夫なダチョウの卵の殻を利用して、キャンドルホルダーやアクセサリーなどが作られている

ンデベレ人形

ビーズ細工を使った独特な衣装で知られるンデベレ族をモデルにして作った人形。頭部と衣装にカラフルなビーズが施されていて、とってもキュート

ビーズ細工

コースターや壁掛けなどさまざまな小物が売られている。針金にビーズを通して作った立体的なキーホルダーもよく見かける

お面

本来は、伝統的なダンスや祭儀などで用いられていたお面。現在では芸術作品として見かけることも多い

アルミの像

廃材を利用して作ったアルミの像。さまざまな民族がモデルになっていて、一体一体表情やポーズも違う

ビーズのアクセサリー

手作り感がたまらないかわいらしいアクセサリーがたくさん。お気に入りの1点を見つけよう!

ワインのコルク

かわいらしい動物が装飾されたコルク。飲みかけのボトルもこれがあれば、見た目が映える

ゾウの毛のアクセサリー

ゾウの尻尾で作ったブレスレットやリングなど。昔から幸せを呼ぶアイテムとして身につけられてきた

ムビラ
(ジンバブエ)

ジンバブエに住むショナ族の伝統楽器(→P.310)で、鉄の棒をはじいて音を出す。オルゴールの原型になったともいわれている

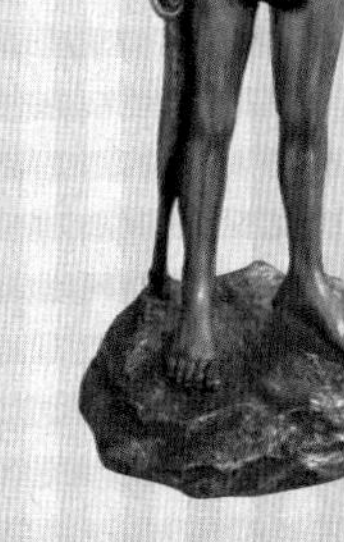

スーパーでバラマキみやげ

in South Africa

**スーパーマーケットでのおみやげ探しはもはや定番。
格安で手に入るおすすめの南アフリカみやげを紹介しよう！**

ルイボスティー

定番みやげのルイボスティー（→P.118）のティーバッグ。オーガニック（写真左）のものは高め

自家焙煎コーヒー

南アフリカには自社でローストするこだわりのコーヒーショップが多く、それらの商品がスーパーでも手に入る

R98.99

FYNBOS HONEY

フィンボスのハチミツ

南アフリカならではのフィンボスからとれたハチミツ

ブライソルト

南アフリカのバーベキュー「ブライ」を日本でも！

R30～

ワイン

南アフリカはいわずと知れたワイン大国。スーパーでも質のよいワインが安く手に入る

ベーカーズのクッキー

ベーカーズは南アフリカで約170年愛され続けているビスケットメーカー。特にショートブレッドが美味

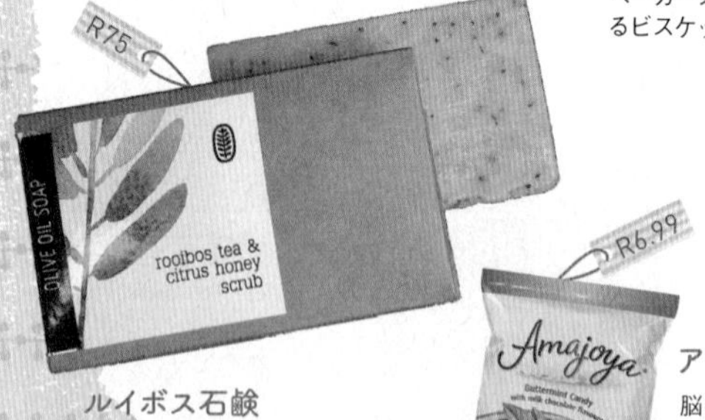

ルイボス石鹸

ルイボスティーエキスとシトラスハニーから作られた香りのよい石鹸

ペリペリソース

南アフリカ名物ペリペリチキンを日本でも再現できる。ナンドスのものが有名

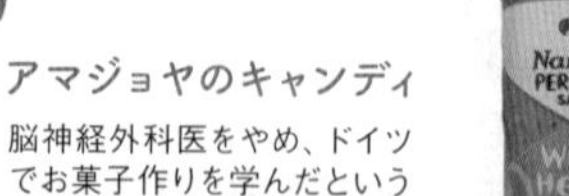

アマジョヤのキャンディ

脳神経外科医をやめ、ドイツでお菓子作りを学んだという変わった経歴の創業者が作りあげたおいしいキャンディ

南アフリカ
SOUTH AFRICA

General Information

南アフリカの基本情報

▶旅の言葉→ P.407

▶歴史→ P.410

▶民族→ P.414

▶宗教→ P.416

▶地理と気候→ P.418

国民的英雄、ネルソン・マンデラの像

国　旗

　歴史的に使用されてきた旗のデザインやカラーを取り入れ、1994年に初めて使用されている。赤、緑、白、黒、黄、青の6色は民族によりそれぞれの意味が異なる。

正式国名

南アフリカ共和国
Republic of South Africa（英語）
Republeik van Suid-Afrika（アフリカーンス）

国　歌

National Anthem of South Africa

　特にタイトルはなく、1994年にマンデラ元大統領の就任を機に、以前の国歌「Die Stem」と黒人の間で歌われていた「Nkosi sikelel' iAfrica」を半分ずつ歌うことに制定された。前半がコサ語とズールー語とソト語、後半がアフリカーンスと英語。

面　積

約122万 km^2（日本の約3.2倍）

　リンポポ、ムプマランガ、ハウテン、ノース・ウエスト、フリー・ステート、クワズル・ナタール、北ケープ、西ケープ、東ケープの9つの州がある

人　口

約5778万人（2018年）

首　都

　首都は次の3つ。ちなみに南アフリカ最大の経済都市にして国際空港もあるヨハネスブルグ Johannesburg（人口95万人）を首都と勘違いしている人も多いが、ここは経済の中心地に過ぎない。

行政府：プレトリア（ツワネ）
Pretoria（人口約74万人）
立法府：ケープタウン
Cape Town（人口約43万人）
司法府：ブルームフォンテン
Bloemfontein（人口約25万人）

元　首

シリル・ラマポーザ大統領
Cyril Ramaphosa

政　体

共和制（独立1961年）

民族構成

　コーサ、ズールー、ソト、ツワナなどのアフリカ先住民族80.9%、ヨーロッパ系白人7.8%、カラード（混血）8.8%、アジア系2.5%。

宗　教

　キリスト教（オランダ改革教会、メソディスト、アフリカ独立教会など）約86%。ほかイスラム教、ヒンドゥー教、ユダヤ教など。各部族の伝統的な自然崇拝もある。

言　語

　英語、アフリカーンス、ズールー語、コーサ語、ソト語など11の公用語があるが、実際に公用語として使用されているのは英語。

通貨と為替レート

▶お金の持ち方と両替について→ P.370

　単位は南アフリカ・ランド（R）、補助通貨はセント（¢）。R1＝100¢

2020年1月20日現在

R1≒7.6円　US$1≒R14.5

紙幣の種類＝R200、100、50、20、10
硬貨の種類＝ R5、2、1、50¢、20、10、5
※2012年11月から、ネルソン・マンデラのイラストが表に描かれた新紙幣（裏面には旧紙幣の表面の絵柄）が流通している。

新紙幣

電話のかけ方

▶通信事情
→P.398

日本から南アフリカへの電話のかけ方　（例）ヨハネスブルグ（011）123-4567にかける場合

国際電話会社の番号
001（KDDI）※1

0033（NTTコミュニケーションズ）※1
0061（ソフトバンク）※1
005345（au携帯）※2
009130（NTTドコモ携帯）※3
0046（ソフトバンク携帯）※4

＋ 国際電話識別番号 **010** ＋ 南アフリカの国番号 **27** ＋ 市外局番（最初の0を取る） **11** ＋ 相手の電話番号 **123-4567**

※携帯電話の3キャリアは「0」を長押しして「+」を表示し、続けて国番号をダイヤルしてもかけられる。

（※1）「マイライン」「マイラインプラス」の国際通話区分に登録している場合は不要。詳細は、URL www.myline.org　（※2）auは005345をダイヤルしなくてもかけられる。　（※3）NTTドコモは事前にWORLD WINGに登録が必要。009130をダイヤルしなくてもかけられる。（※4）ソフトバンクは0046をダイヤルしなくてもかけられる。

両　替

両替は、ホテル、銀行、空港内の銀行で、USドルやユーロ、日本円から南アフリカ・ランドへの両替が可能。ただし、大都市以外では日本円はあまり見慣れない通貨のため、場所によっては両替を受け付けてくれない可能性もある。また、大都市でも両替は1万円～といったところも多い。

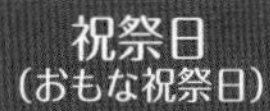

祝祭日（おもな祝祭日）

2020年の祝祭日は以下のとおり。グッドフライデイと家族の日は年によって移動するので注意。

1月 1日	元日	New Year's Day
3月 21日	人権の日	Human Rights Day
4月 10日	グッドフライデイ	Good Friday
4月 13日	家族の日	Family Day
4月 27日	自由の日	Freedom Day
5月 1日	メーデー	Workers' Day
6月 16日	青年の日	Youth Day
8月 9日	女性の日	National Women's Day
8月 10日	振替休日	Public Holiday
9月 24日	文化遺産記念日	Heritage Day
12月 16日	和解の日	Day of Reconciliation
12月 25日	クリスマス	Christmas Day
12月 26日	親善の日	Day of Goodwill

ビジネスアワー

オフィスは平日8:30～17:00、土曜は休みのところが多い。商店は月～金曜が9:00～17:00、土曜は13:00までで、日曜は休み。多くのスーパーマーケットは平日18:00、土曜は17:00、日曜は15:00頃まで営業している。銀行は平日8:30～15:30。土曜は11:30頃までで、日曜は休み。レストランは、観光地では無休で営業しているところもあるが、基本的に日曜は休むところが多い。

チップ

チップを渡す習慣が定着しているため、多くの場面でチップが必要。レストラン、バーでは支払い料金の10%を支払う（サービスチャージが含まれていない場合）。ホテルのメイド、ポーター、タクシードライバーなどにはR10～20くらい、ガイド（専用車）は1日みんなでR250程度だが、サービスの程度、自分の満足度によって10%ほどあげれば相手の励みにもなる。

南アフリカから日本への電話のかけ方　（例）東京（03）1234-5678にかける場合

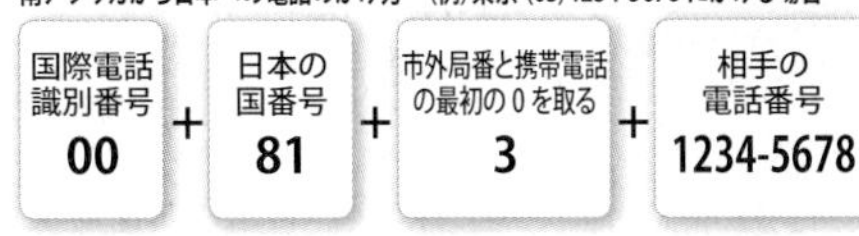

▶電話のかけ方

携帯電話の普及により公衆電話はあまり見られなくなっている。ホテルの電話からかけられるが、手数料がかかるため料金は高め。SIMフリーの携帯を持っていれば、現地でSIMカード（R100程度）を購入し、電話やインターネットを利用することができる。

電圧&ビデオ

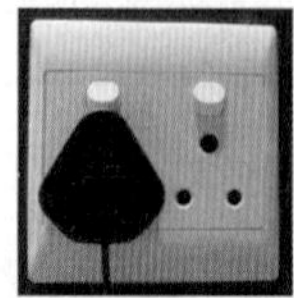

電圧とプラグ

電圧はほとんどの地域が 220V、50Hz。プラグは丸型 3 ピンの B3L タイプ。日本では取り扱っている店がほとんどないが、ネットショップなどで手に入る。もしくは現地で南アフリカ仕様の変換プラグを購入する。空港のほかアウトドア用品店、スーパーなどで購入できる。高級ホテルはマルチ型のコンセントを用意しているところが多い。

ビデオ方式

南アフリカのビデオ方式は PAL 式。日本の NTSC 式とは異なるので、一般的な日本国内用ビデオデッキでは再生できない。DVD ソフトは地域コード Region Code が日本と同じ「2」と表示されていれば、DVD 内蔵パソコンで再生することができる。ただし、一般的な DVD プレーヤーは PAL 対応型でない場合、再生できない。

飲料水

水道の水は飲めるが、ミネラルウオーターを飲用したほうがいい。1 ℓのペットボトルが R10 程度。なおミネラルウオーターには「Still」と「Sparkling」の 2 種類が売られており、普通の水は「Still」。「Sparkling」は炭酸水。

度量衡

ヤード・ポンド法とメートル法の併用。一般的に長さや速度はメートル、重さなどは日本と同じキログラムやトンが使われている。

気　候

▶旅の服装→ P.373

▶地理と気候→ P.418

▶シーズンで見る南アフリカ→ P.374

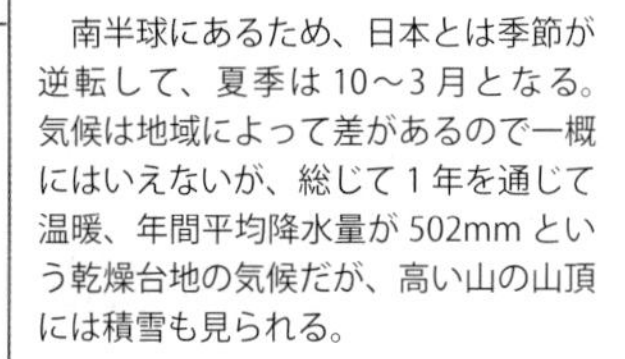

夏季には花々が咲く

南半球にあるため、日本とは季節が逆転して、夏季は 10〜3 月となる。気候は地域によって差があるので一概にはいえないが、総じて 1 年を通じて温暖、年間平均降水量が 502mm という乾燥台地の気候だが、高い山の山頂には積雪も見られる。

旅行シーズンもそれぞれで、西ケープ州、東ケープ州の海沿いのリゾート地は 12 〜 1 月が避寒客でにぎわい、クルーガー国立公園のあるリンポポ州、ムプマランガ州などは、乾季の 5 〜 9 月あたりが観光シーズンとなる。

プレトリア、ケープタウンと東京の気温と降水量

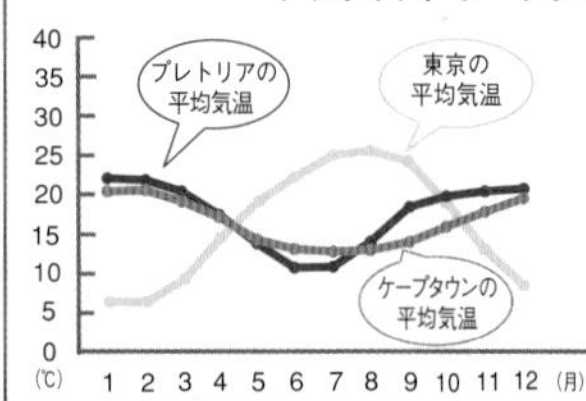

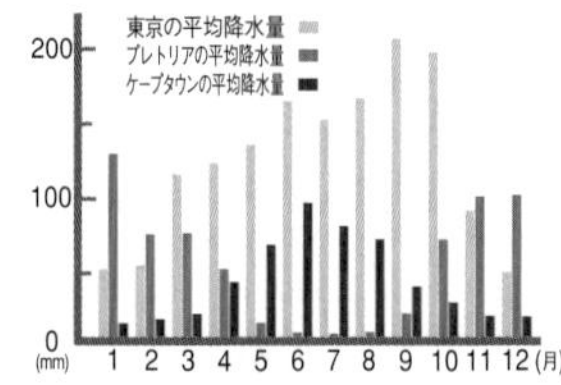

※東京の平均気温および降水量は東京管区気象台データ。プレトリアとケープタウンは理科年表（文部科学省国立天文台編）による

年齢制限

ケープ半島で見られるオットセイ

レンタカーは、会社によって異なるが、23 歳以上というところが多い。また、上限を定めているレンタカー会社もあるので確認を。また、私営動物保護区や国立公園などでは、入園や滞在に年齢制限を設けているところもあるので事前に確認をするように。

関　税

CUSTOMS

ケープタウン国際空港

たばこは紙巻 200 本、葉巻 20 本、刻みたばこ 250g のいずれかまで、アルコールは酒類 1 ℓ、あるいはワイン 2 ℓまで持ち込むことができる。なお 2008 年 8 月より外貨の持ち込み、および持ち出し額が制限されるようになった。US$1 万相当以上の外貨、南アフリカの通貨は R2 万 5000 以上の現金が申告対象となっているので注意するように。付加価値税 V.A.T. の還付申請と払い戻しは出国空港で行うことができる。出国税はない。

入出国

▶南アフリカの入出国 → P.382

▶未成年の入国 → P.370

パスポート

南アフリカ出国時に30日以上の残存有効期間があることが必要。また、未使用査証欄が南アフリカ入国時に2ページ以上必要。余白が足りないと入国時にトラブルとなる場合があるので注意。

ビザ

日本国民は90日間以内の滞在ならビザは不要。入出国カードはなく、通常は税関申告書の記入の必要もない。ただし、往路または第三国への航空券を所持していることが条件。

10年間有効のパスポート

5年間有効のパスポート

郵　便

日本への郵便代ははがきR11.50、封書は50gまでR11.50。小包を含め7～10日ほどで日本に届く。

郵便局の営業時間は、月～金曜8：30～16：30、土曜9：00～12：00というところが多い。

安全とトラブル

▶旅の健康管理 → P.400

▶危険情報→ P.403

▶トラブルの対処法 → P.406

▶治安の現状→ P.64

強盗

アパルトヘイト撤廃後の南アフリカでは、政治的な暴力・暴動は減少したが、強盗・殺人などの一般犯罪が増加している。特に大都市での治安は非常に悪化しているのが実情。昼夜を問わず、刃物や銃器を用い、複数で犯行に及ぶのが特徴だ。強盗に襲われないよう、単独行動は絶対にしないように。

エイズ

南アフリカでは、HIVの感染はかなり拡大しており、この問題を避けてはとおれない。感染者は9人にひとりとも5人にひとりともいわれている。感染者との性交渉がなければ感染の心配はまずないが、暴行を受けた場合、または交通事故などで輸血を受ける場合などには注意が必要だ。

緊急時の連絡先

警察 ☎10111
救急・消防 ☎10177
携帯電話からの緊急電話 ☎112
※オペレーターに警察、救急、消防のいずれであるかを告げる。

●在南アフリカ日本大使館（プレトリア）
住 259 Baines St., Cnr. Frans Oerder St., Groenkloof, Pretoria
☎(012)452-1500
URL www.za.emb-japan.go.jp

●在ケープタウン領事事務所
住 21st Floor Office, The Towers, 2 Heerengracht Corner, Hertzog Blvd.
☎(021)425-1695

日本からのフライト時間

▶南部アフリカへの道 → P.380

日本からの直行便はないので、香港やシンガポール、ドバイ、カタールなどの第三国を経由して行く。ちなみに成田～香港間のフライト時間は約5時間、香港～ヨハネスブルグ間は約13時間。

時差とサマータイム

日本より7時間遅れ。日本が昼の12:00のとき、南アフリカは5:00。サマータイムは実施していない。

そのほか

予防接種

日本出発の場合は不要。ただし、黄熱汚染国を経由して入国する際には、たとえ飛行機の乗り継ぎで12時間以上滞在しただけでも黄熱予防接種証明書（イエローカード）の携行が義務づけられているので要注意。

野生動植物の持ち出し

南アフリカは世界的にも珍しい動植物がたくさん生息していることで知られており、研究者やマニアの注目を集めている。近年、しばしば日本人が逮捕されているのが、自然保護法に違反して、これらの野生の動植物を捕獲・採取したという容疑。実際に何人もの日本人が逮捕され多額の罰金刑を受けている。特に西ケープ州では、野生動植物を捕獲・採取する際には、自然保護局へ申請し、許可証を取る必要がある。学術調査にかぎり許可されるが、それ以外の趣味・売買目的の申請は許可されない。ほかの州でも同様。

Orientation
オリエンテーション

South Africa
南アフリカ

大自然×野生動物×歴史遺産×都市etc.

南アフリカの見どころ早わかり

言語や民族、文化などの多様性から、「レインボー・カントリー（虹の国）」とも呼ばれる南アフリカ。歴史・文化的な側面に加え、大自然もまた、ダイナミックで変化に富んでいる。そんな魅力が詰まった南アフリカの見どころを簡単に紹介しよう。

南アフリカの魅力とは？

・感動を呼ぶダイナミックな大自然
南アフリカのすばらしさは、何といっても圧倒的なスケールの大きさ。海岸線から内陸まで、自然が生み出した造形物がいたるところに眠っている。

・自然のなかで生きる野生動物の姿
自然の営みに従って、力強く生きる動物たち。ときには過酷に、そしてときには美しく。その姿に新たに考えさせられることも多い。

・美食家をうならせるワインと料理
恵まれた食材が料理のバラエティを豊かに。各民族の影響を受け、独自の料理も生まれていった。また、南アフリカワインは高品質で知られる。

・魂を揺さぶるアフリカンカルチャー
さまざまな苦難と歴史を乗り越え、現在を生きる人々。その強くたくましく、未来へと向かう精神が、ダンスや歌にも込められている。

これだけは知っておこう！

Q 治安は大丈夫？
A "世界で一番危険な都市"ともいわれるヨハネスブルグ。残念ながら、大都市はひとりで出歩けるほど治安がいいとはいえない。だが、観光地や地方についてはそれほど心配することはない。

Q ベストシーズンは？
A 目的や訪れる場所によっても異なるが、一般的にサファリで動物を観察したいのであれば乾季の4～10月、花や植物が目的であれば8～10月がベスト。

Q 何日くらい必要？
A ケープタウンなど1都市に滞在して周囲を巡るのであれば、1週間あれば十分に楽しめるが、サファリなども楽しみたいのであれば10日間はほしいところ。

Q 南アフリカの物価は？
A 地方に行けばかなり物価が安く感じるが、ケープタウンなどの観光地においては、ほぼ日本と同等と考えていい。

カラハリ・トランスフロンティア国立公園
赤茶けた大地が続く、ボツワナ領と合わせると、世界でも有数の広大な国立公園 →P.276

リフタスフェルト
アロエなどの多肉植物の宝庫で、ここでしか見られない珍しい植物に出合える →P.280

フリー・ステート州と北ケープ州
Free State & Northern Cape Province

あまり観光化が進んでいないエリア。ただ、それだけにダイナミックな大自然のすごさに触れることができる

ナマクアランド
8～9月になると、荒涼な大地一瞬にして花畑へと変わる不思な場所 →P.27

ケープ半島
喜望峰をはじめ、テーブル・マウンテンやボルダーズ・ビーチなど見どころ満載→P.78

ケープタウン

ワイン・ランド
美食家にはたまらないエリア。ゆったりとおいしいワインと料理を楽しみたい →P.102

大西洋沿岸
Atlantic Ocean Coast

観光客はまず誰もが訪れるであろう、見どころが詰まったエリア。食文化も発展している

ハウテン州と周辺3州

Gauteng & Other Provinces

観光のハイライトのひとつでもあるクルーガー国立公園をはじめ、豊かな大自然が広がるエリア

マディクエ動物保護区

絶滅危惧種に指定されているクロサイが生息。豪華サファリロッジも点在している →P.231

ピーランスバーグ国立公園

唯一、気球に乗ってバルーン・サファリができる場所。上空から野生動物の群れが見られる→P.230

ブライデ・リバー・キャニオン

奇岩や滝などが点在する広大な渓谷。そのダイナミックな景観は感動的 →P.244

クルーガー国立公園

世界有数の動物の種類と数を誇る。隣接の私営保護区には豪華サファリロッジも →P.238

サン・シティ

ジャングルのど真ん中に突如現れる人工都市。リゾート気分が満喫できる →P.229

グレーター・セント・ルシア湿地公園

世界遺産にも登録されている広大な湿地で、多種の鳥類に加えカバやワニが生息 →P.195

シュルシュルウエ・ウンフォロージ公園

ビッグファイブが生息する、南アフリカでも大規模クラスの動物保護区 →P.194

ドラケンスバーグ山脈

絶壁が幾重にも連なる壮大な景色が見もの。キャンプやハイキングを楽しみたい →P.186、354

シャカランド

ズールー族の文化に触れたければここへ。伝統ダンスや料理などの見どころ満載 →P.192

ガーデン・ルート

海岸沿いに景勝美が続くルート。途中には、渓谷や森林、個性的な町が点在する →P.127

アドゥ・エレファント国立公園

名前のとおり、たくさんのゾウに出合える場所。その迫力ある姿に接近! →P.153

インド洋沿岸

Indian Ocean Coast

民族性豊かなエリア。また、マリンスポーツやトレッキングなどのアクティビティが豊富に揃う

在南アフリカ日本大使館に聞く 南アフリカの治安の現状

南アフリカは、日本と比較すると治安状況が非常に悪く、凶悪犯罪が多く発生している。犯行には銃器や刃物などの凶器が使用され、複数人による犯行が多いのが特徴で、特にヨハネスブルグ、プレトリア、ダーバンなどの大都市の中心部(CBD)ではその傾向が顕著に見られる。しかも昼夜を問わず発生しているので、しっかりとした安全・防犯対策を心がけてほしい。それでも万一、強盗などに遭遇した場合は、無抵抗に徹するほうが身体的被害を受けない可能性が高い。

ヨハネスブルグの治安について

市街中心地やダウンタウンは、白昼であっても興味本位で立ち入らないように。スポーツ観戦や観劇などで訪れる場合でも、直接会場まで車で乗りつけ、速やかに帰り、近くても車両を利用するようにする。2019年には、早朝や昼間にパーク駅から徒歩でホテルまで移動しようとした日本人が、複数の男性による羽交い絞め強盗に遭う事件がたびたび発生。同駅周辺では白昼堂々とこうした事件が起きているので、昼夜を問わず、絶対に近づかないこと。また近年、空港やホテルからの追尾強盗、カージャック、偽パトカーによる強盗被害も多発している。

そのほかの大都市について

●プレトリア

ヨハネスブルグと犯罪発生状況が似ている。市内中心部やユニオンビル周辺の観光は、車両を利用し複数人で行動すること。

●ケープタウン

日中、人どおりの多いときは徒歩で観光することができる。ただし、駅前やグランドパレード周辺、ボカープでは、日本人旅行者が強盗被害に遭ったこともある。裏路地への立ち寄りは絶対に避けるように。

●ダーバン

市内中心部を歩くときには、人どおりの多い所を選ぶように。また、知らない間に危ない雰囲気の通りに踏み込んでしまった場合は、ただちに引き返すように。特にビーチに面したホテル群の裏側道路やポイント地区は危険。また、夜になるとホテル周辺には数多くの娼婦が立っている。なかには裏世界と通じている者もおり、金銭の支払いや昏睡強盗などのトラブルが起きているので、声をかけられても決してかかわらないように。また、近年は車両窃盗被害が多くなってきているため、宿泊の際には路上駐車ではなく、指定の駐車場を利用することをおすすめする。

被害に遭ったら

まずけががないか確かめ、負傷している場合には治療を優先させる。それから警察に行き、被害届を出す。担当警察官がその場で書類を作成してくれるので、大切に保管しておくこと。この書類はパスポートの再発給を受けるときや保険の補償を請求するときなどに必要となる。所持金すべてを盗られて身動きできなくなったときには、プレトリアの日本大使館またはケープタウンの領事事務所に相談する。

被害に遭わないために

- ATMは路上のものではなく、モールに設置されているものを利用する。
- 行き先にかかわらず、車両での移動を心掛ける。
- 新しい町に到着したら、まず宿の人などに周辺の治安状況を聞く。
- 土曜の午後と日曜、祝日はオフィス街の人どおりが少なくなるので出歩きを避ける。
- 夜間は近くでもタクシーを利用する。
- 装飾品やカメラは身につけず、できるだけ目立たない服装をする。
- たとえホテルの客室内でも貴重品は置かず、スーツケースには鍵をかける。
- 大荷物を抱えながら宿探しはしない。
- ひったくりされにくいかばんの持ち方を。
- 金や物をねだってくる人は相手にしない。
- 空港やホテルのロビーでは荷物を足に挟むなどして、常に体から離さないように。また、空港やホテルでは目立たないようにする。
- 車の中には貴重品を外から見える場所には置かない。

Atlantic Ocean Coast

望峰自然保護区の展望台から喜望峰を望む

大西洋沿岸
Atlantic Ocean Coast

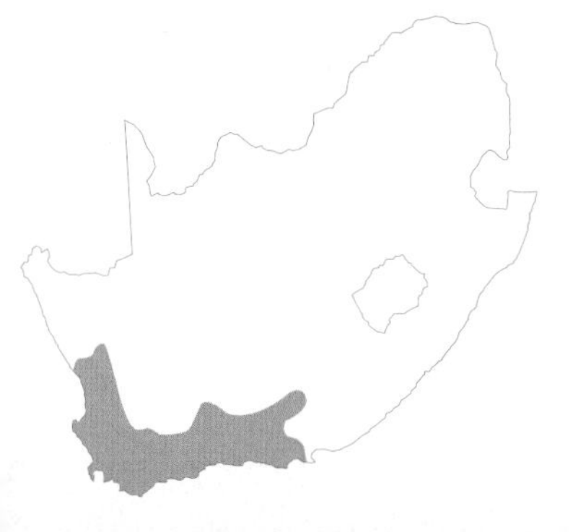

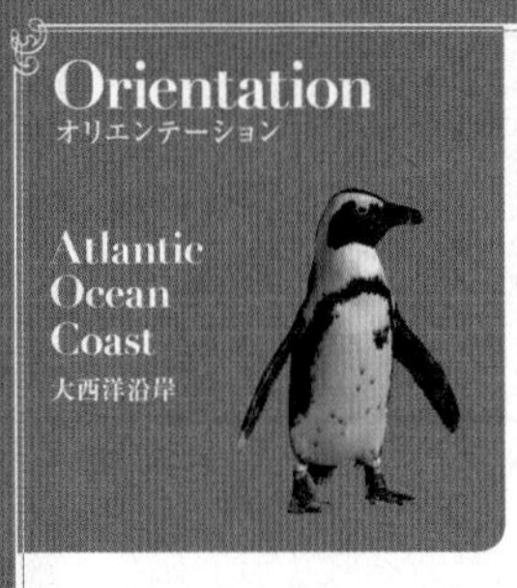

世界中の海岸線のなかで最もすばらしいケープ（岬）といわれるケープ半島。海あり、山あり、平原ありと、バラエティに富んだ地域となっていて、南アフリカ旅行のハイライトといえるケープタウンとともにじっくり旅行してみたい。自然、文化、スポーツ、グルメ、ショッピング……どんな目的の旅行者でも満足できるすべてがこの地域には詰まっている。

どんなエリア？

美味を求めてワイン・ランドへ

ケープタウンから東へ車で1時間も行くと、ケープ・ダッチ様式といわれる美しい建物や酒蔵、ブドウ畑が広がるワイン・ランドがある。日本でもその名が浸透しつつある南アフリカ産のワインをいろいろ味わってみるのもいいだろう。

さらに、ワインを極めたい人は、スワートランド、オリファンツ・リバー・バレー、カルー地方のワイン・ルート（ワインの産地）も訪ねてみたい。これらの地域に、南アフリカ全体にある20以上のワイン・ルートのうちのほとんどがあるのだ。

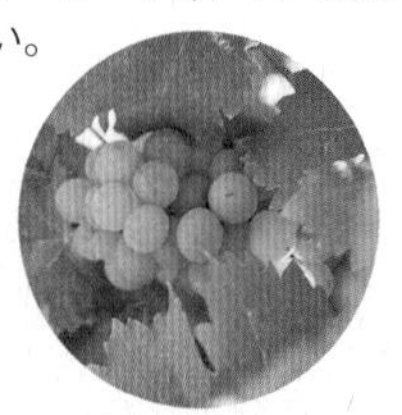

美しい海岸線と植生豊かな山々

ケープタウンから大西洋沿岸を北上すれば、静かなビーチや漁港が点在するウエスト・コーストが広がっている。春（7～9月）には、色鮮やかな花々で埋め尽くされるが、それ以外の時期にも、釣りやバードウオッチングなどが楽しめる。

少し内陸に入れば牧場や果樹園、湖などがあり、のどかな景色が広がっている。クランウィリアム周辺には、先住民の洞窟絵画やここだけの奇妙な形の岩などが点在し、ハイキングやクライミングにぴったりである。

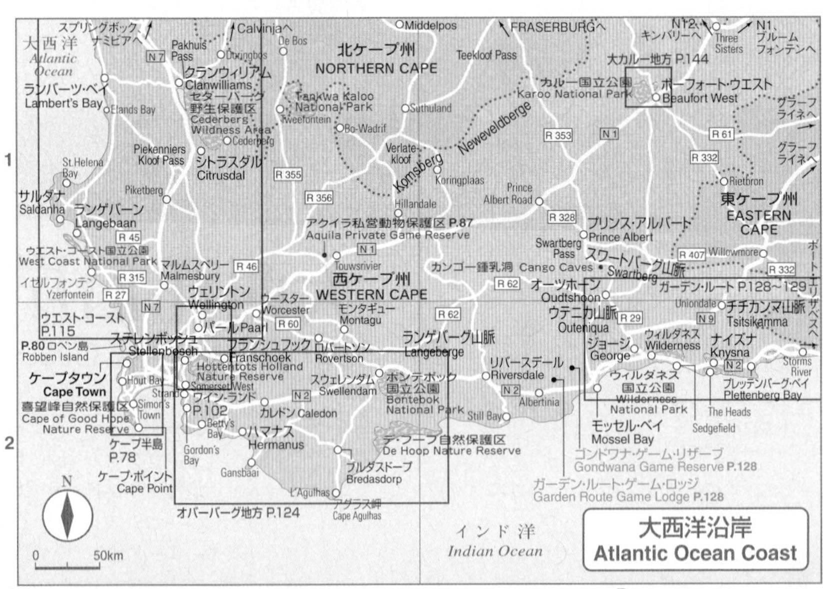

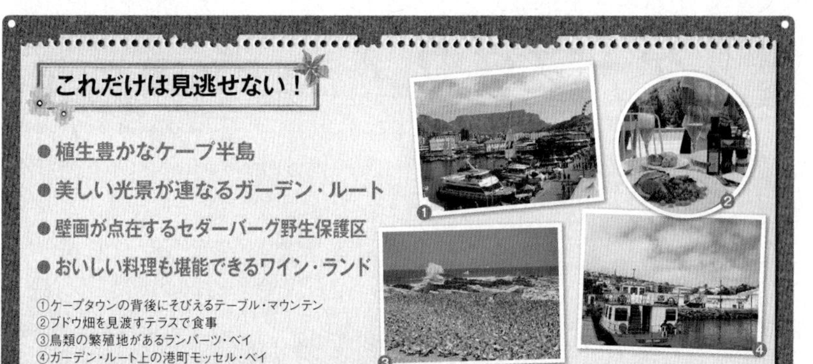

これだけは見逃せない！

- 植生豊かなケープ半島
- 美しい光景が連なるガーデン・ルート
- 壁画が点在するセダーバーグ野生保護区
- おいしい料理も堪能できるワイン・ランド

①ケープタウンの背後にそびえるテーブル・マウンテン
②ブドウ畑を見渡すテラスで食事
③鳥類の繁殖地があるランバーツ・ベイ
④ガーデン・ルート上の港町モッセル・ベイ

絶景が連なるガーデン・ルート

ケープ半島の東からハマナスを中心とするオバーバーグ地方までは起伏の多い海岸が続き、クジラの観察に訪れる人が多い。また、この地方にはアフリカ大陸の最南端、アグラス岬があり、大西洋とインド洋を分けている。さらに海沿いに東へ行けば、森や湖、ビーチ、山が連なるガーデン・ルートだ。夏季にはウオータースポーツなどに内外から多くの人々が訪れるため、国内でも最も観光開発が進み、高級ホテルから自炊用のバンガローまで宿泊施設の整った地域になっている。

◆基本情報
<西ケープ州>
人口：約582万人（2011年）
面積：約12万9462km^2
州都：ケープタウン
おもな人種：カラード（約50％）、黒人（約30％）、白人（約18％）
おもな言語：アフリカーンス、コーサ語、英語

必ず訪れたい喜望峰

自然に恵まれたケープ半島

ルート作りのポイント

ケープタウンを拠点にさまざまな見どころを巡ることができる。レンタカーで巡るのもいいし、たくさんツアーも出ているのでそれを利用するのもいいだろう。

Route 1
移動しながら楽しめるガーデン・ルート
途中の町に立ち寄りながら、レンタカーまたはバズ・バス（→P.87）で海岸沿いをポート・エリザベスまで移動する。

Route 2
レンタカーでウエスト・コーストをひと回り
ケープタウンを北上してウエスト・コーストへ。道中には見どころも多い。

Route 3
日帰りから楽しめる、ワイン・ランド
バスで行くこともできるが、効率よく巡るにはツアーが便利。

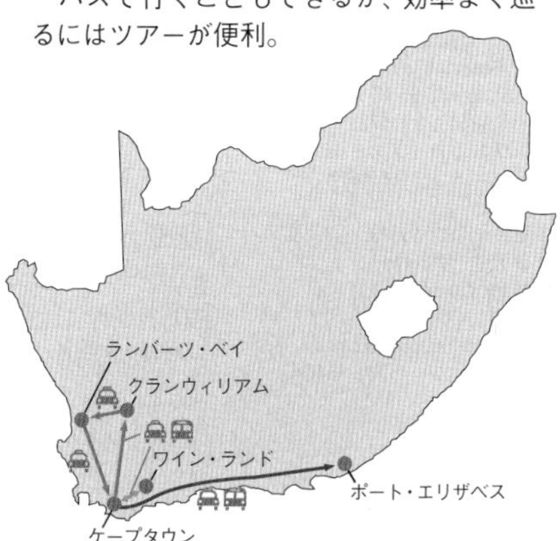

ATLANTIC OCEAN COAST

大自然と大都会のよさが味わえる

ケープタウン

Cape Town

ウオーターフロントの町並みと背後に迫るテーブル・マウンテン

☎市外局番 021

ACCESS

✈ヨーロッパ、中東の主要都市や南アフリカ国内の主要都市との間に頻繁に便がある。

エアポートバス

●**マイ・シティ　MyCiTi**

URL myciti.org.za

空港からシビックセンターまで所要20〜30分。ICカード（カード代R35）だとR47.8〜80.7、シングルトリップカードだとR85。詳しくは→P.69欄外。

空港から市内へのシャトルバス

●**シティ・ホッパー Citi Hopper**

☎(021) 936-3460

URL www.citihopper.co.za

●**バックパッカー・バス（→P.104）**

観光案内所（空港内）

☎(021) 934-1949

開 月〜金　6：00〜21：00
　土・日　8：00〜20：00

休 なし

スキミングに注意
→P.404

1652年に、ヤン・ファン・リーベックがオランダ東インド会社の補給基地を建設したのがこの町の始まり。ヨハネスブルグに次ぐ大都市で、共和国議会が開かれる立法府の首都でもある。堂々としたテーブル・マウンテンの麓に、この町の歴史を物語る建造物や博物館、近代的な高層ビル、公園などが混在し、さまざまな表情を見せている。コロニアル風の町並みと相まって、ヨーロッパの都市のような雰囲気さえ漂う。

行き方 ACCESS

空港から市内へ

ケープタウン国際空港は市街の東約22km、車で所要20〜30分の所に位置する。市内までは5：00〜21：30（土・日6：00〜）の間、30分間隔でエアポートバス（A01番）が運行している。シビックセンター（→MAP P.71-B2）でT01もしくは104に乗り換えてウオーターフロントまで行くことができるので便利だ。料金は多少高くなるが、ホテルの送迎サービスや宿まで送ってくれる民間のシャトルバス（シェアR250、プライベートR350程度）、タクシー（R250 〜）もある。シャトルバスは到着ロビーの窓口で手配できるが、予約がベター。

市内交通

郊外の見どころを巡るには、ツアーに参加するのがいちばん（→P.87）。時間を制約されたくない人は、好きな場所で自由に乗り降りができる**観光バス**（→欄外）を利用するのもいい。**タクシー**は流しよりもホテルで手配してもらったほうがいいだろう。中心部からウオーターフロントまでR50程度。**配車アプリ**が使えるならそのほうが便利で安く、評価システムがあるのでより安全性も高い。ウーバーとボルトの2種類がある（詳細は→P.211）。ステレンボッシュでも片道R400程度なので、近郊であれば配車アプリを使って移動するのもおすすめ。

市内中心部からウオーターフロントやシー・ポイント、キャンプス・ベイなどへ行くには**市バス**（→欄外）を利用するのもいい。観光客の利用も多く、ホテルやレストラン、観光の見どころなどが集まる場所を経由しているので便利だ。

そのほかの移動手段としては、市内と近郊を結ぶゴールデン・アロー・バス、コンビと呼ばれるミニバスがあるが、よほど慣れている旅行者でなければ利用しづらい。さらにバス乗り場は治安が悪く、車内でスリに遭うなどの危険性もあるので、できるだけ利用は避けよう。

観光客にも利用しやすいマイ・シティの停留所

たいへん便利な観光バス！

●シティ・サイトシーイング
City Sightseeing（→P.42～43）
☎(021) 511-6000
URL www.citysightseeing.co.za

4路線があり、レッドルートはウオーターフロント、テーブル・マウンテンなど市内主要観光地12ヵ所、ブルールートもケープ半島の主要スポット14ヵ所を巡る。また、追加料金でワイン・ランドや喜望峰へのツアーにも参加できる。料金は24時間乗り降り自由で、大人R245、子供R130。チケットは車内やツー・オーシャンズ水族館入口近くの売り場（→MAP P.70-A1）またはオンライン（R225）でも買える。

市バス

●マイ・シティ　MyCiTi

路線により異なるが、5:00～22:00の間に15～30分おきに運行。運賃は距離や料金のタイプ、時間帯により算出され、市内だとR6.90～42.40。空港やシビックセンターなどでICカード（R35）を購入し、料金をチャージ。あとは乗り場、降り場で機械にタッチするだけ。R30、R85のシングルトリップカードもある。再チャージする際にはカード購入時にもらった暗証番号が必要になるので注意。

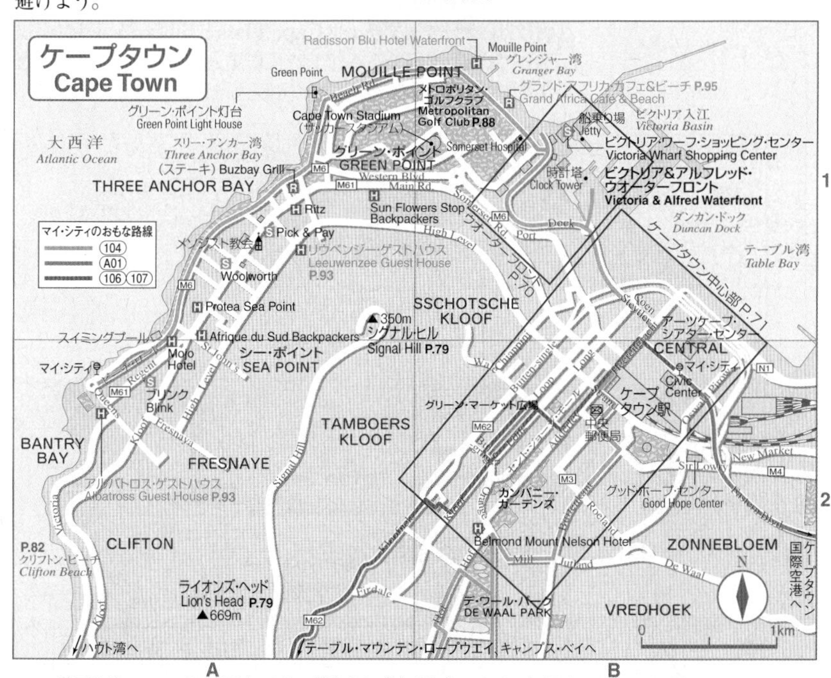

※この地図全域に、2020年1月現在、日本の外務省より「十分注意して下さい」が発出されています。詳しくは→P.64。

ケープタウン情報サイト
URL www.capetown.gov.za
URL www.capetown.travel

デビルズ・ピーク MAP P.78-B1
テーブル・マウンテンの北に位置する海抜約1000mの山。スズが採掘されたこともあり、石切り場や採鉱穴が残っている。1795年にイギリスの軍隊がケープタウンを占領したとき、ここに敵軍の攻撃に備えて丸太を使って要塞を築いた。

テーブル湾でクルーズ！
ウオーターフロントの桟橋から、テーブル湾やその周辺を回る遊覧船が出ていて、運がよければ、途中アザラシやイルカなどに出合えることもある。夕焼けに染まったテーブル・マウンテンやケープタウンの夜景を楽しむのもいい。

●ウオーターフロント・アドベンチャーズ Waterfront Adventures
MAP P.70-B1 ☎(021) 418-3234
URL www.waterfrontadventures.co.za
料 テーブル湾クルーズ（所要約30分）大人R100、子供R50。サンセットクルーズ（所要約1時間30分）R340。

歩き方 WALKING AROUND

まずは全体像を把握しよう

ケープタウンの中心部は、南を**テーブル・マウンテンTable Mountain**と**デビルズ・ピークDevil's Peak**、西を**シグナル・ヒルSignal Hill**と**ライオンズ・ヘッドLion's Head**といった山々に囲まれた、**テーブル湾Table Bay**に面する小さな地域。**シティ City**とも呼ばれ、現代的な高層ビルが建ち並ぶ。

ビクトリア&アルフレッド・ウオーターフロントVictoria & Alfred Waterfront（通称ウオーターフロントWaterfront）は旧港を中心とする再開発地域。湾沿いに19世紀の建物が再現され、ショッピングセンターやレストラン、ホテルなどが集まった観光スポットとなっている。観光客が多く、警備がしっかりしているので安心して歩ける。

ウオーターフロントから海に沿って西に延びる**ビーチ・ロードBeach Rd.**を行くと、**グリーン・ポイントGreen Point**という地域に出る。高級リゾートホテルやレストランが点在し、海沿いには遊歩道が続いている。

その先、さらに南西にあるのが、**シー・ポイントSea Point**という地域。レストランが並び、海岸沿いの遊歩道には公園などがあり、散歩をする人の姿も多く見かける。高台にはホテルやゲストハウスが立ち、高級住宅街が広がっている。

なお、シー・ポイントを含むケープタウン北西部は、白人の新興住宅地や商工業地域。一方、ケープタウン国際空港の南側には、**ケープ・フラッツCape Flats**と呼ばれるエリアが広がっている。アパルトヘイト時代に黒人、カラードの居住区とされていた地域で、今も住人のほとんどは彼らが占める。

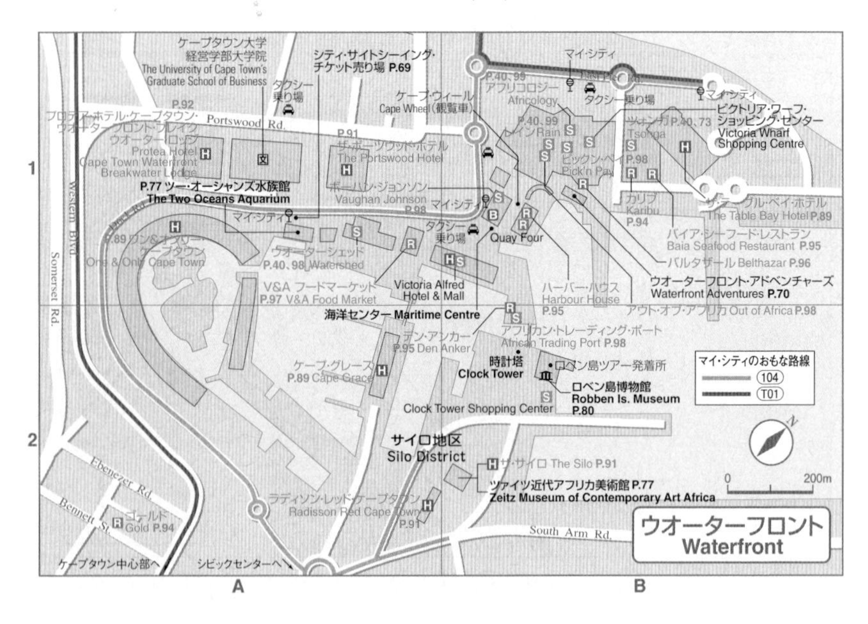

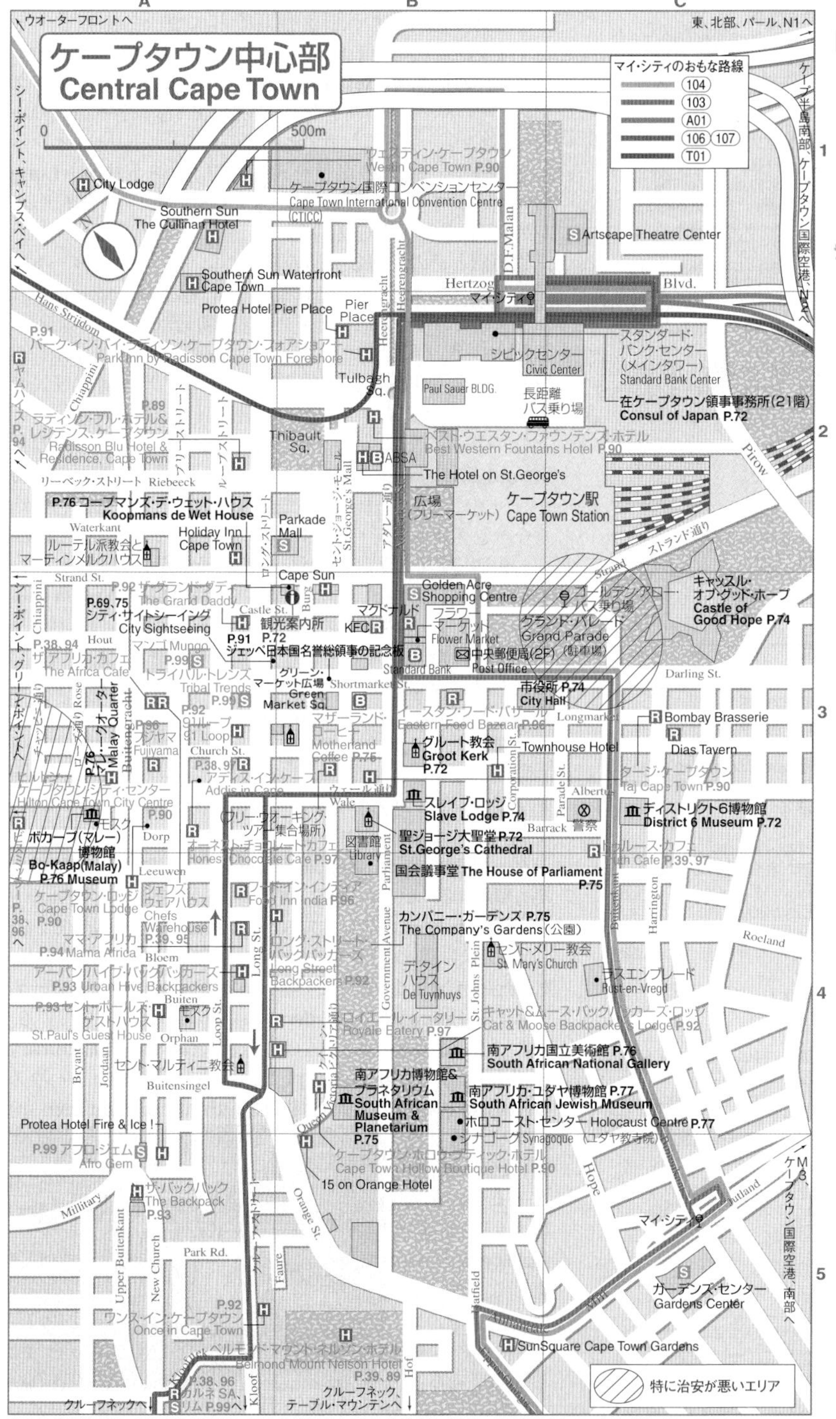
ケープタウン中心部
Central Cape Town
マイ・シティのおもな路線
104
103
A01
106 107
T01
City Lodge
Southern Sun The Cullinan Hotel
Southern Sun Waterfront Cape Town
Protea Hotel Pier Place
ウェスティン・ケープタウン Westin Cape Town P.90
ケープタウン国際コンベンションセンター Cape Town International Convention Centre (CTICC)
Artscape Theatre Center
スタンダード・バンク・センター(メインタワー) Standard Bank Center
在ケープタウン領事事務所(21階) Consul of Japan P.72
シビックセンター Civic Center
長距離バス乗り場
ベスト・ウエスタン・ファウンテンズ・ホテル Best Western Fountains Hotel P.90
The Hotel on St.George's
ケープタウン駅 Cape Town Station
広場(フリーマーケット)
P.76 コープマンズ・デ・ウェット・ハウス Koopmans de Wet House
Holiday Inn Cape Town
ルーテル派教会とマーティンメルクハウス
Cape Sun
Golden Acre Shopping Centre
ゴールデンアクロー バス乗り場
キャッスル・オブ・グッド・ホープ Castle of Good Hope P.74
P.69、75 シティ・サイトシーイング City Sightseeing
観光案内所 P.72
P.91 ジェッペ日本国名誉総領事の記念板
フラワーマーケット Flower Market
中央郵便局(2F) Post Office
グランド・パレード Grand Parade (駐車場)
市役所 P.74 City Hall
Bombay Brasserie
Dias Tavern
Townhouse Hotel
タージ・ケープタウン Taj Cape Town P.90
グルート教会 Groot Kerk P.72
スレイブ・ロッジ Slave Lodge P.74
ディストリクト6博物館 District 6 Museum P.72
聖ジョージ大聖堂 P.72 St.George's Cathedral
国会議事堂 The House of Parliament P.75
カンパニー・ガーデンズ P.75 The Company's Gardens(公園)
セント・メリー教会 St. Mary's Church
ラスエンプレード Rust-en-Vregd
キャット&ムース・バックパッカーズ・ロッジ Cat & Moose Backpackers Lodge P.92
南アフリカ国立美術館 P.76 South African National Gallery
南アフリカ博物館&プラネタリウム South African Museum & Planetarium P.75
南アフリカ・ユダヤ博物館 P.77 South African Jewish Museum
ホロコースト・センター Holocaust Centre P.77
シナゴーグ Synagogue(ユダヤ教寺院)
ケープタウン・ホロウ・ブティック・ホテル Cape Town Hollow Boutique Hotel P.90
15 on Orange Hotel
ガーデンズ・センター Gardens Center
SunSquare Cape Town Gardens
ベルモンド・マウント・ネルソン・ホテル Belmond Mount Nelson Hotel P.39、89
ワンス・イン・ケープタウン Once in Cape Town P.92
ザ・バックパック The Backpack P.93
P.99 アフロ・ジェム Afro Gem
Protea Hotel Fire & Ice!
ボカープ(マレー)博物館 Bo-Kaap(Malay) P.76 Museum
ケープタウン・ロッジ Cape Town Lodge P.90
シェフス・ウェアハウス Chefs Warehouse P.39、95
ママ・アフリカ P.94 Mama Africa
アーバン・ハイブ・バックパッカーズ P.93 Urban Hive Backpackers
P.93 セント・ポールズ・ゲストハウス St.Paul's Guest House
ロング・ストリート・バックパッカーズ Long Street Backpackers P.92
ロイヤル・イータリー Royale Eatery P.97
オーネスト・チョコレート・カフェ Honest Chocolate Cafe P.97
フード・イン・インディア Food Inn India P.96
アディス・イン・ケープ Addis in Cape
トルース・カフェ Truth Cafe P.39、97
ヒルトン・ケープタウン・シティ・センター Hilton Cape Town City Centre
パーク・イン・バイ・ラディソン・ケープタウン・フォアショア Park Inn by Radisson Cape Town Foreshore
ラディソン・ブル・ホテル&レジデンス、ケープタウン Radisson Blu Hotel & Residence, Cape Town
P.92 ザ・グランド・ダディ The Grand Daddy
P.38、94 ザ・アフリカ・カフェ The Africa Cafe
P.99 トライバル・トレンズ Tribal Trends
マンゴ Mungo
P.92 91ループ 91 Loop
P.96 フジヤマ Fujiyama
グリーン・マーケット広場 Green Market Sq.
マザーランド・コーヒー Motherland Coffee P.75
イースタン・フード・バザール Eastern Food Bazaar P.96
(フリー・ウオーキング・ツアー集合場所)
図書館 Library
デ・タイン・ハウス De Tuynhuys
P.38、96 カルネSA、リム P.99
マイ・シティ
特に治安が悪いエリア
ウオーターフロントへ
東、北部、パール、N1へ
シー・ポイント、キャンプス・ベイへ
ケープ半島南部、ケープタウン国際空港、N2へ
M3、ケープタウン国際空港、南部へ
クルーフネックへ
クルーフネック、テーブル・マウンテンへ

※この地図全域に、2020年1月現在、日本の外務省より「十分注意して下さい」が発出されています。詳しくは→P.64。

治安情報
※2020年1月現在、ケープタウン市内に日本の外務省より「十分注意して下さい」が発出されています。詳細は→P.64、403。

在ケープタウン領事事務所
MAP P.71-B2
住 21st Floor Office, The Towers, 2 Heerengracht Cnr. Hertzog Blvd.
☎ (021) 425-1695
FAX (021) 418-2116
URL www.za.emb-japan.go.jp
開 月～金　9:00～12:30
14:00～16:00
休 土・日
※夜間、時間外でも音声案内に従って日本語可能なオペレーターが対応。

観光案内所（中心部）
MAP P.71-B3
住 The Pinnacle Bldg., Cnr. Castle & Burg St.
☎ (021) 487-6800
開 月～金　8:00～18:00
土　8:30～14:00
日　9:00～13:00
※4～9月は1時間早く閉館する。
休 なし

ディストリクト6博物館
MAP P.71-C3
住 25A Buitenkant St.
☎ (021) 466-7200
URL www.districtsix.co.za
開 月～土　9:00～16:00
休 日　料 R45

グルート教会
MAP P.71-B3　住 39 Adderley St.
☎ (021) 422-0569
URL grootekerk.org.za
開 月～金　10:00～14:00
※ミサは日曜10:00、12:00、19:00。
休 土・日　料 無料

聖ジョージ大聖堂
MAP P.71-B3　住 5 Wale St.
☎ (021) 424-7360
開 月～金　7:00～17:00
土　7:30～12:30
休 日　料 無料（寄付）

ケープタウンの中心部を歩いてみよう

ケープタウンの中心は、ケープタウン駅前を横切っている**アダレー通りAdderley St.**周辺。オフィスビル、ショッピングセンター、スーパー、商店などが並び、銀行、両替所もこのあたりに多い。一方、旅行者にとってのメインストリートとなるのがアダレー通りの西側を走る**ロング・ストリートLong St.**だ。バックパッカー向けのホステルや、エコノミーホテル、レストランなどが建ち並んでいる。

鉄道駅とその周辺は交通の起点となっている。ブルートレインなどの高級列車以外、鉄道利用は治安が悪いためあまりおすすめできないが、ケープタウンの鉄道駅は鉄道が発着するだけではない。インターケープ、グレイハウンドなどの長距離バスが発着するのも駅周辺で、さらに南アフリカの庶民の足であるミニバスのターミナルも駅2階に入っている。

駅の改札を背に左側から駅舎を出ると**ストランド通りStrand St.**に出る。これを左へ進むと、城壁に囲まれた建物が見えてくるが、これは南アフリカで最も古い建物といわれる**キャッスル・オブ・グッド・ホープCastle of Good Hope**だ。横の広場は**グランド・パレードGrand Parade**と呼ばれ、その目の前に立つイタリア様式の美しい建物が**市役所City Hall**だ。キャッスル・オブ・グッド・ホープとグランド・パレードの間の道路を南西へ少し行くと、アパルトヘイト政策下で移住を余儀なくされた約6万人の人々についての資料などを展示した**ディストリクト6博物館District 6 Museum**もある。この周辺は、おしゃれな店が増えつつある注目のエリアだ。

見どころの多いカンパニー・ガーデンズ

駅の西側にあるのが**ゴールデン・エーカー・ショッピング・センター Golden Acre Shopping Centre**で、周辺で花や果物の市場も開かれる。この前の通り（アダレー通り）を進むと、**グルート教会Groote Kerk**と**スレイブ・ロッジSlave Lodge**が見えてくる。

この博物館の斜め前にあるのが**聖ジョージ大聖堂St. George's Cathedral**で、この脇にある道は**カンパニー・ガーデンズThe Company's Gardens**といわれる公園に続いている。ここには、温室や噴水、日本の石灯籠のほか、**図書館Library**や、**国会議事堂The House of Parliament**、**デ・タインハウスDe Tuynhuys**、**南アフリカ博物館South African Museum**、**南アフリカ国立美術館South African National Gallery**などの見どころが集まり、カフェ、レストランも軒を連ねている。

カンパニー・ガーデンズにはベジタブルガーデンもある

個性あるロング・ストリートとマレー・クオーター

町でいちばんのにぎわいを見せるロング・ストリートには骨董屋、古本屋、カフェなど、小さいながらも個性的な店が並び、建物自体も古く味わい深いものが多い。夜はケープタウン中心部でいちばん活気がある。

この通りと交差する**ウェール通りWale St.**を左折し通りを上がっていけば、ケープタウンに住むイスラム教徒の生活や歴史などを展示した**ボカープ(マレー)博物館Bo-Kaap (Malay) Museum**がある。この周辺の**ローズ通りRose St.**、**チャッピニ通りChappini St.**を中心とする区画は**マレー・クオーター Malay Quarter**と呼ばれ、オランダ統治時代に連れてこられたマレー人の奴隷や移住者の子孫が住んでいるエリア。18世紀に建てられた古い家もあるが、パステルカラーに塗り替えられた美しい町並みが見どころとなっている。

観光の拠点V&Aウオーターフロント

パッケージツアーの場合、ウオーターフロントに宿泊することが多い。理由は何といっても安全だから。グルメ、観光、ショッピングスポットが充実しているのもポイントだ。

中心部からいちばん奥にあるのが、ケープタウンらしさあふれる**ザ・テーブル・ベイ・ホテルThe Table Bay Hotel**。ホテルと内部でつながっている**ビクトリア・ワーフ・ショッピング・センター Victoria Wharf Shopping Centre**は、ここで揃わないものはないといっていいほどテナントが充実している。このあたりから遊歩道が湾に沿って続いており、買い物や食事が楽しめる。風が気持ちよく、ぶらぶらと散歩するのもおすすめだ。

また、ウオーターフロントとは橋でつながっている**サイロ地区 Silo District**は新たに開発が進んでいるエリア。近代的なホテルが続々開業し、2017年オープンの**ツァイツ近代アフリカ美術館 Zeitz Museum of Contemporary Africa**は必訪の見どころだ。

南アのローカルブランド

ツォンガは南アフリカ発のレザーブランド。ビクトリア・ワーフSC内にあり、リーズナブルにハンドメイドのレザー商品を購入できる。

●ツォンガTsonga
MAP P.70-B1
住 Shop 6255, Upper Level, Victoria Wharf
☎ (021) 419-2920
URL www.tsonga.com
開 9:00~21:00
休 なし　CC ADMV

ウッドストックのショップ

オールド・ビスケット・ミル(→下記)内にある人気の陶器店。土曜日のウィークエンドマーケットと合わせて訪れたい。

●クレメンティナ・セラミックス Clementina Ceramics
MAP P.78-B1
住 Shop c101/b, The Old Biscuit Mill, 375 Albert Rd. Woodstock
☎ (021) 447-1398
URL clementina.co.za
開 月~金　9:00~17:00
土　9:00~15:00
休 日　CC MV

海沿いなので気持ちがよいウオーターフロント

COLUMN | アーティストの集まる町 ウッドストック

ケープタウン中心部からタクシーで約15分。これまであまり治安のよくなかったウッドストックが、近年、現地の若い芸術家が集まるアーティスティックな町へと変貌しつつある。道路沿いに古い建物をリノベーションした複合施設やアンティークショップ、おしゃれなカフェなどが続々とオープン。なかでもかつての製粉所を改築した**オールド・ビスケット・ミル**は、カフェやデザイナーズショップの入った大人気の複合施設。毎週土曜に開かれるネイバーズ・マーケットでは、地元で取れた野菜やオーガニックの加工食品などが並び、大勢の人でにぎわう。今後も発展の進むこの町から目が離せない！

オールド・ビスケット・ミル
Old Biscuit Mill
MAP P.78-B1
URL www.theoldbiscuitmill.co.za

複数の建物でできている

土曜に訪れたい

おもな見どころ
ATTRACTIONS

南アフリカ最古といわれる建物

キャッスル・オブ・グッド・ホープ
MAP P.71-C2～3

Castle of Good Hope

オランダの東インド会社総督の居城として1666～1679年の14年をかけて造られた。五角形の形をした城壁の一辺は175mで、高さは10m。それぞれの角に入口がある。正門にある円天井の鐘楼が有名。現在、西ケープ陸軍司令部として使われているが一部は公開されていて、ガイドが昔の牢獄、城壁の上、地下水路などを案内してくれる。ほかに時代物の絵画、陶磁器、家具、絨毯などが展示された建物の**ウィリアム・フェール・コレクションWilliam Fehr Collection**や、模型、勲章、武器、制服などで、城とケープの軍隊の歴史を説明している**陸海軍博物館Castle Military Museum**がある。カフェやレストランもある。

堀に囲まれているキャッスル・オブ・グッド・ホープ

キャッスル・オブ・グッド・ホープ
住 Cnr. Buitenkant & Darling St.
☎ (021) 787-1249
URL www.castleofgoodhope.co.za
開 9:00～17:00
休 元日、クリスマス
料 大人R50、子供R25（各博物館への入場料含む）
※セレモニーは月～金曜の9:00と14:00に見ることができる。

イタリア様式の華麗な建物

市役所
MAP P.71-B～C3

City Hall

1905年完成の建物。1990年にネルソン・マンデラが刑務所から出所した際に、バルコニーからスピーチをしたことでも有名。39個の鐘をもつ鐘楼は1923年に造られたもので、ロンドンのビッグベンの2分の1サイズのレプリカだ。

歴史を感じる重厚な市役所

古代の遺品から武器、玩具まで何でもあり

スレイブ・ロッジ
MAP P.71-B3

Slave Lodge

もともとは、オランダ東インド会社の奴隷の宿舎として1679年に建てられ、後に最高裁判所として使われた。1階には古代エジプト、ギリシア、ローマ時代の展示物、中国、日本などのアジア諸国の陶磁器、家具、ガラス製品、さらに17～19世紀のケープタウンで使われていた生活用品などがあり、当時の東インド会社の活動地域の広さを知ることができる。2階にも陶磁器、銀製品、武器、ドレス、玩具、楽器などが多数展示されている。

建物自体が歴史を語る

スレイブ・ロッジ
住 Cnr. Adderley & Wale St.
☎ (021) 481-3800
URL www.iziko.org.za/museums/slave-lodge
開 月～土　9:00～17:00
休 日、メーデー、クリスマス
料 大人R30、子供R15

すぐ隣には聖ジョージ大聖堂（→P.72欄外）が立っている

ケープタウンはゲイの町!?
オープンな雰囲気が漂うケープタウンはその筋の人にはちょっと知られた町らしい。観光局ではゲイのための観光地図『Pink Map』も配布している。

日本の石灯籠や金魚になぜか心が和む
カンパニー・ガーデンズ
MAP P.71-B4
The Company's Gardens

1652年、ケープ植民地の創設者ヤン・ファン・リーベックが、船に新鮮な野菜を補給するために農園を開いたのが始まりで、南アフリカで最も古い庭園。現在は、珍しい植物や樹木が植えられているほか、18世紀の日時計、日本の石灯籠やレストラン、カフェなどがある公園として、市民の憩いの場となっている。図書館もあり、誰でも利用できるので時間があれば行ってみたい。

議会の審議の様子を見学できる
国会議事堂
MAP P.71-B3～4
The House of Parliament

新旧ふたつの建物に分かれていて、開会中でもガイドの案内で旧館から見学することができる。内部は大理石の豪華な造りで、議会の審議の様子を実際に見学できるのが興味深い。議事堂に隣接した石造りの立派な建物は、**デ・タインハウス De Tuynhuys**といわれる州知事のオフィスだが、一般公開はしていない。

立派な造りの国会議事堂

南アフリカの自然と歴史の雄大さに圧倒される
南アフリカ博物館
MAP P.71-B4
South African Museum

1825年創立の、南アフリカで最も古く規模が大きい博物館。2万年前に岩に描かれた絵、コイ族、サン族の住居の模型、道具、装飾品、ライデンバーグ・ヘッズLydenburg Headsと呼ばれる10世紀頃の素焼きのマスク、300万年以上前の化石、吹き抜けにどんとつるされた体長20mのクジラの骨格などがここのハイライト。南アフリカの生物のはく製や鉱物も数多く展示されている。**プラネタリウム Planetarium**や売店、カフェ、講義室も併設されている。

ミュージアムショップも充実している

カンパニー・ガーデンズ
住 Government Ave.
開 7:00～19:00
休 なし　料 無料

公園内には樹木が立ち並ぶ

国会議事堂
☎ (021) 403-2266
Mail tours@parliament.gov.za
※ビジターセンターはプレイン通りPlein St.側にある。ツアーは、月～金曜の9:00、10:00、11:00、12:00に催行。要予約、要パスポート。

フリー・ウオーキング・ツアーに参加しよう
ケープタウン中心部は治安にやや不安があるので、ガイド付きのウオーキングツアーが便利。通常R350ほどするが、以下のオペレーターは無料ツアーを行っている。どちらも安心して参加できるのでぜひ試してみよう。チップは忘れずに。

●ケープタウン・フリー・ウオーキング・ツアーズ Cape Town Free Walking Tours
所要1時間30分の無料ツアーを3種類、毎日催行している。特にボ・カープツアー(14:00、16:20発)がおすすめ。予約は不要で、集合場所はマザーランド・コーヒー(MAP P.71-B3)。ヒストリックシティツアー(11:00、16:20発)、アパルトヘイト・トゥ・フリーダムツアー(11:00、14:00発)もある。

●シティ・サイトシーイング
(→P.69)
所要1時間30分の無料ツアーを毎日催行している。ボ・カープツアー(10:30、13:30、16:00発)、ヒストリックシティツアー(10:30、12:00、13:30、15:00、16:00発)の2種類。予約は不要で、集合場所はロング・ストリートのオフィス(MAP P.71-A3)。

南アフリカ博物館
住 25 Queen Victoria St.
☎ (021) 481-3800
URL www.iziko.org.za/museums/south-african-museum
開 9:00～17:00
休 メーデー、クリスマス
料 大人R30、子供R15

南アフリカ国立美術館
住 Government Ave., The Company's Gardens
☎ (021) 481-3970
URL www.iziko.org.za/museums/south-african-national-gallery
開 10:00～17:00
休 メーデー、クリスマス
料 大人R30、子供R15

建物の装飾も印象的な南アで最初に建てられた美術館

南アフリカ国立美術館 →P.41

MAP P.71-B4

South African National Gallery

南アフリカと近隣諸国、オランダ、イギリス、フランスなどの国の絵画や彫刻作品などが収められている。18世紀に描かれた人物肖像画から、ぎょっとするような前衛的な立体作品まであり印象深い。別館では、個展や映画上映、講義などが行われる。

興味深い作品が並ぶ

ボカープ（マレー）博物館
MAP P.71-A3 住 71 Wale St.
☎ (021) 481-3938
URL www.iziko.org.za/museums/bo-kaap-museum
開 月～土 9:00～16:00
休 日、1月2日、メーデー、クリスマス、イスラム教の休日
料 大人R20、子供R10

マレー・クオーター散策の際に訪れたい

ケープ・マレー料理に挑戦！
マレー系イスラム教徒がもたらした食文化について学びたければ、ケープ・マレー調理教室に参加してみては？ ボカープ博物館をガイドの案内で巡ったあと、マレー・クオーターの家庭を訪れ、伝統的な料理を学んで試食する。所要約2時間、R550。
●エスケープ・トゥ・ザ・ケープ Escape To The Cape
☎ (021) 686-3492
URL www.escapetothecape.co.za

ケープタウンの歴史を語る

マレー・クオーター

MAP P.71-A3

Malay Quarter

ケープタウン中心部の西側、シグナル・ヒルの麓周辺は、小さなエリアにモスクが集まるイスラム教徒の居住地区。古い建物が多く残るため重要文化財として保護されているが、何よりそのカラフルなパステルカラーの町並みを見ようと多くの観光客が訪れる。ムスリムの多くは奴隷としてジャワやマラッカから連れてこられたマレー系の人々の子孫。彼らの歴史に触れることのできる**ボカープ博物館Bo-Kaap(Malay) Museum**がウェール通りの坂道の途中にある。19世紀の典型的なマレー系イスラム教徒の生活、文化などの展示があり、馬車や荷車も見られる。

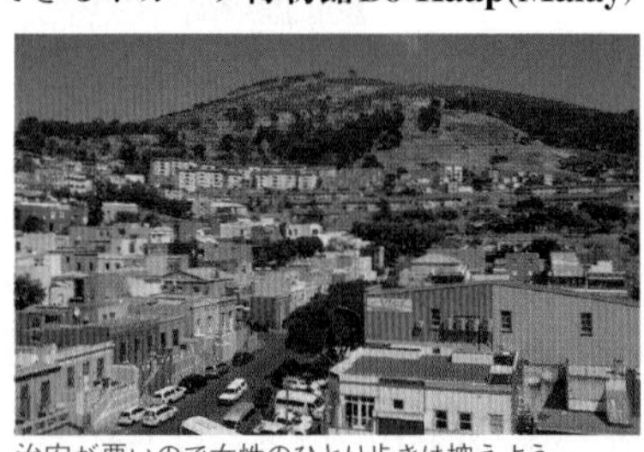
治安が悪いので女性のひとり歩きは控えよう

コープマンズ・デ・ウェット・ハウス
住 35 Strand St.
☎ (021) 481-3935
URL www.iziko.org.za/museums/koopmans-de-wet-house
開 木・金 9:00～16:00
休 土～水、メーデー、クリスマス
料 大人R20、子供R10

18世紀のお金持ちの生活がうかがえる

コープマンズ・デ・ウェット・ハウス

MAP P.71-B3

Koopmans de Wet House

1701年に建てられた、典型的なケープ・ダッチ様式の家。当時、ビジネスマンとして成功を収めていたコープマンズ・デ・ウェットが住んでいた家で、現在は博物館として一般に公開している。家具や銀製品、オランダ東インド会社のマークが付いた磁器などが展示されていて、当時の豪華な暮らしぶりがうかがえる。

ストランド通りに面して立つ

ユダヤ教の歴史を知る

南アフリカ・ユダヤ博物館

MAP P.71-B4

South African Jewish Museum

南アフリカで最も古いシナゴーグSynagogue（ユダヤ教会堂）が博物館となっていて、ユダヤ教の歴史や儀式上重要な品物などを展示している。**ホロコースト・センター Holocaust Centre**やコーシャー料理（ユダヤ教の教理に従って作られた料理）が食べられるレストランも併設している。

シナゴーグの礼拝堂

南アフリカ・ユダヤ博物館
住 88 Hatfield St.
☎ (021) 465-1546
URL www.sajewishmuseum.org.za
開 日〜木　10：00〜17：00
　金　10：00〜14：00
休 土、ユダヤ教の休日
料 大人R75、子供R45

ホロコースト・センター
☎ (021) 462-5553
URL www.holocaust.org.za
開 日〜木　10：00〜17：00
　金　10：00〜14：00
休 土・祝　料 無料

イサク・カプランが集めた日本の根付も展示されている

アトラクションも盛りだくさんで1日中楽しめる

ツー・オーシャンズ水族館

MAP P.70-A1

The Two Oceans Aquarium

サメやウミガメ、ペンギンをはじめ、大西洋とインド洋の3000匹以上もの海洋生物が見られる人気の水族館。ペンギンとの触れ合いや、餌やりなどが体験できる。子供たちが海洋生物について学びながら楽しく遊べるキッズコーナーやカフェ、レストランなどの施設もあるので、家族連れには特におすすめの場所。

ツー・オーシャンズ水族館
住 V&A Waterfront
☎ (021) 418-3823
URL www.aquarium.co.za
開 9：30〜18：00　休 なし
料 大人R185、子供R140（13歳以下はR90）

ウオーターフロントの中心にある水族館

ウオーターフロントの見逃せない見どころ！

ツァイツ近代アフリカ美術館

→P.41

MAP P.70-B2

Zeitz Museum of Contemporary Art Africa (MOCAA)

かつて穀物の貯蔵庫として使われていた建物を、イギリスの王立芸術協会から最年少で王室工業デザイナーに任命されたという著名な建築家トーマス・ヘザウィックがデザイン。2017年にオープンしたアフリカで最先端のコンテンポラリー美術館だ。1 〜 6階に展示室が設けられ、映像、インスタレーション、絵画などさまざまなモダンアートが展示されている。アフリカのイメージを覆すような近代的な作品の数々にきっと驚かされることだろう。上層階はケープタウンでも指折りのおしゃれなホテル、ザ・サイロ（→P.91）だ。

ツァイツ近代アフリカ美術館
住 V&A Waterfront, Silo District, S Arm Rd., Waterfront
☎ (087) 350-4777
URL zeitzmocaa.museum
開 10：00〜18：00　休 なし
※毎月第1金曜は10：00 〜 21：00
料 R200（18歳以下無料）

ミュージアムショップではおしゃれなグッズが手に入る

建築そのものも見どころ

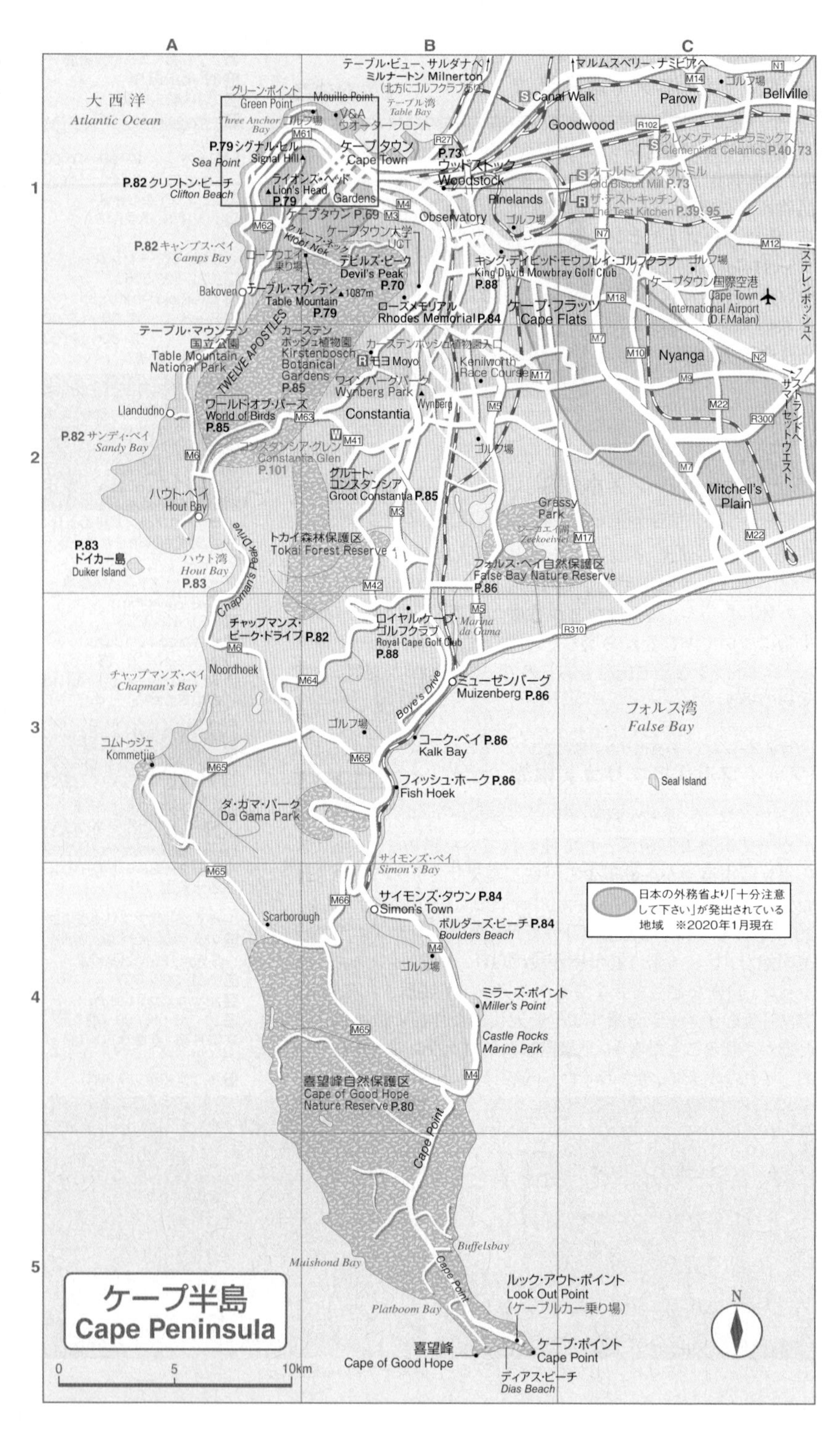

ケープ半島
Cape Peninsula
A
B
C
1
2
3
4
5
大西洋
Atlantic Ocean
テーブル・ビュー、サルダナへ
ミルナートン Milnerton
(北方にゴルフクラブあり)
マルムスベリー、ナミビアへ
グリーン・ポイント
Green Point
Mouille Point
Three Anchor Bay
ゴルフ場
V&A ウオーターフロント
テーブル湾
Table Bay
Canal Walk
Parow
Bellville
Goodwood
P.79 シグナル・ヒル
Signal Hill
Sea Point
ケープタウン
Cape Town
P.73 ウッドストック
Woodstock
クレメンティナ・セラミックス
Clementina Celamics P.40・73
オールド・ビスケット・ミル
Old Biscuit Mill P.73
ザ・テスト・キッチン
The Test Kitchen P.39・95
P.82 クリフトン・ビーチ
Clifton Beach
ライオンズ・ヘッド
Lion's Head
P.79
Gardens
Pinelands
Observatory
ケープタウン P.69
ケープタウン大学
UCT
クルーフ・ネック
Kloof Nek
P.82 キャンプス・ベイ
Camps Bay
ロープウエイ乗り場
デビルズ・ピーク
Devil's Peak
P.70
キング・デイビッド・モウブレイ・ゴルフクラブ
King David Mowbray Golf Club
P.88
ケープタウン国際空港
Cape Town International Airport
(D.F.Malan)
Bakoven
テーブル・マウンテン
Table Mountain
P.79
1087m
ローズメモリアル
Rhodes Memorial P.84
ケープ・フラッツ
Cape Flats
ステレンボッシュへ
テーブル・マウンテン国立公園
Table Mountain National Park
TWELVE APOSTLES
カーステンボッシュ植物園
Kirstenbosch Botanical Gardens
P.85
カーステンボッシュ植物園入口
モヨ Moyo
Kenilworth Race Course
Nyanga
ワインバーグ・パーク
Wynberg Park
Wynberg
サマーセットウエスト、ストランドへ
Llandudno
ワールド・オブ・バーズ
World of Birds
P.85
Constantia
P.82 サンディ・ベイ
Sandy Bay
コンスタンシア・グレン
Constantia Glen
P.101
ゴルフ場
グルート・コンスタンシア
Groot Constantia P.85
ハウト・ベイ
Hout Bay
Grassy Park
Mitchell's Plain
シーカエイ湖
Zeekoeivlei
Chapman's Peak Drive
トカイ森林保護区
Tokai Forest Reserve
P.83
ドイカー島
Duiker Island
ハウト湾
Hout Bay
P.83
フォルス・ベイ自然保護区
False Bay Nature Reserve
P.86
チャップマンズ・ピーク・ドライブ P.82
ロイヤル・ケープ・ゴルフクラブ
Royal Cape Golf Club
P.88
Marina da Gama
Noordhoek
チャップマンズ・ベイ
Chapman's Bay
ミューゼンバーグ
Muizenberg P.86
Boye's Drive
フォルス湾
False Bay
ゴルフ場
コムトゥジェ
Kommetjie
コーク・ベイ P.86
Kalk Bay
フィッシュ・ホーク P.86
Fish Hoek
Seal Island
ダ・ガマ・パーク
Da Gama Park
サイモンズ・ベイ
Simon's Bay
サイモンズ・タウン P.84
Simon's Town
日本の外務省より「十分注意して下さい」が発出されている地域 ※2020年1月現在
Scarborough
ボルダーズ・ビーチ P.84
Boulders Beach
ゴルフ場
ミラーズ・ポイント
Miller's Point
Castle Rocks Marine Park
喜望峰自然保護区
Cape of Good Hope Nature Reserve P.80
Cape Point
Buffelsbay
Muishond Bay
Platboom Bay
ルック・アウト・ポイント
Look Out Point
(ケーブルカー乗り場)
喜望峰
Cape of Good Hope
ケープ・ポイント
Cape Point
ディアス・ビーチ
Dias Beach
N
0
5
10km

郊外のおもな見どころ ATTRACTIONS

ケープタウンの象徴的な存在

テーブル・マウンテン

MAP P.78-B1～A2

Table Mountain

ケープタウンの象徴的存在テーブル・マウンテンは、何といっても観光のハイライトだ。岩盤でできた海抜1087mのこの山の頂上は、ナイフで横に切ったように平らなため、テーブル・マウンテンと呼ばれている。ケープタウンの気候は変わりやすく、人々はテーブル・マウンテンにかかる霧や雲（テーブルクロスと呼ばれる）の具合で、天気や強風の状態を予測するため、山はケープドクターと呼ばれる。山には、バブーン（ヒヒ）、ステインボック（シカ）、ケープマングース、ジャコウネコなどが生息し、シルバーツリー Silver Treeをはじめとする多くの種類の野生植物が生えていて、山全体が国立公園に指定されている。

頂上までの車道はないが、悪天候のとき以外はロープウエイで上ることができる。頂上にはレストラン、みやげ物店、展望台などがあり、遊歩道も整備されている。ここからの眺めはすばらしく、ケープタウン市街をはじめ、テーブル湾、ライオンズ・ヘッド、デビルズ・ピークなどが一望でき、天気のいい日には、はるか遠くケープ・ポイントまで望める。

ケープタウンといえばテーブル・マウンテン

ライオンの丘からの夜景は最高

ライオンズ・ヘッド&シグナル・ヒル

MAP P.69-A2/A1

Lion's Head & Signal Hill

町の西側にあるふたつの丘は、ライオンが横たわっているようにも見えるので、ライオンズ・ヘッド（Head＝頭、標高669m）とライオンズ・ランプ（Rump＝尻、標高350m）と呼ばれる。ランプのほうは平日の正午に号砲を発する大砲があるため、一般にはシグナル・ヒルと呼ばれる。シグナル・ヒルの斜面には、政府高官邸などの高級住宅やマレー人の霊廟が立つ。頂上に展望台があり、港や町の眺めがいい。

グリーン・ポイントから見たライオンズ・ヘッド

テーブル・マウンテン

ロープウエイ乗り場から頂上まで所要時間約5分。ゴンドラがゆっくり回転しながら上っていく。

●ロープウエイ

☎(021) 424-8181

URL www.tablemountain.net

開 8:00頃～19:00頃

※時期や天候により変更になる。HPで運行状況が小刻みに反映されているので要チェック。

休 なし

料 大人R360（往復）、R200（片道）
子供R180（往復）、R100（片道）

ACCESS

🚌ウオーターフロントや市内中心部からマイ・シティ（→P.69欄外）の107番に乗り、テーブル・マウンテン近くのクルーフ・ネックKloof Nekで下車。そこからマイ・シティのシャトルバス（110番）がケーブルカー乗り場まで走っている。シティ・サイトシーイングのバス（→P.69欄外）が頻繁に巡回しているので、それを利用するのもいい。

訪れる際の注意点

山頂は麓より6℃近く気温が低く（100m上昇するごとに0.6℃気温が下がる）、風も強いので、夏でも上着があったほうがいい。また、週末や休日は地元の人もどっと押しかけるので、平日に出かけるようにしたい。

ハイキングには注意！

テーブル・マウンテンの頂上までハイキングすることもできるが、平均で頂上まで3時間30分ほどかかる。霧がかかっていたり強風の日は非常に危険で、過去に死者が出ているほど。十分に安全を確認し、また決して単独では登らないように。

上空から観光しては？

ヘリコプターに乗り、上空からの景色を楽しんでみよう。ウオーターフロントの外れを離陸。所要約25分、1人R2000～。

●ケープタウン・ヘリコプターズ
Cape Town Helicopters

☎(021) 418-9462

URL www.helicopterscapetown.co.za

シグナル・ヒル

ACCESS

ケープタウン市街から徒歩かタクシーを利用する。クルーフ・ネックKloof Nek道路からひたすら上っていく。ただし、最近は頂上付近の治安が悪化してきたため、少人数や夜間に行くのは避けたほうがいい。

ネルソン・マンデラが収容されていた刑務所島

ロベン(ロビン)島

MAP P.66-A2

Robben Island

ウオーターフロントから約14㎞の沖合、ボートで30分ほどの所に浮かぶロベン島は、アパルトヘイト時代、おもに政治犯が収容されていた黒人専用の刑務所島で、ネルソン・マンデラも収容されていた。1959年の開所から1991年に最後の政治犯が釈放されるまでの約30年間に、延べ約3000人の政治犯が収容されたという。刑務所は1996年に閉鎖され、現在は島自体が博物館としてケープタウンの観光名所となっている。また、1999年12月には、ユネスコの世界文化遺産に登録されている(文化遺産としては南アフリカ初)。

ロベン島へは、ウオーターフロントの**ロベン島博物館 Robben Is. Museum**(→MAP P.70-B2)脇の桟橋から専用ボートで行く。ツアー形式になっていて、料金には往復ボート代のほかに、島でのバスツアー、刑務所内のガイド代が込みになっている(所要約1時間。島での単独行動はできない)。刑務所内はこの刑務所に実際に収容されていたという人が案内してくれる。

島への入口

世界遺産

1999年に文化遺産に登録

ロベン島

☎(021) 413-4200

URL www.robben-island.org.za

料 大人R380、子供R200

ツアーは9:00、11:00、13:00、15:00発 の4回(冬季は15:00の回は催行されない)。所要約3時間30分(うち島内でのバスツアーが約1時間、フェリー移動が約2時間30分)。人気があるので早めにチケットを予約しよう。上記ホームページからも予約可能。

チケットは博物館内で購入

テーブル・マウンテンから見たロベン島

目の前に広がる壮大な景色に圧倒される

喜望峰自然保護区

MAP P.78-A4～B5

Cape of Good Hope Nature Reserve

半島南部は77.5km²の広大な自然保護区になっていて、**喜望峰Cape of Good Hope**と**ケープ・ポイントCape Point**もこの中にある。区域内にはフィンボスFynbosやプロテアProtea、エリカ(ヒース) Erica (Heath)と呼ばれる花や植物類が咲き、エランド、ボンテボック(シカ)、シマウマ、マングース、ダチョウ、バブーン(ヒヒ)などの野生動物、150種類以上の鳥類、カキや海

記念撮影にも最適な喜望峰の標識

世界遺産

2004年に自然遺産に登録

(13の保護地域からなる「ケープ植物区保護地域群」としての登録)

喜望峰自然保護区

☎(021) 780-9010

URL capepoint.co.za

開 10～3月　6:00～18:00
4～9月　7:00～17:00

休 なし

料 大人R320、子供R160

ACCESS

サイモンズ・タウンからタクシーを使うという方法があるが、結局はツアーに参加したほうがお得。半日コースがR700、1日コースがR1000程度(→P.87)。レンタカーについては→P.42。

展望台行きケーブルカー

☎(021) 780-9010

開 10～3月　9:00～17:30
4～9月　9:00～17:00

休 なし

料 大人R85(往復)、R70(片道)
子供R45(往復)、R35(片道)

藻が生息する。さらに付近の海にはイルカ、オットセイが泳ぎ、運がよければ8～11月の期間にはクジラが見られることもある。

保護区内にはピクニック広場や、ハイキングコース、ドライブコース、スクーバダイビングや水泳のための更衣室などがあり、喜望峰を発見したバルトロメウ・ディアスやヴァスコ・ダ・ガマの記念碑も立つ。保護区内の道路の終点には駐車場があり、そこには**ルック・アウト・ポイントLook Out Point**と呼ばれる、灯台が立つ展望台へ上がるケーブルカーの乗り場がある。歩いても20分ほどの距離だが、坂道なので上りはケーブルカーを利用したほうが無難だ。

展望台から眼下に見えるのが半島の最南端、ケープ・ポイント。ときには、インド洋と大西洋のふたつの海流がぶつかって渦を巻く様子も見られる。展望台に立つ灯台は、海抜248mの地点にあるため霧で見えないことが多く、現在は使用されていない。代わりに、ケープ・ポイントの海抜87mの地点に1919年、当時のアフリカの海岸で最も明るい灯台が建てられた。

展望台から西のほうに見える白砂の小さなビーチは**ディアス・ビーチDias Beach**といい、その先に突き出しているのが喜望峰だ。そこまでは遊歩道があり、駐車場から歩いて約1時間。意外に殺風景な崖だが、下には、「アフリカ大陸の最南西端、喜望峰」と英語とアフリカーンスで書かれた標識が立っている（最南端はアグラス岬）。

この付近は強風が吹くため、遭難する船が多かった（「さまよえるオランダ人The Flying Dutchman」と呼ばれる幽霊船の目撃談もあった）。そんなこともあり、当初この岬は、発見者のディアスによって「嵐の岬Cape of Storms」と名づけられたが、15～16世紀のポルトガル国王マヌエル1世が、ヴァスコ・ダ・ガマのインド航路発見を記念し、ポルトガルに希望を与えるという意味で「喜望峰」と命名したそうだ。

展望台から望むケープ・ポイント

展望台からの景色。手前にあるのがディアス・ビーチで、奥に喜望峰が見える

ケーブルカーを降りてから頂上の展望台まで階段を上る

保護区内では野生のダチョウに出合うことも

バブーン（ヒヒ）に注意！

ケープ・ポイントの駐車場とその周辺にかけてバブーン（ヒヒ）が生息しているが、子供を襲ったり、食べ物を奪ったりすることもあるので注意。「バブーンに餌を与えないように」との立て札もある。

あまり近づき過ぎないようにしよう

展望台からの景色を楽しむ観光客

泳ぐより日なたぼっこがいい？

クリフトン・ビーチ&キャンプス・ベイ

MAP P.78-A1

Clifton Beach & Camps Bay

ライオンズ・ヘッドの西の大西洋岸には、白砂のビーチが広がるクリフトン・ビーチとキャンプス・ベイの町が続く。ビーチの水は冷たいが、テーブル・マウンテンとそれに続く山々（12の山が並んでいるので12使徒Twelve Apostlesと呼ばれる）が、南東から吹く強い季節風を遮るため、比較的穏やかだ。このあたりは世界的にも有名なリゾートであり、1年中リゾート客が絶えることがない。地価はケープ地方で最も高いといわれ、高級ホテルやレストラン、カフェが建ち並び、ハリウッドスターなどの別荘もある。

キャンプス・ベイの名は、18世紀の農場主フレドリック・フォン・カンプスFredrick von Kamptzの名を取って、最初はディー・バーイ・フォン・カンプスと呼ばれていた。現在はビキニ姿の女性が多いためビキニ・ビーチとも呼ばれている。ビーチロード沿いには評判のレストランもいくつかある。

華やかな雰囲気のキャンプス・ベイ

クリフトン・ビーチ&キャンプス・ベイ
ACCESS
🚌ウオーターフロントや市内中心部からマイ・シティ（→P.69欄外）の108、109番のバスでキャンプス・ベイまで行ける。シー・ポイントからだと歩いて25分程度でクリフトン・ビーチまで行ける。また、キャンプス・ベイはシティ・サイトシーイング（→P.69欄外）のレッドルートとブルールートの乗降ポイントにも入っている。なお、車の場合、夏季は駐車場がすぐ満車になるので注意。

海水浴客でにぎわうクリフトン・ビーチ

喜望峰とともに必見の壮観なドライブウエイ

チャップマンズ・ピーク・ドライブ

MAP P.78-A2〜3

Chapman's Peak Drive

標高約600mの岩山を通る全長約10kmのドライブウエイで、開通は1922年。背後にセンチネル山とハウト湾、眼下に真っ青な海を望み、片側には険しい岩壁を見上げて走る。その美しさは世界的にも有名。車だけでなく、サイクリングコースとしても名高い。途中に車を停められる景観ポイントもたくさんある。山はいろいろな色の岩が重なっていて、特に夕方は美しいため、地元の人は、日没時、デートやバーベキューにやってくる。

後方に見えるのがチャップマンズ・ピーク

チャップマンズ・ピーク・ドライブ
☎(021) 791-8222
URL www.chapmanspeakdrive.co.za
料 一般車1台R45
ACCESS
🚗レンタカーで巡るのがいちばんだが、ケープ半島1周ツアー（→P.87）のルートにも含まれている。

美しい景色が続き、ドライブに最高！

ケープ半島のヌーディスト・ビーチ

サンディ・ベイ

MAP P.78-A2

Sandy Bay

高級住宅地のフランドゥドノLlandudnoの近くにあるビーチ。険しい砂山と茂みに覆われた海岸沿いのさらに奥にあり、徒歩でしかビーチに行けないためか、非公式のヌーディスト・ビーチとして知られている。風はけっこう強いし、店や更衣所などもない。

サンディ・ベイ
ACCESS
🚗車で行く場合は、フランドゥドノLlandudnoの標識を見たらメインロードを外れ、サンセット・ロック駐車場Sunset Rock Parkingまで進む。そこから徒歩約20分。

美しい漁港とオットセイに出合える島

ハウト湾&ドイカー島

MAP P.78-A2

Hout Bay & Duiker Island

ハウトとは、オランダ語で木を意味する。17世紀に植民地を広げるための資材として、森林であったこの地から木を切り出し、積み出しが行われたことからこう呼ばれるようになったという。現在は、魚加工場が建ち並ぶ漁港の町となっているが、周囲を高い崖に囲まれた景勝地であり、静かなビーチが広がっている。

ケープ半島の主要観光地のひとつ、オットセイとカモメの聖域のドイカー島(シール・アイランドSeal Islandとも呼ばれる)行きの船は、この小さな港町から出航する。ドイカー島まで所要約10分。島には上陸できないが、船は周囲をゆっくりと進むので、十分にオットセイを観察することができる。ただし、悪天候のときは船が揺れ、甲板にいるとぬれるので注意。船からはセンチネルSentinelという港を見下ろすようにそびえる標高約800mの山(絶壁)が眺められ圧巻だ。

ハウト湾はまた、「おいしい魚を食べるならハウト湾」といわれるほど、シーフード(特にフィッシュ&チップス)が有名な所でもある。町なかのショッピングセンター、**マリナーズ・ワーフ Mariner's Wharf**や波止場にあるレストランでぜひ試してほしい。波止場には小さな博物館とクラフトショップもある。

港ではアフリカらしいみやげ物が売られている

シーフードレストランがあるマリナーズ・ワーフ

ドイカー島のオットセイの群れ

ハウト湾 ACCESS

🚌市内中心部のアダレイ(ケープタウン駅前のバス停)からマイ・シティの108、109番のバスで行ける。また、シティ・サイトシーイング(→P.69欄外)のブルールートの乗降ポイントにも含まれている。

ドイカー島行きの船

いくつかの船会社がドイカー島行きのツアーを催行している。所要は40分程度。

●サーク・ローンチズ Circe Launches

毎日9:30、10:15に出航する。夏季は増便となるなど、季節や天候によりスケジュールは変更される。

住 Hout Bay Harbour
☎ (082) 552-2904
URL www.circelaunches.co.za
料 大人R75、子供R45

クルーズ船のひとつ

ハウト湾でクルーズ船を出迎えるパフォーマー

マリナーズ・ワーフ

シーフード料理をメインとしたレストランが数軒、真珠を取り揃えた宝石店やみやげ物店が入っている。

住 Hout Bay Harbour
☎ (021) 790-1100
URL www.marinerswharf.co.za

サイモンズ・タウン
ACCESS
🚗ケープタウンから車で約40分。ケープ半島を巡るツアーでも立ち寄ることが多い。

観光案内所
住 111 St. George St.
☎ (021) 786-8440
開 月～金　8:00～17:00
　土・日・祝　9:00～13:00
休 なし

サイモンズ・タウン博物館
住 The Residency Court Rd.
☎ (021) 786-3046
開 月～金　10:00～16:00
　土　10:00～13:00
休 日・祝
料 大人R10、子供R5 (寄付)

南アフリカ海軍博物館
住 St. George St.
☎ (021) 787-4686
開 9:30～15:30
休 元日、クリスマス　料 無料

ヘリテージ博物館
住 Amlay House, King George's Way
開 火～金　11:00～16:00
　土　11:00～13:00
休 月・日・祝　料 R10 (寄付)

ボルダーズ・ビーチ
☎ (021) 786-2329
開 12～1月　7:00～19:30
　4～9月　8:00～17:00
　2～3、10～11月
　8:00～18:30
料 大人R160、子供R80

とてもかわいらしいペンギン

ティー・ガーデン
☎ (021) 687-0000
URL www.rhodesmemorial.co.za
開 9:00～17:00　休 なし
※週末や祝日は要予約。

古い建物と博物館が多い歴史ある町
サイモンズ・タウン
MAP P.78-B4
Simon's Town

1687年、当時のオランダ総督サイモン・ファン・デル・ステルが冬季の強い南風を避けるために、風の穏やかなこの地に港（おもにオランダ東インド会社のための）を造ることを提案し、町がつくられたため、彼の名を取ってサイモンズ・タウンと名づけられた。1814年には、オランダに代わってケープ半島を治めたイギリスが海軍基地を建設した。その後の1957年、南アフリカ海軍が接収した。

メインロードの**セント・ジョージ通りSt. George St.**には古い建物が並び（いくつかは築150年以上）、国の重要文化財に指定されているものもある。そんなことから「ヒストリック・マイルHistoric Mile」とも呼ばれている。それ以外にも、町の歴史を表した**サイモンズ・タウン博物館Simon's Town Museum**や、南アフリカ海軍の歴史を展示している**南アフリカ海軍博物館South African Naval Museum**、サイモンズ・タウンのムスリムの歴史を展示した**ヘリテージ博物館The Heritage Museum**など計4つの博物館がある。

ケープ・ペンギンが生息する
ボルダーズ・ビーチ
MAP P.78-B4
Boulders Beach

サイモンズ・タウン中心部から歩いて20分くらいで行ける小さなビーチ。ここには多くのケープ・ペンギン（英名アフリカン・ペンギン。鳴き声がロバに似ていることからジャッカス・ペンギンとも呼ばれる）が生息している。人をあまり怖がらず間近で観察できるが、子供のペンギン（灰色をしている）に近づくと、親ペンギンに羽を広げて怒られるので注意。卵を温めている姿を見ることもできる。

子育てをするペンギンも見られる

フォルス湾が見渡せる
ローズ・メモリアル
MAP P.78-B1
Rhodes Memorial

ケープ植民地の首相であったセシル・ローズCecil Rhodesの記念碑。デビルズ・ピークの南側の山腹に、テーブル・マウンテンの御影石を使って建てられた。南東にケープ・フラッツ、フォルス湾、さらにはドラケンシュタイン山脈を見渡すことができる。記念碑の裏には茅葺き屋根で石造りの**ティー・ガーデンTea Garden**もある。

ワインも名建築も味わいたい

グルート・コンスタンシア

MAP P.78-B2

Groot Constantia

南アフリカで最初に造られたワイナリーで、現在はいちばん小さいワイナリーでもある。ここに1685年に建てられたオランダのケープ総督サイモン・ファン・デル・ステルの住居であった**マナー・ハウスManor House**は、ケープ・ダッチ様式の名建築として著名。現在は博物館になっていて、家具や陶磁器、ガラス器などが飾られている。**ワイン博物館Wine Museum**や酒蔵を巡るツアーもある。

ワイナリー周辺にはブドウ畑が広がる

テーブル・マウンテンの麓に広がる

カーステンボッシュ植物園

MAP P.78-B2

Kirstenbosch Botanical Gardens

テーブル・マウンテンの南側斜面に広がる、本格的植物園。約2万2000種類ある南アフリカの植物のうち9000種類がここで栽培、研究されている。すべての草花、樹木に名札が付けられ、学名、通称、産地などが記されている。園内には遊歩道が整備され、レストランや売店もある。ベストシーズンは春(8月中旬〜10月中旬)。

自然豊かな園内は散歩に最適

春には色とりどりの花が咲き誇る

鳥や動物と遊べる世界最大級の飼育場＆公園

ワールド・オブ・バーズ

MAP P.78-A2

World of Birds

ハウト湾の近くにある、400種類3000羽以上の鳥類と動物を有する飼育場＆公園。ユニークなのは、一部を除く鳥と動物が園内に放し飼いにされていることだ。餌づけ、卵のふ化、巣作りの様子など、自然に近い状態で間近に観察できる。のんびりピクニックを楽しもう。

グルート・コンスタンシア

ACCESS

🚗ケープタウン中心部から車で約20分。シティ・サイトシーイング(→P.69欄外)のブルールートとパープルルートを使っても行ける。

マナー・ハウス(ワイン博物館)

☎(021) 795-5140

URL www.iziko.org.za/museum/groot-constanitia-manor-house

開 10:00〜17:00

※ワイナリーツアーは10:00〜16:00の毎正時催行。

休 メーデー、クリスマス

料 大人R30、子供R15
パッケージR95
(ワイナリーツアー、テイスティング、博物館、ワイングラスのギフト込み)

※レストランやギャラリー、売店もある。

売店の奥で試飲ができる

世界遺産

2004年に自然遺産に登録

(喜望峰自然保護区を含む13の保護地域からなる「ケープ植物区保護地域群」としての登録)

カーステンボッシュ植物園

住 Rhodes Dr., Newlands

☎(021) 799-8800

URL www.sanbi.org/gardens/kirstenbosch

開 4〜8月　8:00〜18:00
9〜3月　8:00〜19:00

休 なし

料 大人R75、子供R20

ACCESS

🚗ケープタウン中心部から車で約10分。ケープ半島1周ツアー(→P.87)に含まれることも多い。シティ・サイトシーイング(→P.69欄外)のブルールートでも行ける。

ワールド・オブ・バーズ

住 Wildlife Sanctuary, Valley Rd., Hout Bay

☎(021) 790-2730

URL www.worldofbirds.org.za

開 9:00〜17:00

休 なし

料 大人R130、子供R50

※公園内に軽食の売店とみやげ物店がある。ピクニックランチの持参も可。

郊外のおもな町
TOWNS

ひと昔前まで禁酒の町だった
フィッシュ・ホーク
MAP P.78-B3
Fish Hoek

ふたつの山に挟まれた、白砂のビーチをもつ小さな町。1927年に、町の裏の洞窟から1万5000年前の人類の骨が見つかったことでも有名だ。洞窟は発見者の名からピアーズ・ケーブPeers Caveと呼ばれ、人骨は町の名前を取ってフィッシュ・ホーク・マンと名づけられた。洞窟に関する資料は**フィッシュ・ホーク・バレー博物館Fish Hoek Valley Museum**に展示されている。

アンティーク好きにはたまらない
コーク・ベイ
MAP P.78-B3
Kalk Bay

のどかな漁村だが、楽しみは釣りや海水浴、サーフィンだけではない。アンティークショップや中古品店、工房、ギャラリーなどが何軒かあって買い物も楽しめる。

ケープ半島で最も安全なビーチが続く
ミューゼンバーグ
MAP P.78-B3
Muizenberg

岩場がないため、ケープ半島で最も安全なビーチとされている。いい波が来るためサーファーに人気で、ミニゴルフ場や遊園地もあることから家族連れの姿も多い。内陸まで海が入り込んでいるため湖沼が点在し、水遊びやバードウオッチングも楽しめる。なかでも町の北6kmほどの所にある**フォルス・ベイ自然保護区False Bay Nature Reserve**では、230種類以上もの鳥が生息し、散歩しながらそれらの多くを観察することができる。また、ミューゼンバーグとコーク・ベイの間の高台を走る**ボーイズ・ドライブBoye's Drive**という道路からは、ミューゼンバーグの町や遠くワイン・ランドまでのすばらしい景色が見渡せる。町なかにはレストランやカフェも点在している。

サーファーに人気のミューゼンバーグ

フィッシュ・ホーク
ACCESS
ケープタウン中心部から車で約30分。

観光案内所
☎(021) 782-7820
URL www.fishhoek.com

フィッシュ・ホーク・バレー博物館
住 59 Central Circle
☎(021) 782-1752
開 火〜土　9:30〜12:30
休 日・月
料 大人R5、子供無料

コーク・ベイ
ACCESS
ケープタウン中心部から車で約30分。

地元の人々でにぎわうコーク・ベイのビーチ

コーク・ベイの港では市民が釣りを楽しむ

ミューゼンバーグ
ACCESS
ケープタウン中心部から車で約25分。

ミューゼンバーグ情報
URL muizenberg.info

フォルス・ベイ自然保護区
MAP P.78-B2
住 Fisherman's Walk, Zeekoevlei
☎(021) 400-9593
URL www.capetown.gov.za
開 月〜金　7:30〜17:00
土・日　7:30〜19:00
※セクションにより異なる。
休 クリスマス

ケープタウン拠点のツアー

ケープタウン周辺は公共の交通機関があまり発達していないので、観光地を巡るにはツアーに参加するのがいちばん。ケープ半島1周ツアーのほか、ワイン・ランドやガーデン・ルート、さらにはナミビアなどへ行くツアーなども出ている。

観光案内所やホテルに多くのツアー会社のパンフレットが置いてあるので、現地で申し込んでもいいが、時間を有効に使いたい人は日本で予約しておくといいだろう。

●ケープタウン市内ツアー

カンパニー・ガーデンズや国会議事堂などの見どころをひととおり見学し、車内からクリフトン・ビーチの景色を楽しむ。通常、テーブル・マウンテンも含まれていて、けっこう忙しいスケジュールになっている。所要約4時間、R500程度。

●ケープ半島半日ツアー

シー・ポイントからキャンプス・ベイを下り、ハウト湾へ。チャップマンズ・ピーク・ドライブを経て、サイモンズ・タウンと喜望峰に立ち寄り、ボルダーズ・ビーチでペンギンを見る。ハウト湾などの代わりに、カーステンボッシュ植物園やグルート・コンスタンシアを訪れるツアーもある。所要約4時間、R700程度。ゆったり巡る1日ツアーもある。所要約9時間、R1000程度(→P.43)。

●タウンシップ・ツアー

ガイドの案内でタウンシップへ出かける。地元の子供たちや霊媒師などを訪れ、ローカルマーケットや民芸品店、教会や博物館などにも立ち寄る。地元の人たちとの朝食やランチが含まれている場合もある。所要約4時間、R600程度。

●ワイン・ランド・ツアー

ワイン・ランドのワイナリーを2～3ヵ所訪れ、ワイナリー見学とワインテイスティングを楽しむ。半日ツアーは所要約4時間、R700程度。1日ツアーは所要約9時間、R1000程度。

●ホエールウオッチング・ツアー(ハマナス)

クジラが交尾、出産のためにやってくる7～11月の期間、クジラ観察で有名なハマナス(→P.125)を訪れるツアー。途中、ペンギンの生息地があるベティーズ・ベイなどにも立ち寄る。所要約9時間、R1000程度。

●サファリ体験ツアー

ケープタウンから車で1 ～ 2時間の場所にある私営動物保護区へ行き、ゲーム・ドライブを楽しむ。ほとんどは朝食、ランチ付きで、プールをはじめ、保護区内のリゾート施設を自由に利用できることが多い。所要8～9時間、R3000程度。

●ガーデン・ルートを巡るツアー

2～5泊で、海岸沿いのドライブを楽しみながらモッセル・ベイ、ジョージ、ナイズナに立ち寄り、ポート・エリザベスへ。たいていはオーツホーンが含まれている。料金はホテルや食事によってもさまざまだが、3泊4日でR1万2000程度。

おもな旅行会社

●ハイルトン・ロス
Hylton Ross
団体の利用が多いので大型バスツアーの料金は若干安め。
☎(021) 506-2575
URL hyltonross.co.za

●バズ・バス
Baz Bus (→P.391)
トレッキングやサイクリングなどを組み込んだツアーが若い人に人気。
☎(021) 422-5202
URL www.bazbus.com

●ニッポネックス・サービス
Nipponex Services
日本人経営で、日本語ガイドの手配も行ってくれる。
☎(021)686-9960
URL www.nipponex.co.za

●アフリカン・イーグル・デイ・ツアーズ
African Eagle Day Tours
☎(021) 464-4266
URL www.daytours.co.za

●スプリングボック・アトラス
Springbok Atlas
☎(021)460-4700
URL springbokatlas.com

アクイラ私営動物保護区
Aquila Private Game Reserve

ケープタウンから北東へ約130km、車で約2時間の場所にあるアクイラ私営動物保護区に日帰りで出かけ、ゲーム・ドライブまたは乗馬サファリを楽しむことができる。保護区内にはリゾート施設があり、レストランやプールなどの利用が可。朝食、ランチ付きで1人R1950～。ケープタウンからの送迎サービス(往復1人R890)がある。滞在した場合は、3食アクティビティ付きで1泊1人R2010～(2人で1室を利用した場合)。

MAP P.66-A1 ☎(021) 430-7260
URL www.aquilasafari.com

✉サファリをのんびりと

アクイラ私営動物保護区の日帰りツアーを利用しました。用意された朝食を食べた後に、いよいよサファリへ。今回は、運よく生まれたばかりのサイ(生後2週間)を連れた親子を見ることができました。ゾウやキリン、シマウマなどほかにもたくさんの動物たちを間近で自然に近い状態で見ることができ、たいへん満足です。2時間30分程度のサファリのあとは、16:00の出発まで自由時間です。昼食を食べた後、スパにあった屋外のプールでのんびりしました。

(東京都　みづほ　'18)['20]

アクティビティ ACTIVITY

ゴルフ、海水浴、釣り、サーフィン、登山などが定番だが、近年ではサイクリングやトレッキングなど気軽に楽しめるものから、スカイダイビングや間近でサメを見るシャーク・ケージ・ダイビングなど迫力満点のものまで、さまざまなスポーツ&アクティビティが人気を集めている。

●ゴルフ Golf

ケープタウン市内とその近郊だけで、20以上のゴルフクラブがあり、そのいくつかはこの国のトップ10に入るほどの設備を誇る。各クラブで差はあるが、18ホールR400程度〜。

●釣り Fishing

ボートをチャーターして沿岸や沖合に出かけ、釣りを楽しむスタイルがメイン。マグロなどの大物狙いやロブスター釣りなども可能。ゲームフィッシングは1日R3000〜。

●トレッキング Trekking

テーブル・マウンテンやケープ半島などの美しい自然を目の当たりにできる。特にこのあたりは植生が豊かなため、花や樹木が好きな人にとっては絶好だ。子供から大人まで、幅広く人気がある。内容によりさまざまだが、3〜5時間のツアーでR400程度。

●サイクリング&マウンテンバイク Cycling&MTB

景色を楽しみながらケープ半島をゆっくり巡るものから、ダウンヒルを勢いよく下るものまでさまざまなアクティビティが揃っている。1日R600程度。

●サンドボード Sandboard

ボードに乗って砂山を下るスポーツ。サーフィンやスノーボード経験者はもちろん、初心者でも楽しめる。1日R750程度。

●スカイダイビング Skydiving

950m上空からのタンデム・スカイダイビングなど、空からケープ半島の景色を楽しむことができる。少し抵抗がある人は、まずパラグライダーを試してみるといいかもしれない。所要約2時間で、R2000程度。

●スクーバダイビング Scuba Diving

インド洋と大西洋に挟まれたケープタウンの海では、一度のダイビングでふたつの海を楽しむことができる世界でもまれなポイントが点在。また、檻の中に入ったまま水中に沈みサメを観察するシャーク・ケージ・ダイビングは、迫力ある体験で人気がある。シャーク・ケージ・ダイビングは1日R2000程度。

●そのほかのアクティビティ Other Activities

大自然が広がるケープ半島には、さまざまなアクティビティが揃う。崖や滝から渓谷目がけてジャンプをするクルーフィングKloofingやテーブル・マウンテンの頂上から垂直に切り立つ岩をロープで下っていくアブセイルAbseil、またロッククライミングなどは、アドベンチャー好きにはたまらない。

おもなゴルフクラブ

●キング・デイビッド・モウブレイ・ゴルフクラブ
King David Mowbray Golf Club
MAP P.78-B1
住 1 Raapenberg Rd., Mowbray
☎ (021) 685-3018
URL kingdavidmowbraygolfclub.co.za

●メトロポリタン・ゴルフクラブ
Metropolitan Golf Club
MAP P.69-B1
住 Fritz Zonnenberg Rd., Mouille Point
☎ (021) 430-6011
URL www.metropolitangolfclub.co.za

●ロイヤル・ケープ・ゴルフクラブ
Royal Cape Golf Club
MAP P.78-B3
住 174 Ottery Rd., Wynberg
☎ (021) 761-6551
URL www.royalcapegolf.co.za

おもなアクティビティ催行会社

●デイ・トリッパーズ
Day Trippers
☎ (021) 511-4766
URL www.daytrippers.co.za
マウンテンバイク・ツアーやトレッキングなど。

●ケープ・エクストリーム・アドベンチャー・ツアーズ
Cape Xtreme Adventure Tours
☎ (021) 824-3387
URL www.capextreme.com
クルーフィングやスカイダイビング、パラグライダーなど。

ケープ半島は絶好のサイクリングスポット

H ホテル

Hotel Restaurant Shop Winery

5つ星ホテルから安宿まで無数といっていいほどある。だが、クリスマスやイースターの時期は多くが値上げをし、それでも予約でいっぱいという状態。できるかぎり事前予約しておこう。また、安宿はロング・ストリート周辺に多いが、ひとり歩きは危険。ウオーターフロント周辺は比較的治安はいいが、夜歩く場合は十分注意すること。

ケープ・グレース ★★★★★

Cape Grace

豪華客船を模した外観のブティックホテル。どの客室からもテーブル・マウンテンまたは港が望める好立地にあるうえ、内装も気品に満ちたクラシカルな雰囲気が漂っている。スーペリアのほか、スイートルームやペントハウスもあり、豪華な滞在が体験できる。

ウオーターフロント MAP P.70-A2

住 West Quay Rd., V&A Waterfront
☎ (021) 410-7100
URL www.capegrace.com
料 ⓈⓌR7217～
CC ADMV
室 120
Wi-Fi あり（客室）

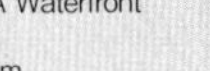

豪華なペントハウスのインテリア

ザ・テーブル・ベイ・ホテル →P.37 ★★★★★

The Table Bay Hotel

ビクトリア・ワーフ・ショッピング・センターにつながっている豪華ホテル。内装は白を基調にしたエレガントな雰囲気で、どの部屋からもテーブル・マウンテンか海が見える。南アフリカ産ワインを豊富に揃えており、2015年にワインリストアワードを受賞している。

ウオーターフロント MAP P.70-B1

住 Quay 6, V&A Waterfront
☎ (021) 406-5000
URL www.suninternational.com
料 ⓈⓌR4138～
CC ADMV
室 329
Wi-Fi あり（客室）

ケープ・ダッチ様式の外観

ワン&オンリー・ケープタウン ★★★★★

One & Only Cape Town

世界各国のセレブリティに人気のラグジュアリーリゾート。全室バルコニー付きのマリーナ・ライズと水際にある隠れ家的なアイランドの2カテゴリーがあり、いずれもゆったりと落ち着ける空間が広がっている。スパやプール、レストランなども充実している。

ウオーターフロント MAP P.70-A1

住 Dock Rd., V & A Waterfront
☎ (021) 431-5888
URL www.oneandonlyresorts.com
料 ⓈⓌR9950～
CC ADMV
室 131
Wi-Fi あり（客室）

ラグーンを囲むようにして立つ

ラディソン・ブル・ホテル&レジデンス、ケープタウン ★★★★★

Radisson Blu Hotel & Residence, Cape Town

スタイリッシュなシティホテル。立地も便利なので利用しやすい。客室はモダンな内装でハーバービューとマウンテンビューなどに分かれる。クラブラウンジが利用可能なエグゼクティブルームは36㎡と広々だ。屋上にはプールがある。

市内中心部 MAP P.71-A2

住 22 Riebeeck St.
☎ (021) 467-4000
URL www.radissonhotels.com
料 ⓈⓌR1840～
CC ADMV
室 214
Wi-Fi あり（客室）

シックな雰囲気のエグゼクティブルーム

ベルモンド・マウント・ネルソン・ホテル ★★★★★

Belmond Mount Nelson Hotel

廊下の調度品や壁紙にいたるまで隅々に伝統を感じさせ、特に花や樹木であふれる庭は見事。薄ピンク色の本・新館、コテージ（離れ小屋）など各客室のインテリアはすべて異なっている。レストラン、会議室、ジム、温水プールなどを完備している。

市内中心部 MAP P.71-B5

住 76 Orange St.
☎ (021) 483-1000
URL www.belmond.com
料 ⓈⓌR4825～
CC ADMV
室 198
Wi-Fi あり（客室）

緑豊かな環境に立つ

タージ・ケープタウン

★★★★★

Taj Cape Town

建物は、1890年に建てられたチャンバーズテンプルと南アフリカ中央銀行ビルのふたつの歴史的建造物を改築し、さらに新しくタワー棟を付け加えた趣のある外観が特徴的。ホテル内には、インド料理専門レストランやスパもある。

市内中心部　MAP P.71-B3

住 1 Wale St.
☎ (021) 819-2000
URL www.tajhotels.com
料 ⓈⓌR1864～
CC ADJMV
室 176
Wi-Fi あり（客室）

格式高い内装の客室

ベスト・ウエスタン・ファウンテンズ・ホテル

★★★★

Best Western Fountains Hotel

鉄道駅の向かいに立つ4つ星の中級ホテル。ホテル全体が洗練されたカジュアルな雰囲気で、部屋もモダンで過ごしやすい。スタッフの親切なサービスもポイントが高い。どこへ行くにも便利で使いやすい中級ホテルのひとつだ。

市内中心部　
MAP P.71-B2

住 01 Street Georges Mall
☎ (021) 443-1100
URL www.bestwestern.com
料 ⓈⓌR1150～
CC ADMV
室 156
Wi-Fi あり（客室）

客室はカジュアルな雰囲気

ウェスティン・ケープタウン

★★★★★

Westin Cape Town

コンベンションセンターに隣接する立地のうえ、設備は世界的に見てもトップクラス。高層階の室内からは、ケープタウンの町並みから、ウオーターフロント、テーブル・マウンテン、港まで見渡せる。19階には豪華なスパ施設も完備している。

市内中心部　MAP P.71-A1

住 Convention Sq., Lower Long St.
☎ (021) 412-9999
URL www.marriott.com
料 ⓈⓌR3250～
※朝食付き
CC ADMV
室 483
Wi-Fi あり（客室）

客室からの景色がすばらしい

ケープタウン・ロッジ

★★★★

Cape Town Lodge

ロング・ストリートなどの中心街にも近く、なかなか便利な場所にある。また、南側の室内からはテーブル・マウンテンを正面に眺めることができ、景観は抜群だ。客室はこぢんまりとしているがシンプルで機能的。品数の多い朝食ビュッフェが人気。

市内中心部　MAP P.71-A3

住 101 Buitengracht St.
☎ (021) 422-0030
URL www.capetownlodge.co.za
料 ⓈⓌR1000～
※朝食付き
CC ADMV
室 123
Wi-Fi あり（客室、有料）

ゆったりと落ち着ける客室

ヒルトン・ケープタウン・シティ・センター

★★★★★

Hilton Cape Town City Centre

市内中心部、マレー・クオーターにある5つ星シティホテル。ホテル内は近代的な造りで、ウオーターフロントへのシャトルなどうれしいサービスも。部屋によってはボカープの色鮮やかな美しい町並みを眺めることができる。小さいがプールもある。

市内中心部　MAP P.71-A3

住 126 Buitengracht St.
☎ (021) 481-3700
URL www3.hilton.com
料 ⓈⓌR2050～
CC ADMV
室 136
Wi-Fi あり（客室）

全室にバスタブが付いている

ケープタウン・ホロウ・ブティック・ホテル

★★★★

Cape Town Hollow Boutique Hotel

緑豊かなカンパニー・ガーデンズの向かいにあり、町なかにありながら静かな環境にある。白を基調にした部屋は、爽快感にあふれている。ホテル内施設も多様で、レストランをはじめプール、ジム、サウナなど充実している。

市内中心部　MAP P.71-B4

住 88 Queen Victoria St., Gardens
☎ (021) 423-1260
URL www.capetownhollow.com
料 ⓈⓌR1500～
※朝食付き
CC AMV
室 56
Wi-Fi あり（客室）

大きな窓が開放的

ザ・サイロ ★★★★★

The Silo

　開発の進むサイロ地区にオープンした高級ブティックホテル。美術館(→P.77)の上にあり、ホテル内もモダンアートが飾られ、ケープタウンで最もおしゃれなホテルのひとつとなっている。最上階にはルーフトップバーがあり、眺めは最高。

ウオーターフロント　MAP P.70-B2

住 Silo Square, V&A Waterfront
☎ (021) 671-5502
URL www.theroyalportfolio.com
料 ⓈⓌR1万3500～
CC MV
室 28
Wi-Fi あり(客室)

ケープタウンでも指折りのおしゃれさ

ラディソン・レッド・ケープタウン ★★★★

Radisson Red Cape Town

　2017年、ウオーターフロントのサイロ地区にオープンしたホテル。モダンな外観に、クラフトビールが楽しめるバー、バーチャルコンシェルジュがあるソーシャルスペースなど、最先端の設備が自慢。開発の進むエリアにあり、ロケーションも抜群だ。

ウオーターフロント　MAP P.70-A2

住 V&A Waterfront Cape Town, Silo 6, Silo Square
☎ (087) 086-1578
URL www.radissonhotels.com
料 ⓈⓌR1966～
CC ADMV
室 252
Wi-Fi あり(客室)

ウオーターフロントのおすすめホテル

ザ・ポーツウッド・ホテル ★★★★

The Portswood Hotel

　港町ケープタウンを象徴しているようなホテルで、ロビーには帆船の模型、各部屋には帆船の絵が飾られている。全室から、港またはテーブル・マウンテンが眺められるという好ロケーションにあるのがうれしい。牢獄を改装したというレストランも人気。

ウオーターフロント　MAP P.70-A1

住 Portswood Rd., Portswood Sq., V&A Waterfront
☎ (021) 418-3281
URL www.legacyhotels.co.za
料 ⓈⓌR1997～
CC ADMV
室 103
Wi-Fi あり(客室)

雰囲気のいいレストラン

パーク・イン・バイ・ラディソン・ケープタウン・フォアショアー ★★★★

Park Inn by Radisson Cape Town Foreshore

　ビジネスにも観光にも快適な、新しめのホテルで、ガラス張りの外観が印象的。客室はいずれもシックなインテリアでまとめられており、テーブル・マウンテンのすばらしい眺望を楽しめる部屋も。レストランやプールなどの施設も充実している。

市内中心部　MAP P.71-B2

住 Erven 113 and 114 Roggebaai Foreshore
☎ (021) 427-4800
URL www.radissonhotels.com
料 ⓈⓌR1250～
CC ADMV
室 120
Wi-Fi あり(客室)

レストランからは市街を一望

COLUMN | 日本と南アフリカ

日本からやってきたクスノキ→P.104

　南アが優勝した2019年のラグビー・ワールドカップにより、日本人と南ア人の距離はグッと近いものとなった。もともとケープタウンをはじめ、南アには親日派が多い。何故だろうか。遠く隔てられた日本と南アの関係には意外に長い歴史がある。日本政府によるアフリカ大陸で初めての在外公館として1918(大正7)年に、在ケープタウン領事事務所が開設。1910年にジュリアス・ジェッペJulius Otto Jeppeを名誉領事に任命した8年後、正式に日本領事館が開設され、清水八百一領事代理が派遣されている。両国の架け橋となったジェッペは、貿易促進のため当時ケープタウンで貿易・海運事業を行っていたドイツ系イギリス人で、彼の事務所跡には記念盤(MAP P.71-B3)も設置されている。また1898年から17年間にわたりアダレー通りで雑貨商「ミカド商会」を営んだ古谷駒平も南アにおける日本人の地位確保に大きな尽力をした。さらに遡ること1662年には、オランダ東インド会社が日本人を連れてきていたとの記録もある。少数だが無名の日本人が各時代に訪れ、両国の友好に貢献した。

ザ・グランド・ダディ

The Grand Daddy

室内はシンプルかつ落ち着いた雰囲気の内装で、設備も充実している。ホテルの屋上には、アメリカ直輸入のトレーラーハウス7台を客室として整備した「エアストリーム・トレーラー」があり、個性的なインテリアでファンシーな空間を演出している。

市内中心部 MAP P.71-A3

- 住 38 Long St.
- ☎ (021) 424-7247
- URL granddaddy.co.za
- 料 ⓈⓌR1395～
- CC MV
- 室 33
- Wi-Fi あり（客室）

奇抜なインテリアのトレーラーハウス

プロテア・ホテル・ケープタウン・ウオーターフロント・ブレイクウオーター・ロッジ ★★★

Protea Hotel Cape Town Waterfront Breakwater Lodge

ケープタウン大学の敷地内にある、牢獄を改築したホテル。客室はあまり広くないが、ロケーションのわりに料金が安いことから人気がある。ビュッフェ形式の朝食も定評がある。テラス席からは目の前に港とテーブル・マウンテンを望む絶景が広がる。

ウオーターフロント MAP P.70-A1

- 住 Portswood Rd., V&A Waterfront
- ☎ (021) 406-1911
- URL www.marriott.com
- 料 ⓈⓌR2675～
- CC ADMV
- 室 191
- Wi-Fi あり（客室）

客室からはすばらしい夜景が望める

ワンス・イン・ケープタウン ★★★

Once in Cape Town

91ループ（→下記）と人気を2分するモダンなホステル。1階は人気のカフェレストランで、いつも多くの若者でたいへんにぎわっている。クラフトビールツアーなど、独自のツアーを催行している。客室はドミトリーはもちろん、個室もある。

市内中心部 MAP P.71-A5

- 住 73 Kloof St.
- ☎ (087) 057-2638
- URL www.once.travel
- 料 ⓈⓌR890～　ⒹR180～315
- CC ADMV
- 室 50
- Wi-Fi あり（客室）

ATMも完備

91ループ

91 Loop

ケープタウンで指折りの人気を誇るブティックホステル。世界中から流行に敏感なバックパッカーが集まり、ロビーはいつもにぎやか。料金に含まれる朝食ビュッフェが評判だ。ツアー会社も併設されている。スタッフも親切だ。

市内中心部 MAP P.71-A3

- 住 91 Loop St.
- ☎ (021) 286-1469
- URL www.91loop.co.za
- 料 ⓈⓌR1000～　ⒹR230～300 ※朝食付き
- CC ADMV
- 室 35
- Wi-Fi あり（客室）

朝食用のスペース

ロング・ストリート・バックパッカーズ

Long Street Backpackers

中心部エリアのどこへ行くにも近くて便利なロケーションにある。入口を入って2階にレセプションと共同で使えるキッチンがある。バーなど施設も充実している。日の差すちょっとしたパティオのような空間があるのもうれしい。

市内中心部 MAP P.71-A～B4

- 住 209 Long St.
- ☎ (021) 423-0615
- URL www.longstreetbackpackers.co.za
- 料 ⓈR300～600　ⓌR400～700　ⒹR120～250
- CC 不可
- 室 23
- Wi-Fi あり（客室）

名前のとおりロング・ストリート沿いにある

キャット&ムース・バックパッカーズ・ロッジ

Cat & Moose Backpacker's Lodge

築200年以上の古い建物で、宿名が大きくペイントされているのでとても目立つ。ロング・ストリートの外れに位置するが、周囲にレストラン、カフェなども多くある。各種ツアーの手配も行っている。ドミトリーには個人専用のセーフティボックスも付いている。

市内中心部 MAP P.71-A～B4

- 住 305 Long St.
- ☎ (021) 423-7638
- URL www.catandmoose.co.za
- 料 ⓈR300～350　ⓌR450～490　ⒹR150～190
- CC MV
- 室 5＋6ドミトリー
- Wi-Fi あり（客室）

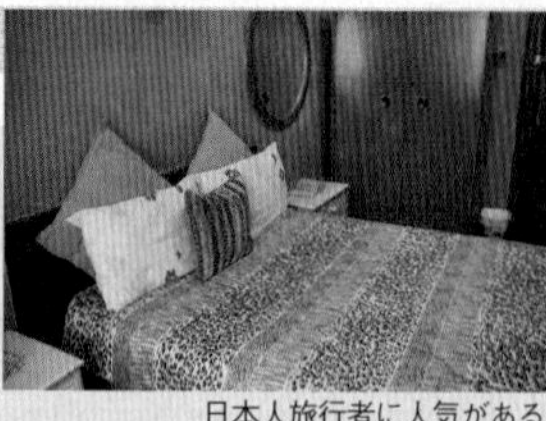

日本人旅行者に人気がある

アーバン・ハイブ・バックパッカーズ

Urban Hive Backpackers

ロング・ストリートとブルーム通りが交差する角にある。2017年12月にリニューアルオープンし、おしゃれなバックパッカーホステルとして再開。にぎやかなロング・ストリートを眺められるテラスもある。すべてバス・トイレ共同だが、部屋の種類は多い。

市内中心部 MAP P.71-A4

- 住 208 Long St.
- ☎ (021) 422-0565
- URL urbanhivebackpackers.com
- 料 ⓈR430～ ⓌR513～ ⒹR220～
- CC MV
- 室 27
- Wi-Fi あり（客室）

木造の古い建物なので味がある

ザ・バックパック

The Backpack

ケープタウン駅から徒歩で15分以上かかるので、ローカルバス乗り場からクルーフ・ネックKloof Nek行きバスを使うといい。また、混雑期でなければ、電話1本で迎えに来てくれる。カフェやパブ、プールなど施設も充実。家具付きテント（1棟R1000～）もあり。

市内中心部 MAP P.71-A5

- 住 74 New Church St.
- ☎ (021) 423-4530
- URL backpackers.co.za
- 料 ⓈR1050～ ⓌR1400～ ⒹR420～
- CC MV
- 室 34
- Wi-Fi あり（客室）

欧米人に大人気の宿

セント・ポールズ・ゲストハウス

St. Paul's Guest House

ブリー・ストリート沿いにある、真っ白な外観が印象的な2階建てのゲストハウス。このきれいさでこの料金はお得だし、部屋の雰囲気もなかなかいい。シングルとダブルの2タイプがあり、2階は共同トイレ、シャワーとなっている。早めに予約を。

市内中心部 MAP P.71-A4

- 住 182 Bree St.
- ☎ (021) 423-4420
- URL stpaul.org.za/the-guest-house
- 料 ⓈR450～650 ⓌR850～950 ※朝食付き
- CC MV
- 室 9
- Wi-Fi あり（客室）

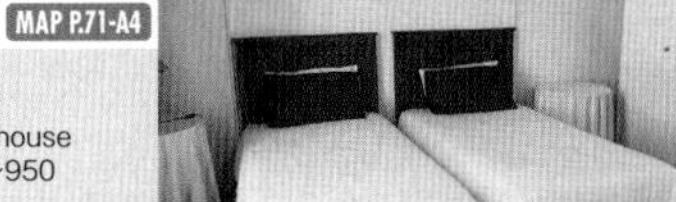

中心部にありながら静かな環境に立つ

アルバトロス・ゲストハウス ★★★

Albatross Guest House

シー・ポイントの外れ、バントリー・ベイのクイーンズ通りとビクトリア通りが交わるあたりにある。ビーチにも近く、静かな滞在を望む人にはおすすめだ。

シー・ポイント MAP P.69-A2

- 住 24 Queens Rd., Sea Point
- ☎ (021) 434-7624
- URL www.albatrossct.co.za
- 料 ⓈR1150～ ⓌR1650～ ※朝食付き
- CC ADMV
- 室 10
- Wi-Fi あり（共用エリア）

リウベンジー・ゲストハウス

Leeuwenzee Guest House

シグナル・ヒルの麓、ウオーターフロントを見下ろす高台に立つ。客室から海またはライオンズ・ヘッドが見える絶好のロケーションにある。

シー・ポイント MAP P.69-A1

- 住 199 High Level Rd., Sea Point
- ☎ (021) 439-9516
- URL www.leeuwenzee.co.za
- 料 ⓈR990 ⓌR1450 ※朝食付き
- CC AV
- 室 11
- Wi-Fi あり（客室）

COLUMN | バックパッカーなら……

南部アフリカを旅するバックパッカーであれば、ぜひとも手に入れておきたいのが『Coast to Coast』という小冊子。この中には南部アフリカの安宿情報がぎっしり詰まっている。ほかにも、リーズナブルに旅を楽しむ知恵やアイデア、アクティビティ情報も満載。各バックパッカー宿で無料配布されているので、旅のプラン作りに役立ててみては。

また、掲載されているこれらの宿と宿の移動に役立つのが、バズ・バスBaz Bus（→P.132、391）と呼ばれる交通機関。リーズナブルな料金でありながら、ドア・トゥ・ドア（宿まで迎えに来てくれて、次の宿まで送ってくれる）のサービスがうれしい、バックパッカーに人気の乗り物だ。

バックパッカーの必携書

●Coast to Coast
URL www.coasttocoast.co.za

R レストラン

→P.38もチェック！

この地方伝統のケープ料理や西洋料理はもちろん、中国、インド、タイ、アラブ、そして日本の料理など、世界各国の料理店がある。また、港町ゆえにシーフード料理店も多い。地元の庶民料理に興味があるなら、ケープタウン駅2階やグランド・パレードへ行ってみよう。ソーセージやフライ類、カレー、ハンバーガーなども食べられる。

ママ・アフリカ

Mama Africa

ケープ・マレー料理とアフリカ料理のレストラン＆バー。クドゥ、ダチョウ、スプリングボック、ワニのミックスグリル（R332）のようなゲームミートやジンバブエのシチュー Dovi（R167）などの料理が揃う。ビールやワイン、カクテルの種類も豊富に揃っている。

アフリカ料理 MAP P.71-A4

住 178 Long St.
☎ (021) 424-8634/426-1017
URL www.mamaafricarestaurant.co.za
開 火～金　12：00～15：00
　　　　　18：30～23：00
　月・土　18：30～23：00
休 日
CC A D M V

外観も内装も個性的でアフリカ気分に浸れる

ザ・アフリカ・カフェ

The Africa Café

ナッツでまぶしたチキン、スパイスの効いたムール貝のココナッツ煮、ダチョウの甘辛煮など15品目のアフリカ料理が楽しめる（ひとりR380～）。テーブルにキャンドルをともしてくれ、席によってはテーブル・マウンテンを眺めながらロマンティックな食事ができる。

アフリカ料理 MAP P.71-A3

住 108 Shortmarket St.
☎ (021) 422-0221
URL www.africacafe.co.za
開 月～土　18：00～23：00
休 日
CC M V

量が多いので、最低でもふたりで行きたい

ゴールド

Gold

アフリカの伝統音楽やダンスのパフォーマンスを楽しみながら、アフリカの伝統的な料理やケープ・マレー料理が食べられる人気のレストラン。15品程度のバラエティ豊かな料理が楽しめるコースがR395。

アフリカ料理 MAP P.70-A2

住 15 Bennett St., Green Point
☎ (021) 421-4653
URL www.goldrestaurant.co.za
開 18：30～23：00
休 なし
CC A M V

伝統ダンスが楽しめる

カリブ

Karibu

クドゥやスプリングボック、ワニ、ダチョウなどのステーキ（ブライ）をはじめ、伝統料理の代表であるボボティーやケープ・マレー料理の代表ともいえるマレーチキンカレーなどが食べられる。ワインの種類も豊富。前菜R80～、メインR200～。

アフリカ料理 MAP P.70-B1

住 Shop No. 156, Lower Level, Victoria Wharf Shopping Centre
☎ (021) 421-7005
URL www.kariburestaurant.co.za
開 11：00～23：00
休 なし
CC A D M V

ウオーターフロントの人気店

ヤムハイス

Hemelhuijs

ウオーターカント通りの遊歩道にある、知る人ぞ知る創作料理レストラン。インド、アフリカ、西洋など、各国の調理法を取り入れたおいしい料理が楽しめる。店内はさまざまな花が飾られ、中心部のオアシスといった雰囲気。メニューは季節ごとに変わる。

創作料理 MAP P.71-A2外

住 71 Waterkant Street
☎ (021) 418-2042
URL www.hemelhuijs.co.za
開 月～金　9：00～16：00
　土　　　9：00～15：00
休 日
CC M V

メインとデザート、コーヒーでR300程度

グランド・アフリカ・カフェ&ビーチ

Grand Africa Café & Beach

ウオーターフロントの外れにある大規模なシーフードレストラン。かつてボートを収める倉庫だった建物をリノベーションしており、開放的で品のある内装。ビーチにもテーブルが並び、大西洋やロベン島を眺めながらロマンティックに食事ができる。

シーフード料理 MAP P.69-B1

住 4 Haul Rd., V&A Waterfront, Granger Bay
☎ (021) 425-0551
URL www.grandafrica.com
開 12:00〜22:00
休 なし
CC ADMV

ランチはR200〜

バイア・シーフード・レストラン

Baia Seafood Restaurant

テーブル湾を見下ろす絶好の立地で、特に屋外テーブルからの景色は最高。常に観光客でにぎわっている。ポルトガルとフランスのテイストを加えた新鮮なシーフード料理が人気で、その繊細な味はもちろん、見た目の美しさでも定評がある。メインR200〜。

シーフード料理 MAP P.70-B1

住 Shop No. 6262, Upper Level, Victoria Wharf Shopping Centre
☎ (021) 421-0935
URL www.baiarestaurant.co.za
開 12:00〜15:00、19:00〜23:00
休 なし
CC ADMV

テーブル・マウンテンも一望できる

ザ・テスト・キッチン

The Test Kitchen

古い倉庫を改装した商業施設オールド・ビスケット・ミル内にある創作料理レストラン。数々の賞を獲得してきた有名シェフの作る料理はどれも繊細で美しく、もちろん味もよい。ケープタウンの"いま"を感じられるエネルギッシュな店だ。人気店につき要予約。

創作料理 MAP P.78-B1

住 Old Biscuit Mill, 375 Albert Rd., Woodstock
☎ (021)447-2337
URL www.thetestkitchen.co.za
開 火〜土 18:00〜21:00
休 日・月
CC MV

コースについてくる焼きたてのパンも美味

ハーバー・ハウス

Harbour House

素材の味を生かしたシーフードのグリルなどが人気。地中海料理やフランス料理のテイストが加わった、シンプルでスタイリッシュなメニューが楽しめる。ケープ半島東岸のコーク・ベイ(→MAP P.78-B3)にも海を一望する店舗がある。メインR150〜。

創作料理 MAP P.70-B1

住 No.4, Ground Level, Quay 4, V&A Waterfront
☎ (021) 418-4744
URL www.harbourhouse.co.za
開 11:00〜24:00
休 なし
CC AMV

オープンテーブル席からは海を一望

デン・アンカー

Den Anker

まさにウオーターフロントに位置するベルギー料理レストラン。魚介を中心に、旬の食材を使ったおいしい料理が食べられる。特にムール貝のクリーム煮(R105)はたいへん美味。また、ベルギーのビール、ワインのセレクションもすばらしい。

ベルギー料理 MAP P.70-B2

住 Pierhead V&A Waterfront
☎ (021) 419-0249
URL www.denanker.co.za
開 11:00〜24:00
休 なし
CC DMV

テラス席がおすすめ

シェフズ・ウェアハウス

Chefs Warehouse

ケープタウンのホットなグルメシーンを体感したければこの店へ。タパス風のおいしい創作料理コース(2名R800)が評判だ。店内はこぢんまりとアットホームな雰囲気で、長テーブルに相席になることも。予約は受け付けていないので早めに訪問したい。

創作料理 MAP P.71-A3

住 92 Bree St.
☎ (021) 422-0128
URL www.chefswarehouse.co.za
開 月〜土 12:00〜14:30
16:30〜20:00
休 日
CC MV

混んでいることが多い大人気店

ビスミッラー

Biesmiellah

母親の代から続く店を受け継いだインド人女性が切り盛りする料理店。マレー・クオーターのカラフルな家が並ぶ坂道を上った所にある。ていねいに調理され、どれも味がよくおすすめ。ピナン・カリー(R125)やボボティーなどがケープ・マレーの代表的な料理。

ケープ・マレー&インド料理 MAP P.71-A3外

住 Wale & Pents St., Malay Quarter
☎ (021) 423-0850
開 月〜金 12:00〜22:00
土 12:00〜23:00
休 日
CC MV

テーブルもカラフルな色使い

フジヤマ

Fujiyama

ケープタウンで最も老舗の日本料理店。在住30年以上の日本人の板前が腕を振るっており、味のよさで在住日本人に定評がある。ランチはR100〜、おまかせのコースはR650〜。隣でゲストハウス(ⓈR500〜 ⓌR700〜)も営業している。

日本料理 MAP P.71-A3

住 77 Church St.
☎ (021) 424-2491
開 月〜土 11:30〜21:30
休 日・祝
CC DMV

予約がベター

カルネ SA

Carne SA

ケープタウン周辺に3店舗を構える、イタリア人シェフ経営のステーキハウス。その日仕入れた肉をテーブルまで持ってきてくれる。肉料理はもちろん、パスタやデザートのダークチョコレートフォンダンも絶品。ステーキはR140〜。

グリル料理 MAP P.71-A5外

住 153 Kloof St.
☎ (021) 426-5566
URL carne-sa.com
開 月〜土 12:00〜15:00
18:30〜22:00
休 日
CC MV

リーズナブルにおいしい肉を味わえる

バルタザール

Belthazar

ビクトリア・ワーフ・ショッピング・センターの1階にあるグリルレストラン。ステーキ(R175 〜)がおいしいと評判で、数々の賞に輝いている。Aグレードの南アフリカビーフは味がよくとてもジューシー。おいしいワインが豊富に揃うことでも知られている。

グリル&シーフード料理 MAP P.70-B1

住 V&A Waterfront
☎ (021) 421-3753
URL belthazar.co.za
開 12:00〜23:00
休 なし
CC ADMV

風が気持ちいいセミオープンのテーブルもある

COLUMN | 安くておいしいレストランはどこ?

ケープタウンで安くておいしいレストランは探すのは意外に苦労する。ファストフードやフィッシュ&チップスなどは安く食べられるが、脂っこいし、毎日は食べられない。そんなときに利用したいのが、**イースタン・フード・バザール**。店内はオリエンタルな装飾がいい雰囲気。インドや中国、アラブ料理のカウンターが並び、奥でインド人やパキスタン人が鍋を振っている。経験のある料理人を雇っているので、味もなかなか。すべて1食R50前後なのもうれしい。ほとんど同じメニューだが、**フード・イン・インディア**もおすすめ。どちらもボリューム満点だ。

イースタン・フード・バザール Eastern Food Bazaar
MAP P.71-B3 住 96 Longmarket St.
☎ (021) 461-2458 開 9:00〜22:00
(金・土 〜22:30) 休 なし CC MV

フード・イン・インディア Food Inn India
MAP P.71-A4 住 156 Long St.
☎ (021) 422-5060
開 24時間 休 なし CC MV

(左)イースタン・フード・バザール (右)フード・イン・インディア

アディス・イン・ケープ

Addis in Cape

ケープタウンにはエチオピア料理店が数軒あるが、おすすめなのがこちら。エチオピアンな雰囲気の店内で、インジェラ（テフと呼ばれる穀物の粉を水に溶いて焼いたもの）や各種煮込み料理が楽しめる。エチオピアコーヒーも伝統的な作法でサーブしてくれる。

エチオピア料理 MAP P.71-A3

住 41 Church St., Cnr. Long & Church St.
☎ (021) 424-5722
URL www.addisincape.co.za
開 月〜土　12：00〜22：30
休 日
CC AMV

味もとてもよい

ロイエール・イータリー

Royale Eatery

地元の人に人気のハンバーガーショップ。160gの牛肉を使ったボリュームたっぷりのクラシックバーガー（R96）は人気メニューのひとつ。各種セットメニューのほか、チキンやフィッシュ、ベジタリアンバーガーもある。

ファストフード MAP P.71-A〜B4

住 273 Long St.
☎ (021) 422-4536
URL www.royaleeatery.com
開 月〜土　12：00〜23：00
休 日
CC MV

カジュアルな人気店

トゥルース・カフェ

Truth Cafe

人気のコーヒー店が経営する世界的にも有名なカフェ。スチームパンク（SFのジャンルのひとつ）をテーマに、カウンターやレジなど細部まで装飾にこだわっていて、店員のユニホームも最高にクール。コーヒーも味わい深くとてもおいしい。

カフェ MAP P.71-C3

住 36 Buitenkant St.
☎ (021) 200-0440
URL truth.coffee
開 月〜金　6：00〜18：00
　土　8：00〜18：00
　日　8：00〜16：00
休 なし
CC MV

値段もリーズナブル

オーネスト・チョコレート・カフェ

Honest Chocolate Cafe

ウッドストックに製造工場をもつチョコレート店がオープンしたカフェ。カウンターには、オーガニックのカカオを使用していねいに作られたチョコレートが並び、コーヒーと合わせていただきたい。店内はこぢんまりとしているが、とてもおしゃれ。

カフェ MAP P.71-A3

住 64A Wale St.
☎ (076) 765-8306
URL honestchocolate.co.za
開 日〜木　9：00〜18：00
　金・土　9：00〜21：00
休 なし
CC MV

店の奥には人気の「ジン・バー」もある

COLUMN｜気軽に利用できるフードコート

時間にあまり余裕がないときやリーズナブルに済ませたいときに便利なのが、フードコート。ひとりでも気軽に入れるし、ちょっと小腹がすいたときにも便利だ。なかでも旅行者に人気なのが、ウオーターフロントにオープンした**V&Aフードマーケット**。南アフリカ特産のお茶やハーブを扱う店からスムージーのスタンドまで、さまざまな店が揃っている。2階にはレストランもあり、しっかり食事をしたいときにも利用価値大だ。スパイスやペリペリソース、コーヒーなど、おしゃれなパッケージの商品をおみやげにするのもいい。

V&A フードマーケット
V&A Food Market
MAP P.70-A1　住 Dock Rd., Waterfront
☎ (021) 418-1605
URL waterfrontfoodmarket.com
開 日〜木　10：00〜20：00（冬季〜19：00）
　金・土　10：00〜21：00（冬季〜20：00）
休 なし　CC 店舗によって異なる

おなじみのファストフード店も多い

S ショップ

→P.40もチェック！

大都市だけあってみやげ物店はもちろん、ショッピングセンターから道端の露店まで選択の幅は広い。市の中心部では、アダレー通りやセント・ジョージ・モール周辺に旅行者向けのみやげ物店が多いが、夕方までの営業でさらに土曜の午後と日曜は休みなのが難点だ。ウオーターフロントは年中無休の店が多く、21：00頃まで開いている。

ウオーターシェッド

Watershed

ケープタウンで最も人気のショッピングスポットのひとつ。近代的な大きな黄色い建物に、おしゃれな雑貨や服など150店舗が入っている。アフリカの鮮やかな色使いのものや、女性好みのかわいらしい商品などもあり、おみやげ探しにもぴったり。

民芸品ほか　MAP P.70-A1

住 V&A Waterfront Head Office, 19 Dock Rd.
☎ (021) 408-7500
URL www.waterfront.co.za
開 10：00～19：00
休 なし
CC ほとんどの店舗で可

お気に入りの1点を見つけよう！

アフリカン・トレーディング・ポート

African Trading Port

とても広々とした店内で、伝統的な民芸品から衣類、アクセサリー、雑貨まで、みやげ物であれば何でも揃っている。ほかの店にはあまり見られない珍しいものとしては、木や石を彫って作った人形など。大小さまざまな種類がある。

民芸品ほか　MAP P.70-B2

住 Old Port Captains Bldg., Dock Rd., V&A Waterfront
☎ (021) 419-5364
URL www.africantradingport.com
開 9：00～21：00
休 なし
CC M V

みやげ物なら何でも揃っている

ボーハン・ジョンソン

Vaughan Johnson

南アフリカはおいしいワインの産地。ケープ地方のワインを中心に種類を豊富に揃えているので、たとえワイン・ランドに行けなくても、この店に来ればお気に入りの1本が見つかるかも。ワインに詳しくなくてもスタッフにおすすめを聞いてみよう。

ワインほか　MAP P.70-B1

住 Market Sq. Dock Rd., Waterfront
☎ (021) 419-2121
URL www.waterfront.co.za
開 月～金　9：00～18：00
　土　9：00～17：00
　日・祝　10：00～17：00
休 なし
CC A D M V

店内にはところ狭しとワインが並ぶ

ピックン・ペイ

Pick'n Pay

南アフリカ全土に支店を展開する大型スーパーマーケット。日用品から食品までたいていの物は揃っている。南アフリカならではのルイボス・ティーやリキュール類、スパイスなどもある。20：00以降（日曜は18：00）はアルコール類を販売しない。

スーパーマーケット　MAP P.70-B1

住 c/o Victoria Wharf Shopping Centre
☎ (021) 417-1900
URL www.picknpay.co.za
開 月～土　8：00～22：00
　日・祝　9：00～22：00
休 なし
CC A M V

ワインなども格安で買える

アウト・オブ・アフリカ

Out of Africa

みやげ物なら何でも揃う大型チェーン店。アクセサリーや小物などのアフリカン雑貨を中心に、衣類や食品、伝統楽器なども扱っている。時間がなくて買い物ができなかった人は、ケープタウン国際空港にも支店があるので安心を。

民芸品ほか　MAP P.70-B1

住 c/o Victoria Wharf Shopping Centre
☎ (021) 418-5505
開 9：00～21：00
休 なし
CC A D M V

見ているだけでも楽しい店内

マンゴ

Mungo

　プレッテンバーグに工場を構える、南アフリカを代表するテキスタイルメーカー。ていねいに織られたコットン100%の商品を販売している。タオルは吸水性抜群で、また洗濯するたびに味が出ると評判。南アフリカ各地のみやげ物店で手に入る。

布製品 

MAP P.71-A3

住 78 Hout St.
☎ (021) 201-2374
URL www.mungo.co.za
開 月～金　9:00～17:00
　 土　　　9:00～14:00
休 日
CC ADMV

実際に吸水性を試してみよう

アフリコロジー

Africology

　南アフリカ発の高級コスメブランド。海外の高級リゾートのアメニティやスパなどでも使用される人気のブランドで、南アフリカ各地にショップがある。値段は高めだが、品質は確か。空港のみやげ物店でも手に入る。

コスメ

MAP P.70-B1

住 c/o Victoria Wharf Shopping Centre
☎ (021) 425-2493
URL africologyspa.com
開 9：00～21：00
休 なし
CC AMV

ディスプレイも高級感がある

アフロ・ジェム

Afro Gem

　南アフリカは貴金属や宝石の原産国としても有名。ケープタウンにも貴金属を扱う店は多いが、ここは工場も併設していて研磨やカットの様子を無料で見学することができる。たとえ宝石を買う予定はなくても、訪れてみる価値大だ。要予約。

貴金属・宝石

MAP P.71-A5

住 181 Buitengracht St.
☎ (021) 424-0848
URL www.afrogem.co.za
開 9：00～18：00
休 なし
CC ADMV

タンザナイトも手に入る

リム

Lim

　ナチュラルコスメ、生活雑貨、民芸品、アクセサリーなど、オーナーが南部アフリカから集めたおしゃれな商品が並ぶ。どれも洗練されたデザインで、おみやげ選びにもぴったり。オーナーは家具のデザイナーで家具の販売も行っている。

雑貨 

MAP P.71-A5外

住 86a Kloof St., Gardens
☎ (021) 423-1200
URL www.lim.co.za
開 月～金　9：00～17：00
　 土　　　9：15～13：15
休 日
CC ADMV

おしゃれなテーブルウエアも扱っている

トライバル・トレンズ

Tribal Trends

　アフリカ全土から集めてきたという品のいい民芸品が、店内にセンスよく並べられている。品質がいいだけに多少値段は張るが、どれもそれに値するだけの価値はある。1階にはアクセサリーなどの小物が、2階には彫刻などが置いてある。

民芸品 

MAP P.71-A3

住 72-74 Long St.
☎ (021) 423-8008
URL tribal-trends.business.site
開 月～金　9：00～18：00
　 土　　　9：00～15：00
休 日
CC DMV

しゃれた民芸品が多い

レイン

Rain

　店舗はそれほど大きくはないが、エッセンシャルオイル、ナチュラルソープ、バスソルトなど、ハンドメイド&オーガニックのナチュラルコスメがずらりと揃う。フェアトレードを行うなど、社会に役立つ商品づくりを心がけている。

コスメ

MAP P.70-B1

住 c/o Victoria Warf Shopping Centre
☎ (021) 425-5248
URL rainafrica.com
開 9：00～21：00
休 なし
CC ADMV

オーガニックだから安心

三宅さんおすすめの今、注目のワイナリー

南アフリカワインの名産地として知られるワイン・ランドには、家族経営の小規模なものからレストランやレクリエーション、宿泊施設まで備わった大規模なものまで、数え切れないほど多くのワイナリーが点在する。そのなかから自分好みのワインを見つけ出すのも、ワイン・ランドならではの楽しみのひとつだ。

三宅　司(みやけ・つかさ)

株式会社マスダの南アフリカワイン・バイヤー。日本ソムリエ協会認定ワインアドバイザー。学生時代から発展途上国の開発に興味をもち、世界25ヵ国以上を訪問。日本でフェアトレード活動を行う。1999年にケープタウン大学教育学部大学院を修了し、ワインの輸入販売をスタート。2001年にマスダに入社し、現在にいたる。フェイスブック「南アフリカワインの魅力」が好評を得ている。

ロングリッジ Longridge【ステレンボッシュ】 MAP P.103-A2

ステレンボシュの南側、冷涼なヘルダーバーグ地区にある。オーガニック＆ビオディナミ農法でワールドクラスのワインを生産しており、ワインは優しくピュアな味わい。バランスのよいきれいで秀逸なワインが揃っている。また、レストランも併設していて、夕方は美しいサンセットを見ながらおいしいワインと料理を楽しむことができる。ギフトショップには、カベルネソーヴィニョンやメルロなど、品種ごとに分かれたワインの香りがついたワインソープ(石鹸)もあり、ワインラバー達の人気みやげになっている。

醸造責任者のヤスパーさん

1. ロングリッジのワイン畑
2. レストランでは美しい夕日が楽しめる

おすすめワイン
シャルドネ、ソーヴィニョンブラン、ピノノワール、カベルネソーヴィニョンなど。
URL www.longridge.co.za

ドルニエ Dornier【ステレンボッシュ】 MAP P.103-A2

ここでは、ワインだけでなく、ワイナリーの建物と最新設備、そして人気のレストランに注目したい。ユニークな形の屋根の醸造所の前にある池の下には地下セラーがあり、完璧な温度管理のもとでワインが熟成している。赤ワインの醸造タンクもセラー2階につり上げられているタイプで、「できるかぎりワインに負荷をかけないスタイル(よりきれいなワインを造るため)」を採用している。醸造所の向かい側には人気レストランのボデガBodegaがある。繊細でマイルドな味つけと料理のセンスはピカイチで、日本人好み。→P.107。

1. 個性的な外観をしたワイナリー
2. 「ボデガ」では素材の味を生かしたファーム・キュイジーヌが楽しめる　3. 気さくに迎え入れてくれるラファエル社長

おすすめワイン
シュナンブラン、メルロ、ココアヒル・シリーズ(赤・白・ロゼ)など。

グレネリー Glenelly【ステレンボシュ】 MAP P.103-A2

フランス・ボルドーの超名門シャトー・ピション・ロングヴィル・コンテス・ド・ラランドの元オーナーがステレンボッシュに移り住み、ボルドーにも負けないフレンチニュアンスの南アフリカワインを生産している。ピション出身のチームが完璧にデザインした畑、セラーは見事。また、オーナーのコレクションを展示したグラスミュージアムは、南アフリカ屈指のコレクションで一見の価値あり。また、併設のビストロもあり、本格的なフレンチを楽しむことができる。

グレネリーの美しいブドウ畑

おすすめワイン
シャルドネ、レッドブレンド、レデイメイ(ボルドーブレンド)、ボルドー赤品種など。
URL glenellyestate.com

おもなワイン産地

●ステレンボッシュ
赤はカベルネソーヴィニョンを中心としたボルドー系品種に優れている。白はシュナンブランなどバランスのよいワインが多い。

●フランシュフック
優れたスパークリングワインの産地。

●パール
特に赤ワインが優秀。

●エルギン
シャルドネやピノノワールほか、酸味のしっかりしたエレガントなワインが多い。

どんなワインがあるの？

南アフリカのワインは、ヨーロッパワインのエレガンス、南半球の果実味、その両方が融合した味わいといわれている。日本人のテイストにも合うので人気が上がっている。

白 シュナンブラン、シャルドネ、ソーヴィニョンブランが人気。南アフリカはシュナンブランの世界一の作付け面積を誇る。シャルドネもフランスに負けないエレガントで秀逸なものがたくさんある。

赤 ピノタージュは、南アフリカの土着品種。フルーティな物が多い。シラー（シラーズ）、カベルネソーヴィニョンなども秀逸な物が揃っている。

スパークリング 南アフリカは、シャルドネが優秀なので、そのシャルドネから作られるスパークリングもすばらしい。

ブーケンハーツクルーフ Boekenhoutskloof【フランシュフック】 MAP P.103-B2

南アフリカにある約600のワイナリーのなかでも代表的なトップ・ワイナリー。天才と呼ばれるオーナー兼醸造家のマーク・ケント氏は、数々のワインをヒットさせている。特にこのトップレンジ「7つの椅子」シリーズは、世界完全割当商品でなかなか手に入れることができない超希少ワイン。2017年には、「7つの椅子」シリーズを収容するための南アフリカ最大級の地下セラーが完成した。醸造は昔風の手造りスタイル。どのワインもコストパフォーマンスに優れたものを生産している。→P.113。

1. 一面に広がるブドウ畑　2. オーナーのケント氏　3. ケープ・ダッチ様式の建物が美しいワインセラー

おすすめワイン
トップレンジのシラー、カベルネ、セミヨン（飲めたら幸運！の希少ワイン）、チョコレートブロックなど。

ポールクルーバー Paul Cluver【エルギン】 MAP P.103-A2外

フルーツ産地だった冷涼なエルギンを「ワインのトップブランド地区」にしたのが、この家族だ。ここは、世界的なワイン評論家ジャンシス・ロビンソン氏やニール・マーティン氏などからも絶賛される南アフリカのトップワイナリーのひとつ。シャルドネ、ソーヴィニョンブラン、リースリング、ピノノワールなどは、ぜひ試したい。デザートワイン、ノーブルレイトハーベストも南アフリカでトップクラスだ。また、敷地内には、伝説のシェフ、クレッグ＆ボーがプロデュースするレストランSALTがあり、ワインとのマリアージュを楽しめる。毎年夏（12～3月）の土曜日には、ワイナリー内の野外劇場でワインとフード、音楽を楽しむこともできる。

1. 野外劇場でワインを楽しみながら音楽に耳を傾ける人たち
2. テイスティングはこの部屋で
3. 美しい庭へも足を運びたい

おすすめワイン
シャルドネ、ソーヴィニョンブラン、リースリング、ピノノワール、ノーブルレイトハーベスト。 URL www.cluver.com

コンスタンシア・グレン Constantia Glen【コンスタンシア】 MAP P.78-B2

1685年に南アフリカで初めてブドウ栽培が始まったコンスタンシアにあるワイナリー。東西が海に面した冷涼地域で、ボルドー品種を使ったワールドクラスのワインを生産している。白も赤も洗練されたエレガントな美しいワインで、フレッシュで豊かな酸味、しっかりした骨格とボディをもつ。ここのワインのキーワードは、「エレガンス、フィネス（洗練された）、バランス、コンプレックス（複雑味）」。まさにコンスタンシア地区の優等生的なワイナリー。併設のレストランもあり、美しいコンスタンシアの景色を眺めながら、ワインの試飲や料理とのペアリングを楽しむことができる。テーブル・マウンテンやケープ・ポイントを訪れる際、ランチに立ち寄るのもおすすめ。

1. コンスタンシア・グレンの建物
2. ワインと料理のペアリングも楽しい

おすすめワイン
ソーヴィニョンブランほか、白、赤のブレンド。
URL constantiaglen.com

ATLANTIC OCEAN COAST

南アフリカワインの名産地

ワイン・ランド

Wine Lands

山脈と渓谷に囲まれてブドウ畑が広がるステレンボッシュの郊外

1000～1500m級の山々の麓にはブドウ畑が広がり、17～18世紀に建てられたケープ・ダッチ様式といわれる白壁と曲線の美しい建物が点在するワイン・ランド。春は薄ピンクの花、秋は紅葉で染まり、冬は雪が山の上部を覆い、幻想的な風景を見せてくれる。ここでは大自然を満喫しながら、ゆったりとワインと料理を楽しみたい。

一面に広がるブドウ畑

概要

SUMMARY

ケープタウンの東方は地中海気候で肥沃な土地のため、古くからワイン造りのためのブドウ栽培が行われてきた。南アフリカの最初のワインは1659年、ケープタウンの創設者ヤン・ファン・リーベックJan van Riebeeckによって造られた。彼は、ケープ地方の気候がワインの名産地であるスペインやフランスに似ていることに気づいたのだ。その後、ワイン造りはケープ植民地の開拓者たちによって発展するが、技術的にはフランスを追われた新教徒ユグノーによって向上した。近年、南アフリカのワインは国際的なコンテストで優勝するなど世界的に認められるようになり、日本への輸出も増えている。

現在南アフリカにある20以上のワイン・ルート（ワインの

ケープ・ダッチ様式の建物が多いステレンボッシュ

WINE.CO.ZA

南アフリカワインの専門家と愛好家によるチーム。ホームページで、ワイン・ランドを中心とするさまざまなワイン・ルートやワイナリー、レストラン情報を紹介している。

URL www.wine.co.za

生産地）のうち、ステレンボッシュ、パール、フランシュフック、サマセット・ウエスト、ウェリントンを中心とする5つの地域が、南アフリカワインの中心地で、ワイン・ランドといわれる。多くのワイン醸造家や組合では、酒造や工場の見学ツアーと試飲を行っており、なかにはレストランやカフェを経営しているところもある。町なかには国の歴史遺産になっているゲストハウスやホテルもあるので、ここではおいしいワインと料理を堪能し、時間を忘れてのんびりしたい。

歩き方のポイント GETTING AROUND

ワイン・ランドの拠点となるのがステレンボッシュ。見どころを回るだけならケープタウンからの日帰りも可能だが、ワイナリーは市街地から離れているため、徒歩で巡るのは不可能。ミニバスもあるが、不定期で何度も乗り換えをしなくてはならないので、ツアーに参加せずにワイナリーを回るならば、1泊以上必要になる。なお、多くのワイナリーは土・日曜休みになるので注意を。また、あらかじめワイナリー見学やテイスティングの時間が決まっていたり、予約が必要なところもあるので、事前にチェックをしたほうがいい。

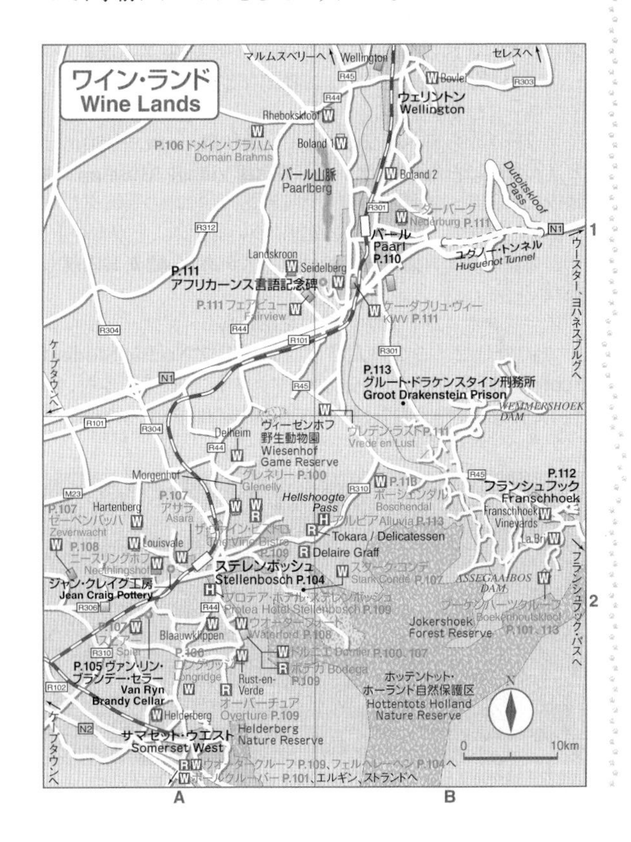

ワイン・ランドの回り方

●ツアーに参加

ケープタウンからさまざまなツアーが出ている。半日〜1日でR700〜1000。ワイン・ランドのワイナリーを数軒回ってテイスティングなどを楽しむ。ワイン・ランドは公共の交通機関が不便なため、ワイナリーにこだわりがなければツアーに参加したほうが便利だ。特にバックパッカーの集まる安宿はえりすぐりのツアーを紹介してくれる。ステレンボッシュ発のツアーもたくさん出ており、なかには自転車でワイナリーを回るものもある。

●個人手配

個人で行くなら配車アプリか、バックパッカー・バスやバズ・バスなどのシャトルバスサービス（→P.104）が便利。ケープタウンからステレンボッシュまで約45分、R400程度なので、配車アプリでもそれほど高くはない。ただし、ステレンボッシュからパールやフランシュフックへの公共の交通機関はない。

積み上げられたワイン樽

ワイナリー巡りに活用！

ワイナリーについて詳しく知りたければ、毎年リリースされたワインの評価を掲載している『Platter's South African WINE GUIDE』（英語版）という本が役立つ。各ワイナリーの特徴や銘柄、オープン時間などすべて網羅されているので、じっくりワイナリー巡りを楽しもうという人は必携だ。

地元のガイドたちも必ずもっている

ワイン・ランド巡りの拠点となる町

ステレンボッシュ

Stellenbosch

MAP P.103-A2

ステレンボッシュはサイモン・ファン・デル・ステルSimon van der Stelによって1679年に創設された、ケープタウンに次いで南アフリカで2番目に古い町。通りにオーク（カシ類）の木が並ぶことから「エイケスタッド（オークの町）」ともいわれ、ケープ・ダッチ、ジョージ、ビクトリアなど各時代様式の建物が多く残っている。

☎市外局番 021

ACCESS

🚌バックパッカー・バスがケープタウンから運行している。基本的に朝と夕方の1日2便だが、時間は相談に乗ってくれる（24時間）。ホテルまで迎えに来てくれるので便利だ。HPを通して前日までに予約しておこう。片道R350（往復600）。バズ・バス（→P.391）も毎日運行。

●バックパッカー・バス Backpacker Bus
☎ (082) 809-9185
URL www.backpackerbus.co.za
※空港、ケープタウン、ステレンボッシュを結んでいる。空港からケープタウンはR250。

🚗配車アプリ（→P.211）で片道R400程度。タクシーだとより高額。

🚆ケープタウンからステレンボッシュまで電車が出ているが、車内は危険なのでおすすめしない。

観光案内所

南アフリカでは最も古い1971年創設のワイン協同組合が観光案内所の役割も兼ねる。
MAP P.105-B 住 47 Church St.
☎ (021) 886-4310
URL www.wineroute.co.za
開 月～金 9:00～17:00
土・日 9:00～15:00
休 なし

日本からやってきたクスノキ

ステレンボッシュ郊外のサマセット・ウエストSomerset Westにあるフェルヘレーヘンというワイナリーには、ステレンボッシュを開拓したケープ総督サイモン・ファン・デル・ステルが1698～1700年に日本から持ち帰った巨大なクスノキ、アジサイ、ツバキが植えられている。

●フェルヘレーヘン Vergelegen MAP P.103-A2外
URL www.vergelegen.co.za

歩き方 WALKING AROUND

町の中心は**ブラーク The Braak**といわれる芝生の広場で、周囲を教会、火薬庫などの歴史的建造物に囲まれている。その広場から少し駅寄りの所に**玩具博物館 Toy and Miniature Museum**がある。

ブラークの東側を南北に走る**バード通り Bird St.**が商業上のメインロードで、銀行、両替所、郵便局、スーパーマーケット、カフェが並ぶ。その通りを南へ進めば大通りにぶつかる。これが**ドープ通り Dorp St.**で、ルーテル教会、役所などの古い建物や、それらを改装したゲストハウス、レストラン、バー、みやげ物店、ギャラリー、博物館などが並び、観光上のメインロードとなっている。

ブラークから東へ延びる**プレイン通り Plein St.**を350mほど進んだ所にあるのが、**ビレッジ博物館 Village Museum**。敷地内には、17～19世紀の家屋が4軒あり、当時の服装をしたガイドの案内で、生活様式や風習について学ぶことができる。その裏にはワイン協同組合のオフィスがあり、**観光案内所**も兼ねている。

ステレンボッシュ大学は町の北東にあり、ブラークから歩いて10分ほど。ここの**大学カフェテリア Neelsie Student Sentrum**には、スーパーや売店、ファストフード店、本屋、銀行などがあり、中央の共同テーブルの上には、巨大なスクリーンがあって音楽ビデオなどを流している。

大きな街路樹が立ち並び、まるで高原リゾートのような雰囲気

おもな見どころ ATTRACTIONS

ステレンボッシュの歴史がわかる

ビレッジ博物館

MAP P.105-B

Village Museum

17～19世紀の家4軒を移築復元した博物館で、複数の建物からなる。台所や寝室、リビングルームなどが再現されており、部屋に置かれた家具や小物、衣類などから生活の様子が伝わってくる。台所には、調理道具とともに素材や料理などもあり、食事の様子や料理方法なども見て取れる。まずは、博物館の入口へ。ガイドが復元された各家へと案内してくれる。

当時の生活の様子が想像でき興味深い

ブランデーを味わうなら

ヴァン・リン・ブランデー・セラー

MAP P.103-A2

Van Ryn Brandy Cellar

ワインが有名なステレンボッシュでは、ワインなどの果実酒を蒸留したブランデーも楽しめる。郊外にあるこのセラーでは、ブドウ栽培から収穫、ワインからブランデーができるまでの過程が学べるビデオを見たあと、ブランデー醸造所や樽詰めの実演などを見学。試飲もできて、ブランデー全般について知識を深めることができる。

玩具博物館
MAP P.105-A 住 Old Rhenish Parsonnage, Market St.
☎ (021) 882-8861
開 月～金　9:00～16:30
土・祝　9:00～14:00
休 日 料 大人R20、子供R10

ビレッジ博物館
住 18 Ryneveld St.
☎ (021) 887-2937
開 月～土・祝　9:00～16:30
日　10:00～16:00
(4～8月 ～13:00)
休 クリスマス、イースター
料 大人R40、子供R20

17～19世紀の服装に身を包んだガイドが迎えてくれる

ヴァン・リン・ブランデー・セラー
住 Van Ryn Rd., Vlottenburg
☎ (021) 881-3875
URL vanryn.co.za
開 月～金　9:00～18:00
土　9:00～16:00
日　11:00～16:00
休 なし
※ただし5～9月は日曜クローズ、営業時間も17:00まで。

何も買わなくても見る価値あり

オー・サミ・スィ・ウィンケル

MAP P.105-A

Oom Samie Se Winkel

1904年からある店。手作りのジャムや干し魚から骨董品、古本、古着までさまざまなものが売られていて、見ているだけでも楽しい。南アフリカ特産のルイボスティーやビルトン（干し肉）、スナック菓子なども量り売りしてくれる。特にワインは、ほかでは入手できないようなビンテージ物が豊富に揃っていて一見の価値あり。海外発送もしてくれるので、たくさん購入しても安心だ。

アンティーク店のような店構え

オー・サミ・スィ・ウィンケル
住 82-84 Dorp St.
☎ (021) 887-0797
開 月～金　8:30～18:00
　土・日・祝　9:00～17:00
休 なし

昔ながらの雰囲気が漂う店内

花と緑であふれる町なかのオアシス

植物園

MAP P.105-B

Botanical Garden

ステレンボッシュ大学の屋外研究室ともいわれ、1923年から地元の植物保護や栽培方法の研究などに利用されてきたが、現在は一般にも公開している。ここでは、ケープ地方特有の植物に加え、世界各国の珍しい種類の花や樹木も見ることができる。緑あふれる園内には日本庭園やハスの池などもあり、敷地内でときどき結婚式やパーティなども開かれている。オーガニック製品を扱うショップやレストランもあり、ゆったり散歩するにはいい場所だ。

植物園
住 Cnr. Neethling & Plein St.
☎ (021) 808-3054
URL www.sun.ac.za
開 8:00～17:00 休 なし 料 R15

よく手入れされている園内

ステレンボッシュ市長のヒーシーさん（→下記）

COLUMN｜自然派ワインを愛する醸造家・市長・弁護士のヒーシーさん

ドメイン・ブラハム（MAP →P.103-A1 URL brahms.co.za）のオーナー兼醸造家のヒーシー・ラテガンさんは、白人女性だが家庭はたいへん貧しく、欲しい物も手に入らない状況のなかで育った。それでも11歳からアルバイトで家計を支え、大学卒業後は優秀な弁護士として活躍。しかし、この頃から彼女はいつか自分でワインを造りたいという想いをもっていた。

1989年、彼女はケープタウンでの都会生活を捨て、郊外のパールの土地を買い、ブドウの苗木を植え始める。都会での弁護士生活よりも、自然と触れ合いながら、子供の面倒も見ることができるワイン造りをついに始めたのだ。

2001年10月には、「ブラハム・シラーズ1999」が完成し、いきなりパール地区のシラーズ大会で満場一致の金賞。その後も数々のメダル受賞に恵まれ、「南アフリカ最優秀ワイン醸造家」に選ばれる。彼女がワインを通して伝えたかったのは「たとえ女性でも、貧しくても、努力すれば夢は実現できる。諦めずに自分の夢に向かって努力してほしい」ということだった。

彼女はさらに、「今の南アフリカの政治不信を解消したい」と2011年にドラケンステイン市長に立候補し、見事当選。地域の発展に日々奮闘している（2020年1月現在はステレンボッシュ市長）。母・妻・弁護士・市長・ワイン醸造家、一人5役のヒーシーさんは、今後もさらに活躍しそうだ。

W ワイナリー

ステレンボッシュには、小規模なものからレストランやレクリエーション施設などを備えた大規模なものまで、数え切れないほど多くのワイナリーが点在する。そのほとんどでテイスティングなどが可能だが、ワインセラー見学などには予約が必要な場合もあるので事前に問い合わせを。

スピアー

Spier

MAP P.103-A2

ワインの試飲・購入ができるワインセンターのほか、ケープ・ダッチ様式の建物のホテルやレストラン、カフェ、マナーハウス、イーグルを保護する「イーグル・エンカウンター」などがある。1000人収容の野外劇場ではさまざまなイベントが催される。

住 R310 Baden Powell Rd.
☎ (021) 809-1100
URL www.spier.co.za
開 9:00〜17:00
休 なし
料 ワインテイスティングR40、チョコレート&ワインテイスティングR70ほか

大きな花畑や湖もある

ドルニエ →P.100

Dornier

MAP P.103-A2

ドルニエ家は20世紀に成功を収めたドイツの飛行機メーカーで、オーナーのクリストフ氏は画家。1995年にワイナリーが建設され、2002年にドルニエ・ワインが誕生した。「ワインはアートだ」との信念のもと、エレガントで個性的なワインを造っている。

住 Blaauwklippen Rd.
☎ (021) 880-0557
URL www.dornier.co.za
開 9:00〜18:00 (5〜10月 〜17:00)
休 なし
料 ワインテイスティングR60

芸術性を感じるワイナリー

ゼーベンバッハ

Zevenwacht

MAP P.103-A2

広い敷地内には庭園や湖があり、レストランや宿泊施設、スパ、会議室、さらにはシェフ養成スクールまである。マイルドからビンテージまで4種類のチェダーチーズを生産していて、ワインとともにテイスティングを楽しむことができる。

住 Langverwacht Rd., Kuils River
☎ (021) 900-5700
URL www.zevenwacht.co.za
開 月〜金 8:30〜17:00
　土・日 9:30〜17:00
休 なし
料 ワインテイスティングR40〜、チョコレート&ワインテイスティングR65ほか

敷地内には美しい湖もある

アサラ

Asara

MAP P.103-A2

1691年創業の老舗ワイナリー。ここのワインは日本のデパートでも扱われており、ワイン・ランドでよく知られたワイナリーのひとつ。ルレ・エ・シャトー加盟のホテルも併設され、宿泊してゆっくりと過ごすのもおすすめ。ウエディングも受け付けている。

住 Polkadraai Rd.
☎ (021) 888-8033
URL www.asara.co.za
開 月〜土 9:00〜17:00
　日・祝 10:00〜16:00
休 なし
料 ワインテイスティング3種R50、ワインテイスティング5種R75

絶景を眺めながら食事ができる

スターク・コンデ

Stark Condé

MAP P.103-A2

日本でモデル、デザイナーとして活躍していたマリーさんが南アフリカ人のご主人と経営するワイナリー。2009年には『ニューヨーク・タイムズ』により、南アフリカのトップカベルネ10に選ばれた実績をもつ。レストランは地元の人に人気がある。

住 Oude Nektar Wine Estate, Jonkershoek Valley
☎ (021) 861-7700
URL stark-conde.co.za
開 9:00〜16:00
休 なし（レストランは月・火休み）
料 クラシックワインテイスティング3種R55、4種R75、5種R95

すばらしい景色が広がっている

ニースリングホフ

Neethlingshof

MAP P.103-A2

ワインの質に定評があり、数々の種類を試飲することが可能。庭園が美しく、ここでウエディングパーティをするカップルも多い。併設のレストランでは、朝食からディナーまでワインに合った料理が楽しめる。ワインセラーツアー（R40）は要予約。

住 Stellenbosch
☎ (021) 883-8988
URL neethlingshof.co.za
開 月～金　9:00～17:00
　土・日・祝　10:00～16:00
休 なし
料 テイスティングR55～ほか

ケープ・ダッチ様式の建物

ウオーターフォード

Waterford

MAP P.103-A2

セラーマスターのケビン・アーノルド氏の目標は「世界のトップワインを造ること」。本場フランスにひけをとらない秀逸なワインを生み出している。各ワインに合ったチョコレートも生産している。おすすめはカベルネソーヴィニョン、シラーズなど。

住 Blaauwklippen Rd., Helderberg
☎ (021) 880-5300
URL www.waterfordestate.co.za
開 月～金　9:00～17:00
　土　10:00～17:00
休 日・祝
料 ポートフォリオテイスティングR90、ワイン＆チョコレートテイスティングR95ほか

ブドウ畑などを巡るツアーもある

H ホテル

Hotel Restaurant Shop Winery

歴史的建造物を宿泊施設に改装したものなど、ステレンボッシュの町なかには個性的なゲストハウスやホテルが多い。また、宿泊施設を併設しているワイナリーもあり、ブドウ畑が広がる壮大な景色のなかで、ゆったりとした滞在が楽しめる。いずれにせよ、観光客に人気の町なので、事前に予約を入れておこう。

オーデ・ワーフ ★★★★

Oude Werf

MAP P.105-B

南アフリカ最古、創業1802年のゲストハウス。内部がすばらしく博物館のようで、アンティーク家具で飾られている。庭園、プール、教会を改装したレストランもある。客室は味のあるクラシックな内装のものと、モダンな内装のものがあり、雰囲気はかなり異なる。

住 30 Kerk St.
☎ (021) 887-4608
URL www.oudewerf.co.za
料 ⓈⓌR2122～　※朝食付き
CC ADMV
室 58
Wi-Fi あり（客室）

モダンな内装の客室

デ・フーク・マナー ★★★★

De Hoek Manor

MAP P.105-B

小さいながらも家庭的なサービスとセンスのよい内装で高い人気を誇る宿。客室はスーペリアとデラックスの2タイプあり、モダンながらも山小屋風であたたかみがあり快適そのもの。マザー教会や繁華街も至近で、立地も抜群によい。

住 9 Drosdy St.
☎ (021) 886-9988
URL www.dehoekmanor.co.za
料 ⓈR2100～　ⓌR2500～
※朝食付き

CC ADMV
室 8
Wi-Fi あり（客室）

調度品にも高級感がある

ステレンボッシュ・ホテル ★★★

Stellenbosch Hotel

MAP P.105-B

1876年創業の老舗ホテルが、2015年に新装オープン。天蓋付きのツインまたはダブルベッドが置かれたビクトリアンルームをはじめ、それぞれの客室が特徴に富んでいて、次はどの部屋に泊まろうかとリピーターが絶えないとか。レストランも人気。

住 Cnr. Dorp & Andringa St.
☎ (021) 887-3644
URL www.stellenboschhotel.co.za
料 ⓈR990～　ⓌR1440～
CC ADMV
室 44
Wi-Fi あり（客室）

人気なので予約がおすすめ

プロテア・ホテル・ステレンボッシュ ★★★

Protea Hotel Stellenbosch

MAP P.103-A2

ステレンボッシュ市街から南へ約5km、緑に囲まれた丘の上にある。ワイナリー巡りの拠点にも便利。屋外プールやレストランなど施設が充実している。

住 Techno Ave., Techno Park
☎ (021) 880-9500
URL www.marriott.co.jp
料 ⓈⓌR1420～
CC ADMV
室 180
Wi-Fi あり (客室)

スタンブル・イン・バックパッカーズ・ロッジ

Stumble Inn Backpackers Lodge

MAP P.105-A

駅から徒歩約5分。台所もあり広い庭で食事ができる。ワイン・ランド・ツアーも催行しており、バズ・バスも停車するので、バックパッカーに人気。

住 12 Market St.
☎ (021) 887-4049
URL www.stumbleinnbackpackers.co.za
料 ⓈⓌR600～ ⒹR250～
CC MV
室 12
Wi-Fi あり (客室)

R レストラン

Hotel Restaurant Shop Winery

ケープ地方のなかでもワイン・ランドには味に定評のあるしゃれたレストランが多く点在する。ステレンボッシュに来たら、ワイナリーに併設されたレストランを訪れてみるのもいい。それぞれのワインに合った料理が楽しめる。安く上げたい場合は、ステレンボッシュ大学のカフェテリアへ行くのもいい。

ボデガ

Bodega

フュージョン料理 MAP P.103-A2

ワイナリーのドルニエ(→P.107)に併設されたレストランで、素材の味を大切にしたファーム・キュイジーヌが楽しめる。センスのいい調度品で飾られた店内とアート的なデザイン建築のワイナリーと池の絶景を眺めながらのオープンテラス席がある。要予約。

住 Blaauwklippen Rd.
☎ (021) 880-0557
URL www.dornier.co.za/restaurant
営 11:30～16:00
休 なし
CC AMV

その日によってメニューが替わる

ウォータークルーフ (サマセット・ウエスト)

Waterkloof

フュージョン料理 MAP P.103-A2外

オーガニック&ビオワインを生産しているワイナリー併設のレストラン。現地の有名レストラン紹介サイトでは、ほぼ毎年、年間ベスト10に選出されている。すばらしい景色を眺めながら、ワインと料理のマリアージュを楽しめるおすすめのレストラン。

住 Sir Lowry's Pass Rd., Somerset West
☎ (021) 858-1491
URL www.waterkloofwines.co.za
営 月～土 12:00～14:00
19:00～21:00
日 12:00～14:00
休 なし CC AMV
※2019年12月現在閉鎖中。2020年6月再開予定

盛りつけも洗練されている

ザ・ヴァイン・ビストロ

The Vine Bistro

フュージョン料理 MAP P.103-A2

ボルドーの有名ワイナリー、ピション・ラランドのもとオーナーが、ボルドーに勝るワインを造りたいと始めたワイナリー。フレンチニュアンスのおいしいワインを生産しており、すばらしいビストロ料理と合わせていただきたい。

住 Lelie St., Idas Valley
☎ (021) 809-6444
URL glenellyestate.com
営 火・水・日 12:00～15:00
木～土 12:00～15:00
18:30～21:00
休 月
CC MV

ここのワインは日本でも人気がある

オーバーチュア

Overture

フュージョン料理 MAP P.103-A2

ワイナリーのヒドゥン・バレー Hidden Valley併設のレストラン。2007年末にオープン以来、レストラン情報ウェブサイト「Eat Out」などで常にトップ10に入る人気のレストラン。テーブルからは大パノラマが楽しめる。4品のコース料理はR650。

住 T4 Route off Annandale Rd.
☎ (021) 880-2721
URL bertusbasson.com
営 日～水 12:00～17:00
木～土 12:00～17:00
18:30～23:00
休 なし
CC AMV

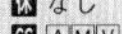

食事とともに壮大な景色が楽しめる

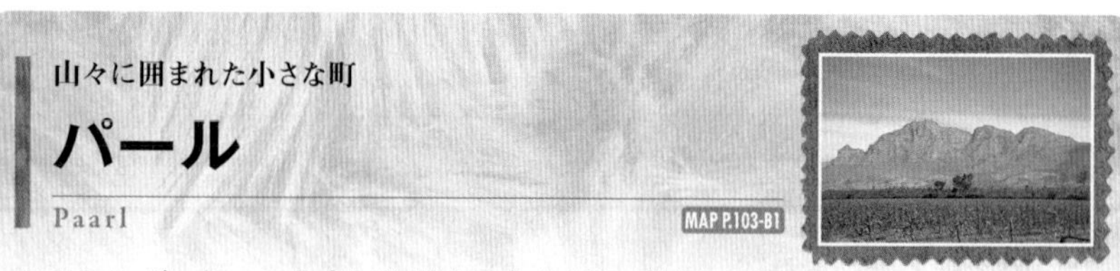

山々に囲まれた小さな町

パール

Paarl

MAP P.103-B1

ステレンボッシュの北東に位置する小さな町。世界で2番目に大きい御影石Granite Rockと山に囲まれたベルグ・リバー渓谷Berg River Valleyに、17世紀に開かれた。御影石がきらきらと真珠のように輝くことから、パールの名前がついたといわれている。

☎市外局番 021

ACCESS

🚌ケープタウンからグレイハウンド、トランスラックスなどが毎日数便運行。所要約1時間、R200〜。

観光案内所

MAP P.110-1　住 216 Main St.
☎ (021) 872-4842
URL www.paarlonline.com
開 月〜金　8:30〜17:00
　土・日　10:00〜13:00
休 なし

パール博物館

MAP P.110-1　住 303 Main St.
☎ (021) 872-2651
開 月〜金　9:00〜16:00
　土　9:00〜13:00
　祝　9:00〜14:00
休 日　料 R10

ストローイダック教会

MAP P.110-1外　住 163 Main St.
☎ (021) 872-4396
URL www.strooidak.co.za
開 見学は要予約　料 無料

アフリカーンス言語博物館

MAP P.110-1　住 Gideon Malherbe House, 11 Pastorie Ave.
☎ (021) 863-4809
URL www.taalmuseum.co.za
開 月〜土　8:00〜16:00
休 土・日　料 R20
※アフリカーンス言語記念碑（→P.111）と両方訪れると、あとに行ったほうがR10引きとなる。

直線が続くメイン・ストリート

歩き方

WALKING AROUND

ケープタウンからは車で所要約45分。南アフリカで最も長いという**メイン・ストリートMain St.**の中心部には、約2kmにわたってケープ・ダッチ、ジョージ、ビクトリア様式の建物が並ぶ。骨董品や工芸品などが展示された18世紀のケープ・ダッチ様式の**パール博物館Paarl Museum**、わら葺き屋根の**ストローイダック教会Strooidakkerk**、観光案内所もこの通りにある。

また、アフリカーンスで書かれた最初の新聞が発行されたのもこの町で、**アフリカーンス言語博物館Africaans**

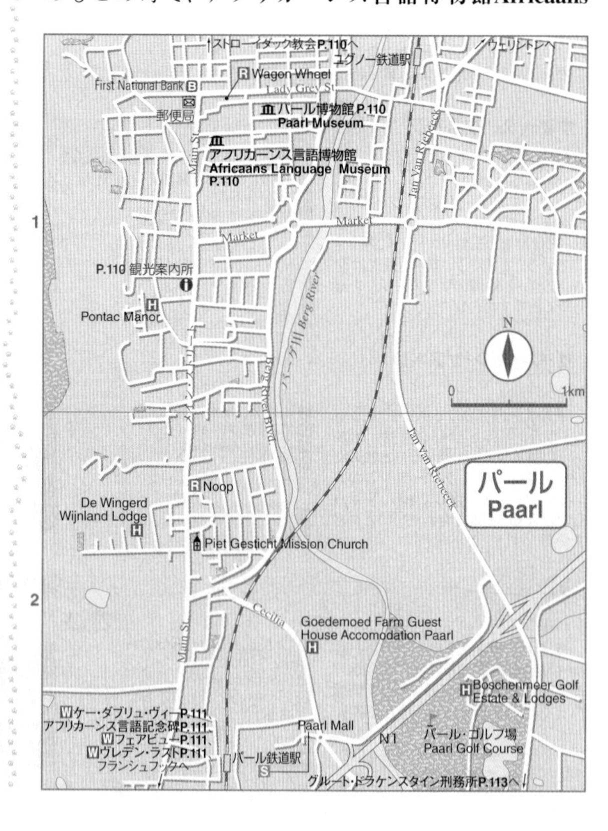

Language Museumがある。1975年にその新聞の発行100周年を記念して、御影石のパール山の中腹に**アフリカーンス言語記念碑Africaans Language Monument**が建てられた。ここからの眺めは最高によい。

パールのメインはやはりワイナリー見学だ。世界最大の**ケー・ダブリュ・ヴィーKWV**、数々の賞に輝く**ニダーバーグNederburg**など、約25のワイナリーが点在する。17世紀に町ができた当時、すべてのワイナリーは**ケー・ダブリュ・ヴィーKWV**などの生産者共同体の統制下にあったが、その束縛を回避するために南アフリカで初めてオークションを行った斬新的なワイナリーの**フェアビューFairview**もぜひ訪れてみたい。

ヤギのチーズでも有名なフェアビュー

アフリカーンス言語記念碑
MAP P.103-B1
住 Gabbema Doordrift Dr., Paarl Mountain
☎ (021) 863-4809
URL www.taalmuseum.co.za
開 4～10月 8:00～17:00
11～3月 8:00～20:00
休 元日、クリスマス
料 R40
※割引については→P.110欄外。

パール山の中腹にあるアフリカーンス言語記念碑

W ワイナリー

Hotel Restaurant Shop Winery

パールは、特に赤ワインの品質のよさで有名な場所。世界最大級規模のワイン製造業協同組合であるケー・ダブリュ・ヴィー (KWV) をはじめ、個性的なさまざまなワイナリーが点在する。そのほとんどでテイスティングやワインセラー見学ができるので、時間をかけてゆっくりと巡りたい。

ケー・ダブリュ・ヴィー

KWV

MAP P.103-B1

アフリカーンス語の「ワイン製造業協同組合」の頭文字を取って呼ばれる。この国の全輸出量の約75%を扱い、日本でも比較的なじみのあるブランド。ワインのほかブランデー、シェリー、ジュースも製造している。ツアーは約90分で、ワインの試飲もできる。

住 Kohler St.
☎ (021) 807-3007
URL www.kwv.co.za
開 月～土 9:00～16:30
日 10:00～15:00
休 なし

ワイナリーというより工場という雰囲気

フェアビュー

Fairview

MAP P.103-A1

1693年に開業した歴史あるワイナリー。600匹のヤギを飼育して、独自のチーズの製造・販売もしている。併設のレストラン「ヤギ小屋 The Goatshed」では、ワインやチーズを味わうほかに本格的なディナーも食べることができる。要予約。

住 Suid Agter Paarl Rd.
☎ (021) 863-2450
URL www.fairview.co.za
開 9:00～17:00
休 クリスマス、元日

レストラン前には中庭が広がる

ニダーバーグ

Nederburg

MAP P.103-B1

1800年に建てられたマナーハウスは国の文化財にも指定されている。ブドウ畑やワイナリーのツアーあり。併設のレストランでランチやワインを楽しめる。

住 Sonstraal Rd., Daljosafat
☎ (081) 848-4295
URL nederburg.com
開 月～金 9:00～17:00
(10～4月 ～18:00)
土・日 10:00～16:00
休 なし

ヴレデン・ラスト

Vrede en Lust

MAP P.103-B1

パール郊外、サイモンバーグ山脈の麓にある家族経営のワイナリー。レストランのほか、ケープ・ダッチ様式の豪華な宿泊施設も併設している。

住 Intersection R45 & Klapmuts Rd., Simondium
☎ (021) 874-1611
URL www.vnl.co.za
開 10:00～17:00
休 なし

ケープ地方でも有名なグルメの町

フランシュフック

Franschhoek

MAP P.103-B2

フランスから逃れてきた新教徒ユグノー派に1688～1690年に配分された地域で、地名は「フランス人地区」から来ている。彼らによって南アフリカのワイン造りは発展し、フランシュフックには現在約40ものワイナリーがある。特にケープ地方のグルメ首都としても名高く、フランス風の料理を出す洗練されたレストランが多い。

☎市外局番 021

ACCESS

🚗パールおよびステレンボッシュから車で約30分。

観光案内所

MAP P.112-1
住 62 Huguenot Rd.
☎ (021) 876-2861
URL franschhoek.org.za
開 月～金　8:00～17:00
　土　9:00～17:00
　日　9:00～16:00
休 なし

ユグノー記念博物館

MAP P.112-2
☎ (021) 876-2532
URL www.museum.co.za
開 月～土　9:00～17:00
　日　14:00～17:00
休 クリスマス、イースター
料 R80

レストランも多いユグノー通り

レストラン選びのコツ

グルメ都市として名高いフランシュフックには、数々の賞に輝き、世界から注目を集めるレストランが点在する。できるかぎり早めに予約を。ワイナリー併設のレストランも多い。

●**Eat Out**

南アフリカの3000以上ものレストランを紹介。

URL www.eatout.co.za

●**Dining Out**

料理のタイプや値段、店内の雰囲気などの情報満載のレストランガイド。

URL www.dining-out.co.za

歩き方

WALKING AROUND

町のメインストリートは、**ユグノー通りHuguenot St.**。この通り沿いに数々のレストランやカフェが並び、観光客でにぎわっている。そのままユグノー通りを南東へ進んでいくと、**ユグノー記念公園Huguenot Memorial Park**にたどり着く。ここには、ユグノーの移住を記念した**ユグノー記念碑Huguenot Monument**と彼らの移住の歴史をたどる**ユグノー記念博物館Huguenot Memorial Museum**があるので、時間があれば立ち寄ってみたい。

公園内に立つユグノー記念碑

郊外の見どころ ATTRACTIONS

ネルソン・マンデラが自由を勝ち取った場所
グルート・ドラケンスタイン刑務所 MAP P.103-B1、112-1外
Groot Drakenstein Prison

ネルソン・マンデラが1990年に釈放されるまでを過ごした刑務所。2000年に現在の名前に変わったが、当時はヴィクター・ヴァースター刑務所Victor Verster Prisonと呼ばれていた。1990年2月11日、ついに自由の身となったマンデラは、約30年の投獄生活に別れを告げ、この門から外へと一歩を踏み出した。門の前には、自由を勝ち取って大きくこぶしを突き上げるネルソン・マンデラの像が立っている。

グルート・ドラケンスタイン刑務所
ACCESS
フランシュックから車で約20分。

右手を上げるマンデラの像

W ワイナリー
Hotel Restaurant Shop Winery

ボーシェンダル
Boschendal
MAP P.103-B2、112-1外

フランシュフックで最も古いワイン製造農家。18～19世紀の家具、工芸品、調理道具などが飾られた白く美しい館マナーハウスや広大な庭がすばらしい。周囲の風景もよく、ピクニックランチにも最適だ。頼めばピクニックバスケットを用意してくれる。

住 Pniel Rd., Groot Drankenstein
☎ (021) 870-4210
URL www.boschendal.com
開 10：00～18：00
休 なし
料 ワインテイスティングR55～ほか
※ツアー、テイスティングは予約がベター

眺めのいいレストランカフェも人気

ブーケンハーツクルーフ →P.101
Boekenhoutskloof
MAP P.103-B2、112-2外

1776年設立のフランシュフックで最も古いワイナリーのひとつ。ブーケンハーツとは、アフリカーンスで「土着のブナの木」を意味し、ブナの木で作られたケープ・ダッチ様式の椅子の絵がワインのラベルにも描かれている。

住 Excelsior Rd.
☎ (021) 876-3320
URL www.boekenhoutskloof.co.za
開 火・木　11：00～（予約制）
休 月・水・金～日

ワイナリーの横に広がるブドウ畑

COLUMN｜ワイナリーに滞在する

おいしいワインと料理を思う存分堪能しようと毎年休暇に訪れる欧米人も多いワイン・ランドだが、そんな人々に注目を浴びているのがワイナリーに併設された宿泊施設。別荘感覚で滞在できる一軒家から、住居の一部を開放しているゲストハウス、プライベートプールなどを備えた豪華なラグジュアリースイートまで、個性あるさまざまなタイプの宿が揃っている。

そのなかのひとつ、ステレンボッシュ郊外のバンフック・バレー中腹にあるアルビアは、ブドウ畑に囲まれて立つセルフケータリングの宿。スイートルーム5室に加え、2または3ベッドルームに暖炉のあるリビングルームとキッチンが付いたハウスが2棟ある。頼んでおけば、朝食にピクニックバスケットを届けてもらうことも、プライベートシェフをお願いすることもできる。

豪華なリビングルーム

アルビア Alluvia
MAP P.103-B2 ☎ (079) 237-7815
URL www.alluvia.co.za

ATLANTIC OCEAN COAST

美しい海岸線と壮大な大自然が魅力

ウエスト・コースト

West Coast

セダーバーグ野生保護区の景観

ケープタウンの東に広がるガーデン・ルートやワイン・ランドに比べ、まだまだ観光開発が進んでおらず観光客の数は少ないが、ウエスト・コーストには美しい海岸線や奇岩が連なる山並みやサン族の壁画で知られるセダーバーグ野生保護区、ウミウなどの鳥の繁殖地で、ペンギンやオットセイなどの海洋生物が豊富に観察できるバード・アイランド自然保護区など見どころが多い。

ウエスト・コースト・ツーリズム
West Coast Tourism
☎(022) 433-8505
URL www.capewestcoast.org

フィンボスとは？
ケープ州南西部で見られる野生草花を総称してフィンボスFynbosと呼ぶ。ウエスト・コーストは、フィンボスが見られる保護区や農園が多い。

概要 SUMMARY

ケープタウンの北に広がるウエスト・コースト地方West Coastに加え、スワートランド&サンドベルト地方Swartland & Sandvelt、オリファンツ・リバー・バレー地方Olifants River Valleyを大きくまとめてウエスト・コーストと呼ぶことが多い。大西洋の海岸線沿いに広がるウエスト・コースト地方、麦やジャガイモなどの穀物の畑が見渡すかぎり続き、その合間に個性的な小さな町が点在するスワートランド&サンドベルト地方、そして岩窟絵画とその豊富な植生で人気のセダーバーグ野生保護区Cederberg Wilderness Areaなどがあるオリファンツ・リバー・バレー地方と、それぞれに特徴がある。いずれも一度は訪れてみたい場所だ。また、この地域にはフィンボスなどの野生植物が多く植生していて、春になると色鮮やかに大地を染める。

歩き方のポイント GETTING AROUND

これらの地方は公共の乗り物の便が悪いので、車かツアーで旅行することになる。効率的に回りたいのであれば、ツアーに参加するのがよい。ウエスト・コースト地方やスワートランド＆サンドベルト地方へはケープタウンからの日帰りツアーが出ているが、それより北の地方への観光は、最低1泊が必要となってくる。自由に好きな場所を巡りたいのであれば、やはりレンタカーで巡るのがいちばん。ケープタウンを拠点に2泊もすれば、おもな見どころは巡れるだろう。ただし、ウエスト・コーストをじっくりと満喫したいのであれば、できれば最低でも3〜4泊はほしい。

また、ケープタウンからの海岸沿いには見どころが多く、テーブル・マウンテンとデビルズ・ピーク、ライオンズ・ヘッドが見渡せる**テーブル・ビュー Table View**やサーフポイントとして知られる**ビッグ・ベイ Big Bay**、釣りが盛んな**メルクボスストランド Melkbosstrand**などが点在する。

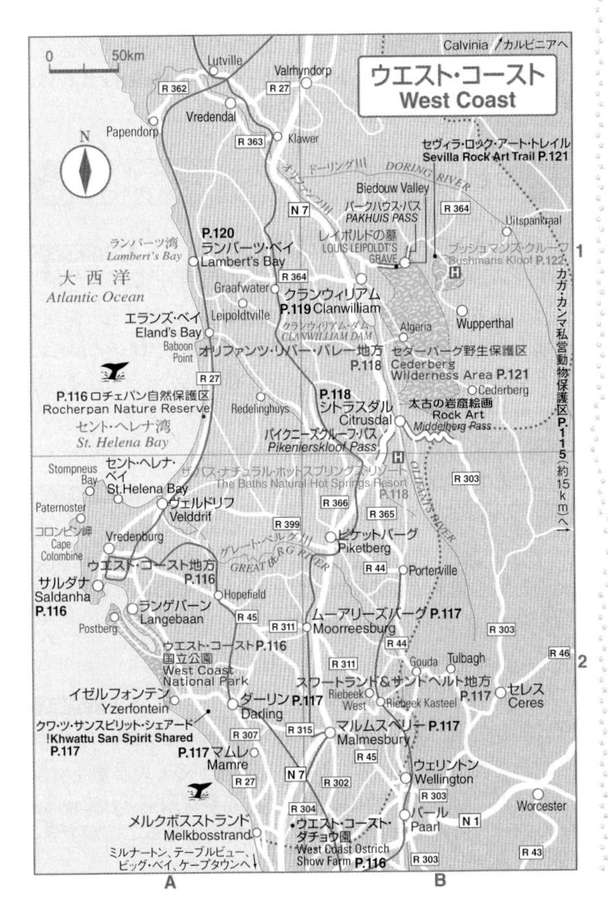

ACCESS

🚌ケープタウンからN7を北上するアピントン行きのインターケープのバスが毎日運行していて、マルムスベリー、ムーアリーズバーグ、シトラスダル、クランウィリアムに停まる。

ワイン・ルート巡りはいかが？

マルムスベリー、ダーリンの町にある6つのワインセラーを巡るワイン・ルートがある。アルコール度を高めたフォーティファイドワインやポートワインも造られている。

サファリ・ドライブを楽しむ！

ムーアリーズバーグの北東に、先住民の昔ながらの生活や岩窟壁画なども見られる私営の動物保護区がある。伝統住居のロンダベルや岩をくり抜いて造った洞窟住居のほか、天井も壁もない岩場の客室もある。サファリ・ドライブでは、草食動物のほかヒョウやジャッカルなどの姿を目にすることも。

●カガ・カンマ私営動物保護区 Kagga Kamma Nature Reserve

MAP P.115-B2外
☎(021) 872-4343（予約）
URL www.kaggakammma.co.za
休 なし
料 R1040〜1370（昼食、アクティビティ代含む）
※宿泊する場合はⓈR3478〜5832 ⓌR5660〜9418（3食、アクティビティ代込み）。ケープタウンからの送迎サービスあり。
CC MV

町を一歩離れるとこんな風景が広がっている

リゾートや漁村が点在する

ウエスト・コースト地方

West Coast

MAP P.115-A2

海側にはリゾートや漁村が並び、多くの鳥類が生息する。世界4大保護区のひとつに数えられているウエスト・コースト国立公園もあり、ウオータースポーツや釣り、クジラやオットセイなどの海洋生物や鳥類の観察が楽しめる。少し内陸に入れば、ヒースやフィンボスなどの野生植物が大地を覆い、春には一面が青や黄色で染まる。

☎市外局番 022

ACCESS
🚗ケープタウンから車で約2時間30分。

サルダナの観光案内所
住 Van Riebeeck St.
☎(022) 715-1142
開 月～金　9:00～17:00
休 土・日

穏やかなサルダナ湾

ウエスト・コースト国立公園
☎(022) 772-2144
URL www.sanparks.org
開 4～8月　7:00～18:00
　9～3月　7:00～19:00
料 大人R96、子供R48
※8～9月は大人R198、子供R99。
ACCESS
🚗マルムスベリーから車で約1時間。

ウエスト・コースト・ダチョウ園
住 Van Schoorsdrif Rd.
☎(021) 972-1669
URL www.ostrichranch.co.za
開 9:00～17:00　休 なし
料 大人R109、子供(7～16歳)R98
ACCESS
🚗ケープタウンから車で約1時間。

ロチェパン自然保護区
☎(079) 203-1092
URL www.capenature.co.za
開 8:00～16:30
休 なし　料 大人R50、子供R30
ACCESS
🚗サルダナから車で約1時間30分。

おもな町 TOWNS

ウオータースポーツや釣りが楽しめる

サルダナ

MAP P.115-A2

Saldanha

16世紀にポルトガル人によって発見された、南アフリカで最も穏やかな天然の漁港。南アフリカ最大の魚加工工場、ムール貝やカキなどの養殖場があり、湾ではオットセイが泳ぐ。サルダナの北にある**セント・ヘレナ・ベイSt. Helena Bay**は、1497年にヴァスコ・ダ・ガマが発見した港。

おもな見どころ ATTRACTIONS

海洋生物と鳥類の観察で有名な

ウエスト・コースト国立公園

MAP P.115-A2

West Coast National Park

深く入り込んだ長さ約26km、幅6.4kmのラグーン(潟)には多くの海洋生物がいるため、それを求めて、ロシアからの渡り鳥など100種類以上、5万～7万羽の鳥がやってくる。海側にはビーチが続き、春には花々で青一色に染まる。

ダチョウ料理のレストランもある

ウエスト・コースト・ダチョウ園

MAP P.115-A2

West Coast Ostrich Show Farm

ツアーでは、骨格や幼鳥のホルマリン漬け、人工的に卵を動かしてふ化させる機械などでダチョウとその飼育過程の説明があり、ダチョウの背にも試乗できる。

多くの鳥類が集まってくる

ロチェパン自然保護区

MAP P.115-A1

Rocherpan Nature Reserve

沼地と大地、海が組み合わさった環境が多くの鳥類を引きつけ、保護区内だけで180種類以上の鳥類が観察されている。また、6～9月には海岸近くでクジラの姿も見ることができ、春には色鮮やかな花々で覆われる。

広大な穀倉地帯が広がる

スワートランド&サンドベルト地方

Swartland & Sandvelt

MAP P.115-B2

スワートランドとサンドベルト地方はケープ地方の穀倉地帯で、ジャガイモや麦畑、花畑が広がる。牧場やワインセラーも点在し、雪が残る山々を背景に、牛や羊がのんびりと草を食んでいる光景は、南アフリカにいることを忘れてしまいそうだ。モラビア教徒のミッション・タウンや博物館もいくつかある。

おもな町 TOWNS

スワートランドで一番大きな町

マルムスベリー Malmesbury

MAP P.115-B2

町の郊外には畑が広がっている。町には、17～18世紀のビクトリア朝時代の建物が残り、博物館やアートギャラリーなどもある。

☎市外局番 022
ACCESS
🚌ケープタウンからアピントン行きのインターケープのバスで所要約2時間、R108～。
マルムスベリーの観光案内所
住 3 Kerk St.
☎ (022) 487-1133
URL malmesburytourism.co.za
開 月～金 8:00～16:00
休 土・日

のどかな風景が広がる

ダーリン Darling

MAP P.115-A2

ワイン、小麦畑、牧場に囲まれた町。昔のバター作りの道具や工芸品を展示した**ダーリン博物館Darling Museum**がある。毎年野生の植物とランのショーが開かれる。また、サン族の文化や知恵が学べる**クワ・ツ・サン・スピリット・シェアード!Khwattu San Spirit Shared**には、サン族に関する資料やフィルムが揃っている。伝統的なサン族の村の復元もあり、生活様式を垣間見ることができる。ツアーに参加して昔ながらの狩猟方法や草木の使用法など教えてもらえる。

☎市外局番 022
ACCESS
🚗マルムスベリーから車で約40分。
ダーリンの観光案内所
住 Pastorie St.
☎ (022) 492-3361
URL www.hellodarling.org.za
開 月～金 9:00～13:00
14:00～16:30
土・日・祝 10:00～15:00
休 なし

クワ・ツ・サン・スピリット・シェアード
MAP P.115-A2
住 Grootwater Farm, R27 Yzerfontein
☎ (022) 492-2998
URL www.khwattu.org
開 9:00～17:00 休 なし
料 無料
※サン族の案内によるツアーは毎日10:00と14:00の2回催行。所要約1時間、1人R220。

古い町並みが残る

マムレ Mamre

MAP P.115-A2

モラビア派使節団によって開かれた町で、古い建物や水車が残っている。当時の倉庫を改装したレストランもある。

☎市外局番022
ACCESS
🚗マルムスベリーから車で約50分。

ギャラリー巡りを楽しみたい

ムーアリーズバーグ Moorreesburg

MAP P.115-B2

スワートランドの中心に位置する小さな町。郊外には一面に広々としたジャガイモ畑やブドウ畑が広がる。町なかには、南アフリカの有名な美術家の絵画を展示するアートギャラリーや、ここを含めて世界で3つしかないという**小麦産業博物館Wheat Industry Museum**がある。

☎市外局番 022
ACCESS
🚌ケープタウンからアピントン行きのインターケープのバスで所要約1時間30分、R135～。

シトラス畑が続く

オリファンツ・リバー・バレー地方

Olifants River Valley

MAP P.115-A～B1

南アフリカで3番目に大規模な柑橘類の生産地として知られるエリア。ここでしか育たないルイボスティーも有名だ。内陸にはサン族の人々が描いた岩窟絵画や、大小多数の奇岩で知られるセダーバーグ野生保護区が広がり、海側にはロブスターの一大漁港であるランバーツ・ベイがある。

☎市外局番 022

ACCESS

🚌ケープタウンからアピントン行きのインターケープのバスで所要約2時間40分、R171～。

観光案内所

住 39 Voortrekker St.
☎(066) 401-0610
URL www.citrusdal.info
開 月～金　9:00～16:30
　土　9:00～13:00
休 日・祝

温泉を楽しめるリゾート

シトラスダルの南約18kmにあるリゾート施設。

H ザ・バス・ナチュラル・ホットスプリングス・リゾート The Baths Natural Hot Springs Resort ★★★
MAP P.115-B2
☎(022) 921-8026/7
URL thebaths.co.za
料 ⓈⓌR900～
※日帰りは大人R100、子供R50。
CC MV　室 35

おもな町 TOWNS

セダーバーグ野生保護区の拠点の町

シトラスダル

Citrusdal

MAP P.115-B1

雄大な峡谷を見渡す峠道パイクニーズクルーフ・パス Pikenierskloof Passを越えるとシトラスダルだ。その名のとおり南アフリカの柑橘類（Citrus）の主要生産地だが、ワインも造っているし温泉保養地もある。観光案内所は、サンドベルト地方の典型的な民家を基に建てられたサンドベルトハウスSandveldhuisieの中にある。ここには、売店やカフェもある。

この地方のハイライトである**セダーバーグ野生保護区 Cederberg Wilderness Area**（→P.121）の起点にもなる町だが、時間がない人は、**セレス Ceres**へ下る道路や、この保護区を抜けて**クランウィリアム Clanwilliam**へ北上する道路をドライブすれば、壮大なパノラマが楽しめる。

クランウィリアムへ行く途中には見晴らしのいいダム湖も

COLUMN | 自然の万能薬、ルイボスティー

近年、日本でも店頭で見かけるようになったルイボスティー。実は南アフリカの特産品で、しかもクランウィリアム周辺でしか自生しない珍しい植物のお茶なのだ。

ルイボスとはアフリカーンスで「赤い低木（Red Bush）」という意味で、正式にはアスパラサス・リネアリスAspalathus Linearisという針葉樹のこと。この植物の葉を乾燥させて作ったのがルイボスティーで、先住民のサン族の人々の間では昔から薬草として重宝されていた。

カフェインフリーで抗酸化作用があることから、健康茶としても話題を集めている。鉄分、カリウム、カルシウムなどのミネラルを多く含み、便秘、美肌、冷え性、むくみ、ダイエット、さらには不妊にも効果があると期待されている。

クランウィリアムではそんなルイボスティーが料理にも使われていて、町なかのレストランなどで味わうことができる。ぜひ、試してみては？

ルイボスティー入りのドレッシングはサラダにぴったり

美しい町並みが広がる
クランウィリアム

MAP P.115-B1

Clanwilliam

ケープタウンから北へ約230km、車で約3時間の所に位置する。毎年8～9月にフラワーショーが開催されることでも有名だ。1725年から移住が始まった古い町で、町なかにはケープ・ダッチ様式の白い建物や**改革派教会Old Dutch Reformed Church (Flower Church)**、かつての**牢獄Old Goal**（現在、博物館になっている）などがある。

町の中心は**メインストリートMain St.**周辺。歴史的建物やホテル、カフェ、銀行、スーパーマーケット（ミニバスはこの近くに停まる）などが並び、この地域でしか採れない**ルイボスティー工場Rooibos Limited**も近くにある。

この町から北東へ向かうと**パークハウス・パスPakhuis Pass**という景観がすばらしい峠道があり、クランウィリアムで生まれ育った詩人**レイポルドの墓Louis Leipoldt's Grave**や奇岩が連なる大地を先住民の描いた壁画を探しながら歩く**セヴィラ・ロック・アート・トレイルSevilla Rock Art Trail**（→P.121コラム）などがある。

毎年フラワー・ショーが開かれる改革派教会

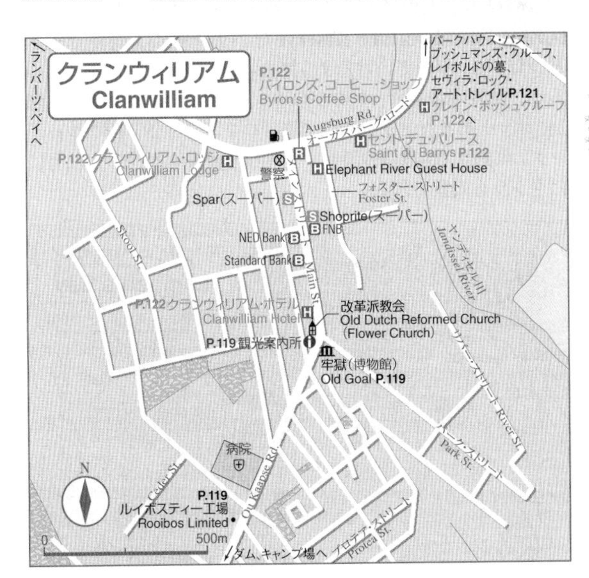

☎市外局番 027

ACCESS

🚌ケープタウンからインターケープのバスで所要約3時間20分、R180～。

観光案内所
MAP P.119
☎(027) 482-2024
URL www.clanwilliam.info
開 月～金 8:30～17:00
　土・日 8:30～12:30
休 なし

観光案内所が入っている建物

牢獄（博物館）
MAP P.119
☎(073) 613-8443
開 月～金 8:30～16:30
　土 9:00～12:00
休 日
料 R20

真っ白な建物が印象的

ルイボスティー工場
MAP P.119
☎(027) 482-2155
URL www.rooibosltd.co.za
開 月～金 9:00～17:00
休 土・日
料 無料

試飲ができるショップがある

レストランやショップが並ぶランバーツ・ベイの港

ペンギンやオットセイも見られるバード・アイランド自然保護区

☎市外局番 027

ACCESS

🚗クランウィリアムから車で約50分。

観光案内所

MAP P.120
住 Nr.5 Medical Center, Main St.
☎ (027) 432-1000
URL www.lambertsbaytourism.info
開 月～金　8:00～17:00
　 土　9:00～12:00
 日

町の中心に立つ教会

バード・アイランド自然保護区

MAP P.120
☎ (071) 657-5651
開 8:00～18:00
休 なし
料 大人R40、子供R20

展望塔からはウミウを間近で観察できる

海洋生物を観察するなら

ランバーツ・ベイ

MAP P.115-A1

Lambert's Bay

　ケープタウンから北へ約290km、車で約4時間の所にある漁村。魚加工工場もあり、特にロブスターの漁港として知られ、11月にはロブスター祭りも行われる。近年は、リゾートとしての開発も進んでいる。村の中心はランバーツ・ベイ・ホテル近くの**マーケット広場Market**で、周辺に商店、スーパーがある。また、ここから海岸線に並行して**フォールトレッカー通りVoortrekker St.**と**カーク（チャーチ）通りKerk (Church) St.**が延びており、商店、銀行、レストラン、カフェ、宿、教会などが並ぶ。とはいっても、小さな村なのでどこも徒歩圏内だ。観光案内所はカーク通り沿いにあり、隣には300年以上前の聖書や骨董品などが展示された小さな博物館がある。

　この村の最大の見どころは、**バード・アイランド自然保護区Bird Island Nature Reserve**だ。1959年に防波堤で陸地とつながり、歩いていけるようになった。島は柵で囲まれているが、展望塔があり、そこからペンギン、ウミウ、カモメ、海鳥、オットセイなどが観察できる。ロブスター釣りやクルージング、魚釣り、周辺の砂漠サファリなどが楽しめ、6～11月にはクジラも観察できる。

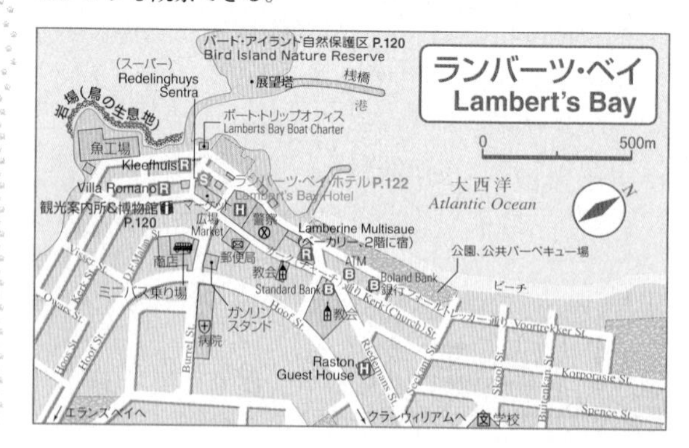

おもな見どころ
ATTRACTIONS

サン族の壁画が有名
セダーバーグ野生保護区
MAP P.115-B1

Cederberg Wilderness Area

クランウィリアムとシトラスダルの間にある、山と渓谷に囲まれた広さ710km²のハイキングとロッククライミングのパラダイス。雨水によって巨大な十字架や橋などの形に削られた岩や、300～6000年前に描かれたサン族（かつてブッシュマンと呼ばれていた）の絵が残る洞窟や岩があることで有名だ。杉Cederの保護地区でもあり、たいへん珍しい植物のスノーボール・プロテアSnowball Proteaなどの野草草花が多く、開花時期の5～8月が、この地区のベストシーズンだ。1日に入れる人数を制限しているため、シトラスダルにある**ケープ・ネイチャー（自然保護監督局）Cape Nature**で早めの許可、宿泊の予約が必要となる。

また、保護区内の一部は、私有の野生保護区**ブッシュマンズ・クルーフBushmans Kloof**になっており、豪華なホテル、レストランなどが揃い、壁画を巡るウオーキングツアーやサファリドライブが楽しめる。

「ケープ植物区保護地域群」のひとつとして世界遺産に登録

セダーバーグ野生保護区
シトラスダルの観光案内所近くにあるケープ・ネイチャー（自然保護監督局）のオフィスで入場許可の申請をする。下記ホームページから入場および宿泊の予約が可能。
☎(027) 482-2403
料 大人R70、子供R35
※宿泊する場合はコテージが1泊ⓈⓌR640～、キャンプがⓈⓌR120～。

●ケープ・ネイチャー（ヘッド・オフィス）
Cape Nature
住 PGWC Shared Services Centre, Cnr. Bosduif & Volstruis St., Bridgetown
☎(087) 087-8250
URL www.capenature.co.za

ブッシュマンズ・クルーフに泊まる！
セダーバーグ野生保護区の北東に隣接するエリアは私営野生保護区になっていて、豪華ロッジで優雅な滞在が満喫できる（→P.122）。

COLUMN | サン族の壁画が点在するトレイル

セダーバーグ野生保護区（→上記）はサン族の絵が残る洞窟や岩があることで有名だが、広大な保護区内をガイドの案内なしで回ることはなかなか難しい。そこで、一般の人にも気軽に見てもらおうとできたのがセヴィラ・ロック・アート・トレイルSevilla Rock Art Trail。約4kmのトレイルにサン族の壁画が10ヵ所点在していて、足跡のマークに沿って進んでいけば迷うことなく探し当てることができる。奇岩が連なるエリアで、歩いているだけでも楽しい。運がよければエランドなどの野生動物に遭遇することもある。

トレイルの出入口は、トラベラーズ・レストTraveller's Rest手前のレストラン兼ショップの裏にある。トラベラーズ・レストまたは同オーナーが経営するレストラン兼ショップで入場料を払い、簡単な地図をもらって出発しよう。往復で所要約3時間。日差しがかなりきついので日中は避け、できれば早朝に出かけるように。また、飲料水を持参するのを忘れずに。

トレイルのスタート地点となるレストラン兼ショップ

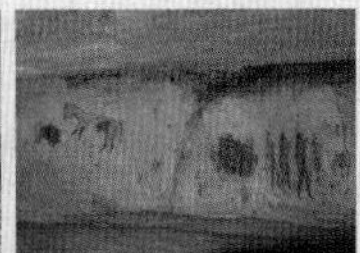
当時の生活の様子が描かれている

セヴィラ・ロック・アート・トレイル
MAP P.115-B1、119外
☎(027) 482-1824
URL www.travellersrest.co.za
料 R40

ACCESS
🚗クランウィリアムから車で所要約1時間。パークハウス・パスを抜けると左側にトラベラーズ・レストの標識が見えてくる。

H ホテル＆レストラン

Hotel Restaurant Shop Winery

観光の拠点となるシトラスダル、クランウィリアム、ランバーツ・ベイの町は小さいながらもいくつかの宿泊施設が揃っている。郊外には農場の中に立つゲストハウスやキャンプ場を併設した宿もあり、それぞれが個性的。別荘感覚で滞在できる一戸建てのゲストハウスなどもある。

セント・デュ・バリース ★★★★

Saint du Barrys

クランウィリアム MAP P.119

まるで自宅か別荘のようにリラックスできるこぢんまりとしてアットホームなB&B。美しいガーデンや池、プールなどもあり、のんびりと滞在したい人にぴったりの場所。夕食は別料金となるが、手の込んだ南アフリカの家庭料理を味わえる。

住 13 Augsburg Rd., Clanwilliam
☎ (027) 482-1537
URL www.saintdubarrys.com
料 ⓈR1100～ ⓌR1760～ ※朝食付き
CC AMV
室 5
Wi-Fi あり（客室）

各棟の目の前には大きな中庭も

クレイン・ボッシュクルーフ ★★★★

Klein Boschkloof

クランウィリアム郊外 MAP P.119外

クランウィリアムから約15km北、セダーバーグ野生保護区に接するオレンジ農園内にあるゲストハウス。全室キッチン付きのケープ・ダッチ様式の一軒家で、別荘のような気分が味わえる。手作りジャムや農園で取れた果物もおいしい。

住 Boskloof Valley, Clanwilliam
☎ (021) 100-3597
URL www.kleinboschkloof.co.za
料 ⓈⓌR1000～
CC 不可
室 4
Wi-Fi あり（客室）

庭でバーベキューをすることもできる

ブッシュマンズ・クルーフ ★★★★★

Bushmans Kloof

クランウィリアム郊外 MAP P.115-B1

隠れ家的サファリロッジ。ルレ・エ・シャトーのメンバーでもある。ゲーム・ドライブやサン族の壁画を訪れるツアーなどアクティビティも豊富に揃っている。

住 Bushmans Kloof
☎ (021) 437-9278
URL www.bushmanskloof.co.za
料 ⓈⓌR6180～
　※3食、アクティビティ代含む
CC ADMV
室 16
※ケープタウンからの送迎あり
Wi-Fi あり（客室）

ランバーツ・ベイ・ホテル ★★★

Lambert's Bay Hotel

ランバーツ・ベイ MAP P.120

村の中心にあり、海岸から少し奥まった所にあるが、部屋から海が見える好立地に立っている。バスルームが広い。レストラン、バー、みやげ物屋もある。

住 72 Voortrekker St., Lambert's Bay
☎ (027) 432-1126
URL www.lambertsbayhotel.co.za
料 ⓈR600 ⓌR900
CC ADMV
室 47
Wi-Fi あり（共用エリア）

クランウィリアム・ロッジ ★★★

Clanwilliam Lodge

クランウィリアム MAP P.119

クランウィリアムの町で、比較的新しいホテル。小さいながらもおしゃれなラウンジやプールがあるなど設備は充実。インテリアも洗練されていて、とてもおしゃれ。

住 Graafwaterweg, Clanwilliam
☎ (027) 482-1777
URL clanwilliamlodge.co.za
料 ⓈR910～ ⓌR1420～
CC AMV
室 32
Wi-Fi あり（客室）

クランウィリアム・ホテル ★★

Clanwilliam Hotel

クランウィリアム MAP P.119

メインストリートに面して立つ。別館とコテージも含めていろいろな部屋があり、バスルーム付き。レストランはコースのみだが、味、量、サービスともにおすすめ。

住 Main St., Clanwilliam
☎ (027) 482-2888
URL clamwilliamhotel.co.za
料 ⓈⓌR1200～
　※朝食付き
CC ADMV
室 42
Wi-Fi あり（共用エリア）

バイロンズ・コーヒー・ショップ

Byrons Coffee Shop

グリル料理 MAP P.119

クランウィリアムにある数少ないレストランのうちのひとつ。美しい中庭の野外テーブルで気持ちよく食事が楽しめる。おすすめは、ボリューム満点のサーロイン、リブなどのステーキやビーフバーガー。この地方のクラフトビールなども各種揃っている。

住 Cnr. Main St. & Augsburg Rd.
☎ (027) 482-1222
開 月～土 8:00～22:00
　日 9:00～20:00
休 なし
CC MV

カジュアルなメニューが揃う

ATLANTIC OCEAN COAST

クジラが観察できることで有名な

オバーバーグ地方

Overberg

リゾート地として人気の高いハマナスの遠景

オバーバーグとは「山（Berg）を越えた（Over）」という意味。その名のとおり、ケープタウンの東へ続く山脈を越えた南に広がる地域で、クジラが観察できることで有名なハマナスHermanusやアフリカ大陸最南端のアグラス岬Cape Agulhasなどの見どころがある。町と町を結ぶ海岸沿いの峠道は見晴らしがよく、ドライブにも最適なルート。海に山に海洋動物にと、まさに自然を感じられる場所である。

概要 SUMMARY

ケープタウンを東へ進み、サマセット・ウエストを過ぎると、**サー・ロウリーズ・パスSir Lowry's Pass**という峠道に出るが、そこからの眺めは壮観で遠くには海が見える。もうひとつの峠道**ホウホック・パスHouhoek Pass**を越えると、この地方の観光の中心地ハマナスだ。

一方、**ゴードンズ・ベイGordon's Bay**からハマナスまでは、チャップマンズ・ピーク・ドライブ（→P.82）に匹敵する印象的な崖道や小さなビーチ、ペンギンの生息地がある**ベティーズ・ベイBetty's Bay**などを通る。山道とは対照的な海岸線沿いの道からの眺めもすばらしい。この地方の海岸線はさらにハマナスからアフリカ大陸の最南端**アグラス岬Cape Agulhas**を通り、**ブリーデ川Breede River**河口まで続く。出産にやってくるクジラが観察できることでも有名だ。

ハマナスでは海辺の遊歩道からクジラを見ることができる

アグラス国立公園
Agulhas National Park

約210km²の広さを誇る国立公園内の南東部にアグラス岬(→MAP P.124-B)があり、その1kmほど西には展望台や灯台が立って　いる。公園内にはレストキャンプがあり、ハイキングコースなども整備されている。

MAP P.124-B
☎ (028) 435-6078
URL www.sanparks.org
開 月～金　7:30～18:00
　土・日・祝　9:00～17:00
休 なし
料 大人R184、子供R92
　※宿泊は1泊R1305～。

ACCESS
🚗ケープタウンから車で約2時間15分。

アグラスの観光案内所
住 22 Long St., Bredasdorp
☎ (028) 424-2584
開 月～金　9:00～17:00
　土　9:00～12:30
休 日

ボンテボック国立公園
MAP P.124-B
☎ (028) 514-2735
URL www.sanparks.org
開 10～4月　7:00～19:00
　5～9月　7:00～18:00
休 なし
料 大人R132、子供R66

ACCESS
🚗ケープタウンから車で所要約2時間30分。

また、この地方は温暖な気候のため、小麦畑や果樹園(ワイン・ルートあり)やフィンボスといわれる植物群が広がり、ビーチやリゾートが点在する。ハマナスとアグラス岬以外の見どころに、この国で3番目にできた歴史ある町**スウェレンダムSwellendam**、シカの保護を目的に設立された**ボンテボック国立公園Bontebok National Park**、この地方の中心地で温泉リゾートと植物園がある**カレドンCaledon**、1824年にドイツ人使節団によって開かれ国の文化遺産になっている**エリムElim**などがある。

また、ハマナスの東側に湖のように広がっているラグーン(潟)から約12km続く**ディー・プラートDie Plaat**と呼ばれるビーチは、おとぎ話に出てきそうな幻想的な場所。透明でとても静かなラグーンの先に、引き潮のときは広大な砂地が現れ、乗馬や散歩ができる。車は許可なしには入れないので、汚れなき自然の美しさ、不思議さを味わうことができる。

なお、クジラが交尾、出産のためオバーバーグ地方にやってくるのは6～1月で、ピークの時期は8～11月。ときにはぶつかってくるのではないかと思うくらいにクジラが岸近くまで来たり跳びはねたりするので、陸からも十分楽しめる。海辺の散歩道を歩くときには、注意して水面を見てみよう。

散歩に最適なディー・プラート

美しい海岸線が続くオバーバーグ地方

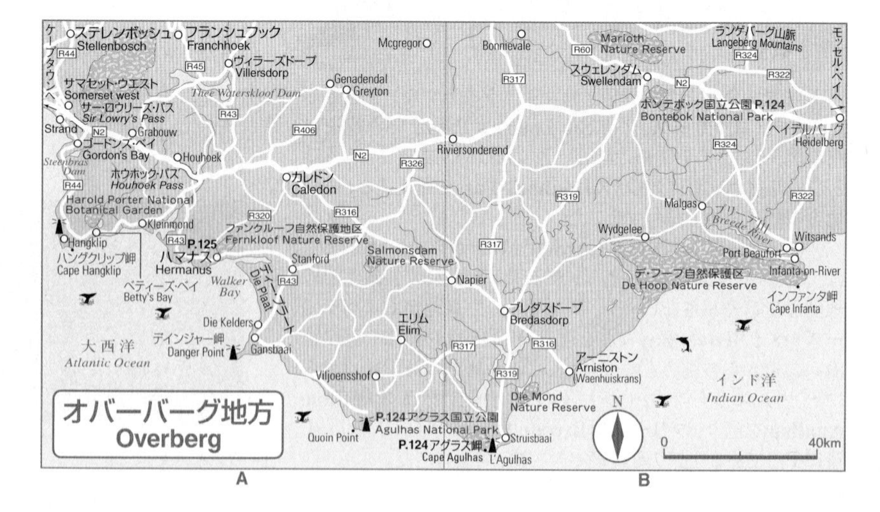

南アフリカのリビエラともいわれるリゾートタウン

ハマナス

Hermanus

MAP P.124-A

ハマナスといえばクジラ観察で有名な町。ここには世界で唯一のホエール・クライヤー Whale Crierと呼ばれる人々がいて、今クジラがどこで見られるのかを知らせて回っている。クジラ観察のピーク時期は8～11月だが、それ以外でも見どころは多く、何日か滞在して小さなリゾートの雰囲気を十分に楽しみたい。

歩き方

WALKING AROUND

町の中心地は、みやげ物などの露店が並ぶ**マーケット広場Market Sq.**。クジラに関する資料や写真、ギフトなど何でも揃う**クジラ館Whale House**や**写真博物館Photo Museum**もあり、広場から坂を下った所には、昔使われていたクジラ探知機やボートなどを展示した**旧港博物館Old Harbour Museum**もある。

広場から東西に延びる**メインロードMain Rd.**には、レストランやショッピングセンター、商店、銀行などが点在。また西側の**新港New Harbour**から東側まで海沿いに遊歩道が続き、クジラの姿を見ることができる。

東に広がる丘には1000種類以上の珍しい植物が見られ、散策にも最適。頂上からは町が一望できる。さらに北東へ向かうと**ファンクルーフ自然保護区Fernkloof Nature Reserve**がある。それほど大きな町ではないので、がんばればすべて歩いて回ることが可能だ。

☎市外局番 028

ACCESS

🚗レンタカーで行く以外は、バズ・バス(→P.44、132、391)か各地の観光案内所でシャトルバスをチャーターしてもらう。ケープタウンから車で約2時間。7～11月には、ケープタウンから日帰りツアーも出ている(→P.87)。

観光案内所

MAP P.125-B

住 Cnr. Mitchell & Lord Roberts St.

☎ (028) 312-2629

URL hermanus-tourism.co.za

開 月～金　9:00～17:00
　 土　9:00～15:00

休 日

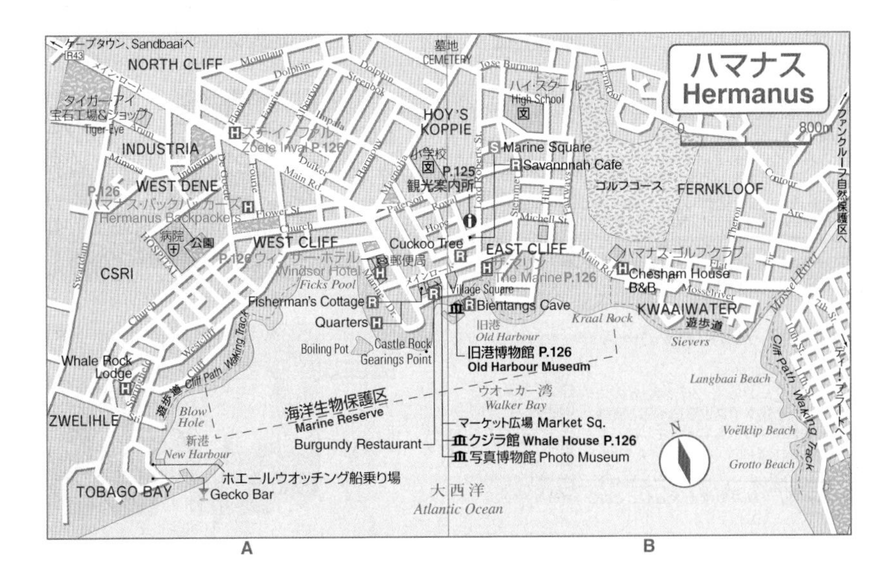

旧港博物館
住 Marine Dr., Market Sq.
☎ (028) 312-1475
URL www.old-harbour-museum.co.za
開 月～土　9:00～16:30
日・祝　12:00～16:00
料 大人R20、子供R5
※クジラ館とその隣の写真博物館、旧港博物館は同じチケットで見学できる。

クジラ情報
Whale Spotters Hotline
クジラの出現した時間、エリアなどについて最新の情報を発信している。
☎ (028) 312-2629

おもな見どころ
ATTRACTIONS

ハマナスといえばクジラ観察
クジラ館と旧港博物館
MAP P.125-A/B
Whale House & Old Harbour Museum

マーケット広場にあるクジラ館ではビデオショーや講義なども行われ、クジラに関する資料や写真、ギフトなど何でも揃う。一方、旧港博物館は古い漁師のボートや漁業の史料、クジラ探知機、クジラの骨格などが展示されていて、昔の漁村の暮らしが垣間見られる。

知識が高まるクジラ館

H ホテル
Hotel Restaurant Shop Winery

ザ・マリン
★★★★★
The Marine
MAP P.125-B

マーケット広場近くにある豪華ホテル。ひとり部屋から、海の見える部屋、豪華スイートなど各種の部屋タイプが揃っている。充実した客室設備で、快適に過ごせる。ホテル内施設も整っており、屋内温水プールまで揃っている。

住 Main Rd.
☎ (028) 313-1000
URL www.themarinhotel.co.za
料 ⓈⓌR2753～
CC ADMV
室 40
Wi-Fi あり（客室）

ゴージャスな気分に浸れる最高級ホテル

ウィンザー・ホテル
★★★
Windsor Hotel

MAP P.125-A

海岸沿いの岸壁に建つ2階建てのホテル。客室はダブルまたはツインタイプで、さらに海側と反対側でカテゴリーが分かれている。7 ～ 11月には、海側の客室やラウンジからクジラの姿を目にすることもある。ツアーのアレンジも可能。

住 49 Marine Dr.
☎ (028) 312-3727
URL windsorhotel.co.za
料 ⓈR1060　ⓌR1270
※朝食付き
CC ADMV
室 70
Wi-Fi あり（客室）

バルコニー付きの客室もある

ズテ・インファル
Zoete Inval
MAP P.125-A

こぢんまりとしていて、とてもアットホームなゲストハウス。日本に来たこともあるという夫婦は、とても親切で友好的。個人旅行に有益な情報を提供してくれ、アグラス岬などへのツアーのアレンジもしてくれる。個人旅行者におすすめの宿。

住 23 Main Rd.
☎ (078) 583-4101
URL www.zoeteinval.co.za
料 ⓈⓌR650～　ⒹR235
CC MV
室 9＋2ドミトリー
Wi-Fi あり（客室）

屋外スペースもゆったりしている

ハマナス・バックパッカーズ
Hermanus Backpackers

MAP P.125-A

ドミトリーからキッチン付きのコテージまで数タイプから選べる。屋外プールやバーなども完備している。ブライBraai（バーベキュー）が人気で、和気あいあいとした雰囲気のなか、伝統的な南アフリカ料理を楽しむことができる。

住 26 Flower St.
☎ (028) 312-4293
URL hermanusart.co.za
料 ⓈⓌR550～　ⒹR210
CC AMV
室 10＋2ドミトリー
Wi-Fi あり（客室）

ツアーのアレンジもしてくれる宿

ATLANTIC OCEAN COAST

海岸沿いに広がるリゾート地

ガーデン・ルート

Garden Route

フェザーベッド自然保護区の景色。ガーデン・ルートには多彩な海洋風景が広がっている

ガーデン・ルートとは、オバーバーグ地方の東、ヘイデルバーグHeidelbergからストームス・リバーStorms Riverまで続く海岸沿いの地方のこと。この道路沿いには森や湖、崖、渓谷、砂浜、花園などの美しい風景が次々と展開するため、こう呼ばれるようになった。南アフリカで最も観光開発が進んでいる地域でもあり、高級ホテルからキャンプ場まであらゆる宿泊施設が点在し、さまざまな水上・陸上アクティビティのレクリエーション施設が整っている。シーズンになると多くの観光客でにぎわう。

概要 SUMMARY

ルート上には多くの見どころが点在

モッセル・ベイMossel Bayから**ストームス・リバーStorms River**まで約255km続く海岸道路が、ガーデン・ルートの中心部。モッセル・ベイ、**ウィルダネスWilderness**、**ナイズナKnysna**、**プレッテンバーグ・ベイPlettenberg Bay**、**チチカンマ国立公園Tsitsikamma National Park**がハイライトだ。

内陸には、標高1000～1700mの**ウテニカ山脈Outeniqua Mountains**と**チチカンマ山脈Tsitsikamma Berge**が東西に横たわる。この山脈を北へ越えると**カルー地方Karoo**と呼ばれる平原地帯が広がっているが、途中の峠道からの眺めもまたすばらしい。

ガーデン・ルート情報
URL www.gardenroute.co.za

壮大な規模を誇るカンゴー洞窟(→P.141)は、ガーデン・ルート観光のハイライトのひとつ

ゆったり過ごすのがこのエリアの遊び方

各町の町なかにはこれといった見どころはなく、ゆっくりと歩いても半日で回れる町がほとんど。自然のなかで、ゆったりと日光浴や水上・陸上スポーツ、ハイキングをするのがこの地域の楽しみ方だ。

冬の平均気温が13℃前後、夏でも25℃以上になることはあまりなく、気候は温暖だ。1年を通じて、水泳、ボートこぎ、ヨット、水上スキー、パラセイリング、サーフィン、釣り、ダイビング、鳥類観察、ゴルフ、テニス、ハイキングなど、ほとんどの水上・陸上スポーツが楽しめる。

シーズン中は混み合う

ガーデン・ルートには高級ホテルからキャンプ場まであらゆる宿泊・レクリエーション施設が整っている。1月後半～5月のミドルシーズンになると料金は30%以上上がり、さらに12～1月とイースターの時期にはヨーロッパからの避寒客が訪れるので2倍以上に跳ね上がる。それでも宿は予約でいっぱい。どこも日本のお盆並みに混み合う。

逆に雨や曇りがちの8～10月はひっそりしていて、宿も大幅割引をしてくれるところが多い。太陽や海にこだわらなければ、そういう時期に訪れて、鳥や動物の鳴き声に耳を澄ましてのんびりするのもいいかもしれない。

ガーデン・ルート随一の観光地ナイズナ

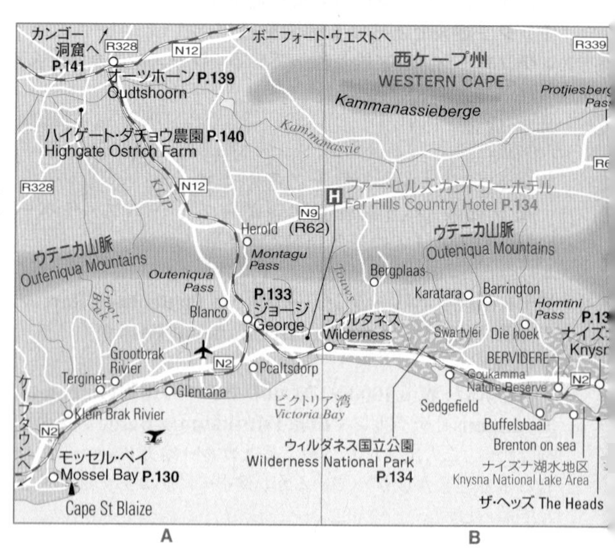

ガーデン・ルートでサファリ

人気の観光ルート、ガーデン・ルートにももちろんサファリを体験できる場所がある。南アフリカの景勝地を旅しながら、動物と触れ合うこともできるのはうれしいかぎり。ぜひ立ち寄ってみよう。

●ガーデン・ルート・ゲーム・ロッジ
Garden Route Game Lodge
MAP P.66-B2　住 N2, Albertinia
☎ (028) 735-1200
URL grgamelodge.co.za
料 ⓈⓌR2423～
室 42　CC AMV

●ゴンドワナ・ゲーム・リザーブ
Gondwana Game Reserve
MAP P.66-B2　住 Mossel Bay
☎ (044) 333-0200
URL www.gondwanagr.co.za
料 ⓈR7740～ ⓌR1万1400～
室 28　CC AMV

世界いちのバンジージャンプに挑戦！

ブロークランズ・ブリッジBloukrans Bridgeは、ブロークランズ川に架かる長さ451m、高さ216mのアーチ橋。橋の上から飛ぶバンジージャンプとしては世界いちの高さを誇る。

●フェイス・アドレナリン
Face Adrenalin

バンジージャンプのほか、橋げたの下を歩くブリッジウオークなどのアクティビティも扱っている。バンジージャンプは1人R1400、ブリッジウオークは1人R200。
MAP P.129-C
住 Bloukrans Bridge, Tsitsikammma
☎ (042) 281-1458
URL www.faceadrenalin.com
開 9：00～17：00
休 なし

峡谷に架かるブロークランズ・ブリッジ

歩き方のポイント GETTING AROUND

効率よく巡るならツアーに参加

ガーデン・ルート沿いの交通機関は整っているが、各町に市内バスはないので、効率よく観光したい人はツアーに参加するといいだろう。ただし、ケープタウンやポート・エリザベスからであれば、日帰りから数泊するものまでさまざまなツアーが出ているが、現地発のツアーは意外に少なく高くつく。

ケープタウンからのツアーでいちばん多いのは3泊4日コースで、モッセル・ベイやナイズナ、小カルー地方のオーツホーンはたいてい含まれている。そのほかの場所は、ワイン・ランドを通ったりハマナスに立ち寄ったりと、旅行会社によってツアー内容は異なる(→P.87)。

長距離バスを利用し、途中下車の旅を楽しむ

グレイハウンド、インターケープ、トランスラックスが、ケープタウンとポート・エリザベス、ダーバンまでの間を毎日運行している。ケープタウンまたはポート・エリザベス(またはダーバン)を拠点に、何ヵ所かの町に滞在しながらルートを満喫するのもいいだろう。ただし、毎日1〜2便程度(早朝または夕方)の運行で、あらかじめ予約も必要なので注意しよう。

バックパッカーには、バズ・バスが最適!

バズ・バスは各町(一部を除く)のバックパッカー向けの安宿に泊まりながら、ケープタウンからダーバン、ヨハネスブルグまで行くミニバスのサービス。前日に予約すれば宿まで迎えにきてくれ、行き先の町の指定した宿まで送ってくれる。リーズナブルで安全なので、バックパッカーに人気(→P.44、132、391)。

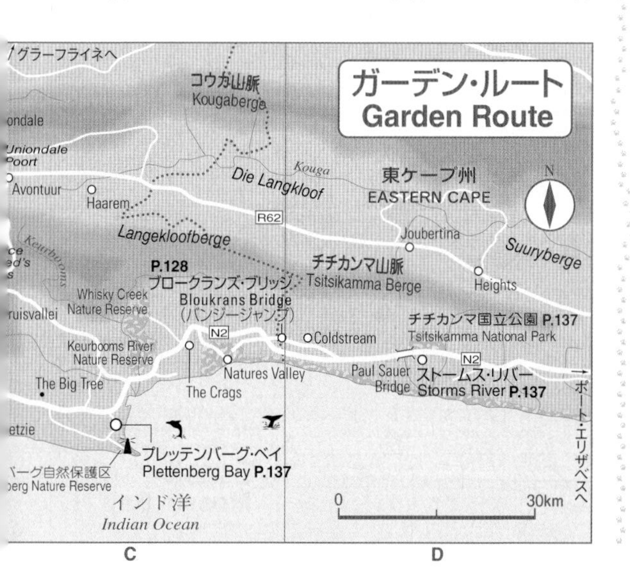

ACCESS

ケープタウンから各町までのバスの所要時間と料金

	所要時間	料金
プレッテンバーグ・ベイ	約9時間	R340〜
ジョージ	約7時間	R280〜
ストームス・リバー	約9時間	R350〜
モッセル・ベイ	約6時間	R360〜
ナイズナ	約8時間	R360〜

※料金は各会社、シーズンでも異なる。

おもなバス会社

●トランスラックス TransLux
☎(021) 449-6209
URL www.translux.co.za

●グレイハウンド Greyhound
☎(021) 418-4326
URL www.greyhound.co.za

●インターケープ Intercape
☎(021) 380-4400
URL www.intercape.co.za

長距離バス利用時の注意点

各町のバスの停留所は町近くのハイウエイ沿いのガソリンスタンドになることが多いので、バスを降りたあとの交通手段についてはあらかじめ確認しておこう。公共の交通機関はないことがほとんど。宿泊先を決めている場合は、宿の人に送迎を頼むといい。またガソリンスタンドが停留所となっている場合、どの町に着いたのかがわからないことが多いので、あらかじめ運転手に降りる町を伝えておいたほうがよいだろう。

バックパッカー向けのバス

●バズ・バスBaz Bus
☎(021) 422-5202
URL www.bazbus.com

ケープタウンからポート・エリザベスまで週5便(所要約15時間)運行。

バックパッカーに人気のバズ・バス

ガーデン・ルート入口のリゾート地

モッセル・ベイ

Mossel Bay

MAP P.128-A

ポルトガルの探検家バルトロメウ・ディアスが、1488年に初めて南アフリカに上陸した地がモッセル・ベイだ。ここでムール貝Musselがたくさん取れることから1601年、オランダ人の航海士によって名づけられた。多くの人でにぎわう夏とは反対に、シーズンオフは町もビーチもひっそりとし、まるで時間が止まったような感覚さえ覚える。

☎市外局番 044

ACCESS

🚌各社の長距離バスが停まる。ケープタウンから所要約6時間、R360～。

観光案内所

MAP P.130-A1

住 Cnr. Market & Church St.

☎ (044) 691-2202

URL www.visitmosselbay.co.za

開 月～金　8:00～17:00
　 土・日　9:00～16:00

休 なし

歩き方 WALKING AROUND

港の南側に広がるエリアが中心部。観光案内所をはじめ、**バルトロメウ・ディアス博物館コンプレックスBartolomeu Dias Museum Complex**や教会などがある。

港の東側には船乗り場があり、沖に浮かぶ**オットセイ島Seal Island**行きのボートが出ている。周辺の倉庫では工芸品市が開かれていて、散策するだけでも楽しい。一方、ビーチが広がる港の西方には、民家風のバンガローやイギリスの建物からヒントを得て建てられたというパビリオン（中はレストラン）が並び、夏は家族連れなどでにぎわう。

メインストリートは港の南側を東西に走る**マーシュ通りMarsh St.**。東に歩いていくと、灯台と8万年前のものともいわれるサン族の石器が発見された洞窟がある**ザ・ポイントThe Point**に着く。そこから崖に沿って続くのは、**セント・ブレイズ遊歩道St. Blaize Trail**。約5時間のコースだ。

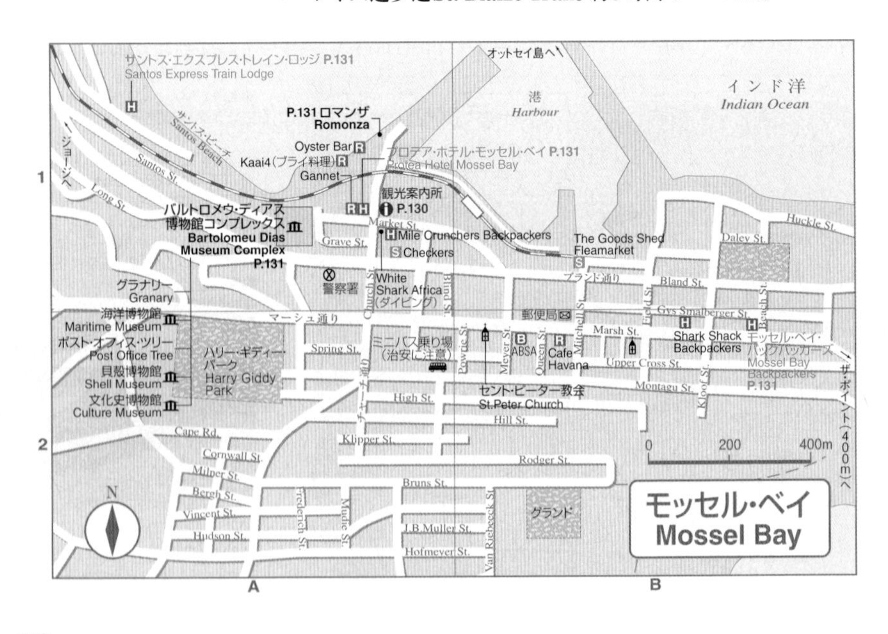

おもな見どころ ATTRACTIONS

いろいろな博物館や見どころが集まった

バルトロメウ・ディアス博物館コンプレックス

MAP P.130-A1

Bartolomeu Dias Museum Complex

観光案内所の西側に広がり、10の観光ポイントからなっている。18世紀のオランダ東インド会社の建物を復元した**グラナリー Granary**では、地図や資料が手に入る。**文化史博物館Culture Museum**にはモッセル・ベイの歴史に関するもの、生活用品、航海道具、錨などが展示。別館が案内所の隣にあるが、どちらも19世紀の砂岩造りの建物で、同様の建物が町なかにもいくつか残っている。**海洋博物館Maritime Museum**にはディアスの帆船のレプリカがあり、**貝殻博物館Shell Museum**には水槽もあって一部の生物に触れられる。近くには**ポスト・オフィス・ツリー Post Office Tree**と呼ばれる木がある。1500年、ある船員が手紙を入れた長靴をその木につるしたまま出航し、1年後に別の船員がその手紙を発見したことから、この木に伝言を残す習慣ができたという。現在でも木の下にポストが置かれ、手紙を投函すれば特別な消印を押して送ってくれる。近くにはディアスが発見したという泉がある。

バルトロメウ・ディアス博物館コンプレックス
住 1 Market St.
☎ (044) 691-1067
URL www.diasmuseum.co.za
開 月～金　9:00～16:45
　土・日　9:00～15:45
休 クリスマス、イースター
料 大人R20、子供R5

オットセイ島行きの遊覧船
9:00 ～ 16:00の間、1時間おきに出発。大人R190、子供R90（所要約1時間）。
●ロマンザ
Romanza
MAP P.130-A1
☎ (044) 690-3101
※サンセット・クルーズはワイン・軽食付き、所要約2時間、R225。

オットセイ島への遊覧船

H ホテル

Hotel Restaurant Shop Winery

プロテア・ホテル・モッセル・ベイ ★★★★

Protea Hotel Mossel Bay

MAP P.130-A1

石造りの建物は1846年に建てられた、西ケープ州でも最も古い建造物のひとつ。目の前にはビーチが広がり、眺めもいい。コロニアル建築の重厚さと、モダンな使い勝手のよさが同居したホテルだ。レストラン、バー、会議室など併設。

住 Cnr. Church & Market St.
☎ (044) 691-3738
URL www.marriott.com
料 ⓈⓌR1750～
CC  A D M V
室 38
Wi-Fi あり（客室）

モダンに改装された客室

モッセル・ベイ・バックパッカーズ

Mossel Bay Backpackers

MAP P.130-B2

町の中心部へ行くのに便利な静かな住宅地にある。屋外プールのある中庭もあり、くつろげる雰囲気。共同キッチンが自由に使え、各種施設も整っている。サメ観察ダイブや釣りなどのツアーもアレンジしてくれる。バズ・バスが停まるホステル。

住 1 Marsh St.
☎ (044) 691-3182
URL www.mosselbaybackpackers.co.za
料 ⓈⓌR380～890　ⒹR180～200
CC M V
室 17
Wi-Fi あり（客室）

ドミトリーの2段ベッド

サントス・エクスプレス・トレイン・ロッジ

Santos Express Train Lodge

MAP P.130-A1

ビーチからわずか30m。古い列車を改装して造った宿泊施設で、ふたり用か4人用のコンパートメントがひとつの寝室になっている。バス、トイレは共同。自炊用の台所のほか、ビーチを見渡せるオープンデッキのカフェ&バーもある。

住 Santos Beach
☎ (083) 900-7797
URL www.santosexpress.co.za
料 ⓈR225～300　ⓌR420～580
　ⓈⓊR1200～1660　ⒹR195
　※朝食付き
CC A D M V
室 33＋1ドミトリー
Wi-Fi あり（共用エリア）

新たに付設されたロイヤル・コンパートメント

COLUMN | バズ・バスに乗って行こう！

気ままに楽しめるバズ・バスの旅

南アフリカを旅するバックパッカーたちの間で知らぬ者はいないというほどの人気を誇るバズ・バス（→P.44、391）。ケープタウン、ポート・エリザベス、ダーバン、プレトリア（ツワネ）、ヨハネスブルグなど、南アフリカの約40もの主要都市を結び、安全かつスムーズに各地を周遊できるというのが強みだ。

気軽に利用できる「Hop on Hop off, Door to Door」というシステムも、バズ・バス人気を支える理由のひとつ。予約さえしておけば、宿泊しているホステルまで迎えに来てくれて、目的地にあるホステルへ直接連れていってくれる。便利なのはもちろんのこと、治安面で心配のある南アフリカでは最も安全な移動手段といえる。

バックパッカー宿で無料配布されている小冊子『Coast to Coast』（→P.93コラム）には、バズ・バスについての説明とバズ・バスが各町で立ち寄る約200ものホステルの情報が一軒一軒詳しく書かれている。掲載されているホステルに宿泊さえすれば、レセプションで簡単に予約ができる。ただし、運行の頻度が週3〜5便で、席数もかぎられるので、遅くとも乗車予定日の前日までには予約しておきたい。

バズ・バスで行く、ガーデン・ルート

バズ・バスに乗り、ケープタウンからポート・エリザベスまでのルートを旅すると、さまざまな驚きと発見に出くわす。ケープタウンからハイウエイN2を東へ約2時間30分行った所にあるハマナスは、オバーバーグ地方の観光の中心地でクジラ観察で有名な町だ。ハマナスから約5時間のモッセル・ベイでは、シャーク・ケージ・ダイビングやフィッシングツアーなど、マリンスポーツも楽しめる。

モッセル・ベイから1時間強の所にあるジョージでバズ・バスを降り、シャトルバスに乗り換えて1時間ほど行くと、ダチョウ産業で栄えた町オーツホーンに着く。この町の北約30kmの所にある、南アフリカ最大、世界でも有数の規模を誇るカンゴー洞窟（→P.141）は、ガーデン・ルート観光のハイライトのひとつだ。壮大なスケールの鍾乳洞には、思わず息をのむ。その道中にあるダチョウ農園で、ダチョウたちと戯れるのも楽しい。

そのほか、取れたてのカキが味わえるラグーン沿いの町ナイズナや、19世紀に建てられた美しい建築が町を彩るポート・エリザベスなど、バズ・バスで行くガーデン・ルートの旅は、決して旅人を飽きさせない。

人との触れ合いで旅の楽しさも倍増！

バズ・バスには、長距離バスを使って旅をしても味わえないおもしろさがある。それは、さまざまな国の人々との触れ合い。ドイツ人、オランダ人、イギリス人、カナダ人……と、世界中からやってきたバックパッカーがバズ・バスに乗り、ある者はプレッテンバーグ・ベイで降り、ある者はストームス・リバーで降りる。そして、次の目的地へ向かう車中や目的地のホステルでばったりと再会する。

ケープタウンからポート・エリザベスへバズ・バスに乗って行けば、何度も同じ顔ぶれに出くわすはず。バズ・バスの車中でもホステルでも、同じバックパッカー同士、旅の話に花が咲き、何度も会う人とは親しくなって一緒に旅することもある。

バズ・バスの旅行者が泊まる宿は、スタッフたちが気さくでフレンドリーなのもいい。ドライバーはさりげないジョークで車内の雰囲気を和ませる。夜にはどのホステルもブライ（伝統的なバーベキュー料理）でゲストを歓迎しながら、ありったけの役立つ情報を教えてくれる。

こうして移動していると、日を追うごとに旅が楽しくなってくる。観光スポットを巡るだけでは得られない感動。それがバズ・バスを使った旅の醍醐味なのかもしれない。

バズ・バスの
車内の様子

ウテニカ山脈の麓に広がる町

ジョージ

George

MAP P.128-A

1811年に開かれた町で、当時設計者が植えたという巨大なカシの木が観光案内所の前にそびえている。ケープタウンとポート・エリザベスの中間に位置しているうえ、空港や鉄道駅があるためガーデン・ルートやカルー地方への観光拠点地としてシーズン中は多くの人でにぎわう。町には宿泊施設とレストランが多数揃っている。

歩き方

WALKING AROUND

町なかには**ジョージ博物館George Museum**以外にこれといった見どころはあまりないが、珍しい種類の大木とそれらの木でできた家具の工場や店を訪ねる**ティンバー・ルートTimber Route**や**マザー教会Mother Church**などの19世紀の建物や教会を回る約1時間の徒歩ツアーなどがあるので、興味のある人は参加してみるのもいいだろう。

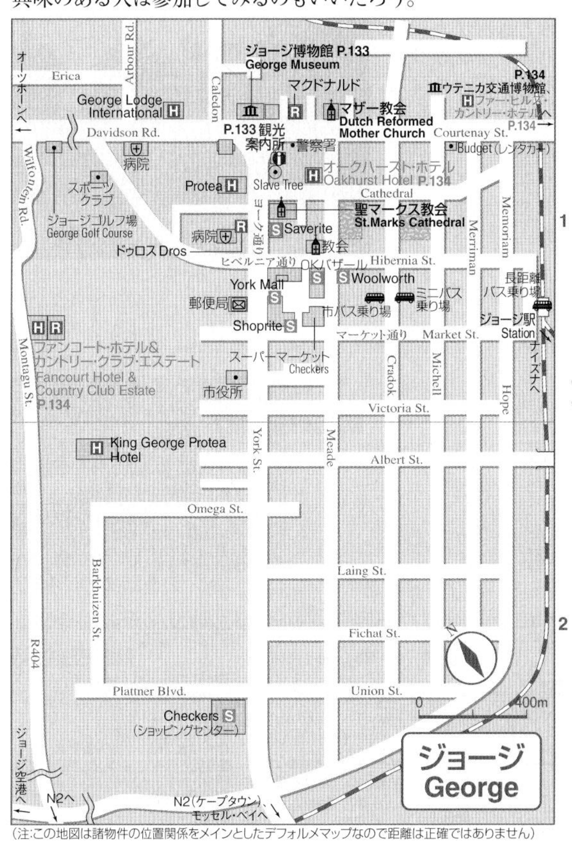

(注:この地図は諸物件の位置関係をメインとしたデフォルメマップなので距離は正確ではありません)

☎市外局番 044

ACCESS

✈ヨハネスブルグから毎日6～10便、ケープタウンから毎日2～5便運航。所要はそれぞれ約1時間55分、50分。

🚌ケープタウンからインターケープなどのバスで所要約7時間、R280 ～。モッセル・ベイ、オーツホーン、ナイズナなどからミニバス(コンビ)でもアクセスできるが、ミニバス乗り場は治安が悪いのでくれぐれも注意しよう。定員が集まり次第出発で、いずれも所要約1時間、片道R50。

観光案内所

MAP P.133-1 住 124 York St.
☎ (044) 801-9299
URL www.georgetourism.org.za
開 月～金　8:30～16:30
　土　9:00～13:00
休 日・祝

ジョージ博物館

ボータ初代首相に贈られた象牙の銃などの品々、ジョージに住んでいたルビー・リーヴスRuby Reeves夫人の水彩画、約200年前のオルゴール、1847～1929年に造られたエジソン社やH.M.V.の蓄音機などがあり、頼めば78回転のレコードをかけてもらえる。

MAP P.133-1
☎ (044) 873-5343
開 月～金　9:00～16:30
　土　9:00～12:30
休 日・祝　料 寄付

白亜のマザー教会

ウテニカ交通博物館
The Outeniqua
Transport Museum
MAP P.133-1外
住 2 Mission St.
☎ (044) 801-8289
URL www.outeniquachootjoe.co.za
開 9～4月　8:00～17:00
5～8月
月～金　8:00～16:30
土・祝　8:00～14:00
休 日
料 大人R20、子供R10

ウィルダネス国立公園
MAP P.128-B
☎ (044) 877-1197
URL www.sanparks.org
開 7:00～17:30
※シーズンやゲートによって多少時間が異なるので、事前に要確認。
休 なし
料 大人R152、子供R72

町の中心は、南北に走るメインストリートの幅広い**ヨーク通りYork St.**と東西に走る**マーケット通りMarket St.**、**ヒベルニア通りHiebernia St.**に囲まれた地域で、ショッピングアーケード、スーパー、銀行、ミニバス・長距離バス乗り場などが集まっている。鉄道駅（長距離バス乗り場）は町の東側にあり、ヨーク通りから歩いて20分ほどかかる。

なお、モッセル・ベイからジョージまで約52kmを結び、ガーデン・ルートのハイライトのひとつとして観光客に人気のあった蒸気機関車ウテニカ・チューチュー・トレインは、2019年12月現在運休中。だが、旧駅前の**ウテニカ交通博物館The Outeniqua Transport Museum**に、使用されていた機関車や資料が展示してあるので、興味がある人は訪れてみるといいだろう。

また、町の周辺には26のハイキングコースに加え、3つのドライブ道路があるので、興味があれば、観光案内所などで地図をもらうといいだろう。町から東へ約15km、**ウィルダネスWilderness**からナイズナの間には水鳥と草食動物の聖域である**ウィルダネス国立公園Wilderness National Park**がある。それぞれ5つの川と湖、ふたつの河口をもつ湿地帯で、淡水と海水が入り交じっているため、さまざまな種類の鳥や動物、植物が観察できる。カヌーなどのアクティビティも揃っている。

町の中心に立つ聖マークス教会

H ホテル

Hotel Restaurant Shop Winery

オークハースト・ホテル ★★★
Oakhurst Hotel
MAP P.133-1

梁が丸太で組まれているほか、階段や手すりも木で造られていてとてもリラックスできる。また、各部屋のインテリアが違うなど、オーナーのこだわりがうれしい。客室は3タイプあり、特にロフト付きのファミリールームがおすすめ。食事もおいしい。

住 Cnr. Meade & Cathedral St.
☎ (044) 874-7130
URL oakhursthotel.co.za
料 ⓈR1015～　ⓌR1260～
※朝食付き
CC ADMV
室 25
Wi-Fi あり（客室）

真っ白な外壁が印象的

ファンコート・ホテル&カントリー・クラブ・エステート ★★★★★
Fancourt Hotel & Country Club Estate
MAP P.133-1

18ホールを3つもつ、南アフリカでもトップクラスに入るゴルフクラブを併設。客室はマナーハウスとコテージの2タイプがある。スパ、レストランなど充実。

住 Montagu St.
☎ (044) 804-0000
URL www.fancourt.co.za
料 ⓈⓌR2300～　※朝食付き
CC ADMV
室 115
Wi-Fi あり（客室）

ファー・ヒルズ・カントリー・ホテル ★★★★
Far Hills Country Hotel
MAP P.128-A/133-1外

ジョージからウィルダネスへ向かって10kmほど行った林の中に立つ。眺めのいい屋外プールや広い庭などもあり、ゆったりと落ち着いて滞在できる。

住 N2, Between George & Wilderness
☎ (044) 889-0120
URL farhillshotel.co.za
料 ⓈⓌR2100～　※朝食付き
CC MV
室 20
Wi-Fi あり（客室）

ガーデン・ルート随一の観光地

ナイズナ

Knysna

MAP P.128-B

海が深く入り込んで湖のように広がったラグーンと森林の間にあり、ガーデン・ルートの町のなかでは最も華やかな印象を受ける町。宿泊施設をはじめ、ハイキング、クルージング、スクーバダイビングなどの設備も豊富に揃い、見どころも多い。1804年、ジョージ・レックスによって伐採事業が起こされ、その後造船業で発展した。

歩き方

WALKING AROUND

ナイズナは木工家具や工芸品が有名で、町には多くのクラフトセンターやアートギャラリーがあり、家具工場見学ツアーも催されている。そのほか、シーラカンスが展示された**ナイズナ博物館Knysna Museum**などがあるが、ハイライトはラグーン周遊だろう。

メイン・ストリートMain St.には商店、スーパー、レストラン、銀行、旅行会社などが建ち並び、広場では青空市も開かれる。広場の隣にある**ウッドミル・レーン・センター Woodmill Lane Centre**は商店と飲食店のコンプレックスで、一部の店では材木の切断、機織りや糸紡ぎの実演も見られる。海岸沿いはウオーターフロントと呼ばれ、ショッピングモールがあり、**ザ・ヘッズThe Heads**へのクルーズ船が発着する。ケープタウンのビクトリア・ワーフ・ショッピング・センターのミニチュア版といった感じだ。

観光客でにぎわうウオーターフロント

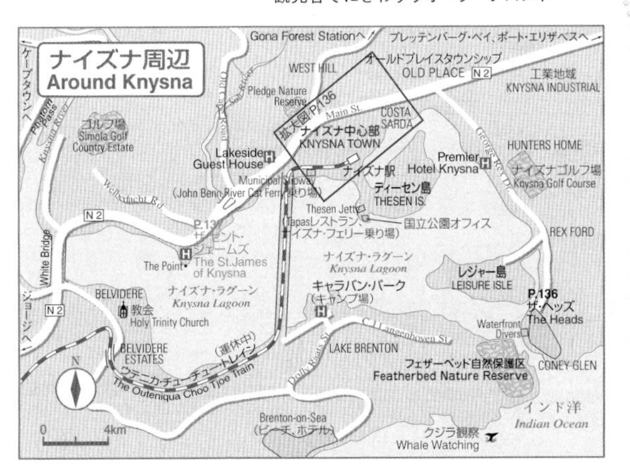

☎市外局番 044

ACCESS

🚌ケープタウンからインターケープなどのバスで所要約8時間、R360～。ジョージからミニバス（コンビ）でもアクセスできる。定員が集まり次第出発で、所要約1時間、片道R50。

観光案内所

MAP P.136-A
住 40 Main St.
☎ (044) 382-5510
URL www.visitknysna.co.za
開 月～金　8:00～17:00
　 土・祝　9:00～13:00
休 日

パンフレットが豊富にそろっている

ナイズナ博物館

MAP P.136-B
住 Cnr. Queen & Clyde St.
☎ (044) 302-6320
URL www.knysnamuseums.co.za
開 月～金　9:00～16:00
　 土　9:00～12:00
休 日
料 寄付
※クイーンズ通り沿いに約100m北上した所にも建物がある。

時間があれば訪れたいナイズナ博物館

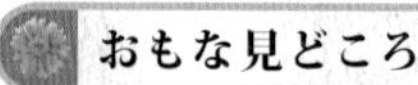

崖と砂地と島……不思議な地形に感動の連続

ザ・ヘッズ

MAP P.135

The Heads

ナイズナのラグーンは、ふたつの崖によってインド洋と分けられている。この突き出した崖がザ・ヘッズと呼ばれ、そのうち西側のヘッドは私有の**フェザーベッド自然保護区 Featherbed Nature Reserve**になっている。その風景はすばらしく、ザ・ヘッズの洞窟内に書かれた「どんな女性もここでは口説かれてしまう」という表示に納得してしまうほど。ライブ演奏付きでザ・ヘッズまで行くものや自然保護区に上陸してトラクターで崖の頂上まで上るものなどいくつかのクルーズがウオーターフロントから出ている。

一方、東側のヘッドへはナイズナの市内から車でアクセスが可能。ビューポイントがいくつかあり、400mほどのトレイルも整備されている。休憩用のベンチなども設置されていて、ゆったり散歩が楽しめる。

ザ・ヘッズへのクルーズ船から見る湾内

東側のヘッドからの眺め

ザ・ヘッズへのクルーズ
所要1時間30分～、R265～。要予約。

●ザ・フェザーベッド・カンパニー
The Featherbed Company
住 Remembrance Dr., off Waterfront Dr.
☎ (044) 382-1693
URL www.knysnafeatherbed.com

フェザーベッド自然保護区
☎ (044) 382-1693 (予約)
URL www.knysnafeatherbed.com
料 大人R575～、子供R135～
※ウオーターフロントからツアーに参加して行く。ナイズナ・ラグーンのクルーズ、保護区内の車、入場料、ウオーキングツアー込み。

郊外の見どころ ATTRACTIONS

ガーデン・ルート随一のリゾートタウン

プレッテンバーグ・ベイ

MAP P.129-C

Plettenberg Bay

18世紀に当時のケープ総督の名を取ってプレッテンバーグと呼ばれるようになったが、村の歴史は15世紀に始まり、古い建物なども残る。また、芸術家の住居やスタジオもいくつか見られ、磯釣りやイルカの観察でも人気がある。

切り立った峡谷とギザギザの海岸線が印象的

チチカンマ国立公園とストームス・リバー

MAP P.129-D

Tsitsikamma National Park & Storms River

落差139mの峡谷の間を流れるストームス・リバーを長さ192mの橋から眺めることができるが、国立公園内にある河口にはつり橋が架かり、そこからの眺めもまたすばらしい。この国立公園はプレッテンバーグ・ベイの東へ約80kmにわたって細長く続いており、豊富な種類の動植物と海洋生物が観察できる。荒々しい岩肌の海岸線が、朝と夕方には赤く染まり特に美しい。キャンプ場から豪華なコテージまで宿泊施設が揃い、レストランと売店もある。

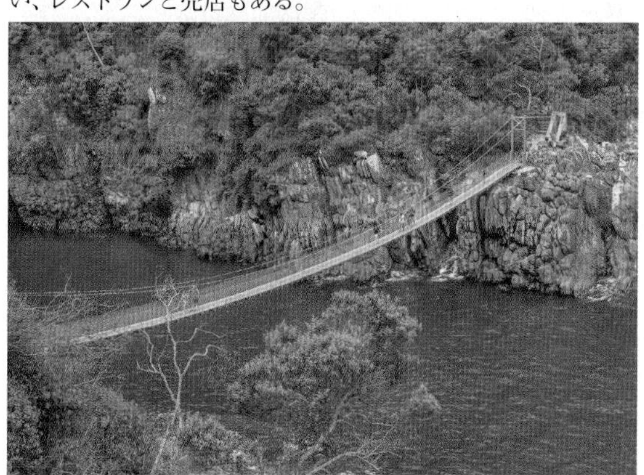

ストームス・リバーに架かる橋

プレッテンバーグ・ベイ
ACCESS
🚌ケープタウンからインターケープなどのバスで所要約8時間40分、R340〜。
🚗ナイズナから車で約30分。

プレッテンバーグの観光案内所
住 Melville's Cnr., Main St.
☎ (044) 533-4065
URL www.plett-tourism.co.za
月〜金　9:00〜17:00
土・祝　9:00〜13:00
休 日

チチカンマ国立公園
☎ (044) 877-1197
URL www.sanparks.org
開 7:00〜21:30
※シーズン、ゲートによって異なるので要問い合わせ。
休 なし
料 大人R248、子供R124
※公園内に宿泊する場合は、国立公園オフィスを通して要予約。ハットR630〜、シャレーR1375〜、キャンプR300〜。上記ホームページからも予約可能。
※国立公園受付はN2道路から8km。ストームス川河口(Mouth)は受付から徒歩約30分。橋はN2道路上にあり、バスが停まるガソリンスタンドの脇。橋から約3km西に樹齢約800年のビッグ・ツリー Big Treeがある。

H ホテル

Hotel Restaurant Shop Winery

ザ・セント・ジェームズ ★★★★★

The St. James

MAP P.135

町から約3km西の湖畔に立つ、超豪華ホテル。マナーハウスとコートヤードの2棟があり、いずれの客室も広々としていて、骨董品などで飾られている。プールや専用の船と船着場などをもち、水上スキーなどのアクティビティもお好みしだいでアレンジしてくれる。

住 The Point
☎ (044) 382-6750
URL www.stjames.co.za
料 ⓈR1680〜　ⓌR2100〜
CC MV
室 15
Wi-Fi あり（客室）

ゆったりくつろぐのに最適な施設が充実

プロテア・ホテル・ナイズナ・キー ★★★★

Protea Hotel Knysna Quays

MAP P.136-A

ナイズナ観光の基地であるウオーターフロントに隣接している。周囲にはレストランやショップも多く、グレイハウンドなどの長距離バスの発着所も目の前にあって便利だ。それほど大きくはないが、海が見えるプールもある。

住 Waterfront Dr.
☎ (044) 382-5005
URL www.marriott.com
料 ⓈⓌR1416～
CC ADMV
室 123
Wi-Fi あり（客室）

目の前には海が広がる好ロケーション

ナイズナ・ログ・イン ★★★★

Knysna Log-Inn

MAP P.136-A

客室はラグジュアリーツイン（ダブル）ルームとラウンジエリアが付いたファミリールームの2タイプ。レストランをはじめ、屋外プールやジャクージ、サウナ、ショップ、バーなど完備している。建物は南半球で最も大きなログハウスとして知られている。

住 16 Gray St.,
☎ (044) 382-5835
URL www.log-inn.co.za
料 ⓈR1875～ ⓌR2750～
※朝食付き
CC ADMV
室 57
Wi-Fi あり（客室）

ナチュラル感あふれる造り

グレイウッド・ホテル ★★★

Graywood Hotel

MAP P.136-A

外観も内部もユニークな造りのホテルで、特にクラシックな列車のような内装が特徴的。板張りの部屋は全室シャワー、トイレ、洗面台付き。客室はスタンダード、クイーン、ファミリーの3タイプあるので、目的別に自分に合った部屋を選びたい。

住 Cnr. Gray & Trotter St.
☎ (044) 382-5850
URL www.graywood.co.za
料 ⓈR1100 ⓌR1600
CC MV
室 48
Wi-Fi あり（客室）

ナイズナの老舗宿のひとつ

トゥラコ・キャビン ★★★

Turaco Cabins

MAP P.136-A

メイン・ストリートに面したコテージ風の宿。各部屋の造りもそれぞれにユニークで、フロントではナイズナ周辺のツアーの手配も手伝ってくれる。2019年12月現在、レセプション周辺を改装中。経営が変わり、名称も変更した。

住 52 Main St.
☎ (061) 125-7617
料 ⓈⓌR600～
CC AMV
室 11
Wi-Fi あり（客室）

変わった造りのキャビン

アイランド・ヴァイブ・ナイズナ

Island Vibe Knysna

MAP P.136-A

町の中心部から徒歩で約5分の便利な立地で、バックパッカーたちに人気。ドミトリーのほか、ダブルルームやファミリールームなどがある。ビリヤードが楽しめるバーや小さなスイミングプールもあり、のんびりとくつろぐことができる。

住 67 Main St.
☎ (044) 382-1728
URL islandvibe.co.za
料 ⓈⓌR650～ ⒹR180～
CC AMV
室 7＋3ドミトリー
Wi-Fi あり（共用エリア）

個室も清潔で快適

ナイズナ・バックパッカーズ

Knysna Backpackers

MAP P.136-B

ビクトリア調の美しい建物が人気のロッジ。ドミトリーのほか、バスルーム共同のプライベートルームもある。シーズン中には満室になってしまうので事前に予約を。ツアーデスクやゲームルーム、中庭にはバーベキュー設備も完備している。

住 42 Queen St.
☎ (078) 533-1975
URL knysnabackpackers.co.za
料 ⓈⓌR495～ ⒹR200～
※朝食付き
CC 不可
室 3＋3ドミトリー
Wi-Fi あり（客室）

丘の上にあり静かな環境

ダチョウ農園で有名な

オーツホーン

Oudtshoorn

MAP P.128-A

スワートバーグ山脈Swartbergとウテニカ山脈Outeniquaの間に広がる、小カルーLittle Karoo地方の中心の町。ダチョウの飼育はここに植民が始まった頃から発展し、1880年代にその羽根を使ったファッションがブームを起こしたことで、一気に栄えた。巨万の富を得た人々によって建てられた御殿が、今日でも町のあちこちに見られる。

歩き方

WALKING AROUND

メインストリートは、町の中心を南北に走る**リード男爵通りBaron van Rheede St.**。みやげ物店やレストラン、ホテルなどが点在し、ダチョウブーム当時の様子がわかる**シーピーネル博物館C. P. Nel Museum**や観光案内所もこの通りにある。

見どころのひとつ、ダチョウ農園は、町の中心から6～14km離れた場所に点在している。市内からツアーなども出ているので、観光案内所で問い合わせてみるといいだろう。

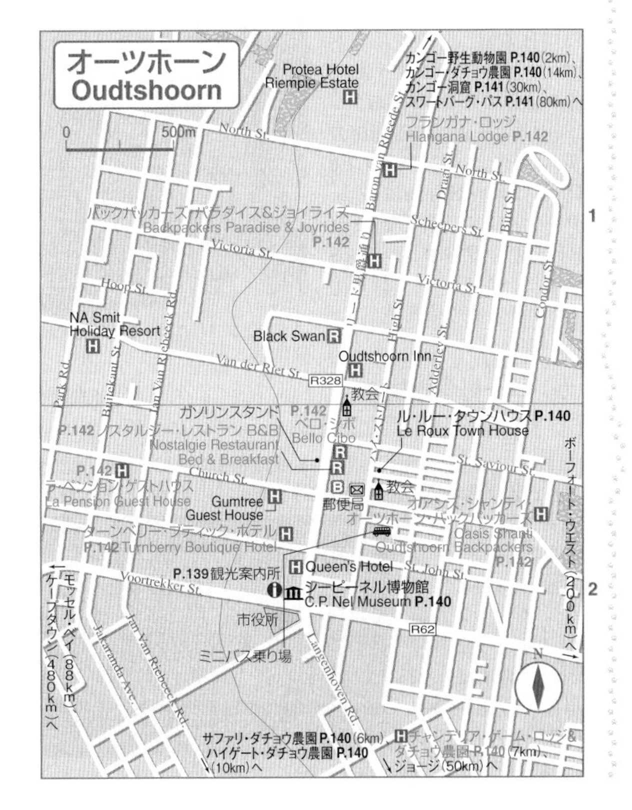

☎市外局番 044

ACCESS

🚌インターケープ、グレイハウンドなどがジョージから毎日1便運行、所要約1時間。R330～程度。ナイズナからも便がある。バズ・バスの場合、ジョージで下車し、シャトルバスで向かう。ジョージからミニバス（コンビ）でもアクセス可能。所要約1時間、R50。

観光案内所

MAP P.139-2
住 80 Voortrekker St.
☎ (044) 279-2532
URL www.oudtshoorn.com
開 月～金　8:30～17:00
　 土・祝　9:30～12:30
休 日

メインストリートのリード男爵通り

町の中心に立つ教会

ダチョウ農園
●サファリSafari
MAP P.141-A
住 Mossel Bay Rd.
☎ (044) 272-7312
URL www.safariostrich.co.za
開 8:00〜16:00 休 なし
料 大人R146、子供R73
※オンラインで予約すると割引になる。
●カンゴー Cango
MAP P.141-A
☎ (044) 272-4623
URL www.cangoostrich.co.za
開 8:00〜16:30 休 なし
料 大人R120、子供R65
●ハイゲートHighgate
MAP P.141-A
☎ (044) 272-7115
URL highgate.co.za
開 8:00〜17:00 休 なし
料 大人R187、子供R121
●チャンデリアChandelier
MAP P.141-A
住 N12 George Rd.
☎ (044) 272-4405
URL www.chandelier.co.za
開 8:00〜16:00 休 なし
料 大人R90、子供R60
※チャンデリア・ゲーム・ロッジ内のファーム。

シーピーネル博物館
住 3 Baron van Rheede St.
☎ (044) 272-7306
URL www.cpnelmuseum.co.za
開 月〜金 8:00〜17:00
土 9:00〜13:00
休 日・祝
料 大人R25、子供R5

ル・ルー・タウンハウス
MAP P.139-2
住 Cnr. Loop & High St.
☎ (044) 272-3676
開 月〜金 9:00〜17:00
休 土・日
料 無料

カンゴー野生動物園
住 Baron van Rd.
☎ (044) 272-5593
URL www.cango.co.za
開 12〜3月 8:30〜17:00
4〜11月 8:30〜16:30
休 なし
料 大人R180、子供R35
※ガイド付きツアーを30分おきに催行。所要約1時間。
※チーターやライオンの子供との触れ合いなどのアトラクションも、別途料金を支払えば楽しめる。

おもな見どころ ATTRACTIONS

目的に合わせてダチョウ農園選びを！

ダチョウ農園

MAP P.141-A

Ostrich Show Farm

オーツホーンにある見学可能なダチョウ農園は4ヵ所。どこもガイドの案内で農園を巡り、ダチョウの生態やダチョウ産業の歴史に触れるという内容で、ダチョウレースや体験試乗、餌やりなどができるところもある。

ダチョウ試乗に挑戦！

ダチョウブームの時代がしのばれる

シーピーネル博物館

MAP P.139-2

C.P. Nel Museum

砂岩造りのどっしりとした建物の中に、ダチョウの羽や革でできた衣装やダチョウ用体重計、復元された薬屋、シナゴーグ（ユダヤ教会堂）などの模型がある。ハイ・ストリートにある別館の**ル・ルー・タウンハウスLe Roux Town House**はフェザー・パレス（羽毛御殿→P.143コラム）のひとつで、内部のアールヌーボー調ステンドグラスは必見。

古き南アフリカの様子を垣間見る博物館

チーターに触ることもできる！

カンゴー野生動物園

MAP P.141-A

Cango Wildlife Ranch

オーツホーンの北約3kmにある動物園。ワニやシカ、蛇などがいる小動物園と、ネコ科のライオン、ヒョウなどを集めたチーターランドからなる。フラミンゴの池が隣接しているレストランもあり、1日ゆったりできる。動物園から列車型の電気自動車に乗って行くことができる。

かわいらしいチーターの子供

郊外の見どころ ATTRACTIONS

冒険好きならフルツアーに挑戦！

カンゴー洞窟（鍾乳洞）

MAP P.141-A

Cango Caves

内部の温度は1年中18℃。歩く距離によって2種類のツアーに分けられるが、全長1.2kmのアドベンチャーツアーは狭いトンネルをくぐり抜けたりはいつくばったりするので、それなりの靴と服装で。食堂、売店、託児所などもある。また、ここから約25km離れた高さ61mの滝、**ラスエンブレード滝Rust en Vrede Waterfall**も必見。

洞窟の内部

この国で最もすばらしい峠道のひとつ

スワートバーグ・パス

MAP P.141-A

Swartberg Pass

カンゴー洞窟を過ぎ、スワートバーグ山脈を越えて**プリンス・アルバートPrince Albert**の村へ続く道。道はくねくねと岩山を上り、標高約1600mの高さ（冬は雪が積もる）の峠の頂上からの眺めは見事だ。周辺にはプロテアなどの花が咲き、ハイキングコースが多方面へ延びている。プリンス・アルバートは古い建物がいくつか残る村で、宿泊施設もある。

カンゴー洞窟

2種類のガイド付きツアーがあり、ヘリテージツアーは所要約1時間、アドベンチャーツアーは所要約1時間30分（どちらも1時間30分おきに催行）。

☎ (044) 272-7410

URL www.cango-caves.co.za

開 9:00～16:00　休 なし

料 ヘリテージツアー大人R150、子供R100、アドベンチャーツアー大人R220、子供R150

ACCESS

🚗オーツホーンから車で約1時間。

ラスエンブレード滝

MAP P.141-A　開 9:00～16:30

休 なし　料 R61（車1台につき）

スワートバーグ・パス

ACCESS

🚗カンゴー洞窟から車で約30分でパスの入口に着く。そこから舗装されていない道路が続く。

ドライブに最適な眺めが続く

H ホテル＆レストラン

Hotel Restaurant Shop Winery

観光地であるオーツホーンには、高級ホテルからベッド＆ブレックファスト、バックパッカー宿までさまざまな種類の宿泊施設が揃っている。シーズンオフであれば、特に予約を入れる必要もないが、1月後半～5月のシーズンには多くの観光客が訪れるので、必ず予約を。また、郊外には大自然に囲まれたロッジなども点在している。

バックパッカーズ・パラダイス&ジョイライズ

Backpackers Paradise & Joyrides

MAP P.139-1

緑豊かな敷地内には、バーを併設したレセプション棟と客室棟があるほか、スイミングプールにみやげ物店まである。ここではダチョウ農園、カンゴー洞窟見学ほかサイクリングで周囲を巡るツアーなど、各種ツアーを独自に催行している。

住 148 Baron van Rheede St.
TEL (044) 272-3436
URL backpackersparadise.net
料 ⓈⓌR520～　ⒹR190　キャンプR100
CC MV
室 17
Wi-Fi あり（共用エリア）

オーツホーンのメイン通り沿いにある

オアシス・シャンティ・オーツホーン・バックパッカーズ

Oasis Shanti Oudtshoorn Backpackers

MAP P.139-2

リード男爵通りからチャーチ通りを東方向へ上がって徒歩約15分の所にある。客室はそれぞれ広さやインテリアが違う。ツアーの手配もしてくれる。個室もあり、バス・トイレが共同のものと、バス・トイレ付きのものに分かれる。

住 3 Church St.
TEL (044) 279-1163
料 ⓈR320～400　ⓌR500～580　ⒹR180
CC MV
室 10＋2ドミトリー
Wi-Fi あり（共用エリア）

家庭的な雰囲気の宿

ターンベリー・ブティック・ホテル ★★★★

Turnberry Boutique Hotel

MAP P.139-2

市街中心地に立つモダンな雰囲気のホテルで、客室の設備も十分に整っている。昼食と夕食が取れるレストランとスコティッシュパブを併設している。客室のなかにはハネムーンスイートなどの豪華なタイプもある。スタッフも親切。

住 130 St. John St.
TEL (044) 279-3268
URL www.turnberryhotel.co.za
料 ⓈR1000～
ⓌR1500～
ⓈⓊR1700～　※朝食付き
CC ADMV
室 22
Wi-Fi あり（客室）

とても清潔な客室

フランガナ・ロッジ

Hlangana Lodge

MAP P.139-1

客室はスタンダード、スーペリアに加え、ジャクージやプライベートガーデンが付いたスイートの3タイプ。いずれも設備が充実している。

住 51 North St.
☎ (044) 272-2299
URL www.hlangana.co.za
料 ⓈR1200～
ⓌR1900～
CC MV
室 27
Wi-Fi あり（客室）

ラ・ペンション・ゲストハウス

La Pension Guest House

MAP P.139-2

観光案内所から徒歩約20分。バス共同の部屋から、台所付きコテージ、豪華スイートまでさまざまなタイプがある。バーベキュー用の設備もある。

住 169 Church St.
TEL (044) 279-2445
URL www.lapension.co.za
料 ⓈR860～　ⓌR1440～
※朝食付き
CC MV
室 5
Wi-Fi あり（客室）

ベロ・シボ

Bello Cibo　イタリア料理

MAP P.139-2

地元でも人気のイタリア料理店。本格的なパスタ、ピザのほか、地元産ダチョウ肉を使った料理や、シマウマ、スプリングボックなどのゲームミートも味わえる。

住 79 Baron van Rheede St.
☎ (044) 272-3245
間 月～土　16:00～23:00
休 日
CC MV

ノスタルジー・レストラン B&B

Nostalgie Restaurant B&B　アフリカ料理

MAP P.139-2

ステーキ、ハンバーガー、ケバブ、パイ、サラダなど、多彩なダチョウ肉料理がリーズナブルに食べられると評判の店。テラス席もあり、ゆったりと食事を楽しめる。

住 74 Baron van Rheede St.
☎ (044) 272-4085
URL www.nostalgiebnb.co.za
間 7:00～22:00
休 なし
CC MV

COLUMN ｜ダチョウとオーツホーン

オーツホーンでダチョウ（オーストリッチOstrich）産業が始まったのは、この町の創立（1863年）とほとんど同時の1870年頃。その後、ダチョウの羽根を使用したファッションがブームになり、一時は、ダチョウの羽根1gと金1gの価値が同じというほどにもてはやされた。オーツホーンには多くのダチョウ成り金が誕生し、豪華な羽毛御殿Feather Palaceが建てられた。しかしやがて、ダチョウの羽根ブームは去ることとなり、現在は多くの御殿も博物館か別の個人の所有になっている。

しかし、ダチョウは羽根以外にも、革はかばん、財布、ベルトなどに、卵は食用に、その殻は置物やアクセサリーに、肉はステーキや干し肉など食用に使われるため、ダチョウ産業は今でもオーツホーンの重要産業になっている。

ダチョウ・ショーの始まり

さらに、ダチョウ農場を100年以上経営しているある農家が、1938年にダチョウのショー農場を公開すると大当たりし、これまでに多くの人が訪れた。現在、オーツホーン周辺には、大小約150のダチョウ農場があり、南アフリカ全体の約90%に当たる約10万羽のダチョウが飼育されている。

そのうち観光用のショーを見せる農場が4ヵ所あり、町にはダチョウ製品を中心に売るみやげ物店が並び、レストランではどこでもステーキをはじめとするダチョウ料理をメニューに加えている。なかでも地元誌『Headline』には、朝食も含む10種類以上のダチョウ料理の解説があり、魚介のスープの説明にさえ、「ダチョウもこれを食べるでしょう」と書いてあって、思わず吹き出してしまう。さらに町なかのごみ箱にまでダチョウの絵が描いてあって、まさにダチョウさまさまだ。周知のとおりダチョウは鳥類で最も大きく、高さ2～2.5m、雄は体重が約80kgで体が黒く羽が白い。雌は60kgくらいで全体的に茶褐色をしている。どちらも重過ぎて飛べないが、時速70キロで走り、鋭い爪とキック力のある脚が武器だ。

人が乗ってもダチョウは走れる

オーツホーンの名所ダチョウ農園

卵は2日おきに産み出され、人工ふ化器では6週間でかえる。殻は人が乗っても壊れないほど丈夫で、1個の重さは約1.5kg、普通の鶏卵の20～25個分に相当する。鶏卵と比較するとかなり高く、1個500円程度で売られている。味は普通の卵と変わらないのに……。ゆで卵だと違うかもしれないが。

また、ステーキは牛のステーキより高く、肉屋の精肉でも同様だ。ダチョウの肉は鶏肉より美味ということでその人気は衰えることはない。さらに革製品は、小型のキーホルダーで2000円、かばんだと5万円程度、日本で買うより安いとはいえやはり高価だ。

観光産業を支えるダチョウ農園

観光局の調査によると、オーツホーンのダチョウ農園は、カンゴー洞窟とともに、ガーデン・ルートの人気観光スポットのひとつだそうだ。ユニークとはいえ、そこまで観光客を引きつけた商売のうまさに感心するばかりだ。

現在、ダチョウ農園は、オーツホーン以外のケープタウンやワイン・ランドなどにもある。ライオンやゾウ、ペンギン、アザラシなどよりずっと扱いや飼育が簡単で、ダチョウに関する製品でももうけられるからだろう。ダチョウの革製品はもちろん、羽根や卵の殻細工、干し肉も、この国のどこででも売っているし、ダチョウ料理も、そのステーキを出すレストランやホテルは、大きな町には必ずある。ダチョウ産業は、オーツホーンだけではなく、南アフリカ全体にとっても大事な産業といえるだろう。

野生生物がすむ広大な大地

大カルー地方

Great Karoo

シマウマなどの草食動物が見られるカルー国立公園

小カルー地方からスワートバーグ山脈を越えた所に広がる乾燥した土地は大カルーと呼ばれ、多種の植物や鳥類、爬虫類をはじめとする野生動物の宝庫として知られている。「カルー」とは、もともとコイ語で「不毛、乾燥」を意味するが、まったくの乾燥地というわけではない。カルー国立公園には樹木や草木が生える草原が広がり、そこでマウンテンゼブラやスプリングボック、ゲムズボックなど数々の草食動物が観察できる。また、この地方は多くの化石が発見されていることでも有名だ。

心臓外科の先駆者バーナード医師の生誕地

大カルー地方の中心の町ボーフォート・ウエストは、世界で初めて心臓移植を成功させたクリスチャン・バーナード医師（1922 ～ 2001）の生誕地。1967年にケープタウンのグルート・スキュール病院Groote Schuur Hospitalで手術を成功させた。現在、ケープタウンには彼を記念して名づけられた総合病院クリスチャン・バーナード記念病院Cristiaan Barnard Hospitalがある。

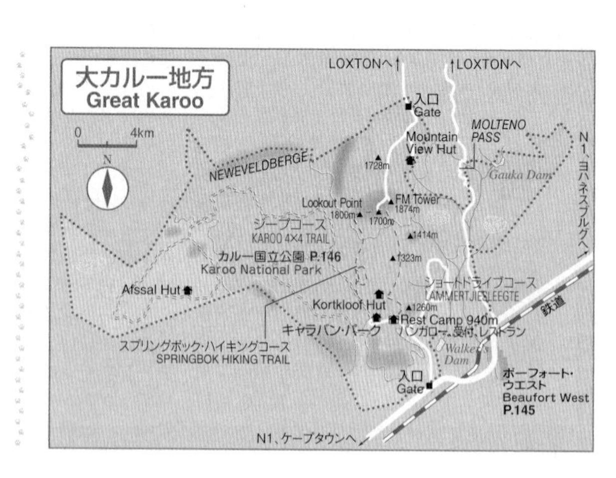

大カルーの中心地

ボーフォート・ウエスト

Beaufort West

MAP P.144

乾燥した平原が広がる大カルー Great Karoo地方の中心地がボーフォート・ウエスト。ヨハネスブルグから、ケープタウン、ガーデン・ルートへ行くときの中継点になっている。また、カルー国立公園への拠点となる町でもあり、町自体にこれといった見どころはないが、ここで宿泊するのもいいだろう。

歩き方 WALKING AROUND

メインロードは**ドンキン通りDonkin St.**で、この通りの中ほどにあるオアシス・ホテルOasis Hotelの前にたいていのバスが停まる。その周辺にはホテルや飲食店、コンビニが多く、夜遅くまで営業しているのでにぎやかだ。商店やスーパー、観光案内所、銀行などもあって、この通りでたいていの用事が済む。また、町なかにはビクトリア様式やジョージアン様式、エドワーディアン様式などの美しい建築物が点在し、ナショナルモニュメントに指定されているものも多い。建築に興味がある人には散策が楽しい町といえるだろう。

時間があれば、**ボーフォート・ウエスト博物館Beaufort West Museum**や**旧市役所Old Town Hall**などを訪れてみるのもいいだろう。実は、ボーフォート・ウエストは1837年2月、南アフリカで初めて認められた地方自治体で、国内で一番最初に市役所ができた町でもある。ボーフォート・ウエスト博物館には当時からの町の歴史や、世界で初めて心臓移植を成功させた**クリスチャン・バーナードChristiaan Barnard医師**にまつわる品々が展示されている。博物館の隣に立つ**オランダ改革派教会Dutch Reformed Mission Church**は、バーナード医師の父親アダム・バーナードが牧師を務めていた教会で、現在は町の歴史がわかる写真などが展示されている。敷地内には一家が住んでいた家も残っており、その中庭にはクリスチャン・バーナードの遺灰も納められている。

☎市外局番 023

ACCESS
🚌ケープタウンからインターケープのバスが運行している。所要約6時間30分、R360～。

観光案内所
MAP P.145-A
住 59 Donkin St.
☎ (023) 415-1488
URL www.beaufortwest.net
開 月～金 8:00～17:00
　 土 8:00～13:00
休 日

ボーフォート・ウエスト博物館
MAP P.145-B
住 89 Donkin St.
☎ (023) 415-2308
開 月～金 7:45～16:45
　 土 9:00～12:00
休 日・祝
料 大人R25、子供R15

美しい外観のボーフォート・ウエスト博物館

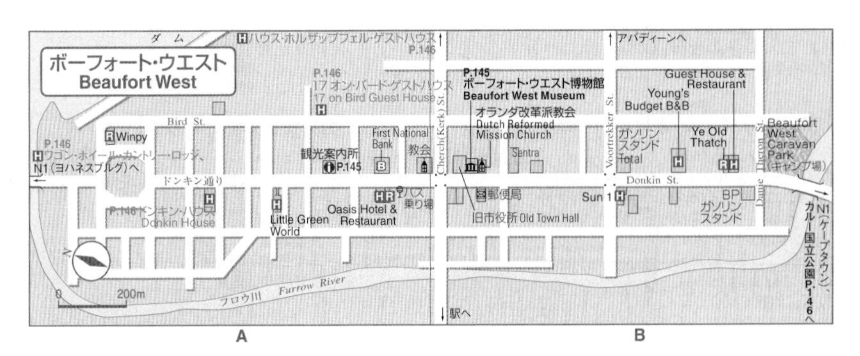

郊外の見どころ ATTRACTIONS

多種の樹木や動物に出合える

カルー国立公園

MAP P.144

Karoo National Park

カルー国立公園は、ボーフォート・ウエストの郊外に広がる約328km²の国立公園。多種の樹木や草木、草原などが見られ、公園内だけで約200種類の鳥類、約60種類の爬虫類、マウンテンゼブラやスプリングボック、ゲムズボック、ハートビースト、サイ、バファローをはじめとする約60種類の哺乳類が観察できる。また、公園内にはフォッシル・トレイルFossil Trailと呼ばれる、2億5000万年前の化石などを並べた約400mの舗装道路があり、さまざまな化石を見ることができる。ここでは、ゆっくりとハイキングを楽しみたい。

公園内ではハイキングのほか、ゲーム・ドライブや鳥類観察などのアクティビティが楽しめる。ドライブコースは12kmの舗装道路を行くものから1泊2日で4WD車を使うコースまであり、道中で簡易ベッドとトイレを備えた小屋Hutに宿泊することも可能。野生動物の観察が目的であれば、ガイド付きのゲーム・ドライブに参加するのもいい。

国立公園内にあるバンガロー

公園内で見られる太古の化石

カルー国立公園
🚗ボーフォート・ウエストから国立公園の受付までタクシーで行ける。町から入口まで約4km、入口から受付まで約5km。約R120。
☎ (023) 415-2828
URL www.sanparks.org
開 7:00～19:00
休 なし
料 大人R224、子供R112
※公園内には設備が整ったコテージやシャレーのほか、キャンプサイトなどがある。コテージは1～4人R1655～。シャレーは1～2人R1515～。キャンプは1～2人R345～。

居心地のいいコテージ

4WDドライブ
自分の車の場合、ふたりにひとりのガイドが付いてR200程度。国立公園内の車を借りることもできる。

H ホテル

Hotel Restaurant Shop Winery

ドンキン・ハウス ★★★

Donkin House

MAP P.145-A

ドンキン通りの北端近くにある。カルー滞在を楽しくしてくれるサービスがいろいろで、オーナーは旅の情報をくれるほか、羊の牧場訪問も手配してくれる。

住 14 Donkin St.
☎ (023) 414-4287
URL www.donkinhouse.co.za
料 ⓈR515～650
ⓌR810～980
CC ADMV
室 20
📶あり (客室)

17 オン・バード・ゲストハウス ★★★

17 on Bird Guest House

MAP P.145-A

いずれの客室も広々としていてスタイリッシュなインテリアでまとめられている。バスタブやコーヒー&ティーメーカー、冷蔵庫が付いているのもうれしい。

住 17 Bird St.
☎ (023) 414-3744
URL www.17onbird.co.za
料 ⓈR600～
ⓌR800～
CC MV
室 13
📶あり (客室)

ワゴン・ホイール・カントリー・ロッジ ★★

Wagon Wheel Country Lodge

MAP P.145-A外

町の北約6km、N1道路沿いにある。その名前のとおり、赤い荷馬車(Wagon)が正面に置かれている。各部屋の前に駐車場があり、気軽に滞在を楽しめる。

住 Beaufort West
☎ (023) 414-2145
URL www.wagonwheel.co.za
料 ⓈⓌR400～
ⒹR180～220
CC AMV
室 50
📶あり (共用エリア)

ハウス・ホルザップフェル・ゲストハウス

Haus Holzapfel Guest House

MAP P.145-A外

中心部から1kmほど離れた所にあり、周囲はとても静かで落ち着いた雰囲気。夫妻経営のアットホームなB&Bで、清潔感もあり設備も充実している。

住 6 Langenhoven St.
☎ (023) 414-4434
URL www.hausholzapfel.com
料 ⓈR600～
ⓌR750～
CC ADMV
室 9
📶あり (客室)

ドラケンスバーグ山脈のロイヤル・ナタール国立公園

インド洋沿岸

Indian Ocean Coast

アパルトヘイト政策時代には、クワズル・ナタール州はズールー族のホームランドとナタール州に分かれていた。東ケープ州にもトランスカイとシスカイというコーサ族のホームランドがあった。そのため、これらの地域には現在でも黒人中心の町や村が残っており、ズールーランド(クワズル)には、シャカランドのように観光客相手にズールー族の伝統的生活を見せている村もある。

どんなエリア?

海岸と内陸の魅力が詰まっている

ダーバンにはサトウキビ畑の労働者として強制移住させられたインド人の子孫が多く、ほかの都市とはまったく違った雰囲気をもつ。南アフリカの多面性を感じさせられる地域だ。温暖な亜熱帯性気候で、海岸一帯はリゾートになっている。

内陸には、丘陵地帯、沼地、平原が広がり、レソトとの国境には3000m級の山々が連なるドラケンスバーグ山脈があって、ハイキング好きを引きつける。さらに自然公園や自然保護区も多く点在。イギリスの支配を嫌って北方へ移動したボーア人が最初に建てたナタール共和国の首都だったピーターマリッツバーグ、ズールーランドに点在するボーア人とズールー族との戦場跡や記念碑も興味深い。

<クワズル・ナタール州>

◆基本情報

人口:約1027万人(2011年)
面積:約9万4361km²
州都:ピーターマリッツバーグ
おもな人種:黒人(約86%)
おもな言語:ズールー語

海岸沿いに続くリゾート地

ポート・エリザベスやイーストロンドンのビーチは一大リゾートエリアで、海水浴やウオータースポーツが楽しめる。ポート・エリザベスの南には、サーフィンのメッカといわれるジェフリーズ・ベイがあり、イーストロンドンからポート・エリザベスまでの海岸はサンシャイン・コースト、シップレック・コーストと呼ばれ、休暇村や別荘、ホテルなどが続いている。

コーヒー・ベイやポート・セント・ジョーンズ周辺の海岸はワイルド・コーストという名のとおり開発が進んでいないので不便だが、崖や砂浜、入江など変化に富んだ海岸線や自然保護区の珍しい動植物、伝統的な造りのコーサ族の家や民族衣装の人々などが見られる。

<東ケープ州>

◆基本情報

人口:約656万人(2011年)
面積:約16万8966km²
州都:ビショー
おもな人種:黒人(約98%)
おもな言語:コーサ語

これだけは見逃せない!

- ドラケンスバーグの壮大なパノラマ
- 海岸沿いのリゾート地
- ズールーランドの町
- 数々の自然および動物保護区

①ドラケンスバーグをドライブするのもいい
②のんびり滞在したいリゾート地
③ズールー族の文化に触れられる
④さまざまな動物や鳥類に出合える

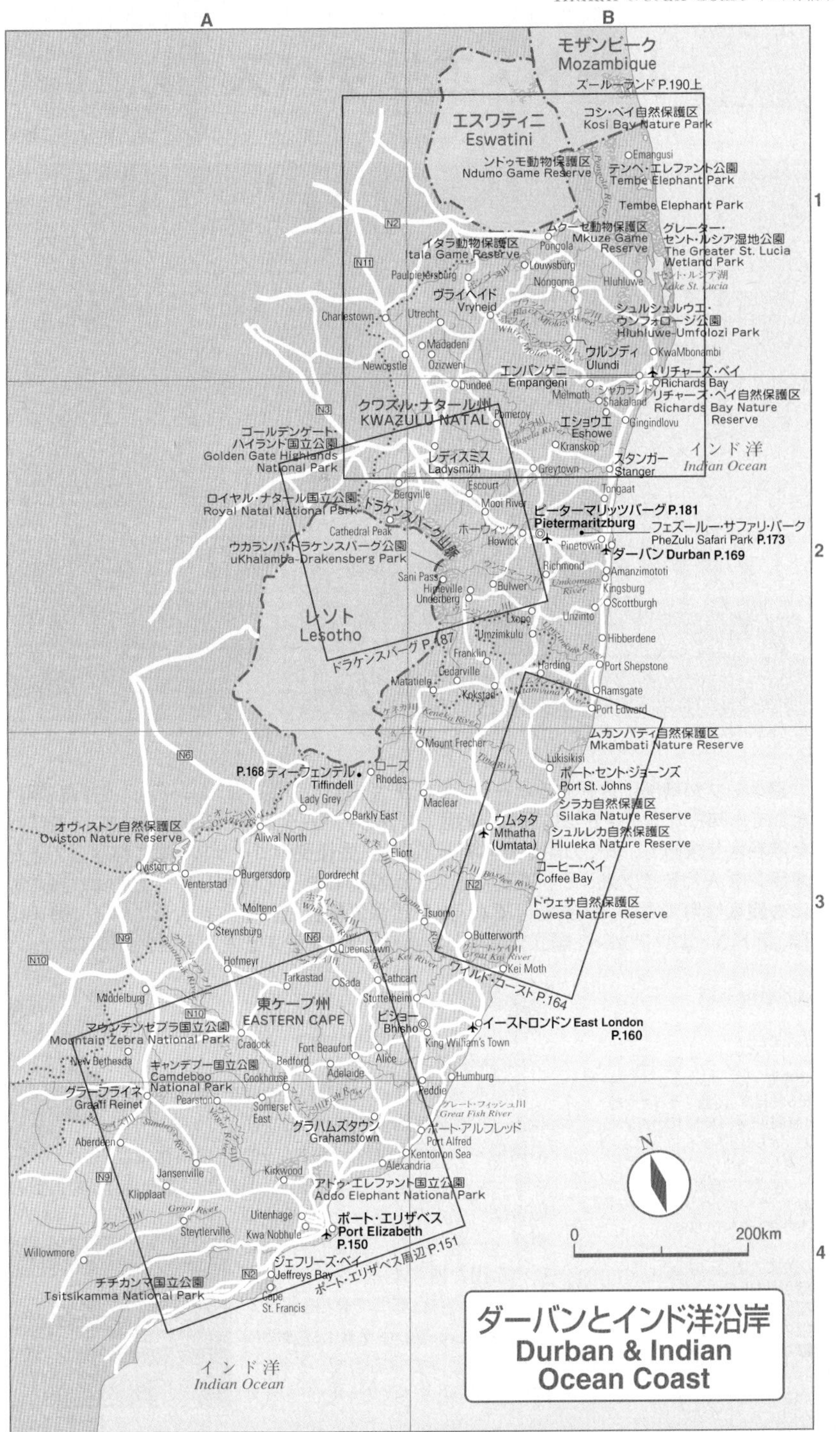

A
B
1
2
3
4
モザンビーク
Mozambique
ズールーランド P.190上
エスワティニ
Eswatini
コシ・ベイ自然保護区
Kosi Bay Nature Park
Emangusi
ンドゥモ動物保護区
Ndumo Game Reserve
テンベ・エレファント公園
Tembe Elephant Park
Tembe Elephant Park
N2
ムクーゼ動物保護区
Mkuze Game Reserve
Pongola
グレーター・セント・ルシア湿地公園
The Greater St. Lucia Wetland Park
イタラ動物保護区
Itala Game Reserve
N11
Louwsburg
Paulpietersburg
Nongoma
Hluhluwe
セント・ルシア湖
Lake St. Lucia
ヴライヘイド
Vryheid
Charlestown
Utrecht
シュルシュルウエ・ウンフォロージ公園
Hluhluwe-Umfolozi Park
Madadeni
ウルンディ
Ulundi
Newcastle
Ozizweni
KwaMbonambi
エンパンゲニ
Empangeni
リチャーズ・ベイ
Richards Bay
Dundee
Melmoth
Shakaland
リチャーズ・ベイ自然保護区
Richards Bay Nature Reserve
N3
クワズル・ナタール州
KWAZULU NATAL
Pomeroy
エショウエ
Eshowe
Gingindlovu
ゴールデンゲート・ハイランド国立公園
Golden Gate Highlands National Park
Kranskop
レディスミス
Ladysmith
スタンガー
Stanger
インド洋
Indian Ocean
Greytown
Escourt
Tongaat
Bergville
Mooi River
ロイヤル・ナタール国立公園
Royal Natal National Park
ピーターマリッツバーグ P.181
Pietermaritzburg
ドラケンスバーグ山脈
ホーウィック
Howick
フェズールー・サファリ・パーク
PheZulu Safari Park P.173
Cathedral Peak
Pinetown
ダーバン Durban P.169
ウカランバ・ドラケンスバーグ公園
uKhalamba-Drakensberg Park
Richmond
Amanzimtoti
Sani Pass
Himeville
Underberg
Bulwer
Kingsburg
Scottburgh
レソト
Lesotho
Ixopo
Umzinto
ドラケンスバーグ P.187
Umzimkulu
Hibberdene
Franklin
Harding
Port Shepstone
Cedarville
Matatiele
Kokstad
Ramsgate
Port Edward
ムカンバティ自然保護区
Mkambati Nature Reserve
Mount Frecher
N6
P.168 ティーフェンデル
Tiffindell
ローズ
Rhodes
Lukisikisi
ポート・セント・ジョーンズ
Port St. Johns
Lady Grey
Maclear
シラカ自然保護区
Silaka Nature Reserve
Barkly East
オヴィストン自然保護区
Oviston Nature Reserve
Aliwal North
ウムタタ
Mthatha
(Umtata)
シュルレカ自然保護区
Hluleka Nature Reserve
Elliott
コーヒー・ベイ
Coffee Bay
Oviston
Venterstad
Burgersdorp
Dordrecht
N2
Molteno
ドウェサ自然保護区
Dwesa Nature Reserve
Steynsburg
Tsuomo
N9
N6
Butterworth
N10
Queenstown
Hofmeyr
Kei Moth
ワイルド・コースト P.164
Tarkastad
Sada
Cathcart
Middelburg
Stutterheim
東ケープ州
EASTERN CAPE
N10
ビショー
Bhisho
イーストロンドン East London P.160
マウンテンゼブラ国立公園
Mountain Zebra National Park
Cradock
King William's Town
Fort Beaufort
New Bethesda
Bedford
Alice
キャンデブー国立公園
Camdeboo National Park
Adelaide
Cookhouse
Humburg
グラーフライネ
Graaff Reinet
Pearston
Peddie
Somerset East
グレート・フィッシュ川
Great Fish River
グラハムズタウン
Grahamstown
ポート・アルフレッド
Port Alfred
Aberdeen
Kenton on Sea
Alexandria
Jansenville
Kirkwood
N9
アドゥ・エレファント国立公園
Addo Elephant National Park
Klipplaat
Groot River
Uitenhage
ポート・エリザベス
Port Elizabeth
P.150
Steytlerville
Kwa Nobhule
Willowmore
ジェフリーズ・ベイ
Jeffreys Bay
N2
ポート・エリザベス周辺 P.151
チチカンマ国立公園
Tsitsikamma National Park
Cape St. Francis
インド洋
Indian Ocean
N
0
200km
ダーバンとインド洋沿岸
Durban & Indian Ocean Coast

INDIAN OCEAN COAST

産業と観光開発で発展した

ポート・エリザベス

Port Elizabeth

ビクトリア様式のオールド・ポスト・オフィス(ノース・ユニオン通り)

東ケープ州南部に位置するポート・エリザベスは、「フレンドリー・シティ」「風の町」としても知られるインド洋に面した地区。昔から、バーケンス川Baakens Riverの新鮮な飲料水を求めて、多くの船が立ち寄ってきた。先住民のコーサ族、先に移住してきたオランダ人とドイツ人、そしてイギリス人が協力し合って発展してきたため、部外者にも親切な町である。工業だけでなく、自然保護や観光にも力を入れている。周辺には、アドゥ・エレファント国立公園などがあり、自然を愛する人々を引きつけてきた。

☎市外局番 041

ACCESS
✈ヨハネスブルグから毎日15便程度、ケープタウンからは毎日6便程度。所要はそれぞれ約1時間45分、1時間10分。ダーバンからの便もある。
🚌グレイハウンド、インターケープなどの路線が、ヨハネスブルグ、ケープタウンほか主要都市の間を結んでいる。

観光案内所(空港内)
住 到着ロビー
☎(041)581-0456〜7
開 7:00〜19:00
休 なし

行き方 ACCESS

空港から市内へ

ポート・エリザベス国際空港は市内中心部から南西へ約4km、車で所要約10分の所に位置している。空港と市内を結ぶ循環バスはないので、タクシーで市内へ出るといいだろう。シャトルバスも運行しているが、予約が必要なうえ、少人数の場合は料金がタクシーよりかなり高くなってしまうこともある。タクシー乗り場は、空港の到着ロビーを出た所にある。タクシーの場合、市内中心部までR130程度。また、ほとんどのホテルが送迎サービスを行っているので、予約の際に確認をしておくといいだろう。

こぢんまりとしたポート・エリザベス国際空港

歩き方 WALKING AROUND

マーケット広場Market Sq.（→MAP P.152-A1）から延びる**ゴバン・ムベキ通りGovan Mbeki Ave.**がこの町のメインストリート。デパートや銀行、オフィスビルが並ぶ。広場の地下にあるバスターミナルを抜けて海側へ出ると、鉄道駅があり、その脇には高さ51mの**鐘楼Campanile**が立つ。なお、ゴバン・ムベキ通りと鉄道駅周辺はあまり治安がよくないので、昼間でもひとり歩きは避け、夜間は数人であっても立ち入らないように。

港を背にして立つと、目の前に丘が広がっているのが見える。このエリアは**ドンキン保護区Donkin Reserve**と呼ばれ、丘の頂上には初代英国ケープ植民地総督代理だったドンキン卿が、亡き妻のエリザベスをしのんで建てたピラミッドと灯台があり、広場横の坂道には、**ドンキン・ハウスDonkin House**と呼ばれる19世紀の家々が階段状に建ち並んでいる。

保護区を西へ進んでいくと、大通りの**リンク通りRink St.**に出る。道を渡った先に広がっているのが美術館やクリケット場のある**聖ジョージ公園St. George Park**。

市の中心部から南東に位置する**サマーストランドSummerstrand**には、ビーチ沿いにホテルや飲食店が集まっているほか、カジノやレストランが入っている高級ホテルの**ザ・ボードウオークThe Boardwalk**などもあり、昼も夜もに

観光案内所（灯台内）
MAP P.152-A1
住 Donkin Reserve, Belmont Terrace, Central
☎ (041) 585-8884
URL www.nmbt.co.za
開 月～金 8:00～16:30
土・日 9:30～15:30
休 なし

観光巡りにお得なパス
博物館や自然保護区、エンターテインメント施設などへの入場やツアーへの参加などが無料または割引になるお得なパス。観光案内所で購入できる。1日券はR400、2日券R475など。
URL www.nelsonmandelabaypass.co.za

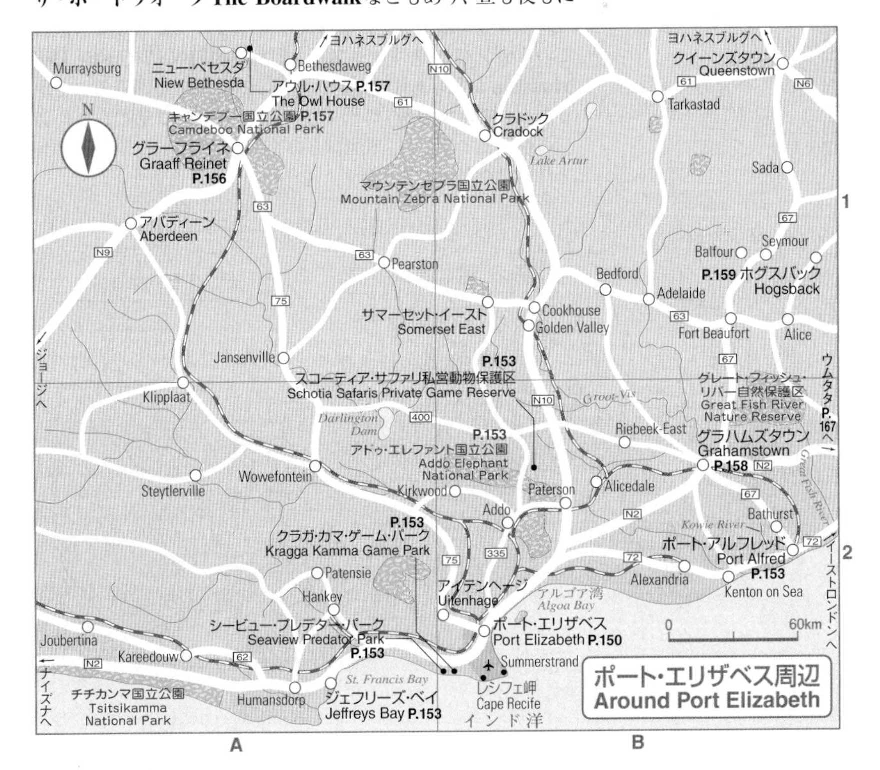

重厚な造りの図書館

散歩が楽しいサマーストランドのビーチ・ロード

ドンキン保護区の灯台
MAP P.152-A1
住 Belmont Terrace, Central
開 月～金　8:00～16:30
　土　9:30～15:30
休 日・祝
料 大人R10、子供R5

観光案内所
(Hザ・ボードウオーク内)
MAP P.152-B2外
住 Boardwalk Complex, Marine Dr., Entrance
☎ (041) 583-2030
開 8:00～19:00
休 なし

ナンバー 7 キャッスル・ヒル博物館
1827年に建てられたビクトリア調の建物で、ナショナルモニュメントにも指定されている。
MAP P.152-A1
住 Castle Hill Rd.
☎ (041) 582-2515
開 月～金　10:00～13:00
　14:00～16:30
休 土・日・祝
料 大人R10、子供R5

ぎわっている。このエリアの治安は比較的いいが、ビーチではときおり盗難もおきているので十分に注意を。

ビーチの端の**レシフェ岬Cape Recife**には灯台が立ち、周辺は自然保護区になっている。そこから先は岩場と崖の美しい海岸線が続き、一部はハイキングコースにもなっている。

おもな見どころ　ATTRACTIONS

歩いて歴史を巡る

ドンキン歴史遺産道

MAP P.152-A1

The Donkin Heritage Trail

町なかには歴史的価値のある重要文化財や記念碑、建物などが50近くも点在しているが、これらを巡る全長約5kmの歴史遺産道がある。町を歩いていると道路に引かれた青いペンキが目につくが、これが遺産道の目印。古い建物としては、オペラハウスやビクトリア調時代の家屋を博物館として公開している**ナンバー 7 キャッスル・ヒル博物館No.7 Castle Hill Museum**などもあり、当時の暮らしの様子を垣間見ることができる。観光案内所（灯台内、→P.151欄外）で見どころの詳しい説明とイラスト、地図付きの小冊子が売られているので、それを見ながら歩いてみよう。

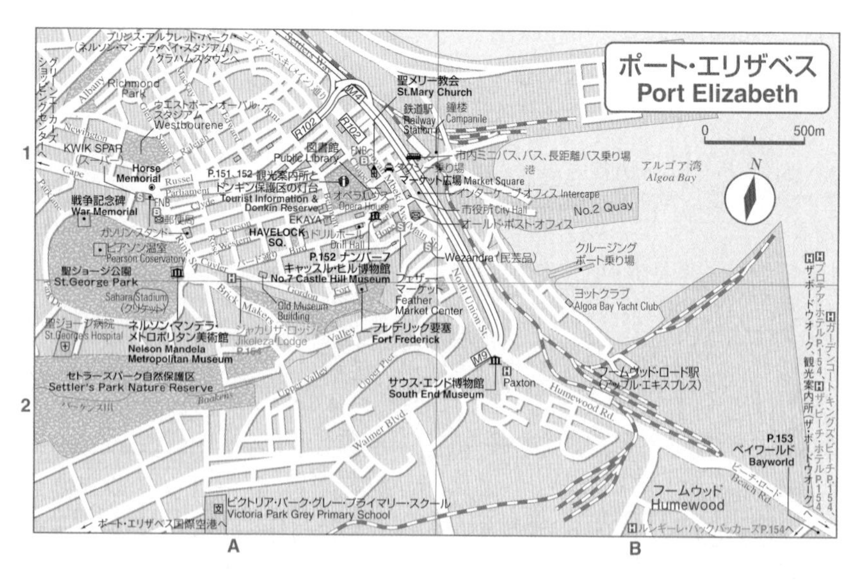

歴史・文化・エンターテインメントの複合施設
ベイワールド
MAP P.152-B2
Bayworld

ポート・エリザベス博物館、スネーク・パーク、アシカやペンギンのショーなども見られる水族館などが集まった巨大複合施設。見る価値のあるものも多く、楽しい時間を過ごすことができる。

ベイワールド
住 Beach Rd., Humewood
☎ (041) 584-0650
URL www.bayworld.co.za
開 9:00〜16:00
休 土・日
料 大人R40、子供R30

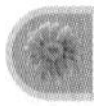

郊外の見どころ ATTRACTIONS

ゾウがメインの人気の国立公園
アドゥ・エレファント国立公園
MAP P.151-B2
Addo Elephant National Park

ポート・エリザベスの北約70kmにある、その名前のとおりゾウがメインの国立公園。そもそもこの地域にいたゾウの数が密猟のため激減し、ついには数頭となってしまったため、保護の意味で造られた。現在では約240頭のゾウが生息。ライオンなどの肉食動物はいないが、ゾウのほかにクロサイ、バファローとビッグファイブのうち3種が生息。ライオンなど肉食動物も見たいなら、アドゥ Addoの町の近くにゲームパークがいくつかあり、なかでも半野生のライオンがいる**スコーティア・サファリ私営動物保護区 Schotia Safaris Private Game Reserve**が人気。

間近でゾウに遭遇することも

アドゥ・エレファント国立公園
☎ (042) 233-8600
URL www.sanparks.org
開 7:00〜19:00
休 なし
料 大人R328、子供R164
※公園内に5つのレストキャンプがある。シャレー R1205〜、テントはR345〜。
ACCESS
🚗ポート・エリザベスから、アドゥの町の北東約7kmに位置するメインゲートまで車で約1時間。

スコーティア・サファリ私営動物保護区
MAP P.151-B2
☎ (042) 235-1436
URL www.schotiasafaris.co.za
※日帰りツアーのほか、保護区内に宿泊するツアーもある。

そのほかの私営動物保護区
●**クラガ・カマ・ゲーム・パーク Kragga Kamma Game Park**
MAP P.151-B2
URL www.kraggakamma.co.za
●**シービュー・プレデター・パーク Seaview Predator Park**
MAP P.151-B2
URL www.seaviewpredatorpark.co.za

郊外のおもな町 TOWNS

ウオータースポーツで人気のリゾート地
ポート・アルフレッド
MAP P.151-B2
Port Alfred

ポート・エリザベスの東約150kmに位置するリゾート。ビーチと町を流れるコウィー Kowie川はウオータースポーツのメッカで、カヌーツアーとロイヤル・ゴルフ・クラブが人気。さらに郊外には、カジノやスパリゾートがある。

ポート・アルフレッド
ACCESS
🚌ポート・エリザベスからダーバン行きのバズ・バスが運行(水・金・日)。所要約2時間。

サーフィンのメッカで南アの湘南といった雰囲気
ジェフリーズ・ベイ
MAP P.151-A2
Jeffreys Bay

ポート・エリザベスの西約70km。"完璧な波"が来るため、世界中のサーファーの憧れの町。7月にはサーフィンコンテストが行われ、サーフショップも多い。

ジェフリーズ・ベイ
ACCESS
🚌ポート・エリザベスからケープタウン行きのバズ・バスが週5便運行。所要約1時間。

H ホテル

ホテルやレストランは町の南東側、フームウッドHumewoodやサマーストランド地区の海岸沿いに多く集まっている。大型のショッピングセンターなどもあり、出歩くのにも便利な場所だ。比較的治安もよく、目の前がビーチという好立地に立つホテルやレストランが多い。宿泊施設はリーズナブルなゲストハウスから高級ホテルまで幅広い。

プロテア・ホテル・ポート・エリザベス・マリーン ★★★★

Protea Hotel Port Elizabeth Marine

MAP P.152-B2外

客室はスタンダードからファミリースイートまで7種類。いずれも充実した設備で快適に過ごせる。なかでもロフトルームはキッチンとリビングルームが1階に、ベッドルームが2階にあり、家族連れにも最適。レストランやプールなどもある。

住 Marine Dr., Summerstrand
☎ (041) 583-2101
URL www.marriott.com
料 ⓈⓌR1546～
CC ADMV
室 114
Wi-Fi あり（客室）

使い勝手がいいスタンダードルーム

ガーデンコート・キングズ・ビーチ ★★★

Garden Court King's Beach

MAP P.152-B2外

ポート・エリザベスで人気のエリア、フームウッドの中心部にあるホテル。ビーチやショッピングセンターに近く、海側に面した部屋からは何kmにもわたる海岸の景色が楽しめる。ジム、レストラン、ビジネスセンターを併設。空港への送迎シャトルバスあり。

住 La Roche Dr., Humewood
☎ (041) 582-3720
URL www.tsogosun.com
料 ⓈⓌR1254～
CC ADMV
室 280
Wi-Fi あり（客室）

ビジネスにも観光にも快適に滞在できる

ザ・ビーチ・ホテル ★★★★

The Beach Hotel

MAP P.152-B2外

その名のとおり、眺めのいい海岸沿いに立つホテル。1894年創業の老舗で、その格式を今も受け継いでいる。レストランを3つ併設しており、客室はスタンダードからラグジュアリースイート、アパートメントタイプまで幅広く揃っている。

住 Marine Dr., Summerstrand
☎ (041) 583-2161
URL www.thebeachhotel.co.za
料 ⓈⓌR1440～
CC ADMV
室 58
Wi-Fi あり（客室）

19m²のスタンダードルーム

ルンギーレ・バックパッカーズ

Lungile Backpackers

MAP P.152-B2外

ルンギーレとは、コーサ語ですべてよしという意味。ビーチまでは徒歩7～8分の好立地で、広々としたプール付きの中庭やビリヤードが楽しめる共用スペース、キッチン、インターネット端末など施設が充実している。各種ツアーや空港、駅の送迎にも対応。

住 12 La Roche Dr., Humewood
☎ (041) 582-2042
URL www.lungilebackpackers.co.za
料 ⓈⓌR620～1100　ⒹR220～
CC MV
室 12
Wi-Fi あり（共用エリア）

雰囲気のいい宿

ジャカリザ・ロッジ

Jikeleza Lodge

MAP P.152-A1

比較的治安のいい所で、歩いていける距離に銀行やレストラン、コンビニもあるので便利。各種ツアーやバズ・バスのチケットの手配などもしてくれる。部屋は簡素だが、木目調で暖かみのある雰囲気。共用キッチンがある。

住 44 Cuyler St., Central
☎ (041) 586-3721
料 ⓈR292　ⓌR381～　ⒹR174
CC AMV
室 7＋1ドミトリー
Wi-Fi あり（客室）

バスルーム共用の客室

INDIAN OCEAN COAST

のどかな海岸と広大な平原が広がる

東ケープ州南部

Southern Part of Eastern Cape

MAP P.149-A4~B3

インド洋から見たイーストロンドンの町並み

ポート・エリザベスの西側にはサーフィンのメッカのジェフリーズ・ベイ Jeffreys Bayがあり、東側にはグレートフィッシュ川Great Fish Riverまで続くサンシャイン・コーストと呼ばれる、リゾートや休暇村が続く。内陸に入れば、19世紀のイギリスの影響が強く残るセトラー・カントリーやカルーと呼ばれる広大な平原が広がり、東ケープ地方の観光のハイライトであるグラーフライネがある。観光開発の進んだリゾート地や都市とはひと味違った滞在が楽しめる。

概要 SUMMARY

東ケープ州は海岸沿いと内陸とでは雰囲気がまったく違う。休暇村や別荘、ホテルなどの施設がビーチ沿いに連なるポート・エリザベスやイーストロンドンに比べ、内陸にはひと気のない平原がどこまでも広がっている。ぽつんぽつんと点在する農家以外に人工的なものは何も見られない、乾燥したカルー Karooと呼ばれる平原だ。東ケープ州南部に来たら、ぜひ内陸にも足を延ばしてほしい。その光景に、ふだんビルや看板、騒音の渦中に暮らす私たちは、思わぬ感動を得ることだろう。なかでも、ポート・エリザベスから約265km北にあるグラーフライネGraaff Reinet（→P.156）は、別名“カルーの宝石”とも呼ばれ、モニュメント・バレーのように壮観な「荒廃の谷間」の風景が、見る者を圧倒する。

東ケープ州観光局
URL www.visiteasterncape.co.za

グラーフライネの荒廃の谷間

重要文化財が点在する

グラーフライネ

Graaff Reinet

MAP P.151-A1

乾燥した平原が続くカルー地方で、“カルーの宝石”といわれるのが、ポート・エリザベスから約265km北にあるグラーフライネ。世界でも珍しい自然保護区の中にある町で、この国で4番目に古く、国の重要文化財になっている建物が200を超える。その数は南アフリカで一番多い。そして、周囲にある谷間の景観美は、まさに驚嘆のひと言。ケープ地方内陸部で1ヵ所だけ訪れるとしたら、それはグラーフライネだ。

☎市外局番 049

ACCESS

🚌トランスラックス、インターケープによって主要都市と結ばれている。ジョージから所要約5時間、R378〜。

町の中心を走るチャーチ通り

観光案内所

バスの予約・発券、農家滞在の紹介・予約もしてくれる。

MAP P.156右
住 17 Church St.
☎ (049) 892-4248
URL www.graaffreinet.co.za
開 月〜金 8:00〜17:00
土 9:00〜12:00
休 日・祝

歩き方

WALKING AROUND

町の中心部は川に囲まれた小さな範囲で、ほとんどの見どころは歩いて回れる。メインストリートは、町のヘソともいえる**オランダ新教教会Dutch Reformed Church**から南東へ延びる**チャーチ（カーク）通りChurch (Kerk) St.**で、重要文化財になっている博物館やホテル、商店などが並び、観光案内所も通り沿いの旧図書館内にある。

教会の北側を走る**カレドン通りCaledon St.**は、商業の中心地で、スーパーやオフィスが点在し、1本南側にある**サマセット通りSomerset St.**とともにゲストハウスが多く並ぶ。これらの通り以外にも、前面の曲線と白と緑の調和が美しいケープ・ダッチ様式の家や、**カルー・コテージKaroo Cottage**と呼ばれる屋根が平らな家、華麗なビクトリア様式の家など、国の重要文化財が多く見られる。

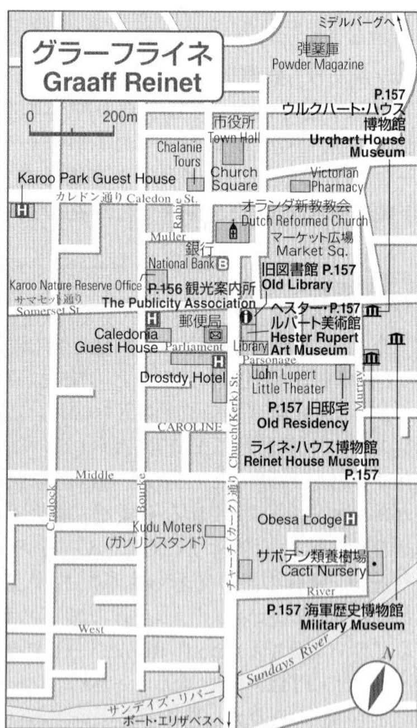

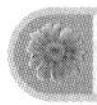

おもな見どころ

ATTRACTIONS

2億年前の爬虫類の化石から現代アートまで

グラーフライネの博物館

MAP P.156右

Graaff Reinet Museum

家具、植物のトゲで作った工芸品などが展示されている**ライネ・ハウス博物館Reinet House Museum**と**ウルクハート・ハウス博物館Urqhart House Museum**、鉄や楽器などが並ぶ**旧邸宅Old Residency**、化石や昔の衣装、写真などが見られる**旧図書館Old Library**、海軍の歴史に触れられる**海軍歴史博物館Military Museum**の5つの博物館が点在。ほかに、南アフリカの美術家106人の作品が揃う**ヘスター・ルパート美術館Hester Rupert Art Museum**もある。

郊外の見どころ

ATTRACTIONS

ワシの気分で雄大な風景をひとり占め

キャンデブー国立公園

MAP P.156左

Camdeboo National Park

公園内は、アメリカのモニュメント・バレーのように壮観な**荒廃の谷間Valley of Desolation**、頂上が太い鉛筆のような**スパンダウ山Spandau Kop**、**ヴァン・リネヴェルド・ダムVan Ryneveld Dam**の3つに大きく分けられ、岩山やシカ、水牛、シマウマなどの動物、珍しい植物、野鳥などが見られる。ハイキングコースも設けられているが、空から見れば感動も倍増する。マイクロライトは、エンジン付きのハンググライダーのようなもので、操縦士の後ろに乗れば両手が使え自分で上空から撮影ができる。広大な平原と山々、荒廃の谷間、走る動物の群れ、町全体、ダムなどが一望できる約30分の飛行だ。

風変わりな作品が世界の人々を引きつける

アウル・ハウス

MAP P.151-A1

The Owl House

グラーフライネから北へ約50km離れた所にニュー・ベセスダNew Bethesdaという小さな村がある。ここに、この村出身の芸術家ヘレン・マーティン（1898～1976）の作品と彼女の住居兼アトリエがある。フクロウをモチーフにした作品が多いためにアウル・ハウスと呼ばれるようになった。彼女はセメントとガラスの破片でいろいろな作品を作ると同時に、暗闇を恐れて家の壁も鏡やガラスの破片で埋め尽くしてしまったという。その後、失明の不安などから彼女は自殺した。彼女は奇人でその作品も駄作だという人もいるが、一見の価値はある。

ニュー・ベセスダにある作品群

グラーフライネの博物館

ライネ・ハウス博物館など市内に5つの博物館が点在している。

☎ (049) 892-3801

URL www.graaffreinetmuseums.co.za

開 月～木 8:00～13:00 / 14:00～16:30
金 8:00～13:00 / 14:00～16:00
土・日・祝 9:00～13:00

休 なし
※ただしウルクハート・ハウス博物館と海軍歴史博物館は第2土曜休み。また、博物館ごとに開館時間が多少異なる。

料 R30

重要文化財の旧図書館

ヘスター・ルパート美術館

☎ (049) 892-2121

URL www.rupertartmuseum.co.za

開 月～金 9:00～12:30 / 14:00～17:00
土・日・祝 9:00～12:00

休 グッドフライデイ、クリスマス

料 R10

キャンデブー国立公園

☎ (049) 892-3453

URL www.sanparks.org/parks/camdeboo

開 6:00頃～19:00頃
※シーズンによって異なるので要確認。

休 なし

料 大人R132、子供R66

ACCESS

🚗公園のゲートはグラーフライネの町から約8kmに位置。レンタカーを利用するかツアーに参加して行く。

マイクロライト

30分R500程度。詳しくは観光案内所で。

アウル・ハウス

☎ (049) 841-1733

URL theowlhouse.co.za

開 9:00～16:45

休 クリスマス

料 R60

ACCESS

🚗公共の交通機関はないので、車がない場合はツアーに参加するしかない。

多くの学校が集まる文化都市

グラハムズタウン

Grahamstown

MAP P.151-B2

グラハムズタウンは、アルゴア湾Algoa Bayにイギリスからの移民が到着し、奥地へと開拓が進められた際に、陸軍大佐ジョン・グラハムが軍の基地としてつくった町。開拓者の商業・貿易の中心地として発展を遂げ、ケープタウンに次ぐ宗教と政治の拠点になった。町には60近い国の文化遺産、40もの教会が残り、「最古の」とか「唯一の」といった建物や品物、事柄も多く、当時の繁栄の様子を物語っている。

☎市外局番 046

ACCESS

🚌インターケープなどが主要都市から運行している。ポート・エリザベスからは所要約2時間、R216～。

観光案内所

MAP P.158-B

住 63 High St.

☎ (046) 622-3241

URL www.grahamstown.co.za

開 月～金　8:00～16:30

休 土・日・祝

開拓時代の様子がわかる歴史博物館

歩き方

WALKING AROUND

町の中心は、この国で最も高い尖塔をもつ**聖マイケル&ジョージ大聖堂Cathedral of St. Michael and George**が立つ**教会広場Church Sq.**で、周囲には教会、市役所などの19世紀の建物が並び、観光案内所もここにある。この広場から延びているのが**ハイ通りHigh St.**で、この町のメインストリート。銀行、スーパー、カフェなどが並ぶが、日曜はひっそりしてしまう。また、学生の町のためか、レストランの代わりにカフェやパブ、そしてコンビニも多い。

ハイ通りの西南端に**ローズ大学Rhodes Univ.**の入口である**ドロスデイ門Drostdy Gate**があり、門の前の**サマーセット通りSomerset St.** を右へ行けば、**ウーセスター通りWorcester St.**と交差する角にこの国最古のポストがある。ここに投函すれば特別な

町の中心にある教会広場

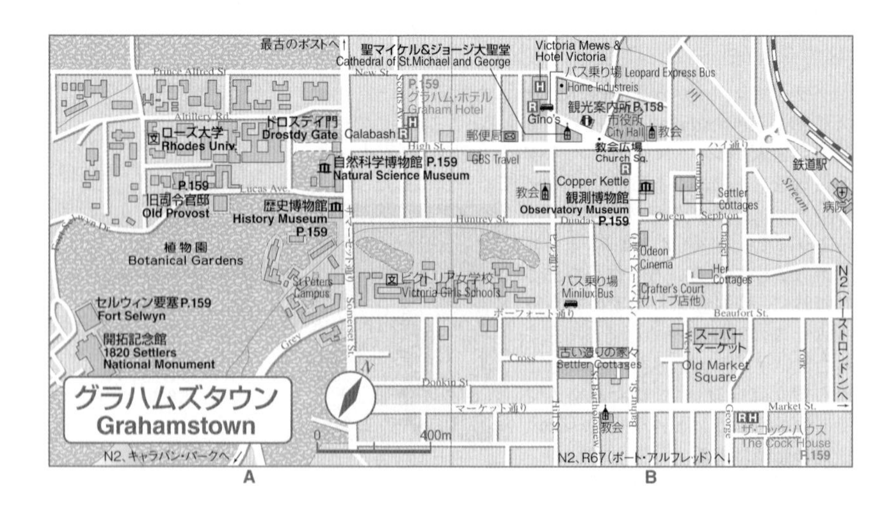

消印を押して送ってくれる。左へ行けば**自然科学博物館Natural Science Museum**と**歴史博物館History Museum**がある。ふたつの博物館の間の道を行くと、以前は牢獄としても使われ、今は工芸品店となっている石造りの**旧司令官邸Old Provost**が見える。さらに道なりに進めば**セルウィン要塞Fort Selwyn**に続き、丘の上に**開拓記念館1820 Settlers National Monument**が立つ。このあたりからの町の眺めが美しい。

また、マッチ箱のような**開拓者の古い造りの家々Settler Cottages**が**クロス通りCross**などにあり、馬車が家にぶつかるのを避けるための溝や金具を見ることができて興味深い。

おもな見どころ ATTRACTIONS

町に点在する5つの博物館からなる

アルバニー博物館群

MAP P.158-A〜B

The Albany Museum Complex

予約による公開だけの**旧司令官邸Old Provost**（→MAP P.158-A）と**セルウィン要塞Fort Selwyn**（→MAP P.158-A）のほかに3つの博物館がある。最大の見ものは、カメラ・オブスキュラCamera Obscuraと呼ばれる潜望鏡のようなもので、中央の鏡に町が小さく映し出される。**自然科学博物館Natural Science Museum**（→MAP P.158-A）では、隕石、ミイラ、恐竜の模型など国内外の珍しいものなど、**歴史博物館History Museum**（→MAP P.158-A）では開拓の歴史に関する展示、コーサ族の民族衣装やビーズなどの装飾品などを見ることができる。

町の中心に立つ観測博物館

昔は牢獄だった旧司令官邸

アルバニー博物館群
☎(046) 622-2312
URL www.am.org.za
開 9:00〜16:30
休 土・日・祝
●旧司令官邸
住 Lucos Ave.
開 リクエストに応じて
●セルウィン要塞
住 Gunfire Hill
開 リクエストに応じて
●観測博物館
住 10 Bathurst St.
料 R20
●自然科学博物館
住 Somerset St.
料 R20
●歴史博物館
住 Somerset St.
料 R20

『指輪物語』の世界へ

グラハムズタウンから北東へ約120km行った所に、**ホグスバックHogsback**（→MAP P.151-B1）という小さな村がある。その緑あふれる高原と山に囲まれた神秘的な雰囲気から、この地を『指輪物語』の光景と結びつける人も多い。実は著者であるJ・R・R・トールキンは南アフリカ生まれ。実際にこの地を訪れたことがあるかは定かではないが、ここにはそんな幻想的な風景が広がっている。

●ホグスバック観光案内所
☎(045) 962-1245
URL www.hogsback.com

H ホテル

Hotel Restaurant Shop Winery

ザ・コック・ハウス ★★★★

The Cock House

MAP P.158-B

ネルソン・マンデラも泊まったことがあるホテル。1820年代築で国の文化遺産にもなっている。内部の雰囲気は最高だ。キッチン付きの部屋もある。

住 10 Market St.
☎(046) 636-1287
URL www.cockhouse.co.za
料 ⓈR820〜 ⓌR1410〜
※朝食付き
CC A D M V
室 34
Wi-Fi あり（客室）

グラハム・ホテル ★★★

Graham Hotel

MAP P.158-A

ハイ通りにあり便利。デラックスはスタンダードよりベッドが大きく居間付き。ホテル内にはレストランや売店などもある。ツアーなどのアレンジもしてくれる。

住 123 High St.
☎(046) 622-2324
URL www.grahamhotel.com
料 ⓈR1276〜 ⓌR1600〜
CC A D J M V
室 33
Wi-Fi あり（客室）

南アフリカ第4の貿易港

イーストロンドン

East London

バファロー Buffalo川河口にあるこの国唯一の河港で、港の東側にはサーフィンに適したビーチが続く。かつては「独立」ホームランドのシスカイ Ciskeiとトランスカイ Transkeiに挟まれていたためか黒人が多く、町なかのイギリス風の建物と不思議な調和を造り出している。ケープタウンからインド洋沿いを進んできた旅行者にとっては、初めてアフリカらしい町に到着したと感じるかもしれない。

☎市外局番 043

ACCESS

✈ヨハネスブルグ、ケープタウン、ダーバンとの間に毎日便がある。イーストロンドン空港は市内の北西約5㎞。市内までタクシーで約R70～80。

🚌グレイハウンド、トランスラックス、インターケープによって主要都市と結ばれている。ポート・エリザベスから所要約4時間30分、R252～。バズ・バスも通っている。

観光案内所

☎ (043) 736-3019

URL www.buffalocitytourism.co.za

イーストロンドン公式サイト

URL www.eastlondon.org.za

歩き方

WALKING AROUND

イーストロンドンは大きな都市。見どころのすべてを徒歩でカバーするのはきついが、ミニバスやタクシーが多く走っているので利用しよう。バスを使って市内のおもな所を見るだけならば1日で済む。ほとんどのバス、ミニバスが、**クイーンズ・パークQueen's Park**の東側周辺に発着する。そこから北へ延びているのが、この町のメインストリート、**オックスフォード通りOxford St.**で、**市役所City Hall**、銀行、博物館など19世紀のビクトリア様式の堂々とした建物や、多くの商店が並ぶ。また、マーケット広場西のミニバス乗り場から北の道沿いには、豆や肉の煮込み、発酵飲料などの屋台や青果など

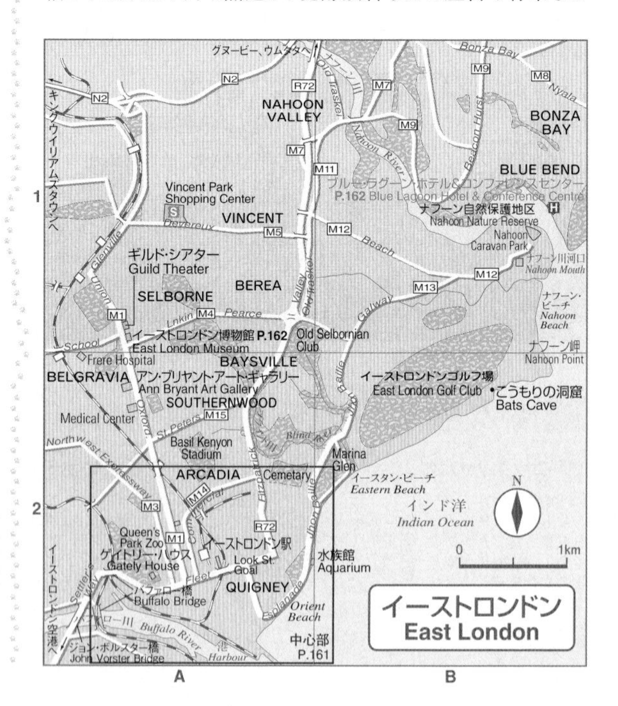

オックスフォード通り

の露店が出て、黒人の商業の中心地だ。

マーケット広場から東へ延びる**フリート通りFleet St.**沿いには、女性刑務所の跡地で現在も独房や絞首台の跡などが残る**ジェイル・ショッピング・コンプレックスJail Shopping Complex**がある。飲食店、工芸品店、催し物場などが入っている。フリート通りはその先で海岸沿いを走る**エスプラナード通りEsplanade St.**に続く**カリー通りCurrie St.**と交差する。この3本の道路に挟まれた地域にはホテル、B＆Bなどが多く集まっている。レストランはエスプラナード通り沿いに多い。また、マーケット広場の西には、波止場開発計画の一環として開かれた**ラティマー上陸地Latimer's Landing**があり、工芸品店やレストラン、パブなどが並ぶ。バファロー川クルーズはここに発着する。

バファロー川河口の東にある**オリエント・ビーチOrient Beach**は、プールや公園もあって家族向き。水族館の北東にあるメインの**イースタン・ビーチEastern Beach**も人気だが、いい波が期待できるのは、さらに北東に位置する**ナフーン・ビーチNahoon Beach**で、特にその南にある**こうもりの洞窟Bats Cave**近くはサーフィンに最適。ビーチは**ナフーン川河口Nahoon Mouth**につながっている。

週末には人でにぎわうイースタン・ビーチ

水族館
Aquarium
MAP P.161-B1
住 Esplanade, Quigney
☎ (043) 705-2637
開 9:00～16:00
※アシカとペンギンの餌やりは毎日11:30、15:30の2回。
休 なし
料 大人R51、子供R32
（ショー代込み）

市庁舎前に立つ、イーストロンドン出身で「黒人意識運動」をリードしたビコの像

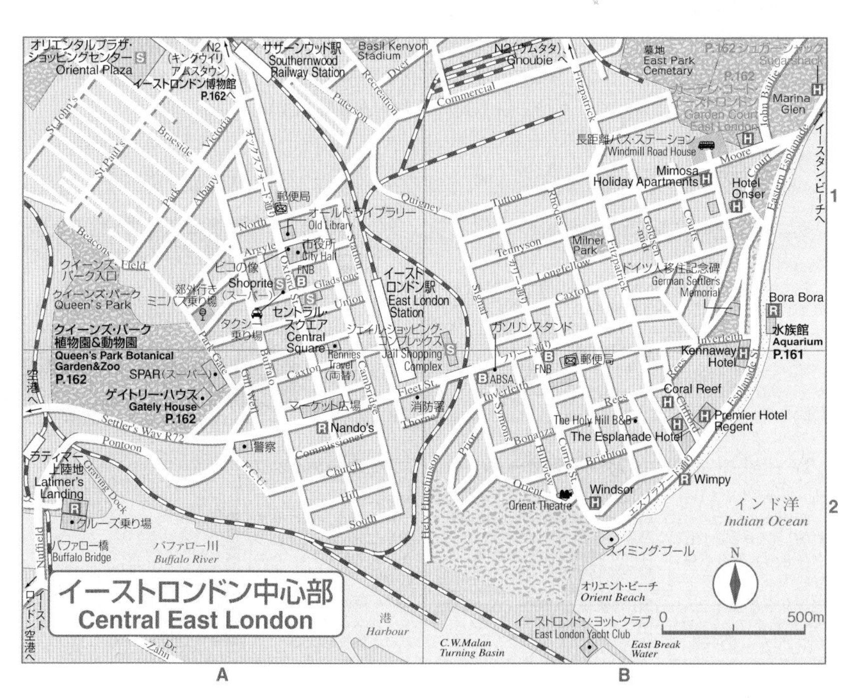

おもな見どころ ATTRACTIONS

シーラカンスからおもちゃまで幅広いコレクション
イーストロンドン博物館
MAP P.160-A1
East London Museum

オックスフォード通りの北端にある。最初にシーラカンスが発見されたのがイーストロンドン沖だっただけに、シーラカンスのはく製が目玉。また、数々の魚類、動物、鳥類のはく製や世界で唯一のドゥドゥ鳥の卵も展示されていて、ディスプレイにも迫力がある。さらには、かつては世界最古の人類の足跡ともいわれていた化石もある。

そのほか、町の歴史を紹介した写真展やアフリカ先住民族、開拓時代の白人の生活の様子を伝えるろう人形、大航海時代の貿易品、さらにはアンティークのおもちゃまであるスーパー博物館だ。

博物館の中に入ると展示品の数に驚く

最初の市長の家だった
ゲイトリー・ハウス
MAP P.161-A2
Gately House

クイーンズ・パーク植物園&動物園Queen's Park Botanical Garden & Zooの高台に立つ。平屋でコロニアル様式の家は国の文化遺産になっていて、中には元市長ジョン・ゲイトリーと家族の収集品や家具が展示してある。漆の箱や伊万里の皿など、日本製の品物もあり興味深い。

イーストロンドン博物館
住 319 Oxford St.
☎ (043) 743-0686
URL www.elmuseum.za.org
開 月～木 9:00～16:30
金 9:00～16:00
土 9:00～13:00
休 日・祝
料 大人R25、子供R15

ACCESS
マーケット広場から北へ約2km。オックスフォード通りを行き来するミニバスに乗るといい。ミュージアムと言えば降ろしてくれる。

ゲイトリー・ハウス
住 Park Gates Rd.
☎ (043) 722-2141
開 水・木 8:00～16:30
日 11:00～16:00
休 月・火・金・土
料 無料(寄付)

クイーンズ・パーク植物園&動物園
ハイエナやリカオン、ミーアキャットをはじめ300以上の動物を見ることができる。
MAP P.161-A1～2
☎ (043) 722-1171
URL www.el-zoo.co.za
開 9:00～17:00
休 なし
料 大人R51、子供R32

H ホテル
Hotel Restaurant Shop Winery

ガーデン・コート・イーストロンドン ★★★★
Garden Court East London
MAP P.161-B1

町の中心部からは少し外れるが、目の前に海が広がるという絶好のロケーションにある高級リゾートホテル。静かな環境のなか、のんびりと過ごすことができる。レストランやカフェ、ジム、ビジネスセンターなどの施設が揃っている。

住 Cnr. John Baillie & Moore St.
☎ (043) 722-7260
URL www.tsogosun.com
料 ⓈⓌR1495～
CC ADMV
室 173
Wi-Fi あり(客室)

イーストロンドン随一の高級ホテル

ブルー・ラグーン・ホテル&コンファレンスセンター ★★★★
Blue Lagoon Hotel & Conference Centre
MAP P.160-B1

市街から5kmほどに位置。キッチンとリビング付きの部屋や車庫付きのモーテルタイプの部屋など各種揃っている。レストランやバー、サウナ、ジムを併設。

住 Blue Bend Place, Beacon Bay
☎ (043) 748-4821
URL www.bluelagoonhotel.co.za
料 ⓈR1595 ⓌR1700
※朝食付き
CC ADMV
室 107
Wi-Fi あり(共用エリア)

シュガーシャック
Sugarshack
MAP P.161-B1

イースタン・ビーチ沿いにあるバックパッカーズ・ホステル。目の前はビーチという好立地で、市内中心部に近くて何かと便利。バズ・バスも停まる。

住 Eastern Beach, Esplanade
☎ (043) 722-8240
URL www.sugarshack.co.za
料 ⓈR250 ⓌR350 ⒹR140
キャンプR80
CC 不可
室 5+4ドミトリー
Wi-Fi あり(共用エリア)

INDIAN OCEAN COAST

多彩な海岸線が続く

ワイルド・コースト

Wild Coast

緑豊かな草原や美しいビーチなど、さまざまな表情を見せてくれる

南のグレート・ケイGreat Kei川河口から北のムタムブナ川Mtamvuna Riverまで、約280kmにわたって続く海岸線がワイルド・コーストWild Coastだ。「ワイルド」という名のとおり、ダーバンなどの整備されたビーチリゾートとは違い、ここでは切り立った崖、さらさらの砂浜、ラグーン、渓谷、滝など、自然そのものをダイナミックに満喫できる。海岸沿いには自然保護区が5ヵ所あり、多くの種類の鳥が見られ、動植物も多数生息している。

概要 SUMMARY

ワイルド・コーストの海岸沿いはハイキング・トレイルになっていて、なかでもポピュラーなのは、**コーヒー・ベイCoffee Bay**と**ポート・セント・ジョーンズPort St. Johns**を結ぶエリア。周辺には宿泊施設や売店も多く、このふたつの町を滞在の拠点にすると何かと動きやすい。

また、ハイキング・トレイルのルート沿いには、ポート・セント・ジョーンズから30km以内に**シラカSilaka**、**シュルレカHluleka**のふたつの自然保護区があり、さらに南には**クウェベCwebe**、**ドゥエサDwesa**という自然保護区がふたつ隣接している。それぞれエリア内にベッドや最低限の水などを用意しただけの簡易小屋、自炊設備を備えたシャレー（小屋）などがあるので、とことんワイルドな滞在を経験してみるのも

東ケープ州観光局
Eastern Cape Parks & Tourism Agency
URL www.visiteasterncape.co.za

コーヒー・ベイ周辺を流れる川

いい。もちろん私営のキャンプ場やバックパッカー向きの宿、さらにはカジノもある豪華なホテルなどもあり、ドライブや自然を舞台にしたアクティビティ、昔ながらの伝統や習慣を守り続けているコーサ族の村を訪れるプログラムなどを楽しむこともできる。

このあたりは多くの沈没船が沈んでいることから、ダイビングを目的に訪れるのもいいだろう。ただし、サメやクラゲがいることもあるので十分に注意を。

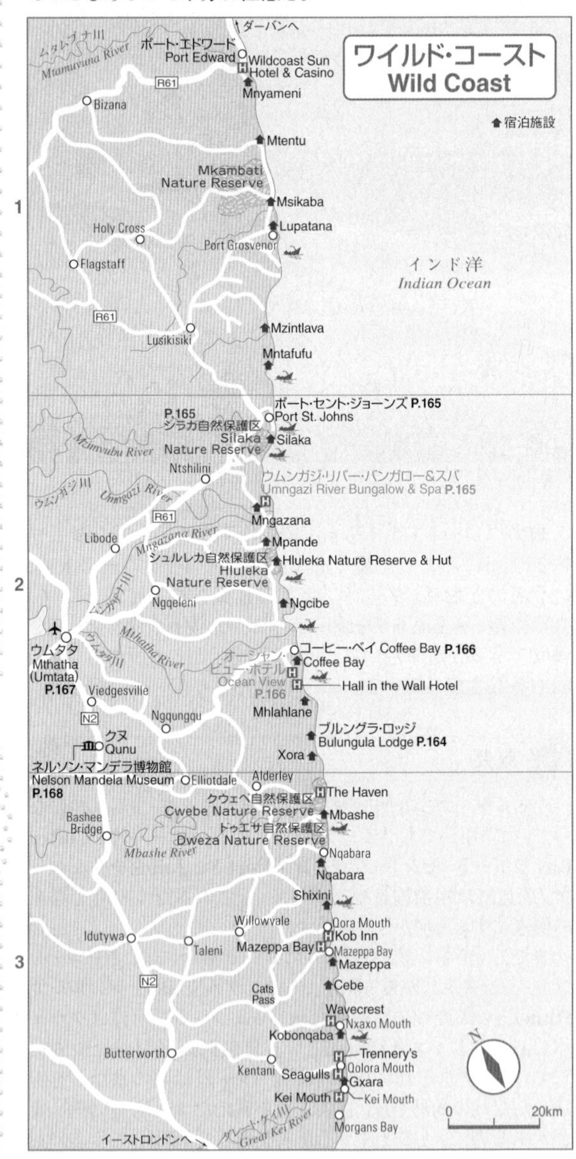

バズ・バスを上手に利用

ワイルド・コースト間の移動には、バズ・バス(→P.44、132、391)が便利。ポート・エリザベスとダーバンの間を週に3回往復している。コーヒー・ベイやポート・セント・ジョーンズへは経由地のウムタタで一度乗り換えることになるが、バズ・バスの運賃に含まれており、直接宿泊先のホステルまで連れていってくれるのでとても便利。

美しい海岸線が続くワイルド・コースト

コーサ族の村に滞在

ワイルド・コーストにはエコ・フレンドリーなデスティネーションが数多くあるが、そのなかのひとつが**ブルングラBulungula**。コミュニティ発展プロジェクトの一環として始まったもので、大自然を満喫しながら、コーサ族の文化に触れることができる。乗馬やカヌー、魚釣りなどのアクティビティのほか、民芸品作りや料理などを学ぶことも。集落が経営するロッジがあり、滞在することができる。キャンプも可能。

●ブルングラ・ロッジ Bulungula Lodge

MAP P.164-2
住 Bulungula
☎ (047) 577-8900
URL www.bulungula.com
料 ⓈⓌR500 ⒹR200 キャンプR130
CC 不可
室 10

ACCESS

🚌ウムタタから車で約3時間、コーヒー・ベイからは約2時間30分。どちらからもシャトルバスが出ているので、上記ロッジに問い合わせを。

美しいビーチがある村

ポート・セント・ジョーンズ

Port St. Johns

MAP P.164-2

ワイルド・コーストのなかでは一番規模の大きな村で、その名は、1552年にここの海に沈没したサン・ジョンSao Joao号に由来しているといわれている。村の近くには、多くの野生動物が生息するシラカ自然保護区Silaka Nature Reserveを含む3つの美しいビーチがあり、のんびりと過ごすには絶好のロケーションだ。

おもな見どころ ATTRACTIONS

ビーチでは爪のないカワウソに出合うこともあり、村の南にある**ムンガザナ川Mngazana River**の河口に広がるラグーンには、マングローブの木々が生い茂っている。その素朴で自然の魅力に満ちたムードにひかれてか、なかには長期間にわたって滞在しているバックパッカーたちもいて、芸術家も工房を開いている。

ムンガザナ川の河口

郊外のおもな見どころ ATTRACTIONS

バードウオッチングに最適な

シラカ自然保護区

Silaka Nature Reserve

MAP P.164-2

ポート・セント・ジョーンズの約6km南にある自然保護区。海岸線に沿って約4km²の敷地が広がっており、数々の鳥類の姿を見ることができる。保護区内を流れるシラカ川の景観もすばらしい。また、保護区内の南部の海岸にはバード・ロックBird Rockと呼ばれる大きな岩がある。

☎市外局番 047

ACCESS

🚌ウムタタからミニバスで所要約1時間15分、R60程度。ダーバンやイーストロンドンからのバズ・バスもウムタタから週3便運行している。

宿の予約

ウムタタなど周辺の町の観光案内所で予約してもらえる。

シラカ自然保護区

☎ (087) 286-6523
URL www.visiteasterncape.co.za
開 月～木 8:00～16:30
金～日 8:00～16:00
休 なし 料 無料
2人用シャレー R529～571、4人用シャレー R957～1036、計17室。

H ホテル

Hotel Restaurant Shop Winery

ウムンガジ・リバー・バンガロー&スパ

Umngazi River Bungalow & Spa

MAP P.164-2

ウムンガジ川河口に立ち、海と川の美しさを独占している。ファミリールーム、ジャクージ付き2階建てのハネムーンコテージもあり、欧米人のカップルに人気。食事は3食ともビュッフェ。貸カヌー、モーターボートのほか、リバークルーズもある。

住 Umngazi, Port St. Johns
☎ (047) 564-1115
URL www.umngazi.co.za
料 ⓈR1445～ ⓌR1990～
※3食付き
CC MV
室 69
Wi-Fi あり（共用エリア）

最高のロケーションに立つ

巨大な壁の穴で知られる

コーヒー・ベイ

Coffee Bay

MAP P.164-2

ワイルド・コーストではポート・セント・ジョーンズに次いで人気のある村。村の名の由来は定かではないが、コーヒー豆を積んだ船が沈没し、その豆がここの海岸に流れ着き花を咲かせたことからともいわれている。高い崖と静かなビーチが続き、村の南には、横腹に穴が開いた島のような巨大な岩、壁の穴Hole in the Wallがある。

☎市外局番 047

ACCESS

🚌ウムタタからミニバスで所要約1時間15分、R90程度。ダーバンやイーストロンドンからのバズ・バスもウムタタより週3便運行している。

宿の予約

ウムタタなど周辺の町の観光案内所で予約してもらえる。

大自然のなかをハイキング

小さな村々を訪れながらワイルド・コーストを満喫するガイド付きハイキングツアーなどがある。

●**ワイルド・コースト・ハイクス**
Wild Coast Hikes
URL www.wildcoasthikes.com

コーヒー・ベイの民家

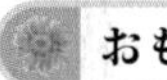

おもな見どころ

ATTRACTIONS

村自体に観光的な見どころは特にないが、ここでの最大の楽しみ方は壮大な自然のなかでのんびりゆったり過ごすこと。コーヒー・ベイに来る人のほとんどは長期間滞在しながら、ビーチで寝転んで読書をしたり、ビーチ沿いのトレイルを散策したりして楽しんでいるようだ。海岸沿いにはゲストハウスからホテル、休暇村までさまざまな宿泊施設が点在している。

アクティビティを楽しみたい人は、釣りに挑戦するのもいいだろう。ほかにも四輪バイクで海岸沿いを走るツアーやガイド付きハイキングなども可能で、ほとんどの宿泊施設で手配をしてくれる。

海から顔を出しているかのような壁の穴

H ホテル

Hotel Restaurant Shop Winery

オーシャン・ビュー・ホテル

Ocean View Hotel

MAP P.164-2

名前のとおり、海を望む好ロケーションにある。独立したコテージではなく普通の建物だが、きれいに整えられている。食事はコース仕立てで、ランチはここでも近くの村でも楽しめる。釣り船の手配をお願いすることもできる。

住 Mthatha
☎ (047) 575-2005
URL www.oceanview.co.za
料 ⓈR600～ ⓌR1200～
※朝食付き
CC ADMV
室 31
Wi-Fi あり（客室）

目の前に海が広がる立地

トランスカイ地方の中心の町

ウムタタ

Mthatha(Umtata)

MAP P.164-2

ウムタタは、トランスカイ地方の中心の町。ウムタタ川のほとりにヨーロッパ人が植民を始めた1871年にできた。町なかにはモダンな建物と古い建物が混在し、車も人も多くほこりっぽい。民族衣装を着た人もよく見かける。宿の数は少なく、西欧的スマートさや、日本のサービスに慣れた私たちにとっては驚きの連続だ。しかし、彼らはただ商業的に訓練されていないだけで、本当は皆、素朴で明るい。それは町を歩けばすぐにわかるだろう。

歩き方

WALKING AROUND

町のメインストリートは**ヨーク通りYork Rd.**で、この周辺に商店、オフィス、銀行、観光案内所、博物館が並び、両端にミニバス乗り場もある。また町の東側に、映画館も入った**サーカス・トライアングルCircus Triangle**というショッピングセンターがある。町の中心部は小さいので歩いて移動できるが、周辺の自然保護区や工房へ行くには車が必要だ。日曜はごく一部のコンビニやファストフード店を除き、商店やレストランはすべて休みとなる。平日も閉店の21:00間際になると追い立てられるので注意するように。

ントゾンケ・マーケット周辺の町並み

☎市外局番 047

ACCESS

✈ヨハネスブルグから毎日2〜5便運航している。所要約1時間15分。

🚌インターケープ、トランスラックス、グレイハウンドが運行している。ダーバンから所要約7時間、R369〜。イーストロンドンから所要約3時間30分、R306〜。

🚌バズ・バスも通っている。バスは郊外のシェル・ガソリンスタンドに停まるので、そこからはタクシーまたはホテルのシャトルを利用する。

おもな見どころ
ATTRACTIONS

野鳥・動物観察と水上スポーツが楽しめる
ンドゥリ、ルチャバ自然保護区
MAP P.167外

Nduli, Luchaba Reserve

ンドゥリ自然保護区はウムタタの約3km南にあり、シカや多くの鳥類が観察でき、植物園もある。ルチャバ自然保護区は町の北側にあり、シマウマ、シカ、珍しい種類のガン、水鳥などがいて、水上スポーツや釣り用の区画もある。

ディープにウムタタを知りたいなら
ントゾンケ・マーケット
MAP P.167

Ntozonke Market

ローカルな雰囲気たっぷりで、住民たちの日常に触れることができる。ミシンを備えた仕立て&生地屋や野菜・果物屋などが見られるが、なかでも興味深いのは漢方のようなハーブの売り場で、小枝、動物の皮なども並べられているので、効能を聞いてみるのもおもしろい。

質のいいみやげ物が見つかるかも
イクゥエジ工房
MAP P.167外

Ikhwezi Lokusa

町の南郊外にある、コーサ族の身体障害者のための職業訓練場と職場。生地の仕立てと染色、かばんなどの革製品や、ギフトカード、ビーズなどの工芸品の制作を行っている。

郊外の見どころ
ATTRACTIONS

アフリカでスキーに挑戦!
ティーフェンデル
MAP P.149-A3

Tiffindell

ウムタタの北西約200kmのローズRhodes村の近く。6～8月がスキーシーズンで、万一雪が少なくても人工的に雪を降らせることが可能。初心者から上級者まで楽しめ、指導員もいる。宿泊施設、飲食店、娯楽施設も完備され、数々の催しもある。また、夏にはハイキングや釣り、乗馬などが楽しめる。

大英雄を生み出した源を探る
ネルソン・マンデラ博物館
MAP P.164-2

Nelson Mandela Museum

人種差別をなくし、アパルトヘイト撤廃に生涯をささげたネルソン・マンデラの生まれ故郷、ウムタタ近郊の小さな村クヌQunuに建てられた博物館。弁護士を目指して大学へ通い、ヨハネスブルグに移るまでの約20年間の足跡をたどることができる。ガイドの案内で、生家や小学校を巡るツアーも催行している(要予約)。

ンドゥリ自然保護区
開 24時間　休 なし　料 無料

ルチャバ自然保護区
開 24時間　休 なし　料 無料

ントゾンケ・マーケット
開 月～金　朝～夕方
　土　朝～昼頃　休 日

生きた鳥なども売っている

イクゥエジ工房
☎ (047) 535-0703
URL www.ikrehab.co.za
開 月～金　8:00～16:00
休 土・日　料 無料

郊外にあるイクゥエジ工房

ティーフェンデル
日帰りで訪れることも可能だが、宿泊込みのお得なパッケージが用意されている。ローズ(→MAP P.149-A3)からシャトルバスの送迎サービスがある(往復R420)。スキーシーズンについては要問い合わせ。
住 Tiffindell Farm Barkly East
☎ (011) 781-2620 (予約)
URL www.tiffindell.co.za
開 24時間　休 なし

H ティーフェンデル・スキー・リゾート Tiffindell Ski Resort
料 ⓈR4910～(3泊、リフト券、スキーレンタル代、2食付き)
CC MV　室 134

ネルソン・マンデラ博物館
住 Qunu　☎ (047) 501-9500
URL www.nelsonmandelamuseum.org.za
開 月～金　9:00～16:00
　土　9:00～15:00
　日　9:00～13:00
休 なし　料 無料(寄付)

ACCESS
ウムタタから車で約2時間。N2沿いの村の中心部にある。

INDIAN OCEAN COAST

インド洋に面した美しい港町

ダーバン

Durban

ビーチライフも楽しめる港湾都市

ヨハネスブルグ、ケープタウンに次ぐ国内第3の大都市。ナタール港はアフリカで指折りの大きさを誇る巨大な港。歴史も古く、ヴァスコ・ダ・ガマが1497年の12月25日に停泊したという記録が残っており、これがナタール（「クリスマス」の意）港の始まり。その後は、船舶のための補給基地や象牙などの輸出港として発展し、ボーア戦争を契機に急成長した。ヨットやサーフィンなどマリンスポーツのメッカとしても知られている。

行き方

ACCESS

空港から市内へ

キング・シャカ国際空港King Shaka International Airportは市街の北約35km、車で所要40分～1時間10分の所に位置する。ほとんどのホテルは送迎サービスを有料で行っているが、もしも迎えの車がない場合は、エアポートバスまたはタクシーを利用して市街へ出ることになる。エアポートバスは、空港の国際線到着ロビーを出てすぐの所に待機している。毎日4:30～22:30の間、約45分おきに運行している。ひとりR80。ダーバン市内やその周辺であれば、直接ホテルまで連れていってくれるので便利だ。タクシーなら、市内中心部までR400 ～ 500程度で行ける。人数が多い場合は、シャトルタクシー（→P.170欄外）を利用するのもいい。

☎市外局番 031

ACCESS

✈主要都市から多くの便が運航。ヨハネスブルグからは、所要約1時間10分。ケープタウンからは所要約2時間。ブルームフォンテン（所要約1時間10分）、ポート・エリザベス（所要約1時間20分）、イーストロンドン（所要約1時間15分）、ジョージ（所要約1時間50分）、ネルスプリット（所要約1時間）との間も毎日便がある。

🚌グレイハウンド、トランスラックス、インターケープなどが、各都市との間を毎日2 ～ 4便運行している。バズ・バスも通る。

市内交通

ダーバン中心部は歩いても回れるが、決して治安がよいとはいえないので、昼間であってもひとり歩きはしないようにしよう。市内バスをはじめ、マイナーバス、ピープルムーバーなどいくつかのバスが市内を巡回しているが、こちらも完全に安全とはいいきれない。特に乗り場付近は治安が悪いので十分に気をつけること。できれば、ホテルや観光案内所で信頼のできるタクシーを呼んでもらうか、ツアーに参加するのがいいだろう。

高級ホテルが建ち並ぶ海岸沿いの大通り**O.R.タンボ・パレードO.R. Tambo Parade**（旧マリン・パレード）は比較的安全だが、それでも散策中の旅行者が強盗やひったくりなどの被害に遭っている。出歩くときは、常に周囲の状況に気を配ること。また、夜間は市内全域が危険なので、地元の人でもよほどのことがないかぎり出歩かないくらいである。たとえ近くであっても、決して徒歩で移動したりしないように気をつけよう。

シャトルタクシー

●**U-CABS**
☎(031) 561-1846
URL www.ucabs.co.za

●**Eagle Taxi Cabs**
☎(031) 337-8333
URL www.eagletaxicabs.co.za

市内観光バス

シティ・ホールやクワムール博物館などの見どころを2階建てのバスで巡る。チケットはリクシャー乗り場（→MAP P.171-C1）で購入する。年中無休で毎日9：00、13：00発。所要約3時間で、大人R100、子供R50。

●**ダーバン・リクシャー・バス Durban Ricksha Bus**
URL www.durbanroutes.co.za

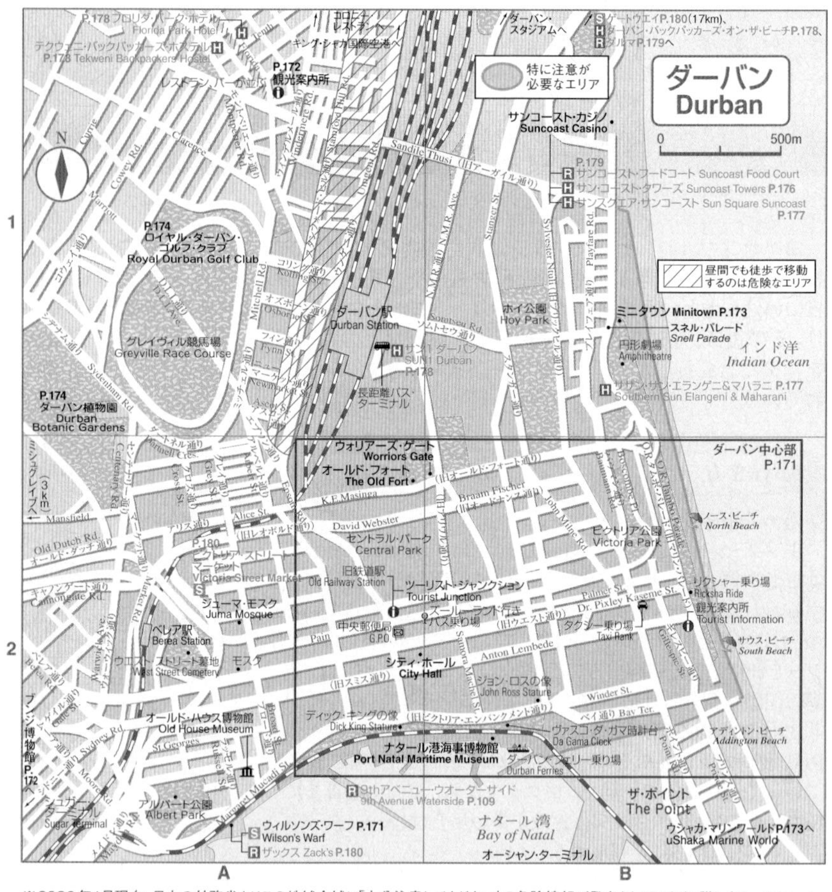

※2020年1月現在、日本の外務省よりこの地域全域に「十分注意してください」の危険情報が発出されています。詳しくは→P.64。

歩き方 WALKING AROUND

見どころ満載のビーチフロントをリクシャーで走ろう

観光客が多く集まるのは、インド洋に面したビーチフロント・エリア。よく整備されたビーチが6km近く続き、**ゴールデン・マイルGolden Mile**と呼ばれている。中心はノース・ビーチからサウス・ビーチにかけた一帯で、サーファーがこぞって波乗りを楽しんでいる。日によってはかなり波が高いが、監視員も常駐しているので比較的安心して水遊びを楽しめる。

海岸線と並行して走るO.R.タンボ・パレードがビーチフロントのメインストリート。通りを挟んで市街側には高層のリゾートホテル、ビーチ側には**ミニタウンMinitown**や**スネーク・パークFitzsimmon's Snake Park**などのアトラクション施設やカフェなどが建ち並ぶ。路上にはズールー族の女性がビーズ細工や木彫りのお面などを売る露店が途切れることなく続き、ぶらぶら歩くだけでも楽しい。なかでもひときわ目を引くのが、派手な装飾を身にまとったリクシャー。名前からもわかるように、その起源は日本の人力車。それを植民地時代のイギリス政府が職のない黒人のための仕事として始めさせたものらしいが、今ではダーバンの名物となっている。

ベイエリアで港町ダーバンを堪能

ナタール湾沿いはビーチフロントに比べ、幾分さびれた印象だが、散策には楽しい場所だ。ビーチを背に、湾に沿って走る**マーガレット・ムカディ通りMargaret Mucadi St.（旧ビクトリア・エンバンクメント通り）**を西へ歩いていくと、ヴァス

治安状況

中心部は治安がいいとはいえず、特にドクター・ピックスレイ・カセメ（旧ウエスト）通りより南のマハトマ・ガンジー（旧ポイント）通り周辺は、昼間でも危険なエリア。麻薬売買などの犯罪者がたむろしているので、やむを得ない理由がないかぎり、近づかないように。また、ダーバン駅の西側、ウンゲニ通り周辺も同様に危険なので徒歩での移動は避けたほうがいい。

そのほか、アントン・レムベデ通り（旧スミス通り）、ドクター・ピックスレイ・カセメ通り、ビクトリア・ストリート・マーケット周辺などは人どおりが多く、スリ、ひったくりなどに注意が必要だ。

市内交通

●**タクシー**

できるだけメータータクシーを利用しよう。中心部の移動でR30程度。

ウィルソンズ・ワーフ

レストランやバー、ショップが30店舗ほど集まっている。ファストフード店舗が集まったフードコートもある。

MAP P.170-A2
住 14-18 Boatman's Rd.
☎ (031) 337-7751
URL www.wilsonswharfonline.co.za

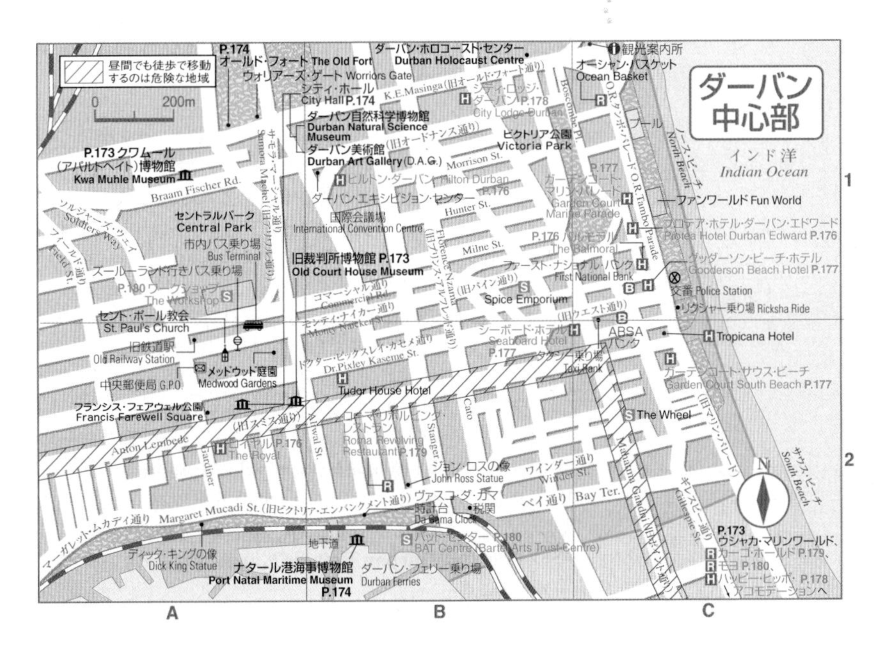

コ・ダ・ガマ時計台がひっそりと立っている。これは1897年、ヴァスコ・ダ・ガマがナタール湾を発見した400周年の記念に、ポルトガル政府から贈られたものだという。

さらに少し進み、**サモラ・マーシャル通りSamora Machel St.（旧アリワル通り）**との交差点付近でナタール湾岸に抜ける地下道を通ると、**ナタール港海事博物館Port Natal Maritime Museum**がある。さらに西へ歩いていくと、左側（南側）に見えてくるのは、ボーア戦争の英雄**ディック・キングの像Dick King Statue**。そのまま500mほど進んでいくと、レストランやショップが並んだ**ウィルソンズ・ワーフWilson's Warf**へと出る。

活気のあるビジネス街

ビーチフロントから西へ約1km、**シティ・ホールCity Hall**を中心としたエリアがダーバンの市街だ。政治や文化の中心地で、歴史的建造物や博物館などの見どころも多い。**モンティ・ナイカー通りMonty Naicker St.（旧パイン通り）**に面して立つ赤れんがの建物が**旧鉄道駅Old Railway Station**。かつてはこの中に観光案内所があったが、現在はショッピングセンターやジムなどが入っている。向かいに立つ、時計台のある建物は中央郵便局だ。その隣の広場はフリーマーケットになっていて、いつもにぎわっている。

ドクター・ピックスレイ・カセメ通りDr. Pixley Kaseme St.（旧ウエスト通り）の南側に立つ石造りの堂々とした建物が**シティ・ホールCity Hall**。この中にはダーバン自然科学博物館、クワズズルワジ科学センター、ダーバン美術館が併設されている。隣に立つ白い木造の建物が**旧裁判所博物館Old Court House Museum**で、現在は**郷土歴史博物館Local History Museum**として一般公開されている。

エキゾチックな雰囲気が漂う市街西部

市街の西の外れにそびえ立つピンクの建物がビクトリア・ストリート・マーケット（→MAP P.170-A2）で、肉や魚介類、野菜などの生鮮食品から衣類まで何でも揃う。このあたりはインド系住民の町になっており、マサラの匂いが立ち込めサリーを着た女性が道を闊歩するその様は、インドのニューデリーのようだ。地元の人々の生活が垣間見られ散策が楽しいエリアだが、スリが多いので十分気をつけて歩くように。

ダーバン駅は市街の北にあり、長距離バスもここに発着する。駅の南には**オールド・フォートThe Old Fort**、さらに南にはアパルトヘイト時代の資料などを展示した**クワムール（アパルトヘイト）博物館Kwa Muhle Museum**がある。一方、駅の西にあるのは100年以上の歴史をもつゴルフ場だ。これを取り囲むように、グレイヴィル競馬場があり、その西側に**ダーバン植物園Durban Botanic Gardens**がある。

観光案内所（メインオフィス）
MAP P.170-A1
住 90 Florida Rd.
☎ (031) 322-4164
URL visitdurban.travel
開 月～金　8:00～16:30
休 土・日

アフリカンアート&クラフト
もともとは個人の収集品を集めた小さなものだったが、今ではアフリカンアート&クラフトの博物館としては南アフリカ国内でも最大級規模のものとして知られている。ズールー族のビーズクラフト、ワイヤーバスケットなど民族アートのコレクションのほか、南アフリカ全土の民族衣装の展示などは必見。ガイド付きツアーもある。要予約。

●プンジ博物館
Phansi Museum
MAP P.170-A2外
住 500 Esther Roberts Rd., Glenwood
☎ (031) 206-2889
URL phansi.com
開 月～金　8:00～16:00
　 土　10:00～14:00
休 日
料 大人R50、子供R20

おもな見どころ ATTRACTIONS

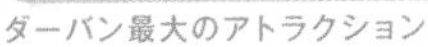

ダーバン最大のアトラクション
ウシャカ・マリンワールド
MAP P.170-B2外、P.171-C2外
uShaka Marine World

ダーバンのビーチ沿いにあるアトラクション施設。世界でも10本の指に入るほどの大規模な水族館**ウシャカ・シー・ワールドuShaka Sea World**を中心として、滑り台もある流れるプール**ウシャカ・ウェットン・ワイルドuShaka Wet'n Wild**や古い船舶を改装したレストランの**ファントム・シップPhantom Ship**などが集まっている。特に目玉のエンターテインメントのイルカショーは、アフリカ最大級の規模のもので迫力満点。シャーク・タンクではサメの餌やりなども見られる。

ズールー族の文化を体感でき、アフリカの動物たちにも出合える
フェズールー・サファリ・パーク
MAP P.149-B2
PheZulu Safari Park

ダーバン市から北西へ約35kmの所にあるサファリ・パーク。園内にはシマウマやインパラなどが見られるゲームパーク、ワニやヘビが見られるクロコダイル＆スネークパークがあるほか、ズールー族の文化に触れることのできるカルチャービレッジ、レストラン、宿泊施設などが併設されている。

ここを訪れれば、ダーバンの歴史がわかる
旧裁判所博物館
MAP P.171-A2
Old Court House Museum

19世紀中頃に裁判所として利用されていた建物の内部を改装して、博物館として公開している。植民地時代に使われた馬車や大砲、当時の人々の遺品や貴重な写真、資料が多数展示されており、ビクトリア女王の時代から現在にいたるダーバンの歴史がわかるようになっている。特に入植者ヘンリー・フランシス・フィンの暮らしぶりが再現されている2階奥の展示室は必見。リクシャーに関する展示も興味深い。

博物館として公開されている旧裁判所

アパルトヘイトの実情を知るには
クワムール（アパルトヘイト）博物館
MAP P.171-A1
Kwa Muhle Museum

ほとんどの市内ツアーが訪れる、比較的新しい博物館。黒人のためのビアホールや彼らの住居などが実物大の人形とともに再現されているコーナーのほか、黒人の生活を写した数々の写真も展示されている。ズールー族の伝統医療などについてのコーナーも興味深い。ガイド付きツアーもある。

ウシャカ・マリンワールド
住 1 King Shaka Ave., The Point
☎ (031) 328-8000
URL www.ushakamarineworld.co.za
開 9:00〜17:00
※ただし、ウェットン・ワイルドは水〜金10:00〜。
休 なし
料 大人R214、子供R174（ウシャカ・シー・ワールド＆ウエットン・ワイルド）

1日中楽しめる

フェズールー・サファリ・パーク
住 Old Main Rd. Botha' s Hill
☎ (031) 777-1000
URL www.phezulusafaripark.co.za
開 8:00〜16:30
※ズールー・ダンス＆カルチャーショーは毎日10:00、11:30、14:00、15:30の4回。
休 なし
料 大人R180、子供R120

ミニタウン
Minitown
ダーバン市街の建物をミニチュア化してある。列車や飛行機などが動き、子供たちに人気。
MAP P.170-B1
住 114 O.R. Tambo Parade
☎ (031) 337-7892
URL www.minitowndbn.co.za
開 9:30〜17:30
休 なし 料 大人R30、子供R20

旧裁判所博物館
住 77 Samora Machel St.
☎ (031) 311-2229
開 月〜金 8:30〜16:00
土 8:30〜12:30
休 日 料 無料

クワムール（アパルトヘイト）博物館
住 130 Braam Fischer Rd.
☎ (031) 311-2237
開 月〜金 8:30〜16:00
土 8:30〜12:30
休 日・祝 料 無料

黒人の暮らしぶりを再現

市街の中心に立つ、ダーバンのシンボル

シティ・ホール

MAP P.171-A2

City Hall

1910年に建てられたモダン・ルネッサンス様式の建築で、ロンドンのセント・ポール大聖堂を彷彿させる豪奢なドームが特徴的なイギリス統治時代の面影を感じさせる建物。2階に**ダーバン自然科学博物館Durban Natural Science Museum**があり、数多くの動物のはく製や実物大のティラノザウルスのレプリカが設置されており、親子連れや小中学生のグループでにぎわっている。3階は**ダーバン美術館Durban Art Gallery (D.A.G.)**で、国内の近現代作家の絵画や彫刻などを鑑賞できる。

重厚なたたずまいのシティ・ホール

船乗り気分で甲板からナタール港を眺める

ナタール港海事博物館

MAP P.171-B2

Port Natal Maritime Museum

ウルンディ Ulundi、J.R.モアJ.R. Moreの2隻のタグボートと掃海艇SASダーバンSAS Durbanの船内をそのまま公開している。操舵室やボイラー室などに、自由に立ち入ることができる。また、陸上に併設された展示室には、先住民の使っていたいかだの復元模型などもあり、近現代にいたる航海術の進歩の過程を、実物を用いて展示している。

置き去りにされた戦争の傷あと

オールド・フォート

MAP P.171-A1

The Old Fort

1842年、ボーア軍に包囲されたイギリス軍が立てこもった城塞の跡。門をくぐると錆びた大砲などが草に埋もれていたり、うらぶれた礼拝堂が立っている。その東には**ウォリアーズ・ゲートWarriors Gate**があり、**軍隊博物館Museum of Militaria**が併設されている。

花に囲まれて、のんびり過ごすのもいい

ダーバン植物園

MAP P.170-A1～2

Durban Botanic Gardens

植民地時代の1849年に造られ、170年以上の歴史をもつ。南アフリカはもちろん世界中から植物が集められ、広大な敷地に1年を通じて美しい花が咲き乱れる。非常に珍しいシダの木や南アメリカやアジアから3000種類もの珍しいランを集めたオーキッド・ハウスなど、学術的にもすばらしい。園内にある池には水鳥たちが集まり、市民の憩いの場にもなっている。1932年に日本から贈られた石の灯籠も置かれている。

シティ・ホール
住 Anton Lembede St.
●**ダーバン自然科学博物館＆ダーバン美術館**
☎(031) 311-2256
開 月～土 8:30～16:00
日・祝 11:00～16:00
休 なし 料 無料

ロイヤル・ダーバン・ゴルフ・クラブ
Royal Durban Golf Club

1892年に設立され、1932年に「ロイヤル」の冠を戴いた、南アフリカを代表するゴルフ場。女性用ゴルフクラブとしてのユニークな歴史ももっている。全18ホール、パー73のこのコースは、深いラフや木もほとんどないので一見単純に見えるが、風の影響を受けやすく、実はかなり難しいコースで、観光客にも開放されている。
MAP P.170-A1
住 Gladys Manzi Rd., Greyville
☎(031) 309-1373
URL royaldurban.co.za
料 R170～(グリーンフィー)

ナタール港海事博物館
住 Bay End of Samoa Machel St.
☎(031) 322-9598
開 月～土 8:30～16:00
日・祝 11:00～16:00
休 グッドフライデイ、クリスマス
料 大人R5、子供R3

ウォリアーズ・ゲート
☎(031) 322-4210
開 火～金・日 11:00～15:00
土 10:00～12:00
休 月・祝 料 無料(寄付)
※ベルを押して開けてもらう。

ダーバン植物園
☎(031) 322-4021
URL www.durbanbotanicgardens.org.za
開 7:30～17:45
(4/16～9/15は～17:30)
休 なし 料 無料

数々の花が咲き誇る

ツアー TOUR

見どころが点在するダーバンでは、効率よく、さらに安全に回るためにも市内ツアーに参加するといいだろう。市内ツアーと近郊の見どころを組み合わせたツアーなどもある。

郊外には、世界遺産のひとつとして人気のマロティ・ドラケンスバーグ国立公園やズールー族の伝統的な暮らしが垣間見られるシャカランドなど、ダーバンから日帰りで訪れることのできる見どころも多い。しかし、それらはレンタカーで行くしか方法がない場所がほとんどなので、ダーバンを拠点にツアーに参加して訪れるのもひとつの方法だ。多くの旅行会社が独自のユニークなツアーを催行していて、空港や観光案内所、ホテルなどで情報が得られる。宿泊しているホテルへの送迎サービス付きのツアーがほとんど。

●ダーバン市内ツアー

シティ・ホールでダーバンの歴史について学んだあと、クワムール博物館（→P.173）で伝統的な工芸品や民芸品などを見学する。その後、3000種類ものランをはじめ、多くの花々で咲き乱れるダーバン植物園（→P.174）を散策。最後に、インド系住民たちの多いダーバンならではのインド料理を楽しむ。所要約4時間でR500程度。市内ツアーにウシャカ・マリンワールド（→P.173）を組み合わせた1日ツアーもある。所要約8時間、R800程度。

●ウシャカ・マリンワールド

ダーバン最大のアトラクション施設、ウシャカ・マリンワールド（→P.173）を訪れる。ツアーにはホテルからの送迎と入場料が含まれている。所要約4時間、R400程度。

●ドラケンスバーグ1日ツアー

世界遺産にも登録されている、人気のマロティ・ドラケンスバーグ公園（→P.186）を訪れる。公園内に点在するサン族の壁画や洞窟などをガイドの案内で巡りながら、3kmほどのハイキングを楽しむ。所要約11時間で、R2400程度。1泊2日のコースもある。

●シャカランド・ツアー

ズールー族の伝統的生活が再現されているシャカランド（→P.192）を訪れ、ズールー族の文化に触れるツアー。ダンスや食事が楽しめるほか、サンゴーマ（霊媒師）の家を訪れたり、伝統的なやり投げなどの実演を見学したりもする。日帰りツアーは所要約8時間、ランチ、アクティビティ代込みでR1600程度。村内にある伝統的ハットに1泊し、より深く文化に触れることのできる泊まりがけのツアーもある。

●レソト・ツアー

4WDでドラケンスバーグの大きな山脈を越え、国境を越えてレソト（→P.348）へ行くツアー。ソト・ビレッジで伝統的なローカル料理を味わい、大きな滝など、この地ならではの自然豊かな景色を堪能する。所要約13時間、R2600程度。

ダーバンの市内ツアー

いくつもの旅行会社が市内ツアーを催しているが、なかでも評判がいいのが、テクウェニ・バックパッカーズ・ホステル（→P.178）が経営しているテクウェニ・エコツアーズのツアー。特にタウンシップ・ツアーは、商業的な演出は一切なしで、本当のタウンシップを体験できる。ドリンク、タウンシップでの食事、タウンシップ・ツアーのガイドへのチップ、往復送迎などすべて込みでR500。

●テクウェニ・エコツアーズ
Tekweni Ecotours
☎(082) 303-9112
URL www.tekweniecotours.co.za

市内ツアーに含まれていることの多いビクトリア・ストリート・マーケット

豊かな自然とダイナミックな岩山が魅力のドラケンスバーグ山脈

ドラケンスバーグ山脈にあるジャイアント・キャッスル自然保護区

ホテル

夏になると海を求めて各地から多くの観光客が集まってくるので、この時期にダーバンを訪れる場合は必ず宿の予約を入れるように。一方、冬に当たる6～9月は観光客が少なく、宿が探しやすい。比較的治安がよく、ホテルやレストランなどが集まっているビーチフロントエリアが便利だろう。

ロイヤル

★★★★★

The Royal

MAP P.171-A2

海側の部屋からはナタール湾が一望でき、市街側の部屋からはシティ・ホールなどが望める。屋上にあるプールやピアノの生演奏があるしゃれたカフェ、優雅な雰囲気のレストランなど、最高級ホテルならではの豪華な設備とサービスが期待できる。

住 267 Anton Lembede St.
☎ (031) 333-6000
URL www.coastlands.co.za
料 ⓈⓌR1229～　※朝食付き
CC ADMV
室 206
Wi-Fi あり（客室）

市街の中心部に立つ

ヒルトン・ダーバン

★★★★★

Hilton Durban

MAP P.171-B1

国際会議場（ICC）の隣にそびえる銀色のビルで、ビジネスビルを思わせる斬新なデザインのホテル。部屋はゆったりとした造りで、ビジネスユースをおもに考えて造られているが、観光客にも人気が高い。レストランやバーなどの施設も充実している。

住 12/14 Walnut Rd.
☎ (031) 336-8100
URL www3.hilton.com
料 ⓈⓌR1800～
CC ADMV
室 328
Wi-Fi あり（共用エリア）

鮮やかな銀色の外観

サンコースト・タワーズ

★★★★★

Suncoast Towers

MAP P.170-B1

ノース・ビーチから北へ約500mの所にあるホテル。客室はエグゼクティブ、スイートなどの4タイプで、10階は1フロアがペントハウス・スイートになっている。いずれもインド洋を見下ろす大きな窓が付いている。レストラン、バー、スパを併設。

住 20 Battery Beach Rd.
☎ (031) 314-7878
URL www.tsogosun.com
料 ⓈⓌR1620～
CC ADMV
室 36
Wi-Fi あり（客室）

広々としたプールでのんびりできる

プロテア・ホテル・ダーバン・エドワード

★★★★

Protea Hotel Durban Edward

MAP P.171-C1

ビクトリア調の伝統を守る、格式あるホテル。このホテルの歴史は1911年まで遡り、1939年に現在のようなかたちでオープンした。以来、イギリス王室をはじめ、多くの著名人や国賓がここに滞在している。客室はスタンダードからスイートまで7タイプ。

住 149 O.R. Tambo Parade
☎ (031) 337-3681
URL www.marriott.com
料 ⓈⓌR1400～
CC ADMV
室 101
Wi-Fi あり（客室）

優雅な雰囲気が漂う客室

バルモラル

★★★★

The Balmoral

MAP P.171-C1

一見プライベート・クラブハウス風のホテル。4階建てで内装はシックにまとめられ、調度品にも品のよさを感じる。派手さはないが、古きよき時代の面影を感じさせ、落ち着いたたたずまいを見せている。2012年の改装でホテル内はとてもきれい。

住 125 O.R. Tambo Parade
☎ (031) 368-8220
URL www.raya-hotels.com
料 ⓈⓌR943～
CC ADMV
室 95
Wi-Fi あり（客室）

風格を感じるたたずまい

サザン・サン・エランゲニ&マハラニ ★★★★

Southern Sun Elangeni & Maharani

MAP P.170-B1

ダーバンで最大規模のホテル。コンシェルジュが常駐しているほか、みやげ物や本などを扱うショップもある。アフリカらしいデザインを随所に生かした内装も印象的だ。温水を含む3つのプールやジム、スパのほか、8ものレストランやバーが入っている。

住 63 O.R. Tambo Parade
☎ (031) 362-1300
URL www.tsogosun.com
料 ⓈⓌR1910～
CC ADMV
室 734
Wi-Fi あり（客室）

使い勝手のいい客室

サンスクエア・サンコースト ★★★

SunSquare Suncoast

MAP P.170-B1

サンコースト・タワーズ（→P.176）と同敷地内に立つ。客室は全室同じ造りで、シティビューとシービューの2タイプ。居心地のいいインテリアでまとめられており、コーヒーメーカーや金庫、ミニバーなどの設備も十分に整っている。

住 20 Battery Beach Rd.
☎ (031) 314-7878
URL www.tsogosun.com
料 ⓈⓌR1800～
CC ADMV
室 128
Wi-Fi あり（客室）

シンプルだが機能的な造りの客室

ガーデンコート・サウス・ビーチ ★★★

Garden Court South Beach

MAP P.171-C2

O.R.タンボ・パレードのホテルのなかで、最も南側に位置する21階建てのホテル。スタンダード、スーペリア、デラックスなど5タイプの客室があり、いずれも窓から望む眺めは最高だ。カフェのほかに、1階にガーデン・グリル・レストランが入っている。

住 73 O.R. Tambo Parade
☎ (031) 337-2231
URL www.tsogosun.com
料 ⓈⓌR1295～
CC ADMV
室 414
Wi-Fi あり（客室）

スタンダードルームからも海を一望

グッダーソン・ビーチ・ホテル ★★★

Gooderson Beach Hotel

MAP P.171-C1

ビーチリゾートを楽しむのに最高のロケーションに立つ。建物が少々古いので、豪華さには欠けるが、料金はビーチフロント・エリアでは安いほうなので穴場かもしれない。キッチン付きの客室もある。また、ホテルの中には、3つのレストランやバーが入っている。

住 107 O.R. Tambo Parade
☎ (031) 337-1511
URL www.goodersonleisure.co.za
料 ⓈR1125～　ⓌR1650～
※朝食付き
CC ADMV
室 112
Wi-Fi あり（客室）

夕暮れ時もホテル周辺はにぎわう

ガーデンコート・マリン・パレード ★★★

Garden Court Marine Parade

MAP P.171-C1

ノース・ビーチとサウス・ビーチのちょうど境目にある。すべての部屋がビーチに面しているので、どの部屋からもすばらしい眺めが望める。30階にはプールもあり、ここからの眺めが最高で、特に夕方はロマンティック。スパ、トラベルデスクも併設している。

住 167 O.R. Tambo Parade
☎ (031) 337-3341
URL www.tsogosun.com
料 ⓈⓌR1595～
CC ADMV
室 352
Wi-Fi あり（客室）

客室設備も十分に整っている

シーボード・ホテル ★★★

Seaboard Hotel

MAP P.171-B～C2

1階はショッピングモールになっていて、フロントはマハトマ・ガンジー通り沿いにある。部屋はすべてアパートメントタイプで、キッチンが付いているので長期滞在者にも便利。ビーチフロントではないが、部屋からの眺めはなかなかよい。ジム、レストラン併設。

住 577 Mahatma Gandhi Rd.
☎ (031) 337-2601
URL www.seaboardhotel.co.za
料 ⓈⓌR1100～
CC AMV
室 300
Wi-Fi なし

客室が広く、開放的

シティ・ロッジ・ダーバン ★★★

City Lodge Durban

MAP P.171-B1

ノース・ビーチから少し入った所にある。海岸沿いではないので眺めは期待できないが、部屋は清潔でファシリティも十分に整っている。セキュリティがしっかりしているうえ、料金的にもリーズナブルなので、ビジネスに観光に利用価値は大きい。

住 Cnr. Sylvester Ntuli & K.E. Masinga Rd.
☎ (031) 332-1447
URL clhg.com
料 ⓈⓌR1330～
CC ADMV
室 160
Wi-Fi あり（客室）

緑に囲まれたエントランス

サン 1 ダーバン

SUN 1 Durban

MAP P.170-A1

グレイハウンドの長距離バスターミナルのすぐ目の前に立っているので、夜遅く着いたときや早朝出発というときに便利なロケーションにある。部屋は機能性のみを追求した造りになっているので狭くて簡素だが、清潔で使い勝手はいい。

住 65 N.M.R.Ave.
☎ (031) 301-1551
URL www.tsogosun.com
料 ⓈⓌR612～
CC AMV
室 88
Wi-Fi あり（客室）

客室にはシャワーやTVも完備

テクウェニ・バックパッカーズ・ホステル

Tekweni Backpackers Hostel

MAP P.170-A1

市街から2kmほど離れた閑静で治安のいい住宅地にあり、きれいな中庭にはプールやバーもある。ここでは旅行会社（→P.175欄外）も経営していて、質の高いツアーをいくつも主催している。週2回ブライ（バーベキュー）を開催。

住 169 9th Ave., Morningside
☎ (031) 303-1433
URL tekwenibackpackers.co.za
料 ⓈR500　ⓌR650　ⒹR220
CC MV
室 19（55ベッド）
Wi-Fi あり（共用エリア）

世界各国からバックパッカーが訪れる

フロリダ・パーク・ホテル

Florida Park Hotel

MAP P.170-A1

ビーチからタクシーで5分ほどのフロリダ通り沿いにあるプチホテル。客室はシンプルで清潔感があり、全室にエアコンとテレビを完備している。通り沿いにテラスを設けたレストランやバーのほか、フィットネス施設もある。

住 170 Florida Rd., Morningside
☎ (031) 303-1146
URL www.floridaparkhotel.co.za
料 ⓈR500～　ⓌR700～
CC MV
室 39
Wi-Fi あり（客室）

閑静な高級住宅街にある

ハッピー・ヒッポ・アコモデーション

Happy Hippo Accomodation

MAP P.171-C2外

ダーバン中心部の南端、ウシャカ・マリンワールドのそばにあり、ビーチにも近い好ロケーション。バズ・バスも停まるのでバックパッカーに人気の宿。ベッドや共同シャワー&トイレも清潔だ。1階にはツアーデスクがあり、ツアーの申し込みが可能。

住 222 Mahatma Ghandi Rd.
☎ (031) 368-7181
URL happyhippodurban.co.za
料 ⓈR520～　ⓌR600～　ⒹR220～
CC MV
室 24
Wi-Fi あり（共用エリア）

トイレ・シャワー付きのダブルルーム

ダーバン・バックパッカーズ・オン・ザ・ビーチ

Durban Backpackers on the Beach

MAP P.170-B1外

ダーバン北部に位置し、中心部から車で15分ほどかかるが、すぐ目の前はきれいなビーチなので、のんびりしたい人におすすめ。客室からは海が眺められ、セルフケータリングが可能なアパートメントタイプの部屋もある。バズ・バスも停まる。

住 17 The Promenade Glenashley
☎ (031) 562-1591
URL durbanbackpackers.com
料 ⓈR550～　ⓌR850～　ⒹR220
※朝食付き
CC MV
室 7＋3ドミトリー（18ベッド）
Wi-Fi あり（共用エリア）

ビーチフロントで開放感抜群

R レストラン&ショップ

大都市ダーバンにはファストフードから各国料理まで、さまざまなレストランがあるが、特にインド料理はおすすめ。インド系住民が多く、定評のあるレストランも多い。カレーはもちろんのこと、串に刺したチキンやラムを伝統的なオーブンで焼いたタンドーリや肉や野菜を皮で三角に包んで揚げたサモサなども試してみたい。

ダルマ

Daruma

目の前で焼く鉄板焼きが地元の人に好評。こちらも目の前で握ってもらえる寿司は大人気で、さまざまなネタがカウンターに並べられている。おすすめは、やはり近海で取れた魚介類。茶碗蒸しや焼き魚など、一品料理も充実している。週末は要予約。

日本料理 MAP P.170-B1外

住 Pearls of Umhlanga, 6 Lagoon Drive, Umhlanga rocks
☎ (031) 561-1342
URL www.daruma.co.za
開 火〜土　12:00〜22:00
　月・日　12:00〜21:00
休 なし
CC A M V

寿司カウンターもある

ローマ・リボルビング・レストラン

Roma Revolving Restaurant

マーガレット・ムカディ通り沿いに建つ、高層ビルの32階にある。店そのものが回転式の展望台になっており、360度の大パノラマが楽しめる。特に夕暮れ時の眺めが最高。イタリア料理が中心で、コースがひとりR230程度〜。

イタリア料理ほか MAP P.171-B2

住 32nd Floor, John Ross House, Esplanade, Margaret Mucadi St.
☎ (031) 337-6707
URL www.roma.co.za
開 月〜木　18:00〜22:30
　金・土　12:00〜14:30
　　　　　18:00〜22:30
休 日
CC A M V

店内にはバーカウンターもある

カーゴ・ホールド

Cargo Hold

ウシャカ・マリンワールド(→P.173)内にある、古い船舶の中に設けられたレストラン。巨大な水槽を前に食事ができるという、しゃれた内装が印象的。水槽にはサメなどの大きな魚もいて迫力満点だ。マリンワールドを訪れる際はぜひ。

フュージョン料理 MAP P.171-C2外

住 Point, uShaka Marine World
☎ (031) 328-8067
URL www.ushakamarineworld.co.za
開 月〜土　12:00〜15:00
　　　　　18:00〜21:00
　日　　　12:00〜17:00
休 なし
CC A M V

水槽横のテーブルがおすすめ

9th アベニュー・ウオーターサイド

9th Avenue Waterside

数々のアワードを獲得しているダーバンで有名なビストロ。料理はフレンチ、イタリアンなどをベースにしたもので、盛り付けが華やかで美しい。ワインも豊富に揃っており、現地や旅行者の人々でいつもにぎわっている。

フランス料理 MAP P.170-A2

住 2 Maritime Pl., Harbour
☎ (031) 940-4628
URL www.9thavewaterside.co.za
開 火〜土　12:00〜14:30
　　　　　18:00〜21:00
　日　　　12:00〜14:30
休 月
CC A M V

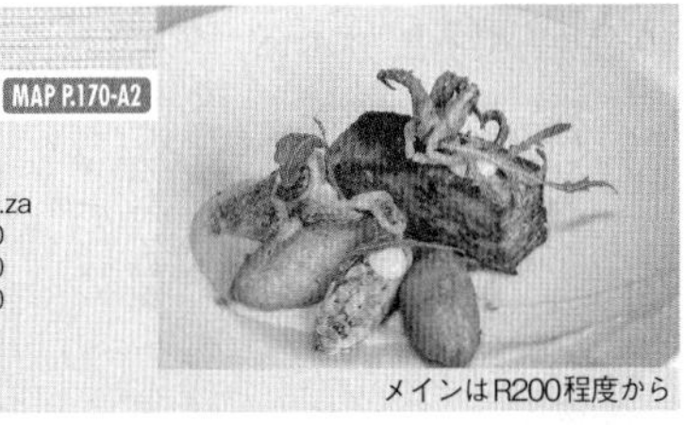

メインはR200程度から

サンコースト・フードコート

Suncoast Food Court

サンコースト・カジノと同じ建物内にあるフードコート。20軒近くものレストランがあり、ハンバーガーやピザなどのファストフードからイタリアン、シーフード、ステーキ、さらには寿司まで、多彩な料理が堪能できる。テイクアウトも可能。

フードコート MAP P.170-B1

住 Suncoast Blvd., O.R. Tambo Parade
☎ (031) 328-3000
開 休 店舗によって異なる
CC 不可

広々とした吹き抜けでひとりでも気軽に入れる雰囲気

ザックス

Zack's

ナタール港とヨット・ハーバーを眺めながら優雅に食事が楽しめる。朝食メニューからシーフード、パスタ、ステーキまでと幅広いメニューが揃っている。地元のミュージシャンに活動の場を提供するなど、音楽振興にも積極的。

シーフード料理ほか　MAP P.170-A2

住 Shop 23 Wilson's Wharf Bldg., 14 Boatmans Rd.
☎ (031) 305-1677
URL www.zacks.co.za
開 24時間
休 なし
CC M V

盛んにライブが催される

モヨ

Moyo

国内各地に展開する人気チェーン店。伝統ダンスから詩の朗読、パフォーマンス、歌などで盛り上がる。店内はいかにもアフリカらしいインテリアで、雰囲気もいい。料理も種類が豊富に揃っている。海沿いにあり、風がたいへん気持ちよいのでテラス席がおすすめ。

アフリカ料理　MAP P.171-C2外

住 L6, uShaka Village, uShaka Marine Walk, Point
☎ (031) 332-0606
URL www.moyo.co.za/moyo-ushaka
開 11:00～22:00
休 なし
CC A M V

デラックス・ビーフ・コフタ・サンドイッチ

バット・センター

BAT Centre

彫刻、絵画、ビーズ細工、焼き物など多岐にわたる芸術品を取り扱う店舗がいくつも入っている。なかには奥に工房を併設している店や、実演即売を行っている店も。2階には地元アーティストたちのギャラリースペースもある。

工芸品　MAP P.171-B2

住 45 Maritime Place
☎ (031) 332-0451
URL www.batcentre.co.za
開 8:00～16:30
休 なし
CC 店舗により異なる

民芸品の制作過程を見学することも

ゲートウエイ

Gateway

ダーバン市内から約17kmの郊外、ウムシュランガUmhlangaのビーチ沿いにあるショッピングセンター。200以上のショップ、レストランをはじめ、映画館、食料品店などが入っていて、1日いても飽きないほど。週末になると多くの人でにぎわう。

ショッピングセンター　MAP P.170-B1外

住 No. 1 Palm Blvd., Umhlanga Ridge New Town Centre
☎ (031) 514-0600
URL www.gatewayworld. co.za
開 月～木　9:00～19:00
金・土　9:00～21:00
日・祝　9:00～18:00
休 なし
CC 店舗により異なる

地元の人々にも大人気

ビクトリア・ストリート・マーケット

Victoria Street Market

インド人街にある市場。観光客の姿を多く見かけるが、基本的には生鮮食品や安い衣料品などを扱う庶民のための市場で、市民の生活を垣間見られる。ダーバンでは最も古いマーケットで、インドとアフリカ文化の融合を感じることだろう。

市場　MAP P.170-A2

住 Cnr. Queen & Victoria St.
☎ (031) 306-4021
開 月～土　8:00～18:00
日　10:00～16:00
休 なし
CC 不可

おみやげ探しにもおすすめ

ワークショップ

The Workshop

赤れんがの大きな倉庫のような外観をした大型ショッピングセンター。かつて列車の整備工場として使われていた建物で、120以上もの店が入っている。レストランはナンドスやウィンピーなどチェーン店が多い。スーパーもある。

ショッピングセンター　MAP P.171-A1

住 99 Sarmora Machel St.
☎ (031) 304-9894
開 月～金　9:00～17:00
土　9:00～18:00
日・祝　10:00～16:00
休 なし
CC 店舗により異なる

1860年創業の老舗

開拓の歴史をいまに伝えるナタール地方の中心の町

ピーターマリッツバーグ

Pietermaritzburg

ピーターマリッツバーグのランドマーク、シティ・ホール

「ブラッド・リバーの戦い」でズールー族に圧倒的勝利を収めたアンドリース・プレトリウスに率いられたボーア人たちは、1838年にナタール共和国を建国し、ここに首都をおいた。わずか5年後、イギリスの植民地に併合されたが、彼らはここに住み続け、今でも市民の多くは自分が開拓者の末裔であることに誇りをもっている。町には当時のままのビクトリア様式やエドワード様式（→P.182欄外）の建物が多く、まるでヨーロッパの田舎町のようだ。

歩き方 WALKING AROUND

市街は碁盤の目のように整備されており、ほとんどの見どころが町を北西から南東へ走る**チーフ・アルバート・ルスリ通り Chief Albert Luthuli St.**を挟んだ500mほどのエリアに集中している。チーフ・アルバート・ルスリ通りに面して立つ、荘厳な時計台をもつ建物が**シティ・ホール City Hall**。同じ一角に立っている**パブリシティ・ハウス Publicity House**は、1884年に警察署として建てられたものだが、現在は観光案内所となっている。ここでは長距離バスの予約も行っており、この建物の隣が乗り場になっている。

この裏はローカル・ミニバス乗り場と緑の芝生が広がる**チャーチル広場 Churchill Sq.**。ここを抜けた所に**開拓者博物館 Voortrekker Museum**がある。また、シティ・ホールのチーフ・

☎市外局番 033

ACCESS

✈ヨハネスブルグから毎日3～5便運航。所要約1時間15分。
🚌グレイハウンドなどが運行している。ダーバンから所要約1時間、R200～。

空港から市内へ

ピーターマリッツバーグ空港は市内中心部の南約6㎞に位置。車で所要約10分。

町名の由来について

入植開拓者のリーダー、ピーター・モーリッツ・レティーフ Pieter Mauritz Retiefとゲルト・マリッツ Gert Maritzにちなんでつけられた。

ピーターマリッツバーグの公式サイト
URL www.msunduzi.gov.za

パブリシティ・ハウス（観光案内所）
MAP P.183-A2
住 177 Chief Albert Luthuli St.
☎ (033) 345-1348
URL www.pmbtourism.co.za
開 月〜金　8:00〜17:00
　土・祝　8:00〜13:00
休 日

かつて警察署だった観光案内所の建物

ビクトリア様式とエドワード様式

ビクトリア様式とは、19世紀にイギリスのビクトリア女王時代に見られた建築様式のことで、華麗で装飾に凝った内装が特徴。重厚でやや暗めの印象を与える。エドワード様式は、20世紀初頭のエドワード7世時代の建築様式で、ビクトリア様式の過剰な装飾に対するリアクションとして生まれた。自然からインスピレーションを受けたデザインで、陽気で明るいイメージ。白を多用し、窓やドアにはステンドグラスが用いられることもある。

ホーウィックの滝
MAP P.187-B2
ACCESS
🚗ピーターマリッツバーグから車で20〜30分。

ホーウィックの観光案内所
住 4 Falls View Rd.
☎ (072) 221-3895
URL www.howicktourism.co.za
開 要問い合わせ

ホーウィック博物館
住 Falls View Rd.
☎ (033) 239-9240
開 火〜金　8:45〜12:30
　　　　14:00〜15:30
休 月・土・日　料 無料（寄付）

アルバート・ルスリ通りを挟んだ向かい側に立つ赤れんがの建物がかつての最高裁判所で、現在は**タータム美術館Tatham Art Gallery**となっている。その南東側に華麗なドームが印象的な**クワズル・ナタール議事堂KwaZulu-Natal Legislature**が立つ。北東側の**チャーチ通りChurch St.**は銀行やショップが軒を連ね、**コロニアル・ビルColonial Buildings**や**セント・ピーター教会St. Peter's Church**、**スタンダード・バンクStandard Bank**といった歴史的建造物も建ち並んでいる。

コロニアル・ビルの前には**マハトマ・ガンジーの像Statue of Mahatma Gandhi**が立っている。この町はインド人が多く住んでいることも特徴のひとつで、**ロングマーケット通りLongmarket St.**の北東の外れには極彩色のドームが特徴の**ヒンドゥー寺院Sri Siva Sobramoniar & Marriamen Temple**がある。また、**ループ通りLoop St.**には**クワズル・ナタール博物館KwaZulu-Natal Museum**、**バーガー通りBurger St.**にはステンドグラスがきれいなビクトリア様式の**セント・メアリー英国国教会St. Mary's Angrican Church**が立っている。

市街のほとんどの見どころは徒歩で見て回れるが、クワズル・ナタール植物園や**ナタール大学University of Natal**など郊外へ行くにはタクシーを使ったほうがいいだろう。利用する人が少ないため路上で流しのタクシーをつかまえるのは難しいので、ホテルなどで電話で呼んでもらうかパブリシティ・ハウスの隣にあるタクシー乗り場を利用する。

ピーターマリッツバーグから25kmほど離れた所には、落差94mを誇る**ホーウィックの滝Howick Falls**がある。展望台からの眺めはなかなか壮大だ。滝へ向かう途中には**ホーウィック博物館Howick Museum**もある。ホーウィックの町にはホーウィック・フォールズ・ホテルが1軒あるのみだが、周辺には100軒近いB&Bがあるので泊まりがけで出かけてもいい。観光案内所は展望台のすぐ手前にある。

壮大なホーウィックの滝

おもな見どころ ATTRACTIONS

1900年以来開拓者の歴史を刻んできた

シティ・ホール

MAP P.183-A2

City Hall

チーフ・アルバート・ルスリ通りChief Albert Luthuli St.とチャーチ通りChurch St.が交差する角に立つ赤れんが造りの堂々とした建物。1893年に建てられた議事堂が1898年に焼失し、現在の建物はそのあとに再建されたもの。町のシンボルにもなっている時計台は高さ47mを誇り、れんが造りの建築物としては南半球で最大のもので、1969年に国の文化財に指定されている。美しいドームとステンドグラスも必見だ。

ガンジーの政治活動の原点はこの町にあった

マハトマ・ガンジーの像

MAP P.183-A2

Statue of Mahatma Gandhi

インド独立の父ガンジーと地方都市ピーターマリッツバーグとのつながりを意外に感じるかもしれない。弁護士だった当時24歳の若きガンジーは、ピーターマリッツバーグの駅で白人の乗客と乗務員の理不尽な人種差別に遭い、列車から降ろされてしまった。その後、インドに戻ったガンジーは、人生で最も影響を受けたできごととしてこの事件を挙げている。これをきっかけに、ガンジーは非暴力・不服従を提唱しながら植民地解放や人権運動を展開し、世界に大きな影響を与えることとなったのである。このガンジーの原点の地ともいえるピーターマリッツバーグ駅の構内には、そのレリーフがある。

シティ・ホール
住 Cnr. Church & Chief Albert Luthuli St.
☎ (033) 392-3000
開 8:00～17:00
休 なし 料 無料

ピーターマリッツバーグ宿泊施設ネットワーク協会
Pietermaritzburg B & B Network Association
URL www.pmbnetwork.co.za
宿泊施設を探すのなら、上記のホームページを参考に。

マハトマ・ガンジーの像
住 Church St.

腰にドーティを巻きつけたおなじみのスタイルのガンジーの像

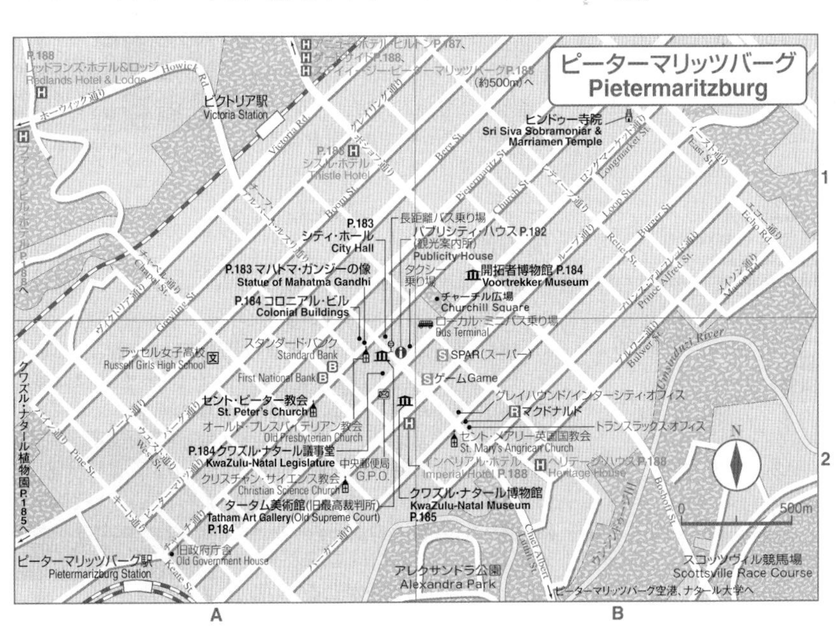

植民地時代の面影をいまに残す

コロニアル・ビル

MAP P.183-A2

Colonial Buildings

1899年に完成したこの建物は、19世紀後半の代表的な建築物といわれている。正面入口の上には、宗主国であったイギリスの王室の紋章が配されている。

コロニアル・ビル
住 241 Church St.
※内部への立ち入りはできない。

堂々とした建物のコロニアル・ビル

ナタールの歴史はここでつくられた

クワズル・ナタール議事堂

MAP P.183-A2

KZN Legislature

ロング・マーケット通りLong Market St.に面して立っており、国の文化財に指定されている。前に立っているのはビクトリア女王の像。当初は立法府だったが、現在はクワズール・ナタール州の議事堂として使われている。

1887年に完成した議事堂

クワズル・ナタール議事堂
住 239 Langalibalele St.
※内部への立ち入りはできない。

激動の歴史を秘めた旧最高裁判所

タータム美術館

MAP P.183-A2

Tatham Art Gallery

シティ・ホールの向かいに建つ荘厳なたたずまいのこの建物は、1871年に完成したもの。当初は郵便局として使われていたが、1879年にズールー族の攻撃に備えるための要塞とされた。その後、1906年から1983年は最高裁判所がおかれていた。現在は、美術館として現代アフリカのアーティストの絵画やオブジェ、近現代のイギリスやフランスの絵画や陶磁器などすばらしい作品が数多く展示されている。また、中世の人形が時を告げるからくり時計も有名だ。

昔裁判所だった美術館

タータム美術館
住 Chief Albert Luthuli Rd., Oppsite City Hall
☎ (033) 392-2801
URL www.tatham.org.za
開 火〜金 10:00〜16:00
土 9:00〜13:00
休 日・月
料 無料

ピーターマリッツバーグの歴史が凝縮された

開拓者博物館

MAP P.183-B1

Voortrekker(Msunduzi) Museum

「ブラッド・リバーの戦い」でズールー族に勝利した記念に、1841年に建てられた「誓いの教会Church of the Vow」を、1912年に博物館としてオープンしたもの。館内には多くの遺物や幌牛車のレプリカ、ズールー族の王ディンガーンの椅子などが展示され、開拓の苦労やズールー族との戦いの歴史をうかがい知ることができる。また、同じ敷地内の教会に入植者のリーダーだったピーター・モーリッツ・レティーフとゲルト・マリッツの像が立っている。

展示品の数々

開拓者博物館
住 351 Langalibalele St.
☎ (033) 394-6834
URL www.msunduzimuseum.org.za
開 月〜金 9:00〜16:00
土 9:00〜13:00
休 日・祝
料 要問い合わせ

南アフリカ国内に5つある国立博物館のひとつ

クワズル・ナタール博物館

MAP P.183-A2

KwaZulu-Natal Museum

1905年に開設され、100年以上の歴史をもつ。館内の展示は間違いなく国内最高のもので、1階には膨大な数の動物のはく製や昆虫の標本などが並べられている。2階は民俗学のフロアとなっており、アフリカの部族や開拓者に関するものはもちろん、この地に根を下ろしたインド人文化の展示品もあり興味深い。特に1850年代のビクトリア時代の町並みを忠実に再現した展示室は必見。また、ティラノザウルスのレプリカや化石に触れられる恐竜館、国内最大級の貝殻のコレクションが陳列されている海洋館といった展示室もおもしろい。

貴重なコレクションを見学できる

クワズル・ナタール博物館
住 237 Jabu Ndlovu St.
☎ (033) 345-1404
URL www.nmsa.org.za
開 月～金　8:15～16:30
土　9:00～16:00
日　10:00～15:00
休 なし
料 大人R15、子供R5

木漏れ日が心地よい市民の憩いの場

クワズル・ナタール植物園

MAP P.183-A2外

KwaZulu-Natal Botanical Gardens

市街中心部から約4km離れた所にある広大な植物園。バーグ通りBerg St.を真っすぐ西へ進み、線路をくぐりさらに1kmほど先にある。1870年に旧ナタール州の植物園として造られたが、1969年に国立の植物園となった。年間を通じて国内外から集められた色とりどりの花が見られる。園内のティールームでのんびりするのもおすすめだ。

広々とした園内で散歩を

クワズル・ナタール植物園
住 2 Swartskop Rd.
☎ (033) 344-3585
URL www.sanbi.org
開 10～4月　8:00～18:00
5～9月　8:00～17:30
休 なし
料 大人R30、
子供無料（6歳以下）
※園内にレストラン、ショップがある。ピクニックランチを持参して楽しむこともできる。

郊外の見どころ
ATTRACTIONS

ユネスコの世界遺産に登録されている国立公園

マロティ・ドラケンスバーグ公園
MAP P.187-B2

Maloti-Drakensberg Park

ドラケンスバーグとは「竜(ドラゴン)の山々」という意味。ズールー族はクアツランバQuathlamba(槍の壁の意)と呼んだ。地殻変動が造り出した絶壁が幾重にも連なるその姿はまさに竜のようでもあり、天然の要塞のようでもある。また、一帯にはサン族の壁画が数多く残されている。

ドラケンスバーグの中心となるのが、**ジャイアント・キャッスルGiant's Catsle**。緑に覆われた深い谷とごつごつした絶壁の山々のコントラストは絶景。公園内にある洞窟には、サン族の生活が再現されており、壁画も保存されている。

ドラケンスバーグの北部、フリー・ステート州との州境界に位置するのが**ロイヤル・ナタール国立公園Royal Natal National Park**。**アンフィシアター Amphitheatre**と呼ばれる高さ500mもの岩の屏風が5kmにもわたって続くその光景は圧巻だ。

公園内には、その天然の彫刻を堪能するためのすばらしいハイキングコースやロッジ、キャンプサイトが整備されている。ただし、10〜3月は雨が集中して降り、突然嵐に見舞われることもあるので十分に注意したい。ちなみに2013年のエリア拡大で、レソトの国立公園(→P.354)も世界遺産に含まれた。

ドラケンスバーグ山脈の山並み

大自然の雄大さに圧倒される

ゴールデンゲート・ハイランド国立公園
MAP P.187-A1

Golden Gate Highlands National Park

フリー・ステート州の北東部、まさにドラケンスバーグ山脈の北の端に位置する。隆起し、むき出しになった地層は、風と雨に浸食されて、世にもまれな自然の芸術を造り出した。特に夕刻にはオレンジ一色の世界となり、その姿は神々しいまでの美しさだ。このあたりの地層には、鉱物が多量に含まれている。そのために岩肌は赤や黄色をしており、付近を流れる小川の水もピンク色を帯びている。116km²の広さをもつ園内には、たくさんの動物や鳥が生息しているほか、夏の間にはさまざまな花が咲き乱れる。冬は寒いが、雪をかぶったその姿もまたえもいわれぬ美しさだ。

ダイナミックな景観が広がる

世界遺産

2000年に複合遺産に登録
2013年エリア拡大で再登録

マロティ・ドラケンスバーグ公園

南アフリカのウクハランバ・ドラケンスバーグ国立公園とレソトのセアラバセベ国立公園で構成。ドラケンスバーグ内にはいくつもの公園が点在し、そこを拠点に数々のハイキングやトレッキング用のトレイルが整備されている。まずはゲートで入園料を支払い、必ず許可を得てから出かけること。また、各公園、その日の天候によってもゲート時間が変更になるので事前に確認を。

ACCESS

🚗ダーバンから車で約3時間。ツアー(→P.175)の利用が便利。

●ジャイアント・キャッスル

開 10〜3月 5:00〜19:00
4〜9月 6:00〜18:00
休 なし 料 大人R80、子供R40
※壁画ツアーは毎日9:00〜15:00に1時間おきに催行。キャンプから約2.5kmのトレイルの先に壁画洞窟があり、そこでガイドが案内してくれる。洞窟までは所要約45分。大人R40、子供R20。

●カテドラル・ピーク

開 10〜3月 5:00〜17:00
4〜9月 6:00〜18:00
休 なし
料 大人R80、子供R40

●ロイヤル・ナタール国立公園

開 10〜3月 5:00〜19:00
4〜9月 6:00〜18:00
休 なし 料 大人R80、子供R40

公園内に宿泊する

公園内には、キャンプサイトから居心地のいいロッジまで30ほどの施設が整備されている。予約・問い合わせは下記へ。

●EZEMEVELO KZN WILDLIFE

☎(033) 845-1000
URL www.kznwildlife.com

ゴールデンゲート・ハイランド国立公園

☎(058) 255-1000(予約)
URL www.sanparks.org
開 7:00〜17:30 休 なし
料 大人R224、子供R112
※公園内に6つのレストキャンプがあり、コテージは1棟R935〜、キャンプは1人R265〜。

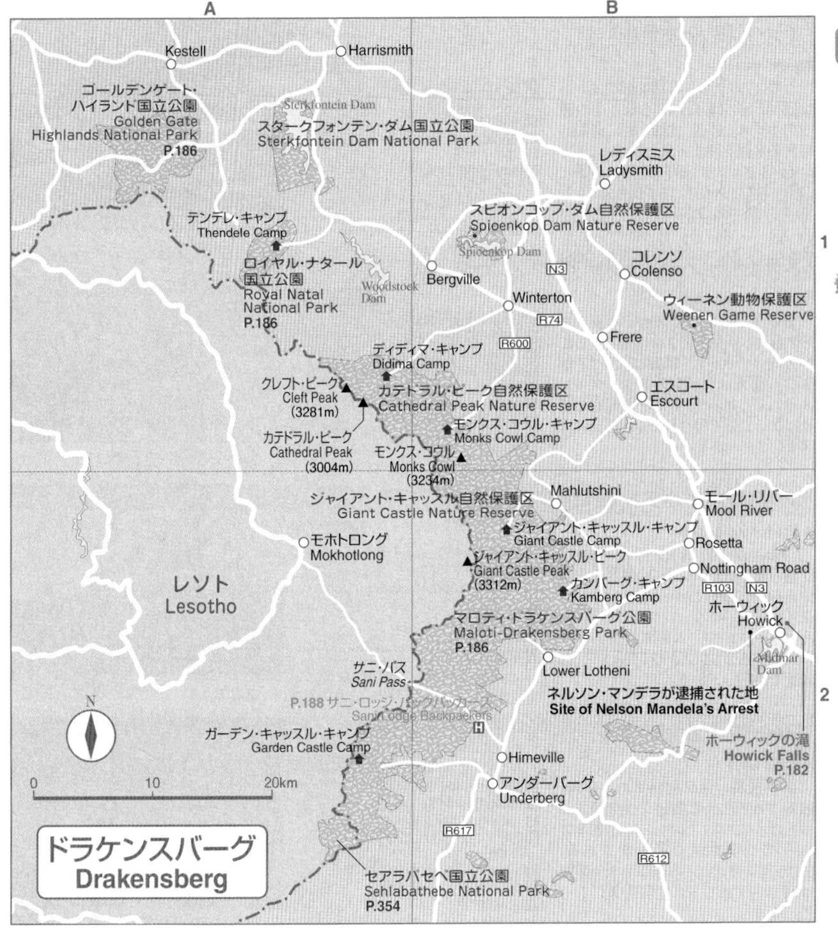

H ホテル

Hotel Restaurant Shop Winery

クワズル・ナタール州の中心地のひとつでもあるピーターマリッツバーグには、バックパッカー宿からゲストハウス、B&Bと呼ばれる朝食付きの簡易宿、ロッジ、ホテルまでさまざまな種類の宿泊施設が揃っている。予約を入れていない場合は、観光案内所へ行って相談してみよう。手頃な宿を紹介してくれるはずだ。

アニュー・ホテル・ヒルトン ★★★★

ANEW Hotel Hilton

ヒルトン

MAP P.183-A1外

ピーターマリッツバーグの市街からN3を北西へ約12km行った、静かな環境に建っている。1936年築のホテルを改築した趣のある外観で、挙式場として使われることも多い。レストランやバー、ふたつのプール、会議室などの施設が揃っている。

住 1 Hilton Ave., Hilton
☎ (033) 343-3311
URL anewhotels.com
料 ⓈⒹR1000〜
CC A D M V
室 97
Wi-Fi あり (客室)

歴史を感じさせる優雅な外観

インペリアル・ホテル ★★★

Imperial Hotel

MAP P.183-A2

クワズル・ナタール博物館の向かいに建つ、1878年に建てられた市内最古のホテル。外観、内装ともに植民地時代の名残を残す古風な造りになっている。客室はスタンダード、ファミリー、スイートの3タイプ。いずれも広々としていて、居心地のいい滞在ができる。

- 住 224 Jabu Ndlovu St.
- ☎ (033) 342-6551
- 料 ⓈⓌR1540～
- CC ADMV
- 室 70
- Wi-Fi あり（共用エリア）

歴史を感じる外観

ステイイージー・ピーターマリッツバーグ ★★★

StayEasy Pietermaritzburg

MAP P.183-A1外

日本でいうビジネスホテルタイプの内装で、リーズナブルに滞在をしたい人向けのホテル。客室は、すべてがダブルまたはツインのスタンダードルームで、コンパクトだが機能的な造りになっていて居心地がいい。ビジネスセンターもある。

- 住 50 Sanctuary Rd.
- ☎ (033) 897-6650
- URL www.tsogosun.com
- 料 ⓈⓌR1320～　※朝食付き
- CC ADMV
- 室 127
- Wi-Fi あり（客室）

シンプルで快適なダブルのスタンダードルーム

レッドランズ・ホテル & ロッジ ★★★

Redlands Hotel & Lodge

MAP P.183-A1

市街地から車で約5分。ホーウィック通りを上った所にあり、町を見下ろす丘の上に建っている。客室はすべてスイートルームで、1ベッドルームまたは2ベッドルームのキッチン付きロッジもある。レストラン＆バー、会議室を併設している。

- 住 1 George McFarlane Lane
- ☎ (033) 394-3333
- URL www.redlandshotel.co.za
- 料 ⓈR1320～　ⓌR1630～
- CC ADMV
- 室 22
- Wi-Fi あり（客室）

中庭にはプールもある

ファーン・ヒル・ホテル ★★★

Fern Hill Hotel

ホーウィック

MAP P.183-A1外

白壁が美しい平屋建てのホテル。緑あふれる広大な敷地には屋外プールをはじめ、バーベキューができるスペースやテニスコートまである。2016年にリノベーションされ、客室は家庭的でおしゃれな雰囲気になっている。

- 住 Tweedie, 3255
- ☎ (033) 330-5071
- URL www.fernhillhotel.co.za
- 料 ⓈR900～　ⓌR1200～　※朝食付き
- CC ADMV
- 室 25
- Wi-Fi あり（客室）

リノベーションされた客室

ヘリテージ・ハウス

Heritage House

MAP P.183-B2

築100年という瀟洒なビクトリア調の赤れんが建築をプチホテルに改装。6室ある客室はどれもエレガントな調度品で飾られている。レストランを併設。

- 住 45 Miller St.
- ☎ (033) 394-4364
- URL www.heritagehousepmb.co.za
- 料 ⓈR500　ⓌR800　※朝食付き
- CC 不可
- 室 6
- Wi-Fi あり（客室）

ゲートサイド ★★★

Gateside

ヒルトン

MAP P.183-A1外

ピーターマリッツバーグの郊外にあるゲストハウス。屋外には、目の前に壮大な自然が広がるプールもある。客室はいずれも十分な設備が整っている。

- 住 11 Quarry Rd., Hilton
- ☎ (033) 343-1536
- URL gatesidebnb.co.za
- 料 ⓈR580～900　ⓌR700～980
- CC ADMV
- 室 9
- Wi-Fi あり（客室）

シスル・ホテル

Thistle Hotel

MAP P.183-A1

バックパッカーに人気の宿で、市内観光をするのにもってこいの立地。おいしい料理を提供してくれるバーがあるのもうれしい。バズ・バスも停まる。

- 住 30 Boshoff St.
- ☎ (033) 342-4204
- 料 ⓈⓌR640～
- CC 不可
- 室 12
- Wi-Fi あり（客室）

サニ・ロッジ・バックパッカーズ

Sani Lodge Backpakers

アンダーバーグ

MAP P.187-B2

ドラケンスバーグ南部にある町アンダーバーグの北約10kmの所に位置する。レソトへ抜けるサニ・パスの近くにあり、レソトへのツアーなどで人気の宿。

- 住 Underberg 3257
- ☎ (033) 702-0330
- URL www.sanilodge.co.za
- 料 ⓈR265～　ⓌR530～　ⒹR190　キャンプR100
- CC 不可
- 室 13＋4ドミトリー（16ベッド）
- Wi-Fi あり（共用エリア）

独自の伝統文化が息づく

ズールーランド

Zululand

伝統的なズールー族の暮らしに触れられるシャカランド

ズールーランドは、かつて強大な軍事王国を築いたズールー族の暮らす土地で、クワズル（クワKwaとはズールー語で町、土地の意）とも呼ばれる。今でもここで暮らすズールー族は独自の言語であるズールー語を話し、ある程度伝統を守って生活している。そしていくつかの村では、彼らの伝統的な暮らしぶりを観光客に見せることによって生計を立てている。そこで見るものは確かに商業化されたものではあるが、ズールー族のすばらしい文化を垣間見せてくれる。

概要 SUMMARY

ズールーランドは、南アフリカ北東岸のインド洋に面した一帯で、北はモザンビークとエスワティニとの国境から、南はトゥゲラ川Tugela River、西はヴライヘイドVryheid近辺までの地域を指す。固有の伝統文化と数々の野生動物が生息する自然景観に富んだ最も南アフリカらしいデスティネーションである。黒人と白人は分離して発展すべきとするアパルトヘイト政策の影響で、この地で暮らすことになったズールー族は、現在でも独自の伝統文化に誇りをもって生活している。

また、ここは19世紀後半、先住民であったズールー族と開拓者として入植してきたボーア人との間で激しい戦いが繰り広げられた所でもある。記念碑や墓地などがところどころに残されており、その悲惨な歴史をいまに伝えている。

ズールー族について→P.414

ズールーランド・ツーリズム
Zululand Tourism
URL www.zululandtourism.org.za

太鼓を作るズールー族の男性

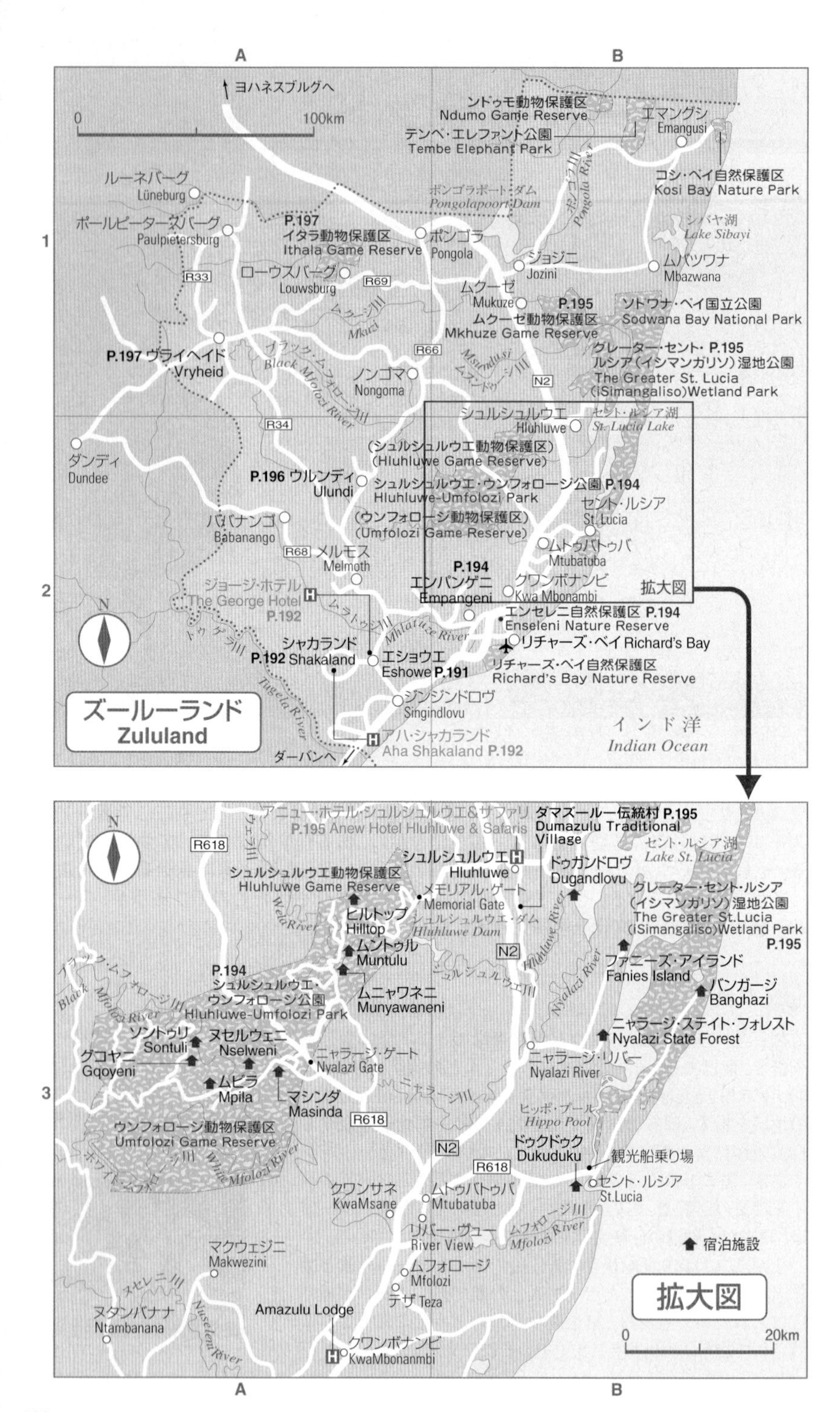
ズールーランド
Zululand
ヨハネスブルグへ
0 100km
ンドゥモ動物保護区
Ndumo Game Reserve
テンベ・エレファント公園
Tembe Elephant Park
エマングシ
Emangusi
コシ・ベイ自然保護区
Kosi Bay Nature Park
ルーネバーグ
Lüneburg
ポールピーターズバーグ
Paulpietersburg
ポンゴラポート・ダム
Pongolapoort Dam
P.197 イタラ動物保護区
Ithala Game Reserve
ポンゴラ
Pongola
シバヤ湖
Lake Sibayi
ジョジニ
Jozini
ムバツワナ
Mbazwana
ローウスバーグ
Louwsburg
ムクーゼ
Mukuze
P.195 ムクーゼ動物保護区
Mkhuze Game Reserve
ソトワナ・ベイ国立公園
Sodwana Bay National Park
P.197 ヴライヘイド
Vryheid
ノンゴマ
Nongoma
グレーター・セント・ルシア（イシマンガリソ）湿地公園 P.195
The Greater St. Lucia (iSimangaliso)Wetland Park
シュルシュルウエ
Hluhluwe
セント・ルシア湖
St. Lucia Lake
ダンディ
Dundee
（シュルシュルウエ動物保護区）
（Hluhluwe Game Reserve）
P.196 ウルンディ
Ulundi
シュルシュルウエ・ウンフォロージ公園 P.194
Hluhluwe-Umfolozi Park
（ウンフォロージ動物保護区）
（Umfolozi Game Reserve）
ババナンゴ
Babanango
セント・ルシア
St. Lucia
ムトゥバトゥバ
Mtubatuba
メルモス
Melmoth
P.194 エンパンゲニ
Empangeni
クワンボナンビ
Kwa Mbonambi
拡大図
ジョージ・ホテル
The George Hotel
P.192
エンセレニ自然保護区 P.194
Enseleni Nature Reserve
リチャーズ・ベイ Richard's Bay
リチャーズ・ベイ自然保護区
Richard's Bay Nature Reserve
シャカランド
P.192 Shakaland
エショウエ
Eshowe P.191
ジンジンドロヴ
Singindlovu
アハ・シャカランド
Aha Shakaland P.192
インド洋
Indian Ocean
ダーバンへ
R33 R69 R66 R34 R68 N2
アニュー・ホテル・シュルシュルウエ＆サファリ
P.195 Anew Hotel Hluhluwe & Safaris
ダマズールー伝統村 P.195
Dumazulu Traditional Village
シュルシュルウエ
Hluhluwe
ドゥガンドロヴ
Dugandlovu
セント・ルシア湖
Lake St. Lucia
シュルシュルウエ動物保護区
Hluhluwe Game Reserve
メモリアル・ゲート
Memorial Gate
シュルシュルウエ・ダム
Hluhluwe Dam
ヒルトップ
Hilltop
ムントゥル
Muntulu
グレーター・セント・ルシア（イシマンガリソ）湿地公園
The Greater St.Lucia (iSimangaliso)Wetland Park
P.195
P.194 シュルシュルウエ・ウンフォロージ公園
Hluhluwe-Umfolozi Park
ムニャワネニ
Munyawaneni
ファニーズ・アイランド
Fanies Island
バンガージ
Banghazi
ソントゥリ
Sontuli
ヌセルウェニ
Nselweni
グコヤニ
Gqoyeni
ニャラージ・ゲート
Nyalazi Gate
ニャラージ・ステイト・フォレスト
Nyalazi State Forest
ニャラージ・リバー
Nyalazi River
ムピラ
Mpila
マシンダ
Masinda
ヒッポ・プール
Hippo Pool
ウンフォロージ動物保護区
Umfolozi Game Reserve
ドゥクドゥク
Dukuduku
観光船乗り場
セント・ルシア
St.Lucia
クワンサネ
KwaMsane
ムトゥバトゥバ
Mtubatuba
リバー・ヴュー
River View
宿泊施設
マクウェジニ
Makwezini
ムフォロージ
Mfolozi
テザ Teza
ヌタンバナナ
Ntambanana
Amazulu Lodge
クワンボナンビ
KwaMbonanmbi
拡大図
0 20km
R618 N2

ズールー王国歴代の王が生まれ育った場所

エショウエ

Eshowe

MAP P.190上-A2

緑深い熱帯雨林の森林とサトウキビ畑に囲まれた美しい丘陵の上にある小さな町。名前は木々を渡る風の音を表すズールー語の「イショーザIshoza」または「イシャージIshazi」に由来しているというロマンティックな言い伝えもある。ズールー戦争の際には真っ先に占領され、イギリス軍の拠点がおかれた町でもある。

歩き方

WALKING AROUND

オズボーン通りOsborn Rd.がこの町の中心となる。この通り沿いにズールー族の工芸品を集めた**ヴカニ・ズールー文化博物館Vukani Zulu Cultural Museum**や観光案内所、銀行、ショッピングセンターなどが建ち並んでいる。この通りに続く**メインストリートMain St.**にジョージ・ホテルなど数軒のホテルが点在している。この通りの裏にあるのが、**ドゥリンザの森Dhlinza Forest**だ。天気のいい日は絶好の散歩道だが、日没後や霧が立ち込める日は何とも不気味な森となる。ここは野鳥の宝庫としてバードウオッチャーの間では有名で、エショウエ周辺にはクラウン・イーグルをはじめとして440種もの鳥が生息している。

この森を越えると真っ白い外壁の**ノンカイ砦Fort Nongqai**がある。イギリス軍の要塞であったこの建物は、現在**ズールーランド歴史博物館Zululand Historical Museum**として公開されている。ドゥリンザの森を抜けてこの砦まで行くこともできるが、くれぐれも道に迷わないように注意したい。

また、ジョージ・ホテル前からメイン通りを20分ほど進み、サトウキビ畑を抜けると**ムプシニの滝Mpushini Falls**に出る。郊外にも**マーターズ・クロスMartyr's Cross**や**イギリス軍墓地British MilitaryCemetery**などいくつかの歴史的見どころがあるので、時間があれば訪れたい。

歴史博物館として公開されているノンカイ砦

☎市外局番 035

ACCESS

🚌ダーバンからレンタカーもしくはミニバスで所要約1時間30分。バズ・バスでも行ける。

エショウエの観光案内所
Eshowe Tourism & Publicity
☎(035) 474-1141

ヴカニ・ズールー文化博物館
☎(035) 474-5274
開 8:00〜16:00
休 なし
料 大人R35、子供R10

ノンカイ砦
(ズールーランド歴史博物館)
☎(035) 474-2281
開 月〜金　7:30〜16:00
　土・日　9:00〜16:00
休 なし
料 大人R35、子供R10

歴史博物館の内部

シャカランド
住 Normanhurst Farm, Nkwalini
☎ (035) 460-0912
URL aha.co.za/shakaland

ACCESS
🚗ダーバンやエショウエからのツアーに参加するか、レンタカーで直接訪れるしかない。

シャカランドのダイニング

伝統的ダンスのショーもあるシャカランド

郊外の見どころ
ATTRACTIONS

ズールー族の伝統文化に触れる
シャカランド

MAP P.190上-A2

Shakaland

エショウエから西へ約14kmにあるテーマパーク。もともとは1984～1985年に放映されて大人気を博したテレビドラマ『シャカ・ズールー』の撮影のセットとして造られた村で、その後大手ホテルグループがここにホテルを建設し、テーマパークとしてオープンさせた。現在ではズールーランドいちばんのアトラクションとして、観光客の人気を集めている。

村には伝統的生活がそのまま再現されており、ズールー族のすばらしい文化を体験することができる。プログラムはナンディ・エクスペリエンスとシャカ・プログラムのふたつが用意されている。前者は日帰りコースで、ミニチュアやビデオによってズールー族の歴史や文化を学んだあと、村に入り、やり投げの実演を見たり、サンゴーマ（霊媒師）の家を訪ねたりする。さらに、伝統的生活の解説、地ビールの試飲、そしてダンスへと進む。その後ランチを取って終了。ズールー文化のハイライトを約3時間で回るコースだ。後者は泊まりがけのコースで、より深くズールー文化に触れることができる。時間が許すならば、断然こちらのコースがおすすめ。コテージ風のホテルや伝統的な食事をアレンジした豪華なビュッフェディナーも魅力だ。すばらしい文化と自然を思う存分満喫できるシャカランド。旅行の大きな思い出となることは間違いない。

伝統の衣装をまとったズールー族の女性

H ホテル
Hotel Restaurant Shop Winery

アハ・シャカランド ★★★
Aha Shakaland
MAP P.190上-A2

シャカランド内にある、ズールー族の伝統的な家屋を再現したホテル。室内は近代的な造りになっているので居心地も抜群。日帰りツアーでは味わえないことも多いので、シャカランドで文化体験をじっくり楽しみたい人にはおすすめ。

住 Normanhurst Farm, Nkwalini
☎ (035) 460-0912
URL aha.co.za/shakaland
料 ⓈⓌR1672～
CC MV
室 55
Wi-Fi あり（客室）

伝統的な家屋に滞在できる

ジョージ・ホテル ★
The George Hotel
MAP P.190上-A2

重厚な木の階段、広い窓、高い天井など植民地時代の面影を感じさせる造り。創建100年を超えるビクトリア様式の建物だ。レストランやバーもある。さまざまなツアーも主催しており、特に黒人の実際の生活に触れられるタウンシップツアーが好評だ。

住 36-38 Main St.
☎ (035) 474-4919
URL www.thegeorge.co.za
料 ⓈR960～　ⓌR1300～
CC DMV
室 32
Wi-Fi あり（客室）

町のランドマークにもなっている

COLUMN | シャカとズールー王国

ズールー族の偉大な王、シャカ

日本人が「シャカ」と聞くと、つい「お釈迦様」を連想してしまうのだが、この国で「シャカ」といえば、「シャカ・ズールー(ズールー族の王シャカ)」を意味する。1980年代、彼の生涯はテレビドラマ化されて人気を博し、単なる部族の王にとどまらず、黒人の英雄として、世界中にその名を知られることになった。今でこそズールー族は南アフリカで最大勢力の部族だが、シャカが誕生するまではバントゥー語族のひとつの部族にすぎなかった。

1787年頃、ナンディはズールー族の王センザンガコナの子供を宿し、男の子を出産した。センザンガコナの三男として誕生したこの子こそが、後の偉大な王シャカだ。幼年期のシャカは決して恵まれてはいなかった。正妻ではなかったナンディはシャカとともに故郷を追われ、ムセトワ族の王ディンギスワヨに保護された。そして、シャカはディンギスワヨに育てられた。

周辺の部族を次々と統合

1816年、センザンガコナが他界すると、シャカはディンギスワヨの援助を受けて、ズールー族の王位に就いた。シャカはスパルタ式の厳しい訓練と新しい武器や戦法を巧みに取り入れ、軍隊の強化に努めた。このときのエピソードとして有名なのは、それまで、おもに投げるために使っていた長槍の柄を折り、手に持ったまま戦える短槍を作り出したことである。今から見れば単純な発明だが、これが部族の勢力分布を大きく変えてしまった。強力な軍隊を擁して、シャカは周りの部族を次々と征服、統合していった。まず、自分が育ったムセトワ族を統合、ンドワンドゥエ族を破り、ナタールを征服した。

1824年にはポート・ナタール(現在のダーバン)に入植したイギリス人から鉄砲を入手して、さらに軍備の強化を図った。その後も圧倒的な軍事力で、周辺の部族を統合、勢力を拡大し、インド洋沿岸一帯を支配する一大王国を築き上げた。しかし、1827年に母ナンディが他界したことにより喪に服し、翌年異母弟のディンガーンに暗殺され、その生涯を閉じた。

勇壮なズールーダンス

19世紀末、ズールー王国は消滅

新たに王位に就いたディンガーンは暴君として知られ、強引なやり方でさらに勢力の拡大を図った。しかし、1838年、ボーア人がグレート・トレックを開始、ズールー王国に侵入してきた。初めこそ撃退したものの、最新の武器を持ったボーア人の前にしだいに劣勢となり、1838年のブラッド・リバーの戦いで決定的な敗北を喫した。1840年には弟のムパンデによって、ディンガーンは退位させられた。ムパンデはボーア人と和解する政策を採り、しばらくは平和な時代が続いた。

1873年に彼の甥であるセツワヨが王位を継ぐと、1879年に今度はイギリス軍が王国に侵入してきた。抵抗むなしく、王都ウルンディは陥落、セツワヨはつかまってしまった。その後、ズールー族は分割統治されるが、1896年にセツワヨの息子ディニズールーが蜂起し、新共和国が建国された。だが、翌1897年にはトランスバール共和国とナタール植民地に分割併合され、ここにおいてズールー王国は名実ともに消滅した。

しかし、その後もズールー王国の再興を目指すグループはインカタ運動を名乗り、地下組織として活動を展開した。現在はインカタ自由党(Inkatha Freedom Party:IFP)として、ズールー王国の承認を求め、クワズル・ナタール州を中心に積極的な政治活動を行っているが、IFP支持者がANC(アフリカ民族会議)支持者を襲撃する事件を起こして、たびたび新聞に登場したこともあり、血の気の多い集団というレッテルを貼られている。

ズールーランドで一番大きな町

エンパンゲニ

Empangeni

MAP P.190上-B2

エンパンゲニは1851年、キリスト教の布教のためにやってきたノルウェーの使節団によって開かれた町。現在はズールーランドにある大きい町のひとつとして、ダーバンとズールーランドやヨハネスブルグをつなぐ交通の要所となっている。周辺には自然が広がり、観光的な見どころも多い。

☎市外局番 035

ACCESS

🚌ダーバンからグレイハウンドで所要約3時間15分、R330〜。毎日1便運行。

エンセレニ自然保護区
MAP P.190上-B2
住 Enseleni Reserve
☎ (031) 001-3642
開 7:00〜17:00
休 なし
料 無料

おもな見どころ

ATTRACTIONS

町の周辺は小高い丘に囲まれており、サトウキビの栽培をはじめとする農業の町として発展してきた。1905年には、旧ナタール州政府による初めての材木用プランテーションとしてユーカリの木が栽培され、これが大成功を収め、今ではサトウキビ栽培と並んで町の経済を支える重要産業となっている。

もともとムセトワ族が暮らしていた土地でもある。ズールー族から追放された母に連れられ、故郷を離れることを余儀なくされた幼少のシャカはムセトワ族のディンギスワヨ王に引き取られ、この土地で成長した。

町なかには特に見どころはないが、町の北東14kmほどの所には**エンセレニ自然保護区Enseleni Nature Reserve**という小さな自然保護区がある。

シュルシュルウエ・ウンフォロージ公園
☎ (035) 550-8476
開 11〜2月　5:00〜19:00
　3〜10月　6:00〜18:00
休 なし
料 大人R210、子供R105

動物保護区の予約・問い合わせ
●**EZEMVELO KZN WILDLIFE**
☎ (033) 845-1000
URL www.kznwildlife.com

動物保護区の移動とツアー

動物保護区を回るには車が不可欠となる。シュルシュルウエを拠点にして回るか、公園内にも宿泊施設があるので、そこを利用するのもいいだろう。個人で回ることも可能だが、ガイド付きのツアーに参加するのもいい。

●**エクトリーム・ネイチャー・ツアーズ**
Extreme Nature Tours
☎ (035) 590-1127
URL www.extremenaturetours.co.za

郊外の見どころ

ATTRACTIONS

ビッグファイブが生息する

シュルシュルウエ・ウンフォロージ公園

MAP P.190下-A3

Hluhluwe-Umfolozi Park

シュルシュルウエ・ウンフォロージ公園は、隣接する**シュルシュルウエ動物保護区Hluhluwe Game Reserve**と**ウンフォロージ動物保護区Umfolozi Game Reserve**のふたつからなっている。総面積は約960km²に及び、南アフリカでも大きい動物保護区のひとつだ。地形は山がちで起伏に富んでおり、川がくまなく公園内を流れ、景観をさらに美しいものにしている。ズールーランドの動物保護区で唯一ビッグファイブがすべて生息しており、ゾウやライオン、キリン、ワニなどがよく見られる。特に有名なのが、絶滅の危機が叫ばれているシロサイで、保護運動が行われている。

野生動物に出合えるシュルシュルウエ動物保護区

世界遺産にも登録されている広大な湿地
グレーター・セント・ルシア（イシマンガリソ）湿地公園
MAP P.190下-B3
The Greater St. Lucia (iSimangaliso) Wetland Park

アフリカ最大の入江であるセント・ルシア湖を中心に、インド洋に沿って南北約80kmにわたって広がる広大な公園。園内にはフォルス湾公園、ソドワナ湾国立公園、セント・ルシア海洋保護区、ケープ・ヴィダル国有林など10を超える自然保護区がある。

また、**ムトゥバトゥバMtubatuba**からシュルシュルウエへ向かう途中には、**ダマズールー伝統村Dumazulu Traditional Village**がある。ズールー族の伝統文化に触れられる観光村で、予約をすれば伝統料理のランチを出してくれる。

湖にはワニが生息

多くの鳥類が生息している
ムクーゼ動物保護区
MAP P.190上-B1
Mkhuze Game Reserve

グレーター・セント・ルシア湿地公園の北西に隣接している動物保護区。ほかの動物保護区に比べるとやや地味だが、約360km²に及ぶ広大な敷地には、420種類以上の鳥類が生息している。ガイドの案内で鳥類を観察しながら散策するアクティビティが毎日2回催行されているので、興味がある人は参加してみるといいだろう。3時間程度〜で回れるウオーキングコースなども整備されている。また、宿泊施設を備えた居心地のいいキャンプ場もあるので、そこに滞在しながらゆったりと自然を満喫するのもいい。

世界遺産
1999年に自然遺産に登録
グレーター・セント・ルシア（イシマンガリソ）湿地公園
☎ (035) 590-1633
URL www.isimangaliso.com
開 料 保護区により異なる

湿地公園内のツアー
セント・ルシアやシュルシュルウエの旅行会社が各種ツアーを催行している。1日ツアーはR940。
●**アドバンテージ・ツアーズ Advantage Tours**
☎ (035) 590-1259
URL advantagetours.co.za

グレーター・セント・ルシア湿地公園の名称について
「グレーター・セント・ルシア湿地公園」として知られているが、正式名は「イシマンガリソ湿地公園」。2007年11月1日付けで、ズールー語で「驚異」を意味する同名に改称された。

ダマズールー伝統村
MAP P.190下-B3
住 Lot H29, Bushlands Rd., Hluhluwe
☎ (035) 562-2260
料 R210

ムクーゼ動物保護区
☎ (033) 845-1000
開 10〜3月 5:00〜19:00
4〜9月 6:00〜18:00
休 なし 料 大人R48、子供R36

H ホテル

ボン・ホテル・エンパンゲニ ★★★
Bon Hotel Empangeni

エンパンゲニの町の中心部に位置するホテル。客室はおもにスタンダードとファミリーの2タイプで、いずれも機能的な造りになっている。ホテル内にはレストランとバーのほか会議室もあり、観光客だけではなくビジネス客の利用も多い。

エンパンゲニ
住 64 Turnbull St., Empangeni
☎ (035) 772-3322
URL www.bonhotels.com
料 ⓈⓌR1030〜
CC ADMV
室 55
Wi-Fi あり（客室）

客室設備の整ったスタンダードルーム

アニュー・ホテル・シュルシュルウエ&サファリ ★★★
Anew Hotel Hluhluwe & Safaris

シュルシュルウエの町のメインストリートに面して立っている、町唯一の大型ホテル。プールやレストラン、ショップなど充実の施設で、客室カテゴリーは5タイプ。プライベートプール、3ベッドルームを備えたプライベート感覚たっぷりのロッジもある。

シュルシュルウエ MAP P.190下-B3
住 104 Main Rd., Hluhluwe
☎ (035) 562-4000
URL anewhotels.co.za
料 ⓈⓌR1150〜
CC ADMV
室 81
Wi-Fi あり（客室）

ここを拠点に動物保護区を巡るのもいい

かつてのズールー王国の中心地

ウルンディ

Ulundi

MAP P.190上-A2

ズールーランドのほぼ中央に位置するこの町は、かつてズールー王国の中心地だった。王都としての歴史はさほど古くはないが、それ以前からズールー族にとってはたいへんな要所であった。現在のウルンディ市街にはほとんど見どころはないが、周辺にはズールー族の歴史を語るうえで欠かすことのできない遺跡や見どころが集まっている。

☎市外局番 035

ACCESS

🚗バスのアクセスはなく、レンタカーで行くのが便利。

オンディニ歴史保護区

住 Regina van Vuuren
☎ (035) 870-2050
URL www.heritagekzn.co.za
開 月～金　8:00～16:00
　土・日・祝　9:00～16:00
休 なし
料 大人R40、子供R15

●**クワズール文化博物館**

☎ (035) 870-2050
URL www.zulu-museum.co.za
※保護区入場料に含まれている。

おもな見どころ ATTRACTIONS

この土地にズールー王国の都がおかれたのは1873年のこと。王位に就いたセツワヨは、新たな都をウルンディ郊外のオンディニOndini（高い土地の意）に建設したが、わずか6年後の1879年、イギリス軍によって都は完全に占領されてしまった。当時の様子は**オンディニ歴史保護区Ondini Historic Reserve**に復元されている町並みからうかがい知ることができる。**クワズール文化博物館KwaZulu Cultural Museum**も併設されており、遺跡から発掘された王にまつわる物や、当時の暮らしの様子を物語る衣装や資料などが展示されている。

ウルンディの近くには、オンディニ攻略のときのイギリス軍の要塞**ノレラ砦Fort Norela**や、1818年にシャカがンドワンドゥエ族を破ったときに、それを祝った地**クワクォクリKwagqokli**がある。また、シャカ王の父センザンガコナや、最後の王ディニズールーらズールー王国歴代の王が眠る**王の谷Valley of Kings**である**エマコシニEmakhosini**も必見だ。

COLUMN | ズールー語を話そう

クワズル・ナタール州を訪れ、黒人同士の会話を聞いていると、端々に「ッ」と舌打ちのような音が入る言葉をよく耳にする。それがこの州で英語と並んで最もよく使われているズールー語だ。

ズールー語は、南アフリカの11ある公用語のひとつで、クワズル・ナタール州のほとんどの黒人は、ズールー語を母語としている。ただ、アパルトヘイト体制崩壊後、学校でズールー語をひとつの科目として選択できるようになったものの、黒人以外で話せる人はまだ少ないのが現状だ。

ズールー族の人々は明るく親切で、とてもフレンドリー。敬意を払って目上の人と話すときには相手の目を直視せず、少し目線を下にして話す習慣や、物をもらうときに両手を合わせてていねいに受け取るしぐさは私たちアジア人に共通するものがある。

そんなズールー族の人々に彼らの言葉で話しかけてみてはいかがだろうか。きっと大きな笑顔で歓迎してくれるに違いない。

（橋詰由紀子）

「こんにちは」　Sawubona（サウボーナ）
「お元気ですか？」Kunjani（クンジャーニ）
「元気です」　Ngiyaphila（ジヤリーラ）
「ありがとう」　Ngiyabonga（ジヤボンガ）
「さようなら」
Hamba kahle（ハンバ　ガーシェ）※去る側
Sala kahle（サラ　ガーシェ）※送る側

博物館巡りを楽しみたい

ヴライヘイド

Vryheid

MAP P.190上-A1

ズールーランドの最も西に位置するヴライヘイドは、南アフリカの歴史上重要な町のひとつ。ズールー戦争とボーア戦争の舞台となり、多くの兵士たちの血が流された場所である。この町では、当時の様子を物語る博物館をじっくりと巡り、南アフリカが現在にいたるまでの歴史を振り返ってみたい。

おもな見どころ

ATTRACTIONS

この土地に、ズールー族の王ディニズールーによって「新共和国Nieuwe Republiek」が建設されたのは1884年のこと。それにともないヴライヘイド（「自由」の意）が首都とされた。しかし、間もなくボーア人によってトランスバール共和国に併合され、ボーア戦争後にはイギリスの植民地としてナタールの一部に組み込まれ、新共和国は完全に消滅してしまった。

この町にはその歴史を伝える建造物が3つある。現在、観光案内所として利用されている**オールド・カーネギー図書館Old Carnegie Library**、旧議事堂内にある**新共和国博物館The Nieuwe Republiek Museum**、新共和国唯一の大統領だった**ルーカス・メイジャー大統領の家The Residence of President Lucas Meijer**だ。いずれも内部の見学ができる。

郊外の見どころ

ATTRACTIONS

緑豊かな動物保護区

イタラ動物保護区

MAP P.190上-A1

Ithala Game Reserve

ヴライヘイドの北東約70kmの所に位置し、297km²の広さを誇る。起伏に富んだ丘陵にあり、6本の川が流れる緑豊かな保護区だ。バードウオッチングの天国としても知られ、数多くの鳥類を観察することができる。また、保護区内にはテントを張れるキャンプサイトから豪華ロッジまで揃っている。

☎市外局番 034

ACCESS

🚌ダーバンからグレイハウンドで所要約6時間5分、R385。毎日1便運行。

観光案内所
住 Cnr. Mark & High St.
☎ (034) 982-2133
URL www.vryheidtourism.co.za
開 月〜金 7:30〜16:00
休 土・日・祝

新共和国博物館
住 119 Landdrost St.
☎ (034) 982-2133（観光案内所）
開 月〜金 7:30〜16:00
休 土・日・祝 料 無料

ルーカス・メイジャー大統領の家
住 Cnr. Landdrost & Mark St.
☎ (034) 982-2133（観光案内所）
開 月〜金 7:30〜16:00
休 土・日・祝 料 無料

イタラ動物保護区
☎ (033) 845-1000
URL www.kznwildlife.com
開 11〜2月 5:00〜19:00
3〜10月 6:00〜18:00
休 なし
料 大人R120、子供R60

H ホテル

Hotel Restaurant Shop Winery

オクスフォード・ロッジ

Oxford Lodge

樹木あふれる庭やテラスもあり、ゆったり過ごしたい人にはぴったり。静かな環境のなか、心地よく滞在できる。こぢんまりとしたバーを併設している。

住 128 Deputation St.
☎ (034) 980-9280
URL theoxfordlodge.co.za
料 ⓈR750 ⓌR860〜
※朝食付き
CC DMV
室 37
Wi-Fi あり（客室）

ヴィラ・ベリル・ゲストハウス

Villa Beryl Guesthouse

クラシックな雰囲気漂う快適なゲストハウス。設備の整ったスタンダードルームが9室と、自炊可能なキッチン付きの部屋が3室あり、すべて内装が異なる。

住 169 Hoog St.
☎ (071) 104-8375
URL www.villaberylguesthouse.co.za
料 ⓈR832〜 ⓌR999〜
CC ADMV
室 12
Wi-Fi あり（客室）

COLUMN｜サン族の文化と風習

10万点もの壁画が各地に残る

ドラケンスバーグ山脈をはじめ、ボツワナのツォディロ・ヒルズ、ナミビアのトゥェイフフェルフォンテンなど、南部アフリカには数多くのサン族の壁画が残されている。その数は約3000ヵ所、総数は10万点を超える。あるものは数千年前に描かれたものといわれ、人類史のうえでもたいへん貴重な資料とされている。

壁画には彩画と刻画があり、一般的に前者のほうが古いとされている。そこに描かれているのは狩猟や舞踏、セックスなど生活にかかわるものが多く、ヨーロッパで発見された壁画（ラスコーの壁画など）とは性質が異なり、宗教的というより、むしろ現世的欲望という視点に立ったものといえる。

サン族はアフリカ最古の部族

サン族は今でこそおもにカラハリ砂漠で暮らしているが、もともとの生活圏は南部アフリカ全土に分布していた。彼らは、今もなお狩猟採集を生業としており、農耕や牧畜は行わず、土器や布さえ作らない、いわゆる石器時代の暮らしを続けている。

かつて呼ばれていた「ブッシュマン」は、ボーア人たちがつけた蔑称で、研究者の間では「サン族」と呼ぶことになっている。「サン」とはコイ族が彼らを指す呼び方だ。サン族とコイ族は身体的特徴が似ていることから「コイ・サン族」としてひとまとめにして呼ばれることもある。映画が大ヒットし、ニカウさんが来日、一世を風靡した「ブッシュマン」も続編は「コイサンマン」となった。

しかし、実際には今でも「ブッシュマン」のほうがとおりがいい。ブッシュマンは黒人ではない。平均身長は約155cmと小柄で、黒い髪は毬状に縮れている。身体的に日本人とも酷似しているが、モンゴロイドではない。起源ははっきりしないが、各地で発掘された人骨から、彼らがアフリカ最古の民族であることは間違いない。

受け継がれてきた独自の文化・風習

彼らの話す言葉（コイ・サン語）の大きな特徴は「クリック」の存在だ。一般的な言語は呼気音（息を吐き出して発音する）で成り立っているのだが、彼らの言語には息を吸い込みながら発音する「チェッ」というような子音が含まれる。これがクリックだ。これらの特徴はあとから南アフリカに入ってきたズールー族やコーサ族などのバントゥー語族の言語にも影響を与えている。

ムラは基本的に親族だけでなり、近親結婚を避けるために「親密関係」と「忌避関係」によって構成されている。ひとつのムラの構成員は数十人で、首長はいるが、身分の高低はない。また、彼らは精霊の存在を信じ、これは「ンコディマ」と「グカワマ」という善悪二元論によって象徴されている。

「ンコディマ」はこの世の創造者であり、人間の姿をして、天界で暮らし、太陽と雨を司っている。赤ちゃんもンコディマからの授かり物とされている。一方、「グカワマ」は悪魔であり、災禍の根源とされている。決まった形をもたず、女に乗り移ったりする。性の快楽もグカワマを呼び起こすとされている。また、死者にも乗り移るとされ、独自の埋葬方法によって葬られる。

なぜサン族は激減しているのか

サン族衰退の歴史は、彼らの描いた壁画からも見て取れる。サン族の人々は争うことをしない。それゆえに武力抗争には極めて抵抗力がなかった。12世紀くらいからバントゥー語族が南下、さらに17世紀には馬に乗り、鉄砲を持ったボーア人が侵入してきた。彼らは動物を狩るように、サン族の人々を殺した。彼らは白人から逃れるために、白人たちが見捨てたカラハリ砂漠で暮らすことを余儀なくされた。

ところが、そのカラハリ砂漠も安住の地ではなくなりつつある。ボツワナ政府は1997年、地下資源採掘の目的からサン族に故郷であるセントラル・カラハリ動物保護区からの退去を強制。このことは社会問題にも発展した。約10年後にサン族は法廷で故郷へ戻る権利を勝ち取りはしたものの、いまだに問題は解決されてはいない。

参考:『カラハリ砂漠』大村重信著（講談社文庫）

サントンのネルソン・マンデラ・スクエア（ヨハネスブルグ）

ハウテン州と周辺3州

Gauteng & Other Provinces

南アフリカの観光スポットというとケープ州を中心に語られがちだが、実はこのエリアは穴場的な魅力をもっている。観光中心でヨーロッパ的な美しさを売り物にしているケープ州に対し、こちらの地方はアフリカをダイレクトに感じられる雄大な自然の景観や野生動物、またさまざまな部族の暮らす個性的な町並みなど、のんびりとアフリカを肌で感じたい人にはおすすめの場所だ。

どんなエリア？

観光地とは違った魅力にあふれる

首都プレトリアや経済の中心地であるヨハネスブルグのあるハウテン州を中心に3国と国境を接するリンポポ州、クルーガー国立公園やブライデ・リバー・キャニオンなどで有名なムプマランガ州、外国人観光客に人気のリゾートや広大な農場が広がるノース・ウエスト州がある。

これらの州は1852年にボーア人がトランスバール国を建国したエリアで、以前はトランスバール地方と呼ばれていた。アパルトヘイト廃止後の政治的な改革のひとつとして名前は変更されたが、今でもボーア人たちの心の故郷であることに変わりはない。

◆基本情報

＜ハウテン州＞
人口：約1133万人（2011年）
面積：約1万8178km²
州都：ヨハネスブルグ
おもな人種：黒人（約75%）、白人（約18%）
おもな言語：ズールー語、アフリカーンス、ソト語、英語

＜リンポポ州＞
人口：約555万人（2011年）
面積：約12万5754km²
州都：ポロクワネ
おもな人種：黒人（約98%）
おもな言語：ソト語、ツオンガ語

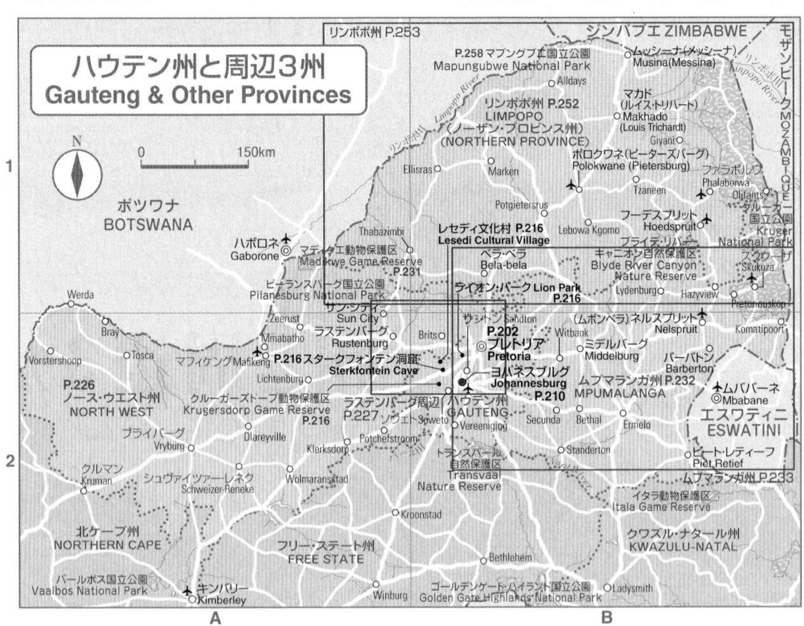

これだけは見逃せない！

- 野生の王国、クルーガー国立公園
- 峡谷が連なるブライデ・リバー・キャニオン
- サン・シティとピーランスバーグ国立公園
- ソウェトでのタウンシップ・ツアー

①ビッグファイブに出合うチャンス大のクルーガー国立公園
②絶景のパノラマが広がるブライデ・リバー・キャニオン
③ジャングルに突如現れる"王国"、サン・シティ
④アパルトヘイトについて考えさせられるソウェト

＜ムプマランガ州＞
人口：約366万人（2011年）
面積：約7万6495km²
州都：ネルスプリット（ムボンベラ）
おもな人種：黒人（約92%）、白人（約7%）
おもな言語：スワティ語、ズールー語、ツオンガ語、ンデベレ語、ソト語

＜ノース・ウエスト州＞
人口：約325万人（2011年）
面積：約10万4882km²
州都：マフィケング
おもな人種：黒人（約90%）
おもな言語：ツワナ語、アフリカーンス、コーサ語

ふたつの大都市

ほかの都市がゴールドラッシュの喧騒のなかで開発が進められたのに対して、プレトリアは、ブームが落ち着いた頃に緩やかに発展。そのために町が美しく整備されているのだという。格子状の道路が広がる町並みには、ヨーロッパからの移民たちの美意識が感じられる。

一方、ヨハネスブルグが急成長を見せたのは1886年。金鉱が発見され、一攫千金を狙った移民が流れ込んだことによる。金鉱とダイヤモンドの国として世界経済に躍り出てから現在まで約135年の間、世界で最も移り変わりの激しい都市のひとつとしても知られる。

ルート作りのポイント

公共交通機関が少ないため、自力ではレンタカーを利用しないかぎり移動に相当の時間を費やすことになってしまう。時間がない人は、プレトリアやヨハネスブルグ拠点のツアーに参加するほうがいいだろう。

Route 1
効率的に見どころふたつを巡る

空港のあるネルスプリットを拠点に、車でクルーガー国立公園とブライデ・リバー・キャニオンを巡る。

Route 2
クルーガーを中心に見どころ網羅

ヨハネスブルグ（またはプレトリア）から車で北上し、クルーガー国立公園内を抜けて戻ってくる。

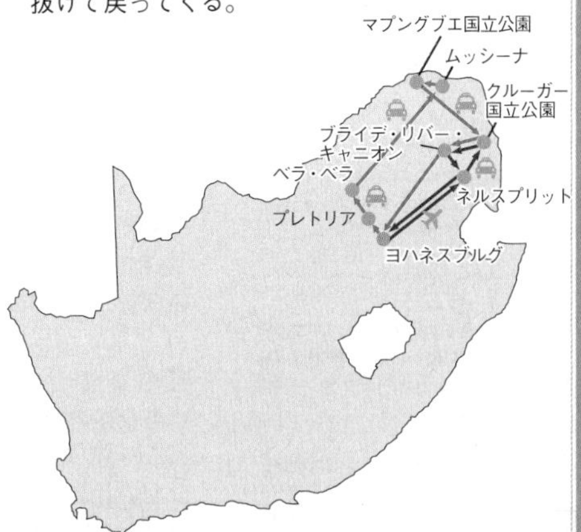

GAUTENG & OTHER PROVINCES

通称「ジャカランダ・シティ」とも呼ばれる

プレトリア（ツワネ）

Pretoria(Tshwane)

プレトリア東部の丘の上に立つ政府庁舎、ユニオン・ビル。ここからは市内全域を見渡せる

南アフリカ首都のひとつ、行政府として政治の中心を担ってきた。2005年にツワネ首都圏が誕生し、現在正式にはプレトリアという都市は存在しないが、今も地域名として親しまれている。町の中心部にはチャーチ・スクエアを中心に、数々の歴史的建造物や政府官庁などが建ち並ぶ。静かな町並みと、100年ほど前にブラジルから持ち込まれた7万本を超えるジャカランダの街路樹。その木が春になるといっせいに紫の花を開き、普段とはまったく別の顔を見せてくれる。

☎市外局番 012

ACCESS

近年は、治安の悪いヨハネスブルグ市内には寄らず、O.R.タンボ国際空港から直接プレトリアに入る旅行者が増えている。

空港から市内へ

●タクシー

プレトリア市内まで所要約40分、R450～600。空港の到着ロビーを出た所にタクシー乗り場がある。

●ハウトレイン

空港駅からサントンSandton行きに乗り、ひとつ手前のマールボーロMarlboro駅でプレトリア行きに乗り換える。所要約45分、R192。

行き方

空港から市内へ

ヨハネスブルグのO.R.タンボ国際空港からプレトリア市内まで約70km、車で所要約40分。高架鉄道ハウトレイン（→P.211欄外）も走っている。観光客の利用も多く安全だが、降車駅からホテルが遠い場合は必ず迎えにきてもらうように。

市内交通

町なかの見どころは歩いて回れるが、近年治安が悪化しているので、決してひとりでは出歩かず、夕方以降や人どおりの少ない休日の外出には必ずタクシーを利用するように。流しのタクシーをつかまえることはほとんど不可能なので、ホテルやレストランなどで呼んでもらうといい。

歩き方 WALKING AROUND

町歩きはプレトリア鉄道駅から

鉄道駅は、一国の首都のメイン駅とは思えないほどこぢんまりとした造りで、のどかな雰囲気が漂う。だが、このれんが造りの駅舎もアパルトヘイトが廃止されるまでは白人専用であったため、黒人およびカラードの乗客は、もう少し西寄りのバラックのような建物から出入りしていた。

駅正面の**アンドリーズ通りAndries St.**を北へ進むと、右側に**バーガーズ公園Burgers Park**が見える。敷地内には屋内植物園があり、地域独特の植物が栽培されている。公園の南正面に立つのは**メルローズ・ハウスMelrose House**。ゴールドラッシュに沸いていた頃に建てられたもので、当初は男たちの遊技場として使われていた。現在は博物館になっており、当時の移民たちの暮らしぶりがうかがえる。

プレトリア観光の拠点はチャーチ・スクエア

バーガーズ公園から西へ200mほどの所に立つ**ディトソング自然史国立博物館Ditsong National Museum of Nature History**と**市庁舎City Hall**の間を走る通りを北へ進むと**チャーチ・スクエアChurch Sq.**に突き当たる。プレトリアの道は碁盤の目のように広がっていて、このスクエアを中心に見どころが点在しているため、迷うことなく歩ける。

スクエアの北正面には**裁判所Palace of Justice**、南には**旧南アフリカ連邦議会議事堂The Old Raadsaal**が立っている。この周辺は歴史的建造物が多く残るエリアで、周辺の商店もケープ・ダッチ様式を残した味わいのある町並みが続いている。

ここから西へは**クルーガー博物館Kruger's Museum**、**英雄墓地Heroes' Acre**へと続く**チャーチ（カーク）通りChurch (Kerk) St.**が走っている。広場からさらに北へ進んで行くと、南アフリカ最大の規模を誇り、週末には家族連れでにぎわう**国立動物園National Zoological Gardens**に突き当たる。

買い物客でにぎわう東部

チャーチ・スクエアの東側のエリアはショッピングモールとなっていて、**国立劇場State Theatre**もある。伝統音楽のコンサートやオペラなどが上演されることから観光客に人気が高い。

国立劇場から東側は、レストランが点在し、ショッピングモールや銀行などが集まる商業地域。平日の昼間は人々が行き交いにぎやかだが、週末はひっそりと静まり返る。町なかの見どころはチャーチ・スクエアを中心にほぼ半径2km圏内に集まっているので、がんばれば歩いて回れる。ただし、治安は決していいとはいえないのでくれぐれも注意を。

チャーチ・スクエア周辺には歴史ある建物が並ぶ

ツワネ公式サイト
URL www.tshwane.gov.za

在南アフリカ日本大使館
Embassy of Japan
MAP P.204-E3外
住 259 Baines St., Cnr. Frans Oerder St., Groenkloof
☎ (012) 452-1500
FAX (012) 460-3800
URL www.za.emb-japan.go.jp
開 月～金　8:30～12:45
13:45～17:00
休 土・日・祝
※上記電話番号にかければ、時間外でも日本語音声で対応。なお、訪れる際には必ずアポイントを取っておくこと。

観光案内所
MAP P.204-B2
住 Old Nederlandsche Bank Bldg., Church Sq.
☎ (012) 358-1430
URL www.tshwanetourism.com
開 月～金　7:30～16:00
休 土・日・祝

チャーチ・スクエア近くに立つ

アフリカーナーとは？
最も早い時期にヨーロッパから移住してきたオランダ系住民を指す。通常アフリカーンスを話し、移住初期は農業に携わっていた人が多い。ボーア戦争でイギリスと戦った歴史があるため、南アフリカの白人のなかでもイギリス系住民とは別のコミュニティをもって暮らしている。

プレトリアの正式名
現在、正式にはプレトリアという都市は存在しない。アフリカーナーのアンドリース・プレトリウスに由来する都市名は2005年、先住民ンデベレ族の首長の名前「ツワネ」に改名され、同時にプレトリアを含む近隣の市町村13で構成するツワネ首都圏が誕生した。これにより人口は約1.5倍の約235万人、面積も約4200km²に拡大。プレトリアは、ツワネ首都圏の地域名のひとつとして存続することとなった。

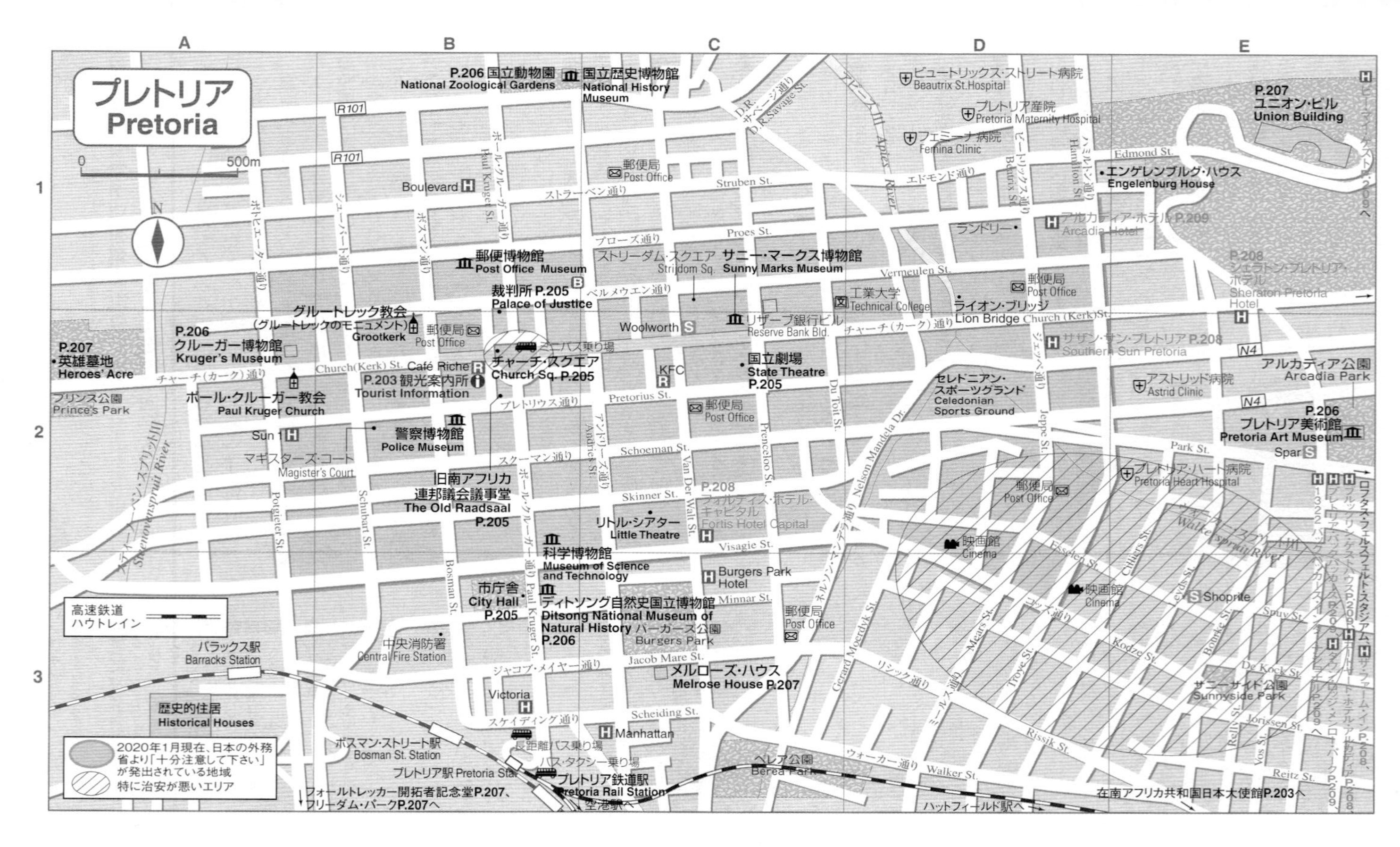

プレトリア
Pretoria
0
500m
N
P.206 国立動物園
National Zoological Gardens
国立歴史博物館
National History Museum
ビュートリックス・ストリート病院
Beautrix St.Hospital
プレトリア産院
Pretoria Maternity Hospital
フェミーナ病院
Femina Clinic
P.207
ユニオン・ビル
Union Building
エンゲレンブルグ・ハウス
Engelenburg House
アルカディア・ホテル P.209
Arcadia Hotel
ランドリー
P.208
シェラトン・プレトリア・ホテル
Sheraton Pretoria Hotel
郵便博物館
Post Office Museum
ストリーダム・スクエア
Strijdom Sq.
サニー・マークス博物館
Sunny Marks Museum
裁判所 P.205
Palace of Justice
グルートレック教会
(グルートレックのモニュメント)
Grootkerk
P.206
クルーガー博物館
Kruger's Museum
P.207
英雄墓地
Heroes' Acre
プリンス公園
Prince's Park
ポール・クルーガー教会
Paul Kruger Church
Café Riche
P.203 観光案内所
Tourist Information
チャーチ・スクエア
Church Sq. P.205
ミニバス乗り場
Woolworth
リザーブ銀行ビル
Reserve Bank Bld.
工業大学
Technical College
ライオン・ブリッジ
Lion Bridge
サザン・サン・プレトリア P.208
Southern Sun Pretoria
アルカディア公園
Arcadia Park
国立劇場
State Theatre
P.205
KFC
セレドニアン・スポーツグランド
Celedonian Sports Ground
アストリッド病院
Astrid Clinic
P.206
プレトリア美術館
Pretoria Art Museum
Spar
Sun 1
警察博物館
Police Museum
マギスターズ・コート
Magister's Court
旧南アフリカ連邦議会議事堂
The Old Raadsaal
P.205
P.208
フォルティス・ホテル・キャピタル
Fortis Hotel Capital
リトル・シアター
Little Theatre
科学博物館
Museum of Science and Technology
Burgers Park Hotel
市庁舎
City Hall
P.205
ディトソング自然史国立博物館
Ditsong National Museum of Natural History
P.206
バーガース公園
Burgers Park
中央消防署
Central Fire Station
メルローズ・ハウス
Melrose House P.207
プレトリア・ハート病院
Pretoria Heart Hospital
映画館
Cinema
Shoprite
サニーサイド公園
Sunnyside Park
郵便局
Post Office
Boulevard
高速鉄道
ハウトレイン
バラックス駅
Barracks Station
歴史的住居
Historical Houses
Victoria
長距離バス乗り場
バス・タクシー乗り場
Manhattan
ボスマン・ストリート駅
Bosman St. Station
プレトリア駅 Pretoria Station
プレトリア鉄道駅
Pretoria Rail Station
空港駅へ
ベレア公園
Berea Park
2020年1月現在、日本の外務省より「十分注意して下さい」が発出されている地域
特に治安が悪いエリア
フォールトレッカー開拓者記念堂P.207、
フリーダム・パークP.207へ
ハットフィールド駅へ
在南アフリカ共和国日本大使館P.203へ
ヒーマイ・ゲストハウスP.209へ
ロフタス・フェルスフェルト・スタジアム
R101
N4
Struben St.
ストラーベン通り
Proes St.
プローズ通り
Vermeulen St.
ベルメウエン通り
Church(Kerk) St.
チャーチ(カーク)通り
Pretorius St.
プレトリウス通り
Schoeman St.
スクーマン通り
Skinner St.
Visagie St.
Minnar St.
Jacob Mare St.
ジャコブ・メイヤー通り
Scheiding St.
スケイディング通り
Edmond St.
エドモンド通り
Potgieter St.
ポトヒエーター通り
Schubart St.
シューバート通り
Bosman St.
ボスマン通り
Paul Kruger St.
ポール・クルーガー通り
Andries St.
アンドリース通り
Van Der Walt St.
Prenceloo St.
Du Toit St.
Nelson Mandela Dr.
ネルソン・マンデラ通り
Jeppe St.
ジェッペ通り
Beatrix St.
ビートリックス通り
Hamilton St.
ハミルトン通り
D.R. Savage St.
D.R.サベージ通り
Apies River
アピース川
Steenovenspruit River
スティーノーベン・スプリット川
Walkerspruit River
Gerard Moerdyk St.
Walker St.
ウォーカー通り
Rissik St.
リシック通り
Mears St.
ミールス通り
Troye St.
Kotze St.
コッツ通り
Esselen St.
Cilliers St.
Leyds St.
Bourke St.
Spuy St.
De Kock St.
Jorissen St.
Relly St.
Vos St.
Reitz St.
Park St.
A
B
C
D
E
1
2
3

おもな見どころ ATTRACTIONS

首都プレトリアの憩いの場
チャーチ・スクエア
MAP P.204-B2
Church Square

プレトリアの中心部にある、この国で最も有名な広場のひとつ。中央に威厳のある風貌でたたずむのは、ここから延びる通りの名前にもなったポール・クルーガーの像だ。1899年からのボーア戦争で指揮を執った彼は、今でもアフリカーナーの英雄で、崇拝者が多い。現在では広場の名前の由来になった教会の姿はないが、周囲の建物の景観は見事で、ロンドンのトラファルガー広場に似ているともいわれている。

チャーチ・スクエア周辺は見どころが多い

市内を歩く際の注意
チャーチ・スクエアのミニバス乗り場で頻繁にひったくりや強盗の被害が発生している。できるだけ近づかないように。また、プレトリア駅周辺でも強盗に遭う可能性があるので、十分な注意を。

かつては病院としても使われていた
裁判所
MAP P.204-B1～2
Palace of Justice

チャーチ・スクエアの北に立つ裁判所。ボーア戦争中の1900年には、戦争病院としてイギリス軍に徴用された。現在でもその面影がそこかしこに残っており、廊下には兵士が使用していた栓抜きなどが展示されている。

威厳漂う裁判所の建物

南アフリカを代表する欧風建築物
旧南アフリカ連邦議会議事堂
MAP P.204-B2
The Old Raadsaal

1891年に建てられた議事堂は、初期イタリア・ルネッサンス様式のもので、リシック通りとネルソン・マンデラ通りが交差する角にある石造りの郵便局（→MAP P.204-C3）と同じ建築家が設計を担当した。いささか過度な装飾のこのビルは、トランスバールの鉱脈に金が発見され、豊富な財源が転がり込んだことによるものだ。現在は、州政府の議事堂として使用されている。

旧南アフリカ連邦議会議事堂

時計台が目印
市庁舎
MAP P.204-B3
City Hall

ポール・クルーガー通りにそびえる市庁舎は、何といってもどっしりとした時計台が見ものだ。32もの鐘があり、時を告げる美しい音色がプレトリアの町に響きわたる。プレトリウスの像や噴水がある前庭や、建物内部の回廊に見られる壁画も有名だ。

市庁舎
住 423 Paul Kruger St.
開 7:30～16:00
休 なし　料 無料

立派な時計台のある市庁舎

音楽好きは迷わずここへ
国立劇場
MAP P.204-C2
State Theatre

ヨハネスブルグのダウンタウン付近が南アフリカの前衛芸術の拠点ならば、ここは正統派のパフォーマンスが観られる場所。5つのホールがあり、オペラやバレエ、コンサートなどが催されている。

国立劇場
住 320 Pretorius St.
☎ (012) 392-4000
URL www.statetheatre.co.za
※公演スケジュールは国立劇場前の掲示板に貼り出される。上記ホームページからの予約も可能。

アフリカの自然や歴史を知ろう

ディトソング自然史国立博物館

MAP P.204-B3

Ditsong National Museum of Natural History

旧トランスバール博物館。南部アフリカの起源から現在までの歴史や文化を、自然科学の視点から紹介している博物館。古代遺跡の出土品や鳥類に関する展示が充実しており、特にロバート・ブルーム博士(→P.216欄外)の古生物学に関する展示品は評判が高い。

重厚な造りの博物館

ディトソング自然史国立博物館
住 432 Paul Kruger St.
☎ (012) 492-5708
URL www.ditsong.org.za
開 8:00〜16:00
休 クリスマス、グッドフライデイ
料 大人R40、子供R20

南アフリカの芸術家のコレクション

プレトリア美術館

MAP P.204-E2

Pretoria Art Museum

アルカディア公園にある南アフリカの芸術の殿堂。オランダ様式の絵画や、フラマン人の作品などが常時展示されている。

プレトリア美術館
住 Cnr. Franscis Baard & Wessels St., Arcadia Park
☎ (012) 358-6750
開 火〜日　10:00〜17:00
休 月・祝
料 大人R25、子供R7
※ガイド付きツアー(要予約)は入場料込みで1人R42。

館内には多くの絵画が並ぶ

南アフリカの偉人が愛した館

クルーガー博物館

MAP P.204-A2

Kruger's Museum

チャーチ・スクエアから西へ進んだ場所にある洋館が、かのポール・クルーガー元大統領が暮らしていた家だ。彼の風貌に似合わず豪華さが感じられないのが意外だが、ここはプレトリアで最初に電話を引いた数少ないうちの1軒だという。内部は、1900年まで住んでいたクルーガーの形見の品や家具などが並べられ、当時の様子を再現している。

クルーガー元大統領の館

クルーガー博物館
住 59 WF Nkomo St.
☎ (012) 324-6082
開 月〜金　8:00〜16:00
休 土・日・祝
料 大人R70、子供R20

南アフリカ最大規模の動物園

国立動物園

MAP P.204-B1

National Zoological Gardens

プレトリアの町の北部に、南アフリカ最大規模を誇る動物園がある。約60万m^2の敷地には、南アフリカで見られる動物を中心に約3500頭が飼育されている。それぞれの飼育エリアが広く、ゆっくり見て歩くと半日は必要だ。南アフリカ周辺の海洋生物を集めた水族館もある。また、丘の上まで上がると、プレトリアの町並みが一望できる。

人気のアフリカゾウ

国立動物園
住 232 Boom St.
☎ (012) 339-2700
URL www.nzg.ac.za
開 8:30〜17:30
休 なし
料 大人R110、子供R75

フラミンゴの姿も見られる

南アフリカの歴史の舞台となった

メルローズ・ハウス

MAP P.204-C3

Melrose House

アフリカーナーとイギリス軍が戦ったボーア戦争の停戦協定が結ばれたこの館は、もともとイギリスの商人で駅馬車のビジネスを始めたジョージ・ヘイスが1886年に建てたもの。ビクトリア様式のその建物はナショナル・モニュメントとして登録されており、内部は当時の生活が再現された博物館になっている。整備された美しい庭には、ヘイスを上流階級に押し上げ金持ちにしたという馬車が残されている。

アフリカーナーの血と涙の歴史

フォールトレッカー開拓者記念堂

MAP P.204-A3外

Voortrekker Monument

プレトリア郊外の丘の上に立つ、南アフリカ国内で最も有名な記念碑（町の中心部から約7km）。アフリカーナーの祖先がケープ地方を捨て、自分たちの独立国家を造ろうと牛車で大移動をしたときの姿が描かれている。この旅は相当に苛酷なものだったといわれ、先住民族との戦いや食料難で多くの人々が倒れた。壁にはその苦難の歴史やイギリスから独立を勝ち取った喜びなどがレリーフとして刻まれており、アフリカーンスで「わが命は南アフリカのためにあり」と書かれた碑文は、毎年ブラッド・リバーの戦いがあった12月16日の正午に天井からの日の光が差すよう設計がなされている。

自由と平和のシンボル

フリーダム・パーク

MAP P.204-A3外

Freedom Park

人種や国境を超えた理解と平和のシンボルとして、2007年にオープン。約52万m^2の敷地には、自由を勝ち取るために尽くしてきた英雄たちの名前8万近くが刻まれた、697mの長さの塀や記念碑などが立っている。併設の博物館には、さまざまな関連資料が展示されており、アパルトヘイト政策という苦難を乗り越えて現在がある、南アフリカの姿を振り返ることができる。

プレトリアの象徴的な建物

ユニオン・ビル

MAP P.204-E1

Union Building

プレトリアの東部、丘の上に立つ南アフリカの政治の中心となっているビルで、官庁などが入っている。1994年に黒人として初めての大統領ネルソン・マンデラが大統領就任式を行った場所としても知られる。現在、観光客はビル内に立ち入ることはできないが、外観だけでも見ようと多くの観光客たちが訪れている。なお、特別行事などが行われる際には、敷地内に入ることもできないので注意を。

メルローズ・ハウス
住 275 Jeff Masemola St.
☎ (012) 322-2805
開 火～日　10:00～17:00
休 月・祝
料 大人R22、子供R5
※オーディオガイドは1時間R15。

白亜の建物が緑に映える

フォールトレッカー開拓者記念堂
住 Voortrekker Monument Heritage Site, Eeufees Rd., Groenkloof
☎ (012) 326-6770
URL www.vtm.org.za
開 5～8月　8:00～17:00
9～4月　8:00～18:00
休 なし
料 大人R90、子供R45

内部は博物館になっている

フリーダム・パーク
住 Cnr. Koch & 7th Ave., Salvokop
☎ (012) 336-4000
URL www.freedompark.co.za
開 8:00～16:30
※ツアーは9:00、12:00、15:00スタート。
休 クリスマス、グッドフライデイ、元旦
料 大人R150、子供R40

ユニオン・ビル
住 Church St.

著名人が眠る墓地
市街西部にある英雄墓地Heroes' Acreには、南アフリカの政治家や戦争で活躍した英雄など著名人が眠る。
●**英雄墓地**
MAP P.204-A2

H ホテル

大都会のプレトリアは、ヨハネスブルグと同様に決して治安がいいとはいえない。ホテル選びの際には、セキュリティ面を重視するようにしよう。また、町に着いてから大きな荷物を持ってウロウロと宿を探し歩くことはしないように。市内観光には、ショッピングセンターの集まるアルカディア地区などが便利だ。

シェラトン・プレトリア・ホテル ★★★★★

Sheraton Pretoria Hotel

MAP P.204-E1～2

サウナやジム、スパ、ビジネスセンターなどの施設が充実。なかでもロビーでいただくハイティーは人気。夜になると、ホテルの北側のユニオン・ビルがライトアップされ、周りの木々とのコントラストがきれいな夜景を見せてくれる。

住 643 Cnr. Stanza & Wessels St.
☎ (012) 429-9999
URL www.sheratonpretoria.com
料 ⓈR1455～ ⓌR1632～
CC ADMV
室 175
Wi-Fi あり（客室）

プレトリアを代表する5つ星ホテル

サザン・サン・プレトリア ★★★★

Southern Sun Pretoria

MAP P.204-D2

場所柄ビジネス客の利用が多く、ビジネス関係の設備が充実している。客室はゆったりくつろげるダブルベッド仕様で、リピーターに評判が高い。家族連れや、外国人観光客に人気のスイートは早めの予約を。屋外プールやジム、ビジネスセンターを完備。

住 Cnr. Steve Biko & Protorius St., Arcadia
☎ (012) 444-5500
URL www.tsogosun.com
料 ⓈR1535～ ⓌR1725～ ⓈⓊR4325～
CC ADMV
室 240
Wi-Fi あり（客室）

赤い看板が目印

ザ・ファーム・イン ★★★★

The Farm Inn

MAP P.204-E2外

プレトリアから東へ約18kmの所にある、少し変わった所に泊まりたい人にはうってつけのプライベートリゾート。広大な敷地は動物の保護区になっており、乗馬場やスイミングプール、ビリヤード場などの施設がある。ゲーム・ドライブも毎日催行している。

住 Silver Lakes Rd.
☎ (012) 809-0266/77
URL www.farminn.co.za
料 ⓈR490～ ⓌR660～ ⓈⓊR1300～
CC ADMV
室 83
Wi-Fi あり（客室）

雰囲気のいい暖炉付きの部屋もある

コートヤード・ホテル・アルカディア ★★★★

Courtyard Hotel Arcadia

MAP P.204-E2外

ロフタス・フェルスフェルト・スタジアムから徒歩1分ほどの場所にある。周囲には緑も多く、落ち着いた滞在ができる。プールやレストラン、バーなど併設。客室はスタジオのほか、1・2ベッドルームがあり、室内設備も充実。セキュリティもしっかりしている。

住 Cnr. Park & Hill St., Arcadia
☎ (012) 342-4940
URL clhg.com
料 ⓈⓌR1650～3020
CC MV
室 69
Wi-Fi あり（客室）

白亜の美しい建物

フォルティス・ホテル・キャピタル ★★★

Fortis Hotel Capital

MAP P.204-C2

市内中心部にあり、サービスにも力を入れている。部屋は真っ白な壁にシックな色調の家具がよく映える造りで、清潔感がある。客室は4タイプあり、ジャクージ付きのスイートルームもある。ゴルフ場やショッピングセンターへの送迎サービスもある。

住 390 Van Der Walt St.
☎ (012) 322-7795
URL fortishotels.com
料 ⓈⓌR1097～
CC ADMV
室 104
Wi-Fi あり（客室）

落ち着きのあるインテリア

アルカディア・ホテル ★★★

Arcadia Hotel

MAP P.204-D1

ショッピングセンターの集まるアルカディア地区の中心部にあるホテル。町歩きにとても便利な場所に立っている。広々としたロビーに、大きなベッドや広く取られた間取りの客室など、居心地もいい。レストランやバー、ジムなどの施設が揃っている。

住 515 Proes St., Arcadia
☎ (012) 326-9311
URL www.arcadiahotel.co.za
料 ⓈⓌR1220～
CC ADMV
室 139
Wi-Fi あり（客室）

客室はシンプルで機能的な造り

ブルックリン・ゲストハウス ★★★

Brooklyn Guest Houses

MAP P.204-E2外

ブルックリン地区と呼ばれる閑静な住宅街にあるゲストハウス。客室はどれもしゃれたインテリアで飾られていて、落ち着いた雰囲気。プールや緑豊かな庭もあって、静かに滞在したい人におすすめ。空港送迎やツアーのアレンジも可。

住 132 Murray St., Brooklyn
☎ (012) 362-1728
URL brooklynguesthouses.co.za
料 ⓈR650～　ⓌR790～　※朝食付き
CC ADMV
室 35
Wi-Fi あり（客室）

花や緑が多くて落ち着ける

ビー・マイ・ゲスト ★★★

Be My Guest

MAP P.204-E1外

チャーチ通りから少し入った所にあるガーデンコテージ。茅葺き屋根に大きなベッドの客室は別荘風で、キッチンには冷蔵庫や電子レンジも完備されているので、長期滞在にもぴったり。電話をすれば、空港まで迎えにきてくれる。

住 124 Allcock St., Colbyn
☎ (083) 382-6622
URL welcome16.wixsite.com/bemyguest
料 ⓈⓌR550～600
CC 不可
室 11
Wi-Fi あり（客室）

邸宅に滞在しているような気分に

タウン・ロッジ・メンロー・パーク ★★

Town Lodge Menlo Park

MAP P.204-E2外

プレトリア中心部から車で約10分、緑あふれるメンロー・パークにあるホテル。すぐそばにショッピングセンターもあって便利だ。セキュリティもしっかりしていて安全。バーと屋外プールがある。飲み物とスナックの自動販売機があるのもうれしい。

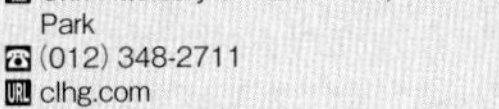

住 Cnr. Atterbury & Klarinet Rd., Menlo Park
☎ (012) 348-2711
URL clhg.com
料 ⓈR1150　ⓌR1275
CC ADMV
室 106
Wi-Fi あり（客室）

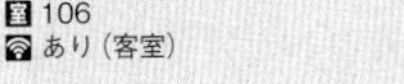

広くはないが機能的な造りの客室

プレトリア・バックパッカーズ

Pretoria Backpackers

MAP P.204-E2外

小さなシングルルームから、ファミリールーム、ドミトリーまで部屋の種類が豊富で、キッチン付きの部屋もある。ホストが親切にプレトリア観光の相談に乗ってくれ、旅行者同士で旅の情報交換もできる。2019年に客室の改装を終えたばかり。

住 433 Farenden St., Clydesdale
☎ (012) 343-9754
URL www.pretoriabackpackers.net
料 ⓈR450　ⓌR700　ⒹR280
CC MV
室 17
Wi-Fi あり（客室）

ゆったりとくつろげる宿

1322 バックパッカーズ・インターナショナル

1322 Backpackers International

MAP P.204-E2外

各国大使館が並ぶアルカディア通りの東端、静かな住宅街にある。中心部から離れているのが難だが、プレトリアでも洗練されたエリアなので、時間があれば散策してみるのもいいかもしれない。ツアーデスクもあり、さまざまなツアーをアレンジしてくれる。

住 1322 Arcadia St., Hatfield
☎ (012) 362-3905
URL www.1322backpackers.com
料 ⓈR350～　ⓌR565～　ⒹR245
CC MV
室 16＋3ドミトリー
Wi-Fi あり（共用エリア）

素朴な雰囲気が漂う造り

GAUTENG & OTHER PROVINCES

南アフリカ最大の都市

ヨハネスブルグ

Johannesburg

高層ビルが建ち並ぶヨハネスブルグ中心部の町並み

南アフリカ最大の都市ヨハネスブルグ（英語読みではジョハネスバーグ。略してジョーバーグJo'burgとも呼ばれている）。エネルギッシュな雰囲気が漂い、南アフリカのほかの場所では感じられないパワーで満ちあふれている。この地に来て初めて、「世界で一番危ない都市」との悪名をつけられながらも、この町を愛し続ける南アフリカ人の気持ちがわかるような気がする。この先どれだけ暮らす人々が変わっても、この町が息絶えることはないのだろう。

☎市外局番 011

ACCESS

✈世界各地および国内の主要都市から毎日多数の便が飛んでいる。

ヨハネスブルグを安全に楽しむために

2010年のサッカー・ワールドカップ開催以降、防犯対策もあってか、場所によっては治安状況が改善しているとの声もある。ただ、最大限の注意は依然必要。どんな手段であれ、ヨハネスブルグに夜間に到着したり、出歩いたりすることは避けるべきだし、昼間であっても町なかのひとり歩きは厳に慎むように。

行き方

ACCESS

空港から市内へ

O.R.タンボ国際空港は市内から約40km、車で所要40分～1時間の所にある。ヨハネスブルグで滞在を予定している人は、ホテルの送迎サービスを予約しておくのが安全だ。送迎サービスがない場合は、到着ロビーを出た所にあるタクシー乗り場からタクシーで市内へ向かうか、シャトルバスを利用する。なお、タクシーに乗る際は、トラブルに遭わないためにも空港会社ACSA（Airports Company South Africa）のロゴが車体に張ってあるか確認をするように。

また、2010年のサッカー・ワールドカップに合わせて空港とサントンを結ぶ高架鉄道ハウトレインGautrainの運行がスタートした。サントン駅Sandton Sta.（または、ひと駅手前のマールボーロ駅Marlboro Sta.)ではローズバンクやプレトリア行きなどの路線に乗り継ぐことも可能だ。観光客の利用も多く、大きな荷物を置く場所も確保されているので、安心して利用できる。ただし、降車駅からホテルが遠い場合などは、必ず駅まで迎えにきてもらうように。

市内交通

市内にはミニバスなどの公共交通が走っているが、決して利用しないように。町なかを巡りたいのであれば、信頼のできるタクシーをチャーターするか市内ツアーに参加すること。見どころをざっと回るなら観光バス(→P.217欄外)が便利。

歩き方
WALKING AROUND

ヨハネスブルグ中心部へは、決して興味本位で行ってはいけない。また、中心部以外のエリアであっても、**現地をよく知っている信頼のできる人と一緒でないのなら、町なかを歩くことはよほどのことがないかぎり避けるべきだ。**サントン地区など比較的安全といわれている場所においても、貴重品などは身につけず、常に不審者が周囲にいないか十分に気を配ること。

出かける必要があるときは、ホテルまたはレストランでタクシーを呼んでもらう。**流しのタクシーを見つけるのはほとんど不可能なうえ、信頼性にも欠ける**からだ。市内の見どころを巡りたいのであれば、市内ツアーに参加するといい(→P.217)。

なお、市内に滞在する場合は、サントンまたはローズバンクに宿を取るほうがより安全だ。飛行機の乗り継ぎだけで市内観光をしないのなら空港周辺のホテルでもいい。

昼間でも危険に遭遇する確率の高いダウンタウン

シャトルバス
●**エアポート・シャトル**
☎ (061) 904-5794
URL airportshuttlesa.co.za

空港と市内を結ぶ高架鉄道
4:50〜21:04の間、12〜20分おきに運行している(週末は30分おき)。サントンまで所要12分、R165、ローズバンクまで所要16分、R178、プレトリアまで所要45分、R192など。乗り場はターミナルAの2階。
●**ハウトレイン**
Gautrain
URL www.gautrain.co.za

O.R.タンボ国際空港
●**ACSA**
URL www.airports.co.za
※空港情報のほか、飛行機の発着状況なども検索できる。

治安情報
2020年1月現在、ヨハネスブルグ市内に日本の外務省より「十分注意して下さい」が発出されている。詳細は→P.64、403。

アフリカ一高いビル、ザ・レオナルド The Leonardo
サントンに55階建て、高さ234mのアフリカ一高いビルが誕生した。2020年中に住居兼商業施設としてオープン予定。

ヨハネスブルグ・ツーリズム
Johannesburg Tourism
URL www.joburgtourism.com

COLUMN | 南アフリカで配車アプリは使える？ ※2019年12月現在

結論から言うと、ドライバーがよく管理され、評価システムがあるため、普通のタクシーよりも安心して使うことができる。南アフリカで使用されているのは2種類。世界的に有名な**ウーバー Uber**はアメリカ発のアプリで、南アフリカ以外でもよく利用されている。犯罪歴を提出するなど、ドライバーになるための審査がしっかりしているため、比較的安心して使える。しかし、地方ではまだまだドライバーの数が少ないのが現状。使えるのはヨハネスブルグ、ケープタウンなどの大都市だけだ。ちなみに、ドライバーはジンバブエなどの周辺国出身者が多いが、これは地元の人は犯罪歴をもつ人が多いためだとか……。

一方、ローカルに支持されている**ボルト Bolt**は、ウーバーに比べ、ドライバーの質が落ちるといわれている。しかし、ウーバーよりは安く、ドライバーの数が比較的多いので地方でも使えることが多い。安全面を考えて、まずはウーバーを試してみて、ドライバーが見つからなかったら、ボルトも試してみよう。その際、ドライバーの評価をしっかりチェックすること。

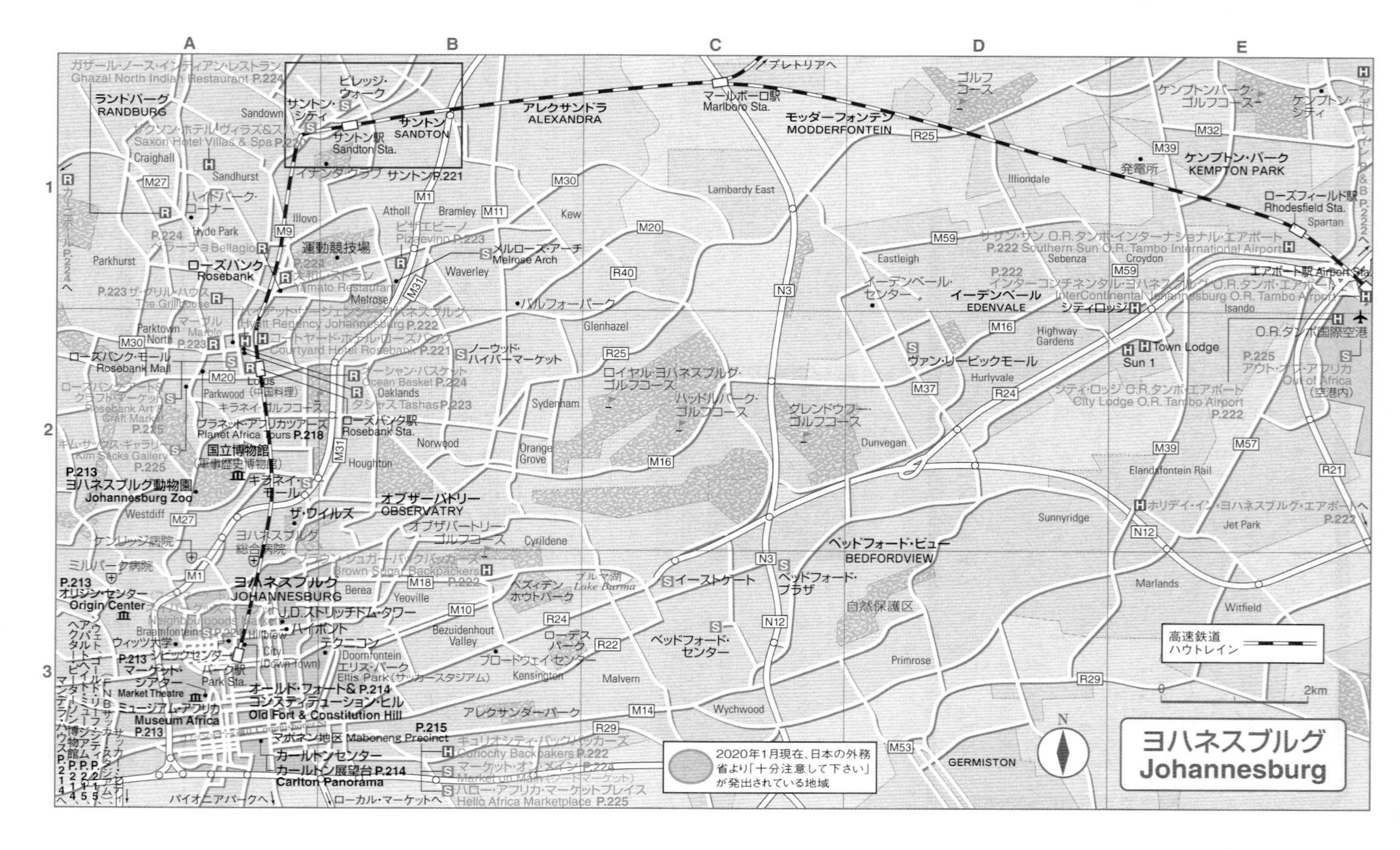
ヨハネスブルグ
Johannesburg
2020年1月現在、日本の外務省より「十分注意して下さい」が発出されている地域
高速鉄道
ハウトレイン
ランドバーグ
RANDBURG
ガザール・ノース・インディアン・レストラン
Ghazal North Indian Restaurant P.224
サクソン・ホテル・ヴィラズ＆スパ
Saxon Hotel Villas & Spa P.220
サントン・シティ
ビレッジ・ウォーク
サントン駅
Sandton Sta.
サントン
SANDTON
サントン P.221
アレクサンドラ
ALEXANDRA
マールボーロ駅
Marlboro Sta.
プレトリアへ
モッダーフォンテン
MODDERFONTEIN
ゴルフコース
ケンプトンパーク・ゴルフコース
ケンプトン・シティ
ケンプトン・パーク
KEMPTON PARK
発電所
ローズフィールド駅
Rhodesfield Sta.
サザン・サン O.R.タンボ・インターナショナル・エアポート
P.222 Southern Sun O.R. Tambo International Airport
エアポート駅 Airport Sta.
インターコンチネンタル・ヨハネスブルグ O.R.タンボ・エアポート
P.222 InterContinental Johannesburg O.R. Tambo Airport
イーデンベール
EDENVALE
イーデンベール・センター
シティロッジ
O.R.タンボ国際空港
Town Lodge
Sun 1
アウト・オブ・アフリカ
Out of Africa
(空港内)
P.225
シティ・ロッジ O.R.タンボ・エアポート
City Lodge O.R. Tambo Airport
P.222
ヴァン・リービックモール
ホリデイ・イン・ヨハネスブルグ・エアポートへ
P.222
ベッドフォード・ビュー
BEDFORDVIEW
ベッドフォード・プラザ
ベッドフォード・センター
自然保護区
イーストゲート
ロイヤル・ヨハネスブルグ・ゴルフコース
ハッドルパーク・ゴルフコース
グレンドウワー・ゴルフコース
ローズバンク
Rosebank
ローズバンク・モール
Rosebank Mall
ローズバンク駅
Rosebank Sta.
メルローズ・アーチ
Melrose Arch
運動競技場
ノーウッド・ハイパーマーケット
オブザーバトリー
OBSERVATRY
オブザバートリー・ゴルフコース
ザ・ワイルズ
国立博物館
(軍事歴史博物館)
P.213
ヨハネスブルグ動物園
Johannesburg Zoo
キラネイ・モール
ヨハネスブルグ総合病院
ケンリッジ病院
ミルパーク病院
プラネット・アフリカツアーズ
Planet Africa Tours P.218
ヨハネスブルグ
JOHANNESBURG
P.213
オリジン・センター
Origin Center
J.D.ストリッチドム・タワー
ハイポント
テクニコン
ウィッツ大学
シビックセンター
パーク駅
Park Sta.
マーケット・シアター
Market Theatre
P.213
ミュージアム・アフリカ
Museum Africa
P.213
オールド・フォート＆コンスティテューション・ヒル P.214
Old Fort & Constitution Hill
マボネン地区 Maboneng Precinct
P.215
カールトンセンター
カールトン展望台 P.214
Carlton Panorama
キュリオシティ・バックパッカーズ
Curiocity Backpakers P.222
マーケット・オン・メイン P.224
ハロー・アフリカ・マーケットプレイス
Hello Africa Marketplace P.225
パイオニアパークへ
ローカル・マーケットへ
ブラウン・シュガー・バックパッカーズ
Brown Sugar Backpackers P.222
ローズデス・パーク
ブロードウェイ・センター
エリス・パーク(サッカースタジアム)
アレクサンダーパーク
アルマ湖
Lake Burma
ベズィデンホウトパーク
GERMISTON
ハイドパーク・コーナー
ベラージョ Bellagio
P.224
ザ・グリル・ハウス
The Grillhouse
P.223
大和レストラン
Yamato Restaurant
P.224
ピザエビーノ
Pizzaevino P.223
ハイアット・リージェンシー・ヨハネスブルグ
Hyatt Regency Johannesburg P.222
コートヤード・ホテル・ローズバンク
Courtyard Hotel Rosebank P.221
オーシャン・バスケット
Ocean Basket P.224
タシャス Tashas P.223
ローズバンク・アート＆クラフト・マーケット
Rosebank Art & Craft Market
P.225
キム・サックス・ギャラリー
Kim Sacks Gallery
P.225
Lotus
(中国料理)
イナンダ・クラブ
マーブル
Marble
P.223
Sandown
Craighall
Sandhurst
Hyde Park
Parkhurst
Parktown North
Parkwood
Illovo
Atholl
Bramley
Kew
Melrose
Waverley
Glenhazel
Sydenham
Oaklands
Norwood
Houghton
Orange Grove
Westdiff
Cyrildene
Berea
Yeoville
Braamfontein
Hillbrow
City
(Down Town)
Doornfontein
Bezuidenhout Valley
Kensington
Malvern
Wychwood
Lambardy East
Illiondale
Eastleigh
Sebenza
Croydon
Isando
Spartan
Highway Gardens
Hurlyvale
Dunvegan
Elandsfontein Rail
Sunnyridge
Jet Park
Marlands
Witfield
Primrose
バルフォーパーク
キラネイ・ゴルフコース
カーニボール P.224へ
エアポート・ゲートB&B P.222へ
N
0
2km

おもな見どころ ATTRACTIONS

旧青果市場を改装して造られた博物館
ミュージアム・アフリカ
MAP P.212-A3

Museum Africa

南アフリカの文化や歴史をさまざまな方法で紹介している巨大な博物館。1913年に建てられ、1970年代半ばまでマーケットとして使用されていた建物の内部を改築し、1994年にオープンした。

ミュージアム・アフリカ
住 Old Market Bldg., 121 Bree St.
☎ (011) 833-5624
開 火〜日　9:00〜17:00
休 月　料 無料

地元の学生も見学に来る

話題の作品を観るなら迷わずここへ
マーケット・シアター
MAP P.212-A3

Market Theatre

ヨハネスブルグの今を感じたいのであれば、マーケット・シアターに足を運ぶといいだろう。演劇からコメディ、人気のアーティストのライブなど、公演内容はバラエティに富んでいる。

当日のプログラムを提示

マーケット・シアター
住 56 Margaret Mcingana St.
☎ (011) 832-1641
URL markettheatre.co.za
※公演のスケジュールは、ホームページで確認できる。予約は電話またはホームページから可能。

勇敢に戦ったマックス君が眠る
ヨハネスブルグ動物園
MAP P.212-A2

Johannesburg Zoo

1997年に凶器を持った強盗犯から妻を守り抜いたゴリラのマックス君がいた動物園。このできごとは世界中で報道され、この動物園も有名になった。マックス君は2004年に病死し、今は園内に立つ像が訪れる人をあたたかく迎えてくれる。

ヨハネスブルグ動物園
住 Jan Smuts Ave., Parkview
☎ (011) 646-2000
URL www.jhbzoo.org.za
開 8:30〜17:30
休 なし
料 大人R80、子供R50
※動物たちが活動的になる夜に園内を巡るナイトツアーや、飼育員と動物園の裏側を巡るデイツアーなどもある。いずれも要予約。詳細は上記ホームページへ。

楽しみながら人類の起源を学ぶ
オリジン・センター
MAP P.212-A3

Origin Center

人類発祥の地ともいわれる南アフリカ。ヨハネスブルグのダウンタウンに位置するウィッツ大学の構内に、人類の起源にテーマを絞った博物館がある。この博物館の特徴は、入館者がミセス・プレス（スタークフォンテン洞窟→P.216）の頭蓋骨のレプリカに触ったり、設置されたコンピューターでゲームを楽しみながら学ぶことができる点だ。壁画がどのように描かれたのか、サン族がどのような世界観を抱いていたのかがわかる映像もあっておもしろい。また、ここのミュージアムショップは南アフリカ産のグッズや考古学関連の書籍などが一堂に集められており、ちょっとしたみやげ物買いの穴場でもある。

レプリカに直接触れられる

オリジン・センター
住 Cnr. Yale & Enoch Sontonga, Wits University, Braamfontein
☎ (011) 717-4700
URL www.wits.ac.za
開 10:00〜17:00
休 クリスマス
料 大人R80、子供R40

考古学ファンには必見の場所

オールド・フォート&コンスティテューション・ヒル
住 11 Kotze St., Braamfontein
☎ (011) 381-3100
URL www.constitutionhill.org.za
開 9:00〜17:00
休 グッドフライデイ、クリスマス、元旦
料 大人R65、子供R30
※ハイライトツアーの料金。ツアーは約1時間ごとに催行(最終16:00)。所要約1時間。

カールトン展望台
住 50F, Carlton Shopping Centre, 150 Commissioner St.
☎ (011) 308-2876
開 月〜金・祝 9:00〜18:00
土 9:00〜17:00
日 9:00〜14:00
休 なし
料 R 30 (8歳以下無料)

ヘクター・ピーターソン博物館
住 8287 Khumalo St., Orlando West, Soweto
☎ (011) 536-0611
開 月〜土 10:00〜17:00
日 10:00〜16:00
休 なし
料 大人R30、子供R5

ソウェトSOWETOとは?
南アフリカ最大のタウンシップ(旧黒人居住区)で、正式にはサウス・ウエスト・タウンシップSouth West Townshipという。アパルトヘイト撤廃後は、黒人が居住区以外に住むことも許されるようになったが、いまだ以前と変わらぬ暮らしを続けている人々も多い。ちなみにマンデラ・ハウスのあるヴィラカジ通りは、同じくノーベル平和賞を受賞したデズモンド・ツツの暮らしていた家もある。(→P.218)。

マンデラ・ハウス
住 8115, Vilakazi St., Orlando West, Soweto
☎ (011) 936-7754
URL www.mandelahouse.com
開 9:00〜16:45
休 クリスマス、グッドフライデイ
料 大人R60、子供R20

マンデラが暮らしていた家

ヨハネスブルグの歴史的見どころ

オールド・フォート&コンスティテューション・ヒル

MAP P.212-A3

Old Fort & Constitution Hill

ヨハネスブルグの中心部にある城塞跡。ここはアパルトヘイト時代が終わる1994年まで使用されていた旧刑務所で、政治犯などが収容されていたという。ガイドが当時の暗い歴史を二度と繰り返さぬよう語ってくれる。

かつての城塞が刑務所として利用されていた

ヨハネスブルグ一望の360度の見事なパノラマ

カールトン展望台

MAP P.212-A3

Carlton Panorama (Top of Africa)

ヨハネスブルグの中心部にそびえる、この町のシンボル的存在である高さ223mの50階建てのショッピングセンター、カールトンセンターの最上階にある展望台。ここからヨハネスブルグの町並みが一望できる。ただし危険な場所にあるので、ツアーなどで訪れるように。

ソウェト蜂起の真実を伝える

ヘクター・ピーターソン博物館

MAP P.212-A3外

Hector Pieterson Memorial and Museum

1976年6月16日、ソウェトで大規模な反アパルトヘイト暴動が起こった。警官隊に発砲され、最初の犠牲者となったのは当時13歳だったヘクター・ピーターソンという少年だった。その暴動の様子と当時の現実を伝える歴史的博物館。ソウェトで建設された初めての博物館でもある。敷地内には、銃撃されたヘクター・ピーターソンの遺体が運ばれてきた場所に「1976年6月16日記念碑」がある。ただし、この博物館はソウェト内にあり、危険な場合もあるので、ひとりで行かずに必ずツアーなどで訪れるようにしよう。

1976年6月16日記念碑

マンデラ氏の足跡をたどる

マンデラ・ハウス

MAP P.212-A3外

Mandela House

南アフリカの大英雄ネルソン・マンデラが、1963年に逮捕されるまで暮らしていた家の内部が公開されている。屋内には当時マンデラが使用していたものが少数だが展示されている。また、マンデラTシャツや帽子など、マンデラやソウェト関連のグッズも売られている。ここもソウェトにあるので、ツアーなどで訪れるように。

子供たちに人気のテーマパーク
ゴールド・リーフ・シティ
MAP P.212-A3外

Gold Reef City

ヨハネスブルグ中心部の南約8kmの所に位置する、かつて世界最大の金の埋蔵量を誇った採掘所跡地に建てられたテーマパーク。敷地内には、18世紀後半から19世紀初頭のゴールドラッシュの時代の町並みが再現され、メリーゴーラウンドやジェットコースターなどさまざまなアトラクションやショーのほか、当時の採掘現場を見学するヘリテージツアーなどを楽しむことができる。

南アフリカが乗り越えてきた人種差別の歴史を知る
アパルトヘイト・ミュージアム
MAP P.212-A3外

Apartheid Museum

南アフリカに存在していた人種差別という事実に向き合い、二度とこのような悲惨な差別が起こらないことを願って2001年にオープンした博物館。人種差別の実態やそれに立ち向かおうとした人々の苦悩、そして1991年のアパルトヘイト撤廃で新しく踏み出した南アフリカの今を知ることができる。人種差別とは何かについて、深く考えさせられる。

ゴールド・リーフ・シティのすぐ近くにある

ゴールド・リーフ・シティ
住 Cnr. Northern Parkway & Data Crescent, Ormonde
☎ (011) 248-5000
URL www.tsogosun.com
開 9:30〜17:00
休 クリスマス ※シーズン外は月・火曜クローズ。
料 R215 (入場のみはR125)

カジノもあるゴールド・リーフ・シティ

アパルトヘイト・ミュージアム
住 Cnr. Northern Parkway & Gold Reef Rd., Ormonde
☎ (011) 309-4700
URL www.apartheidmuseum.org
開 9:00〜17:00 休 グッドフライデイ、クリスマス、元旦
料 大人R100、子供R85
※ガイド付きツアーは15人以上から(要予約)。

入口は、アパルトヘイト時代を感じさせるように白人とそれ以外に分かれている

COLUMN | CBDの新興開発エリア「マボネン地区」

足を踏み入れることさえ危険といわれるヨハネスブルグのCBD (Central Business District) だが、10年ほど前から、現地デベロッパー、「プロパチュイティ Propertuity」により開発が進められている。開発地区の名前はマボネン地区Maboneng Precinct。おしゃれなホテルやレストラン、ショップが建ち並び、比較的安全に訪れることのできるエリアとして、近年は現地の人々や旅行者でにぎわっている。街角には警備員が立ち、地区の安全を保っているので安心だ。

通りには欧米風のオープンカフェが並び、スタイリッシュにきめた地元の若者が闊歩する。ミニシアター系の映画を上映する映画館やギャラリーなど、現地のアートシーンも垣間見られ、週末にはマーケット・オン・メイン (→P.224) も開かれる。また、2017年にはブティックホテルもオープン。エリアは日々拡大を続けているが、まだまだ危険なエリアもあるため、地区内には無料のシャトルバスが走っている。

アフリカ随一の都会ヨハネスブルグ。新たなアーバンカルチャーやアートの発信地として、目覚ましい発展を続けるマボネン地区から目が離せない！
MAP P.212-A3

地区内は安心して歩くことができる

郊外の見どころ ATTRACTIONS

2016年に移転してリニューアル

ライオン・パーク

MAP P.200-B2、227-B2

Lion Park

ヨハネスブルグ中心部から北へ約25km。敷地内ではライオンをはじめ、キリンやチーターなどを車で見て回れるが、ここの目玉は何といってもライオンの赤ちゃんを抱いて記念撮影ができること。赤ちゃんとはいえ、ライオンはかなり力強いのでけがなどに注意。チーターと一緒に歩くツアーなどもある。

近くでサファリができる

クルーガーズドープ動物保護区

MAP P.200-B2、227-A2

Krugersdorp Game Reserve

ヨハネスブルグ中心部から西へ約30kmという近さなので、クルーガー国立公園までは足を延ばせないがサファリはしたい、という人にはもってこい。約1500haの敷地内でライオン、シロサイ、インパラ、キリンなどが見られる。宿泊も可能。

「人類のゆりかご」とも呼ばれる世界遺産

スタークフォンテン洞窟

MAP P.200-B2、227-A2

Sterkfontein Cave

ヨハネスブルグの北西約35kmに位置。発見されたのは1896年、金の探鉱者によってだが、この洞窟の存在が一躍知られたのは1947年。ロバート・ブルームRobert Broom博士(→欄外)による、類人猿アウストラロピテクス・アフリカヌスの頭蓋骨の発見のときである。その頭蓋骨は、約200万年前の女性のものと判明し、「ミセス・プレスMrs. Ples」と呼ばれているそうだ。洞窟は最も深い所で約40m。透明な地底湖があり、小さな魚の姿も見られる。

敷地内に併設されている**マロペン・ビジター・センターThe Maropeng Visitor Centre**には洞窟内から出土した人骨や化石が展示されているほか、地下水路をボートで巡り、地球創造の過程をたどるツアーなどが体験できる。

南アフリカならではの伝統文化体験を！

レセディ文化村

MAP P.200-B2、227-A2

Lesedi Cultural Village

敷地内には、ズールー、コーサ、ペディ、ソト(バソト)の4つの部族の伝統的な集落が建てられ、それぞれの生活様式が見学でき、集会所「ボマ」でダンスや歌の披露もある。4つの部族のうちひとつを選び、伝統的民家スタイルの宿泊用ハットに寝泊まりすることも可能。もちろん日帰りのツアーもある。ヨハネスブルグから北西へ約50km。ハートビースポート・ダムHartbeesport Damへ行く途中にある。

ライオン・パーク
住 R512 Lanseria Rd., Broederstroom, Kalkheuvel
☎ (087) 150-0100
URL www.lionandsafaripark.com
開 月～金　8:00～18:00
土・日・祝　8:00～20:00
休 なし
料 大人R210(12歳以下無料)
※ガイド付きサファリツアーは大人R595(12歳以下無料)

クルーガーズドープ動物保護区
住 R24 Rustenburg Rd., Krugersdorp
☎ (083) 446-9098
開 8:00～17:00
休 なし
料 大人R80、子供R10

世界遺産
1999年に文化遺産に登録
スタークフォンテン洞窟
住 R400, off the R563 Hekpoort Rd.
☎ (014) 577-9000
URL www.maropeng.co.za
開 9:00～17:00
休 なし
料 大人R165、子供R97
※マロペン・ビジター・センターとの共通チケット→下記。

マロペン・ビジター・センター
開 9:00～17:00　休 なし
料 大人R120、子供R65
※スタークフォンテン洞窟との共通チケットは大人R190、子供R125。

ロバート・ブルーム博士(1866～1951年)
スコットランド生まれ。1897年に南アフリカに移住し、医師引退後、70歳からアウストラロピテクスの研究を始める。1936年、スタークフォンテンでアウストラロピテクス・アフリカヌスの化石を発見し、翌々年にはスタークフォンテンから1.6km東のクロムドライKromdraaiで世界初となるアウストラロピテクス・ロブストスを発掘。1947年には「ミセス・プレス」の発掘に成功し、進化論に大きな発展をもたらした。

レセディ文化村
住 R512, Lanseria Rd.
☎ (071) 507-1447
URL aha.co.za
料 文化体験＋食事の日帰りツアーはR575。宿泊はⓈⓌR1360～(文化体験、2食付き)。ヨハネスブルグ発の日帰りツアーもある(→P.217)。

ヨハネスブルグ拠点のツアー TOUR

ヨハネスブルグは治安が悪く個人では歩けないので、多くの旅行会社が市内ツアーやヨハネスブルグ拠点の近郊ツアーを用意している。ここでは外国人旅行者に人気のツアーをいくつか紹介するので、参考にしてほしい。いずれのツアーもインターネットや電話で申し込みが可能で、宿泊先までの送迎が付いている場合がほとんど。

●ヨハネスブルグ市内ツアー

ヨハネスブルグ市内の見どころを短時間で巡るツアー。ミュージアム・アフリカ、カールトン展望台、オールド・フォート&コンスティテューション・ヒルなどをガイドの説明で見学する約3時間のツアー。R800〜900程度。ソウェトやアパルトヘイト・ミュージアムなどを含めた1日ツアーもある。所要約8時間でR1300〜。

●カルチャー・ビレッジ・ツアー

ヨハネスブルグ北西部郊外にあるレセディ文化村（→P.216）が目的地。各部族の集落を巡り、伝統舞踊のショーを見学したあと、伝統的なアフリカ料理のディナーを味わう。午後にヨハネスブルグを出発し、22:00頃に解散する。料金はR1300〜。各部族の伝統的な住居を再現したゲストハウスに泊まり、翌朝市内へ戻る宿泊付きのツアーもある。

●アパルトヘイト・ミュージアム半日ツアー

ヨハネスブルグ中心部から約8kmにあるアパルトヘイト・ミュージアム（→P.215）を訪れ、ガイド付きで2〜3時間かけてじっくりと巡るツアー。ホテルまでの送迎が付いている。展示品やビデオ、資料などを見る時間も十分にあるので、アパルトヘイトの歴史について知識を深めたい人におすすめ。所要4〜5時間で、R750〜。

●サン・シティ&ピーランスバーグ・ツアー

ビッグファイブが生息するピーランスバーグ国立公園（→P.230）でゲーム・ドライブを満喫したあと、隣接する広大なテーマパークのサン・シティ（→P.229）でアトラクションなどを楽しむツアー。早朝にヨハネスブルグを出発し、夕方に戻ってくるのが一般的なスケジュール。所要約11時間で、R2800程度。

サバンナに突如現れるサン・シティ

●プレトリア市内半日ツアー

ヨハネスブルグから車で所要約40分に位置する歴史の町プレトリア（→P.202）を訪れ、クルーガー博物館（→P.206）やユニオン・ビル（→P.207）、チャーチ・スクエア（→P.205）など町の見どころをガイドの案内で短時間で巡るツアー。所要4〜5時間で、R1200前後。

見どころ巡りに便利な観光バス

市内の見どころを個人で巡ろうという人は、乗り降り自由の観光バスを利用するといいだろう。ただし、ダウンタウンのエリア内で下車した際は、ひとり歩きはせず、同じツアー客と行動をともにするように。また、停留所から離れた場所へは行かないこと。車内にいても油断は禁物

●シティ・サイトシーイング City Sightseeing

カールトン展望台、ゴールド・リーフ・シティ、アパルトヘイト・ミュージアムなど市内の見どころ12ヵ所を巡る2階建ての観光バス。9:00〜18:00の間、約30分おきに巡回していて、時間内であれば、どの停留所で乗り降りしても自由。料金は24時間有効の1日チケットが大人R235、子供R130。2日チケット（大人R300、子供R220）や1日チケットにソウェトへのガイド付きツアー（所要約2時間）を組み合わせたお得なセット（大人R545、子供R310）もある。オンラインで予約すると割引になる。ローズバンク駅とゴールド・リーフ・シティにチケットオフィスがある。

☎ (021) 511-6000
URL www.citysightseeing.co.za

伝統文化に興味があるならレセディ文化村へ

おもな旅行会社

●スプリングボック・アトラス Springbok Atlas

大手の旅行会社。あらゆるツアーが揃っている。

☎ (021) 460-4700（ケープタウン）
URL springbokatlas.com

✉ 麻薬に気をつけて！

バックパッカー向けの安宿では麻薬がかなり横行しています。なかには宿泊客のみならず、スタッフまで関与しているケースもあるので注意してください。（福島県　阿部一貴　'11）['20]

ヨハネスブルグでの注意点
万一に備え、町なかにあるATMは利用しないこと。また、サントンなどのショッピングモール内は警備もしっかりしているので気を抜きがちになるが、たとえモール内であってもATMを利用する際は、十分に気をつけるように。

ソウェト・ツアーを催行しているおもな旅行会社
●ソウェト・ガイド・ツアーズ
Soweto Guided Tours
☎(011) 985-6249
URL sowetoguidedtours.co.za
ソウェトのレストランで伝統的な料理を食べ、シェビーン(→右記)にも立ち寄るツアーなどを催行している。
●soweto.co.za
☎(083) 535-4553
URL www.soweto.co.za
●ソウェトバックパッカーズ
Soweto Backpackers
☎(011) 936-3444
URL www.sowetobackpackers.com
自転車でソウェトを巡るツアー。2時間程度のものから1日ツアーまで各種ある。

頼りになるプラネット・アフリカツアーズのスタッフ

●ソウェト・ツアー

南アフリカ最大のタウンシップ(旧黒人居住区)であるソウェトSOWETO (South West Township)を訪れるツアーで、個人での観光が難しい地域だけに外国人に人気がある。日帰り(R800程度)と、夜に出発してシェビーンShebeen(「非合法の居酒屋」という意味)やジャズクラブ、パブなどを訪れ、地元の人々と触れ合うツアー(R800程度。食べ物、飲み物代別)、ソウェトの民家に宿泊するオーバーナイト・ツアー(応相談)などがある。コース内容はさまざまだが、ガイドの案内でネルソン・マンデラが住んでいたマンデラ・ハウス(→P.214)やヘクター・ピーターソン博物館(→P.214)などを訪れ、民家のひとつに立ち寄るものが主流。

●世界遺産と野生動物を訪れるツアー

オリジン・センター(→P.213)で人類の起源について学んだあと、アウストラロピテクス・アフリカヌスの頭蓋骨が発見され、世界遺産にも登録されているスタークフォンテン洞窟(→P.216)を訪れる。行きか帰りに近くにあるライオン・パーク(→P.216)に寄り、ゲーム・ドライブや赤ちゃんライオンとの交流を楽しむ。所要約8時間でR1500程度。

●クルーガー国立公園ツアー

2泊3日、3泊4日のツアーが主流で、ほとんどのものがクルーガーへ行く途中でムプマランガ州の人気ポイント、パノラマ・ルートをドライブして、クルーガー国立公園(→P.238)へ向かう。エアコン付きのマイクロバスが多く、食事と宿泊、ゲーム・ドライブがパッケージになっている。料金は宿の種類によってもさまざまだが、例えば2泊3日のロウアー・サビー滞在でひとりR7400前後。

COLUMN | 日本語の通じる現地旅行会社

旅先として魅力あふれる南部アフリカの国々。遠隔地ということもあり、まだまだ日本人にとってはなじみの薄い旅先でもある。パッケージツアーならなんの問題ないが、個人旅行となると、さまざまな不安も出てくるだろう。そんな時に強い味方になってくれるのが日本人経営の現地旅行会社プラネット・アフリカツアーズだ。

南アフリカの最大手旅行会社のカリナンホールディングスと提携しているため、手配は迅速で確実。現地事情に精通しているので、こまやかなアドバイスも受けられる。南アフリカをはじめ、ジンバブエ、ボツワナ、ナミビア、ザンビアなども取り扱っており、現地での交通手段、ホテル、ツアーなどの手配を行っている。また、希望や予算を伝えれば、オーダーメイドの旅も可能。まだまだ不安要素の多いアフリカの旅。困ったら、日本人スタッフ常駐のプラネット・アフリカツアーズに相談してみるのもいいだろう。

●プラネット・アフリカツアーズ
Planet Africa Tours MAP P.212-A2
住 2F Travel House, 6 Hood Ave, Rosebank, Johannesburg
☎(011) 770-7515
URL www.planetafricatours.net
URL visitjapanpat.com
Mail info@planettours.co.za

COLUMN | タウンシップ・ツアーを体験しよう

タウンシップとは

南アフリカを旅していると、「タウンシップTownship」という言葉をよく耳にする。また、タウンシップ・ツアーなるものも見かける。辞書を見ると、タウンシップとは「政府によって区分けされた住居地」とある。町を意味するタウンTownとの違いは、自然に生まれた町ではなく、人工的に（政府によって）つくられたものだというところ。つまり南アフリカでいうタウンシップとは、アパルトヘイト時代の人種ごとに住み分けさせられていた居住区のことであり、たいていの場合、旧黒人居住区のことを指す。

アパルトヘイト撤廃後は黒人が居住区外に住むことも許されるようになったわけだが、職に就けないでいる多くの黒人たちは以前と変わらぬ生活をタウンシップで続けるしかないような状況にある（職に就いても共同体を好んで住み続ける人も多いが）。狭い未舗装道を挟み、ズラッと建ち並ぶバラックを初めて見ると、失礼ではあるが、悲惨さを感じてしまうかもしれない。タウンシップによっては電気も水道もなく、電気は車のバッテリーを使ったり、数千人で数個の井戸を共有したりしているそうだ。

タウンシップ・ツアーのすすめ

タウンシップ・ツアーとは、そういった旧黒人居住区を訪れるツアーだ。そんな苦しい暮らしをしている人の生活をのぞき見するなんて、と思う人もいるだろうが、ただ生活を興味本位に見ようというのがこのツアーの趣旨ではない。アパルトヘイトという、私たちにとっては理解しにくいその実情を、少しでも理解するというのも目的のひとつである。

タウンシップを案内してくれるのはだいたいそこに住む人なわけで、自分たちがアパルトヘイトによってどのような所に住まわせられてきたのか、どのような生活を強いられてきたのか、そんな話を聞くだけでも、このツアーに参加する価値はあるだろう。あるガイドが言った。「アパルトヘイトが撤廃されようと、いまだに経済は白人が握っていて、政治的には自由になったが、すべてが自由になったわけではない。アパルトヘイトは完全になくなったわけではなく、心の中にまだ壁があるのは事実だ」。彼はこの国を訪れるひとりでも多くの人に、そんな今も残る心の傷を理解してもらいたいということだった。

ツアーはガイドと一緒にタウンシップ内を歩き回り、たいていどこか1軒、家の中を見せてくれる。ガイドの家であることが多いが、ツアーによっては契約している人の家に行くこともある（その場合はみやげ物を買わされたりする）。

また、ツアーや訪れる時間帯にもよるが、タウンシップ内に必ずあるシェビーンShebeenと呼ばれているバーのようなところで食事をしたり、酒を飲んだりもする。ヨハネスブルグの治安状況などを聞いて、すべての黒人が怖いと思ってしまう人も多いようだが、ここで彼らと話をしてみれば、ある一部の人たちだけがそうなのだと理解することだろう。

どこでツアーに参加するか

どの町でも近郊にタウンシップはあるし、ツアーも見つかるはずだ。特に南アフリカ最大のタウンシップであるヨハネスブルグ近郊のソウェトSOWETO（→MAP P.212-A3外）は有名で、数多くのツアーがある。料金は日帰りツアーでR800程度（宿までの送迎付き。ドリンクや食事が付く場合もある→P.218）。また、シティ・サイトシーイング（→P.217）のソウェト・ツアーはプラスR310で参加することができる。いずれの見どころでも入場はせずに外から見るだけだが、約2時間とコンパクトで気軽に参加できる。

ソウェトの子供たち

H ホテル

5つ星のゴージャスなホテルからB&B(ベッド&ブレックファスト)、安宿まで、さまざまなタイプのホテルが揃っている。郊外のサントン、ローズバンクには一流ホテルが林立しており、治安面の心配の少なさや食事やショッピングに便利なこともあり、多くのビジネスパーソンや観光客が利用している。郊外にはヴィラやコテージ風の宿も多い。

サントン・サン

★★★★★

Sandton Sun

超豪華な近代的ホテル。料金もかなりのものだが、それに見合った設備とサービスを誇っている。サントン・シティと連絡通路で直結しているので、買い物にもとても便利。ショップやレストラン、バー、スパなどの施設が入っている。

サントン MAP P.221-A2

- 住 Cnr. Fifth & Alice St., Sandton
- ☎ (011) 780-5000
- URL www.tsogosun.com
- 料 ⓈⓌR2890〜
- CC ADMV
- 室 326
- Wi-Fi あり(客室)

豪華な雰囲気のロビー

サクソン・ホテル・ヴィラズ&スパ

★★★★★

Saxon Hotel Villas & Spa

サンドハースト地区にある豪華なブティック・ホテル。広い敷地内正面に見えるロビー棟の堂々とした様は、まさに圧巻の風格。アフリカらしさを感じさせるインテリアを配した客室は、スタイリッシュかつモダンでありながら、落ち着いた雰囲気を醸し出している。

サンドハースト MAP P.212-A1

- 住 36 Saxon Rd., Sandhurst 2196
- ☎ (011) 292-6000
- URL www.saxon.co.za
- 料 ⓈⓌR8856〜
- CC ADJMV
- 室 53
- Wi-Fi あり(客室)

正面玄関。この奥に別世界の空間が広がる

ザ・ミケランジェロ

★★★★★

The Michelangelo

サントンのなかでも、ひときわ目立つゴージャスな外観。内部は地中海風のしゃれた雰囲気で、ヨーロッパからの旅行者にウケている。ネルソン・マンデラ・スクエアに隣接しているので、食事場所に困ることもない。温水プール、スパ、ジムなどが揃っている。

サントン MAP P.221-A2

- 住 135 West St., Nelson Mandela Sq., Sandton
- ☎ (011) 282-7000
- URL www.michelangelo.co.za
- 料 ⓈR3499〜 ⓌR3638.25〜 ※朝食付き
- CC ADMV
- 室 242
- Wi-Fi あり(客室)

吹き抜けの豪華な造り

ヒルトン・サントン

★★★★★

Hilton Sandton

リボニア通り沿いに立つ5つ星ホテル。サントン・シティ、ネルソン・マンデラ・スクエアから歩いて数分の距離だ。サントンはビジネス街でもあるので、ビジネスでの滞在にはうってつけ。客室は32m^2〜と十分な広さで快適に過ごせる。

サントン MAP P.221-A1

- 住 138 Rivonia Rd., Sandton
- ☎ (011) 322-1888
- URL www3.hilton.com
- 料 ⓈⓌR2630〜 ⓈⓊR4130〜 ※朝食付き
- CC ADMV
- 室 329
- Wi-Fi あり(客室)

ゆったりできるプールがある

プロテア・ホテル・バラライカ・サントン

★★★★

Protea Hotel Balalaika Sandton

イギリス的コロニアルムードが漂う高級ホテル。中庭が美しく、テラスやプールサイドでくつろぐひとときが最高。雰囲気のあるバーもぜひ利用したい。ホテル前のクラフトの露店を見て回るのも楽しいだろう。客室はスタンダードからスイートまで4タイプある。

サントン MAP P.221-A1

- 住 20 Maude St., Sandown, Sandton
- ☎ (011) 322-5000
- URL www.marriott.com
- 料 ⓈR2070〜 ⓌR2335〜 ⓈⓊR3335〜
- CC ADMV
- 室 330
- Wi-Fi あり(客室)

高級感あふれるレストラン

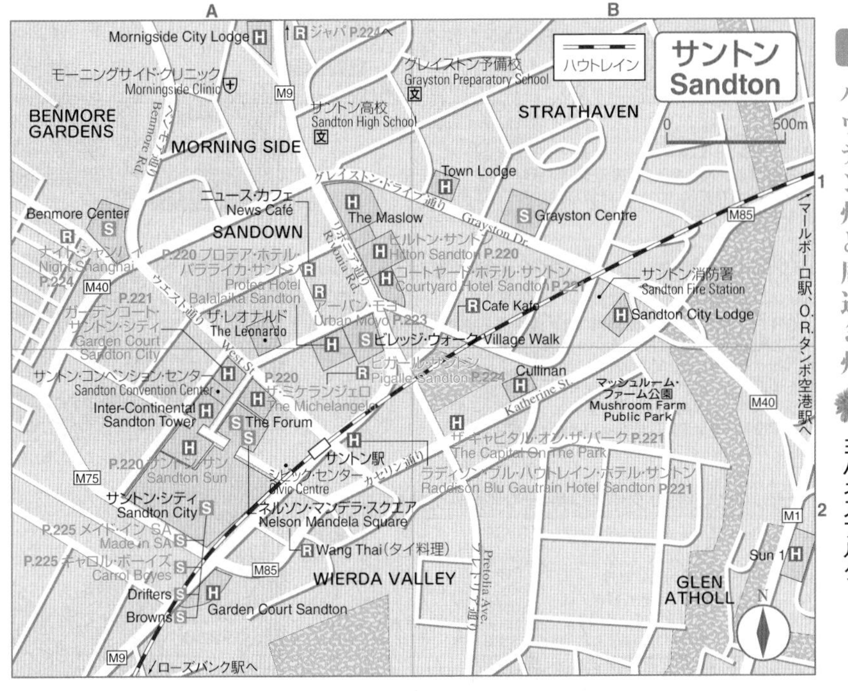

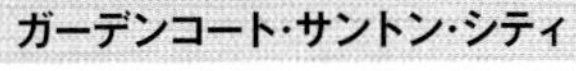

ガーデンコート・サントン・シティ ★★★

Garden Court Sandton City　サントン　MAP P.221-A2

　ショッピングモールに隣接しており、レストランなどに出かけるにも、非常に便利なロケーションにある。客室設備も充実しており、快適な滞在ができる。ホテル内施設も整っていて、レストランやスパを併設している。1階にあるパブも人気だ。

住 Cnr. West & Maude St., Sandown, Sandton
☎ (011) 269-7000
URL www.tsogosun.com
料 ⓈⓌR1650～　※朝食付き
CC ADMV
室 444
Wi-Fi あり（客室）

ネルソン・マンデラ・スクエア近くに立つ

ザ・キャピタル・オン・ザ・パーク ★★★★

The Capital On The Park　サントン　MAP P.221-B2

　都会的で洗練された雰囲気のシティリゾート。スイミングプール、スパ、バー、コンビニなどの各種施設も整い、快適な滞在が可能だ。ビジネスでの利用にもおすすめ。

住 101 Katherine St., Sandown, Sandton
☎ (011) 443-0000
URL thecapital.co.za
料 ⓈⓌR1790～
CC ADMV
室 305
Wi-Fi あり（客室）

ラディソン・ブル・ハウトレイン・ホテル・サントン ★★★★

Raddison Blu Gautain Hotel Sandton　サントン　MAP P.221-A2

　サントン駅前にあるのでとても便利。客室はすっきりとした内装で清潔感があり、ゆったりとしたバスタブもあって快適だ。レストランほかホテル内施設も充実している。

住 Cnr. Rivonia Rd. & West St., Sandton
☎ (011) 286-1000
URL www.raddisonhotels.com
料 ⓈR1995.30～　ⓌR2305.80～
CC ADMV
室 220
Wi-Fi あり（客室）

コートヤード・ホテル・サントン ★★★★

Courtyard Hotel Sandton　サントン　MAP P.221-A1

　シティ・ロッジ・グループのハイクラスバージョン。部屋はすべてキッチン付きのステューディオタイプ。車を部屋の脇に駐車できるので、レンタカー利用者にもぴったりだ。

住 130 Rivonia Rd., Sandown, Sandton
☎ (011) 884-5500
URL clhg.com
料 ⓈⓌR1663～
CC ADMV
室 69
Wi-Fi あり（客室）

コートヤード・ホテル・ローズバンク ★★★★

Courtyard Hotel Rosebank　ローズバンク　MAP P.212-A2

　気品のある赤れんがのたたずまいで、客室はスタジオと1または2ベッドルームの3タイプ。屋外プールやレストラン、バーを併設している。緑あふれる美しいガーデンもある。

住 Cnr. Oxford Rd. & Tyrwhitt Ave., Rosebank
☎ (011) 880-2989
URL clhg.com
料 ⓈⓌR1696～
CC ADMV
室 83
Wi-Fi あり（客室）

ハイアット・リージェンシー・ヨハネスブルグ ★★★★★

Hyatt Regency Johannesburg

ローズバンク MAP P.212-A2

高級感と行き届いた清潔感が感じられ、特にビジネスパーソンに人気。ローズバンク・モールにも歩いていけるロケーションにあり、ショッピングにも便利な立地にある。客室設備はもちろん、スパやマッサージなどの施設も充実している。

住 191 Oxford Rd., Rosebank
☎ (011) 280-1234
URL johannesburg.regency.hyatt.com
料 ⓈR4630～ ⓌR4990～
CC ADMV
室 244
Wi-Fi あり（客室）

プールでのんびりもできる

インターコンチネンタル・ヨハネスブルグ O.R.タンボ・エアポート ★★★★★

InterContinental Johannesburg O.R.Tambo Airport

空港周辺 MAP P.212-E1

O.R.タンボ国際空港の敷地内にあり、空港ターミナルの目の前という絶好のロケーションで、南アフリカのベストエアポートホテルを何度も受賞。ビジネスパーソンなどの利用が多い。また空港のカフェやレストランへも歩いていける。

住 O.R. Tambo International Airport
☎ (011) 961-5400
URL www.tsogosun.com
料 ⓈR4880～ ⓌR5335～
CC ADMV
室 138
Wi-Fi あり（客室）

空港ターミナルまで徒歩１分

サザン・サン O.R.タンボ・インターナショナル・エアポート ★★★★

Southern Sun O.R.Tambo International Airport

空港周辺 MAP P.212-E1

ケンプトン・パークにあり、空港までは車で約5分。15分おきに無料シャトルバスが運行している。乗り継ぎのほか、ファシリティが充実しているのでビジネスユースにも向いている。スパやサロンも併設。近くのショッピングモールへのシャトルバスも運行している。

住 Airport Grounds, Jones Rd., Kempton Park
☎ (011) 977-3600
URL www.tsogosun.com
料 ⓈR1900～ ⓌR2080～ ※朝食付き
CC ADMV
室 366
Wi-Fi あり（客室）

周辺は緑が多い環境

ホリデイ・イン・ヨハネスブルグ・エアポート ★★★

Holiday Inn Johannesburg Airport

空港周辺 MAP P.212-E2外

空港から車で約10分のボクスバーグにあり、空港にも市内にもわりと近い穴場的ホテル。プールからは、ホテルの上空を飛ぶ飛行機の姿が見られる。無料のシャトルバスが空港や近くのショッピングモールに出ているので便利。ツアーのアレンジもしてくれる。

住 100 North Rand Rd., Bardene, Boksburg
☎ (011) 823-1843
URL www.ihg.com
料 ⓈⓌR1041～
CC ADJMV
室 151
Wi-Fi あり（客室）

日本人観光客にもよく利用される

エアポート・イン B&B ★★★

Airport Inn Bed & Breakfast

空港周辺 MAP P.212-E1外

空港から車で約5分の所にある。緑豊かな環境で、中庭やプール、レストランもある。客室はおもにコテージとホテル棟にあるデラックスの2タイプ。

住 19 Halifax Rd., Rhodesfield, Kempton Park
☎ (011) 394-1148
URL www.airportinn.biz
料 ⓈR595～ ⓌR750～
CC ADMV
室 54
Wi-Fi あり（客室）

ブラウン・シュガー・バックパッカーズ

Brown Sugar Backpackers

オブザーバトリー MAP P.212-B3

客室は、4～6ベッドのドミトリー、シングルルーム、ログハウスなどがあり、キャンプも可能（ひとりR150）。プールやバー、キッチンも完備している。

住 75 Observatory Ave., Observatory Ext 1
☎ (011) 648-7397
URL www.brownsugarbackpackers.com
料 ⓈR470～ ⓌR600～ ⒹR220 ※朝食付き
CC MV
室 14＋2ドミトリー
Wi-Fi あり（共用エリア）

シティ・ロッジ O.R.タンボ・エアポート ★★★

City Lodge O.R. Tambo Airport

空港周辺 MAP P.212-E2

空港ターミナルの目の前にあり便利。コーヒーショップにバー、プールを完備しているが、空港内のレストランやショップにも歩いていける。

住 Above Multi-Storey Parkade 2, Level5, O.R.Tambo International Airport
☎ (011) 552-7600
URL clhg.com
料 ⓈR1653 ⓌR1895
CC MV
室 365
Wi-Fi あり（客室）

キュリオシティ・バックパッカーズ

Curiocity Backpackers

マボネン MAP P.212-B3

アーティストたちが集まるマボネン地区にある。マボネンは、ヨハネスブルグ中心部復興の象徴的な地区で、ヴィヴィッドな“ジョバーグ”の雰囲気を味わえる。

住 302 Fox St., Maboneng Precinct, Jeppes Town, 2094
☎ (011) 614-0163
URL curiocity.africa
料 ⓈⓌR575～790 ⒹR180～250
CC MV
室 11
Wi-Fi あり（客室）

R レストラン

ヨハネスブルグでは、日本料理やタイ料理など世界中の味が楽しめる。サントンやローズバンクなどにはおしゃれなカフェやレストランがたくさんあるので、買い物途中にのんびりするのもいいだろう。市街東のブルマ湖の近くにはチャイナタウンがあり、本格的な中国料理が格安で味わえるほか、日本の食材も手に入る。

ザ・グリルハウス

The Grillhouse

南アフリカはステーキがおいしいと評判だが、こちらはヨハネスブルグの大人気店。数々の賞に輝いている。いつも混んでいるので早めに行くか予約が必要。ヒレ(200g) R175、サーロイン(300g) R195などと、リーズナブルなのも人気の秘密だ。

グリル料理 MAP P.212-A2

住 Shop 1, The Firs / Hyatt Centre, C/O Oxford Rd. & Biermann Ave., Rosebank
☎ (011) 880-3945
URL www.thegrillhouse.co.za
開 12:00～22:00
休 なし
CC ADMV

ショッピングセンターの1階にある

アーバン・モヨ

Urban Moyo

サントンにある人気のカフェレストラン。肉料理からシーフードまで、各種アフリカンテイストの洗練された盛り付けの料理が味わえる。木を多用した落ち着いた雰囲気の内装も心地いい。テラス席もあり、毎晩夜遅くまでしゃれた人たちが集う。

アフリカ料理 MAP P.221-A1

住 24 Central 6 Gwen Lane & Freedman Dr., Sandton
☎ (011) 326-5523
URL urbanmoyo.co.za
開 月～木 7:00～22:00
金 7:00～23:00
土 10:00～19:00
休 日
CC ADMV

ワニなどのゲームミートのメニューもある

ピザエビーノ

Pizaevino

ヨハネスブルグで人気のピザのチェーン店。リーズナブルな料金なうえ、小サイズも注文できるので、さまざまな味が楽しめる。パスタやハンバーガーなどもあり、生ビールやワインの種類も豊富に揃っている。夏場は、屋外のテーブル席が人気。

ピザ MAP P.212-B1

住 Melrose North, Melrose
☎ (011) 684-2730
URL pizaevino.co.za
開 月 11:30～21:30
火～木 11:30～22:00
金・土 8:00～翌1:00
日 8:00～21:30
休 なし
CC MV

黄色のピザ窯がトレードマーク

タシャス

Tashas

ヨハネスブルグやケープタウンでチェーン展開する大人気のカフェレストラン。ニューヨークにインスパイアされているだけあり、店内はとてもおしゃれで居心地がよい。ステーキやタコス、ベーグルなど、料理は味も見た目も抜群だ。

西洋料理 MAP P.212-A2

住 Shop G28, The Zone Rosebank, Oxford Rd., Rosebank
☎ (011) 447-7972
URL www.tashascafe.com
開 月～水 7:00～21:00
木～土 7:00～22:00
日・祝 7:30～16:00
休 元日
CC ADMV

サーロインステーキ150g (R 128)

マーブル

Marble

ローズバンクで最もホットなレストラン。4階建てビルの一番上にあり、バーラウンジからの眺めもなかなか。夜は着飾った現地の人々でたいへんなにぎわいを見せる。料理はおもにグリル料理。一般的な西洋料理に南アフリカのアクセントを加えている。

西洋料理 MAP P.212-A2

住 Trumpet on Keyes, Crn. Keyes & Jellicoe Ave., Rosebank
☎ (010) 594-5550
URL marble.restaurant
開 12:00～14:00、18:00～22:00 (バーは12:00～22:00)
休 なし
CC ADMV

バーラウンジでくつろぐ人々

ガザール・ノース・インディアン・レストラン

Ghazal North Indian Restaurant

インド料理 MAP P.212-A1

週末になると地元の人でにぎわう、北インド料理の店。ラム、チキン、シーフード、ベジタブルから各種メニューが選べ、辛さの度合いも調整できる。前菜はR54〜、カレーやケバブ、タンドーリなどのメインはR100前後〜。テイクアウトも可能。

住 Shop 28/29, Coachmans Crossing Centre, Peter Place Rd., Byranston
☎ (011) 706-9412
開 月〜土　12：00〜22：00
　日・祝　12：00〜21：00
休 なし
CC ADMV

屋外テーブルも人気がある

オーシャン・バスケット

Ocean Basket

シーフード料理 MAP P.212-A2

ショッピングモールのザ・ゾーン@ローズバンクの中にある。サントン・シティやイーストゲートのショッピングセンター内にも入っている。

住 Shop No. G5/6, The Zone@ Rosebank, Tyrwhitt Ave. & Oxford rd., Rosebank
☎ (011) 268-6598
URL oceanbasket.com
開 11：00〜21：00
休 なし
CC MV

大和レストラン

Yamato Restaurant

日本料理 MAP P.212-A1

サントンとローズバンクの中間にある日本料理のレストラン。ラーメン、うどん、寿司などが揃っているので、日本の味が恋しくなったら訪れてみたい。

住 198 Oxford Rd., Illovo Muse Illovo, Sandton
☎ (011) 268-0511
URL www.yamato.co.za
開 月〜木 12:00〜14:30、18:00〜21:30
　金・土 12:00〜15:00、18:00〜21:45
　日・祝 12:00〜15:00、18:00〜20:30
休 なし
CC ADMV

ジャパ

Japa

日本料理 MAP P.221-A1外

サントンから車で約10分のリヴォニアにある。ここではぜひ自慢の寿司を味わいたい。日替わりメニューもある。昼はR100〜、夜はR250程度。

住 No.1, First Floor, Rivonia Village, 9th Ave., Rivonia Blvd.
☎ (011) 807-3999
URL www.japa.co.za
開 12：00〜14：30
　18：00〜21：45
　(日 〜20:45)
休 なし
CC MV

ピガール・サントン

Pigalle Sandton

インターナショナル料理 MAP P.221-A2

シーフードや肉料理などのポルトガル料理がメインで、ベジタリアンメニューもある。ディナーは高めだが、味は折り紙付き。ワインの種類が多いのも◎。

住 Shop U09 4F, Michelangelo Towers, Maude St., Sandton
☎ (011) 884-8899
URL pigallerestaurant.co.za/sandton/
開 月〜金　12：00〜21：30
　土　12：00〜15：30
　　18：00〜21：30
　日　12：00〜21：00
休 なし CC MV

ベラーチョ

Bellagio

イタリア料理 MAP P.212-A1

しゃれた雰囲気の店内で本格的なイタリアンを味わえるとあって、地元でも人気のお店。メニューはシーフード、シチリア料理ほか、なぜか寿司までと幅広い。

住 Unit 1, Oxford Manor, 196 Oxford Rd. Oxford Manor Illovo
☎ (011) 268-0869
開 月〜木・土　10：00〜22：00
　金　10：00〜23：00
　日　10：00〜17：00
休 なし
CC AMV

カーニボール

Carnivore

アフリカ料理 MAP P.212-A1外

野生動物の肉が食べられるナイロビの名物レストランが、ヨハネスブルグにも出店。アンテロープ、クドゥ、ワニなど、いろんな肉に挑戦してみたい。

住 The Misty Hills Country Hotel, 69 Drift Blvd., Muldersdrift 1747
☎ (011) 950-6000
URL carnivore.co.za
開 11：00〜22：00
休 なし
CC MV

COLUMN｜フードマーケットに足を運ぼう！

さまざまな料理を試してみたければ、フードマーケットへ出かけてみるのもいい。チーズやパン、地ビールなど試食しながら、食べ歩きが楽しめる。

混み合うネイバーグッズ・マーケット

●ネイバーグッズ・マーケット
Neighbourgoods Market
MAP P.212-A3
住 73 Juta St., Braamfontein
URL www.neighbourgoodsmarket.co.za
※毎週土曜9：00〜15：00に開催。

●マーケット・オン・メイン
Market on Main
MAP P.212-A3
住 264 Fox St.　URL marketonmain.co.za
※毎週日曜10：00〜15：00開催。同時開催される地元アーティストたちの作品展も見逃せない。

S ショップ

代表的なショッピングセンターといえば、巨大なサントン・シティ Sandton City。ほかにもブランドショップが並ぶネルソン・マンデラ・スクエアNelson Mandela SquareやイーストゲートEastgate、明るく洗練された雰囲気のローズバンク・モールRosebank Mall、メルローズ・アーチMelrose Archなどがある。

アウト・オブ・アフリカ

Out of Africa

南アフリカのおみやげが一番揃っているのがここ。サントンほかに約15軒ほどの店舗があるが、フロア面積が広く、品揃えも一番豊富なのは、O.R.タンボ国際空港店。出国前に忘れていたおみやげを、ここでまとめて買うのもいい。

民芸品 MAP P.212-E2

住 O.R. Tambo International Airport
☎ (011) 390-3467
開 6：00～23：00
休 なし
CC ADMV

空港の出国審査を通過してすぐの所にある

キャロル・ボーイズ

Carrol Boyes

南アフリカ発祥の洗練された銀食器の店。独特なデザインは世界的にも人気があり、空港をはじめ南アフリカ各地に店舗がある。おすすめはかわいらしいデザインのティースプーンやボウルなど。リングやネックレスなどのアクセサリーも人気がある。

銀食器 MAP P.221-A2

住 Shop BC18 Banking Court, Sandton City
☎ (011) 883-2627
URL www.carrolboyes.com
開 月～土 9：00～20：00
日 9：00～18：00
休 なし
CC ADMV

おみやげにも最適

キム・サックス・ギャラリー

Kim Sacks Gallery

サントンから車で15分程度の所にある。こぢんまりしているが、オーナーであり陶芸家でもあるキム・サックス氏が集めたセンスのいいアフリカンアート作品を展示している。アフリカの古い伝統とモダンアートの融合がテーマのギャラリー。

絵画・民芸品ほか MAP P.212-A2

住 153 Jan Smuts Ave., Parkwood
☎ (011) 447-5804
URL www.kimsacks.com
開 月～金 9：00～17：30
土 10：00～17：00
休 日
CC MV

外観もアート作品のように印象的

ハロー・アフリカ・マーケットプレイス

Hello Africa Marketplace

デザイナーズショップが集まるマボネンのアーツ・オン・メインの中にある。ルイボス石鹸、フィンボスオイルをはじめ、女性用、男性用、子供用の自然派素材のボディケア商品が揃う。ほとんどが南アフリカ産のもので、おみやげにもぴったり。

コスメ MAP P.212-A3

住 Unit 3, Arts on Main, 264 Fox St., Maboneng
☎ (083) 633-9419
開 10：30～17：00
休 なし
CC MV

商品のパッケージも洗練されたものばかり

ローズバンク・アート&クラフト・マーケット

Rosebank Art & Craft Market

中には小さなショップがところ狭しと並び、店頭にもさまざまなアイテムを飾りつけている。じっくり探していけば、気に入るものが見つかるはず。

民芸品 MAP P.212-A2

住 Rosebank Mall
開 月～木 9：00～18：30
金 9：00～19：00
土・日・祝 9：00～17：00
URL www.rosebankartandcraftmarket.co.za
休 なし
CC MV

メイド・イン SA

Made in SA

ビーズや原石、シルバーなどを施したアフリカらしいアクセサリーが揃っている。また、伝統的なお面や衣類、楽器などもあり、見ているだけでも飽きない。

民芸品 MAP P.221-A2

住 Shop L17a, Sandton City
☎ (011) 783-6513
開 月～土 9：00～20：00
日・祝 9：00～18：00
休 なし
CC AMV

GAUTENG & OTHER PROVINCES

広大な農地が広がる

ノース・ウエスト州

North West Province

アフリカ古代部族の王宮をイメージしたサン・シティのザ・パレス・オブ・ザ・ロスト・シティ

ヨハネスブルグから北西へ進んでいくと、マハリース山脈Magaliesbergを越えた所に性格のまったく違うふたつの町が約40kmの距離を隔てて存在している。ラステンバーグとサン・シティだ。これらの町があるのがノース・ウエスト州。ボツワナと国境を接した、リゾートと広大な自然が広がるエリアだ。この州を訪れる観光客のほとんどはサン・シティが目的だが、畑や牧草地が続くのどかな町ラステンバーグに立ち寄ってみるのもいい。

ノース・ウエスト州公園&観光局
The North West Parks & Tourism Board
URL www.tourismnorthwest.co.za

州都はマフィケング
ノース・ウエスト州の州都はボツワナとの国境近くにあるマフィケングMafikeng（→MAP P.200-A2）。人口約1万5000人の穏やかな町で、1899～1900年のボーア戦争時には、当時守備隊長であったロバート・ベーデン・パウエル卿が約800人を率いて8000人以上の敵に囲まれながら町を守ったことでも知られている。

概要

SUMMARY

ヨハネスブルグに近いラステンバーグは、このエリアの農業の中心地。内陸部にある南アフリカの都市のなかでは比較的古く、1841年から開拓が始まった。最近では、世界でも最大級のウラン鉱山の拠点の町としてもにぎわっている。観光的には開拓の

時間を忘れて遊べるサン・シティのザ・ロスト・シティ

町をアピールしていて、町の郊外には開拓時代に建てられた家屋やコテージ、農場などを保存しているポール・クルーガーズ・ファームがある。のんびりとした田舎の空気のなか、ゆったりと時を過ごしたいという人に絶好の場所となるだろう。

一方、そのラステンバーグより約40km北に位置するサン・シティは、アフリカでも指折りの豪華リゾート都市。南アフリカで4番目に大きいピーランスバーグ国立公園に隣接するこの町は、名前こそ「シティ」とはいうものの、そこには日常生活を感じさせるようなものは何もない。ラグジュアリーなリゾートホテルに、24時間営業のカジノ、人工的に波を造り出すビーチ、ボクシングの試合やショーを行うホールなど、ラスベガスやディズニーランドのようなエンターテインメントの町として機能している。さらに、アフリカの古代部族の王宮をモチーフにしたアミューズメント施設「ザ・ロスト・シティ」が1992年に登場し、究極のリゾートへまた一歩近づいた。

歩き方のポイント GETTING AROUND

公共の交通機関が発達していないエリアのため、じっくり巡りたいのであればプレトリアを拠点にレンタカーで巡るのがベスト。サン・シティやピーランスバーグ国立公園のみ訪れたいのであれば、ヨハネスブルグやプレトリアから出ているツアーに参加するのもいい。ヨハネスブルグのO.R.タンボ国際空港とサン・シティを結ぶシャトルバスも運行されている。

ヨハネスブルグ拠点のツアー
→P.217

広大な自然を舞台に宙を駆け抜ける

木から木へと張り巡らされたロープを伝って、マハリース山脈を駆け抜けるエキサイティングなツアー。インパラやワイルドビースト、野ウサギなどの動物を上から眺めることもできる。所要約2時間30分、ひとりR695(ガイド付き、ランチ込み)。

●マハリースバーグ・キャノピー・ツアー
Magaliesberg Canopy Tour

MAP P.227-A2
住 c/o the Sparkling Water Hotel & Spa, Rietfontein Farm JQ348, Rietfontein
☎ (014) 535-0150
URL www.canopytour.co.za
開 8:30～16:00 休 なし
※シーズンによって変更されるので要確認。

ACCESS
ヨハネスブルグから車で約1時間30分、プレトリアから約1時間。

O.R.タンボ国際空港とサン・シティを結ぶシャトルバス
→P.229欄外

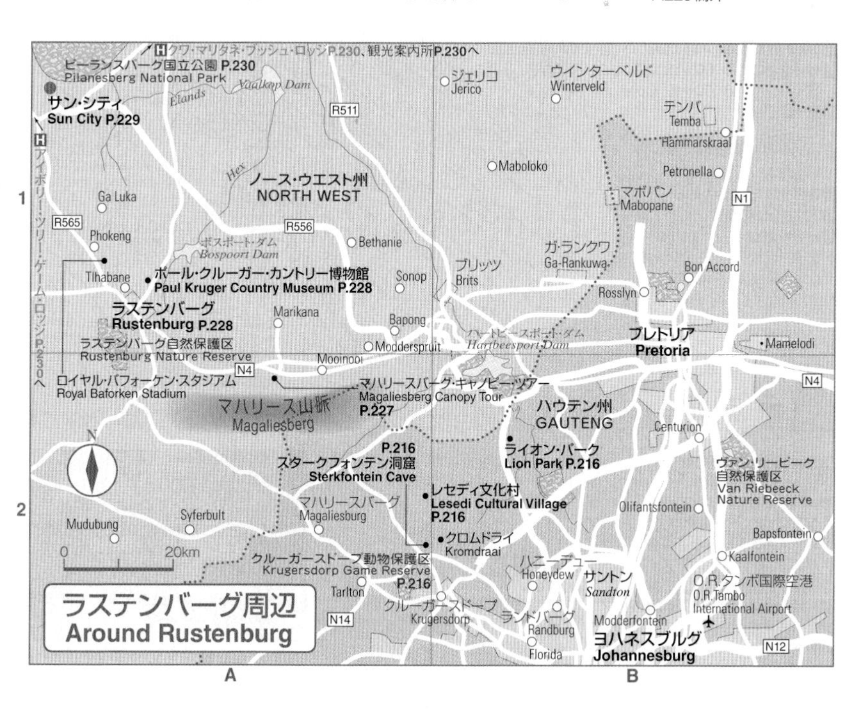

ウラン鉱山のある中小都市

ラステンバーグ

Rustenburg

MAP P.227-A1

世界最大級の埋蔵量を誇るウランの鉱山が近くにあることから、そこで働く労働者たちの憩いの場となっている中小都市。郊外には2010年サッカー・ワールドカップのスタジアムが建設され、町なかの観光開発も進んでいる。レンタカーでヨハネスブルグやプレトリアからサン・シティへ向かうなら、休憩地点として立ち寄ってみてもいいだろう。

☎市外局番 014

ACCESS

🚌ヨハネスブルグからインターケープが1日1本運行。所要約3時間15分、R370〜。

宿泊&ツーリズム情報

●ラステンバーグ宿泊&観光&アドベンチャー協会（RATA）
Rustenburg Accomodation & Tourism & Adventure Association
URL www.rata.co.za

観光案内所

MAP P.228-B
☎ (014) 597-0906
URL www.rustenburg-info.co.za
開 月〜金　8:00〜16:30
　土　8:00〜12:00
休 日・祝

ポール・クルーガー・カントリー博物館

MAP P.227-A1、228-A外
☎ (011) 950-6000
URL kedar.co.za
※ケダー・ヘリテージロッジ Kedar Heritage Lodge内。

歩き方

WALKING AROUND

ネルソン・マンデラ通りNelson Mandela St.と**クローブ通りKroep St.**に挟まれたエリアが、ショッピングセンターやレストランなどが集まる町の中心部。観光案内所は町なかから歩くと少し距離があるが、ゲストハウスや周辺の見どころの案内が充実しているので足を運んでおくといいだろう。中心部から北へ約7kmの所には、開拓時代の雰囲気を残した**ポール・クルーガー・カントリー博物館Paul Kruger Country Museum**があり、1841年の開拓元年に建てられたコテージなどが保存されていて興味深い。

ホテル

Hotel Restaurant Shop Winery

トラベラーズ・イン

Traveller's Inn

MAP P.228-A

客室はコテージタイプでシングル、ツイン、ファミリーとさまざまなタイプがあり、レストランやプールも備えている。主人やスタッフが旅行者に親切。バックパッカー向けにはリーズナブルなドミトリーがあり、共同キッチンもある。

住 99 Leyds St.
☎ (014) 592-7658/0634
URL www.travellersinn.co.za
料 ⓈⓌR600〜　ⒹR220
CC MV
室 28
Wi-Fi あり（共用エリア）

気の置けない雰囲気で人気

ジャングルのど真ん中に突如現れる人工都市

サン・シティ

Sun City

MAP P.227-A1

ヨハネスブルグの約130km北西にある巨大リゾート都市。24時間営業のカジノに波のあるプール、南アフリカ出身の世界的プロゴルファー、ゲイリー・プレーヤーが設計したふたつのゴルフコースと、訪れる者すべてを満足させ、すべての旅行者をかぎりなく日常から遠ざける。とにかくリゾート気分を味わいたい人には最適の場所だ。

歩き方

WALKING AROUND

テーマパークとはいえ、あまりに広いので歩くのはたいへんだ。入場ゲートからカスケーズ・ホテル（→MAP P.229-A）まで7分おきにモノレールが出ているのでそれを利用しよう。サン・シティ内にある4つのホテル間は頻繁にシャトルバスが運行している。ここのアトラクションは入場料のR60を払えばゴルフ、プールを除きすべて利用でき、敷地内のレストランやカジノでの利用分も入場料に含まれる。

おもな見どころ

ATTRACTIONS

マリンスポーツ天国へようこそ

ウオーターワールド

MAP P.229-B

Waterworld

各種マリンスポーツが楽しめる人造湖。パラセイリング、ジェットスキー、水上スキーなどのエンジン系からカヌーなどのノン・エンジン系まで、広い湖で心ゆくまで遊び尽くしたい。

ACCESS

🚗ヨハネスブルグからだと、N1でプレトリアまで北上し、そこからN4でラステンバーグを経由して行くのが一番簡単なルート。所要約2時間。

🚌ヨハネスブルグのO.R.タンボ国際空港からシャトルバスが毎日4本程度運行している。所要約2時間30分、R895～。

●ハイルトン・ロス
Hylton Ross
☎ (011) 396-1053
URL www.hyltonross.co.za

サン・シティ
☎ (0800) 237-422
URL www.sun-city-south-africa.com

観光案内所
☎ (014) 557-3738
開 5:00～18:00
休 なし

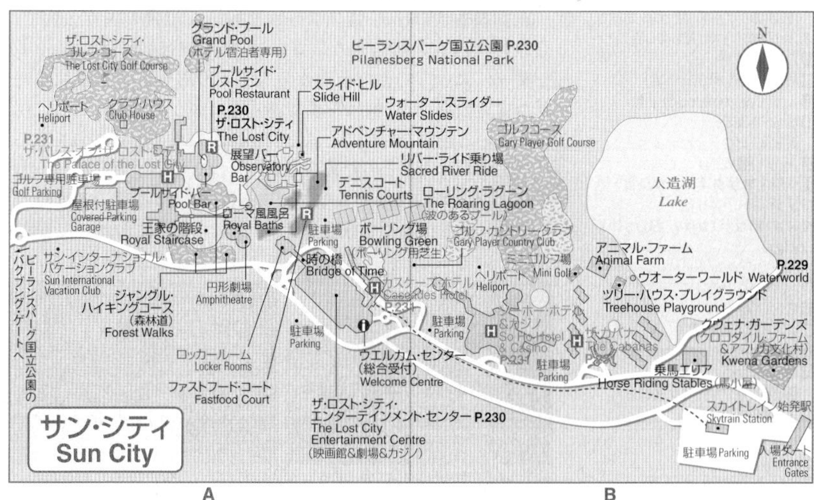

アクティビティ三昧の1日を過ごせる
ザ・ロスト・シティ
MAP P.229-A

The Lost City

ザ・ロスト・シティとは、古代部族の王宮をモチーフにし、1992年に完成した超高級ホテル、ザ・パレス・オブ・ザ・ロスト・シティを中心としたサン・シティ内の拡張敷地の総称。簡単に訳してしまえば「失われた都市」だが、「失われていた都市がジャングルから発見される」というコンセプトから名前がつけられた。南アフリカ出身のプロゴルファー、ゲイリー・プレーヤー設計のゴルフコース(13番ホールのウオーターハザードにはワニがいる)、人工の波が押し寄せるプールやウオータースライダーなど夢の世界が広がっている。

遺跡風の装飾がおもしろい

カジノはお遊び程度に
ザ・ロスト・シティ・エンターテインメント・センター
The Lost City Entertainment Centre
MAP P.229-A

建物に入ると、誰でもそのスロットマシンの数には驚いてしまうほど。もちろんブラックジャック、ルーレット、カードゲームのバカラなども楽しめる。そのほかに、ディスコ、映画館(バーチャルリアリティ・ムービーなど)、ゲームセンター、軽食、カフェ、レストランなどもある。

郊外の見どころ ATTRACTIONS

南アフリカで最大規模の国立公園
ピーランスバーグ国立公園
MAP P.227-A1、229-A～B

Pilanesberg National Park

総面積約550km^2、南アフリカでも最大規模の国立公園で、その形状はタンザニアのンゴロンゴロ自然保護区同様、クレーターによってできた土地からなる。1979年に人工的に造られた自然公園で、以前は農場であったという。つまり、ここに生息している動物たちのほとんどは、ほかの場所から連れてこられたものなのだ。そのため、公園内にはビッグファイブ(ゾウ、ライオン、サイ、ヒョウ、バファロー)をはじめ、総計364種、1万2000頭以上の動物が生息している。道路はきれいに舗装されているので、敷地内をセルフドライブで楽しむのもいい。

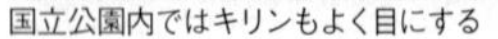
国立公園内ではキリンもよく目にする

水を飲むゾウたち

サン・シティのルール
入場すればほとんどのアトラクション、アクティビティは無料で利用できるが、ゴルフ、人工波のプール利用には別途料金がかかる。また、ザ・パレス・オブ・ザ・ロスト・シティには、宿泊客しか立ち入りできない。

ピーランスバーグ国立公園
☎(014) 555-1600
URL www.pilanesbergnational park.org
開 3・4月、9月中旬～10月 6:00～18:30
5月～9月中旬 6:30～18:00
11～2月 5:30～19:00
休 なし
料 大人R110、子供R30、車1台R40

ACCESS
サン・シティとパックになったツアー(→P.217)があるので、それに参加するのがいい。また、サン・シティからもツアーが出ている。

観光案内所
MAP P.227-A1外
住 Manyane Gate, Pilanesberg National Park
☎(014) 555-1637

ピーランスバーグ国立公園内のホテル
公園内にはロッジがいくつか点在していて、滞在しながらゲーム・ドライブなどのアクティビティが楽しめる。

H アイボリー・ツリー・ゲーム・ロッジ Ivory Tree Game Lodge ★★★★★
1日2回のゲーム・ドライブのほか、民族ダンスなども楽しめる。
MAP P.227-A1外
☎(014) 556-8100(予約)
URL ivorytreegamelodge.info
料 ⓈⓌR4388～
※3食、アクティビティ付き
CC MV 室 63

H クワ・マリタネ・ブッシュ・ロッジ Kwa Maritane Bush Lodge ★★★★★
ふたつの屋外プールにレストラン、スパなど充実の施設。
MAP P.227-A1外
☎(011) 806-6888
URL www.legacyhotels.co.za
料 ⓈⓌR3445～
※2食、アクティビティ付き
CC ADMV 室 90

ビッグファイブを間近で見られる

マディクエ動物保護区

MAP P.200-A1

Madikwe Game Reserve

1991年にオープンした動物保護区。ボツワナとの国境近くに位置する約760km²の敷地内にライオンやゾウなどのビッグファイブをはじめ、ワイルドドッグやチーター、ハイエナ、ほかではあまり見ることのできないクロサイなど、66種類の哺乳動物と約300種類の鳥類が生息している。ヨハネスブルグやプレトリアから比較的近く、マラリア感染の心配がないので、短期間のスケジュールでゲーム・ドライブを体験したい観光客やビジネス客に人気のエリアとなっている。敷地内には、豪華ロッジが20軒ほど点在していて、そこを拠点にゲーム・ドライブなどのアクティビティが楽しめる。なお、保護区内へはロッジ滞在者のみ入れる。

マディクエ動物保護区
☎ (018) 350-9931
URL www.madikwegamereserve.co.za
開 6:00～18:00
休 なし
料 大人R180、子供R80

Access
✈ヨハネスブルグからロッジ客専用の軽飛行機も飛んでいる。所要約1時間。
🚗サン・シティから北西へ約150km、車で約2時間。シャトルサービスを行っている。詳細はHP参照。

H ホテル

Hotel Restaurant Shop Winery

ザ・パレス・オブ・ザ・ロスト・シティ ★★★★★

The Palace of the Lost City

MAP P.229-A

サン・シティの顔ともいうべきホテル。外観はアフリカ古代部族の王宮をイメージしたもので、とてもゴージャスな雰囲気。客室は10タイプあり、いずれも豪華なインテリアで彩られている。サン・シティに来たらぜひ泊まってみたい。

住 Sun City
☎ (014) 557-4307
URL www.suninternational.com
料 ⓈⓌR4081～
CC ADMV
室 335
Wi-Fi あり（客室）

豪華な休日が過ごせる

カスケーズ・ホテル ★★★★★

Cascades Hotel

MAP P.229-A

カスケード（滝）の名前どおり、ホテルの外観は急流をイメージしたもの。サン・シティの中心、さらにモノレールを降りてすぐにあるので、とても便利だ。映画館やカジノも目の前にある。サン・シティを見下ろすバルコニー付きの客室もある。

住 Sun City
☎ (014) 557-5840
URL www.suninternational.com
料 ⓈR3259～ ⓌR6518～
CC ADMV
室 241
Wi-Fi あり（客室）

アクティブに遊ぶのに最適の立地

ソーホー・ホテル&カジノ ★★★★

So Ho Hotel & Casino

MAP P.229-B

1979年築の現在のサン・シティのブームを築き上げた老舗ホテル。地下にはカジノがある。サン・シティの中心部にあるので、アクティブに過ごしたい人にはぴったり。客室からは、青々としたゲイリー・プレーヤー設計のゴルフコースが見渡せる。

住 Sun City
☎ (014) 557-5110
URL www.suninternational.com
料 ⓈR2965～ ⓌR5930～
CC ADMV
室 340
Wi-Fi あり（客室）

居心地のいいラグジュアリールーム

ザ・カバナ ★★★

The Cabanas

MAP P.229-B

サン・シティでは一番手頃なホテル。人造湖の近くにあり、ベランダから直接芝生へとアクセスできる客室もある。380室のうち210室はファミリー用で、小さな子供連れにも最適。じっくりと遊び尽くしたいという人にはもってこいだろう。

住 Sun City
TEL (014) 557-1580
URL www.suninternational.com
料 ⓈR1855～ ⓌR3710～
CC ADMV
室 380
Wi-Fi あり（客室）

豪華リゾート気分を手頃な料金で

クルーガー国立公園など見どころ多彩

ムプマランガ州

Mpumalanga Province

野生動物の宝庫クルーガー国立公園

ムプマランガは「太陽が昇る場所」という意味をもつ。世界有数の野生動物の種類と数を誇るクルーガー国立公園に代表される豊かな自然が人々を引きつけ、別名「ツーリスト・パラダイス」とも呼ばれている。また、ブライデ・リバー・キャニオン自然保護区を縦断するパノラマ・ルートをはじめ、山あり谷ありの変化に富んだ地形は、レンタカー利用の旅行者にも人気が高い。ムプマランガ州では、大陸ならではのダイナミックな景観を思う存分堪能したい。

概要

SUMMARY

南アフリカでは、新国家の政策のひとつとしてさまざまな固有名詞が変更されているが、州名もそのひとつ。ムプマランガ州は以前、イースタン・トランスバールと呼ばれていた。トランスバールTransvaalとはアフリカーンスで「バール川の向こう側」という意味。バール川は、フリー・ステート州とムプマランガ州、ハウテン州、ノース・ウエスト州の境を流れている川だが、これは、いうまでもなくアフリカーナーの内陸への大移動グレート・トレックあっての地名だろう。実際、ライデンバーグ、バーバトン、ピルグリムズ・レストなどは、南アフリカの建国史とともに歩んできた町である。150年以上の年月をかみしめながら、訪れてみたい。

この地方をゆっくり回るなら、ぜひ『ジョック・オブ・ザ・ブ

グレート・トレックとは？

1830～1840年代にかけて、ボーア人たちがイギリス領であったケープ植民地から内陸へと大移住した旅のこと。ナタール共和国、トランスバール共和国、オレンジ自由国を相次いで建国した(→P.410歴史)。

ムプマランガ州公園＆観光局
Mpumalanga Tourism & Parks Agency

☎ (013) 759-5300

URL www.mpumalanga.com

ッシュフェルトJock of the Bushveld』(パーシー・フィッツパトリックPercy Fiez Patrick著。翻訳本はないが、南アフリカの大手書店で購入できる)という本を買って読んでみてほしい。ゴールドラッシュ時代にイギリスからやってきた若き主人とともに旅をした名犬ジョックの冒険物語なのだが、これはいわば南アフリカ版『ハチ公物語』。多くの南アフリカ人に愛されている実話である。

歩き方のポイント GETTING AROUND

プレトリアやヨハネスブルグ発着のツアーに参加してもいいが、できれば時間をかけて巡りたいところ。長距離バスか飛行機でネルスプリットの町かクルーガー・ムプマランガ国際空港まで行き、そこを拠点にレンタカーで巡るのが効率的だ。

壮大な景色が広がるブライデ・リバー・キャニオン

クルーガー・ムプマランガ国際空港(KMIA)

飛行機の発着状況やシャトルバスサービスなどが下記ホームページで検索できる。
URL www.kmiairpart.co.za

ネルスプリット発のツアー

個人で車をレンタルして見どころを巡るのは少し不安……という人におすすめなのが、ドライバー兼ガイドと一緒にクルーガー公園内を巡る1日ツアー(所要約10時間、ひとりR1700程度)。ほかにブライデ・リバー・キャニオンを巡る1日ツアー(所要10 ～ 12時間、ひとりR1700程度)などもある。いずれも周辺の町のホテルまで迎えにきてくれる。宿泊付きのツアーもあり。

●**クルーガー・サウス・サファリズ**
Kruger South Safaris
☎ (082) 556-1223
URL www.krugersouthsafaris.co.za

●**サミット・ツアーズ**
Summit Tours
☎ (078) 326-1041
URL www.summittoursandsafaris.com

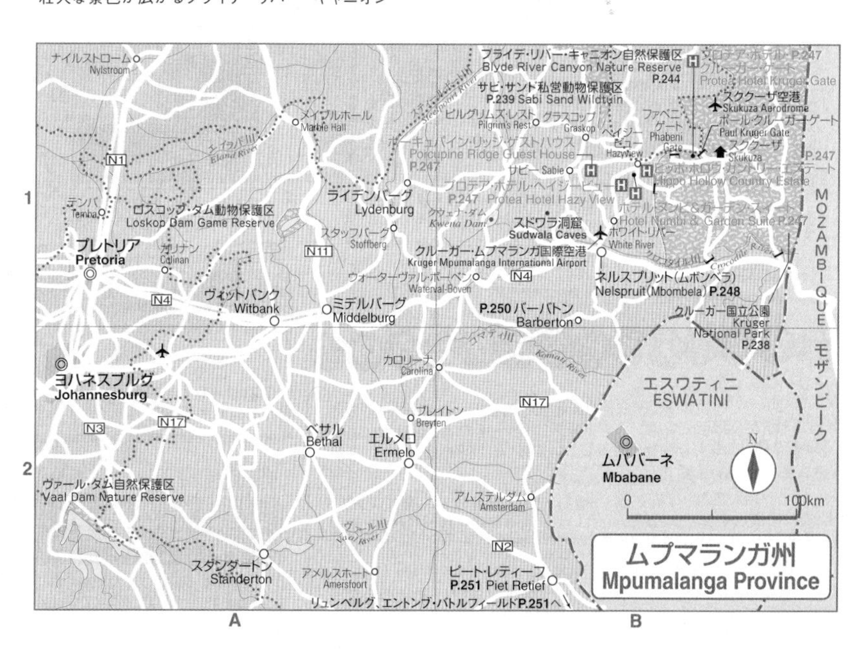

 →P.238

“贅沢”な格安サファリ教えます！

野生動物の宝庫クルーガー国立公園。雄大なレボンボ山脈の峰々を背に見晴らしいのいいサバンナがどこまでも広がり、この地特有の森林地帯が点在する。では、この広大な公園内を巡るにはどうしたらよいか。

南アフリカ最大の国立公園、クルーガー。その広さは南北約350km、東西約60kmに及び、何と日本の四国に相当する約2万km^2もの総面積を誇る。園内に生息する野生動物の種類と数は世界有数の多さで、哺乳類147種、魚類49種、爬虫類114種、鳥類が507種に上り、特にシカ科のインパラは13万頭を超える。国立公園内には、約2000kmの舗装道路が走っており、セルフドライブで野生動物や鳥類を観察することができる。道中にはレストキャンプやハイドと呼ばれる柵に囲まれたビューポイントもあり、観光客はもちろん、週末には地元の人々もドライブやハイキング、キャンプなどを楽しんでいる。

教えて！

Q. ベストシーズンはいつ？

A. 草木が低く、見晴らしのいい乾季（4～10月）がベストだが、それ以外でもかなりの確率でさまざまな動物が見られる。ただし、雨季（11～3月）には雨が1日中続くこともあり、そうなると動物たちも木陰へ隠れてしまって観察するのはなかなか難しい。

Q. 何か特別な持ち物ってある？

A. ほとんどキャンプ内のショップで調達できるので心配ないが、蚊取線香（または虫よけスプレーなど）や懐中電灯は必携。双眼鏡もあったほうがいい。また、車を運転する予定の人は国外運転免許証の持参を忘れずに。

Q. どこで車を借りればいい？

A. 空港からが便利。ただし一般道路の走行に不安を感じる人は、スククーザまでシャトルタクシーなどで行き、キャンプ内のオフィスで借りるのもいい。ただし、台数にかぎりがあるので事前に予約を。

どんなアクティビティがあるの？

ゲーム・ドライブ Game Drive

レインジャーと呼ばれる動物監視員の運転で公園内を散策。個人で車を運転して園内を巡るのとは違い、レインジャーと一緒のほうが動物に遭遇する確率が断然高いし、動物の生態について詳しい説明も聞ける。

ウオーキング・サファリ Walking Safari

ガイドと一緒に園内を徒歩で巡り、植物や動物についての知識を深める。大型動物に遭遇することはほとんどないが、鳥や草花を観察したり、景色のすばらしいスポットへ足を延ばせる。

ウィルダネス・トレイル Wilderness Trail

トレイルとは「獣の跡を追って歩く」という意味。つまり、動物の生態や行動に精通したレインジャーと、トレッキングを楽しむことだ。気軽に参加できるものから本格的なものまで各種コースがある。

プンダ・マリア周辺～最北部

ブッシュバック、マングース、センザンコウなどのほかに、植物もいろいろな種類が見られる。特に巨大なバオバブの木は必見。バードウオッチングにも適している。

モパニ周辺

ライオンのほか、バファロー、インパラ、エランドなどが見られる。

ポール・クルーガー・ゲート前に立つポール・クルーガーの像

スククーザ周辺

リードバック、ダチョウ、グレイリーボックなど。また、ロウアー・サビーに続くサビー川沿いには捕食動物をはじめ、多くの大型動物が見られる。

マレラネ・ゲート～ロウアー・サビー周辺

シロサイ、ワニ、シマウマ、ワイルドドッグなど。近くのトレイルでは、ビッグファイブのほか、チーターなどもよく目撃されている。

クルーガー国立公園 Kruger National Park

ビューポイント
ゲート
レストキャンプ
ピクニックサイト
トイレ
ガソリンスタンド

シンウェジ周辺

　ゾウのほか、スタインボックなどのシカ科の動物がよく見られる。また、ここで見られる珍しい鳥として、体が黒く、目の周りとのどぼとけが赤い、グランドホーンビル（サイチョウ）Ground Hornbill が挙げられる。

レタバ、オリファンツ周辺

　ゾウの群れが多く、ライオンやチーターなどの捕食動物の姿も。オリファンツ川周辺では、カバやワニなどにも出合えるチャンスが大きい。

サタラ周辺

　キャンプの東にあるスウェニ・トレイルでは、多数のライオンやバファロー、シマウマ、ワイルドビーストが確認されている。

マシシへ
パフリ・ゲート
Pafuri Gate
プンダ・マリア・キャンプ
Punda Maria Camp
プンダ・マリア・ゲート
Punda Maria Gate
マヴァンバへ
シンウェジ・キャンプ
Shingwedzi Camp
モパニ・キャンプ
Mopani Camp
0　30km
N
レタバ・キャンプ
Letaba Camp
ファラボルワ・ゲート
Phalaborwa Gate
ファラボルワ空港（約3km）へ
オリファンツ・キャンプ
Olifants Camp
サタラ・キャンプ
Satara Camp
オルペン・キャンプ
Orpen Camp
フーデスプリット空港（約68km）、
カパマP.242、**チュクドゥP.242**、
キャンプ・ジャブラニP.242へ
オルペン・ゲート
Orpen Gate
サビ・サンド
(P.239)
ポール・クルーガー・ゲート
Paul Kruger Gate
スククーザ空港
ヘイジービュー、
クルーガー・ムプマランガ
国際空港（約96km）へ
スククーザ・キャンプ
Skukuza Camp
ファベニ・ゲート
Phabeni Gate
ロウアー・サビー・キャンプ
Lower Sabie Camp
ホワイトリバーへ
プレトリウスコップ・キャンプ
Pretoriuskop Camp
クロコダイル・ブリッジ・キャンプ
Crocodile Bridge Camp
ナンビ・ゲート
Numbi Gate
クロコダイル・ブリッジ・ゲート
Crocodile Bridge Gate
マレラネ・ゲート
Malelane Gate
ムボンベラ（旧ネルスプリット）、
クルーガー・ムプマランガ国際空港（約84km）へ

道路脇の水たまりには多くの動物が集まってくる

ドライブの途中に立ち寄りたいラテルパン Ratelpan

樹齢3000年ともいわれる大きなバオバブの木

展望小屋から川が一望のヌクンベ Nkumbe

公園内には数々の池や沼もある。ここでは車の中からカバの家族を観察

こぢんまりとしたンタンダニティ Ntandanythi の展望小屋

目の前に湖が広がり、鳥類を多く観察できるガーデニア Gardenia

※レストキャンプの詳細データは→ P.240 ～ 241。

体験レポート！

3泊4日で巡ってみました

1日目

12:00
クルーガー・ムプマランガ国際空港着。空港で予約していたレンタカーで出発！

14:00
ポール・クルーガー・ゲートで入園料を支払い、公園内へ

道路の脇に車を停め、オフィスの中で手続き

14:30
スククーザ・キャンプに到着。チェックインを済ませ、手渡されたキャンプ内の地図を頼りに宿泊するハットへ

アフリカ伝統のロンダベルと呼ばれる家屋を模したハット。外には小さなキッチンも

16:00～18:30
ロウアー・サビー周辺までドライブ。途中でゾウやキリンに出合う

車の前を走っていくインパラの群れ。間近で見るゾウに内心ドキドキ

19:00
キャンプ内のレストランで夕食

18:00
レタバ・キャンプ到着。チェックインを済ませ、コテージへ

キャンプ内には、モパニの木がたくさん！

19:00
キャンプ内のレストランで夕食

目の前にはオリファンツ川が流れる絶景

2日目

4:30
起床。モーニング・ドライブに参加。レインジャーの詳しい説明で、ワイルドドッグなどにも遭遇

8:00
キャンプに戻り、朝食

9:00
この日宿泊予定のレストキャンプに向かって出発。途中でほかのキャンプやビューポイントに寄りながら、のんびりドライブ

日中はアカシアの木の下で涼む動物が多い

3日目

6:00
起床。キャンプ内を散歩

川沿いに遊歩道も整備されていて、最高に気持ちいい

7:00
コテージのテラスで朝食

外で食べる朝食は最高！

8:00
ゲーム・ドライブに出発。この日は、目的地のレストキャンプを目指して、ひたすら南下

途中でワイルドビーストの群れに遭遇

18:00
本日の宿泊先、バーゲンダル・キャンプに到着

赤いれんが造りのコテージ。ほかとは雰囲気も異なる

19:00
屋外シアターでドキュメンタリーを鑑賞

20:00
レストランで夕食

4日目

7:00
起床。簡単に朝食を済ませ、キャンプ内を散歩

9:00
空港へ向けて出発

ドライブに出かける際の注意

- レストキャンプやビューポイントなど、一部のかぎられた場所を除いては車から決して外へ出てはならない。
- 車の窓をきちんと閉め、決して窓から身を乗り出したりしない。
- 道路以外を走ったり、制限速度をオーバーしてはならない。
- ガソリンスタンドがあるレストキャンプはかぎられているので、ガソリンの補充をきっちりと。
- ガソリンと同様、休憩場所の数がかぎられている。お手洗いなどは、できるときにきちんと済ませておくように。

見ることのできた動物

ライオン、チーター、ハイエナ、リカオン、ゾウ、キリン、バファロー、シマウマ、ワイルドビースト、カバ、インパラ、クドゥ、ヒヒ、そのほか多数の鳥類など。

どんな所に滞在するの？

公園内にはレストキャンプと呼ばれる、ショップやレストランなどの施設が整った快適な宿泊施設が 20ヵ所ほど点在している。セキュリティもしっかりしており、周囲を柵で囲まれているので、キャンプ内で大型野生動物に遭遇したりする危険性はない。

宿泊施設の種類

おもな宿泊施設のタイプは下記のとおり。ほとんどが一戸建てのプライベートを重視した形で、レストキャンプの種類によっても趣向が違う。

キャンプサイト

2～4人用の備えつけのテントまたは持参したテントを張る。近くに共同キッチン、トイレ、シャワーなどがある。

サファリテント

ベッドや机など家具付きの大型テント。シャワーやトイレ、キッチンが付いているテントもある。

ハット

ロンダベルと呼ばれるアフリカ伝統の家屋でシャワーやトイレ付きのものも。屋外に小さなキッチンが付いている場合がほとんど。

バンガロー／コテージ

一戸建ての小屋でほとんどがテラス付き。設備がしっかりしており、なかにはリビングルームや広々としたキッチンが付いているものも。

ゲストハウス

別荘といっても過言ではないくらいの豪華コテージ。通常、リビングルームのほかに2～3ベッドルームがあり、プライベートガーデンなども付いている。

レストキャンプを大公開！ ～スククーザ・キャンプ編～

公園内のレストキャンプのなかで最大規模のスククーザ（→ P.240）。レストラン、ショップから医務室、ガソリンスタンド、郵便局、レンタカーオフィスまで揃っていて、まるでひとつの村のようだ。

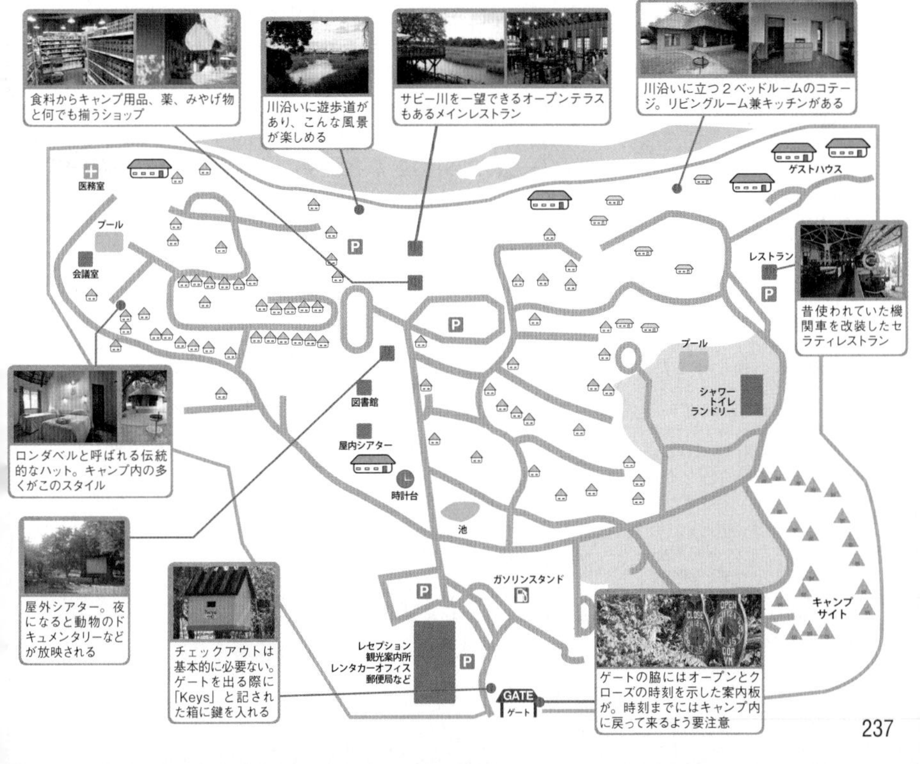
食料からキャンプ用品、薬、みやげ物と何でも揃うショップ
川沿いに遊歩道があり、こんな風景が楽しめる
サビー川を一望できるオープンテラスもあるメインレストラン
川沿いに立つ2ベッドルームのコテージ。リビングルーム兼キッチンがある
医務室
プール
会議室
ゲストハウス
レストラン
昔使われていた機関車を改装したセラティレストラン
プール
シャワー
トイレ
ランドリー
図書館
屋内シアター
時計台
池
ロンダベルと呼ばれる伝統的なハット。キャンプ内の多くがこのスタイル
屋外シアター。夜になると動物のドキュメンタリーなどが放映される
ガソリンスタンド
キャンプサイト
チェックアウトは基本的に必要ない。ゲートを出る際に「Keys」と記された箱に鍵を入れる
レセプション
観光案内所
レンタカーオフィス
郵便局など
GATE
ゲート
ゲートの脇にはオープンとクローズの時刻を示した案内板が。時刻までにはキャンプ内に戻って来るよう要注意

さまざまな野生動物と出合える

クルーガー国立公園

Kruger National Park

MAP P.233-B1、235

南アフリカの北東部に、南アフリカ最大の観光ハイライト、クルーガー国立公園がある。このあたりはローフェルトと呼ばれる低高原地帯で、国内でも野生動物が多く生息する場所だ。公園の総面積は約2万km²で、なんと日本の四国に相当する広さ。南アフリカでも最大規模の動物自然公園である。

歩き方 WALKING AROUND

さて、この広大な「野生の王国」をどのように回ればよいのか。まず公園内にどのような施設があり、動物を見るために何をしたらいいのかを説明しよう。

国立公園内の施設

公園には9ヵ所の入口が設けられている。地図（→P.235）を見ればわかるように、敷地は細長いエリアにわたり、北から南まで約350km、東西約60kmに及ぶ。周囲は金網が張り巡らされ、約2000kmの舗装道路がくまなく走っていて、おもなポイントを回るには最低3日はかかる。

公園内には、設備の整った快適な宿泊施設（レストキャンプ）が20ヵ所程度ある。安いキャンプサイトから、キッチン付きのハットと呼ばれる宿、豪華な設備をもつ高級ゲストコテージとさまざま。ロンダベルと呼ばれる現地アフリカ人の住居を模した草葺き屋根の円錐形ロッジもある。

観光案内所は、ポール・クルーガー・ゲートPaul Kruger Gate（→MAP P.235）の近く、公園内で最も大きくよく整備されたスククーザ・キャンプSkukuza Camp（→P.240）にある。個人で回る人はまずここに立ち寄り、情報収集をしておくといいだろう。ここにはジェームス・スティーブンソン・ハミルトン図書館James Stevenson-Hamilton Libraryも併設され、動物に関するさまざまな展示も興味深い。スククーザには自動車修理工場から、銀行、郵便局、カメラ店、レストラン、レンタカー、緊急医療チームまで必要なものはすべて揃っている。

スククーザのほかにも、レタバLetabaやサタラSatara、バーゲンダルBerg-en-Dal、モパニMopaniにも観光案内所や上記のような施設があり、レストキャンプの多くでは、週末や休暇シーズンになると動物に関するフィルムを上映している。

ゲーム・ドライブを楽しむために

ゲーム・ドライブGame Driveとは、動物を探しながら公園内をゆっくりとドライブすること。クルーガーへやってくる目的はこれに尽きる。国立公園は動物保護を優先するため、公

クルーガー国立公園徹底ガイド
→P.234

クルーガー国立公園
TEL (013) 735-4000
URL www.sanparks.org
開 11～2月　5:30～18:30
3・10月　5:30～18:00
5～7月　6:00～17:30
4・8～9月　6:00～18:00
休 なし
料 大人R400、子供R200
夏休みやクリスマス休暇のピーク時は入場制限があるので、予約なしの個人旅行者は早めに到着したほうがいい。

ACCESS
✈南アフリカ航空がヨハネスブルグからネルスプリットのクルーガー・ムプマランガ国際空港へ毎日3～5便（所要約50分）、スククーザ（→MAP P.235）へ毎日2便、ファラボルワ（→MAP P.253）へ毎日1便、フーデスプリット（→MAP P.253）へ毎日3便運航している。
ケープタウン、リビングストン（ザンビア）、ダーバンからネルスプリットへ、ケープタウンからフーデスプリットへ、ケープタウンからスククーザへの便もある。
各空港からはレンタカーまたはロッジのピックアップサービスを利用する。
🚗一般的な入り方は、ヨハネスブルグからN4を走ってネルスプリットを通り、南のマレラネ・ゲート、またはポール・クルーガー・ゲートから入る。ブライデ・リバー・キャニオン方面からはファラボルワ・ゲート、マカド（→P.257）方面からならプンダ・マリア・ゲートが近い。

空港からのシャトルバス
クルーガー・ムプマランガ国際空港からスククーザまで所要約1時間20分。ひとりR500程度。
●Amahayena
TEL (084) 579-5208
URL www.amahayenatransfers.co.za

園内へは乗用車やバスでないと入れない。オープンカーは、安全確保のため乗り入れ禁止（一部を除く）となっている。公園内は案内標識が整備されていて、道に迷う心配はない。なお、道路以外を走ること、車外に出ること、窓を開けることは禁止されている。

ゲーム・ドライブのおすすめの時間帯は、動物たちの行動が活発な朝5:00頃、夕方は16:00頃から2～3時間。ただし国立公園および各レストキャンプのゲートは日が暮れる前に閉まるので要注意を。

豪華ロッジが点在する私営動物保護区

クルーガー国立公園内および西側には、サビ・サンド私営動物保護区をはじめ20以上の大小さまざまな私営動物保護区が隣接している。国立公園との間には柵がないので（一部あり）、動物は自由に行き来しているし、国立公園ほど規則が厳しくないので観察しやすい。車は完全なオープンのランドローバー（四輪駆動車）が使われ、ガイドレインジャー（万一の場合に備えて銃を持っている）が道路以外の草地にも乗り入れ、動物たちのすぐそばまで近寄ってその生態を間近で観察できる。

宿泊施設は、自然との調和を考えて工夫を凝らしたロッジが多く、プール、エアコン、レストラン付きが普通で、すべてがデラックス。料金は国立公園より数段高いが、3食、アクティビティ込みの場合がほとんどで、このところ私営動物保護区のほうに人気が集まっている。

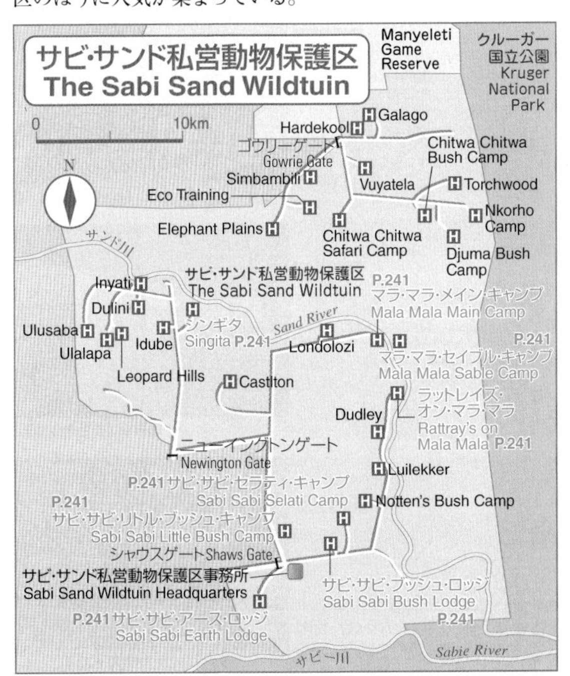

レンタカー

各空港はもちろん、公園内のスククーザ・キャンプにもエイビスレンタカーのオフィスがある。オンライン予約も可能。24時間R429～。

●クルーガー・ムプマランガ国際空港店

☎ (013) 750-1015
開 月～金　6:30～19:30
　土　8:00～17:30
　日　9:30～19:30
休 なし

●スククーザ・キャンプ店

☎ (013) 735-5651
URL www.avis.com
開 月～金　8:00～17:00
　土・日　8:00～15:00
休 なし

私営動物保護区への行き方

私営ロッジに直接予約の場合は、飛行機で各空港まで行き出迎えてもらう。また、ヨハネスブルグから専用機も出ている。

サファリに出かけるときの注意

●ゲーム中はトイレに行けないので、事前に済ませておこう。
●カーキ色や緑色など、できるだけ地味な色の服を選び、履き心地のいい靴を用意する。
●動物の近くで激しい動作をしたり、大声を出したりしない。
●早朝のゲーム・ドライブやナイト・ドライブに出かけるときは、かなり冷え込むので暖かい上着を1枚用意しよう。
●帽子、サングラス、日焼け止めクリームなどサンプロテクトにも気をつけて。

ゲーム・ドライブに最適なのは？

動物たちが活発に行動するのは、何といっても夜。日没後、ライトをつけて走ると、夜行性の動物を見られるチャンスが多い。ブッシュベイビーやジャコウネコ、運がよければアフリカアリクイなどに出合うチャンスも。ハイエナやライオン、ヒョウなどが獲物を捕らえる瞬間に出くわすこともある。ただし、国立公園内および各レストキャンプのゲートは日が暮れる前に閉まってしまうので、レインジャーと一緒に園内を巡るナイト・ドライブに参加するといい。ナイト・ドライブを含む各種アクティビティは、ほとんどのレストキャンプで申し込むことができる。

H レストキャンプ

公園内には数多くの居心地のいいレストキャンプが点在し、リーズナブルなキャンプサイトから家族や友人連れに最適の別荘のようなゲストハウスまで各種宿泊施設が揃っている。各キャンプによって規模や設備も少しずつ違い、周囲で見られる動物なども違う。定員オーバーになると公園自体に入れないので、事前予約を。体験レポート→P.236。

スククーザ →P.237

Skukuza

MAP P.235

公園内で最大規模のキャンプ。敷地内には観光案内所をはじめ、スーパーマーケット、レストラン、カフェ、医務室などすべてが揃っている。エイビスレンタカーのオフィス（→P.239欄外）もある。キャンプサイトには自炊設備も完備している。

☎(013) 735-4265
料 キャンプ R300～380
バンガロー R1320～2235
コテージ R2865
ゲストハウス R7430
CC DMV 室 コテージ／バンガロー／サファリテント219棟 ゲストハウス4棟 キャンピングサイト80
Wi-Fi あり（共用エリア）

広々としたバンガローの室内

ロウアー・サビー

Lower Sabie

MAP P.235

近くを流れるサビー川が多くの動物たちを引きつけ、ゾウやバファロー、チーター、ハイエナ、サイ、カバなどがよく姿を現す。眺めのよいリバーサイドの部屋がおすすめ。敷地内にはプールのほか、眺めのいいレストランなどがある。

☎(013)735-6056～7
料 キャンプ R340～380
ハット R440～805
サファリテント R1540～1840
バンガロー R1600～1895
ゲストハウス R6195
CC DMV 室 ハット／バンガロー／テント106棟 ゲストハウス1棟 キャンピングサイト38 Wi-Fi なし

吹き抜ける風が気持ちいいテント

サタラ

Satara

MAP P.235

スククーザに次いで2番目に大きく、オルペン・ゲートの東側に位置する。広大な草原が目の前に広がる雰囲気のいいセルフサービスのレストランが好評。肥沃な土地なので、周りから草食動物が集まってくる。間近にゾウの群れを見ることも多くある。

☎(013)735-6306～7
料 キャンプ R250～380
バンガロー R1350～1800
コテージ R2865
ゲストハウス R6195～7935
CC DMV
室 コテージ／バンガロー140棟 ゲストハウス3棟 キャンピングサイト113
Wi-Fi なし

キャンプ内にロンダベルが点在

オリファンツ

Olifants

MAP P.235

オリファンツ川を見下ろす絶壁に位置し、すばらしい眺めが堪能できる。キャンプ内からでも、川に集まってくるゾウやカバなどを観察することができ、周辺ではヒョウなどもよく目撃されている。ボマ（たき火を囲んだ食事）も人気がある。

☎(013) 735-6606～7
料 バンガロー R1115～2525
ゲストハウス R6820～7430
CC DMV
室 バンガロー89棟
ゲストハウス2棟
Wi-Fi なし

すばらしい景色が広がる

レタバ

Letaba

MAP P.235

モパニの木々が生い茂る、公園中央部にある。特に冬にはたくさんの動物が見られる。レストラン、スーパーマーケット、プールなどの施設が充実している。川沿いの遊歩道は散策に最適。夜にはドキュメンタリー映画の鑑賞会などの催しもある。

☎(013)735-6636～7
料 キャンプ R295～370
サファリテント R620～840
バンガロー R1115～1610
コテージ R2295～3600
ゲストハウス R6820～7430
CC DMV 室 コテージ／バンガロー99棟 ゲストハウス2棟 サファリテント20棟 キャンピングサイト60 Wi-Fi なし

キャンプ内で動物を見ることも

モパニ
Mopani

MAP P.235

公園内のキャンプのなかで最新のファシリティが自慢。特にレストランのビュッフェスタイルの料理が人気で、バーからすばらしい景色が見下ろせる。

☎(013) 735-6535/6
料 バンガロー R1180～1665
コテージ R1335～2865
ゲストハウス R6625～7430
CC DMV
室 コテージ／バンガロー100棟
ゲストハウス1棟
Wi-Fi なし

オルペン
Orpen

MAP P.235

オルペン・ゲート近くの静かなレストキャンプ。近くではリカオン(ワイルドドッグ)もよく目撃されている。敷地内にはプールや店、ピクニックエリアなどがある。

☎(013) 735-6355
料 バンガロー R1390～1600
コテージ R2865
CC DMV
室 バンガロー／コテージ15棟
Wi-Fi なし

プンダ・マリア
Punda Maria

MAP P.235

プールや店、レストランなど施設が充実している。国立公園内でも植生豊かなエリアで、「クルーガーのボタニカル・ガーデン」とも呼ばれている。

☎(013) 735-6873
料 キャンプ R250～370
バンガロー R945～1170
テント R1120～1370
コテージ R2450～3410
CC DMV 室 バンガロー／コテージ24棟 テント6棟 キャンピングサイト61
Wi-Fi なし

プレトリウスコップ
Pretoriuskop

MAP P.235

ナンビ・ゲートを入ってすぐの場所に位置。公園内では歴史も古く、落ち着いた雰囲気が漂う。敷地は広々としていて、よくシロサイが姿を見せる。

☎(013)735-5128
料 キャンプ R300～380
ハット R400～735
バンガロー R1150～2865
コテージ R2865
ゲストハウス R5380～7430
CC DMV 室 コテージ／ハット130棟 ゲストハウス2棟 キャンピングサイト43 Wi-Fi あり(共用エリア)

H プライベートロッジ
Hotel Restaurant Shop Winery

クルーガー国立公園内および公園に隣接するサビ・サンドには豪華なサファリロッジが点在する。国立公園内のレストキャンプに比べると、料金はかなり高くなるが、滞在中の全食事からゲーム・ドライブなどのアクティビティがすべて宿泊料金に含まれている場合がほとんどで、優雅な滞在を満喫することができる。

サビ・サビ
Sabi Sabi

MAP P.239

ブッシュ・ロッジ、リトル・ブッシュ・キャンプ、セラティ・キャンプ、アース・ロッジと趣の異なる4種のロッジが点在している。部屋はすべてスイートで、洗練されたサービスは申しぶんなく、特にレインジャーの知識の豊富さには定評がある。

☎(011)447-7172
URL www.sabisabi.com
料 ブッシュ・ロッジⓈⓌ1万5000～2万1900
リトル・ブッシュ・キャンプⓈⓌ1万6000～
セラティ・キャンプⓈⓌR1万6000～2万1900
アース・ロッジⓈⓌR2万1900～3万2900
※3食、アクティビティ付き
CC MV 室 51
Wi-Fi あり(客室)

一番新しいアース・ロッジ

シンギタ
Singita

MAP P.239

サビ・サンド私営動物保護区内にはエボニーとボールダーズが、クルーガー国立公園内にレボンボとスウェニの計4つのロッジがある。すべてスイートでスパを完備している。エボニーとボールダーズは全室プライベートプールが付いている。

☎(021)683-3424
URL singita.com
料 エボニー・ロッジ R2万9370／人
ボールダーズ・ロッジ R2万9370／人
レボンボ・ロッジ R3万800～／人
スウェニ・ロッジ R3万800～／人
※3食、アクティビティ付き

CC ADMV 室 45
Wi-Fi あり(客室)

ボールダーズの豪華なスイート

マラ・マラ
Mala Mala

MAP P.239

私営動物保護区として最大級の規模をもつ。いずれも豪華な造りで、サービスも充実している。特にセイブル・キャンプはこぢんまりとしているため、ゆったりと静かに過ごしたいカップルには最適。豪華な雰囲気に包まれたラットレイズも人気がある。

☎(011) 442-2267
URL www.malamala.com
料 メイン・キャンプⓈUS$1477～
ⓌUS$1970～ セイブル・キャンプ
ⓈUS$1597～ ⓌUS$2130～
ラットレイズⓈUS$1980 ⓌUS$2640
※3食、アクティビティ付き
CC ADMV 室 25
Wi-Fi あり(共用エリア)

メイン・キャンプのラグジュアリールーム

キャンプ・ジャブラニ

Camp Jablani

MAP P.235外

カパマ私営保護区内にあるラグジュアリーロッジ。ルレ・エ・シャトー加盟の宿だけあり、かゆい所に手の届くサービスと美食家をうならせるおいしい食事が自慢。ゲーム・ドライブは好きな時間に設定できるなど、さまざまなリクエストを聞いてくれる。

☎ (015) 793-1265
URL jabulanisafari.com
料 スイートⓈR2万9250　ⓌR3万9000
ジンドガ・ヴィラR11万4000
※3食、アクティビティ付き
CC ADMV
室 7
Wi-Fi あり（客室）

食事のおいしさには定評がある

カパマ

Kapama

MAP P.253

フーデスプリット空港近くに位置するアクセスの便利な私営保護区。比較的、野生動物に出合う確率が高いことで知られる。4軒のロッジを所有し、それぞれ豪華さや客室のスタイルが異なるので、好みに応じて選ぼう。カジュアルながらも施設は充実している。

☎ (012) 368-0600
URL www.kapama.com
料 リバー・ロッジR5680～／人
サザン・キャンプR7600～／人
バッファロー・キャンプR8500～／人
カルラR1万8000～／人
※3食、アクティビティ付き
CC ADMV　室 64
Wi-Fi あり（客室）

リバー・ロッジのラグジュアリーなスパ施設

チュクドゥ・ゲーム・ロッジ

Tshukudu Game Lodge

MAP P.253

フーデスプリット空港から約10km。約3800haのチュクドゥ私営保護区に位置するリーズナブルなロッジ。快適な客室はもちろん、プールやボマディナー会場などリゾート施設も充実。チーターが2匹すみ着いており、一緒に散歩することもできる。

☎ (015) 793-2476
URL www.tshukudulodge.co.za
料 ⓈR2900～　ⓌR5200～
※3食、アクティビティ付き
CC ADMV
室 17
Wi-Fi あり（共用エリア）

バリアフリーの客室もある

COLUMN | 国立公園 VS. 私営動物保護区

クルーガー国立公園といえば、世界有数の動物と種類を誇る南アフリカでも最大級規模の国立公園。一方、私営動物保護区はその100分の1にも満たない小さなエリアだが、見られる動物の数にそれほどの違いはないし、贅を尽くした豪華なロッジを堪能できるとあって、日本からのツアーは私営動物保護区に宿泊することが多い。

例えばカパマ私営動物保護区にあるキャンプ・ジャブラニ（→上記）はあらゆる贅沢をかなえてくれる人気のロッジ。グループそれぞれに専門のレインジャーが付き、通常朝夕2回設定されているゲーム・ドライブを好きな時間に行うことができる。また、チーターなどを保護している絶滅危惧種保護センターへの訪問（無料）も可能。ルレ・エ・シャトー加盟だけあり、料理も秀逸だ。

私営動物保護区では、野生動物に間近に迫ることができるのも魅力だ。国立公園では禁止されている道路以外の草地でも、道なき道をかき分け動物を追跡できるのだ。そして特筆すべきはレインジャーの野生動物についての豊富な知識。残されたわずかな痕跡から動物の気配を瞬時に感じ取る。これはセルフドライブが主流の国立公園とのいちばんの違いといっていいい。

ただし、国立公園も捨てがたい。宿泊施設のグレードは落ちるが、バーベキューセットなどの設備もあり、アウトドア派にはたまらないといえる。そして好きなペースで好きなだけ巡れるメリットがある。それぞれのよさがあるので、迷ったらどちらも体験してみるといいだろう。

キャンプ・ジャブラニの豪華な客室

COLUMN｜映画で見る南アフリカ

南アフリカの映画を観てみよう。そこにはアパルトヘイトという悲劇、そしてそれを今も引きずる、あるいは乗り越えようとする現代の南アフリカという国が見えてくる。美しくダイナミックな自然の景観をはじめ、さまざまな風景が広がっている南アフリカは映画のロケ地になることも多い。

『遠い夜明け』(1987年)

アパルトヘイト解放運動の英雄スティーブ・ビコ（→P.412欄外）と白人の新聞記者ドナルド・ウッズの友情を描いた作品。舞台は1970年代のイーストロンドン（→P.160）。警察の厳しい監視下で、ウッズはビコ変死の原因を探る。原作はウッズが亡命先のイギリスで著したノンフィクション。南アフリカでは公開された当時、白人右翼によって映画館が爆破されるという事件も起きた。イーストロンドンの市庁舎前には、ビコの銅像が立っている。

『アマンドラ！　希望の歌』(2002年)

アパルトヘイトで苦しみながらも、歌うことで抗い続けた黒人たちのドキュメンタリー。「アマンドラ」とは「Power to the people（人々にパワーを）」という意味。当時、白人によって歌うことを禁じられていた愛唱歌『ンコシ・シケレリ・アフリカ（神よアフリカに祝福を）』が現在の南アフリカの国歌だ。

『ツォツィ』(2005年)

ヨハネスブルグ郊外のソウェトが舞台。アパルトヘイトから解放され、今度は黒人間の格差が生まれる。そんなどうにもならない世の中でツォツィ（不良）として生きる少年が、赤ん坊をひろうことで人間として立ち直っていく物語。アカデミー賞外国語映画賞受賞。

『マンデラの名もなき看守』(2007年)

アパルトヘイト下で政治犯として収監されていた、後の大統領ネルソン・マンデラと、彼を担当することになった看守の物語。マンデラが初めて公認した、活動家としての彼の半生を描いた映画だ。黒人たちの政治活動や国際社会の世論のなかで、しだいに変わっていく南アフリカという国と白人たちの変遷にも注目したい。

『インビクタス/負けざる者たち』(2009年)

実話に基づいた作品。1995年に開かれた第3回ラグビー・ワールドカップを通じて、アパルトヘイト政策撤廃後の南アフリカをひとつにまとめあげていくネルソン・マンデラ大統領（当時）の類いまれなリーダーシップと崇高な精神、人と人との絆が描かれている。

『第9地区』(2009年)

ヨハネスブルグ上空に突然現れた巨大な宇宙船。その中には船の故障によって身動きができなくなっていた宇宙人がいた。南アフリカ政府は「第9地区」に仮設住宅を造り、そこに宇宙人たちを住まわせることにする。それから28年後、人間と宇宙人の共同居住地区であった第9地区はスラム化。超国家機関は強制収容所移住計画を立てるのだが……。アパルトヘイト政策下における南アフリカのDistrict 6（第6地区）の歴史を反映した、ヨハネスブルグに突如現れた宇宙人と人間によるSFストーリー。根底には人種差別や格差社会などへのメッセージも含まれていて興味深い。第82回アカデミー賞で作品賞、脚色賞、編集賞、視覚効果賞にノミネートされた。

『ケープタウン』(2013年)

オーランド・ブルーム主演の犯罪映画。ケープタウンで人気の元ラグビー選手の娘が殺されるという事件が発生し、ふたりの刑事が捜査に乗り出すが、やがて彼らは組織的陰謀へと巻き込まれていく。オーランドの相棒役はオスカー俳優のフォレスト・ウィテカー。原作はフランス推理小説大賞など多くの賞を獲得している『ZULU』だ。撮影はすべて南アフリカで行われ、スラム街でも撮影が行われている。第66回カンヌ映画祭ではクロージング作品として上映された。監督はフランスのジェローム・サル。

壮大な景色に出合える

ブライデ・リバー・キャニオンとその周辺

Blyde River Canyon

MAP P.233-B1、245

クルーガー国立公園に次ぐムプマランガ州の観光ハイライト。ブライデ川と1000mもの高低差の峡谷が織りなす壮大な景色の迫力には、誰もが圧倒されることだろう。この保護区を縦に走るR532は、別名パノラマ・ルートと呼ばれる格好のドライブコースで、南アフリカならではのダイナミックな景観が楽しめる。

おもな見どころ

ATTRACTIONS

パノラマ・ルートの核ともいえる

ブライデ・リバー・キャニオン自然保護区 MAP P.245-1

Blyde River Canyon Nature Reserve

「喜びの川」という意味のブライデ川を中心に、3万haもの面積をもつ自然保護区。保護区の西側に沿って走るR532はパノラマ・ルートと呼ばれ、南アフリカで最も景観のよいドライブルートのひとつとして知られている。南の玄関口となるグラスコップの町から北上していくと、**岩の塔Pinnacle**、**神の窓God's Window**、**ワンダー・ビュー Wonder View**などと名付けられたビューポイントが次々と現れ、さらに進むと**ブライデ・ダムBlyde Dam**と3つのロンダベル（アフリカ伝統の円錐形のバンガロー）の形をした奇岩を望む**スリー・ロンダベル・ビューポイントThree Rondavel View Point**へと出る。

その手前にある**ブルックス・ラック・ポットホールズBourke's Luck Potholes**は、ブライデ川とトゥルー川が交わる場所。橋の上からその滝つぼにコインを投げると夢がかなうという言い伝えがある。R532沿いに小さな博物館や売店を併設した観光案内所があり、そこから3つのハイキングコースが整備されている。滝つぼが眺められる橋までは、約700mの道のり。壮大な景色を楽しみながら散策するのもいい。

また、ブライデ・ダムから西へ約15km行った所には**エコー・ケーブEcho Cave**がある。長さ約100m、高さ40mにも及ぶ洞窟で、石器時代に人が住んでいた形跡があり、岩に壁画が残っている。

景観がすばらしいベルリン滝

数々のビューポイントが点在

ブライデ・リバー・キャニオン自然保護区

ACCESS

🚗グラスコップからミニバスもあるが、レンタカーを借りるのがベスト。

神の窓
開 7:00～17:00
休 なし
料 R17

ブルックス・ラック・ポットホールズ
☎ (073) 774-3617
開 7:00～17:00
休 なし
料 R65

エコー・ケイブ
開 8:30～16:00
休 なし
料 R80
※ガイドの案内で約2kmのトレイルを進んでいく。所要約45分。

シャガナ族の文化に触れる

ヘイジービュー（→P.247）に伝統的なクラフトが並ぶマルーラ・マーケットMarula Marketがある。さまざまな手作りの民芸品を見て回るだけでも十分に楽しいが、ぜひ体験したいのがデイツアー。ここで、民家を訪れるツアーや文化を体験するツアーに申し込める。

●シャガナ文化村
Shangana Cultural Village
MAP P.245-2外
住 Graskop Rd., Hazyview
☎ (013) 737-5804
URL www.shangana.co.za
開 9:00～16:00 休 なし
料 無料

小規模だが見応え十分

スドワラ洞窟

MAP P.245-2外

Sudwala Caves

オーツホーンのカンゴー洞窟（→P.141）と比べると小規模だが、こちらも見応えある鍾乳洞窟。200億年前にできたともいわれ、洞窟内では生命の起源である酸素生成植物コレニアなどの化石も発見されている。見学できる範囲はかぎられているが、洞窟の長さは実際は40km近くあるともいわれ、中央には高さ約40m、直径70mほどのドーム形の空間もある。

見学はガイドツアーのみで、所要約1時間。600mほどの距離を歩き、深さ約150mの地点まで行く。洞窟内は広く、説明を聞いたり写真を撮ったりしながらゆっくりと進んでいくので、体力に自信がない人でも心配は無用だ。また、さらに探検をしたいという人のために、暗闇のなかを岩を上ったり小さな洞窟内をくぐり抜けたりしながら進むクリスタル・ツアー Crystal Tour も用意されている。こちらは所要約4時間で、体力に自信のある人向け。年齢や体重制限なども設けられているので事前に確認を。

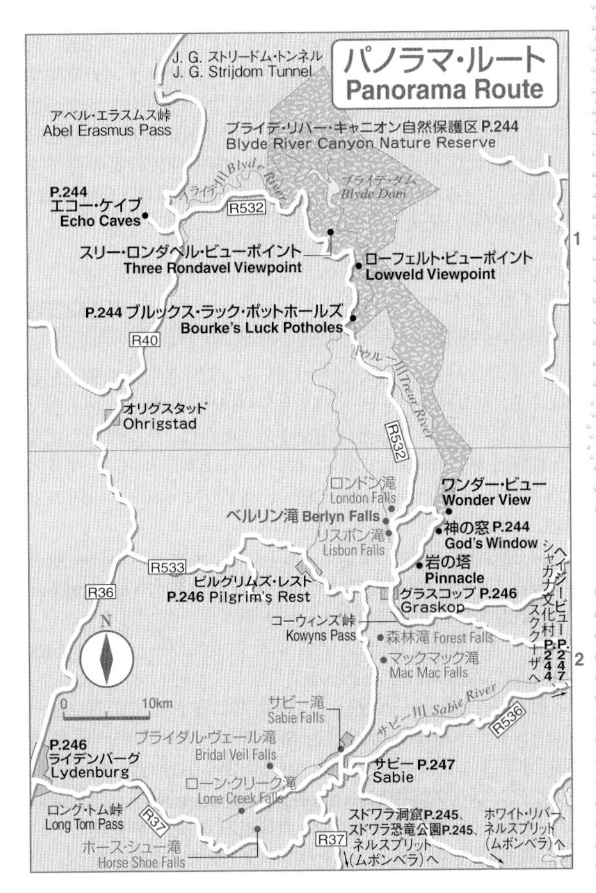

スドワラ洞窟
☎ (083) 446-0228
URL www.sudwalacaves.com
開 8:30～16:30
休 なし
料 大人R100、子供R55
※ツアーは約15分おきに催行。なお、クリスタル・ツアーは毎月第1土曜のみ催行。詳細は要問い合わせ。

ACCESS
サビーから車でR37を南下し、ローズハッフRosehaughでR539へ。所要約40分。

家族連れにおすすめ

スドワラ洞窟に隣接して、ジャングルの中に等身大の恐竜が点在する恐竜公園がある。

●**スドワラ恐竜公園**
Sudwala Dinosaur Park
MAP P.245-2外
☎ (081) 043-0706
URL www.dinosaurpark.co.za
開 8:30～17:00
休 なし　料 大人R70、子供R40

ピルグリムズ・レスト（→P.246）の博物館

町なかには博物館がたくさん点在している。観光案内所で地図をもらって散策してみるといいだろう。

●**ハウス博物館**
House Museum

1913年築の家。19世紀初めにはやったビクトリア様式の調度品でまとめられていて、当時の典型的な上流階級の暮らしぶりがうかがえる。

開 9:00～12:45
13:45～16:00
休 なし
料 大人R20、子供R12

●**印刷博物館**
Printing Museum

ピルグリムズ・レストに初めて新聞社ができたのは1874年のこと。当時の新聞『ゴールド・ニュース』を印刷していた機械などが展示されている。

開 9:00～12:45
13:45～16:00
休 なし
料 大人R20、子供R12

●**アラングレード・ハウス博物館**
Alanglade House Museum

1915年築の建物。金鉱の支配人が1972年まで住んでいた家で、1900年代初めの家具でまとめられている。ガイドの案内で当時の暮らしぶりなどの説明が聞ける。

開 11:00、14:00（ツアー出発）
休 なし　料 R30

おもな町
TOWNS

ドライブの途中で立ち寄りたい
グラスコップ
MAP P.245-2
Graskop

明るい感じの小さな町で、おいしいパンケーキ屋**ハリーズ・パンケーキHarrie's Pancakes**があり、地方から食べに来る人がいるほど有名。ホテルやキャラバン・パークもある。

開拓時代の町並みが残る
ピルグリムズ・レスト
MAP P.245-2
Pilgrim's Rest

ピルグリムズ・レストの町の歴史は、1873年に金がこの地方で見つかったことに端を発する。その後、金はそれほど多く採掘されなかったが、町は今もなお開拓時代のままの姿をとどめ、町ごと博物館といった様相を呈している。1986年には国のモニュメントに指定された。

町は、ライデンバーグ（→下記）寄りのダウンタウンとグラスコップ（→上記）寄りのアップタウンに分かれているが、おもな町の機能があるのはアップタウン。ジャカランダの並木が美しいメインストリートには観光案内所や郵便局、銀行、ホテル、みやげ物店、ワインショップなどが軒を並べ、どの建物も開拓時代を彷彿させ、味わい深い。開拓時代の家の様子を保存している博物館や金鉱巡りのツアーがあり、チケットは観光案内所で購入できる。

パノラマ・ルートの西の玄関口
ライデンバーグ
MAP P.245-2
Lydenburg

ライデンバーグとは、アフリカーンスで「苦しみの町」を意味する。グレート・トレック時代（→P.410）に多くの人々がマラリアで亡くなったことに由来する。現在は、たばこや大豆など農業生産の中心地であり、ロング・トム峠、サビー、ブライデ・リバー・キャニオンへと続く、パノラマ・ルートの西の玄関口でもある。

開拓時代の面影を残しているものに、トランスバール地方で最も古いといわれる**フォールトレッカー教会Voortrekker Church**と学校がある。フォールトレッカー教会はチャーチ・スクエアChurch Sq.に、学校はそこからカーク通りKerk St.を隔てた所にぽつんとある。

町の中心は、カーク通りの1本南側に並行して走るフォールトレッカー通りVoortrekker St.。スーパーマーケット、郵便局、ホテルなどが並んでいる。中心街から3kmほど離れるが、**ライデンバーグ博物館Lydenburg Museum**も忘れずに訪れたい。館内はとてもモダンで、開拓時代の展示が充実している。鉄器時代のユニークなテラコッタ・マスクも興味深い。

グラスコップ
☎市外局番 013
ACCESS
🚗各町の間をミニバスが走っているが便数が少ないので、レンタカーを借りるのがいい。

ハリーズ・パンケーキ
住 Cnr. Louis Trichardt & Church St.
☎ (013) 767-1273
URL www.harriespancakes.com
開 8:00〜18:00
休 クリスマス

ピルグリムズ・レスト
☎市外局番 013
ACCESS
🚗各町の間をミニバスが走っているが便数が少ないので、レンタカーを借りるのがいい。

観光案内所
☎ (013) 768-1060
URL www.pilgrims-rest.co.za
開 9:00〜12:45
13:45〜16:00
休 なし

ピルグリムズ・レストの博物館
→P.245欄外

ライデンバーグ
☎市外局番 013
ACCESS
🚗ネルスプリットから車で約2時間30分。

ライデンバーグ博物館
フォールトレッカー通りを東（サビー方面）へ約3km行った町の外れにある。観光案内所の機能も兼ねる。
☎ (013) 235-7300
開 月〜金 8:00〜16:00
土・日 8:00〜17:00
休 なし 料 R10

開拓時代の展示が充実

クルーガー国立公園への拠点の町

ヘイジービュー

MAP P.245-2外

Hazyview

町自体は特に見どころもないが、クルーガー国立公園に近いので、宿泊や中継地としては便利な町。ツアーも出ている。

標高1000m以上にある、ヨーロッパの田舎的な雰囲気の町

サビー

MAP P.245-2

Sabie

遠くに山々が見渡せ、町なかには緑や花が多い。町の北外れの**サビー滝Sabie Falls**をはじめ、10kmほど西には、**ローン・クリーク滝Lone Creek Falls**や**ブライダル・ヴェール滝Bridal Veil Falls**などがあり、森林浴をしながらのハイキングも楽しい。

ヘイジービュー
☎市外局番 013
ACCESS
🚗ネルスプリットから車で約1時間。

観光案内所
☎ (013) 764-1177
URL www.hazyviewinfo.co.za

サビー
☎市外局番 013
ACCESS
🚗ネルスプリットから車で約1時間。

観光案内所
☎ (013) 764-1177
URL www.sabie.co.za

H ホテル

Hotel Restaurant Shop Winery

プロテア・ホテル・クルーガー・ゲート ★★★★

Protea Hotel Kruger Gate

ヘイジービュー郊外 MAP P.233-B1

クルーガー国立公園のゲートまで約100mという距離に位置。ホテルタイプの客室と一戸建てのシャレー（～6人、キッチン付き）があり、いずれも快適な滞在ができる造りになっている。国立公園でのサファリ・ドライブなどの手配もしてくれる。

住 On the Sabi River at the Paul Kruger Gate, Portia Shabangu Rd., Skukuza
☎ (013) 735-5671
URL www.marriott.com
料 ⓈⓌR2416～ ※2食付き
CC ADMV
室 96
Wi-Fi あり（客室）

サファリ気分が味わえるホテル

ヒッポ・ホロウ・カントリー・エステート ★★★

Hippo Hollow Country Estate

ヘイジービュー MAP P.233-B1

ヘイジービューの町の少し外れに建つしゃれたロッジ。名前のとおり、敷地内を囲むように流れている川からカバが歩いてくることがあるとのこと。サビー川を見下ろす景色はすばらしく、大自然のなかにいる気分が味わえる。リバーサイドのコテージはおすすめ。

住 R40 Hazyview
TEL (013) 737-7752
URL www.hippohollow.co.za
料 ⓈR1930～ ⓌR2840～
※朝食付き
CC AMV
室 91
Wi-Fi あり（共用エリア）

カバが目印のヒッポ・ホロウ

プロテア・ホテル・ヘイジービュー ★★★

Protea Hotel Hazyview

ヘイジービュー MAP P.233-B1

クルーガー国立公園への玄関口、ファベニ・ゲートから約12km西の川を望む絶好のロケーションに立地。レストランやプールなどの施設のほか、ボマが体験できるレストランもある。ここを拠点にクルーガー国立公園巡りを楽しむのもいい。

住 R40 Rd., 38km after White River, 7km before Hazyview
TEL (013) 737-9700
URL www.marriott.com
料 ⓈⓌR1000～ ※朝食付き
CC ADMV
室 87
Wi-Fi あり（客室）

暖炉付きの居心地のいいラウンジ

ホテル・ヌンビ&ガーデン・スイート ★★★

Hotel Numbi Garden Suite

ヘイジービュー MAP P.233-B1

クルーガー国立公園のナンビ・ゲートまで車で約10分のロケーション。客室はすべてスイートで1階の部屋からは直接中庭とプールへアクセスが可能。

住 Hazyview
TEL (013) 737-7301
URL www.hotelnumbi.co.za
料 ⓈⓌR1620
※朝食付き
CC ADMV
室 57
Wi-Fi あり（共用エリア）

ポーキュパイン・リッジ・ゲストハウス

Porcupine Ridge Guest House

サビー MAP P.233-B1

周囲を丘に囲まれた、イギリス人夫妻が経営する明るい雰囲気のゲストハウス。大きな中庭があり、リラックスした滞在ができる。客室設備も充実している。

住 5 Vanaxe Estate, Hazyview Rd., Sabie
TEL (082) 818-0277
URL www.porcupineridge.co.za
料 ⓈR950 ⓌR1700
CC MV
室 5
Wi-Fi あり（共用エリア）

ムプマランガ州の州都

ネルスプリット(ムボンベラ)

Nelspruit(Mbombela)

MAP P.233-B1

モザンビーク海峡に近いせいか気候は亜熱帯に近く、近郊ではレモンやバナナの大規模栽培が盛んである。ボーア戦争時代には、港をもつマプト(現在はモザンビークの首都)への鉄道の中継地点として重要な役割を果たした。9～11月になると火炎樹とも呼ばれるフレーム・リリーが真っ赤な花をつけ、ネルスプリットを赤く美しく彩る。

☎市外局番 013

ACCESS

✈ヨハネスブルグから毎日3 ～5便が運航。ケープタウン、リビングストン(ザンビア)、ダーバンからの便もある。

🚌ヨハネスブルグ、プレトリアからインターケープなどのバスが毎日運行している。所要約5時間、R220～。

ネルスプリットの公式サイト

URL www.mbombela.gov.za

歩き方

WALKING AROUND

町の中心は、東西を走る**サモラ・マーシェル通りSamora Machel Dr.**に面している**ザ・プロムナードThe Promenade**(→MAP P.248-B1)。町のランドマークでもあり、白い時計塔を中心としたショッピングモールだ。モール内には、映画館、レストラン、書店などさまざまな店が並ぶ。グレイハウンドなどの長距離バスの発着場所もここの前で、バスのオフィスは通りを挟んだ向かいにある。時計塔のある建物は現在高級ホテルとなっているが、以前は市庁舎として使われていた。また、サモラ・マ

ザ・プロムナードの白い時計塔

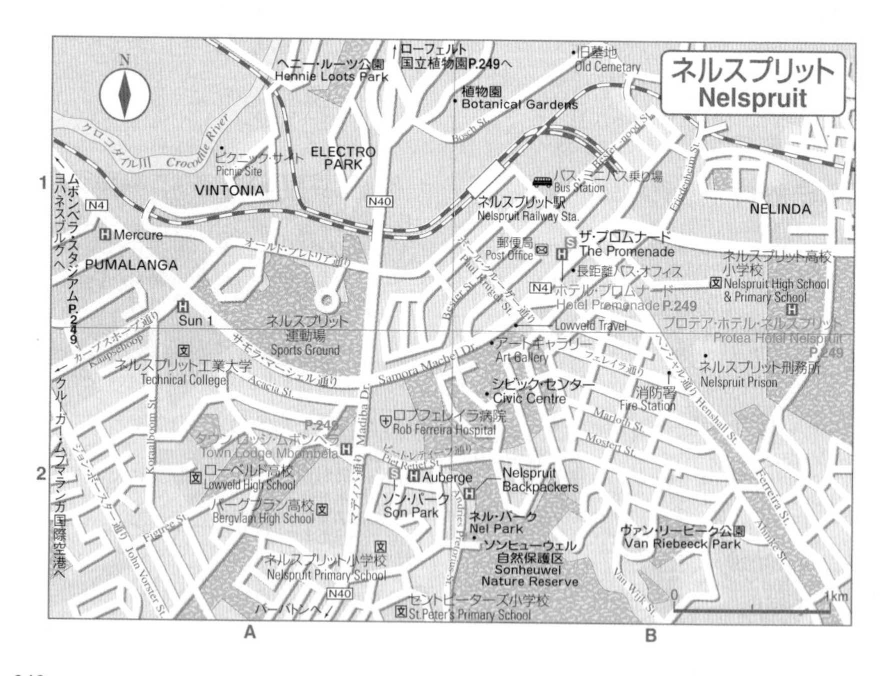

ーシェル通りと交差する**ポール・クルーガー通りPaul Kruger St.**にも銀行やデパートが並び、にぎわいを見せている。

時間に余裕があれば、町の3kmほど北にある**ローフェルト国立植物園Lowveld National Botanical Garden**に足を延ばしてみるのもいいだろう。園内からは**ネルス・リバー滝Nels River Falls**も見られる。

ローフェルト国立植物園内を流れる川

ローフェルト国立植物園
MAP P.248-A1外
住 off White River Rd., Balue Mart Intersection
☎ (013) 752-5531
URL www.sanbi.org/gardens/lowveld
開 9～3月　8:00～18:00
4～8月　8:00～17:00
休 なし
料 大人R35、子供R20

ムボンベラ・スタジアム
Mbombela Stadium
MAP P.248-A1外
ACCESS
N4をプレトリア方面へ行き、左側の路地を入った所にある。ザ・プロムナードからだとタクシーで約10分、R50程度。

H ホテル

プロテア・ホテル・ネルスプリット ★★★★

Protea Hotel Nelspruit
MAP P.248-B1

空港にも近く、ムプマランガの見どころを巡るのに便利なホテル。屋外プールやレストラン、バー、会議室など充実したホテル設備を誇る。客室はスタンダードからスイートまで3タイプ。空港へのシャトルバスもあり、事前に連絡すれば迎えにきてくれる。

住 30 Jerepico St., Orchards
☎ (013) 752-3948
URL www.marriott.com
料 ⓈR1617～　ⓌR1714～
CC ADMV
室 94
Wi-Fi あり（客室）

プールサイドでゆったりするのもいい

ホテル・プロムナード ★★★

Hotel Promenade
MAP P.248-B1

白い時計塔が目印。ショッピングモールが隣接しているため、ほとんどの用事は周辺で足りるので便利だ。レストランやバーなど、ホテル内設備も充実している。客室はスタンダードとエグゼクティブの2タイプで、いずれもスタイリッシュにまとめられている。

住 Cnr. Samora Machel Dr. & Henshall St.
☎ (013) 753-3000
URL www.orionhotels.co.za
料 ⓈⓌR864～　※朝食付き
CC ADMV
室 71
Wi-Fi あり（共用エリア）

客室はシックなデザインでまとめられている

タウン・ロッジ・ムボンベラ ★★

Town Lodge Mbombela
MAP P.248-A2

シティ・ロッジ・グループが展開するリーズナブルなホテル。クルーガー国立公園と空港の中間にあるので、拠点としても便利。各客室はそれほど広くはないが、設備が十分に整っているうえに機能的な造りになっているので居心地がいい。屋外プールもある。

住 Cnr. Madiba Dr. & Koorsboom St.
☎ (013) 741-1444
URL clhg.com
料 ⓈR1026～　ⓌR1195～
CC ADMV
室 106
Wi-Fi あり（客室）

白と青のさわやかな建物

ゴールドラッシュの面影を残す

バーバトン

Barberton

MAP P.233-B1

デ・カープ峡谷に位置するバーバトンは、1884年に金鉱が見つかって以降、ゴールドラッシュで栄えた町。今もなお金の産出地として現役で、なかでもシェバ鉱山Sheba Mineは世界で最も豊かな金鉱のひとつといわれる。鉱物運搬用のケーブルカーが行き来する様子は、まさに「金鉱の町」を感じさせてくれる景色といえるだろう。

☎市外局番 013

ACCESS

🚌ネルスプリットの鉄道駅近くの乗り場からミニバスで所要約1時間、R20程度。

観光案内所

MAP P.250
住 Market Sq. Bldg., Crown St.
☎ (082) 959-6670
URL barberton.co.za
開 月～金　8:00～17:00
休 土・日・祝
※ハイキング・トレイルのマップなどが手に入る。

デ・カープ株式取引所跡地

MAP P.250
開 24時間
休 なし
料 無料

ベルヘイブン・ハウス博物館

MAP P.250
☎ (013) 712-4208
開 10:00～16:00
休 祝
料 大人R30、子供R15

ブロック・ハウス

MAP P.250
開 24時間
休 なし
料 無料

バーバトンのホテル

Hファウンテン・バス・ゲスト・コテージ Fountain Baths Guest Cottages

MAP P.250
住 48 Pilgrim St.
☎ (013) 712-2707
URL fountainbaths.co.za
料 ⓈⓌR820～
CC MV　室 8

130年以上の歴史ある建物で、以前は公共浴場として利用されていた。キッチンがあるので自炊も可。要予約。

歩き方

WALKING AROUND

町の中心は**マーケット・スクエアMarket Sq.**のあたり。郵便局や市庁舎、観光案内所などが集まっており、博物館などの見どころもある。バーバトンに来たら見ておきたいのは、**デ・カープ株式取引所跡地De Kaap Stock Exchange**、1904年に建てられた建物を家具ごと残している**ベルヘイブン・ハウス博物館Belhaven House Museum**、ボーア戦争のときの要塞**ブロック・ハウスBlock House**、**市庁舎Town Hall**の前の名犬ジョック（→P.232）の彫像など。小さな町なので、半日もあればすべて見ることができる。

見どころ巡りに疲れたら、バーバトンならではの**フォーチュナ鉱山ハイキング・トレイルFortuna Mine Hiking Trail**を試してみたい。出発地点は町の南東にある**ケラー公園Kellar Park**で、1時間30分もあればひと回りできる。途中トンネルの中を抜ける（約600m）ので懐中電灯を携帯のこと。

林業が盛んな小さな町

ピート・レティーフ

Piet Retief

MAP P.233-B2

ピート・レティーフの歴史は1883年まで遡り、町の名はグレート・トレック当時のリーダーの名にちなんでいる。白人住民のほとんどはグレート・トレッカーたちの子孫で、近郊にはオランダ、ドイツ、スコットランド系の人々のコミュニティもある。決して派手な町ではないが、ちょっと立ち寄って当時の様子に思いをはせてみるのもいい。

歩き方

WALKING AROUND

ピート・レティーフの町自体は小さく、歩ける広さ。**カーク（チャーチ）通りKerk（Church）St.**がメインストリートで、ホテルやレストランもこの通り沿いやその付近に集中している。そのなかでひときわ目を引く白い教会が、1922年に建てられた**オランダ改革教会Dutch Reformed Church**。当時の有名な建築家Gerhard Moerdijkによってデザインされたもので、彼の作品のなかでも傑作といわれているものだ。

また、ピート・レティーフの南東約50km、クワズル・ナタール州とのちょうど州境あたりにある**リュンベルグLuneberg**という町のすぐ近くには、ズールー戦争の戦場となった**エントンブ・バトルフィールドeNtombe Battlefield**があり、1879年の戦いで亡くなった兵士のための記念碑が立てられている。このときはクワズル・ナタールに攻め入ろうとしたレティーフ率いるボーア軍が敗北した。

☎市外局番 017

ACCESS

🚌ヨハネスブルグ、プレトリアからグレイハウンドのバスが運行している。所要約5時間15分、R365。

ピート・レティーフの宿泊施設

🅗グリーンドア・ゲストハウス Green Door Guest House
MAP P.251
住 Box 81 Piet Retief
☎ (017) 826-3208
URL www.thegreendoor.co.za
料 ⓈR550 ⓌR800
CC A D M V
室 22

エントンブ・バトルフィールド
MAP P.233-B2外、251外
開 24時間
休 なし
料 無料

ACCESS

🚗ミニバスなどはないので、レンタカーが唯一の手段。ピート・レティーフからR543を西へ行き、リュンベルグLunebergへのサインを左へ。

南アフリカ最北の地

リンポポ州

Limpopo Province

山の麓に土で造られた家が並ぶ

かつてはノーザン・トランスバールNorthern Transvaalと呼ばれていた地域で、南アフリカで最も北に位置する州。もちろん北といってもここは南半球。たいへん暑く乾燥した気候だ。景観は、どこまでも平らな土地にバオバブの大木がにょきにょき立っているなど、南アフリカのほかのエリアとはずいぶん印象が異なっている。一見、無愛想。けれどもこちらから積極的に入っていけば意外な顔を見せてくれる。これが、リンポポ州の魅力なのかもしれない。

リンポポ州観光局
Limpopo Tourism & Agency
MAP P.254-2
住 Southern Gateway Ext. 4, N1 Main Rd., Polokwane
☎ (015) 293-3600
URL www.golimpopo.com

概要

SUMMARY

北の国境のリンポポ川を越えればそこはもうジンバブエ。そして東はモザンビーク、西はボツワナに挟まれている。地平線から吹いてくる風に、国境の向こうに続く中央アフリカの匂いを感じてほしい。

もちろん、リンポポ州は乾燥した大地ばかりではない。南アフリカを代表するホリデイリゾートにもなっているベラ・ベラには熱い温泉が湧き出て、多くの家族連れでにぎわう。リンポポ州最大の都市で州都でもあるポロクワネ（ピーターズバーグ）の町から東、ツァニーンの方向へしばらく向かっていくと、それまでの乾燥したフラットな土地から景色が一変する。山々の間に湖がたたずみ、パインツリーがすきまなく植林されている様子は、まるでカナダの山中にいるかのようだ。山の上では霧がかかることもあってか気候も清涼で、とても居心地がいい。ここでは、その壮大な景色を眺めながらゆったりとドライブを楽しむのもいいだろう。

また、世界有数の動物の種類と数で知られ、広大な面積を誇るクルーガー国立公園（→P.238）の北半分も実はリンポポ州に属している。ボツワナとジンバブエに国境を接する場所にあるマプングブエ国立公園もぜひ訪れたい場所だ。

歩き方のポイント GETTING AROUND

リンポポ州の州都であるポロクワネ（→P.254）や温泉で有名なベラ・ベラ（→P.256）、ジンバブエ国境に近いマカド（→P.257）といった町には、ヨハネスブルグやプレトリアから長距離バスが走っている。時間があれば、気になる町に立ち寄りながら旅を続けるのもいいだろう。ただし、道中の見どころや国立公園などにも足を運ぼうと思ったら、やはりレンタカーが必要となってくる。ヨハネスブルグから国内線が飛んでいるポロクワネを拠点に、ジンバブエとの国境まで北上してみるのもいいだろう。さらに西へ少し進んで、リンポポ川に沿って南アフリカと国境を接するボツワナのトゥリ（→P.334）に行くのもいい。

また、ムプマランガ州のクルーガー・ムプマランガ国際空港からクルーガー国立公園へ入り、ゲーム・ドライブを楽しみながら公園内を北上する方法もある。公園内は南北約350kmもの距離なので、少なくとも3泊は必要となってくる。いずれにしてもゆったりとしたスケジュールで巡りたい。

ポロクワネ国際空港

ポロクワネの北約5kmに位置。ヨーロッパカーなどのレンタカーオフィスも数社入っているが、車をレンタルする予定がある場合は、事前に予約を入れておいたほうがいい。

広大なリンポポを巡る

リンポポ州観光局（→P.252欄外）では、個人旅行者のために各テーマに沿ったルートを紹介している。

URL www.golimpopo.com/experience/tourist-routes

国境を越えて周辺国へ

ジンバブエとの国境ベイトブリッジBeitbridgeは、ムッシーナから約12km北。ボツワナとの国境ポント・ドリフトPont Driftは、ムッシーナから北西へ約110km、マプングブエ国立公園に隣接している。

●**ベイトブリッジ**
Beitbridge
開 24時間

●**ポント・ドリフト**
Pont Drift
開 8：00～16：00

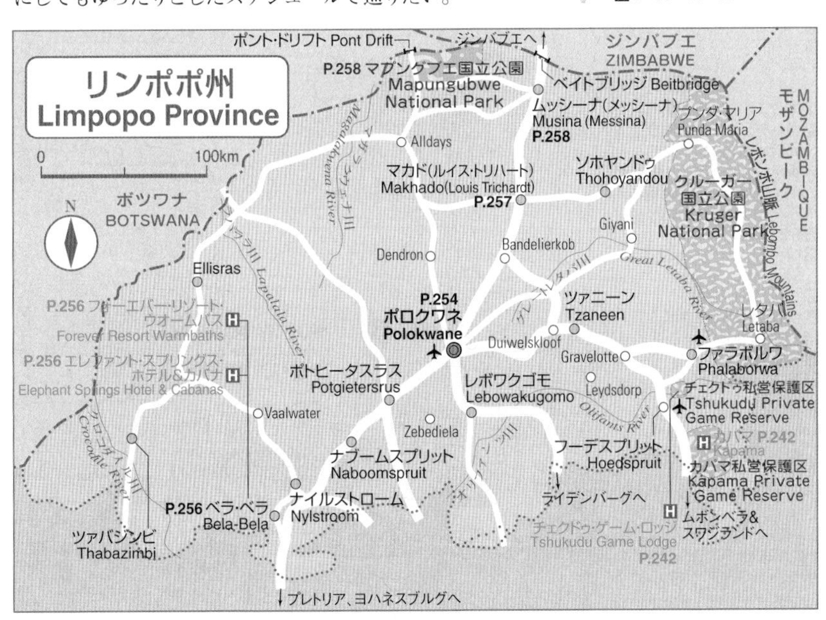

リンポポ州の州都

ポロクワネ(ピーターズバーグ)

Polokwane(Pietersburg)

MAP P.253

プレトリア以北で最も大きな町。メインストリートにはショッピングセンターや商店が建ち並び、中心部は下町的活気が満ちみちている。町なかには、ポロクワネやこのエリアの歴史や文化を語る博物館がいくつかあるので、訪れてこの町の開拓史に思いをはせるのもいいだろう。

☎市外局番 015

ACCESS

✈ヨハネスブルグから毎日1便運航している。所要約55分。
🚌ヨハネスブルグ、プレトリアからトランスラックスなどが運行している。ヨハネスブルグまたはプレトリアから所要約5時間、R250〜。

空港から市内へのアクセス

ポロクワネ国際空港は市街の北約5kmの所にある。タクシーでR100程度。

観光案内所

MAP P.254-2
住 102 Market St.
☎ (015) 290-2010
URL www.golimpopo.com
開 月〜金　7:45〜16:30
休 土・日

ポロクワネの宿泊施設

H ガーデンコート・ポロクワネ Garden Court Polokwane ★★★

ポロクワネで一番の高級ホテル。レストランも併設している。
MAP P.254-2
住 Cnr. Thabo Mbeki & Paul Kruger St.
☎ (015) 291-2030
URL www.tsogosun.com
料 ⓈⓌR1730〜
CC ADMV
室 180

歩き方 WALKING AROUND

町で最もにぎわっているのは、南北に走る**ランドロス・マレ通りLanddros Mare St.**。デパートをはじめ、商店や銀行が軒を連ねている。この通りが**ターボ・ムベキ通りThabo Mbeki St.**と交差する南西側にあるのが、市民の憩いの場となっている**シビック・スクエアCivic Sq.**。観光案内所は、戦闘機と戦車のモニュメントの脇の建物の中にある。

ランドロス・マレ通りと並行して走る**マーケット通りMarket St.**を北へ向うと、歩道に野菜の露店が並んでいるなど、だんだん庶民的な雰囲気が漂ってくる。ヨハネスブルグへのミニバス乗り場は**デベニッシュ通りDevenish St.**沿い、マカドへのタクシーはそこから**カーク通りKerk St.**を北へ2ブロック進んだ**エクセルシオ通りExcelsior St.**沿いから出ている。鉄道駅は、マーケット通りの北の町外れにある。

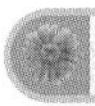

おもな見どころ
ATTRACTIONS

建物の中もじっくり見よう

ポロクワネ博物館

MAP P.254-2

Polokwane Museum

グリーンの屋根とクラシカルな時計台の外観がひとめを引く「アイリッシュ・ハウス」がそれ。昔は商店だったこの建物は100年以上の歴史をもち、館内のポロクワネの歴史の展示物とともに、この町の歴史を伝えている。

ポロクワネ博物館
☎(015) 290-2180
開 月～金　8:00～16:00
休 土・日・祝　料 無料

町で一番古い教会を改造

写真博物館

MAP P.254-2

Photographic Museum

シビック・スクエア内にある。ヒュー・エクストンHugh Extonという南アフリカの写真家が撮った写真が展示されている。ポロクワネの昔の町並みや結婚式の様子などが見られる。

写真博物館
☎(015) 290-2186
開 月～金　9:00～15:30
休 土・日・祝　料 無料

かわいらしい造りの写真博物館

郊外の見どころ
ATTRACTIONS

リーズナブルなサファリが楽しめる

ポロクワネ野生動物保護区

MAP P.254-2外

Polokwane Game Reserve

市街から南約5kmにある動物保護区で、キリン、シマウマ、シロサイが生息している。保護区の隣には、シャレーとキャラバン・パークをもつユニオン・パークUnion Parkがあり、宿泊ができる。

ポロクワネ市街から車で約10分

ポロクワネ野生動物保護区
☎(015) 290-2331
開 6:00～17:00
休 なし
料 大人R30、子供R22、乗用車1台R45
ACCESS
🚗市内からドープ通りDorp St.を南へ約5km行く。

ソト族の伝統的な暮らしとは？

バコネ・マラパ野外博物館

MAP P.254-2外

Bakone Malapa Open Air Museum

ポロクワネの南約9km、北ソト族の暮らしが見られる、オープンエアの博物館。敷地内にはソト族の伝統的な家が建てられ、ガイドが実際に牛フンを使って火を起こしたり、角笛を吹いてくれる様子が興味深い。ハイキング・トレイルもある。

バコネ・マラパ野外博物館
☎(073) 216-9912
開 月～金　8:00～16:00
休 土・日
料 大人R12、子供R7
ACCESS
🚗市内からカーク通りKerk St.を南へ約9km行く。

ピクニックにぴったり

デベゲニ滝

MAP P.257-A

Debegeni Falls

ポロクワネからツァニーンTzaneen（→MAP P.257-A）方向へ向かうR71は、景色の変化があってドライブにぴったり。ピクニックサイトでバーベキューもできるデベゲニ滝は、そんな道中のひと休みに最適なスポット。メインストリートから4kmほど入った所にあり、少々わかりにくいので注意。すぐ近くにはキャンプ場もあって、滝の下でバーベキューも楽しめる。

デベゲニ滝
開 8:00～17:00
休 なし　料 R30、あるいは乗用車1台R100
ACCESS
🚗ポロクワネからR71を約70km行き、Safcal Ecotourism, Magoebaskloof Trailの緑の看板を左に入って約4km。

温泉で有名な

ベラ・ベラ

Bela-Bela

MAP P.253

毎時2万2000ℓ、49℃の湯が湧き出る温泉の町。といっても、日本のひなびた温泉街を想像してはいけない。ここは、南アフリカ中から観光客が訪れる、一大リゾートスパなのだ。湯治客の姿もちらほら見られるが、休日には家族連れや若者のグループでにぎわっている。ここでは、南アフリカ風温泉で旅の疲れを癒やしてしまおう。

☎市外局番 014

ACCESS

🚌ヨハネスブルグ、プレトリアからポロクワネ行きのトランスラックスのバスが通る。所要約2時間30分、R165。ポロクワネからはミニバスが出ている。

観光案内所

☎(079) 537-1555
URL www.belabelatourism.co.za
開 月～金　8:00～17:00
　土・日　9:00～14:00
休 なし

フォーエバー・リゾート・ウオームバス

☎(014) 736-8500
開 7:00～14:00
　17:00～22:00
休 なし
料 大人R100～200
※シーズンにより入場料が異なる。

おもな見どころ ATTRACTIONS

1日中楽しめるリゾートスパ

フォーエバー・リゾート・ウオームバス

MAP P.253

Forever Resort Warmbaths

温泉を主体としたリゾートスパ。おそらく、ベラ・ベラを訪れる観光客のほとんどが、ここのスパが目当てだろう。広い敷地内には、温泉による室内プールや人工波のビーチをもつ屋外プール、水上スキーができるダム、テニス＆スカッシュコート、ミニゴルフ場などがあり、家族連れや湯治客でにぎわっている。さらにホテルやバンガロー、キャンプ場、レストラン、売店もあり、外に一歩も出なくても滞在を楽しめるようになっている。この機会に美しくなりたいという人には、良質の温泉を利用した本格的エステサロンやヘアサロン、フィットネスセンターなども揃っている。ゆったりと休日を過ごすのに最適な充実した温泉リゾートだ。もちろん日帰りでプールや温泉、スパなどを楽しむこともできる。

H ホテル

Hotel Restaurant Shop Winery

フォーエバー・リゾート・ウオームバス ★★★

Forever Resorts Warmbaths

MAP P.253

ベラ・ベラに滞在するなら、温泉リゾートに泊まりたい。とすると、やっぱりここがいちばん。プールや温泉もあり、リゾート気分を満喫できる。リーズナブルに泊まりたいのであれば、敷地内のキャンプ場を利用するといいだろう。

住 1 Chris Hani Dr., Bela-Bela
☎(014) 736-8500
URL www.foreverwarmbaths.co.za
料 バンガロー　ⓈⓌR1600～
　ホテル　ⓈⓌR2190
　キャンプ　R2000～（8名まで）
CC ADMV
室 169
Wi-Fi あり（客室）

大きなプールもある

エレファント・スプリングス・ホテル＆カバナ ★★

Elephant Springs Hotel & Cabanas

MAP P.253

フォーエバー・リゾート・ウオームバス（→上記）が向かい側にあるので気軽に温泉も楽しめる。美しい中庭にはプールもあり、ゆったりとした滞在ができる。アパートメントタイプの客室もある。また、近くにはショッピングセンターもあるので便利。

住 31 Sutter Rd.
☎(014) 004-0131
URL www.elephantsprings.co.za
料 ⓈⓌR1700～
CC ADMV
室 70
Wi-Fi あり（共用エリア）

中庭にあるプール

アフリカーナーが多く住む、小さな町

マカド（ルイス・トリハート）

Makhado(Louis Trichardt)

MAP P.253

ワイリス峡谷を過ぎ、ジンバブエ国境に近づくにつれ、巨大なバオバブの木が目につくようになる。乾いた大地ににょきにょきと並木のように通り沿いに立つこの木は、「ホワイト・アフリカ」ともいわれるエリアから「ブラック・アフリカ」へと入るゲートのようにも見える。

歩き方

WALKING AROUND

マカドは、ポロクワネの約115km北にある小さな町。こぢんまりとしていながらも緑が多く、のんびりとした雰囲気が漂っていて居心地がいい。町の中心的存在は、**エラスムス通りErasmus St.**と**クロフ通りKrogh St.**の角にある**コヴナン教会Church of Covenant**。白く美しい尖塔が印象的だ。教会の斜め向かいには、**ヘンドリナ砦Fort Hendrina**が残っている。

スーパーマーケットや郵便局、銀行などはこの教会周辺のクロフ通り沿いに集中している。エラスムス通りの1本北西の**トリハート通りTrichardt St.**にも商店が多く、庶民的なにぎわいを見せている。ミニバス乗り場もこの通りのすぐ北東、**ブルガー通りBurger St.**沿いだ。鉄道駅は町の南西にある。

観光案内所は町の中心部からは離れているが、国道N1沿いにあるので、レンタカーなどを利用している旅行者には立ち寄りやすい。マカドはもちろん、周辺の町や見どころの情報も充実している。宿泊先がまだ決まっていない場合には、宿を紹介してもらうことも可能だ。ただし、部屋数にかぎりがあるので、マカドの町に最初から泊まろうと予定しているのであれば事前に予約を入れておいたほうが無難だ。

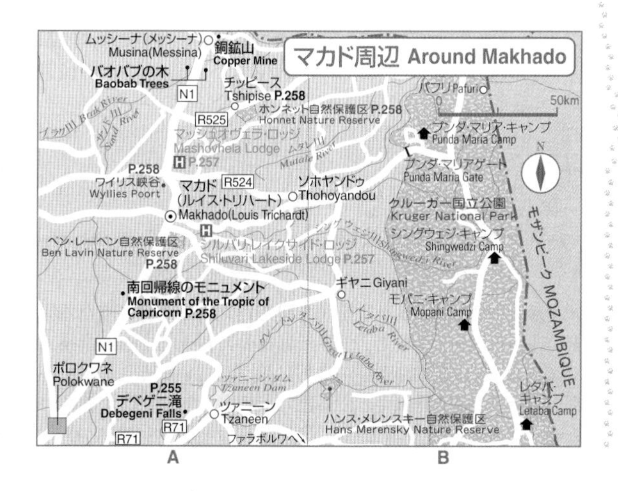

☎市外局番 015

ACCESS

🚌ヨハネスブルグ、プレトリアからトランスラックスのバスが運行している。ヨハネスブルグから所要約6時間、R400程度。

観光案内所

トランスラックスが発着するSafari Motorsの近く。
住 33 Anderson St.
☎ (015) 519-3000
URL www.golimpopo.com
開 月～金　7:00～13:00
　　　　　14:00～16:00
休 土・日・祝

マカドの公式サイト

URL www.makhado.gov.za

マカドの宿泊施設

H シルバリ・レイクサイド・ロッジ Shiluvari Lakeside Lodge ★★★

郊外のアルバシニ・ダムAlbasini Damのほとりにある。客室はスタンダード、コテージ、ファミリースイートの3タイプ。
MAP P.257-A
住 Albasini Dam, Elim
☎ (015) 556-3406
URL www.shiluvari.com
料 ⓈⓌR735～
CC ADMV　室 13

H マッシュオヴェラ・ブッシュ・ロッジ Mashovhela Bush Lodge ★★★

シャレータイプからテントまで、客室タイプはさまざま。ゲームサファリやカルチャーショーなどが楽しめる。
MAP P.257-A
住 Morning Sun Reserve, N1 Soutpansberg District
☎ (087) 233-5027
URL www.morningsun.co.za
料 ⓈR521～　ⓌR572～
CC AMV　室 22

郊外の見どころ

ATTRACTIONS

多くの草食動物が生息する

ベン・レーベン自然保護区

MAP P.257-A

Ben Lavin Nature Reserve

ライオンなど肉食獣はいないが、キリン、クドゥ、シマウマなど50種もの草食動物が生息している。鳥類は230種に及び、バードウオッチャーたちに親しまれている。車や歩きによるサファリもいいが、ここでのおすすめはマウンテンバイク。約25万m^2の敷地内には、3本のマウンテンバイク用トレイルがあり、バイクもレセプションで借りられる。

どことなく日本の景色を思わせる

ワイリス峡谷

MAP P.257-A

Wyllies Poort

マカドの北約20kmの所にある美しい渓谷。峠にあるヘンドリック・フェルヴート・トンネルHendrik Verwoerd Tunnelsの中に、渓谷を望む小さなビューポイントがある。1961年にできたこのトンネルの名は、当時の首相にちなんだもの。

「風が吹く山」という意味の小さな町

チッピース

MAP P.257-A

Tshipise

大きなリゾートがあり、屋外プールやテニスコート、売店やレストランなどが完備。乗馬も楽しめる。コテージに泊まるのもいいが、広々としたキャラバンサイトでのキャンピングもおすすめ。隣接の**ホンネット自然保護区Honnet Nature Reserve**で、ランドクルーザーでのゲーム・ドライブもできる。

巨大なバオバブが印象的

ムッシーナ（メッシーナ）

MAP P.253

Musina(Messina)

ジンバブエとの国境ベイトブリッジBeitbridgeの約12km手前にある小さな町。マカド方面から行くと、町の手前の国道沿いに巨大なバオバブの木が立ち並んでいて、ジンバブエが近いことを感じさせてくれる。国境近くには鉱山のボタ山が見られる。

世界遺産にも登録されている

マプングブエ国立公園

MAP P.253

Mapungubwe National Park

1050～1270年、ショナ王国を建てた人々の前身に当たる集団が拠点とした地域で、当時の都市の跡がある。その遺跡としての価値と文化的景観が良好に残されているとして、2003年に世界遺産に登録された。丘の上の墓から、金箔が施されたサイをはじめとする大量の工芸品などが発見されている。

ベン・レーベン自然保護区
☎(073) 535-0466
開6:00～21:30　休なし
料大人R40、子供R15
ACCESS
🚗マカドからN1を南へ約8km、看板が出ている所で曲がり、3.5kmほど行くとゲートがある。

時間があれば記念撮影を
ベン・レーベン自然保護区を通り過ぎて国道N1を南へと進んでいくと、**南回帰線のモニュメントMonument of the Tropic of Capricorn**（→ MAP P.257-A）が現れる。記念撮影にちょうどいい。

チッピース
ACCESS
🚗マカドから北東へ約60km。N1を北上し、約50km行った所で東方面へ延びるR525に入る。

チッピースのホテル
H **フォーエバー・リゾート・チッピース**
Forever Resorts Tshipise ★★★
☎(015) 539-0634
URL www.forevertshipise.co.za
料ⓈⓌR1480～
CC ADMV　室96
Wi-Fi あり（共用エリア）

ムッシーナ
ACCESS
🚌シティライナーの国際バスなど1日1～2便バスが出ている。ミニバスなどでも行ける。ムッシーナから国境のベイトブリッジまではミニバスで約5分。

世界遺産
2003年に文化遺産に登録
マプングブエ国立公園
URL www.sanparks.org/parks/mapungubwe
開9～3月　6:00～18:30
　4～8月　6:30～18:00
休なし
料大人R224、子供R112
※国立公園内に、レストキャンプ3つとキャンプサイトひとつ、豪華ロッジがひとつある。レストキャンプはコテージR1425～。
ACCESS
🚗ムッシーナから車で約1時間。

るでおとぎ話の世界のような光景が広がるナマクアランド

フリー・ステート州と北ケープ州

Free State & Northern Cape Province

Orientation
オリエンテーション

Free State & Northern Cape Province
フリー・ステート州と北ケープ州

南アフリカの真ん中に位置するフリー・ステート州(自由州)と北西部の大部分を占める北ケープ州は、外国人観光客にはなじみの薄いエリアといえるかもしれない。アクセスも決してよくはない。しかしこうした土地だからこそ南アフリカの本当の姿があり、すばらしい人や自然との出会いがある。観光地化された西ケープ州のような華やかさはないけれど、一度訪れたら、きっとまた来たくなる土地だ。

どんなエリア?

ボーア人とともに発展したフリー・ステート州

オレンジ川の北にあるフリー・ステート州はボーア人の国であり、彼らの歴史を抜きにしては語ることはできない。ボーア人とはオランダ系白人移民の子孫を指す。「ボーア」とはオランダ語で「農民」を意味する言葉で、移民のほとんどが農民だったことからこう呼ばれた。彼らはオランダ語から派生した独自の言語アフリカーンスを話し、現在はアフリカーナーと自らを呼んでいる。

ケープ地方がイギリスに占領されたことにより、ボーア人たちは新天地を求めて内陸へグレート・トレックを開始した。オレンジ川の北方に定住したグループは、1854年にオレンジ自由国を建国。しかし、1869年に領土内の西グリカランド(キンバリー周辺)でダイヤモンドが発見されると、すぐにイギリスに占領されてしまう。1900年にはボーア戦争の敗北により、イギリスの植民地の一部として併合されてしまった。この国の首都だったのがブルームフォンテンで、現在は国の最高裁判所がおかれる司法上の首都となっている。

◆基本情報
<フリー・ステート州>
人口:約276万人(2011年)
面積:約12万9825km^2
州都:ブルームフォンテン
おもな人種:黒人(約87%)、白人(約10%)
おもな言語:英語、ソト語

これだけは見逃せない！

- 花の絨毯と化すナマクアランド
- 大地の息吹を感じるカラハリ
- 珍しい植物が見られるリフタスフェルト
- 歴史的建造物が多いブルームフォンテン

①7月下旬～9月のうちのたった数週間だけ、乾燥した大地が色鮮やかな花で覆われるナマクアランド　②キャンプ場が点在するカラハリ・トランスフロンティア公園　③世界遺産にも登録されているリフタスフェルト　④ボーア人の歴史が詰まったブルームフォンテン

乾燥地帯が続く北ケープ州

一方、北ケープは国内で最も広い面積を占めながら、最も人口が少ない州。というのも、大部分の土地は、人が暮らすには苛酷すぎる乾燥地帯だからだ。雨のほとんど降らないこの地に、ゆったりと流れるオレンジ川だけがここを潤す。

ほとんど観光地化が進んでいない北ケープ州だが、大西洋側にはナマクアランドやリフタスフェルト国立公園など、大自然の壮大さに驚く見どころがある。また、ボツワナとナミビアに隣接する北西部にはカラハリ砂漠が広がり、カラハリ・トランスフロンティア公園ではゲーム・ドライブを楽しむことができる。

◆基本情報
＜北ケープ州＞
人口：約110万人（2011年）
面積：約37万2889km²
州都：キンバリー
おもな人種：カラード（約50％）、黒人（約40％）
おもな言語：アフリカーンス、ツワナ語

7月下旬～9月のうちの数週間だけ花で覆われるナマクアランド

ルート作りのポイント

都市であれば国内線も頻繁に飛んでいるので問題ないが、ナマクアランドやカラハリを訪れようと考えているのであれば、ある程度の日数が必要。

Route 1
2都市周遊で歴史に触れる

両州の州都であるブルームフォンテンとキンバリーをピンポイントで訪れ、町歩きを楽しむ。

Route 2
北ケープ州の見どころ網羅

スプリングボックとアピントンを拠点にナマクアランドやリフタスフェルト、カラハリ・トランスフロンティア公園を巡り、大自然を満喫する。

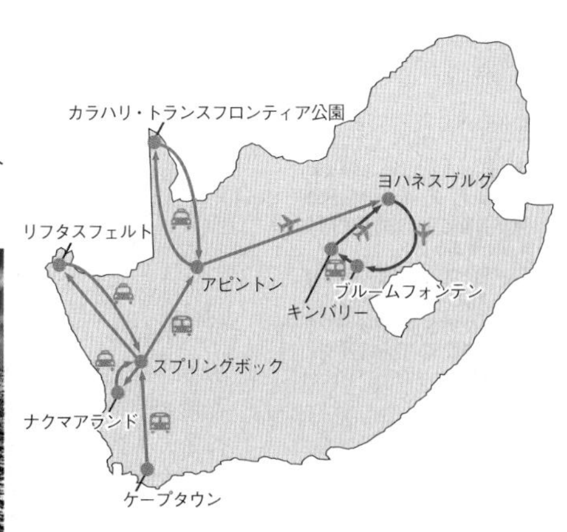

ボーア戦争の面影が残る司法の首都

ブルームフォンテン（マンガウング）

Bloemfontein (Mangaung)

MAP P.260-B

ブルームフォンテン中心部の遠景

1854年に建国されたオレンジ自由国の首都がおかれ、オランダ系移民ボーア人の拠点として発展してきた町。現在はフリー・ステート州の州都であり、南アフリカ共和国の3つある首都のうちの司法の首都でもある。市街には19世紀後半から20世紀初頭にかけて建てられた建築物が数多く残されており、いたるところにボーア戦争の歴史が刻まれている。地理的に南アフリカのほぼ中央に位置し、交通の要所でもあり、レソトへの玄関口でもある。

☎市外局番 051

ACCESS
✈ヨハネスブルグから所要約1時間、ケープタウンから所要約1時間40分、ダーバンから所要約1時間30分など、主要都市から毎日便がある。
🚌グレイハウンドなどのバスがヨハネスブルグ、プレトリア、ポートエリザベス、ジョージなど主要都市との間を結んでいる。

行き方 ACCESS

空港から市内へ

ブルームフォンテン国際空港と市内を結ぶ循環バスはないので、空港から出た所に待機しているシャトルバスを利用するか、空港内のインフォメーションカウンターでタクシーを呼んでもらう。シャトルバスは人数によって料金が変わるが、ひとりの場合R350程度で目的地まで送ってくれる。タクシーは目的地によって運賃に変動があるが、市内までR250程度。所要10〜15分。

まずは観光案内所へ

バスターミナルから市内へ

長距離バスは市街の西側に広がる公園の南、**パーク通りPark Rd.**沿いにある観光案内所の前に着く。市街まで約1.5km離れているので、ホテルなどからの送迎がない場合は、観光案内所の前に停まっている客待ちタクシーを利用するといいだろう。料金は市内までR60くらい。

市内交通

市内バス、ミニバスが走っているが、路線が複雑で利用は難しく、治安面もよくないので利用しないほうがいい。市内を流しているタクシーの数は少ないので、移動する場合はホテルやレストランでタクシーを呼んでもらおう。

歩き方 WALKING AROUND

美しい建物が並ぶ中心街

ブルームフォンテンの中心部であり、歴史的建造物が建ち並んでいるのが、**プレジデント・ブランド通りPresident Brand St.**。この通りを北から南へ下っていくことにしよう。**ネルソン・マンデラ通りNelson Mandela St.**と**チャールズ通りCharles St.**の間に堂々とした姿で立っているのが**市役所City Hall**。その北側に**シビック・センター Civic Centre**が立っている。石造りの建物ばかりが並ぶこの町には、不似合いなほど斬新な鏡張りの近代的ビルで、ビジネスシティとして発展する新しいブルームフォンテンのシンボルとして、またランドマークとして人々の注目を集めている。

市役所の斜め向かいに立つのが**控訴裁判所Appeal Court**だ。これに向き合うようにして立つ、華麗なドームとギリシア建築を思わせる支柱を備えた建物が**第四議事堂Fourth Raadsaal**。**プレジデント・ブランド通りPresident Brand St.**と**メイトランド通りMaitland St.**との交差点の角には**旧政府庁舎Old Government Building**があり、内部は国立アフリカーンス博物館として公開されている。

美しい建物のブルームフォンテン鉄道駅

空港から市内へのシャトルバス

●ウィノア・シャトル・ツアー・サービス Winoa Shuttle & Tour Service

☎ (073) 178-1800

URL www.winoashuttleservices.co.za

●エアポート・シャトル Airport Shuttle

☎ (086) 139-7488

URL www.airportshuttle.co.za

おもなタクシー会社

●ブルーム・タクシー Bloem Taxi

☎ (051) 433-7092

●ルーイカット・タクシーズ Rooikat Taxi's

☎ (051) 522-5446

観光案内所

MAP P.264-A2

住 60 Park Rd.

☎ (051) 405-8489/8490

URL www.mangaung.co.za

開 月〜金 8:00〜16:15

土 8:00〜12:00

休 日・祝

フリー・ステート州観光局 Free State Tourism Authority

MAP P.264-A1

住 Mimosa Mall, 131 Kellner St., 2nd Floor Office Towers, Brandwag

☎ (051) 409-9900

URL freestatetourism.org

治安について

ブルームフォンテンの治安は決していいとはいえない。鉄道駅やミニバス乗り場の周辺は雑然としているので用心すること。また、休日や平日でも夕方過ぎの中心街は、ひと気がなくなってしまうので歩かないほうがいい。レストランやショッピングモール、娯楽施設などは町の西側へ移りつつある。

フリー・ステート・スタジアム
Free State Stadium
MAP P.264-A1～2
　2010年のサッカー・ワールドカップで利用されたスタジアム。観光案内所から徒歩5分程度で行ける。

声援で沸いたスタジアム

ショッピングを楽しむには？
　キングス公園内の湖の東側に大型ショッピングモールがあり、飲食店や売店、映画館などが入っている。
●ロッシュ・ロガン・ウオーターフロント
Loch Logan Waterfront
MAP P.264-A1
☎ (051) 448-3607
URL www.lochlogan.co.za
開 月～金　9：00～18：00
　土　8：30～17：00
　日・祝　9：00～15：00
休 なし
CC 各店舗によって異なる

歴史を感じさせる旧政府庁舎

堂々としたたたずまいの第四議事堂

中心部から見どころの多い南部へ

　さらにこの道を下り、左側に最高裁判所、右側に消防署を眺めつつ、小さな橋を渡った所に**旧大統領官邸The Old Presidency**が立っている。**セント・ジョージス通りSt. Georges St.**の交差点を左に折れた右手にある小さな白い建物が**第一議事堂First Raadsaal**。この先には赤れんが造りの英国国教会の大聖堂が立っている。

　また、**ブルームフォンテン国立博物館National Museum Bloemfontein**は第四議事堂の北東側、チャールズ通りと**アリワル通りAliwal St.**の交差点の角にある。博物館を背にチャールズ通りを東にさらに3分ほど歩くと、美しい2本の尖塔をもった**ツイン・タワー教会Twin Towered Church**がその姿を見せる。この教会の前から延びる**カーク（チャーチ）通りKerk (Church) St.**を南へずっと下っていくと現れるのが、白い**クイーンズ・フォートQueens Fort**。この通りをさらに南へ約2km下っていくと、**女性記念碑National Women's Monument**や**ボーア戦争博物館Anglo-Boer War Museum**がある。

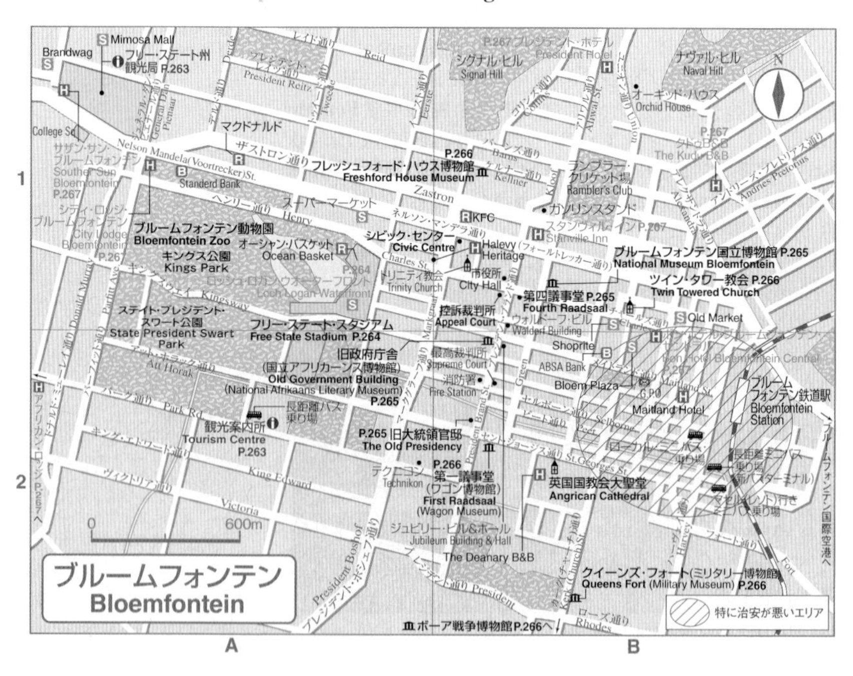

おもな見どころ ATTRACTIONS

ヒトの誕生から現代まで、人間の進歩をたどる

ブルームフォンテン国立博物館

MAP P.264-B1

National Museum Bloemfontein

約25万年前のものと推定されるヒトの頭蓋骨や土器などの有史以前のものから、サン族やソト族、ズールー族などアフリカ先住民族に関するものまで、人類学、民族学の展示が充実している。また、1993年にレディブランドで発掘された、最古の恐竜ユースケロサウルスの化石も必見だ。館内にはしゃれたカフェやショップなどもある。

人類の不思議に触れられる博物館

ブルームフォンテン国立博物館
住 36 Aliwal St.
☎ (051) 447-9609
URL www.nasmus.co.za
開 月～金 8:00～17:00
土 10:00～17:00
日・祝 12:00～17:00
休 グッドフライデー、クリスマス
料 大人R10、学生R5、子供R2

重厚な門構えだが堂々と入ろう

旧政府庁舎

MAP P.264-B2

Old Government Building

1875年にオレンジ自由国の政府庁舎、ならびに第三議事堂として建てられた。当初は高い時計台をもった平屋建てのシンプルな建物だったが、その後増築され、1908年に現在の姿となった。館内には**国立アフリカーンス博物館National Afrikaans Literary Museum**が入っており、再現された作家の書斎や、多くの遺品が展示されている。

旧政府庁舎（国立アフリカーンス博物館）
住 Cnr. President Brand & Maitland St.
☎ (051) 405-4711
開 月～金 8:00～16:00
休 土・日・祝
料 無料

"フリー・ステートの宝石"と称される

第四議事堂

MAP P.264-B1

Fourth Raadsaal

レノックス・カニングLennox Canningの設計により1893年に完成した建物で、かつてオレンジ自由国の議事堂として使われていた。赤れんがと石を使い、ギリシア様式、ローマ様式、ルネッサンス様式のエッセンスをうまく取り入れた建築で、当時としてはたいへん斬新な建物だった。自由国歴代6人の大統領の胸像が壁を飾る。

第四議事堂
住 Cnr. President Brand & Charles St.
☎ (051) 407-1115

オレンジ自由国の大統領たちが暮らした

旧大統領官邸

MAP P.264-B2

The Old Presidency

プレジデント・ブランド通りとセント・ジョージス通りの交差点の角に立つ、スコットランド風の優美な建物。これもレノックス・カニングの手によるもので、1886年に完成した。J. H.ブランドJ. H. Brand、F. W. レイツF. W. Reitz、M. T. ステインM. T. Steynの3人の大統領がここを官邸としたが、イギリス軍に占領されたあとは植民地総督の庁舎としても使われた。1938年に国の文化財に指定され、現在は博物館として館内を公開している。

旧大統領官邸
住 Cnr. President Brand & St. Georges St.
☎ (051) 448-0949
開 月～金 8:00～16:00
日 14:00～17:00
休 土・祝
料 無料

大統領たちが暮らしていた官邸

第一議事堂（ワゴン博物館）
住 95 St. Georges St.
☎ (051) 447-9609
URL www.nasmus.co.za
開 月〜金　10:00〜13:00
　土・日・祝　14:00〜17:00
休 グッドフライデイ、クリスマス
料 無料

フレッシュフォード・ハウス博物館
住 31 Kellner St.
☎ (051) 447-9609
URL www.nasmus.co.za
開 月〜金　10:00〜13:00
　土・日　14:00〜17:00
休 グッドフライデイ、クリスマス
料 大人R10、子供R5

クイーンズ・フォート（ミリタリー博物館）
住 116 Kerk (Church) St.
☎ (051) 447-5478
開 月〜金　8:00〜15:30
休 土・日・祝　料 無料

ボーア戦争博物館
住 Monument Rd.
☎ (051) 447-3447
URL www.wmbr.org.za
開 月〜金　8:00〜16:30
　土　10:00〜17:00
　日　11:00〜17:00
　祝　9:00〜17:00
休 グッドフライデイ、クリスマス、元日
料 大人R20、子供R5

世界遺産
2005年に自然遺産に登録
フレデフォート・ドーム
Vredefort Dome
　世界自然遺産に登録されている世界最大のクレーター跡。約20億2300年前に衝突した直径10〜12kmの小惑星によってできたとされ、その衝撃でできた衝突跡は直径約190km、中央のドームは約50kmにも及ぶ。跡地は現在、草原地域となっていて、ハイキングや野鳥観測、フィッシングなどのアクティビティが楽しめる。
MAP P.260-B
☎ (018) 297-7618
URL www.vredefortdome.co.za
開 24時間
休 なし　料 無料

今も開拓時代の原形をとどめる、町で最も古い建物
第一議事堂（ワゴン博物館）
MAP P.264-B2
First Raadsaal (Wagon Museum)

　もともとはイギリス移民のH.D.ワーデンH.D. Wardenが学校として建てたものだったが、オランダ移民によって教会兼集会所に改築され、1854年、初めて自由国の議会が開かれた。現在は博物館となっている。

入口前のポストが目印

気品ある２本の尖塔が印象的
ツイン・タワー教会
MAP P.264-B1
Twin Towered Church

　2本の尖塔をもつジャーマン・ネオゴシック様式の建物で、1849年から1852年にかけて建てられた。カーク（チャーチ）通りの坂道を上った所から見下ろす姿は格別の美しさだ。今でもよく公式行事が執り行われる。

19世紀末から20世紀初頭の人々の暮らしぶりを伝える
フレッシュフォード・ハウス博物館
MAP P.264-B1
Freshford House Museum

　1897年に建築家ジョン・エドウィン・ハリソンJohn Edwin Harrisonが自宅として建て、1902年まで暮らしていた。その後、博物館用に修復された。

丘の上に建つ純白の要塞跡
クイーンズ・フォート（ミリタリー博物館）
MAP P.264-B2
Queens Fort (Military Museum)

　1848年にソト族の襲撃に備えて造られた要塞の跡。要塞の入口付近にはバソト戦争の戦没者の慰霊碑が立てられており、内部はミリタリー博物館として軍隊に関する展示をしている。また、前庭には数台の本物の戦車がある。

戦争の悲惨さを伝える
ボーア戦争博物館
MAP P.264-B2外
Anglo-Boer War Museum

　ボーア戦争に関する資料が集められている。日本人にはなじみが薄いが、その悲惨な歴史を知るいい機会だ。屋外には高さ35mの女性慰霊碑National Women's Memorialが立っている。戦争中、イギリス軍の捕虜収容所で劣悪な環境のために命を落とした、2万7000人もの女性や子供の追悼のために建てられたものだ。

多くの悲惨な死をしのぶ女性慰霊碑

H ホテル

Hotel Restaurant Shop Winery

　大都市であるだけに、ブルームフォンテンにはゲストハウスから高級ホテルまでさまざまな種類の宿泊施設が揃っている。特にビジネスで利用する人が多いため、機能的でリーズナブルなホテルが町の中心部に点在している。ただし、近年治安が悪化しているので、できるかぎり立地を優先して宿を選ぶようにしよう。

サザン・サン・ブルームフォンテン ★★★★

Southern Sun Bloemfontein

MAP P.264-A1

　キングス公園の北西側にある。八角形のプールやテラスがある広い中庭が美しい。市街からは2kmほど離れているが、すぐ隣に大きなショッピングセンターがあり便利。客室はおもにスタンダードとスイートの2タイプで、いずれも設備が充実している。

住 Cnr. 6 Nelson Mandela St. & Melvile Dr.
☎ (051) 444-1253
URL www.tsogosun.com
料 ⓈⓌR1640～
CC ADMV
室 147
Wi-Fi あり（客室）

緑豊かな環境に立つ

ボン・ホテル・ブルームフォンテン・セントラル ★★★

Bon Hotel Bloemfontein Central

MAP P.264-B2

　市街の中心部にあるので、観光にもビジネスにも便利なロケーション。建物自体は新しくないが、メインテナンスが行き届いていて居心地がいい。客室はスタンダードとスーペリア、ファミリー、スイートの4タイプが揃っている。

住 Bloem Plaza, East Burger St.
☎ (051) 403-8000
URL www.bonhotels.com
料 ⓈⓌR760～
CC ADMV
室 115
Wi-Fi あり（客室）

正面がガラス張りの建物

プレジデント・ホテル ★★★

President Hotel

MAP P.264-B1

　ナヴァル・ヒルの麓に立つホテル。客室はシングルからラグジュアリーまで計6タイプあり、いずれもゆったりとした間取りで快適に過ごせる。レストランやバー、屋外プールなどのホテル内施設も充実している。プールサイドには伝統的なブライ（グリル）の設備も。

住 1 Union Ave.
☎ (051) 430-1111
URL www.hotelpresident.co.za
料 ⓈR1100～　ⓌR1300～
　※朝食付き
CC ADV
室 145
Wi-Fi あり（客室）

見晴らしのいい場所にある

アフリカン・ロッジ ★★★★

African Lodge

MAP P.264-A2外

　ステート・プレジデント・スワート公園から西へ約600m、フリー・ステート州立大学の向かいに立つ。アフリカンスタイルのインテリアで、キッチン付きの客室もある。

住 237 President Paul Kruger Ave., Universitas
☎ (051) 522-4009
URL www.africanlodgesa.co.za
料 ⓈⓌR785～
CC ADMV
室 12
Wi-Fi あり（客室）

スタンヴィル・イン ★★★

Stanville Inn

MAP P.264-B1

　スタンダードの部屋は狭いが、ベランダ付き。バスルームはバスタブのみでシャワーなし。キッチン付きのファミリールームふた部屋はシャワー付き。

住 85 Zastron St.
☎ (079) 511-0373
URL www.stanville.co.za
料 ⓈⓌR495～
CC MV
室 46
Wi-Fi あり（客室）

シティ・ロッジ・ブルームフォンテン ★★★

City Lodge Bloemfontein

MAP P.264-A1

　キングス公園のすぐ隣に建つ、大手ホテルグループのホテル。機能性を重視した造りなので心地よく滞在でき、ビジネス客にも観光客にも人気がある。

住 Cnr. Parfitt Ave. & Nelson Mandela St.
☎ (051) 444-2974
URL clhg.com
料 ⓈR1335　ⓌR1415
CC ADMV
室 151
Wi-Fi あり（共用エリア）

クドゥ B&B ★★★

The Kudu B&B

MAP P.264-B1

　各部屋ともバスルーム、エアコン、TV、湯沸かし器付き。実は馬小屋を改装した部屋だというのだが、まったくそんなことは感じさせないぐらい明るく清潔だ。

住 6 Andries Pretorius St.
☎ (051) 447-1530
URL www.thekudu.co.za
料 ⓈⓌR390～
CC ADMV
室 18
Wi-Fi あり（共用エリア）

FREE STATE & NORTHERN CAPE PROVINCE

ダイヤモンドで開拓された町

キンバリー

Kimberley

発掘のために大地に開けられた巨大な穴、ビッグ・ホール

フリー・ステート州との境界のすぐ西に位置する、北ケープ州の州都。ダイヤモンドでその名を世界中に知られるこの町は、まさにダイヤモンドによって生まれ、そしてダイヤモンドとともに発展してきた。19世紀後半には、いわゆるダイヤモンド・ラッシュで多くの山師たちがこの町に駆けつけ、一攫千金を狙って掘り続けたという。地面にぽっかりと口を開けたビッグ・ホールを目の前にすると、そんな当時の様子が思い描かれる。

☎市外局番 053

ACCESS

✈ヨハネスブルグから毎日1～5便、所要約1時間。ケープタウンから毎日2便程度、所要約1時間35分。

🚌グレイハウンド、トランスラックス、インターケープの長距離バスによって主要都市と結ばれている。ブルームフォンテンから各社1日1～2便、所要2～3時間、R380程度。

キンバリーの治安について

町の中心部は安全とは言えないので、ひとり歩きは避け、移動にはタクシーを利用しよう。また、夜は決して出歩かないように。

行き方

ACCESS

空港から市内へ

キンバリー空港は市街の南約8kmに位置している。シャトルバスなど公共の交通機関は走っていないので、ホテルなどの送迎サービスを頼んでいない場合は、市街へ出るにはタクシーを利用するしかない。また、空港内にはレンタカー会社のカウンターがいくつかある。

市内交通

それほど大きな町ではないので徒歩でも十分だが、必要であれば、タクシーを利用するといい。最大の見どころであるビッグ・ホールと鉱山博物館は、市街から歩いていける距離にある。

歩き方 WALKING AROUND

町の中心は、**オールド・メイン通りOld Main St.**と**ジョーンズ通りJones St.**が交差する東側に立つ**市役所City Hall**だ。オールド・メイン通りには、ホテルやスーパーマーケット、カフェ、各種ショップが立ち並ぶ。この道を西へ向かった突き当りが**ビッグ・ホールBig Hole**。発掘のためにあけられた巨大な穴の周りをトラムが走っている。

キンバリー駅の東側には**デ・ビアス鉱山De Beers Mine**が大きな口を開けている。デ・ビアス社は、セシル・ローズが創業した、世界のダイヤモンド市場を牛耳る大企業だ。1871年に発見されたこの鉱山は1908年に一時閉鎖されたが、1961年に採掘が再開された。展望台が設置されており、そこから鉱山を見下ろすことができる。直径約600m、深さ約100mという巨大な穴は、ビッグ・ホールにも劣らないほどのスケールだ。

市街地から**ドゥ・トイツパン通りDu Toitspan Rd.**を南東へ下っていくと、**レノックス通りLennox St.**との交差点の角にセシル・ローズの像が立っている。そのずっと先の**カーリントン通りCarrington Rd.**との交差点の角に老舗の人気パブが入った**ハーフウェイ・ハウス・ホテルHalfway House Hotel**がある。また、このすぐ近くには、**マクレガー博物館McGregor Museum**がある。

北ケープ州ツーリズム・オーソリティ
☎(053) 832-2657
URL experiencenortherncape.com

観光案内所
MAP P.269-B2
住 121 Bultfontein Rd.
☎(053) 830-6779
開 月～金　8:00～17:00
休 土・日

●キンバリー・トラム・サービス The Kimberley Tram Service
☎(053) 830-6272
料 R20

ビッグ・ホールの周りを走るトラム

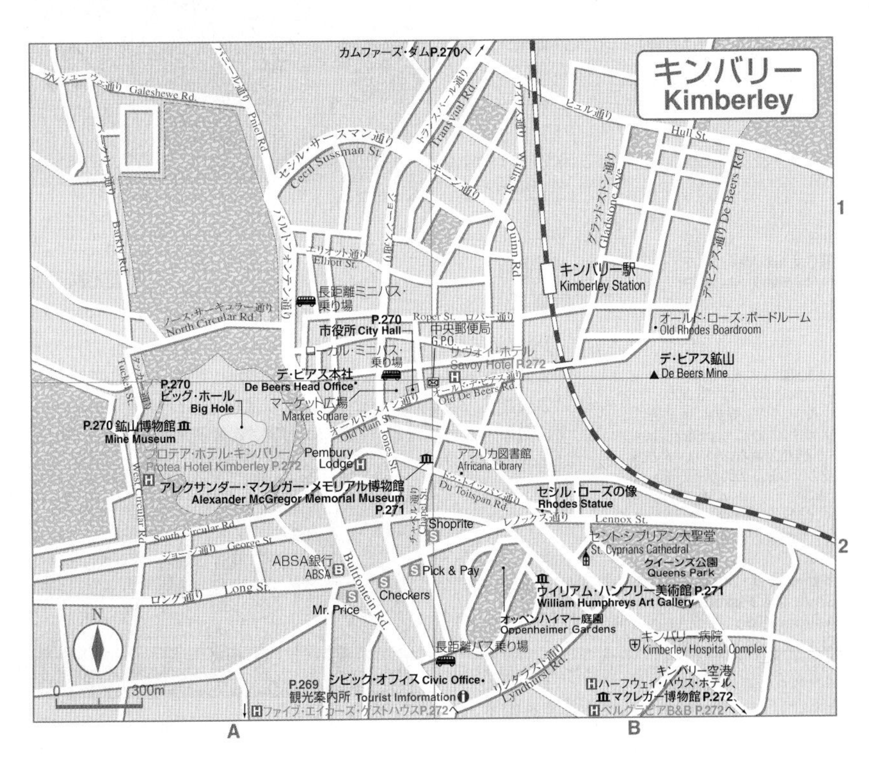

おもな見どころ
ATTRACTIONS

地球に開けられた巨大な穴
ビッグ・ホール&鉱山博物館
MAP P.269-A2
Big Hole & Mine Museum

キンバーライト層が露出した小さな丘は無数の鉱夫によって掘り起こされ、深さ393m、周囲約1.6kmの巨大な穴となった。人の手だけで掘られたものとしては世界最大。展望台から見下ろしたときの迫力は、想像をはるかに超えるもので一見の価値がある。1914年の閉山までに2250万tもの土が掘り返され、2722kgのダイヤモンドが採掘された。

隣接の鉱山博物館では、採掘機や輸送に使われた機関車などが展示されているほか、ダイヤモンド・ラッシュに沸いた1880年代当時の町並みが再現されており、ダイヤモンドとともに発展してきたキンバリーの歴史に触れられる。ダイヤモンド・ホールでは、南アフリカで最初に見つかった伝説のダイヤモンド「ユーレカ」や世界最大の原石「616」などが展示されている。再現された町のコーナーには、1877年にイギリスから輸送されたキンバリーで最も古い家をはじめとして、教会やパブ、ダイヤモンドの買い取り所、たばこ屋、靴屋、写真館などが建ち並び、栄華を極めたキンバリーの姿をうかがい知ることができる。

鉱山博物館とトラム

市街の中心にある白亜の建物
市役所
MAP P.269-A2
City Hall

1899年にF.C.ロジャースF.C. Rogersが設計した、ローマ・コリント様式の建物で、現在は市役所として使われている。第2次ボーア戦争以前からその姿はほとんど変わっておらず、戦争中は食料の配給所として使われた。この一角は**マーケット・スクエアMarket Sq.**と呼ばれているが、かつてこのあたりが市場だったことに由来する。

町の中央に堂々と立つ

ビッグ・ホール&鉱山博物館
住 Tucker St.
☎ (053) 839-4600
URL www.thebighole.co.za
開 月～金　9:00～17:00
　土・日　9:00～15:00
休 クリスマス
料 大人R110、子供R70
CC MV
※詳しい説明を聞きたい人は、ガイド付きツアーに参加するといいだろう。月～金曜は9:00～16:00に1時間おき、土・日曜は～15:00に2時間おきに催行されている。

ダイヤモンドといえばデ・ビアス社
世界中のダイヤモンド市場を牛耳っているといってもよい、デ・ビアス社の本社がキンバリーにある。ダイヤモンド・ラッシュ当時、キンバリー周辺には小さな採掘会社が無数にあったが、デ・ビアス・マイン社を起こしたセシル・ローズがロスチャイルド家の援助を受け、採掘会社の統合を図ったのが始まり。1888年、最大のライバルであったキンバリー・セントラル社を併合してデ・ビアス・コンソリデーテッド・マインズ社を設立し、本社を現在の建物に移した。ちなみに、建物は国の文化財にも指定されている。

市役所
住 Cnr. Old Main St. & Phakamile Mabija Rd.

フラミンゴが集まるダム
キンバリー郊外にあるカムファーズ・ダムKamfer's Dam（→MAP P.269-B1外）は、約6万羽のフラミンゴの群れが見られる場所。レッサー・フラミンゴと呼ばれる種類は珍しく、南アフリカで観測されているのはここのみ。
●セーブ・ザ・フラミンゴ協会 Save the Flamingo Association
URL www.savetheflamingo.co.za
ACCESS
車 市内中心部から約5km北上する。

小さいけれど、標本は一見の価値あり

アレクサンダー・マクレガー・メモリアル博物館 MAP P.269-A2

Alexander McGregor Memorial Museum

キンバリーの市長であったアレクサンダー・マクレガーを記念して1907年に建てられた博物館。展示品は北ケープ地方の歴史と文化人類学に関するものがほとんどで、鉱山とともに発展してきた町らしく、岩石や鉱石の標本が充実している。

貴重な展示品を誇る博物館

アレクサンダー・マクレガー・メモリアル博物館
住 18 Chapel St.
☎ (053) 839-2722
URL www.museumsnc.co.za
開 月〜金 9:00〜17:00
休 土・日・祝
料 大人R25、子供R15

閑静な庭園の隣にある現代美術館

ウイリアム・ハンフリー美術館 MAP P.269-B2

William Humphreys Art Gallery

オッペンハイマー庭園Oppenheimer Gardensの隣にある、南アフリカの近現代作家による絵画や彫刻を中心に展示した美術館。16〜17世紀にかけて描かれたフランドル派やオランダ派の絵画のコレクションには目を見張る。時間があれば訪れて、南アフリカの現代美術にも造詣を深めたい。

緑に囲まれた博物館

ウイリアム・ハンフリー美術館
住 Civic Centre, off Jan Smuts Blvd.
☎ (053) 831-1724
URL www.whag.co.za
開 月〜金 8:00〜16:45
土 9:00〜14:00
祝 9:00〜11:45
休 日、グッドフライデイ、クリスマス、元旦
料 大人R5、子供R2
※ガイドツアーはR100

COLUMN | 人々を沸かせたダイヤモンド・ラッシュ

ホープ・タウン近郊のオレンジ川の河原でエラスムス・ヤコブという少年が"輝く小石"を見つけたのは1866年のこと。この"輝く小石"がその後の南アフリカの歴史をよくも悪くも大きく変えることになろうとは、そのときには思いもよらなかっただろう。

鑑定の結果、この小石は、後に「ユーレカ」と名づけられる21.25カラットのダイヤモンドの原石だと判明した。

その3年後ホープ・タウンの一農夫であったヴァン・ニューケルクは「南アフリカの星」として知られる83.50カラットのダイヤモンドを発見する。これで一気に火がつき、世界中から一攫千金を狙う山師たちがオレンジ川岸に集まり、あたりかまわず掘り返した。ダイヤモンド・ラッシュの始まりである。

1871年には、コレスベルグ・コピエと呼ばれる小さな丘に、ダイヤモンドを含むキンバーライト層が露出しているのが発見された。それを聞いた山師たちはすぐにこの丘に殺到し、大規模な露天掘りが行われた。ここが現在のビッグ・ホールだ。

全盛期には、この丘の周辺に1万人もの鉱夫たちのテントが立ち並んだという。このテントの町は当初ニューラッシュ Newrushと名づけられたが、1873年に現在のキンバリーに改名された。当時はあぶく銭にものをいわせて、お札でたばこに火をつけたとか、シャンパンの風呂に入ったとか、そんな成金話がそこら中で語られていたらしい。

マクレガー博物館
住 Atlas St., Belgravia
☎ (053) 839-2700
URL www.museumsnc.co.za
開 月〜土　9:00〜17:00
　祝　10:00〜17:00
休 日（※予約をすれば訪問可）
料 大人R25、子供R15

セシル・ローズの建てた豪邸

マクレガー博物館

MAP P.269-B2外

McGregor Museum

市街から2kmほど離れた所に立つ。ケープ植民地の首相となったセシル・ローズは、1895年にトランスバール共和国の併合を試みるが失敗、政界から引退することを余儀なくされた。重なった心労からか健康を害したローズは1897年、ここに自らの療養所を建てた。現在は博物館となっていて、特に宗教の展示室は見応えがある。

外観を見るだけでも価値ある豪邸

H ホテル

Hotel Restaurant Shop Winery

プロテア・ホテル・キンバリー ★★★★

Protea Hotel Kimberley

MAP P.269-A2

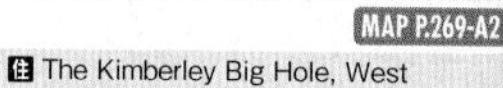

ビッグ・ホールのすぐ脇に立つホテルで、観光の拠点としてもとても便利。客室はスタンダード、デラックス、スイートの3タイプがあり、なかにはバルコニーから大きな穴を一望できる客室もある。レストランやバー、屋外プールなどの施設も充実している。

住 The Kimberley Big Hole, West Circular Rd.
☎ (053) 802-8200
URL www.marriott.com
料 ⓈⓌR1245〜
CC ADMV
室 120
Wi-Fi あり（客室）

趣のあるラウンジ＆バー

サヴォイ・ホテル ★★★

Savoy Hotel

MAP P.269-B1〜2

市役所から徒歩約2分、オールド・デ・ビアス通り沿いに立つ創業1892年の老舗ホテル。外観は地味だが、中は老舗ならではの重厚な雰囲気が漂っていて、1階にはレストランのほか、ラウンジやカクテルバーがある。空港への送迎サービス（有料）あり。

住 19 Old De Beers Rd.
TEL (053) 832-6211
URL www.savoyhotelkimberley.com
料 ⓈR720〜　ⓌR1053〜
　ⓈⓊR1340〜
CC DMV
室 45
Wi-Fi あり（客室）

コロニアルな雰囲気が漂う

ベルグラビアB&B ★★★

Belgravia B&B

MAP P.269-B2外

プールがある庭先で取る朝食は、量だけでなくマダムの料理に込めた愛情と工夫が感じられるすばらしさ。電話すれば観光案内所まで迎えにきてくれる。

住 10 Elsmere Rd., Belgravia
☎ (053) 832-8368
URL www.belgraviabb.co.za
料 ⓈR600　ⓌR700
　※朝食付き
CC AMV
室 5
Wi-Fi あり（客室）

ファイブ・エーカーズ・ゲストハウス

Five Acres Guesthouse

MAP P.269-A2外

緑あふれるガーデンに囲まれて立つゲストハウス。寒い夜には電気毛布を用意してくれるなど、オーナーの気配りが行き届いている。朝食はひとりR75。

住 45 MacDougall St., El Toro Park
☎ (053) 861-1179
URL fiveacres.co.za
料 ⓈR490　ⓌR840
CC AMV
室 12
Wi-Fi あり（客室）

FREE STATE & NORTHERN CAPE PROVINCE

乾いた大地が続く

カラハリ

Kgalagadi

果てしない荒野が続くカラハリ砂漠

荒涼とした大地がどこまでも続くカラハリ砂漠。アカシア類などの乾燥に強い低木と赤茶けたカラハリ・サンドに覆われた地は国境を越え、ボツワナのほとんどを、さらにはナミビアやアンゴラまで続く。見る光景すべてが広大で、自分のちっぽけな存在が身にしみる。そして、さらに感動的なのは、この乾き切った大地が一瞬にして緑の草原へと変わる雨季。まさに、生命の力強さを感じさせてくれる場所でもある。

概要 SUMMARY

カラハリ砂漠はボツワナを中心に南端を南アフリカ、西端をナミビアなどにまたがる広さ50万km²もの乾燥地帯。さらにジンバブエやアンゴラ、ザンビアなどの半乾燥地帯を含む250万km²もの大地をカラハリ砂漠とする説もある。赤茶けた砂に覆われた砂漠だが、夏季には雨が降るため、植生は豊か。湖や沼地は存在しなくても、パンと呼ばれる水が枯れたくぼ地が点在し、それらが多くの野生動物たちを引きつけている。

観光のハイライト、カラハリ・トランスフロンティア公園

カラハリ砂漠の先住民

カラハリ砂漠といって思い出されるのが、映画『ブッシュマン』。ブッシュマンとはボーア人たちがつけた蔑称で、本来はサン族という。彼らはアフリカの先住民であったが、現在はこの最果ての地で、細々と暮らしている。なお『ブッシュマン』の続編のタイトルは『コイサンマン』と名づけられている。

歩き方のポイント GETTING AROUND

カラハリを訪れる観光客はまだそれほど多くはなく、旅行会社のツアーはもちろん、公共の交通手段もほとんど整っていない。この地を巡るには、アピントンを拠点にレンタカーで行くのが一般的だ。

アピントンの町でゆったり過ごすのもいいが、この地の観光メインは、やはりカラハリ・トランスフロンティア公園Kgalagadi Transfrontier Parkといえる。公園の南の玄関口、トゥイ・リヴィーレンTwee Rivierenまでは、アピントンからR360をひたすら北上し、車で約3時間30分。ここのゲートでまず入場料を支払うのだが、案内所も併設されているので、地図をもらったり最新の情報を集めるといいだろう。

公園内には3軒のレストキャンプと豪華サファリロッジ1軒、ほかウィルダネスキャンプと呼ばれる無人のキャンプ場が点在しているが、公園内は広いので、事前に宿泊する場所を決めて予約しておいたほうが賢明だ。

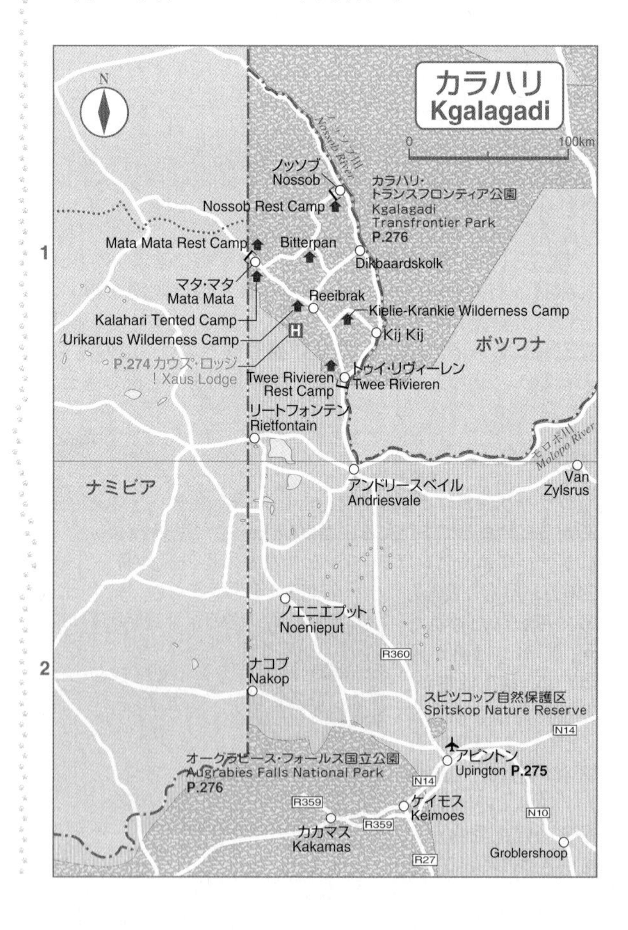

おもな旅行会社

カラハリ砂漠へ出かけるための起点となるのはアピントンだが、個人旅行で訪れた場合、ツアー会社というのはほとんどない。そこで頼りになるのがカラハリ・ツアーズ&トラベル。カラハリ砂漠のツアーをオペレートしている老舗で、北ケープ州のほかナミビアやボツワナへのツアーもアレンジしてくれる。場所はアピントンの町外れだが、電話をすれば迎えにきてくれる。

●カラハリ・ツアーズ&トラベル
Kalahari Tours & Travel
MAP P.275外
住 12 Mazurkadraai
☎ (054) 338-0375
URL www.kalahari-tours.co.za

カラハリ・トランスフロンティア公園に宿泊する

公園内には複数のレストキャンプがあり、キャンプサイトに持参のテントを張ることも可能。シャレーは1～2人R1210～、キャンプはR305～。予約は南アフリカ国立公園のホームページで。
URL www.sanparks.org/parks/kgalagadi

豪華ロッジに泊まる

カラハリ・トランスフロンティア公園には、レストキャンプのほか豪華ロッジが1軒ある。ゲーム・ドライブやウオーキング・サファリ、サン族の村を訪れるツアーなどのアクティビテイが体験できるのも魅力。

Hカウス・ロッジ
! Xaus Lodge ★★★★
MAP P.274-1
☎ (021) 701-7860 (予約)
URL www.xauslodge.co.za
料 ⓈR4975 ⓌR9950
※3食、アクティビティ付き
室 12
CC MV

カラハリ砂漠への拠点の町

アピントン

Upington

MAP P.274-2

南アフリカの北西部は、荒涼とした大地が果てしなく続く。しかし、オレンジ川のほとりにあるアピントンの町だけは、1年中色とりどりの花と緑であふれている。まさに砂漠のオアシスと呼ぶにふさわしい小さな町。だが、北ケープ州北東部では最も大きな町であり、この地域の経済を支えるワインや綿花産業の中心地でもある。

歩き方 WALKING AROUND

市街はオレンジ川西岸のほんの狭いエリア。川から一番近い通りの**スクローダー通りSchröder St.**にはプロテア・ホテルをはじめ、いくつかのレストランや銀行、郵便局などが建ち並んでいる。この通りには町で唯一の博物館**カラハリ・オレンジ博物館Kalahari-Orange Museum**もある。この真っ白い建物は、ケープタウンからやってきた宣教師リヴェレンド・スクローダーが1875年に教会として建てたもので、この中にはアピントンの歴史に関する資料が展示されている。前庭には無私の奉仕の象徴として、働くロバの銅像が立っている。観光案内所もこの博物館内にある。

スクローダー通りの2本西の**マーケット通りMarket St.**にはミニバス乗り場がある。しかし、これは近距離用のもので、長距離用のミニバスは市街の西の外れにある鉄道駅の前に発着する。マーケット通りと**ラツ通りLuts St.**との交差点には図書館があり、その先の**レ・ルクス通りLe Roux St.**沿いには学校や教会が建ち並ぶ。

この通りを北に進み、線路を越える橋を渡ったエリアは閑静な住宅街となっているが、右側の池のある公園の先の一角にはゲストハウスやB&Bが数軒集まっている。

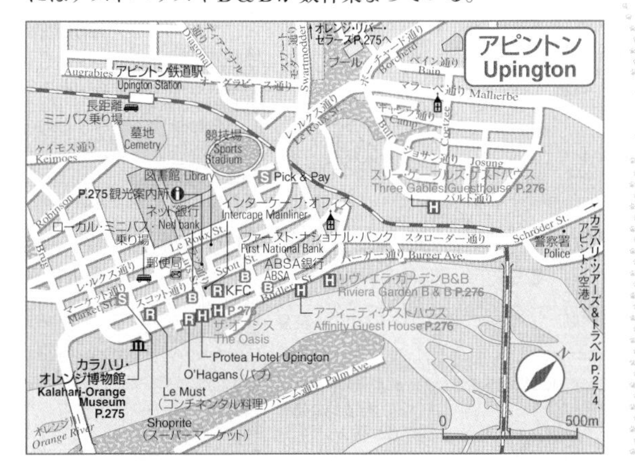

☎市外局番 054

ACCESS

✈SAエア・リンクが、ヨハネスブルグからアピントン空港へ毎日1〜3便運航。所要約1時間30分。ケープタウンからは週6便。所要約1時間20分。

🚌インターケープがケープタウンから毎日1便運行。所要約13時間、R340〜。

観光案内所

MAP P.275
住 Mutual St.
☎ (054) 338-7152
URL www.upington.co.za
開 月〜金　7:30〜16:30
休 土・日・祝

カラハリ・オレンジ博物館

MAP P.275
住 4 Schröder St.
☎ (054) 331-2640
開 月〜金　9:00〜12:30
14:00〜17:00
休 土・日・祝
料 大人R10、子供R2

ワインはいかが？

南アフリカ北西部で一番大きなワイナリーといえば、レストランやリカーショップでもよく目にするオレンジ・リバー。ワインセラーツアーに参加して、オレンジ川沿いならではのワインの特徴を聞くのもおもしろい。テイスティングもできる。要予約。

●オレンジ・リバー・セラーズ Orange River Cellars

MAP P.275外
住 32 Industria Rd.
☎ (054) 337-8800
URL orangeriverwines.com

郊外の見どころ
ATTRACTIONS

オーグラビース・フォールズ国立公園
☎(054) 452-9200
URL www.sanparks.org/parks/augrabies
開 7:00〜18:00
休 なし
料 大人R224、子供R112
ACCESS
🚗アピントンからN14を約100km南下し、カカマスKakamasまで行く。そのまま町を通り抜け、今度はR359へ。カカマスから公園入口までは約40km。

ものすごい轟音の滝がある
オーグラビース・フォールズ国立公園 MAP P.274-2
Augrabies Falls National Park

「オーグラビース」とはコイ族の言葉で「すごい騒音のする場所」という意味。その名前どおり、圧倒的な量の水が、ものすごい轟音とともに滝つぼに落ちていく。滝の落差は56mで世界第6位のスケールを誇る。この公園は約150km²の面積があり、クロサイをはじめとするたくさんの野生動物が生息、ハイキングコースも設けられている。このあたりは、ほとんど雨が降らず、年間の平均降水量はわずか107mm。夏は40℃を超える暑さとなる。ベストシーズンは3〜10月だが、夜は予想以上に冷え込むので注意したい。

カラハリ・トランスフロンティア公園
☎(054) 561-2000
URL www.sanparks.org/parks/kgalagadi
開 7:30〜日没
休 なし
料 大人R384、子供R192
ACCESS
🚗アピントンから約265km北のトゥイ・リヴィーレンTwee Rivierenまで行き、ゲートで入場料を支払い公園内へ。ボツワナ国境のノッソブNossobまで約3時間30分、ナミビア国境のマタ・マタMata Mataまで約2時間30分。

ボツワナまで続くカラハリ砂漠
カラハリ・トランスフロンティア公園 MAP P.274-1
Kgalagadi Transfrontier Park

カラハリ・トランスフロンティア公園は、南アフリカ領のエリアだけで約9600km²の広さがあるが、ボツワナ領と合わせると約4万5600km²もの、世界でも有数の広大な国立公園だ。砂漠というと、どこまでも砂丘が続く光景をイメージしがちだが、カラハリ砂漠はその大部分がアカシア類のブッシュに覆われた半砂漠地帯だ。運がよければカラハリライオンやチーター、ヒョウに出合えることもある。この公園を訪れるには、アピントンから265kmほど離れているうえ、公園も広いので、最低3〜4日の日程はほしい。そして、ぜひ公園内のキャンプに泊まってみたい。地平線から昇る朝日はとても感動的だ。

H ホテル
Hotel Restaurant Shop Winery

ザ・オアシス ★★★★
The Oasis MAP P.275

ビジネスパーソン向けに少しデラックスな造り。ヘアドライヤーや冷蔵庫、コーヒー&ティーポットなど室内設備も充実している。インテリアもモダンな雰囲気。

住 26 Schröder St.
TEL (054) 337-8500
URL theoasishotel.co.za
料 ⓈⓌR1540〜
CC ADMV
室 38
Wi-Fi あり(客室)

リヴィエラ・ガーデン B&B ★★★★
Riviera Garden B&B MAP P.275

客室はダブルとファミリーがそれぞれひと部屋ずつ。コテージスタイルで母屋とは分かれており、バス、トイレ付き。空港送迎もしてくれる。

住 16 Budler St.
TEL (054) 332-6554
URL www.upington.co.za/ariviera
料 ⓈR780 ⓌR950 ※朝食付き
CC 不可
室 2
Wi-Fi あり(客室)

スリー・ゲーブルズ・ゲストハウス
Three Gables Guesthouse MAP P.275

コロニアルスタイルの歴史ある建物を、きれいに整備されたピースフルな庭が囲む。調度品もかわいらしく、満足度の高いゲストハウスとして人気。

住 34 Bult St.
TEL (083) 264-2982
URL www.threegables.co.za
料 ⓈR890〜 ⓌR1190 ※朝食付き
CC ADMV
室 9
Wi-Fi あり(共用エリア)

アフィニティ・ゲストハウス
Affinity Guest House MAP P.275

オレンジ川沿いに立つゲストハウス。部屋やテラスから、爽快な川の風景を眺めることができる。部屋は少々狭いが、機能的な造りで居心地がいい。

住 4 Budler St.
TEL (054) 331-2101
URL www.affinityguesthouse.co.za
料 ⓈR680〜720 ⓌR820〜880 ⒻR950〜1400 ※朝食付き
CC MV
室 26
Wi-Fi あり(客室)

夏には乾燥した大地が色鮮やかに変わる

ナマクアランド

Namaqualand

夏になると色とりどりの花々が咲き乱れる

北ケープ州の西部にあるナマクアランドと呼ばれるエリアには、まだ手つかずの自然が残っている。雨はほとんど降らず、岩肌がむき出しになった起伏の激しい荒地だ。そんな不毛の地が年にたった数週間だけ、想像もできないような美しい姿に変わる。7月の終わりから9月にかけて雨がこの荒野を潤したあとのほんのわずかな間だけ、あたり一面、花の絨毯と化すのだ。オレンジ、黄色、赤、紫、ピンク……と、野生の花が色鮮やかに咲き乱れるその様は、まさにこの世の楽園といった光景だ。

概要 SUMMARY

ナマクアランドとは、もともとサン族の流れをくむナマ族が暮らしていた地。北はオレンジ川Orange Riverによってナミビアと国境を接し、西は大西洋に面し、東は荘厳なカトリック教会のあるペラPella、南はボーア戦争のときにイギリス軍の基地がおかれたガリースGariesまでの約44万km²のエリアを指す。

この乾燥した地が年に一度、オレンジや黄色、赤、紫、ピンクで埋め尽くされるのはほんの数週間、それも天気のいい日の10:00から16:00くらいまでの本当にかぎられた時間のみ。花が咲く日も、一番すばらしいビューポイントも毎年変わるので、日程の融通が利くのであれば、公式サイト（→欄外）を参照して、日程をそれに合わせるといいだろう。

ナマクアランドの公式サイト
Namakwa District Municipality

毎年花の開花情報や見られるエリアなどをホームページ上で公開している。

URL www.namakwa-dm.gov.za

歩き方のポイント
GETTING AROUND

花のシーズンにこの地を訪れようと思ったら、ある程度余裕をもってスケジュールを立てなくてはならない。開花はその年の気温や雨量などで大きく異なってくるからだ。スプリングボック（→P.279）を拠点に情報を集めながら、周囲の国立公園や保護区を巡るのもいいだろう。

あいにくこの地は公共交通手段が発達していない。開花に合わせて効率よく巡るためにも、アピントン（→P.275）またはケープタウンから車をレンタルして行くのが一番いいだろう。もちろんスプリングボックまでインターケープなどのバスで行き、そこで車を借りる方法もある。ナマクア国立公園をはじめ、リフタスフェルト、グーギャップ自然保護区などの花観察に適切な公園内は走行道路があまり整備されていないので、四輪駆動車がベスト。車がトラブルを起こした場合のためにも、ある程度の知識はもっていたほうがいい。

また、公園内には食料を補給できるショップやガソリンスタンドもないので、事前に自炊ができるキャンプ用品や水、食料などの準備も必要となってくる。不慣れな人は、現地に詳しいガイドを頼むか、ツアーに参加するのが安心だろう。花のシーズン中は、ケープタウンからもいくつかのツアーが出ている。現地で情報収集に努めながら、開花時期と自分のスケジュールを考えて申し込むといいだろう。

ナマクアランド拠点のツアー

ケープタウン発の4〜5日間ツアーを催行している。催行時期は毎年変わるので、事前に要問い合わせ。4日間ツアーがR7500〜9500、5日間ツアーがR1万〜1万2000（いずれもふたり参加の場合のひとりの料金）。

●**ナマクア・ツアーズ**
Namaqua Tours
☎ (027) 219-1377
URL namaquatours.com

ナマクアランドのダイヤモンド

ナマNamaとはコイ族の部族のひとつで、現在もこの土地で独自のテントに住んで生活している。昔から彼らは採鉱技術に長けており、ここで採れる銅を使った産業が発展していた。そこに注目したオランダ人が1661年にはすでに彼らに接触している。しかし、陸の孤島であったナマクアランドはあまり注目されず、スプリングボック郊外に白人による鉱山が造られたのは1851年のことだった。

1925年、ジャック・カルステンズJack Carstensという若い兵士がポート・ノロスである石を見つけた。鑑定の結果、これがダイヤモンドだと判明。調査してみると、西海岸一帯には膨大な量のダイヤモンドが埋蔵されていることがわかった。ダイヤモンド市場の値崩れを恐れた政府とデ・ビアス社（→P.270欄外）は採掘を制限した。その後現在まで、厳しい規制をしているにもかかわらず、いまだに不法採掘が行われており、それらはブラックマーケットに流れているという。

ナマクアランドの見どころといえば、やはり花畑

ナマクアランド中心の町

スプリングボック

Springbok

MAP P.278-2

アピントンの南西約400kmの所にある、人口1万余りのナマクアランドの中心地。普段はさびしい小さな町でしかないのだが、花の咲くシーズンになると、町を取り囲む荒涼とした丘は赤やピンク、オレンジ、黄色などのカラフルな色に染め上げられ、おとぎの国のような幻想的な光景が現れる。

歩き方 WALKING AROUND

市街の真ん中に、ボーア戦争のときにイギリス軍とボーア軍がこの丘をめぐって激しい戦いを繰り広げた**モニュメント・コピエMonument Koppie**と呼ばれる小さな丘がある。観光案内所はその南、1861年に建てられた**旧英国国教会Old British Church**に入っている。

1920年代、この町には多くのユダヤ人が暮らしていた。そのほとんどは移住してしまったが、1929年に建てられたというシナゴーグ(ユダヤ教会堂)が残っている。現在は**ナマクアランド博物館Namaqualand Museum**として公開されている。

スプリングボックで最初の鉱山、**ブルー・マインBlue Mine**は市街の西にある。途中の道からの市街の眺めはなかなかのものだ。その北には、国の文化財に指定されている、1871年以来使われなくなった溶鉱炉がある。

穏やかな風景が広がる

☎市外局番 027

ACCESS

🚌インターケープがケープタウンから1日1便、所要約9時間20分、R330〜。アピントンから1日1便、所要約4時間15分、R550〜。

観光案内所

MAP P.279
住 Tourism House, 14 Dalham Rd., Belgrana
開 月〜金 8:00〜17:00
休 土・日

ナマクアランド博物館

MAP P.279
☎(027) 718-8100
開 月〜金 8:00〜13:00 14:00〜16:00
休 土・日
料 無料(寄付)

スプリングボックの宿泊施設

Hスプリングボック・ホテル Springbok Hotel ★★

町の中心部にあるホテルで、客室はシングルからファミリールームまでさまざま。中庭にはビアガーデンやBBQエリアもあり、レストランもある。

MAP P.279
住 87 Van Riebeeck Rd.
☎(027) 712-1161
URL www.jcbotha.co.za
料 ⓈⓌR720〜
CC ADMV
室 28

郊外の見どころ ATTRACTIONS

自然のなかを散策してみよう

グーギャップ自然保護区

MAP P.278-2

Goegap Nature Reserve

スプリングボックの東約25kmほどの所に位置。約150km²の敷地には約600種類の花や、スプリングボックやゲムズボックなど45種類の動物、94種類の鳥類、そして爬虫類や両生類が生息している。特設されたヘスター・マラン・ワイルド・フラワー庭園Hester Malan Wild Flower Gardenがすばらしい。この公園内には四輪駆動車用の道路が整備され、3本のハイキングおよびマウンテンバイク用の道が設けられている。

中部アフリカの匂いがする

リフタスフェルト

MAP P.278-1

Richtersveld

ナミビアの国境にまたがる**アイ・アイス・リフタスフェルト・トランスフロンティア公園Ai-Ais/Richtersveld Transfrontier Park**の一部に位置し、ナマクアランドの北の果て、蛇行して流れるオレンジ川に北と東を囲まれるようにしてある。敷地面積約1624km²の起伏の激しい乾燥した大地で、ほとんど雨は降らず、西部の山地に年間100mm程度のみ降るだけだ。

アロエなどの多肉植物の宝庫で、南アフリカに自生する多肉植物のうち約30%がここに生息。特にキヴァー・ツリーは北ケープ州とナミビアの一部でしか見られない珍しいもので、12mほどの高さにまで成長し、樹齢400年くらいまで生きる。

また、ハーフマンと呼ばれる植物もこの地方独特のものだ。ひょろりと伸びた幹のてっぺんには、葉がヒトの頭のような形で生えている。絶壁に張りつくようにして立つその姿は不気味でさえある。2007年、国立公園のすぐ南に接しているエリアが「リフタスフェルトの文化的および植生景観」として世界文化遺産に登録された。

一面の花畑を見にいこう

ナマクア国立公園

MAP P.278-2

Namaqua National Park

スプリングボックの南東約70kmにある。約10km²の広さを誇る敷地は、7〜9月のシーズンには一面の花畑と化す。ここは山がちな独特の地形が幸いして、ほかの場所に比べ雨が降りやすい。その年の気候に影響されるので花が咲く時期と場所を特定することは難しいが、ここは比較的高い確率で見られる。

公園内には四輪駆動車のみ走行可能なルートがいくつかあり、エリアによっても異なる幅広い植生を楽しむことができる。それぞれ176〜200kmのコースで所要6〜8時間。ただし、公園内にショップやレストラン、ガソリンスタンドなどは一切ないので事前の準備が必要だ。

グーギャップ自然保護区
料 R30
ACCESS
スプリングボックから車で約30分。

世界遺産
2007年に文化遺産に登録
リフタスフェルト
☎ (027) 831-1506
URL www.sasnparks.org/parks/richtersveld
開 月〜金 7:30〜18:00
土 8:00〜18:00
日・祝 8:00〜16:30
料 大人R244、子供R122
※入園にはパスポートが必要。
ACCESS
スプリングボックからN7を北上し、途中R382を西へ進み、ポート・ノロスPort Nollorthから海岸線を伝ってアレクサンダー・ベイAlexander Bayへ行く。ここから標識に従って北東へ約93kmの道程。

キヴァー・ツリーとは？
サン族がこの木の樹皮を使って矢筒（キヴァー Quiver）を作ることから、こう呼ばれるようになった。

この地ならではのキヴァー・ツリー

ナマクア国立公園
☎ (027) 672-1948
URL www.sanparks.org/parks/namaqua
開 8:00〜17:00
休 なし
料 大人R92、子供R46
※公園内にレストキャンプとキャンプサイトが各1ヵ所ある。キャンプはR170〜、シャレーはR1270〜。ただし、収容人数にかぎりがあるので早めに予約を入れるように。
ACCESS
スプリングボックから約80km南のカミースクルーンKamieskroonへ行き、N7沿いに走る道路を標識に従って北上。N7の下をくぐって約21kmで公園オフィスへとたどり着く。

世界3大瀑布のひとつ

ビクトリアの滝 完全ガイド

巻頭特集➡P.30

南部アフリカ観光のハイライトとして
人気の高いビクトリアの滝には
ジンバブエ、ザンビアにまたがる壮大な大自然を求めて
世界中から多くの観光客が訪れる。
滝そのものはもちろん、ザンベジ川でのアクティビティ、
周辺でのサファリ、水煙を望むホテルなど
エリアの楽しみ方を徹底ガイド！

ビクトリアの滝とは……

ジンバブエとザンビアの国境に位置する世界最大級の瀑布。最大幅およそ1700m、最も深い滝壺は落差108mにも及び、アルゼンチンとブラジルにまたがるイグアスの滝、アメリカとカナダにまたがるナイアガラの滝とともに世界3大瀑布に数えられる。「モシ・オァ・トーニャ（現地語名）／ビクトリアの滝」としてユネスコの世界自然遺産にも登録されている。

ビクトリアの滝を訪れる前に知っておきたい

プランニングに役立つ基礎知識

ベストシーズンはいつなのか、ジンバブエ側とザンビア側では何がどう違うのか。ビクトリアの滝の魅力を堪能するためには、いくつか事前に知っておくべきことがある。まずはこれらの情報を頭に入れ、旅の計画を立てる際に役立ててほしい。

アクセス

ビクトリアの滝を訪れる拠点は、ジンバブエの**ビクトリア・フォールズ**（→P.294）とザンビアの**リビングストン**（→P.316）。ビクトリア・フォールズへはヨハネスブルグやハラレからの航空便、ハラレやブラワヨからはバスや電車の便もある。一方、リビングストンへはヨハネスブルグやネルスプリット、ケープタウン、ルサカ、ナイロビなどからの航空便、ルサカからはバスの便がある。

気候と旅のシーズン

この地域の季節は大きく乾季（5～10月）と雨季（11～4月）に分かれる。11月から徐々に雨が多くなり、12月がもっとも降水量が多い。雨季は、日中は気温も上がり晴れているが、夕方ごろになるとスコールのように大量の雨が降り注ぐ。

滝に関していえば、4～5月は水量が多すぎてやや見にくく、逆に11～12月は水量が少なすぎて、特にザンビア側で滝が見られないこともある。雨の少ない6～8月がベストシーズンで、次に9～10月が観光に適しているといえる。

所要日数

滝の観光は半日もあれば十分。2ヵ国とも訪問する場合は丸1日あったほうがいいだろう。アクティビティに挑戦するならプラス1～2日は欲しい。一般的なパッケージツアーでは、滝の観賞に加え、サンセットクルーズやヘリコプターの遊覧飛行、サファリなどが含まれている。滝周辺は動物も多く生息する自然豊かなエリアなので、滝の観賞だけではもったいないという人も多い。

雨季：滝の向かいに熱帯雨林が形成され、周囲の森も緑鮮やかに。滝も水量豊富

乾季：滝付近を除いて草木が枯れ、滝の水量も減るが、この時期にしかできないアクティビティもある

シーズナリティチャート

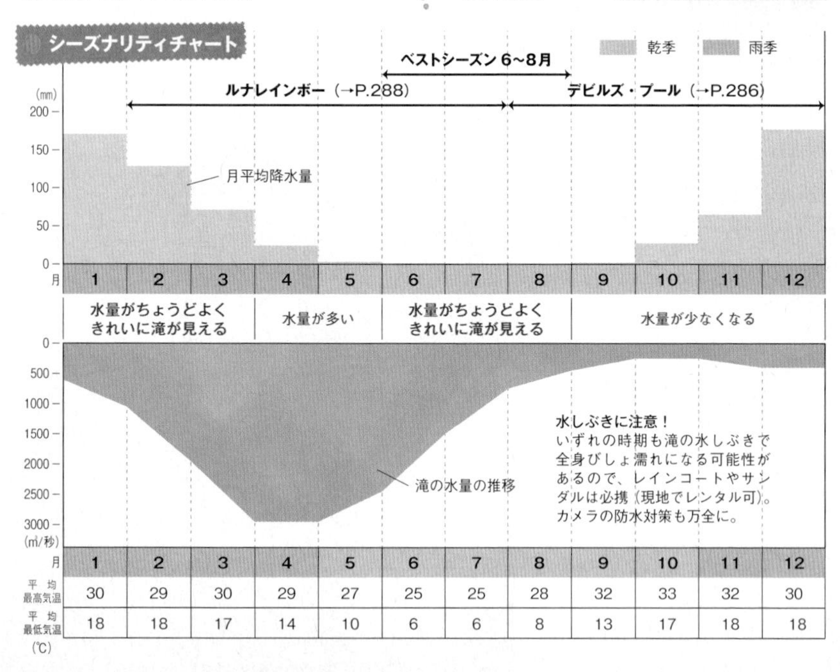

月	1	2	3	4	5	6	7	8	9	10	11	12
平均最高気温	30	29	30	29	27	25	25	28	32	33	32	30
平均最低気温	18	18	17	14	10	6	6	8	13	17	18	18

（℃）

どう違う？ ジンバブエ側 と ザンビア側

滝の幅は約1700mで、1200mがザンビア領、残りの500mがジンバブエ領となっている。これまではジンバブエ側を訪れる旅行者が多く、そのせいもあってかビクトリア・フォールズのほうが観光的に発展している。しかし、ザンビアから南アフリカに入国する際にもイエローカード提出が不要となったため、リビングストンに滞在する旅行者も増えてきている。どちらも宿泊施設、アクティビティは整っているが、滝の見え方などに多少の違いがある。旅のスタイルによって好きなほうを選ぼう。ビザ代や入場料がかさむが、両方を訪れるのもいい。

※料金は2020年1月現在

ジンバブエ側 拠点 ビクトリア・フォールズ

VS

ザンビア側 拠点 リビングストン

ジンバブエ側

特徴
- 公園が広くビューポイントが多い
- 乾季でも水量が豊富
- 迫力の大パノラマを体験できる

町 滝まで徒歩でアクセス可能で、観光設備がより整っている

入場料 US$30

ビザ代 シングルUS$30、ダブルUS$45 詳細→P.291、317

ユニビザ（両国を複数回行き来可能）US$50

ザンビア側

特徴
- 滝により近づける
- 滝の上で泳ぐことができる（➡P.286）
- 滝壺まで降りられる

町 滝から約8kmとやや離れているが、歴史的な建物が多く、人々も素朴

入場料 US$20

ビザ代 シングルUS$50、マルチプルUS$150、デイ・トリッパー（24時間）US$20。詳細→P.294、313

年間を通して水流量が多いメイン・フォールズ

ビクトリア・フォールズ・ホテルではハイティーが人気

ザンビア側の目玉アトラクション、デビルズ・プール

味のある古い建築の多いリビングストン

ジンバブエとザンビア間の移動（→詳細P.294、295、317）

両国とも入国管理事務所までは車や徒歩で移動し、ビザ取得など出入国手続きをする。タクシーの場合、入国管理事務所で一度降り、乗り換える。

世界3大瀑布を比較

イグアス、ナイアガラと比べると、滝の幅はイグアスに劣るものの、最大落差はビクトリアがNo.1！ 年平均での水流量が少ないのは、乾季が長いためだ。

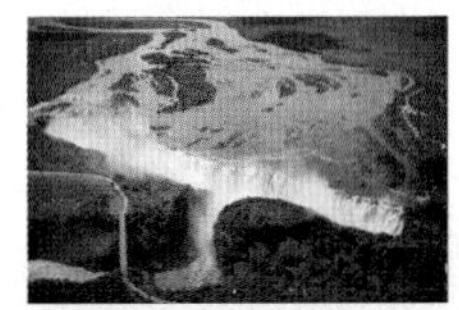

ビクトリア

所在地：ジンバブエ-ザンビア国境
最大落差：108m
幅：1708m
年平均水流量：1088m³/秒※

イグアス

所在地：アルゼンチン-ブラジル国境
最大落差：64-82m
幅：2700m
年平均水流量：1745m³/秒

ナイアガラ

所在地：アメリカ-カナダ国境
最大落差：51m
幅：1203m
年平均水流量：2406m³/秒

※2019年12月には干ばつにより水流量が例年より減っているとの報道があった。

ビクトリアの滝周辺の 歴史

このエリアに人が住み着いたのは少なくとも200万年前とされ、ザンベジ川の峡谷周辺で石器時代の遺物が多く出土している。南部アフリカに農耕文化をもたらしたバントゥー系民族が峡谷周辺にやってきたのは前16世紀頃。その後も人口の増減を繰り返しながら、さまざまな部族がこの地を訪れている。近代になると、カランガ族がこの地に住み着き、滝をモシ・オァ・トーニャ（雷鳴のとどろく水煙）と呼ぶようになる。そして1855年、このカランガ族のガイドにより、スコットランドの探検家リビングストンがこの地に到達。その驚きをヨーロッパ世界に初めて伝えた。

リビングストンの肖像

滝が移動している？

滝から下流はジグザグの峡谷となっているが、これはかつての滝の痕跡。滝の手前が浸食され、長い年月をかけて滝は北へと移動している。現在の滝はなんと8代目。もちろん現在でも浸食は続いており、長い年月をかけて滝はさらに北へ移ると推測されている。

↖リビングストンへ（約8km）
（→P.316）
ザンベジ川
ロイヤル・リビングストン・
エクスプレス（→P.287）
カヌーサファリ（→P.287）
ザンビア
サンセットクルーズ
（→P.286）
デビルズ・プール（→P.286）
→バオバブの木、ムクニ・ビッグ・ファイブ・サファリ、ムクニ村→P.317（約7km）へ
ビクトリア・フォールズ大橋
国境線
ザ・ロイヤル・リビングストン・
ホテル（→P.288、318）
レインボー・フォールズ
リビングストン島
アームチェア・
フォールズ
ホースシュー・
フォールズ
レインボー・
フォールズ
イースタン・
カタラクト
アヴァニ・ビクトリア・
フォールズ・リゾート
（→P.318）
ナイフズ・エッジ
（橋）
みやげ物店
ボイリング・ポット（滝つぼ）へ
ビクトリア・フォールズ大橋
入国管理事務所（ザンビア側）
国立公園事務所
（入口）
N
バンジージャンプ（→P.287）
0
約400m
ビクトリアの滝には数えきれないほどの魅力がある。
国立公園で迫力の景観を楽しみ、滝周辺でアクティビティに挑戦。
夜は豪華なホテルでリラックス——。
地図を参考にビクトリアの滝を存分に味わい尽くそう！
ビクトリアの滝 完全攻略マップ

ビクトリアの滝の楽しみ方①

大自然を満喫する さまざまなアクティビティ

参加の仕方

申し込みはホテルのツアーデスクか催行会社で可能。ジンバブエ、ザンビア側とも宿泊施設でアクティビティの手配ができないところはほとんどないといっていい。安宿では、あらゆる催行会社から最も安いものを選んでリストアップしているところもある。

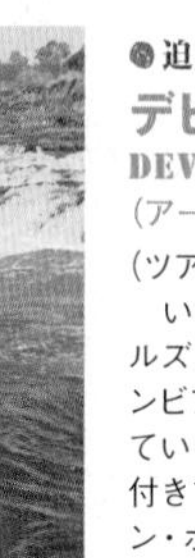

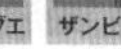

迫力満点の大人気ツアー！

デビルズ・プール MAP P.285

DEVIL'S POOL

（アームチェア・フォールズ Armchair Falls）

（ツアー名：リビングストン・アイランド）

いま最も注目のアクティビティといえばデビルズ・プールへ行くツアー。プールがあるのはザンビア領だが、ジンバブエ発のツアーも催行されている。朝食、ランチ、ハイティーに分けた食事付きで1日5回催行。ザ・ロイヤル・リビングストン・ホテルのサンデッキからボートで中州のリビングストン島へ行き、デビルズ・プールで泳いだ後、食事となる。食事もおいしくおすすめ。催行は水量の少ない8～12月頃のみ。

リビングストン島のそばにある、滝の上で泳げるポイントがデビルズ・プール

プールまではところどころ泳いで渡る

夕日に照らされるレディ・リビングストン号

穏やかなザンベジ川の流れにのって

サンセットクルーズ

SUNSET CRUISE

雄大なザンベジ川の魅力を堪能したいならサンセットクルーズがおすすめ。レディ・リビングストン号（ザンビア）などのクルーズ船に乗り込み、船はゆっくりと川を遡ってゆく。時折カバやクロコダイルとも遭遇。スナックをつまみにビールやワインで乾杯しながら、ザンベジ川に落ちる夕日を眺めるトワイライトは実に優雅だ。

気の利いたフィンガーフードを用意してくれる

水面から顔を出したカバ

おもなアクティビティと料金例

ホワイトウオーターラフティング	半日US$160　1日US$170
マイクロライト	15分 US$170　30分 US$340
ヘリコプター	15分 US$180　30分 US$360
バンジージャンプ	1回 US$160
サンセットクルーズ	2時間30分 US$68
デビルズ・プール（リビングストン・アイランド）	朝食 US$95　昼食 US$155　ハイティー US$130
カヌーサファリ	半日 US$110　1日 US$145
ゲーム・ドライブ	2時間30分 US$65
エレファントバックサファリ	半日 US$175
ライオン＆チーターウオーク	3時間30分 US$200
ロイヤル・リビングストン・エクスプレス	2時間30分 US$169
チョベ国立公園（→P.327）	10時間 US$200

おもなアクティビティ催行会社

ワイルド・ホライゾン
Wild Horizon〈ジンバブエ、ザンビア〉
☎+263(83) 2844571/2844426
URL www.wildhorizons.co.za

シアウオーター・アドベンチャーズ
Shearwater Adventures〈ジンバブエ〉
☎+263(83) 2844471
URL www.shearwatervictoriafalls.com

リビングストン・アドベンチャー
Livingstone's Adventure〈ザンビア〉
☎+260(213) 323589
URL www.seasonsinafrica.com

滝周辺は世界有数の豊かな自然が広がるエリアであり、さまざまなアクティビティを体験してこそ、このエリアを満喫したといえるだろう。サファリは滝周辺のほかボツワナのチョベ国立公園 (→P.327) への日帰りツアーも人気だ。

一生の思い出に残るフライトを

ヘリコプター

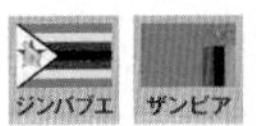

HELICOPTER

ビクトリアの滝の迫力を十二分に味わうことができるアクティビティ。15分コースでは、滝の上まで上昇し、周辺を旋回しながらあらゆる角度から滝のパノラマを楽しむ。30分コースは、下流の峡谷まで足を延ばす。

旋回するので左右どちら側に乗っても景色は最高！

食堂車はアンティーク風でゴージャスな雰囲気

ちょっと贅沢に豪華列車でディナーを

ロイヤル・リビングストン・エクスプレス

ROYAL LIVINGSTONE EXPRESS

豪華列車に乗ってリビングストンを出発し、まずはスナックとドリンクを楽しみながら、国境のビクトリア・フォールズ大橋へ。ここでUターンし、お待ちかねの豪華ディナーコース。食事はザ・ロイヤル・リビングストン・ビクトリア・フォールズ・ザンビア・ホテルが受け持っているため、味は5つ星級。客層もハイクラスで、優雅なひとときを味わうことができる。

ゾウに乗って
ブッシュジャングルを探検

エレファントバックサファリ

ELEPHANT BACK SAFARI

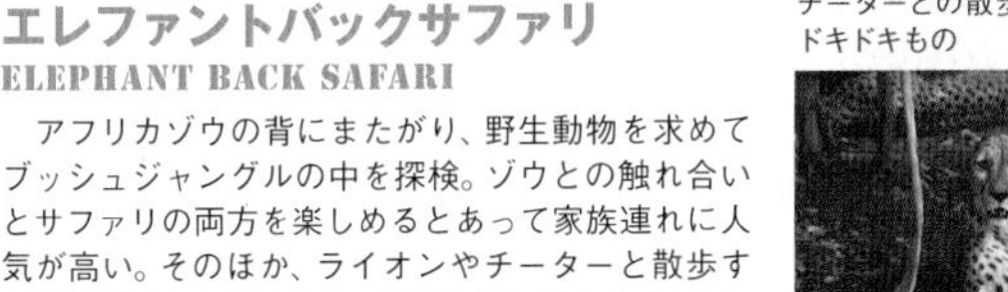

アフリカゾウの背にまたがり、野生動物を求めてブッシュジャングルの中を探検。ゾウとの触れ合いとサファリの両方を楽しめるとあって家族連れに人気が高い。そのほか、ライオンやチーターと散歩するプログラムなどもある。写真はザンビアのムクニ・ビッグ・ファイブ・サファリMukuni Big Five Safari。

ゾウに餌をあげられるところもある

チーターとの散歩はドキドキもの

そのほかのアクティビティ

※〈　〉内は催行国

バンジージャンプ
〈ジンバブエ、ザンビア〉

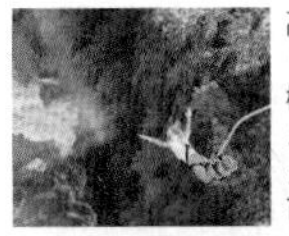

高さ111mのビクトリア・フォールズ大橋からダイブする。スタッフが撮影したDVDの購入も可能。

ゲーム・ドライブ
〈ジンバブエ、ザンビア〉

野生動物との遭遇を求めて4WDで回る。ザンベジ自然保護区にはゾウ、ライオン、カバなどが生息。

カヌーサファリ
〈ジンバブエ、ザンビア〉

カヌーでゆったりと流れるザンベジ川を回る。カバやクロコダイル、ゾウなどの動物にも出合える。

マイクロライト
〈ジンバブエ、ザンビア〉

超軽量動力機マイクロライトに乗って空から滝を楽しむ。ルートはヘリコプターと同じ。写真も購入可。

ホワイトウオーターラフティング〈ジンバブエ、ザンビア〉

ザンベジ川は世界有数のラフティングの名所。滝の下流には24の急流ポイントがある。かなりの体力が必要。

ハイワイヤーアクティビティ
〈ジンバブエ、ザンビア〉

峡谷でキャノピーウオーク、フライングフォックス、ジップラインなどのワイヤーアクティビティが楽しめる。

ビクトリアの滝の楽しみ方②

水煙を望む優雅なホテル

ザンベジ川のすぐ脇にあるサンデッキ

世界中から観光客が集まるビクトリアの滝には、ピンからキリまでさまざまな宿泊施設が揃う。なかにはすばらしい景観をもつ両国自慢の高級ホテルがいくつかある。滝をさらに楽しむにはこれらのホテルに宿泊するのがいちばん！　ここでは最高級クラスのホテルを2軒紹介しよう。

朝食は豪華なビュッフェ

敷地内で見られる野生のシマウマ

●ザンビア側で最高級の5つ星ホテル　ザンビア

ザ・ロイヤル・リビングストン・ビクトリア・フォールズ・ザンビア・ホテル

THE ROYAL LIVINGSTONE VICTORIA FALLS ZAMBIA HOTEL ➡P.318

滝まで歩いて行けるほどの絶好のロケーションに位置する、リビングストン指折りの高級ホテル。白塗りのゴージャスなコロニアル建築とアンティークの調度品が格調高い雰囲気を作り出している。各部屋には専属のバトラーもついている。宿泊者は滝の入場料が不要。

シックな「トラベラーズバー」で乾杯

コロニアル調の建物が美しいホテルの庭からはビクトリア・フォールズ大橋と水煙が眺められる

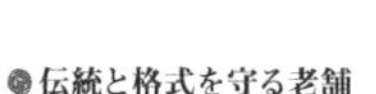

●伝統と格式を守る老舗　ジンバブエ

ビクトリア・フォールズ・ホテル

VICTORIA FALLS HOTEL ➡P.296

きれいな芝生のガーデンからは、もうもうと上がる滝の水煙とビクトリア・フォールズ大橋を望む。イギリスのロイヤルファミリーも宿泊したという、創業100年を超える老舗高級ホテルだ。シグニチャーウイングに宿泊すると、昔から評判のハイティーを無料で楽しむことができる。

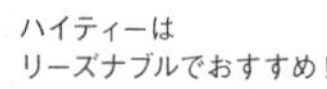

ハイティーはリーズナブルでおすすめ！

ビクトリア・フォールズ大橋を望むスイートルーム

満月の期間だけ見られる貴重な現象　ルナレインボー（ムーンレインボー）

満月の晩は月の明るい光で滝に虹がかかり、非常に幻想的な光景が見られる。そのため、この期間を狙って訪れるツーリストも多い。満月の夜とその前後3日間だけはジンバブエ、ザンビア側とも夜おそくまで開園。ジンバブエ側は公園スタッフによるガイドツアー形式で、集合時間も毎日変わるので現地で要確認。ザンビア側は自由に見学できる。入場料はジンバブエ側がUS$40、ザンビア側がUS$25と昼の料金よりやや高い。虹の見られる時間はシーズンによって変わるので注意しよう。当然雨の日は見られない。また、水量の多い時期（3～8月頃）しか見ることはできない。詳細は→P.295、317。

音とともに水しぶきが立ち昇るビクトリアの滝

ジンバブエ
Zimbabwe

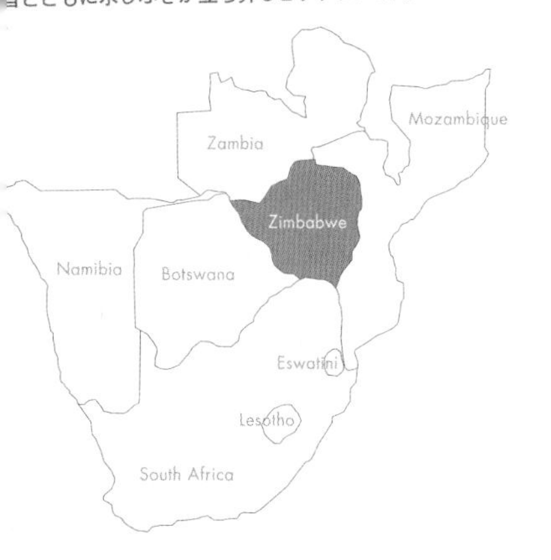

ジンバブエの基本情報

国　旗
左に描かれた鳥はグレート・ジンバブエ遺跡で発掘された彫像。

正式国名
ジンバブエ共和国
Republic of Zimbabwe

国　歌
Simudzai mureza wedu we Zimbabwe

面　積
約 38.6 万 km²（日本よりやや大きい）

人　口
1444 万人（2018 年）

首　都
ハラレ Harare
人口約 160 万人（2013 年）

元　首
エマソン・ダンブゾ・ムナンガグワ大統領
Emmerson Dambudzo Mnangagwa

政　体
共和制（独立 1964 年）

民族構成
ショナ族、ンデベレ族が人口の 99.4% を占める。そのほかヨーロッパ系やカラード（混血）が 0.4%。

宗　教
キリスト教 87.4%、伝統宗教 1.5%、イスラム教 0.5%、そのほか 10.6%

言　語
公用語はショナ語、ンデベレ語、英語。

通貨と為替レート

新ジンバブエ・ドル紙幣

米ドル US$、南アフリカ・ランド R（1R ≒ 7.6 円）などの外貨と、新ジンバブエ・ドル Z$（1Z$ ≒ 6.6 円）が流通（2020 年 1 月 20 日現在）。ハイパーインフレで価値を失った旧ジンバブエ・ドルは、2009 年に発行が停止、米ドルなどの外貨が法定通貨となった。不安定な通貨制度は続き、2019 年 6 月に電子上のみの暫定通貨 RTGS ドルが唯一の法定通貨と決定され、その後、新ジンバブエ・ドルとして実際の通貨が発行された。

祝祭日（おもな祝祭日）

2020 年の祝祭日は右記のとおり。グッドフライデイとイースターマンデイは年によって変動。英雄の日は 8 月の第 2 月曜、防衛の日は 8 月の第 2 火曜と定められている。

1月　1日	元日	New Year's Day
4月 10日	グッドフライデイ	Good Friday
4月 13日	イースターマンデイ	Easter Monday
4月 18日	独立記念日	Independence Day
5月　1日	メーデー	Labour/Worker's Day
5月 25日	アフリカの日	Africa (Freedom) Day
8月 10日	英雄の日	Heroes' Day
8月 11日	防衛の日	Defense Force Day
12月 22日	国家統一の日	National Unity Day
12月 25日	クリスマス	Christmas Day
12月 26日	ボクシングデイ	Boxing Day

ビジネスアワー

商店は月～金曜 8:00～17:00 だが、昼休みに閉める店もある。土曜は 8:00～12:00。スーパーや個人商店（現地では「カフェ」と呼ばれている）は、それ以外の時間も営業しているところもある。日曜は定休のところが多い。

電話のかけ方

日本からジンバブエへの電話のかけ方　(例) ハラレ (024) 123456 にかける場合

国際電話会社の番号
001（KDDI）※1
0033（NTTコミュニケーションズ）※1
0061（ソフトバンク）※1
005345（au携帯）※2
009130（NTTドコモ携帯）※3
0046（ソフトバンク携帯）※4

＋ 国際電話識別番号 **010** ＋ ジンバブエの国番号 **263** ＋ 市外局番（最初の0を取る）**24** ＋ 相手の電話番号 **123456**

※携帯電話の 3 キャリアは「0」を長押しして、「+」を表示し、続けて国番号からダイヤルしてもかけられる。

（※1）「マイライン」「マイラインプラス」の国際通話区分に登録している場合は不要。詳細は、URL www.myline.org　（※2）au は 005345 をダイヤルしなくてもかけられる。　（※3）NTT ドコモは事前に WORLD WING に登録が必要。009130 をダイヤルしなくてもかけられる。（※4）ソフトバンクは 0046 をダイヤルしなくてもかけられる。

電圧とプラグ

電圧は230/240V、50Hz。プラグは角型3ピンのBFタイプや丸型3ピンのB3Lタイプ。

気候

高地にあるため、亜熱帯地方のわりに過ごしやすく湿度も低い。5月から8月の冬季は雨も少なく平均気温が15～20℃で観光のベストシーズン。11～3月に雨季が訪れるが、東部の高地以外では雨量も少ない。夏の平均気温は25～30℃で一番暑いのは10月。ビクトリアの滝のベストシーズンは6月～8月。

安全とトラブル

高い失業率や物価の高騰、さらには停電・断水などインフラの悪化により、窃盗、置き引き、スリなどの犯罪が頻発している。特に首都ハラレでは、拳銃などで武装した強盗も増加している。ビクトリア・フォールズやグレート・ジンバブエ遺跡周辺は比較的治安は安定しているが、スリや置き引きには十分注意しよう。

また、ハラレやブラワヨなど都市部であればまず問題はないが、地方ではコレラやマラリアが発生している。衛生に気をつけ、蚊に刺されないように注意しよう。

緊急連絡先

警察・救急・消防……………………… ☎999

●日本大使館（ハラレ）

MAP P.300-B2

住 4th Floor Social Security Centre, Cnr. Sam Nujoma St. & Julius Nyerere Way, Harare

☎ (024) 2250025～7、0712-202086 (24時間緊急対応)

FAX (024) 2250111

開 月～金 8：15～12：45、13：45～17：00

休 土・日・祝

ビクトリア・フォールズ空港

入出国

▶入出国カードの記入例→ P.385

パスポート

パスポートの残存有効期間は入国時に6ヵ月以上、また見開き1ページ以上の余白が必要となる。

ビザ

空港または国境で30日滞在可能なビザが取得可能。シングルUS$30、ダブル（1回再入国可）US$45。米ドルを用意しておくこと。出国の航空券と滞在に十分な現金の所持が必要。また、空港、国境でジンバブエ、ザンビアを複数回（ボツワナへのデイトリップも可）行き来できるカザ・ユニビザも取得可US$50（有効期間30日間）。

●在日ジンバブエ大使館

☎ (03) 3280-0331

日本からのフライト時間

日本からの直行便はなく、エチオピアのアジスアベバや南アフリカのヨハネスブルグを経由するのが一般的。アジスアベバからハラレまで所要約3時間、ヨハネスブルグからビクトリア・フォールズまで所要約1時間40分。

時差とサマータイム

日本より7時間遅れ。サマータイムはない。南アフリカとの時差はない。

ジンバブエから日本への電話のかけ方　(例)東京 (03) 1234-5678 にかける場合

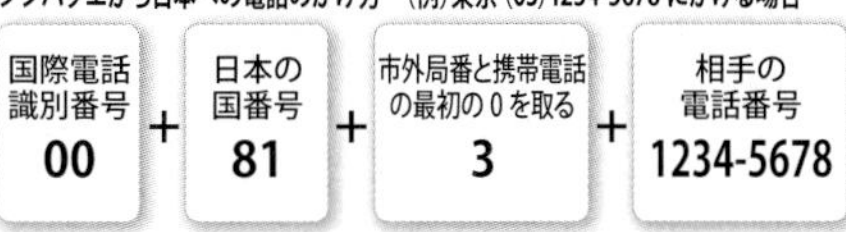

国際電話識別番号		日本の国番号		市外局番と携帯電話の最初の0を取る		相手の電話番号
00	+	81	+	3	+	1234-5678

公衆電話は存在してはいるが、多くは故障している。町なかには私営の電話屋がある。国際電話はホテルの電話を使うのが無難だろう。ハラレやビクトリア・フォールズにはインターネットカフェも増えてきている。また、携帯電話が普及しているので、SIMフリーの携帯を所有している場合、現地でSIMカードを購入して利用できる。

カード式の公衆電話

Orientation
オリエンテーション

Zimbabwe
ジンバブエ

「石の家」という意味のジンバブエは、雄大な自然と観光資源に恵まれた国。野生動物たちが生息する国立公園も、すさまじいほどの水量が流れ落ちるビクトリアの滝も、謎めいた遺跡グレート・ジンバブエも、旅行者の好奇心を揺さぶる。伝統をくんだ独特の音楽やダンスも魅力的だ。ここでは、白人色が強い南アフリカの大都会では感じにくい「ブラック・アフリカ」の魅力を、存分に堪能してほしい。

ジンバブエって、どんな国？

巨大な石造建築が語る過去

9世紀にショナ族がこの地にやってきて、「ジンバブエ」という巨大な石造建築を各地に建築していった。それから10世紀以上を経て、1980年にジンバブエとして独立。

13世紀に造られたグレート・ジンバブエの遺跡

ジンバブエを襲った極度なインフレ

かつては「アフリカの穀物庫」と呼ばれるほどの豊かな国であったが、強引な土地改革による農業システムの崩壊、国際社会における信用の低下、さらに干ばつの影響から経済は急激に悪化し、極度のインフレに陥ってしまった。2006年にデノミを実施したが、インフレが収拾する気配はまったくなく、結局紙幣の発行を停止せざるを得なくなった。その後は米ドルや南アフリカ・ランドなどの外貨が流通していたが、2019年2月に電子上のみの暫定通貨RTGSドルが導入された後、実際の紙幣、硬貨も発行されている。

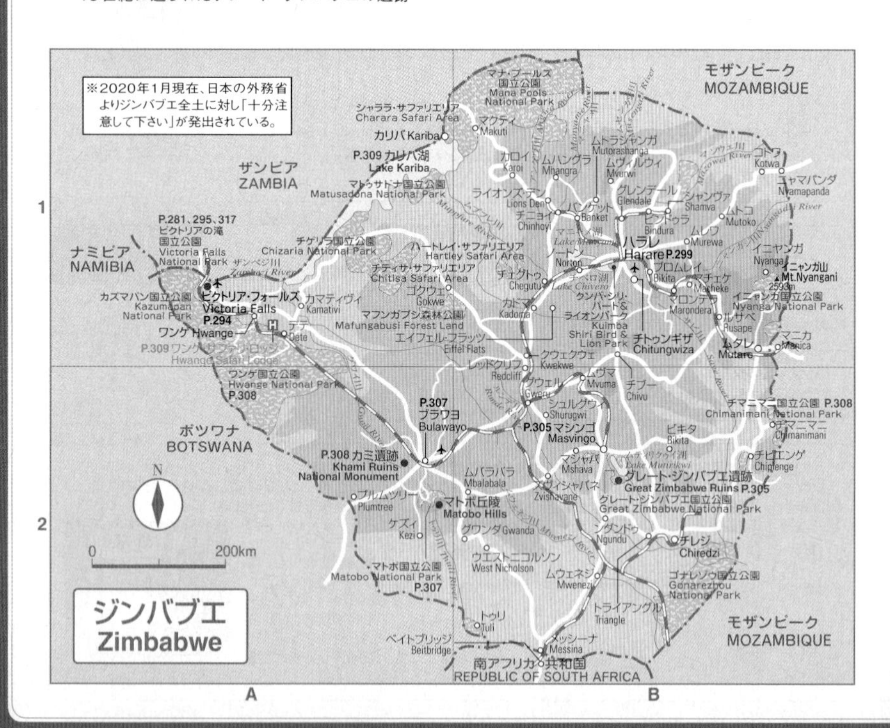

これだけは見逃せない！

- 世界３大瀑布のビクトリアの滝
- 巨大なグレート・ジンバブエ遺跡
- ザンベジ川のリバークルーズ
- ジンバブエ最大のワンゲ国立公園

①迫力ある轟音と水煙に圧倒されるビクトリアの滝
②見れば見るほど謎が深まるグレート・ジンバブエ遺跡
③ザンベジ川クルーズではカバやワニが見られる!
④ワンゲ国立公園には大型動物もたくさんいる

どんな服装で旅する？

アフリカとはいっても、ジンバブエは高地にあるため亜熱帯地方のわりに過ごしやすく温度も低い。5～8月の冬季は雨も少なく、平均気温が15～20℃で観光のベストシーズンといえるだろう。11～3月に雨季が訪れるが、東部の高地以外では雨量も少ない。夏の平均気温は25～30℃で一番暑いのは10月。

では、何を持っていったらいいのかということだが、履きなれた靴と着なれた服があれば特に気にすることもない。ただし、部屋の外と中とでは温度が違ったりもする。特にゲーム・ドライブに出かけるようであれば羽織るものが必要だ。

どんな民芸品があるの？

お面や動物をかたどった石や木製の彫刻品、手作りの楽器、レース製品、手編みの籠、焼き物、織物、染物、貴石、半貴石の置物、アクセサリーなどいろいろある。木彫りの製品は特に西部が有名で、できれば産地で直接買うのがいちばん。また、有名な彫刻家の作品は国立アートギャラリーなどのきちんとした店で買ったほうがいい。

ハラレ、ブラワヨ、ビクトリア・フォールズにはみやげ物店や露店が多い。みやげ物店では定価だが、露店や道で品物を売り歩いている人々の値段は言い値なので交渉してみるといいだろう。

ジンバブエの料理って？

ほかの南部アフリカ諸国と同様に、ジンバブエの料理もアフリカ的な料理とイギリス的な料理からなっている。前者は、主食であるトウモロコシの粉を練ったサザSadzaで、これにニャマNyamaといわれる肉の煮込みなどのスープをかけて食べるのが一般的だ。最もポピュラーな肉は牛と鶏だが、ワニやインパラなどの肉もたまに出る。

イギリス的なのは、フライドポテト（チップス）、ミートパイ、サンドイッチなど。これらは、バスターミナルや市場付近の屋台などで食べられるが、当たり外れがあるので、おなかが弱い人はチェーン店で食べたほうがいい。

魚はタイやアンチョビのような干し魚があるが、あまり見ることはない。東部高地のマスは絶品ということで知られている。機会があれば、ぜひ試してみたい。野菜と果物は安く、豊富にある。

ジンバブエの人々は外食をあまりしないので、レストランはほとんど外国人専用で安くない。しかし、ハラレとブラワヨのビジネス地区には、イタリア、中国、ギリシア、インド風の料理を出す手頃なコーヒーハウスが何軒かある。

飲み物は炭酸飲料、コーヒー、紅茶が一般的。酒類はドブロクのようなものも造っているが、外国人にはザンベジ・ラガーZanbezi Lagerなどの国産ビールやワインが無難だ。

ビクトリアの滝への拠点の町

ビクトリア・フォールズ

Victoria Falls

MAP P.292-A1

ビクトリアの滝への拠点となるのがビクトリア・フォールズという町。観光のためにつくられた町でもあり、高級リゾートホテルやツアー会社が建ち並ぶ。だが、町を一歩離れると、カバが岸辺でくつろぎ、川底ではワニが身を潜めている。昔から続いてきた水辺の自然の営みは、今もしっかりと息づいているのだ。

☎市外局番 083

ACCESS

✈ハラレからジンバブエ航空やファストジェットが運航。所要約1時間。ヨハネスブルグからは南アフリカ航空などが毎日運航している。所要約1時間40分。
🚆ブラワヨを毎日19：30に出発、翌9：05に到着する。1等Z$30、2等Z$26、エコノミーZ$23。ビクトリア・フォールズからブラワヨへは19:00発で、翌9:05に到着する。予約はできず、乗車当日に駅で切符を購入する。
🚌ブラワヨからローカルバスが毎日早朝に出ている。所要約6時間、料金はUS$15程度。ハラレからのバスもある。所要約12時間、料金はUS$35程度。
🚗ザンビアのリビングストンから、国境でタクシーを乗り継いでアクセス可能。入出国審査を含めて所要40分〜。

空港から市内へ

空港からは、ホテルの送迎バスかタクシーで。タクシーの料金はUS$30程度。

両替、現金の引き出しに注意

2019年12月現在、外貨不足により両替やATM（引き出しができない、1日あたりの引き出し額に制限があるなど）などで米ドルの入手が難しい。入国前にあらかじめ米ドルか南アフリカ・ランドを用意しておこう。

ザンビア側へも足を延ばそう

カザ・ユニビザKAZA Uni Visaを取得していれば、ジンバブエとザンビアを複数回行き来できる。また、ザンビアの入国管理事務所では24時間滞在可能なビザがUS$20で取得可能（入国・出国地点は同じ場所である必要がある）。1日あればビクトリアの滝（ザンビア側）とリビングストンの町を観光するには十分。

歩き方 WALKING AROUND

まずはビクトリア・フォールズを目指そう

ザンベジ川はジンバブエとザンビアの国境であるため、滝もジンバブエとザンビアの国境にまたがっている。滝を挟んで反対側にあるザンビア側の町は、**リビングストンLivingstone**（→P.316）。ビクトリア・フォールズとはタクシーなどで行き来することができる。

ビクトリア・フォールズの町はこぢんまりしているが、ジンバブエ随一の観光地だけに中心部はアカ抜けた印象で、治安もそれほど悪くない。いったいどこに地元の人々がいるのだろうと気になるが、大多数は町の南にあるタウンシップの**チノチンバChinotimba**に住んでいる。ブラワヨやワンゲからバスなどで到着する場合は、ここにあるターミナルに到着する。

ビクトリア・フォールズの町並み

町の中心部はコンパクト

町の中心は、東西に走る**リビングストン・ウエイLivingstone Way**と**パーク・ウエイPark Way**が交差するあたり。観光案内所、両替所、レンタカー会社、大型スーパー、ツアー会社、みやげ物店、レストランなどが集中し、たいていの用事は足せる。

町から滝までは、歩いても15分程度。おそらく、線路を渡ったあたりですでに、かの水煙や雷鳴を感じることができるだろう。線路を渡って左側には、郵便局、銀行、ジンバブエ航空のオフィスが、さらに1kmほど東へ進むとビクトリアの滝の国立公園入口がある。そのまま道を真っすぐ行けば、ジンバブエ入国管理事務所、そしてザンビアとの国境だ。

深く切り立った峡谷を望む

ブラワヨなどから列車で駅に降り立つ人も多いだろう。小さいながらも趣があり、ブラワヨとの間を往復している蒸気機関車がときおり汽笛を鳴らしている。駅のすぐ向かいにあるのは、由緒ある高級ホテル、**ビクトリア・フォールズ・ホテ**

ルThe Victoria Falls Hotel。テラスからの**ビクトリア・フォールズ大橋Victoria Falls Bridge**の眺めは一見の価値ありだ。ここから峡谷を下っていくとラフティングのスタート地点にたどり着く。谷底から見上げる峡谷もなかなかのものなので、ラフティングをしない人もピクニック気分で出かけてみるといい。

おもな見どころ　ATTRACTIONS

これを見なくては始まらない、世界３大瀑布のひとつ

ビクトリアの滝

特集→P.281　MAP P.292-A1、295

Victoria Falls

滝はジンバブエ、ザンビアにまたがっており、ジンバブエ側ではパノラマが美しい**メイン・フォールズMain Falls**、水量が多く大迫力の**デビルズ・カタラクトDevil's Cataract**、リビングストン島の脇の**ホースシュー・フォールズHorseshoe Falls**などが見られる。また、西端には探検家**リビングストンの像**もある。ジンバブエ側はザンビア側に比べビューポイントが豊富なのが特徴だ。公園は広いので、ゆっくり歩いて1周2時間程度。なお、公園内にはカフェやみやげ物店もある。

国境の越え方

国立公園入口（ジンバブエ）
↓徒歩約5分
入国管理事務所（ジンバブエ）
↓徒歩約20分
入国管理事務所（ザンビア）
↓徒歩約1分
国立公園入口（ザンビア）
↓タクシーで約10分
リビングストン（ザンビア）
※タクシーの場合、ザンビアの入国管理事務所までしか乗り入れることはできない。リビングストンの町へ行く場合、そばにタクシー乗り場があるのでそこで乗り継いでいく。

世界遺産

1989年に自然遺産に登録
ビクトリアの滝
☎ (083) 2842204
開 6:00～18:00（冬季6:30～）
休 なし　料 US$30
※満月の日の前後3日間は夜に再オープンし、20:30ごろまで開園。別にUS$40のチケットを公園事務所で購入し、ガイドツアーに参加する。（→P.288）

ACCESS

町から徒歩でアクセス可能。観光案内所から所要10分程度。

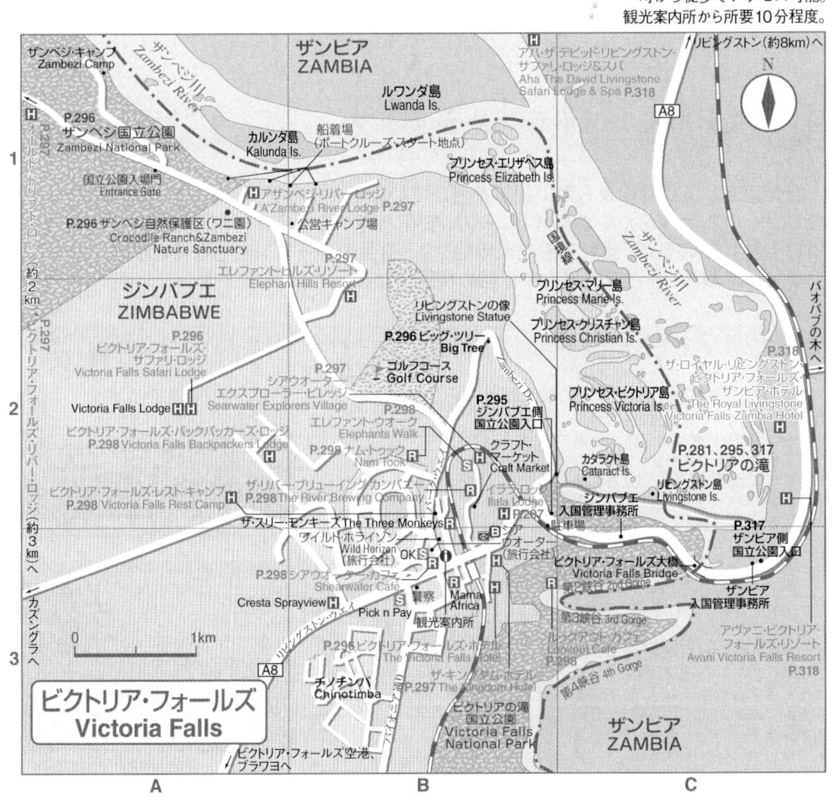

レンタサイクル
パーク・ウエイのシアウオーター・カフェ（→MAP P.295-B3）の向かい側ほか数ヵ所ある。1時間US $3〜5。

ザンベジ自然保護区（ワニ園）
☎ (083) 2843576
開 8:00〜17:00
休 なし
料 要問い合わせ

ザンベジ国立公園
MAP P.295-A1
URL www.zimparks.org
開 6:00〜18:00 休 なし
料 US$15

ひと気のない場所の散策に注意
滝周辺や町なかはツーリストポリスもいて比較的治安が安定しているが、ひと気のない所をひとりで歩くのはできるだけ控えたい。ビッグ・ツリー周辺では日本人観光客が強盗にあった事例も報告されている。また、安宿は町から離れた所にあるので、移動の際には十分気をつけよう。また、滝上流では、特に夕方、野生のゾウが出没することがあり、危険なので注意。

とにかく巨大なバオバブの木
ビッグ・ツリー
MAP P.295-B2
Big Tree

滝の上流、ザンベジ・ドライブZambezi Dr.沿いに大きなバオバブの木が数本立っている。一番大きなものは2000年以上も生き続けているらしく、とにかく巨大。話のタネに記念撮影はいかが？

巨大なバオバブの木

ユーモラスなワニをじっくり観察
ザンベジ自然保護区
MAP P.295-A1
Crocodile Ranch & Zambezi Nature Sanctuary

通称「ワニ園Crocodile Ranch」というだけあり、大小さまざまな種類のワニが飼育されている。普段はワニはただ寝そべっていることが多いが、餌やりタイム（11:15〜15:45）に出かければその迫力ある活動的な様子が見られるだろう。ビクトリア・フォールズの町の中心部から北西へ5kmほどの所にあるので、町なかからレンタサイクル（貸自転車）を借りて行くのもいい。

H ホテル＆レストラン＆ショップ Hotel Restaurant Shop Winery

観光地として世界中から熱い視線を浴びているビクトリア・フォールズには、リッチなリゾートホテルがたくさんある。一方、安宿と呼べるホテルは町なかから少し離れた所に点在しているが、それでも年末年始や7〜8月のシーズンともなるとドミトリーやシャレーは満杯。キャンプ場もすし詰め状態になる。

ビクトリア・フォールズ・ホテル →P.288 ★★★★★
The Victoria Falls Hotel
MAP P.295-B3

創業1904年の歴史あるホテル。ロビー、ダイニング、各部屋ともクラシカルかつ優雅な内装になっている。滝や駅にも近く、テラスからビクトリア・フォールズ大橋が正面に見える立地も申しぶんない。ディナーはスマートカジュアルで。

住 1 Mallett Dr.
☎ (083) 2844751
URL www.victoriafallshotel.com
料 ⓈⓌUS$401〜
CC ADJMV
室 161
Wi-Fi あり（客室）

調度品からも格式の高さを感じる

ビクトリア・フォールズ・サファリ・ロッジ ★★★★
Victoria Falls Safari Lodge
MAP P.295-A2

ビクトリア・フォールズ近郊にはいくつか高級ホテルがあるが、ここは評判が高くおすすめ。国立公園のサバンナを見渡す丘の上にあり、最高の景観を楽しめるし、近くの水場には野生動物が集まってくる。滝や町までの無料シャトルバスサービスあり。

住 471 Squire Cummings Rd.
☎ (083) 2843211
URL www.victoria-falls-safari-lodge.com
料 ⓈⓌUS$224〜 ⓈⓊUS$292〜
CC V
室 72
Wi-Fi あり（客室）

高台にあるので景色がよい

オールド・ドリフト・ロッジ ★★★★★

Old drift Lodge

MAP P.295-A1外

2018年にオープンしたザンベジ国立公園内にあるリゾート。ザンベジ川の岸辺にあり、周辺にはさまざまな動物たちの姿も。客室内はロマンティックな雰囲気で、ハネムーナーにもおすすめ。ドライブサファリやリバーサファリも楽しい。無料送迎あり。

住 Victoria Falls
☎ (083) 2844571
URL www.olddriftlodge.com
料 ⓈUS$502～ ⓌUS$1004～
※朝・夕食付き
※別途環境保全税1人1泊US$15が必要
CC AMV 室 14 Wi-Fi あり（客室）

プライベートプールもある

ビクトリア・フォールズ・リバー・ロッジ ★★★★★

Victoria Falls River lodge

MAP P.295-A1外

ザンベジ国立公園内のザンベジ川沿いにあり、町の中心部からは車で約20分の立地。木を多用したエコフレンドリーな客室は、清潔感があって落ち着いた雰囲気。オールインクルーシブでサファリが楽しめるほか、各種アクティビティーもアレンジしてくれる。

住 Victoria Falls
☎ (087) 0210737
URL www.victoriafallsriverlodge.com
料 ⓈUS$700～ ⓌUS$1120～
※朝・夕食付き
※別途環境保全税1人1泊US$15が必要
CC AMV 室 19 Wi-Fi あり（客室）

目の前に雄大なザンベジ川の風景が広がる

アザンベジ・リバー・ロッジ ★★★

A'Zambezi River Lodge

MAP P.295-A1

何といってもザンベジ川に面したロケーションがすばらしい。広い庭ではイボイノシシが昼寝していたり、カメが泳いでいる池があったりとのどかだ。レストラン、バーを併設している。生演奏を聴きながらテラスで取るランチビュッフェも最高。

住 308 Park Way
☎ (083) 2844561、(013) 43368
URL www.azambezi-hotel.com
料 ⓈⓌUS$185～
CC MV
室 87
Wi-Fi あり（客室）

ザンベジ川の景観も楽しめる

ザ・キングダム・ホテル ★★★

The Kingdom Hotel

MAP P.295-B3

カジノを併設した大型リゾートホテル。グレート・ジンバブエ遺跡をイメージした派手な外観に、池やつり橋、滝、プールなどがあるのどかな中庭が不思議とマッチしていて、リゾート気分が満喫できる。ツアーデスクやレストランも揃っている。

住 1 Mallett Dr.
☎ (083) 2844275
URL www.thekingdomhotel.co.za
料 ⓈⓌUS$248～
※朝食付き
CC MV
室 294
Wi-Fi あり（客室）

アフリカンムード漂うプール

イララ・ロッジ ★★★

Ilala Lodge

MAP P.295-B2

滝と町の中間にあるので、どこへ行くのにも便利なロケーションにある。ビクトリアの滝国立公園の入口までは徒歩約5分。ロビーやレストラン、テラスなど、全体的に広々とした造りで、朝夕にゾウの群れが庭先を通ることもある。

住 411 Livingstone Way, Victoria Falls
☎ (083) 2844737
URL www.ilalalodge.com
料 ⓈUS$380 ⓌUS$608
※朝食付き
CC MV
室 56
Wi-Fi あり（共用エリア）

創業約30年の老舗

エレファント・ヒルズ・リゾート ★★★

Elephant Hills Resort

MAP P.295-B2

町の中心部から約4kmのところにあり、緑に包まれたザンベジ川周辺の美しい風景を見渡すことができる。広大な敷地内にはゴルフコースもある。

住 300 Parkway Dr., Victoria Falls
☎ (013) 44793
URL elephanthillsresort.com
料 ⓈⓌUS$215～
CC AMV
室 276
Wi-Fi あり（客室）

シアウオーター・エクスプローラーズ・ビレッジ

Shearwater Explorers Village

MAP P.295-B2

大手ツアーオペレーターのシアウオーターが2017年にオープン。快適な客室から、テント、キャンピングが揃い、さまざまなニーズに応えている。

住 Adam Stander Rd.
☎ (083) 2844471
URL explorersvillage.com
料 ⓈⓌUS$75 テントUS$26
キャンプUS$16
※朝食付き
CC MV
室 42
Wi-Fi あり（客室）

ビクトリア・フォールズ・レスト・キャンプ

Victoria Falls Rest Camp　MAP P.295-B2

バックパッカーに人気の数少ない安めの宿泊施設のひとつ。コテージやテントなど揃うが、特にキャンプサイトや男女別ドミトリーは満員のことが多い。

住 Victoria Falls
☎ (083) 2840509
URL www.vicfallsrestcamp.com
料 ⓈUS$36～　ⓌUS$56～　ⒹUS$23　キャンプ1人US$18
CC MV
室 33＋3ドミトリー
Wi-Fi あり（共用エリア、有料）

ビクトリア・フォールズ・バックパッカーズ・ロッジ

Victoria Falls Backpackers Lodge　MAP P.295-A2

バックパッカー向けの宿で最もおすすめ。徒歩20分程度とやや市街地から離れているが、いい宿にしようと努力するスタッフの姿勢が感じられ好印象。

住 357 Gibson Rd.
☎ (083) 2842209
URL victoriafallsbackpackers.com
料 ⓈⓌUS$40～60　ⒹUS$18　キャンプ1人US$10
CC 不可
室 15
Wi-Fi あり（共用エリア、有料）

ルックアウト・カフェ

Lookout Cafe　カフェ　MAP P.295-B3

アクティビティ催行会社のワイルド・ホライゾン経営のカフェ。峡谷のへりに立ち、絶景を楽しみながら食事や休憩ができる。近くではジップラインなどのハイワイヤーアクティビティも可能。料理は盛り付けも洗練されていておいしい。ランチUS$18程度。

住 On the Edge of the Batoka Gorge
☎ (083) 2842013
URL www.wildhorizons.co.za/lookout
開 7:00～22:00
CC MV

奥に見えるのはビクトリア・フォールズ大橋

ザ・リバー・ブリューイング・カンパニー

The River Brewing Company　ビアガーデン　MAP P.295-B2

ヨーロッパから醸造家を迎え、ザンベジ川の水で作られたおいしいクラフトビールをつくっている。洗練された料理も食べられ、夜は旅行者でいっぱい。ビールは6種あり、フレッシュでとてもおいしい。300mlUS$3、500mlUS$5。

住 Stand 270, Adam Stander Rd.
☎ (077) 2337980
URL www.riverbrewco.com
開 11:00～23:00
休 なし
CC MV

店内で醸造している

ナム・トゥック

Nam Took　アジア料理　MAP P.295-B2

エレファント・ウオーク（→下記）の中にある、町では珍しいアジア料理レストラン。奥さんがタイ人で、おいしいタイ料理や中華料理を食べさせてくれる。内装も凝った造りでGood。タイカレー US$12～。ひとりでも入りやすい雰囲気だ。

住 273 Adam Stander Dr., Elephant Walks
☎ (083) 2846709
URL www.namtook.co.zw
開 12:00～15:00、18:00～21:00
休 なし
CC MV

ホッとする味のタイカレー

シアウオーター・カフェ

Shearwater Cafe　西洋料理　MAP P.295-B3

市街地の中心部に西洋風のしゃれたカフェがオープン。滝の散策を終えた観光客がオープンエアの席でくつろいでいる姿が見られる。1食US$20程度。味はおいしく、盛り付けやサービスも田舎町とは思えないほど洗練されている。

住 Cnr. of Livingstone Way and Parkway Dr.
☎ (083) 2846789
開 7:00～22:00
休 なし
CC MV

値段は少し高めだが味は確か

エレファント・ウオーク

Elephants Walk　ショッピングセンター　MAP P.295-B2

みやげ物店、カフェ、小さな博物館、レストラン、ブックショップなどさまざまな物件が揃うおしゃれなショッピングセンター。特にみやげ物は、ハイセンスな雑貨、銅細工、民芸品などが揃い、ここにくればほしいものが見つかるはず。

住 Adam Stander Rd.
☎ (077) 2254552
URL www.elephantswalk.com
開 9:00～17:00
休 なし
CC 店舗により異なる

緑豊かな中庭

歴史・文化や遺跡も楽しめる

ハラレ

Harare

MAP P.292-B1

人口約160万人のジンバブエの首都。ローデシア時代は、当時（1890年）のイギリスの首相の名にちなんでソールズベリーという名がつけられていたが、独立して2年後の1982年に現在の名に改名された。ハラレというのは、ローデシア時代以前の、ショナ族の首長の名から来ており、「眠らない者」という意味があるという。

歩き方 WALKING AROUND

ハラレの町はこうなっている

商店やオフィスビルが建ち並ぶ中心部は、アフリカの都市によく見られるように碁盤の目状になっているので、初めてでも歩きやすい。通りも広く見通しが利くので、道の名前さえ把握していれば、迷うようなことはないだろう。

中心街の北側は、大使館なども点在する閑静な高級住宅地。緑も多く、ジャカランダや火炎樹の並木が美しい、いわば「山の手」だ。そして南は、ローカルバスターミナルやマーケット、庶民の住宅が建ち並び、エネルギッシュな雰囲気が漂う「下町」といえるだろう。

まずはアフリカン・ユニティ広場へ行ってみよう

町の中心部にある**アフリカン・ユニティ広場African Unity Sq.**は中央に噴水がある美しい公園で、市民の憩いの場となっている。敷地内にある黄色と白の建物が、観光案内所だ。

広場の北側を走る**ベイカー・ストリートBaker St.**には、1895年に当初ホテルとして建てられ、現在は上院と立法議会として使われているコロニアル建築の国会議事堂がある。意外と小さいので議事堂には思えないが、セキュリティガードがしっかり見守っている。

緑あふれるアフリカン・ユニティ広場

ハラレの銀座通り、ファースト・ストリート

アフリカン・ユニティ広場から西へ1ブロック行くと、**ファースト・ストリートFirst St.**にぶつかる。一部が歩行者天国になっているこの通りには、ファストフード店やおしゃれなブティック、大型スーパー、銀行などが並ぶ、いわばハラレの銀座通り。いつも大勢の人が行き交い、活気があってにぎやかだ。

ファースト・ストリートを北に進むと、**国立アートギャラリー National Art Gallery**、**ハラレ・ガーデン Harare Garden**などがあり、ぶらぶら歩きにぴったりの散歩コースだ。

☎市外局番 024

ACCESS

✈エチオピアのアジスアベバからエチオピア航空が毎日運航（ザンビアのルサカ経由便を含む）。所要約4時間。ヨハネスブルグから南アフリカ航空とジンバブエ航空などが毎日運航。所要時間約1時間30分。

🚆ブラワヨから夜行列車が出ている。所要約14時間。

🚌ヨハネスブルグからは、インターケープとグレイハウンドのバスが毎日1便程度運行。所要約17時間、R450〜。

空港から市内へ

🚗ハラレ国際空港は町の14kmほど南にあり、町までタクシーで所要約20分、US$25程度。

ジンバブエ観光局

MAP P.300-B2
住 Tourism House, 55 Samora Machel Ave.
☎ (024) 2758712/4
URL www.zimbabwetourism.net
開 月〜金 8:00〜16:45
休 土・日

アフリカン・ユニティ広場

MAP P.300-C2

このあたりは、たまにマリファナの詐欺売人などが出るので要注意。

ハラレの国立公園オフィス
Zimbabwe Parks & Wildlife Management Authority
MAP P.300-C1外
住 Cnr. Borrowdale & Sandringham Rd., Botanical Gardens
☎ (024) 2706077〜8
URL www.zimparks.org
開 月〜金　8:00〜16:00
休 土・日・祝
すべての国立公園の宿泊施設やゲーム・サファリの予約を受け付けている。

治安情報
※近年の政情不安やインフレのため治安は悪化傾向にあり、旅行者を狙った強盗事件や置き引き、ひったくりなどもたびたび報告されている。昼夜を問わず、人どおりの多い所でも発生しているが、特に夜間は注意が必要。また、長距離バスの中で言葉巧みに近づき、睡眠薬入りのジュースなどを飲ませて金品などをかすめ取るといった手の込んだ手口の犯罪も増えてきている。

ムバレ、庶民のすべてがここにある

南へ行くと、町の雰囲気は庶民的になる。道端には食料品を売る露天商が増え、行き交う人々もエネルギッシュだ。

さらに南を目指すと、**ムバレ Mbare**（→MAP P.300-A3外）に行き当たる。かつて黒人居住区であった地区で、経済的な理由から現在もそのまま住み続けている人々が多い。ジンバブエ各地へ向かうローカルバスターミナル（ザンビアのルサカなどへ行く国際便もある）や古着やクラフトを扱う青空マーケット、スーパー、コンサートやサッカーの試合などのスポーツ大会が行われるルファロ・スタジアムなどがあり、活気にあふれている。

ムバレへ行く途中、西側に**コピーの丘 The Kopje**と呼ばれる小高い丘がある。ハラレの町を一望できるので、登ってみるといいだろう。

ハラレの町を行き交う人々

おもな見どころ ATTRACTIONS

ショナ族の石彫刻に触れてみたい
国立アート・ギャラリー
MAP P.300-B2

National Art Gallery of Zimbabwe

世界的に注目を集めるショナ族の石彫刻（→下記）をはじめ、アフリカ各地の彫刻やお面などのほか、ジンバブエの現代アートも展示されている。忘れてはならないのは、庭にあるショナ彫刻。アフリカの大地が育んだ芸術は、やはり明るい太陽の下で鑑賞するのがいい。ギャラリー内のショップでは、ショナの彫刻をはじめさまざまなジンバブエのクラフトや布が売られており、値段も手頃でおすすめ。

のんびり散歩を楽しもう
ハラレ・ガーデン
MAP P.300-B1〜2

Harare Gardens

町の中央に位置する、さまざまな花が咲き乱れる美しい公園。木陰で昼寝する人あり、散歩をするカップルあり、ハンバーガーのランチを取る人ありと、市民の憩いの場となっている。旅の疲れや運動不足を感じる人は、隣接するプールでひと泳ぎするのもおすすめ。立派な飛び込み台もある本格的なプールで、週末になると家族連れなどでにぎわっている。

国立アート・ギャラリー
住 20 Julius Nyerere Way
☎ (024) 2704666
URL www.nationalgallery.co.zw
開 火〜日　9:00〜17:00
休 月
料 大人US$1、子供US$0.50

さまざまな彫刻に出合えるギャラリー

ハラレ市内・郊外ツアー
ハラレをミニバスやタクシーを使って回るのは難しく、コピーの丘のように単独では行かないほうがいい所もあるので、ツアー利用も一考したい。半日ツアーでふたり以上参加の場合、ひとり当たりUS$30程度〜。

COLUMN | 石の国が誇るコンテンポラリーアート

ジンバブエを旅している間に、誰しも一度はユニークな形をした石の彫刻を目にするだろう。黒や深緑、グレーの美しい石を使って、人の顔や体、動物や鳥などがかなり抽象的に描かれており、不思議な魅力に満ちている。

この彫刻は、ショナ彫刻Shona Sculptureといい、デッサンや下書きを一切せず、昔から言い伝えられる神話をもとに彫刻家のイマジネーションだけで創作される。スプリング・ストーンやサーペンタインという硬い石をハンマーとノミだけで彫り、サンドペーパーで表面を磨き、最後にワックスを塗り光沢と石本来の色を出す。

ジンバブエ国内に住むショナ族が1960年代から作り始めたのだが、大胆なフォルムのコンテンポラリーアートとして欧米で評判を呼び、有名な彫刻家の作品はかなりの高額で取引されるようになった。作ればお金になるとうわさになり、今ではショナ族出身にかぎらずジンバブエ国内に多くの彫刻家が生まれているようだ。道端の露店やみやげ物屋でも売られているが、比較的軟らかいソープストーンで作られたものは、壊れないようにしっかりと梱包を。ハラレのジンバブエ国立アート・ギャラリー（→上記）にまとまった数が展示されているほか、**チャプング・スカルプチャー・パークChapungu Sculpture Park**では実際に作品を彫っている彫刻家の作業風景を見ることもできる。

イマジネーションから生まれるショナ彫刻

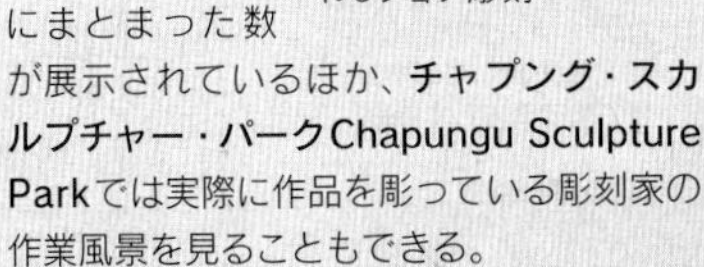

●チャプング・スカルプチャー・パーク
Map P.300-C1外
URL www.chapungusculpturepark.com

ヒューマン・サイエンス博物館
住 Civic Centre, Rotten Rd.
☎ (024) 2751797
開 9:00～17:00
休 なし
料 大人US$10、子供US$5

興味深い展示品が並ぶ

ハラレで一番大きな博物館
ヒューマン・サイエンス博物館
MAP P.300-A2
Human Science Museum

人類学と自然科学に関する博物館。化石やサン族の壁画、伝統的な家や衣装などの展示のほか、サファリや国内に生息する動物、魚類の進化の様子を表す展示などがある。グレート・ジンバブエ遺跡（→P.305）の建築方法に関する解説もある。ジオラマや絵、パネルを多用しており、視覚的にわかりやすい。実際に遺跡を訪れる前またはあとに立ち寄ると、認識も深まるだろう。

ナショナル・アーカイブズ
住 Borrowdale Rd., Gunhill, Causeway
☎ (024) 2792741
開 月～金 7:45～16:45
休 土・日
料 図書館US$1、ギャラリーUS$2

この国の歩みが一度にわかる
ナショナル・アーカイブズ
MAP P.300-C1外
National Archives of Zimbabwe

モノモタパ王国やローデシア時代を含め、現在にいたるジンバブエの歴史を知るのに最適な博物館。新旧さまざまな資料が展示されており、独立闘争時代や建国の日の新聞などは、一見の価値あり。新旧のアフリカ地図やトーマス・ベイン画伯が描いたジンバブエの絵のプリントなどを買うこともできる。町の3kmほど北、大統領官邸の先のガンヒルGunhillにある。

ムバレ・ムシカ・マーケット
ACCESS
🚌中心部から南へ4～5km。歩いても1時間くらいだが、ロバート・ムガベ通りとフォース通りが交差する角のターミナルからバスも出ている。

民芸品を探すのにもぴったり

ジンバブエ中のクラフトが勢揃い
ムバレ・ムシカ・マーケット
MAP P.300-A3外
Mbare Musika Market

ローカルバスターミナルもあるムバレ・ムシカは、下町ならではのにぎわいと活気に満ちみちている市場で、中心部とはひと味違う「アフリカらしいアフリカ」が感じられる場所。生鮮食品から乾物、雑貨まで何でも揃い、古着専門の青空マーケットなどもあるが、おもしろいのはクラフトマーケット。倉庫のような建物内に彫刻、楽器、布、針金細工などがところ狭しと並び、値段は交渉可。ただし、ひったくりなども多く、手荷物や貴重品には注意が必要。

ヒーローズ・エーカー
住 4th Ave.
☎ (024) 2277965
開 月～土 8:00～16:30
休 日
料 大人US$10、子供US$5
ACCESS
🚌中心部から西へ約7km、Warren Parkという公園の中にある。コパカバーナ・バスターミナルから西へ向かうバスに乗り約10分。目の前で降ろしてもらうといい。

激動の歴史をいまに伝える

独立戦争時の兵士の栄光をたたえる
ヒーローズ・エーカー
MAP P.300-A2外
Heroes' Acre

1960年代から1980年4月に独立を果たすまでの間のイギリスや白人政権への抵抗運動と独立戦争中に亡くなった兵士たちをたたえる壮大なモニュメントが、ハラレ郊外の市街を見下ろす高台にある。指揮官など73人の墓をはじめ、北朝鮮から彫刻家を招いて作ったという無名戦士のブロンズ像、独立戦争の経緯を描いた6枚のパネルなどが丘の上に並ぶ。丘の中央には高さ約40mのタワーが立ち、夕暮れから朝にかけては先端が点滅する。

敷地内は広く、ガイドが付いて説明してくれる。敷地内には独立戦争に関する写真やパネルなどの展示が並ぶ**ヒーローズ・エーカー・ギャラリー Heroes' Acre Gallery**がある。

ハラレ郊外随一の見どころ

チレンバ・バランシング・ロック

MAP P.300-C3外

Chiremba Balancing Rock

ハラレの南東郊外、エプワースEpworthにある自然公園。以前流通していたジンバブエ紙幣を見ると、どのお札にも微妙なバランスを保つおだんご状の3つの岩が描かれているが、それらの岩がここにある。敷地内には、このほかにもさまざまな形の岩が点在している。グレート・ジンバブエ遺跡やマトボ国立公園に行けない(行けなかった)人は、ここで「ジンバブエらしい」景観を経験するのもいいだろう。

小高い所からの景色もいいので、天気のいい日にピクニック気分で行ってもいい。なかには1万年から2万年前にサン族が描いたとされるペインティングが残っている岩もある。広い公園内には表示も何もないので、公園内にいるガイドに案内してもらうといい(有料)。市内からミニバスで行けるが、「エプワースのバランシング・ロック」と言ったほうが通じるだろう。

微妙なバランスに保たれた岩

チベロ湖のほとりにあるバードパーク

クンバ・シリ

MAP P.300-A2外

Kuimba Shiri

ハラレから南西へ約28kmの所に、1952年にハラレの水源を確保するために造られた人工湖のチベロ湖がある。湖の周辺は野生動物や460種類もの鳥が生息する**チベロ湖レクリエーション公園Lake Chivero Recreational Park**になっていて、その一角に小さなバードパークがある。白人オーナーがもともと鳥好きで集め出し、病気やけがで弱っている鳥を引き取っていくうちに、それほどまでに増えてしまったという。鳥に興味がなくても、目の前に湖が広がり景色がいいので、のんびり過ごすのにちょうどいい。

約11万m^2の広大な敷地内は、湖の水際まで緑の芝生が敷き詰められ、散歩やピクニックなどにも最適。週末には、地元の家族連れでにぎわっている。また、湖ではボートサファリや釣りが、トレイルでは乗馬もできる。レストランやシャレーもあり宿泊することも可能だ。

敷地内の宿泊施設

チレンバ・バランシング・ロック
開 6:00〜17:00
休 なし
料 大人US$10、子供US$5

ACCESS
🚌フォース通りとロバート・ムガベ通りが交差する角にあるローカル・バスターミナルからエプワース行きのミニバスが出ている。約15km、所要約20分。

コピーの丘
MAP P.300-A3
中心部から少々歩くが、ハラレを一望したいならここへ。コピーとは、アフリカーンスで「丘」という意味。今から約100年前、白人入植者がこのエリアに入ってくるのを阻止するために、周辺住民が夜を徹して見張りに立っていた丘だ。そうしたことから、この町は「眠らない者」という意味のハラレと呼ばれるようになったという。見晴らしはたいそういいが、旅行者を狙う強盗がたまに出るので、できるだけ単独行動は避け、昼間に複数人で行きたい。眺めは、ジャカランダが咲く9〜10月頃が一番すばらしい。

チベロ湖レクリエーション公園
☎(077)4544112
URL zimparks.org
開 6:00〜18:00
休 なし
料 大人US$10、子供US$5
※乗馬(30分US$15)、釣り(1日US$5)などのアクティビティは別途。なお、公園内で宿泊する場合は、シャレーが1泊ⓈUS$30ⓌUS$45。

ホテル

ハラレは大都会だけあり、超一流ホテルからドミトリー主体の安宿までよりどりみどりの宿泊施設が揃っている。ドミトリー主体のバックパッカー向け安宿はシャワー、トイレなどは共同だが、共同で使えるキッチンがあり自炊もできる。また、格安の料金で庭にテントを張らせてもらえるところも多い。

ホリデイ・イン・ハラレ ★★★★

Holiday Inn Harare

MAP P.300-C2

観光客だけでなく、ビジネスパーソンにも人気がある、アメリカのチェーンホテル。部屋の設備、セキュリティなどがしっかりしていて快適な滞在ができる。ホテル内施設も充実していて、レストラン、バーをはじめ、屋外プールなどが備わっている。

住 Cnr. Samora Machel Ave. & Fifth St.
☎ (024) 2251204
URL www.ihg.com
料 ⓈⓌUS$116～
CC ADJMV
室 201
Wi-Fi あり（客室）

必要なものは何でも揃っている

ザ・モノモタパ・ホテル ★★★

The Monomotapa Hotel

MAP P.300-B2

何といっても、すべての部屋の窓からハラレ・ガーデンが見下ろせるロケーションが最高。みやげ物店や映画館、日本大使館にも近いので何かと便利だ。ビジネスパーソンの利用も多く、客室は機能的な造り。空港へのシャトルバスもある。

住 54 Park Lane, Julius Nyerere Way
☎ (024) 2704501
URL www.africansunhotels.com
料 ⓈⓌUS$166～
CC AMV
室 243
Wi-Fi あり（客室）

どこへ行くにも便利な場所に立つ

ニュー・アンバサダー・ホテル ★★★

New Ambassador Hotel

MAP P.300-B～C2

アフリカン・ユニティ広場からすぐ近く、国会議事堂の前にある。客室は新しくはないが、清潔で広々としている。1階のレストランでは、水・金曜にジンバブエの伝統料理のビュッフェを行っている。バーもふたつ併設している。

住 88 Nkwame Nkrumah Ave.
☎ (024) 2708121
料 ⓈⓌUS$60～
CC MV
室 72
Wi-Fi あり（客室）

落ち着いた造りの客室

ザ N1 ホテル ★★

The N1 Hotel

MAP P.300-C2

手頃な料金で泊まれるホテルとして、ハラレでは貴重な存在。中心街にもわりと近く、ハラレ・ガーデンなどへは徒歩圏内。部屋もこざっぱりして清潔なためか、すぐ満室になる。客室設備もしっかりしていて快適。早めの予約が望ましい。

住 126 Samora Machel Ave.
☎ (024) 2701813
URL www.n1hotel.co.zw
料 ⓈⓌUS$79～
CC MV
室 28
Wi-Fi あり（客室）

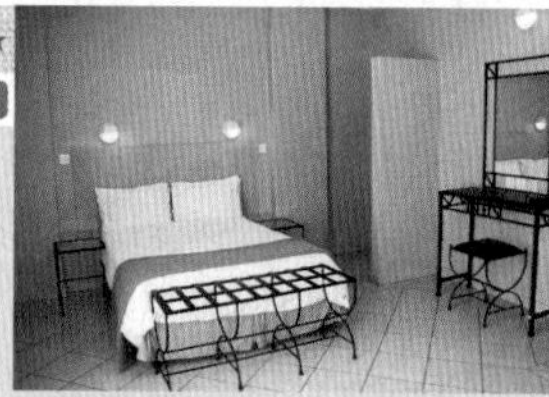
観光客とともにビジネス客にも人気

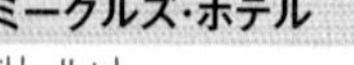

ミークルズ・ホテル ★★★★★

Meikles Hotel

MAP P.300-C2

とにかく豪華に過ごしたいのであれば、迷わずここへ。町の中心部にあるので何かと便利だ。部屋のカテゴリーは、眺めや設備などで細かく分かれている。

住 Cnr. Jason Moyo Ave. & Third St.
☎ (024) 2707721
URL www.meikles.com
料 ⓈUS$198～ ⓌUS$218～
CC AMV
室 312
Wi-Fi あり（客室）

レインボー・タワーズ・ホテル ★★★★★

Rainbow Towers Hotel

MAP P.300-A2

町の西の外れに毅然とそびえる、ハラレでもトップクラスの高級ホテル。ロビー、各部屋の雰囲気とも華やかさのなかに落ち着きがある。レストランもある。

住 1 Pennefather Ave.
☎ (024) 2772633～9
URL www.rainbowtowershotel.com
料 ⓈⓌUS$172～
CC MV
室 304
Wi-Fi あり（客室）

そのほかのエリア

Other Destinations

グレート・ジンバブエ遺跡への拠点となる町

マシンゴ

MAP P.292-B2

Masvingo

グレート・ジンバブエ遺跡の約30km北西に位置する、遺跡見学の拠点となる都市。町の中心部には観光案内所、銀行、郵便局、スーパー、食堂、ホテルなどがある。

マシンゴ周辺には、グレート・ジンバブエ遺跡以外これといった見どころはないが、遺跡の6kmほど東にある**ムティリクゥイ湖Lake Mutirikwi**周辺では、サン族の洞窟画や湖畔の教会、ダム、渓谷などが見られるほか、湖上クルーズや動物観察などが楽しめる。宿泊施設は、遺跡近くと遺跡内のほかに、マシンゴや近辺の湖周辺に安宿やロッジ、ホテルなどが揃っている。

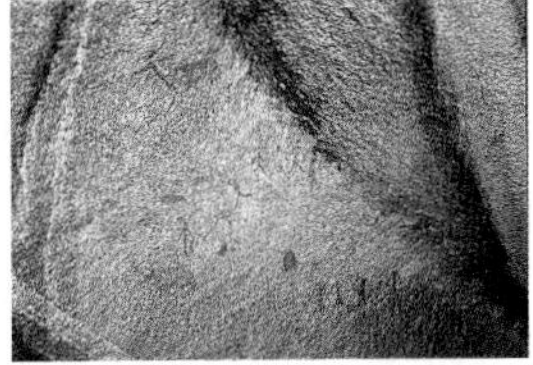

遺跡近くで見られるサン族の壁画

世界で2番目に大きいともいわれる石造建築

グレート・ジンバブエ遺跡

MAP P.292-B2

Great Zimbabwe Ruins

マシンゴから約30kmの地点にある、エジプトのピラミッドに次いで世界で2番目に大きいともいわれる石造建築の遺跡。これまで、11〜19世紀に栄えたモノモタパ王国によって造り上げられたとされていたが、近年の研究では、ショナ族の集落が勢力をつけてグレート・ジンバブエ国を形成し、13世紀頃に建設したという説が有力だ。

モルタルなどを一切使わず、同じ大きさに切り出された花崗岩のブロックを積み重ねてあるだけという建築様式は、世界でも珍しい。ジンバブエとはショナ語で「石の家」という意味で、国名はこの遺跡にちなんでいる。

ジンバブエではビクトリアの滝に次いで人気の観光地

マシンゴ

ACCESS

🚌ハラレやブラワヨなどからローカルバスの便があるほか、ヨハネスブルグとハラレを結ぶ長距離バスもマシンゴに停まる。

観光案内所

住 Robert Mugabe St.
☎ (077) 3998028
開 月〜金　8:00〜16:30
休 土・日・祝
※シェブロン・ホテルの斜め向かいにある。

世界遺産

1986年に文化遺産に登録
グレート・ジンバブエ遺跡

☎ (077) 6308755
URL www.greatzimbabweruins.com
開 月〜金　8:00〜17:00
　土　8:00〜12:00
休 日・祝
料 US$25

ACCESS

🚌マシンゴから遺跡へは、町の外れにあるバスターミナルからモーガンスター Morgenster行きのバスに乗り、運転手に遺跡で停めてくれるように頼む。バスから降りてグレート・ジンバブエ・ホテルまで徒歩約20分、さらにそこから遺跡入口まで20分ほど歩く。タクシーならマシンゴから所要約30分、US$10ほど。

国名の由来となった「石の家」、ジンバブエ遺跡

遺跡を見て歩くには
遺跡は公園のように整備されていて歩きやすくなっているが、たいへん広く、すべてを見学するには最低でも2時間ほどかかる。ガイドによる案内があったほうが効率よく回れるだろう。

ガイドがていねいに説明してくれる

ヒル・コンプレックスの神殿

遺跡は約2km四方の範囲に点在しているが、中心にあるのは王と一族のために造られた**エンクロージャー(囲壁)**と呼ばれる石積みの円または楕円形の要塞と建物の組み合わせだ。大まかに分けて、小高い丘にある**ヒル・コンプレックスHill Complex**、低地にある**グレート・エンクロージャー(大囲壁) Great Enclosure**、遺跡が点在する**バレー(谷) Valley**の3つのエリアからなる。

ヒル・コンプレックスは高さ約80mの花崗岩の丘に造られた、王の住居や神殿があるエリア。下から上まで石積みの階段が続いており、巨大な自然の岩石からなる神殿の最上部まで上れるようになっている。ここに王が立ち、広場に集めた家臣たちを見下ろして演説をしたとされる。また、ジンバブエの国旗に描かれている国のシンボル、**フィッシュイーグルの石像**は、このヒル・コンプレックス内から発掘されたもの。そのほか、青銅製の槍先や生活用具、装飾品などが発掘されており、一部は遺跡サイト内にある博物館に展示されている。

グレート・エンクロージャーは、ヒル・コンプレックスの上部から見下ろせる所に位置する、王の第一夫人の居住区だったとされるエリア。また、学校のような施設や宗教儀式を行う場所も兼ねていたのではないかといわれている。ここからは多くのビーズやネックレスが発掘されている。遺跡の直径は約106m、約1万8000個もの石ブロックで造られている。外囲壁は高さ11m、一部は5mもの厚さがあり、円周は約255m。内側には人がやっとひとり通れるほど幅の狭い通路が張り巡らされていて、ちょっとした迷路のようだ。

グレート・ジンバブエ遺跡の写真によく使われている**円錐形の石の塔**は外壁の内側に立つが、高さ約10m、王の権力や富を象徴する穀物倉庫として使われていたという説と、宗教儀式に用いられていたという説がある。また、**外壁**の一部は、横から見ると三角の模様ができるように石が積み上げられており、これはシェブロン・パターンと呼ばれ、蛇の生命力を表しているといわれている。**バレー**はヒル・コンプレックスの南約500mの所にある。伝統的な丸い家の跡が残っていることから、王の妻や子供、一族の住居として使われていたとされる。このエリアからは鉄製の生活用具や銅製の指輪などが発掘されている。

外壁に見られるシェブロン・パターン

ダイナミックな岩と細やかな石積み

遺跡周辺の景色も美しい

ジンバブエ第2の都市

ブラワヨ

MAP P.292-A2

Bulawayo

首都ハラレはジンバブエ内の多数派ショナ族のエリアだが、このあたりは少数派ンデベレ族のホームグラウンド。人口はジンバブエ第二の規模だが、都市というよりは町といった印象で、商店やギャラリーが多い。物価はハラレやビクトリア・フォールズに比べずっと安い。地理的には、ビクトリア・フォールズ、ボツワナ、南アフリカへ抜ける交通の要衝となっている。

町の中心部は、碁盤の目状に区画された2×1kmほどのエリア。観光案内所、中央郵便局、市役所などは、その真ん中を東西に走る**レオポルド・タカウィラ大通りLeopold Takawira Ave.**周辺に集中している。駅は中心部の南西の外れにある。ブラワヨでの見どころは、まずアフリカ大陸でも屈指の内容を誇るといわれる**国立自然史博物館Natural History Museum**。ジンバブエの文化、自然、歴史、動植物などに関する展示が充実している。隣接している美しい花々が咲き誇る**百年公園Centenary Park**や**中央公園Central Park**の散策と合わせて楽しみたい。

ブラワヨ駅近くにある**鉄道博物館Railway Museum**も要チェック。植民地時代に走っていた美しい機関車群や車内調度品、プレートなどは、鉄道ファンでなくとも見逃せない。アフリカの芸術に触れたいなら、町の中心の**メインストリートMain St.**沿いにある**ナショナル・アート・ギャラリーNational Art Gallery**へ。

自然が造り出した巨大オブジェ

マトボ国立公園

MAP P.292-A2

Matobo National Park

ブラワヨから南へ約34km、約430km²の面積を誇る国立公園。このエリアには花崗岩がゴロゴロしており、公園内には大小さまざまな形の岩が微妙なバランスを保ちつつ積み重なるバランシング・ロックがあちこちに見られる。2003年には「マトボ丘陵」として世界文化遺産にも登録された。

また、7000年から1万年前に描かれたとされるサン族の洞窟壁画、セシル・ローズの墓や記念碑が立つ「世界の眺望」と名づけられた展望台、小さな博物館など見どころも点在している。小さな湖の周辺はピクニックエリアになっており、のんびりするのに最適。また、ゲームパークエリアには多くの野生動物や鳥が生息しており、車で園内を巡りながら白サイやキリンなどに遭遇するゲーム・ドライブも楽しめる。

丸みを帯びた巨石がごろごろしている

☎市外局番 029

ACCESS

✈ハラレとの間に便がある。所要約1時間。

🚂ハラレを夜に出発し、翌朝にブラワヨに着く。

🚌ハラレからインターケープが約US$25～、所要約7時間30分。ほかにも、さらに安いローカルバスが毎日何便もある。

観光案内所

☎(029) 260867/272969
開 月～金　8:30～16:45
休 土・日
※市役所内にある。

国立自然史博物館

☎(029) 2250045
URL www.naturalhistorymuseumzimbabwe.com
開 9:00～17:00
休 なし
料 大人US$10、子供US$5

鉄道博物館

ブラワヨ駅近く、町の中心や火力発電所とは反対側に位置する。プロスペクト通りProspect St.沿い。

☎(029) 2362452
開 8:00～16:30
休 なし
料 大人US$2、子供US$1

世界遺産

2003年に文化遺産に登録
マトボ国立公園

開 6:00～18:00
休 なし
URL zimparks.org
料 US$15
※セシル・ローズの墓とブッシュマンの洞窟壁画はプラスUS$10。

ACCESS

🚌公共の交通はないので、ブラワヨ発の1日ツアーで訪れるといい。交通費、入園料、ガイド料、ゲーム・ドライブ、ピクニックランチが付いてひとりUS$80ほど。

世界遺産
1986年に文化遺産に登録
カミ遺跡
開 8：00〜17：00
休 なし
料 大人US$10、子供US$5
ACCESS
公共の交通はないので、ブラワヨ発のツアーで訪れるか、タクシーをチャーターして行く。

ユネスコの世界遺産に登録されている
カミ遺跡
MAP P.292-A2
Khami Ruins National Monument

カミ遺跡は、ブラワヨから西へ約22kmに位置し、グレート・ジンバブエが栄えた後の15世紀頃、トルワ王国によって建設された都市の遺跡。まだ見学に来る人も少なくひっそりとした感じだか、石組みのデザインは、グレート・ジンバブエ遺跡には見られないものだ。中国をはじめ、ポルトガル、スペイン、ドイツの陶磁器などが発掘されており、交易の広さをうかがわせる。

ワンゲ国立公園
URL zimparks.org
開 6：00〜18：00
休 なし
料 大人US$20、子供US$10
ACCESS
公共の交通はないので、ツアー会社で車をチャーターするか（ひとりUS$70程度）、ビクトリア・フォールズからの1日ツアーを利用する。

ジンバブエ最大の国立公園
ワンゲ国立公園
MAP P.292-A1〜2
Hwange National Park

約1万4650km²の面積を誇る、ジンバブエ最大の国立公園。ビクトリアの滝からもそう遠くなく、アクセスもいいうえに野生動物が多く生息しており、ゾウ、キリンなどの大型動物をはじめ、シマウマ、バファローなどを頻繁に見られる。運がよければ、ライオン、ヒョウ、ハイエナ、ジャッカルなどの捕食動物にも遭遇できる。

ベストシーズンは8月から10月にかけての乾季だが、それ以外の季節でも、水場にある観察用の見晴らし台から、水を飲みに集まってくる動物たちを存分に観察できる。サファリの中心になるのは、公園のメインゲート近くにあるメインキャンプ。自炊のできるロッジやシャレー、キャンプサイト、食堂や雑貨店がある。ブッシュ内への車の乗り入れは禁止だが、公園事務所脇にはサファリ会社の車が何台も待ち構えている。国立公園に隣接した私有地にも立派なロッジが立ち、優雅にサファリが楽しめる。

ゾウの親子に遭遇

ライオンに出合えることも

チマニマニ国立公園
URL zimparks.org
開 6：00〜18：00
休 なし
料 大人US$10、子供US$5
ACCESS
ハラレのローカルバスターミナルからチマニマニ村までバスがある。所要約6時間。

美しい山々や草原が連なり、トレッキングに最適
チマニマニ国立公園
MAP P.292-B2
Chimanimani National Park

山や滝などを散策し、洞窟に宿泊するのが人気のスタイルだが、バックパッカー向けロッジ、ホテルなども各種揃っている。アクティビティも豊富に揃っており、乗馬やゴルフ、カジノなどが楽しめる。約50mの落差がある**ブライダル・ベール滝Bridal Veil Falls**周辺にはピクニックサイトもある。

豪華な滞在が楽しめるリゾート地

カリバ湖

MAP P.292-A1

Lake Kariba

　ザンベジ川の中流、ザンビアとの国境に位置する人造湖。海をもたないジンバブエの水辺のリゾートであり、大量の電気を供給しているダムによってできた湖でもある。言い伝えでは、この湖には、頭部はライオンで首から下は大蛇という「ニャミニャミ」という神様がすんでいるらしい。湖上ではボートやカヌー、釣りのほか、豪華客船による1 ～ 2週間のクルーズなどのアクティビティが楽しめる。宿泊施設はキャンプ場からゲストハウス、ロッジ、カジノを備えた豪華ホテルまで豊富に揃っている。

カリバ湖
ACCESS
ハラレから毎日バスが運行している。所要約5時間。

H ホテル

Hotel Restaurant Shop Winery

バークレー・プレイス

Berkeley Place

　全室にシャワーが付いている。トイレは共同。湯沸かし器があり、コーヒー、紅茶は無料で提供してくれるのでうれしい。ホテル内にはショップがあり、みやげ物も豊富に揃っている。町の中心部にあるが、連絡すれば迎えにきてくれる。

ブラワヨ

住 71 Josiah Tongogara St., Bulawayo
☎ (029) 267701
料 ⓈⓌUS$25
　※朝食付き
CC 不可
室 30

赤い壁が目印

グレート・ジンバブエ・ホテル ★★★

Great Zimbabwe Hotel

　緑に囲まれた建物は藁葺き屋根の平屋だが、中の設備はモダン。バーは遺跡をイメージした石造りの壁になっている。プール、テニスコートなどの施設も充実。

マシンゴ

住 Masvingo
☎ (039) 262274
URL www.greatzimbabwehotel.com
料 ⓈUS$170～　ⓌUS$218～
CC AMV
室 47
Wi-Fi あり（客室）

ホリデイ・イン・ブラワヨ ★★★

Holiday Inn Bulawayo

　ブラワヨ空港から約20kmに位置。スタンダードからエグゼクティブまで4タイプの客室があり、ビジネス客の利用も多い。設備も充実している。

ブラワヨ

住 Milnerton Dr., Ascot, Bulawayo
☎ (029) 2252464
URL www.ihg.com
料 ⓈⓌUS$153～
CC AJDMV
室 150
Wi-Fi あり（客室）

リージェンシー・ホテル・シェブロン ★★

Regency Hotel Chevron

　全室に浴室、テレビ、電話付き。このホテルの隣のガソリンスタンドに、大手長距離バスやローカルバスが停まるので移動には何かと便利。

マシンゴ

住 No.2 Robert Mugabe Way, Masvingo
☎ (039) 253085
URL www.regencyhotels.co.zw
料 ⓈⓌUS$78～
CC MV
室 53
Wi-Fi あり（客室）

ブラワヨ・レインボー

Bulawayo Rainbow

　ブラワヨは交通の要所となっている町なので、観光客のほかにもビジネスパーソンがよく利用している。レストランの料理も定評がある。客室は2タイプ。

ブラワヨ

住 Cnr. 10th Ave. & Josiah Tongogara St., Bulawayo
☎ (029) 2881273
URL www.rainbowbulawayo.com
料 ⓈⓌUS$165～
CC MV
室 172
Wi-Fi あり（客室）

ワンゲ・サファリ・ロッジ ★★★

Hwange Safari Lodge

　ワンゲ国立公園メインキャンプから約16km、車で20分ほどの所にある快適なロッジ。国立公園に隣接した約140km²の広大な私有地内で、サファリドライブが楽しめる。芝生が敷き詰められた広い庭にはプールや観察用の見晴らし台もある。

ワンゲ

MAP P.292-A1

住 Hwange
☎ (077) 2132147
URL www.africansunhotels.com
料 ⓈⓌUS$132～
CC MV
室 100
Wi-Fi あり（共用エリア）

アフリカらしいインテリアの客室

COLUMN | ジンバブエで奏でられるムビラ

ムビラ。私がこのちょっと不思議な響きの名をもつ楽器に初めて出合ったのは、1991年のことだ。

それは友人の家にあった。あるムビラ奏者が作ったもので、裏側には彼のサインと製作年月日。インドネシアのガムランを思わせる音色と美しく反り返った鍵盤。決して楽ではないジンバブエの音楽家の生活のためにたまに買いあげているのだ、と友人は言った。

「ムビラのキーは、太さが違う鉄の棒を線路のレール上でたたいて平たくするのよ」。炎天下のタウンシップで、汗を流しながら一本一本音を試しながら作っている様が目に浮かんだ。弾ける弾けないは問題ではなくなっていた。私は「代金は日本から送る」ということで、その楽器を譲ってもらった。

ムビラと似た楽器はブラック・アフリカのあちこちに見られ、東アフリカではカリンバ、西ではサンザ、一般的には親指ピアノとも呼ばれる。板の上に何本かの鉄のキーが付いた構造で、おもに親指ではじいて奏でるからだ。

この基本形に、さらに音を響かせる共鳴体の「器」が付く。その素材も地域それぞれ。カリンバは楽器自体が箱型に作られ、器の役割をする。ところによってはダチョウの卵の殻だったり、ヤシの実だったりするが、よく見られるのはカラバシュ(ひょうたん)。ジンバブエのムビラにもカラバシュがくっついている。

ジンバブエを再度訪れた1993年、私はプロのムビラ演奏を目の当たりにすることができた。前回手に入れた立派なムビラは、扱いを知らないため部屋の片隅にほうっておかれていた。やはり楽器の幸せは音を発すること。その旅の目的のひとつは、ムビラの演奏を生で聴き、自分でもある程度弾けるようになることであった。

最初に出合ったのは、高級みやげ物ショップ。デモのためにおじさんが弾いていたムビラは、ひとりで演奏しているとはとても思えないものだった。自在に動くその指は、リズムの神さまが宿っているかのよう。まるで魔法だ。ポコポコと響く音が異様に耳に心地よい。興味を示す私に、彼は翌日店の前に来るように言い、自宅にあった古いムビラをくれた。

そんなふうにやってきた第二のムビラを手に歩くと、見知らぬ人によく声をかけられた。「オレに弾かせてみろ」。田舎の祖父から習ったという青年、みやげ物店でムビラを売っている老人、なかには本当のミュージシャンもいた。そして、彼らが奏でるメロディは、いつも生き物のようだった。

しかし、このジンバブエ独自の美しい楽器を弾ける人は、決して多くない。まあ、日本人のほとんどが琴も三味線も弾けないのと同じかもしれないが、ムビラの持ち方やどの指でキーをはじくかさえ知らない人も少なくなかった。その理由を、このように話してくれた人がいた。「その昔、ムビラは儀式で精霊を呼ぶために奏でられていた。しかし、そのような迷信くさいことはやめよう、と政府によって敬遠された時代があったんだ」。

しかし、ムビラは死んだりしなかった。ワールドミュージックの雄であるトーマス・マフモの音楽にもみられるように、現在のジンバブエ・ミュージックにムビラの存在は欠かせない。外国人アーティストにも注目されている。近年は興味をもつ外国人のために教室を開いている人がいたり、教則本やテープも売られ始めた。みやげ物屋へ行けば、プロ用に近いものから、彫刻が施されているものやミニチュアまでいくつも売られている。

ムビラの曲は、微妙に異なる旋律の繰り返しで構成されている。西洋や日本の楽曲のように明らかなフィナーレや終わりはない。ひとつの曲を永遠に弾き続けることも可能である。

自由自在にムビラを操る人々は、口を揃えて「祖父や近所の人が弾くのを見て覚えただけ」と言う。見かけも音も決して派手な楽器ではないが、ムビラはジンバブエの大地に息づき、次の世代へと受け継がれていくだろう。「終わり」のないムビラの旋律のように。　(曽我　裕子)

ビングストン側から望むビクトリアの滝

ザンビア

Zambia

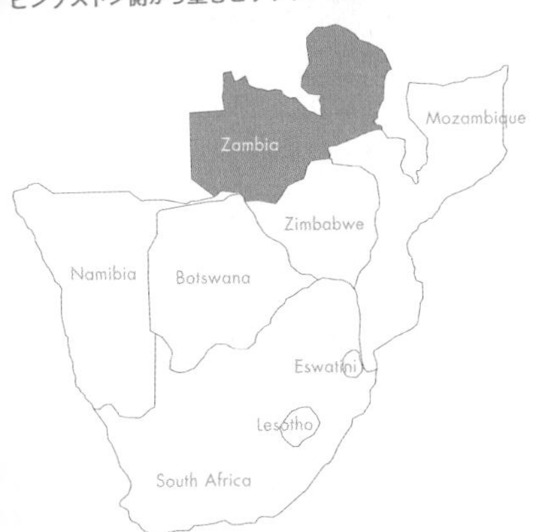

General Information

ザンビアの基本情報

正式国名
ザンビア共和国 Republic of Zambia

面　積
75 万 2614km²（日本の約 2 倍）

人　口
1735 万人（2018 年）

首　都
ルサカ Lusaka
人口約 240 万人（2017 年）

元　首
エドガー・ルング大統領
Edgar C. Lungu

政　体
共和制（独立 1964 年）

民族構成
トンガ語系、ニャンジャ語系など 73 語族。

宗　教
キリスト教が 95.5%、そのほかイスラム教、ヒンドゥー教、伝統宗教など。

言　語
英語が公用語。ほかにニャンジャ語、ベンバ語、トンガ語など。

通貨と為替レート

単位はクワチャ(K)。補助通貨はングェー（N)。K1 = 100N
2020 年 1 月 20 日現在
K1≒7.5 円　US$1≒K14.7
紙幣の種類＝ K100、50、20、10、5、2
コインの種類＝ K1、50N、10N、5N

※ 2013 年 1 月 1 日にそれまでの K1000 を K1 とするデノミネーションが行われ、新通貨へと移行した（現在、旧通貨の使用は不可）。旧 K100 と新 K100 は外観や絵柄が似ているため、偽札の混入に十分に気をつけること。

祝祭日（おもな祝祭日）

2020 年の祝祭日は右記のとおり。グッドフライデイ、イースターマンデイ、英雄の日（7 月の第 1 月曜)、統一の日（7 月の第 1 火曜)、農業の日（8 月の第 1 月曜）は年によって移動する。

1月	1日	元日	New Year's Day
3月	8日	女性の日	Woman's Day
3月	12日	青年の日	Youth Day
4月	10日	グッドフライデイ	Good Friday
4月	13日	イースターマンデイ	Easter Monday
5月	1日	メーデー	Labour/Worker's Day
5月	25日	アフリカの日	Africa (Freedom) Day
7月	6日	英雄の日	Heroes' Day
7月	7日	統一の日	Unity Day
8月	3日	農民の日	Farmer's Day
10月	24日	独立記念日	Independence Day
12月	25日	クリスマス	Christmas Day

ザンビア最大の祭り、クオンボカ祭

ビジネスアワー

官公庁は月～金曜 8：00～17：00。銀行は月～金曜の 8：00～15：30、土曜は～11：00。商店は土曜も営業している。

電話のかけ方

日本からザンビアへの電話のかけ方　(例)ルサカ (0211) 123456 にかける場合

国際電話会社の番号
001（KDDI）※1
0033（NTTコミュニケーションズ）※1
0061（ソフトバンク）※1
005345（au携帯）※2
009130（NTTドコモ携帯）※3
0046（ソフトバンク携帯）※4

＋ 国際電話識別番号 **010** ＋ ザンビアの国番号 **260** ＋ 市外局番（最初の0を取る）**211** ＋ 相手の電話番号 **123456**

※携帯電話の 3 キャリアは「0」を長押しして、「+」を表示し、続けて国番号からダイヤルしてもかけられる。

（※1）「マイライン」「マイラインプラス」の国際通話区分に登録している場合は不要。詳細は、URL www.myline.org　（※2）au は 005345 をダイヤルしなくてもかけられる。　（※3）NTT ドコモは事前に WORLD WING に登録が必要。009130 をダイヤルしなくてもかけられる。　（※4）ソフトバンクは 0046 をダイヤルしなくてもかけられる。

電圧とプラグ

電圧は220～240V、50Hz。プラグはBFタイプとB3Lタイプ。

気候

熱帯に属すが、温暖で湿度も低い。9～11月は乾燥して暑く、12～4月は湿度が高く暖かい。5～8月は乾燥して涼しい。

安全とトラブル

2020年1月現在、ザンビアの治安は周辺諸国同様、決していいとはいえない。特にアンゴラ、コンゴとの国境付近は「不要不急の渡航は止めて下さい」、それ以外の地区にも「十分注意して下さい」という危険情報が日本の外務省より出ている。国境付近の情勢が不安定な所はもちろんだが、都市部でも犯罪は増加傾向にあり、実際日本人も被害に遭っている。

特に都市部の路上やミニバス車内での、強盗、ひったくり、置き引き、スリの被害が発生している。好意を装って話しかけてきた犯人に気を取られている間に、仲間の犯人に貴重品を持っていかれるというケースもある。リビングストンは比較的治安がよいが、決して油断はできない。また、ルサカの長距離バスターミナルなどでは、近年観光客を狙った睡眠薬強盗が増加している。銃器を用いた強盗やカージャックなども各地で発生している。万一被害に遭った場合は、安全のため抵抗しないように。

緊急連絡先
警察・救急・消防…………… ☎999(共通)
●在ザンビア日本大使館(ルサカ)
住 No.5218, Haile Selassie Ave., Lusaka, Zambia (P.O. Box34190)
☎(0211)251555/252036/252039
FAX (0211)254425/253488
URL www.zm.emb-japan.go.jp

アクティビティを楽しむ際には信頼のおけるツアー会社で申し込みを

入出国

パスポート
パスポートの残存有効期間はビザ申請時に6ヵ月以上、また見開き2ページ以上の余白が必要となる。

ビザ
入国するにはビザが必要。在日ザンビア大使館で取得できる。滞在日数は3ヵ月以内でシングル6200円、マルチプル(複数回再入国可)1万6500円。空港や国境でも30日間の短期滞在ができるアライバルビザ(シングルUS$50、マルチプルUS$150)が取得できる(カード払い可)。また、空港、国境でジンバブエ、ザンビアを複数回行き来できるカザ・ユニビザも取得可US$50(有効期間30日間)。オンラインでの各種ビザ取得も可能だ。

●在日ザンビア大使館
住 東京都品川区荏原1-10-2
☎(03)3491-0121 URL www.zambia.or.jp

▶入出国カードの記入例 → P.385

▶ビザ申請書の記入例 → P.387

日本からのフライト時間

日本からの直行便はなく、エチオピアのアジスアベバや南アフリカのヨハネスブルグを経由するのが一般的。アジスアベバからルサカまで約3時間。

時差とサマータイム

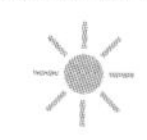

日本より7時間遅れ。日本が昼の12:00のときザンビアは早朝5:00。サマータイムはない。南アフリカとの時差はない。

ザンビアから日本への電話のかけ方 (例)東京(03)1234-5678にかける場合

国際電話識別番号		日本の国番号		市外局番と携帯電話の最初の0を取る		相手の電話番号
00	+	81	+	3	+	1234-5678

国名は「ザンベジ川」に由来する。毎年3月末から4月の初めに、雨季を迎えた川は氾濫を繰り返す。そのため、王家一族でさえも高地に移動しなければならなかった。この儀式が今でもモングで見られる「クオンボカ祭」だ。ザンベジ川は南へ下り、やがてビクトリアの滝へと姿を変える。8ヵ国に囲まれながら、戦争の歴史をもたない穏やかな国民性も、大いなるザンベジ川のたまものなのかもしれない。

ザンビアって、どんな国？

イギリスの植民地時代を経て、1964年に独立

1911年に「北ローデシア」としてイギリスの保護領となり、次いで1924年にはイギリスの直轄植民地になった。そして1953年には、「ローデシア・ニヤサランド連邦」（現ザンビア、ジンバブエ、マラウィ）に組み入れられた。

1960年代にアフリカの民族主義が高まるなか、1964年10月24日「ザンビア共和国」として独立を果たす。独立後は統一国民独立党（UNIP）のカウンダ大統領が就任し、一党共和制による社会主義的な政策を採ってきた。しかし、1990年に複数政党制へ移行。1991年から総選挙において大統領が選出されている。

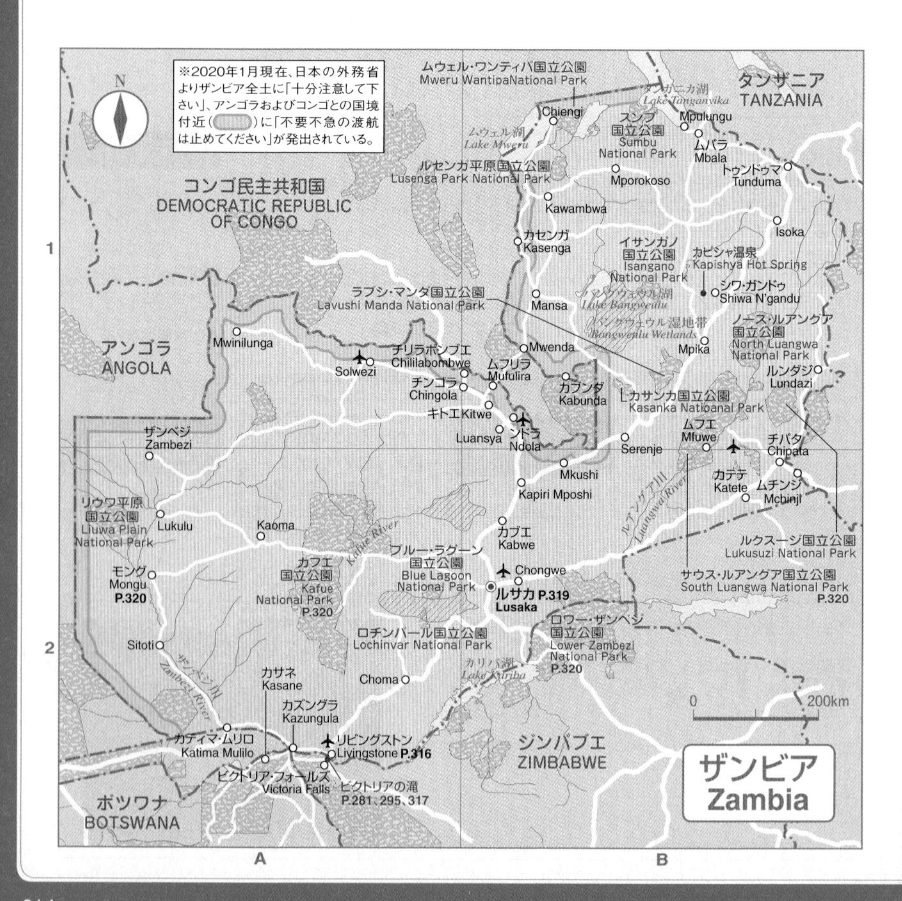

これだけは見逃せない！

- 迫力いっぱいのビクトリアの滝
- 伝統文化に触れられるクオンボカ祭
- 動物たちが息づくロワー・ザンベジ国立公園
- 手つかずの自然が残るカフエ国立公園

①滝つぼからビクトリア・フォールズ大橋を望む
②機会があればぜひ参加したいクオンボカ祭
③ウオーキング・サファリも体験できるロワー・ザンベジ国立公園
④広大なサバンナが続くカフエ国立公園

埋蔵量、生産量ともに世界第6位のコバルト大国

世界有数の銅産出国で、銅鉱石の埋蔵量、銅鉱石および銅の製錬・輸出量においても世界トップ10に入るほど。しかし近年では銅に代わってコバルトが輸出の多くを占めるようになってきた。2012年の対日輸出額を見てみてもコバルトが断突の1位で、日本円にして約23億9334万円、次ぐたばこ（約10億4436万円）を大きく引き離している。近年は、携帯電話に使うリチウム電池の材料として重要が伸びているのだという。

しかし、1964年の独立以来、銅やコバルトの生産に依存するモノカルチャー経済であることに変わりはない。国際価格の変動に影響されないためにも、農業や観光を取り入れた産業構造の改革に取り組んでいる。

ザンビアの主食は“シマ”

メイズ（白いトウモロコシ）を粉末状にして水を加え、火で温めながら練り上げたもの。見た目は真っ白で、これを野菜や豆、肉、魚を煮込んだシチューなどの料理と一緒に手で食べる。

素朴な味わいで美味

ニャンジャ語を話そう！

ザンビアには英語のほかにベンバ語、トンガ語などが話されているが、そのなかのニャンジャ語は首都ルサカや東部のエリアを中心に話されている言語。英語とともに公用語として認められている。

ニャンジャ語はニジェール・コンゴ語族に発するバントゥー系の言語で、チェワ語（チチェワ）ともいわれ、ザンビアのほかに周辺国のマラウイやモザンビーク、ジンバブエでも使われているようだ。

ニャンジャ語で話しかければサービスしてくれるかも

現地の人と仲よくなるには、まずは言葉から。買い物の場面で、道を聞く場面で、さまざまな場面で使ってみよう。現地語で話しかけたら、きっと笑顔で答えてくれるに違いない。

元気ですか？　（ムリブヮンジ？）
元気です！　（ブィーノ！）
ありがとう！　（ズィコモ！）
さようなら！　（ティザオナナ！）
安くして！　（チョサニコ！）
おまけして！　（バセラ！）

ビクトリアの滝、ザンビア側のゲートシティ

リビングストン

Livingstone

MAP P.314-A2

1904年、冒険家リビングストン（→P.283）の名前を冠し創設され、ビクトリアの滝へのゲートシティとして、北ローデシア時代には銅産出地帯の拠点として栄えた歴史をもつ。その後、社会主義政策、イエローカードの提出などにより旅行者の少ない時代があったが、現在はそれもなくなり、魅力的な観光地として多くの人を引きつけている。

☎市外局番 0213

ACCESS

✈ヨハネスブルグから南アフリカ航空が毎日（所要約1時間40分）、ネルスプリットからSAエア・リンクが週4便（所要約1時間35分）、ケープタウンからケニア航空が週3便（所要約2時間50分）運航。

🚌ルサカからバスで所要約5時間～、K200～。

🚗ジンバブエのビクトリア・フォールズから、国境でタクシーを乗り継いでアクセス可能。入出国審査の時間を含め所要約40分～。

空港から市内へ

ハリー・ムワンガ・ナンブラ国際空港からはタクシーで所要約5分、K100。国境まではK300～。

両替

ザンビアで日本円の両替は不可。米ドル、ユーロなどにあらかじめ変えておこう。銀行やATMは町中に多数ある。ちなみに道を歩いていると闇両替商が話しかけてくるので気をつけよう。

安全情報

町の治安は比較的安定しているものの、スリやひったくりなどの事例が報告されているので、特に夜は十分気をつけよう。また、ザンベジ川の河川敷やバオバブの木周辺などのひと気のない場所では強盗事件が起きている。

値段交渉が可能なムクニ・パーク・キュリオ・マーケット

歩き方

WALKING AROUND

リビングストンの町はビクトリアの滝から約8km北に位置する。空港は町の北西4kmほどにあり、空港から町へ走るエアポート・ロードを進むと**モシ・オァ・トーニャ・ロードMosi Oa Tunya Rd.**という大きな通りに出る。ビクトリアの滝を越えジンバブエまで続く幹線道路だ。ふたつの通りが交わる交差点の角には、伝統工芸品がずらりと並ぶ**ムクニ・パーク・キュリオ・マーケットMukuni Park Curio Market**がある。モシ・オァ・トーニャ・ロードを南へ進むと、変わった形の古い建物が左右に見られるが、これはイギリス統治時代のコロニアル様式の建物。なかには町の創建当時のものもあり興味深い。この周辺が銀行、イミグレーション、レストラン、ホテルなどが揃う最もにぎわうエリアだ。

そのまま道なりに進むとリビングストン博物館がある。さらに進むと左手に大きな複合商業施設があらわれるが、これが町で最も大きなスーパーマーケット、**ショップライトShoprite**だ。銀行、レストラン、カフェなど何でも揃うのでこのあたりに宿泊するのも便利。

おもな見どころ ATTRACTIONS

世界3大瀑布のひとつで迫力満点

ビクトリアの滝

特集→P.281 MAP P.295、314-A2

Victoria Falls

ザンビア側で間近に見られる滝は、**レインボー・フォールズRainbow Falls**と**イースタン・カタラクトEastern Cataract**。スリルを求める人は、リビングストン島のそばにある**デビルズ・プールDevil's Pool**（→P.286）で泳ぐアクティビティがおすすめだ。

滝を観察する順路は柵で整備されており、足元から舞い上がる水しぶき越しに虹を眺めながら渡る橋**ナイフズ・エッジKnife's Edge**はスリルがある。**ボイリング・ポット（滝つぼ）Boiling Pot**に下りてみたい人は標高差100m、長さ630mほどの道のりを下っていくと、15分ほどで滝つぼに到着する。下流側にジンバブエとの国境のビクトリア・フォールズ大橋が見える。

デイビッド・リビングストンの所持品を展示

リビングストン博物館

MAP P.316

Livingstone Museum

展示は考古学、歴史、自然科学、文化人類学の4つのテーマに分かれ、なかでも冒険家リビングストンの所持品に関する展示、ビクトリアの滝の模型はなかなか見応えがある。ゆっくり見て1時間程度。

おみやげ探しに最適！

ムクニ・パーク・キュリオ・マーケット

MAP P.316

Mukuni Park Curio Market

1905年に造られたザンビアで最も古い公園内にある工芸品マーケット。籠やお面、動物の置物、各種雑貨などさまざまな伝統工芸品を売る店が長屋にずらりと入っている。売り子はフレンドリーで、強引に売りつけたり、ぼったくりをしたりするようなこともないので買い物しやすい。まれにアンティークの掘り出し物が見つかることもある。値段はついておらず、交渉制なので数軒回って相場を把握しよう。

ザンビアの伝統的な村を見たいなら！

ムクニ村

MAP P.285-外

Mukuni Village

13世紀から続くという歴史のある集落で、現在でも人々が伝統的な住居で暮らしている。ほとんどの村人が観光産業に従事しているが、暮らしは昔のまま。800年続く古いしきたりが今でも守られており、世界的な観光地の近くにありながら、アフリカの昔ながらの暮らしを垣間見られる。ちなみに現在のチーフ（酋長）は19代目。

探検家リビングストンが腰掛けたというアカシアの大木

観光案内所
Livingstone Tourism Association
MAP P.316 ☎(0213) 322365
URL www.livingstonetourism.com

世界遺産
1989年に自然遺産に登録
ビクトリアの滝
開 6:00～18:00
休 なし 料 US$20
※満月の日の前後3日間は24:00頃までオープンし、18:00以降は別にUS$25のチケットを公園事務所で購入する必要がある。（→P.288）

ACCESS
🚗リビングストンから乗合タクシーでK10。通常のタクシーは1台当たりK100、所要約10分。

水しぶきが飛んでくるので雨具は必携

ジンバブエ側へも足を延ばそう
カザ・ユニビザKAZA Uni Visaを取得していれば、ジンバブエとザンビアを複数回行き来できる。ちなみにジンバブエはデイ・トリッパービザを発給していない。国境の越え方は→P.295欄外。

リビングストン博物館
URL livingstonemuseum.org
開 9:00～16:30 休 なし
料 US$5

ムクニ・パーク・キュリオ・マーケット
開 7:00～18:00 休 なし

ムクニ村
開 8:00～17:00 休 なし
料 K50
※ムクニ・ロード突き当りの村の広場で入場料を払えば、ガイドが45分程度村を案内してくれる。

ホテル

ジンバブエのビクトリア・フォールズより古い歴史をもつリビングストン。宿泊施設は高級リゾートをはじめ、中級、バックパッカー向けの宿と幅広く揃い、設備、サービスの充実度としてはビクトリア・フォールズに勝るとも劣らない。町が滝からやや離れていることを除けば、とても快適に過ごすことができる。

ザ・ロイヤル・リビングストン・ビクトリア・フォールズ・ザンビア・ホテル →P.288 ★★★★★

The Royal Livingstone Victoria Falls Zambia Hotel

MAP P.295-C2

イギリスのコロニアル様式で建てられた白亜の美しいホテル。リビングストンでは最も高級なホテルのひとつだ。国立公園内にあるので、敷地内で野生のシマウマやキリンに出合うことも。滝には宿泊者専用入口からアクセスでき、入場料は不要。

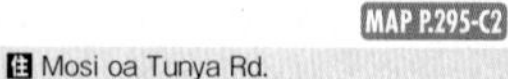

住 Mosi oa Tunya Rd.
☎ (0213) 321122
URL royal-livingstone.anantara.com
料 ⓈⓌUS$690～
CC MV
室 173
Wi-Fi あり（客室）

すべての部屋にバトラーが付いてくれる

トンガベジ・ロッジ ★★★★★

Tongabezi Lodge

MAP P.316外

滝の上流、ザンベジ川沿いにあるイギリス人の経営の5つ星リゾート。野趣あふれる外観とは裏腹に、インテリアは洗練されたおしゃれなデザインで過ごしやすい。ザンベジ川の自然を存分に感じられるとヨーロピアンに人気がある。

住 Livingstone
☎ (0213) 327468
URL tongabezi.com
料 ⓈUS$720～ ⓌUS$1430～
※3食、アクティビティ付き
CC MV
室 11
Wi-Fi あり（共用エリア）

室内は独特のデザインで広々

アヴァニ・ビクトリア・フォールズ・リゾート ★★★★

Avani Victoria Falls Resort

MAP P.295-C2

リビングストンでは最も滝に近い場所に位置する。宿泊者専用入口まで歩いていくことができ、入場料は不要。ホテルはモロッコ風のデザインで統一され、客室はエキゾチックで快適。ホテル内には野生のキリンやシマウマが遊びにくることも。広いガーデンも自慢だ。

住 Mosi oa Tunya Rd.
☎ (0978) 777044
URL www.avanihotels.com
料 ⓈUS$265～ ⓌUS$290～
CC MV
室 212
Wi-Fi あり（客室）

モロッコ感あふれるスイートルーム

アハ・ザ・デイビッド・リビングストン・サファリ・ロッジ&スパ ★★★★

Aha The David Livingstone Safari Lodge & Spa

MAP P.295-B1

ザンベジ川のほとりにある、アフロ・アラブをコンセプトにしたリゾート。バー、レストラン、プール、スパ、ジムなどの施設も充実しており、ゆったりとくつろげる。リゾート所有の船で巡るサンセットクルーズほか、各種ツアーも魅力的。無料送迎もある。

住 Riverside Dr. Off Sichango Rd.
☎ (0213) 324601
URL www.aha.co.za
料 ⓈUS$250～ ⓌUS$300～
ⓈⓊUS$400～
CC AMV
室 77
Wi-Fi あり（客室）

ザンベジ川の静寂の中に佇むリゾート

フォルティ・タワーズ

Fawlty Towers

MAP P.316

バックパッカー向けの宿のなかではおすすめの宿。周囲にはスーパーや銀行、レストランがあり立地は抜群。ラウンジやキッチンもある。滝への送迎あり。

住 216 Mosi Oa Tunya Rd.
☎ (0213) 323432
URL adventure-africa.com
料 ⓈⓌUS$40～80 ⒹUS$12
CC MV
室 31
Wi-Fi あり（客室）

ジョリー・ボーイズ・バックパッカーズ

Jolly Boys Backpackers

MAP P.316

敷地内にドミトリー、コテージ、スタンダードなど、各種の部屋がある。バーやキッチン、レンタサイクル、滝への送迎もあってバックパッカーにやさしい。

住 34 Kanyanta Rd.
☎ (0213) 324229/322086
URL www.backpackzambia.com
料 ⓈⓌUS$45～65
ⒹUS$15～18
CC MV
室 32
Wi-Fi あり（共用エリア）

ザンビアの人々の暮らしを垣間見られる

ルサカ

Lusaka

MAP P.314-B2

人口約240万人のザンビアの首都。町なかには文化・歴史的に興味深い見どころも多く、ホテルやレストランなどの施設も比較的整っている。庶民の暮らしに触れたければ、シティ・マーケットへと繰り出し、ザンビアの人々の穏やかな人柄に触れてみてはいかがだろうか。

おもな見どころ ATTRACTIONS

ザンビアの伝統文化に触れたければ、**カブワタ文化村Kabwata Cultural Village**を訪れるといい。おみやげにも最適な、軽くてかわいらしいキリンやカバなどの木彫りの置物作りの実演も見られる。**ルサカ国立博物館Lusaka National Museum**では村の生活を再現した模型が展示されており、伝統的な暮らしの様子を垣間見ることができる。ザンビアの「衣食住」を知るには最適の場所だ。

そのほか町なかには、ステンドグラスが美しい**アングリカン大聖堂Anglican Cathedral**がある。**シティ・マーケットCity Market**にも足を延ばしてみたい。いわゆるザンビアの庶民の台所で、多くの食料品が売られている。そのほかにも古着、中古品等いろいろなものが売られていて、見ているだけでも飽きない。

散歩が楽しいシティ・マーケット

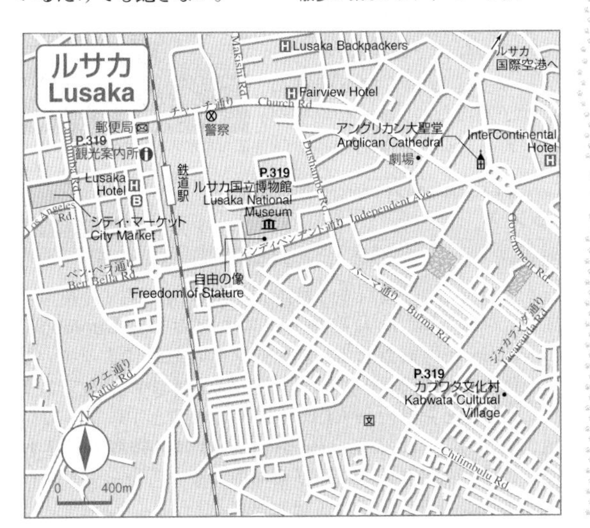

☎市外局番 0211

ACCESS

✈ヨハネスブルグをはじめ、ナミビアのヴィントフック、ジンバブエのハラレなどからの便がある。国内はリビングストンなど各地との間をプロフライト・ザンビアが結んでいる。

観光案内所
MAP P.319
住 Petroda House, Great East Rd.
☎ (0211) 229087
URL www.zambiatourism.com

カブワタ文化村
MAP P.319
住 Burma Rd.
☎ (0976) 081989
開 7:00〜18:00
休 なし 料 無料

ルサカ国立博物館
MAP P.319
住 Independent Ave., Nesser Rd.
☎ (0211) 228805
開 9:00〜16:30 休 祝
料 大人US$5、子供US$3

ひと足延ばしてサファリを体験
市街から北東へ約50km離れた所に私営動物保護区があり、サファリドライブができる。ゾウやライオンなどが見られる。
Hチャミヌカ・ロッジ Chaminuka Lodge
☎ (0211) 254146
URL www.chaminuka.com
料 K1650〜/人
CC AMV 室 34

ライオンにも出合える!

そのほかのエリア
Other Destinations

ザンビア国内で最も多くの動物が生息
サウス・ルアングア国立公園 →P.21 MAP P.314-B1～2
South Luangwa National Park

野生動物が生息する最大聖域地といわれ、ザンビア国内で最も有名で多くの動物に出合える国立公園。今では多くの自然公園で行われている「ウオーキングサファリ」はここに端を発したもの。公園内の宿泊施設は、超豪華なロッジから簡素なキャンプ場まで幅広い選択が可能だ。

夕日に照らされながら歩くキリン

手つかずの自然が残る
カフエ国立公園 →P.20 MAP P.314-A2
Kafue National Park

ルサカから約250km、モングへ行く途中に位置する約2万2500km²の広さを誇るザンビア最大の国立公園。これまでほとんど開発が行われてこなかったため、手つかずの自然が残されている。シマウマやバファロー、アンテロープなどの草食動物をはじめ、ライオンやチーター、ヒョウ、ジャッカルなどの捕食動物が生息し、鳥類も400種類にも及ぶといわれている。公園内を流れるカフエ川Kafue Riverとランガ川Lunga Riverは釣りにも最適。雨季になると雨水が川から流れ出して北西に広がるブスアンガ平原Busanga Plainを潤し、あたりはカバの群れでいっぱいに。乾季になってもいくつもの水たまりが残るため、多くの動物たちを引きつけている。

広大なカフエ国立公園

毎年春に行われるザンビア最大の祭りで有名
モング MAP P.314-A2
Mongu

ルサカから西へ車で約7時間。毎年3月末から4月初旬の間に、ザンビア最大の祭り、クオンボカ祭Kuomboka Ceremonyが開催される。ザンベジ川の氾濫によって、王の一族が生活するバロツェランド平原が水中に沈んでしまうため、王を乗せた巨大船が120人ものこぎ手によって高地に移動する。この祭りの間は数万人の見物客でにぎわう。その年の開催日は、2～3週間前になってから委員会により水位と月占いによって決定される。

サウス・ルアングア国立公園
開 6：00～18：00
休 なし　料 US$25
ACCESS
✈ルサカからムフエMfuweへ所要約45分。

カフエ国立公園
開 6：00～18：00
休 なし　料 US$20
ACCESS
🚗公共の交通機関はないので、ルサカから4WDのレンタカーまたはツアーで。ルサカから小型機をチャーターして行く方法もある。

ロワー・ザンベジ国立公園
Lower Zambezi National Park
　ジンバブエと国境を接し、広大なザンベジ川の眺めが目の前に広がる、ザンビアで最も眺望に優れた公園のひとつ。ザンベジ川とその周辺では、ゾウ、カバ、バファロー、ウオーターバックたちが、おびただしい数の鳥たちに囲まれて生息している。ライオンやヒョウもたくさん生息している。またフィッシュイーグル（ワシ）の生息地としても知られ、バードウオッチングに最適の地でもある。
MAP P.314-B2　開 6：00～18：00
休 なし　料 US$25
ACCESS
🚗公共の交通機関はないので、4WDのレンタカーまたはツアーで行くしかない。ルサカからチルンドChirundo経由で180～230km。雨季はロッジが閉鎖されるので注意。ルサカから小型飛行機をチャーターして行く方法もある。

クオンボカ祭期間中のホテル事情
　どこのホテル、ロッジも満室になり、そのうえ通常の数倍もの部屋代を要求してくる。

大勢が繰り出すクオンボカ祭

ートサファリが楽しいチョベ国立公園

Zambia
Mozambique
Zimbabwe
Namibia
Botswana
Eswatini
Lesotho
South Africa

ボツワナ

Botswana

General Information

ボツワナの基本情報

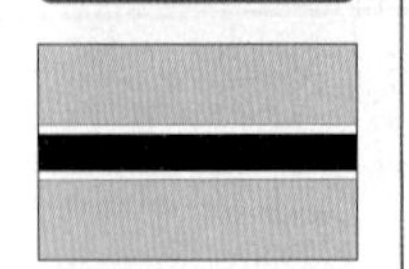

地方で見られる伝統的家屋

正式国名
ボツワナ共和国
Republic of Botswana

面　積
約 56.7 万 km^2（日本の約 1.5 倍）

人　口
約 225 万人（2018 年）

首　都
ハボロネ Gaborone
人口約 24 万人（2014 年）

元　首
モクウィツィ・マシシ大統領
Mokgweetsi Masisi

政　体
共和制。大統領が行政の最高責任者で軍最高司令官（独立 1966 年）。

民族構成
ツワナ族 79%、カランガ族 11%、バサルク族 3%、そのほかヨーロッパ系白人など 7%。

宗　教
キリスト教 79.1%、伝統宗教 4.1% ほか。

言　語
公用語は英語、国語はツワナ語。

通貨と為替レート

P

単位はプラ（P）。補助通貨はテーベ（t）。
P1＝100t
2020 年 1 月 20 日現在
P1≒10.3 円　US$1≒P10.8

紙幣の種類＝ P200、100、50、20、10
硬貨の種類＝ P5、2、1、50t、25、10、5

祝祭日（おもな祝祭日）

穏やかな性格の人が多い

2020 年の祝祭日は右記のとおり、グッドフライデイ、イースターマンデイ、キリスト昇天祭は年によって移動するので注意。また、大統領の日は 7 月の第 3 月曜。

1 月　1 日	元日	New Year's Day
4 月 10 日	グッドフライデイ	Good Friday
4 月 13 日	イースターマンデイ	Easter Monday
5 月　1 日	メーデー	Labour Day
5 月 21 日	キリスト昇天祭	Ascension Day
7 月　1 日	セレツェ・カーマ卿の日	Sir Seretse Khama Day
7 月 20 日	大統領の日	President's Day
9 月 30 日	独立記念日	Botswana Day
12 月 25 日	クリスマス	Christmas Day
12 月 26 日	ボクシングデイ	Boxing Day

ビジネスアワー

オフィスや商店は月～金曜は 8:00 ～ 17:00、土曜は 8:00 ～ 13:00。銀行は月～金曜は 8:30 ～ 15:30、土曜は 8:15 ～ 10:45 まで開いている。昼休みに閉める商店やオフィスもある。日曜はほとんどのショップやオフィスがクローズする。

電圧&プラグ

電圧は 220/240V、50Hz。プラグは角型 3 ピン BF タイプか、南アフリカと同じ丸型 3 ピン B3L タイプがメイン。丸型 2 ピンタイプが使える場合もある。

電話のかけ方

日本からボツワナへの国際電話のかけ方　（例）ハボロネ 123-4567 にかける場合

国際電話会社の番号
001（KDDI）※1
0033（NTT コミュニケーションズ）※1
0061（ソフトバンク）※1
005345（au 携帯）※2
009130（NTT ドコモ携帯）※3
0046（ソフトバンク携帯）※4

＋ **国際電話識別番号 010** ＋ **ボツワナの国番号 267** ＋ **相手の電話番号 123-4567**

※携帯電話の 3 キャリアは「0」を長押しして、「+」を表示し、続けて国番号からダイヤルしてもかけられる。

（※1）「マイライン」「マイラインプラス」の国際通話区分に登録している場合は不要。詳細は、URL www.myline.org　（※2）au は 005345 をダイヤルしなくてもかけられる。　（※3）NTT ドコモは事前に WORLD WING に登録が必要。009130 をダイヤルしなくてもかけられる。　（※4）ソフトバンクは 0046 をダイヤルしなくてもかけられる。

チップ

空港やホテルのポーターには荷物1個につきP5、レストランで伝票にサービス料が含まれていない場合は請求額の10%程度が基本。

飲料水

水道の水は飲んでも問題ないといわれているが、ミネラルウオーターを飲用するほうがいい。

気候

国土の約3分の2が南回帰線付近の熱帯に属するが、全体的に平均標高1000m前後の高原地帯のため、気候は比較的穏やかだ。雨季（11～3月）と乾季（4～10月）に分かれており、年間降水量は250～700mm。北部は気温が高く雨も多いが、南西部・中央部は乾燥しており、冬（乾季）には5℃を下回ることもある。

砂漠でありながら植生豊かな大地

入出国

パスポート
入国時に残存有効期間が滞在日数に加えて6ヵ月以上必要。

ビザ
日本国民は、90日以内の観光、短期商用目的の場合はビザ不要。出国のための予約済み航空券が必要な場合がある。

▶未成年の入国
→ P.370

▶入出国カードの
記入例→ P.386

安全とトラブル

盗難など
周辺諸国に比べ、政治・経済が安定しており、治安もいい。だが、強盗や置き引き、暴行事件は増加傾向にあり、特にハボロネ市内は注意が必要だ。日が落ちてからのひとり歩きは避けよう。また、ショッピングセンターなどで手荷物を預けた際に金品を抜かれるというケースもあるので注意。

病気
ボツワナは世界で最もHIV感染率の高い国のひとつ。性交渉などがなければ感染の恐れはほとんどないが、輸血を受ける際などは信用のおける医療機関を選ぶようにしたい。また、マラリアや狂犬病に感染する恐れもあるので、予防策をとっておいたほうがいいだろう。

緊急連絡先
警察 …999
救急 …997
消防 …998

●在ボツワナ日本大使館（ハボロネ）
住 4th floor Barclays House, Plot 8842, Khama Crescent, Gaborone
☎ 391-4456　FAX 391-4468
URL www.botswana.emb-japan.go.jp

野生動物に出合える保護区などでは、マナーをきちんと守ること

日本からのフライト時間

日本からの直行便はないが、エチオピアのアジスアベバや南アフリカのヨハネスブルグからの便がある。アジスアベバから首都ハボロネまでは所要約5時間。

時差とサマータイム

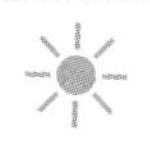

日本より7時間遅れ。日本が昼の12:00のときボツワナは5:00。サマータイムはない。また、南アフリカとの時差はない。

ボツワナから日本への国際電話のかけ方　(例)東京(03)1234-5678にかける場合

国際電話識別番号		日本の国番号		市外局番と携帯電話の最初の0を取る		相手の電話番号
00	+	81	+	3	+	1234-5678

携帯電話が普及しており、SIMフリーの携帯を所持していれば、P10程度でSIMカードを購入できる。

ダイヤモンドの生産地として経済力をたくわえ、南部アフリカの中で最も豊かな国ともいわれているボツワナ。南西部には乾いたカラハリの地が広がるが、北部は動植物の楽園といわれるオカバンゴ湿地帯やチョベ川が大地を潤し、ゾウの大群に出合えるチョベ国立公園など、自然の恵みも豊かである。大自然の豪華サファリロッジで、野生動物と隣り合わせの極上の休日を過ごしたい。

ボツワナって、どんな国？

柔軟な姿勢で独立を得ることに成功

ほかの南部アフリカの国と同様に、ボツワナに最初に定住したのはサン族だが、現在ボツワナの最大の民族バントゥー系のツワナ族が定住したのは1400～1800年にかけてといわれている。

1820～1830年にシャカ王が率いるズールー族の侵攻を受ける。その後、1835年からボーア人の「グレート・トレック」が始まり、1870年頃から侵攻を受けるように。カーマ3世はイギリスに保護を求め、1885年にイギリスの保護領「ベチュ

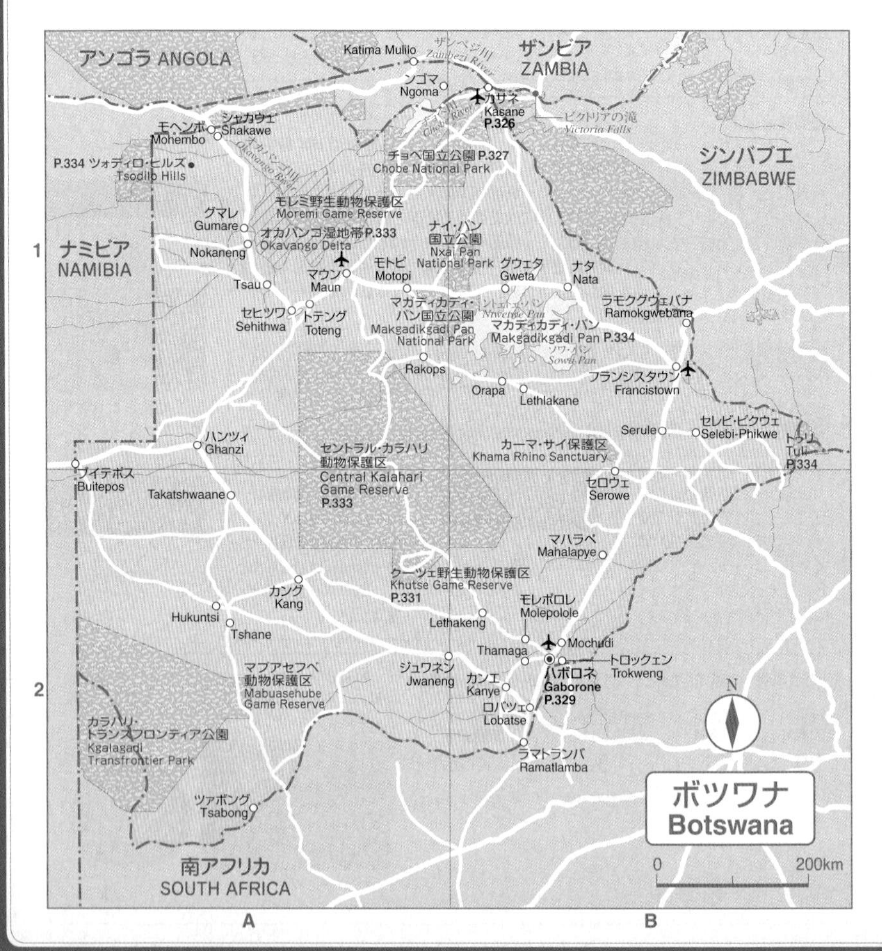

アランド」となった。

しかし、1962年には後に初代大統領となるツワナ族のセレツェ・カーマがベチュアランド民主党（後にボツワナ民主党BDPに改称）を結成。1965年の総選挙を経て、1966年にボツワナ共和国として独立を果たすこととなった。

これだけは見逃せない！
●ゾウの大群に出合えるチョベ国立公園
●野生動物の楽園、オカバンゴ湿地帯
●今も受け継がれる伝統文化
●真っ白な大地が広がるマカディカディ・パン
①夕日が美しいチョベ国立公園
②オカバンゴには豪華ロッジが点在
③文化村などで伝統的な暮らしを学べる
④塩の大地が広がるマカディカディ・パン

独立当初は反南アフリカ政策を採っていたが、アパルトヘイト撤廃以来、南アフリカとの関係も改善された。欧米との関係もよく、政治的にも安定している。

世界最大のダイヤモンド生産国

1967年にダイヤモンドが発見され、1971年に採掘が始まって以来、ボツワナは順調な経済成長を続けている。取引額では世界最大のダイヤモンド生産国で、ダイヤモンド産業がGDPの約27%、国の歳入の約半分を占めるほど。20世紀後半の30年間で年平均約9%という世界でも有数の高度経済成長を遂げた。

現在、ダイヤモンドに次いで観光や畜産、製造業がおもな基盤となっている。

ボツワナの伝統料理とは？

内陸国のため魚を食べることはほとんどせず、よく肉を食べる。シンプルに焼いたものから煮込んだものまで、レシピはさまざまだ。

伝統料理といえば、昔から結婚式のときなど特別な日に食べる「セスワ」。牛肉のいい部分だけをじっくり煮込んだもので、柔らかくしっとりとしておいしい。ほかにはよく家庭で食べられるものとしてトマトソースで青菜を炒めたものなど。主食はトウモロコシの粉に水を加えて練った「パリチ」と呼ばれるもので、ボツワナ人には欠かせない。

変わり種としては、「パニ」と呼ばれるよく太ったガの幼虫を乾燥したもの。トマトソースで炒めたりして食べるのだが、ボツワナ人のなかにはその外見を気味悪がって苦手という人もいる。確かに見た目はいまいちだが、味は香ばしく意外に珍味。かめばかむほど味が出てくるおいしさに、やみつきになってしまうかもしれない。

もともとボツワナは畜産業が盛んな国

サファリロッジなどでも、ときどきビュッフェに登場するパニ（右下）

チョベ国立公園への拠点となる町

カサネ

Kasane

MAP P.324-B1

チョベ国立公園の入口までわずか5kmほどの所に位置する。町に沿って流れるチョベ川は、カズングラKazungulaでザンベジ川に合流。ここは川を挟んで4つの国が隣接している地点でもあり、フォー・ポインツ・コーナー Four Points Cornerと呼ばれている。この地のザンベジ川はゆっくりと流れ、約75km先でビクトリアの滝へ姿を変える。

☎市外局番 なし

ACCESS

✈エア・ボツワナがヨハネスブルグから毎日、ハボロネとマウンから週2～4便運航。

🚌フランシスタウンから所要約6時間30分。P120程度。ハボロネからの直行バスはない。

🚗ビクトリア・フォールズ、リビングストンから車で約2時間。公共の交通機関はないので、ツアーに参加するのがベスト。

ボツワナ観光局
Botswana Tourism Organization

MAP P.327-A
住 Madiba Shopping Centre
☎ 625-0555
URL www.botswanatourism.co.bw
開 月～金 7:30～18:00
土 9:00～14:00
休 日・祝

カサネのインターネット事情

高級ロッジなどは、インターネットが使えるところがほとんど。町なかのアウディ・ショッピング・センター内にインターネットカフェがあり、30分あたりP15程度で利用ができる。

カズングラのザンビアとジンバブエの国境付近

歩き方 WALKING AROUND

カサネの町は治安がよく、ゆったりとした空気が漂っている。ただし、野生動物が近くにいることを常に念頭に。町なかのショッピングセンターなどで動物に出くわすことはさすがにないが、車道の脇でゾウが草をはむ姿を見るのは日常的である。車を運転する際には、くれぐれもスピードを出し過ぎないように気をつけよう。

町は、チョベ川に沿って細長く広がっている。中心は、カサネ国際空港から4kmほど北のあたり。周辺には食料品や衣服、みやげ物などを扱う店やインターネットカフェ、銀行などが集まっている。ボツワナ観光局のオフィスもそこにある。各種パンフレットや地図があり、宿泊施設やアクティビティを扱っているツアー会社なども紹介してくれるので、一度訪れてみるといいだろう。

何といってもカサネの一番の見どころは**チョベ国立公園Chobe National Park**（→P.327）だ。ゲーム・ドライブの合間に町を散策してみるのもいい。クレスタ・モワナ・サファリ・リゾート＆スパの横にはチョベ川の支流がぶつかり合ってできあがった**セボバ急流Seboba Water Rapids**があり、中州には「カサネ」の名前の由来にもなっているウオーターベリーの木々が茂っている。

さらにチョベ川に沿って東へ約500m行った所には**カサネ・ホット・スプリングスKasane Hot Springs**があり、地下から塩分を含んだ50℃ほどの温かい湯が湧き出ている。地元では体を浄化する働きのある「幸せの湯」と言い伝えられ、日中はその飲み水をくみにくる人もいるそうだ。夜になると、今度は塩分を求めてゾウの群れも集まってくる。また、町の中心部から約15kmの所には小さな**レソマ村Lesoma Village**があり、村内の小学校や記念碑などを訪れるツアーが催行されている。

塩分を含んだ湯が湧き出すカサネ・ホット・スプリングス

おもな見どころ ATTRACTIONS

7万頭を超えるアフリカゾウが生息

チョベ国立公園 →P.16

MAP P.324-A～B1、327-A

Chobe National Park

ゾウの生息密度は世界一ともいわれ、広大なアフリカ大陸の中で、最も簡単にゾウの大群に出合える場所のひとつである。チョベのよさは、泊まりがけの大がかりなツアーに参加しなくても比較的手軽に動物たちに出合えるところ。3時間程度のゲーム・ドライブやボートサファリだけでも十分にサファリを満喫できる。宿泊者でなくても、カサネのロッジなどで手配してもらえるほか、ビクトリアの滝周辺の町（→P.294、316）からも日帰りツアーが出ている。すべての動物を見るには1～2泊して3回ほどゲーム・ドライブやボートサファリに参加するのがおすすめ。ベストシーズンは乾季の6～10月。

さまざまな動物たちと出合えるチョベ国立公園

チョベ国立公園
開 4～9月　6:00～18:30
　10～3月　5:30～19:00
休 なし　料 大人P120、子供P60

ビクトリアの滝からの日帰りツアー

チョベ国立公園は、ビクトリアの滝からアクセスがよいため、ビクトリア・フォールズ（→P.294）やリビングストン（→P.316）から日帰りツアーで訪れることが多い。半日と1日ツアーがあり、半日ツアーは早朝にホテルを出て、ボートクルーズをして15:00頃までにホテルに戻る。1日ツアーだと、ボートサファリに加え、午後にゲーム・ドライブをして夕方19:00頃までに戻る。料金は1日ツアーがUS$200程度、半日がUS$170程度。催行会社は→P.286。また、逆にカサネからビクトリアの滝へのツアーも催行されている。

カサネの旅行会社
●カラハリ・ツアーズ
Kalahari Tours
☎ 625-0880
URL kalaharichobe.com

ライオンも多く生息する

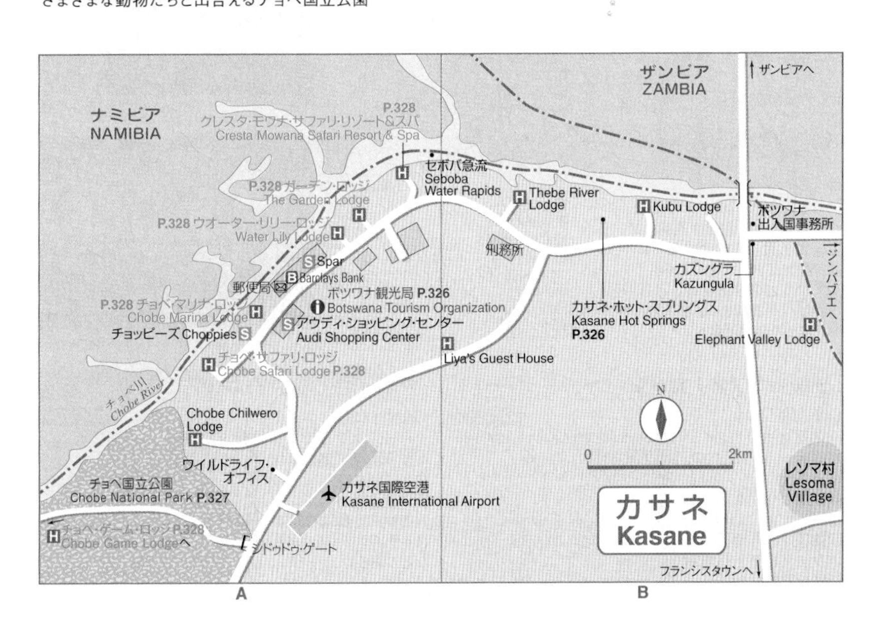

チョベ国立公園の拠点となるカサネには、小さなゲストハウスから豪華サファリロッジまで、さまざまなタイプの宿泊施設が揃っている。豪華ロッジの場合は、宿泊費のなかに全食事とゲーム・ドライブやボートサファリなどのアクティビティ代がすべて含まれていることが多い。いずれにしても人気の観光地なので必ず予約を。

チョベ・ゲーム・ロッジ ★★★★★

Chobe Game Lodge

MAP P.327-A外

チョベ国立公園内にある豪華ロッジ。全客室からチョベ川を眺めることができ、夜になるとカバやハイエナの鳴き声も聞こえてくる環境にある。ゲーム・ドライブをはじめ、ウオーキングサファリなどアクティビティも豊富に揃う。

住 Chobe National Park
☎ 625-0340
URL www.chobegamelodge.com
料 ⓌUS$1590～
※3食、アクティビティ付き
CC MV
室 44
あり（客室）

庭にはイボイノシシもやってくる

クレスタ・モワナ・サファリ・リゾート＆スパ ★★★★

Cresta Mowana Safari Resort & Spa

MAP P.327-A

日本人観光客に人気のロッジ。2011年に改築を終え、さらにゴージャスに生まれ変わった。敷地内には、レストランやバー、プールをはじめ9ホールのゴルフコースやテニスコート、スパまである。施設が充実しているうえにサービスが行き届いていて申し分ない。

住 Chobe River
☎ 625-0300
URL www.crestamowana.com
料 ⓈⓌUS$610～
※朝食付き
CC DMV
室 108
あり（共用エリア）

大きなバオバブの木がある

チョベ・マリナ・ロッジ ★★★★

Chobe Marina Lodge

MAP P.327-A

プールをはじめ、レストランとバーが各ふたつあり、特にバラエティ豊かなランチビュッフェは人気。客室はシャレータイプとアパートメントタイプのものがあるが、いずれも広々としていてアフリカンテイストの調度品でまとめられている。

住 President Dr.
TEL 625-2221
URL aha.co.za
料 ⓈUS$738～　ⓌUS$852～
※3食、アクティビティ付き
CC ADMV
室 66

あり（共用エリア）

落ち着いた雰囲気の客室

ガーデン・ロッジ ★★★★

The Garden Lodge

MAP P.327-A

こぢんまりとしたロッジだが、プールやバーなどの設備が充実している。客室棟の目の前には緑あふれる大きな中庭が広がっており、イボイノシシやカバなどの姿を見ることも。夜は、小さなバーで気さくなオーナーやゲストたちとの会話が弾む。

住 Chobe River
☎ 625-0051
URL thegardenlodge.com
料 ⓈUS$565　ⓌUS$860
※3食、アクティビティ付き
CC MV
室 8
あり（共用エリア）

天蓋付きのベッドがロマンティック

チョベ・サファリ・ロッジ ★★★★

Chobe Safari Lodge

MAP P.327-A

客室はホテルタイプとコテージのふたつ。ゲーム・ドライブ（ひとりUS$42/3時間）、ボートサファリ（ひとりUS$38/3時間）などアクティビティが豊富に揃っている。

住 Border of Chobe National Park
☎ 625-0336
URL underonebotswanasky.com
料 ⓈⓌUS$180～
CC AMV
室 76
あり（共用エリア）

ウオーター・リリー・ロッジ ★★★

Water Lily Lodge

MAP P.327-A

リーズナブルでありながら設備に申し分はなく、居心地がいい。客室は全室チョベ川に面していて、敷地にはレストランやプール、バーなどがある。

住 Chobe River
☎ 625-1775
URL www.waterlilylodge.com
料 ⓈP1430　ⓌP1777
CC MV
室 10
あり（客室）

ボツワナの首都

ハボロネ

Gaborone

MAP P.324-B2

もともとは1880年代にできたトロクワ族の小さな村だったが、セシル・ローズによって鉄道が敷かれたことで駅が設置され、以来、町として機能し始めた。1966年の独立と同時に首都となり、大きな発展を遂げている。1991年に約13万人だった人口は2014年には約24万人にまで膨れ上がった。

歩き方 WALKING AROUND

ふたつの大通りに挟まれた大型ショッピングモールを中心に広がる計画都市で、この周辺には観光案内所や銀行、郵便局、**国立博物館&アート・ギャラリーNational Museum & Art Gallery**など主要な施設のほとんどが集まっている。

カップルや若者に人気なのは、町の中心部から南東へ約4km、南アフリカとの国境にも近いトロックェン・ゲートの手前にある**リバー・ウオーク・モールRiver Walk Mall**や、市街から南へ約4km、**モコロディ自然保護区Mokolodi Nature Reserve**へ行く途中にある**ゲーム・シティ Game City**などの大型ショッピングモール。レストランやショップ、映画館などが入っていて、週末になると多くのカップルや家族連れでにぎわっている。

また、中心部の北西に広がるビジネス街の開発が進められ、これまで見ることがなかったような高層のオフィスビルが次々と建ち始めている。一角の公園には、ボツワナの歴史を語るときに欠かせないバトエン1世、セベレ1世、カーマ3世の**3長老のモニュメントThe Three Dikgosi Monument**がハボロネの町を見下ろすようにして立っている。

☎市外局番 なし

ACCESS

✈エア・ボツワナがヨハネスブルグから毎日7便程度運航。所要約1時間。南アフリカ航空とSAエア・リンクも毎日数便運航している。ケープタウンからの便もある。
🚌ヨハネスブルグからインターケープのバスが毎日1便運行、所要約5時間30分、R290～。

空港から市内へ

🚗セレツェ・カーマ国際空港は市内の約15km北東に位置。市内中心部までは車で約30分。

両替をするには

空港に両替所があるほか、町なかの銀行でできる。ただし、日本円からの両替はできないので、米ドルやユーロ、南アフリカ・ランドを用意しておく必要がある。また、ハボロネやカサネ、マウンなどにはATMもあり、クレジットカードで現金を引き出すことも可能。

おもな見どころ ATTRACTIONS

ボツワナの歴史・文化に触れる

国立博物館&アート・ギャラリー

MAP P.330-B1

National Museum & Art Gallery

伝統的なアフリカンアートや民芸品をはじめ、アフリカやヨーロッパの現代絵画を収蔵している。ボツワナの歴史、文化、風習、自然史についての資料を模型やパネルなどとともに展示。さまざまな観点からボツワナについての知識を深めることができる。また、リビングストンと探検をともにした芸術家トーマス・ベインズの絵画のコレクションも見応えがある。

伝統的家屋も再現している

国立博物館&アート・ギャラリー

住 331 Independence Ave., Broadhurst
☎397-4616
開 火～金 9:00～18:00
土・日 9:00～17:00
休 月 料 無料
※2020年1月現在、改装工事により閉鎖中。

町を見下ろすようにして立つ3長老のモニュメント

郊外の見どころ ATTRACTIONS

ピクニックを兼ねて訪れたい
ハボロネ野生動物保護区
MAP P.330-B1
Gaborone Game Reserve

ハボロネ郊外にある約500km²の野生動物保護区。捕食動物はいないが、サイ、シマウマ、エランドなどを観察することができる。水飲み場の近くには、観察小屋もあり、そこから至近距離で動物たちを見ることも可能。特にバードウオッチングには最適で、スネークイーグルなどの猛禽類や紅クロヤブモスなどの水鳥が見られる。

地元の家族連れにも人気
モコロディ自然保護区
MAP P.330-A1
Mokolodi Nature Reserve

ハボロネから南西へ約15kmに位置する自然保護区。ヒョウやチーター、キリン、ゾウ、サイなどの大型哺乳動物に出合える場所で、ゲーム・ドライブのほか、ナイトドライブやシロサイやキリンの足跡をたどるツアー、ゾウと一緒に茂みを歩くウオーキングサファリなどが体験できる。保護区内には宿泊施設やレストラン、ピクニックエリアなどが充実している。

イボイノシシもたくさんいる

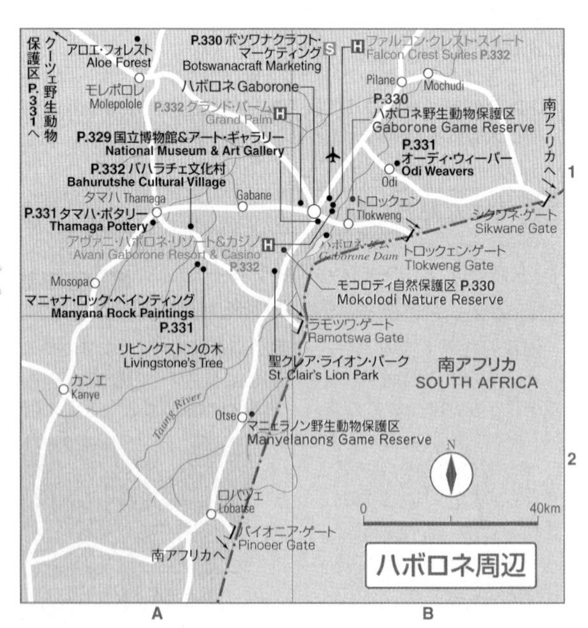

ハボロネ野生動物保護区
住 E of Gaborone access from Limpopo Dr.
☎318-4492
開 6:00〜18:30
休 なし
料 大人P20、子供P10
ACCESS
車 市内中心部から車で約15分。

モコロディ自然保護区
☎316-1955
URL www.mokolodi.com
開 5〜8月 7:30〜18:00
9〜4月 7:00〜18:30
料 車1台P70
※ゲーム・ドライブP175、ナイトドライブP250など。宿泊はⓈⓌP680〜1400、キャンプは1人P150。
ACCESS
車 市内中心部から車で所要約20分。各ホテルでツアーに申し込んでもいい。

ゲーム・ドライブで動物を観察

ボツワナの民芸品
民芸品といえば、ヤシの葉で編んだバスケットが有名。すべて手作りでそれぞれ柄や形も違うので、ぜひ手に取って自分のお気に入りを見つけたい。みやげ物店などで多く見かけるが、多くの品揃えを誇るのが町なかにあるボツワナクラフト・マーケティングBotswanacraft Marketing。ローカルアーティストを招いた屋外コンサートなども定期的に開催しているので、興味がある人は下記に問い合わせを。

S ボツワナクラフト・マーケティング
MAP P.330-B1
住 Plot 20716, Magochanyama Rd., off Western Bypass, Block 3
☎392-2487
URL botswanacraft.com
開 月〜金 8:00〜18:00
土 8:00〜17:00
日 9:00〜13:00
休 なし CC MV

伝統的な手織物を今も生産

オーディ・ウィーバー

MAP P.330-B1

Oodi Weavers

ハボロネから北東へ約20kmのオーディ村Oodiにある織物工房。地域開発のプロジェクトの一環として、1973年にオープンした。地元の女性たちが手紡ぎのウールを染色して織り上げていく様子が見学できる。日常の生活や家族の歴史などをモチーフにしたデザインが施されていて、一点一点に職人の個性が表れている。

伝統的なデザインの壺に興味があるなら

タマハ・ポタリー

MAP P.330-A1

Thamaga Pottery

1970年代前半、地域開発プロジェクトの一環としてオープンした陶芸工房。地元の女性たちが、伝統的なデザインを施した壺や皿などを作って販売している。予約をすればワークショップに参加できる。

スタッフは皆、地元の女性たち

カラハリ砂漠の玄関口

クーツェ野生動物保護区

MAP P.324-A2、330-A1外

Khutse Game Reserve

ハボロネから北西へ約240km、車で約3時間の所にあり、セントラル・カラハリ動物保護区（→P.333）の南の玄関口でもある。かつてこのエリアはカラハリ砂漠北東のマカディカディ湖へと注ぐ水系の一部で、水の豊かな土地であった。約2600km²の小さな保護区だが、カラハリライオンをはじめ、チーターやヒョウ、キリンなどを見ることができる。

先住民の暮らしが垣間見られる

マニャナ・ロック・ペインティング

MAP P.330-A1

Manyana Rock Paintings

今から2000年ほど昔、サン族が描いたとされるキリンや人間、ゲムスボックなどの壁画が一面に残されている。霊媒師がトランス状態で描いたとされるものなどもあり興味深い。

ガイドが壁画の意味を説明してくれる

オーディ・ウィーバー

ACCESS

🚗市内中心部から車で所要約35分。

すべて手作業のオーディ・ウィーバー

タマハ・ポタリー

住 Molepolole Rd.

☎ 599-9220

開 8:00～17:00

休 なし　料 見学P40

※クローズしていることもあるので、事前に連絡を。

ACCESS

🚗市内中心部から車で所要約40分。

クーツェ野生動物保護区

☎ 686-0022

開 4～9月　6:00～18:30
　10～3月　5:30～19:00

休 なし

料 大人P120、子供P60

ACCESS

🚗ハボロネから車で約3時間。途中から舗装道路でなくなるため、できれば四輪駆動車が無難。

伝統的なアフリカン・スタイルのロッジ

マニャナ・ロック・ペインティング

村で管理しているので、入口に係員がいない場合は近くの家の人に尋ねて係員を呼び出してもらう。

料 寄付

ACCESS

🚗ハボロネから車で約1時間。わかりづらい場所にあるので、地元のガイドを雇ったほうがいい。

グランド・パーム

★★★～★★★★★

Grand Palm

MAP P.330-B1

カジノやレストラン、プール、スポーツ施設などが充実した豪華リゾート。敷地内には、3つ星のメットコート・インMetcourt Innと5つ星の豪華なウォルモントWalmontのふたつのホテルがある。いずれも客室設備がしっかりしていて居心地がいい。

住 Bonnington Farm, Molepolole Rd.
☎ 363-7777
URL www.grandpalm.bw
URL www.peermont.com
料 ⓈⓌP1316～
CC AMV
室 149＋188
Wi-Fi あり（客室）

入口の門も立派

アヴァニ・ハボロネ・リゾート&カジノ

★★★★★

Avani Gaborone Resort & Casino

MAP P.330-B1

カジノをはじめ、ふたつのレストランにバー、ラウンジ、プールやスポーツセンターなど完備している。旅行会社のデスクもあり、近隣へのツアー申し込みが可能。客室内はぬくもりのあるインテリアでまとめられていて、ゆったりくつろげる。

住 Chuma Dr.
☎ 361-6000
URL www.avanihotels.com
料 ⓈⓌUS$149～
CC ADMV
室 199
Wi-Fi あり（客室）

広々としたエグゼクティブルーム

ファルコン・クレスト・スイート

★★★★★

Falcon Crest Suites

MAP P.330-B1

町の中心部に立つこぢんまりとした別荘風の豪華ホテル。8室ある客室はそれぞれ個性的で、アンティーク家具を配すなど、いずれもクラシカルでセンスのいい調度品でまとめられている。プールやレストランなどの設備も整っている。

住 Phologolo Ext.9
☎ 393-5373
URL www.falconcrest.co.bw
料 ⓈⓌP1191～
CC MV
室 8
Wi-Fi あり（客室）

ホテルというよりは別荘という外観

COLUMN | ボツワナの伝統文化に触れよう！

ハボロネから西へ車で約1時間。一面に広がる牧草地帯を抜け、丘を少し登ると周囲を木々で囲まれた伝統的なハットが見えてくる。水と土と牛の糞を混ぜて造った壁に、茅葺きの屋根の家々。そして中央にはコトラと呼ばれる集会が開かれる広場がある。

この昔ながらの集落を再現したバハラチェ文化村は、伝統文化を後世に伝えていこうと村の女性が中心となって立ち上げたもの。村の名前は、村の守り神であるヒヒ（ツワナ語でバハラチェ）に由来する。

村に到着するとまず伝統的なダンスと呼び声で迎えられ、コシと呼ばれる村の首長が待つ広場へ。そこで昔ながらの村の習慣や教えについて、実演を交えながらのわかりやすい説明を聞く。例えば結婚式が執り行われる1日について。伝統衣装に着替えた村人たちが、それぞれの役柄を熱心に演じて当日の様子を再現してくれる。

そのほか主食であるメイズ（トウモロコシ）のひき方や家屋の壁塗りの方法などを体験。最後に伝統的な家庭料理を試食する。日常的にコトラが開かれていた時代に育った女性たちの話を聞くのも、また楽しい。ボツワナの昔ながらの暮らしを垣間見られるひとときである。

村の女性たちが結婚式の日を再現

●バハラチェ文化村
Bahurutshe Cultural Village
MAP P.330-A1
☎ 724-19170
URL bahurutshelodge.com
※訪れる前に連絡を入れること。

そのほかのエリア
Other Destinations

まさに動物たちの楽園
オカバンゴ湿地帯 →P.18
MAP P.324-A1

Okavango Delta

ボツワナ北西部に位置する世界最大の内陸性デルタ。アンゴラの高原から流れ出た雨水がナミビアのカプリヴィ地方を縦断し、オカバンゴ川となってボツワナへと南下する。そして、乾ききったカラハリ砂漠へと吸い込まれ、約1万5000km²(氾濫期は約1万8000km²)の巨大な三角形の湿地帯を造り出している。オカバンゴは「海に出ることのない川」なのだ。

乾いた大地で生きる動物たちにとって、ここはまさにオアシス。パピルスやアシの合間をぬうように蛇行する川の水面にはウオーターリリーが咲き乱れ、その上を色鮮やかな鳥たちが飛び交う。カバやワニ、ゾウ、バファローが生息し、乾季には水を求めてやってくるライオンやヒョウなどの捕食動物を目にするチャンスも多い。湿地帯の約3分の1を覆う**モレミ野生動物保護区Moremi Game Reserve**では、サイを除くほとんどの大型哺乳動物が観察されている。

オカバンゴ湿地帯への拠点となるのは、**マウンMaun**という小さな町。ここから各ロッジに専用のセスナ機で向かうことになる。ここでは、各ロッジを拠点にさまざまなアクティビティを楽しみたい。なかでも、木をくり抜いて作ったモコロMokoroと呼ばれる伝統的なカヌーで湿原を巡るモコロトリップは、オカバンゴの大自然を満喫できるとあって人気。そのほかウオーキングサファリやゲーム・ドライブ、釣りなども楽しめるが、まさに水と緑に囲まれた桃源郷ともいうべきこの地では、ゆったりと鳥の声を聞きながら過ごしてみるのもいいだろう。

生命の力強さを感じる
セントラル・カラハリ動物保護区
MAP P.324-A1〜2

Central Kalahari Game Reserve

面積5万2800km²に及ぶ、ボツワナ最大規模の動物保護区。このエリアには、ここだけで見られる黒いたてがみをもつカラハリライオンが生息している。乾季は荒涼とした大地だが、雨季(12〜4月)が始まると一夜にして草原へと化し、動物の楽園へと変わる。どこからともなくシマウマやウオーターバックなどの草食動物たちが現われ、それらを追って捕食動物たちも集まってくる。なお、保護区内は広く道もわかりづらいので、必ずこのエリアに通じたガイドをともなって行くこと。保護区内には数軒のロッジがあるほか、キャンプもできる。

動物保護区内のデセプション・バレー

世界遺産
2014年に自然遺産に登録
オカバンゴ湿地帯

ACCESS
✈エア・ボツワナがハボロネからマウンへ毎日1〜2便運航している。所要約1時間〜。ほかにもヨハネスブルグから毎日2便、カサネから週2便運航。マウン国際空港から各ロッジへは専用のセスナ機で、所要30分〜1時間30分。
🚗フランシスタウンから車で約6時間。ハボロネからは約11時間。

空から見たオカバンゴ湿地帯

オカバンゴ湿地帯の宿泊情報
オカバンゴ湿地帯には約70の宿泊施設があるが、高級ロッジが多く、宿泊料金にセスナ機での送迎やアクティビティ、食事代などすべてが含まれている。乾季は1年前から予約で埋まってしまうロッジがほとんどで、雨季は閉まっている場合が多い。早めのスケジュール決定が必要だ。

オカバンゴ湿地帯のホテル
H ザラファ Zarafa
☎686-4001(予約)
URL greatplainsconservation.com
料 US$1530〜3050(2人1室の場合の1人分の料金)
※3食、アクティビティ付き
CC AMV　室5

H セリンダ・キャンプ Selinda Camp
☎686-4001(予約)
URL greatplainsconservation.com
料 US$865〜1485(2人1室の場合の1人分の料金)
※3食、アクティビティ付き
CC AMV　室9

地平線まで真っ白な大地が広がる
マカディカディ・パン

MAP P.324-B1

Makgadikgadi Pan

　このエリアには昔、アフリカ最大規模の湖、マカディカディ湖が存在していた。長年を経て水が干上がったこの地に、今は約1万2000km²に及ぶ真っ白なパン（塩が残った窪地）が広がっている。雨季（1〜3月）になると小さな甲殻動物やプランクトンが発生し、それを求めてフラミンゴが集まってくる。とりわけソワ・パンはフラミンゴの最大の繁殖地として知られ、その数はアフリカでも類を見ない数が観察されている。

　また、このエリアには先史時代の重要な遺跡や湖の跡が多数存在し、ントェトェ・パンの西側を含む約4900km²とその北側の約2600km²のエリアは1993年、マカディカディ・パン＆ナイ・パン国立公園に指定された。その約5分の1はパンで覆われているが、そのほかのエリアには草原が広がり、雨季になると多くの動物たちが草を求めて移動してくる。

雨季にはシマウマの群れがやって来る

壁画が点在するブッシュマンの聖地
ツォディロ・ヒルズ

MAP P.324-A1

Tsodilo Hills

　ボツワナ北西部の砂漠地帯に、Male Hill（男山）、Female Hill（女山）、Child Hill（子供山）、North Hill（北山）と名づけられた4つの丘陵が並ぶ。サン族が描いたとされる壁画は南部アフリカ各地に見られるが、15km²ほどの範囲に4500点以上という大規模な壁画群は例がなく、2001年に世界遺産に登録された。洞窟住居の遺構なども見つかっていて、石器やビーズ、人骨などが発掘されている。これらはメインキャンプ近くにある博物館で公開されている。

巨大な奇岩が連なる
トゥリ

MAP P.324-B1

Tuli

　ボツワナの東端に位置し、リンポポ川に沿ってジンバブエ、南アフリカと国境を接しているエリア。このあたりは大きな奇岩が連なり、ボツワナのほかのエリアでは見られない景色が広がっている。雨季の1〜3月には、一面にKalahari Devil Thronの黄色の花が咲き、その光景はまるで黄色い絨毯を敷いたよう。エリア内には3つの私営動物保護区があり、各宿泊施設を拠点にゲームサファリをすることができる。

あちこちに不思議な形の奇岩が

マカディカディ・パン
ACCESS
🚗マウンからナタへ向かう道を東へ約80kmのモトピで右折し、約60km先の西口ゲートから国立公園内へ。またはモトピからさらに約100km進んだ所にあるグウェタの町を拠点に、マカディカディ・パンへ。いずれも公共の交通機関はないので、車で行く。所要4〜6時間。

マカディカディ・パンの宿泊施設

Ⓗジャックス・キャンプ
Jack's Camp
☎+27-11-326-4407（ヨハネスブルグ）
URL www.unchartedafrica.com
料 US$1225／人
CC AMV　室 10
(2020年1月現在改装中)

極上の滞在ができる

Ⓗキャンプ・カラハリ
Camp Kalahari
☎+27-11-326-4407（ヨハネスブルグ）
URL www.unchartedafrica.com
料 ⓈUS$902　ⓌUS$1440
CC AMV　室 12

世界遺産
2001年に文化遺産に登録
ツォディロ・ヒルズ
ACCESS
　オカバンゴ湿地帯北部のシャカウェから車で約4時間。だが、かなり道が悪いので、マウンから出ている日帰りのツアーに参加するのが便利だろう。チャーター機で現地まで行き、3〜4時間散策して帰ってくるコースが主流。ひとりUS$200程度。

トゥリ
ACCESS
🚗ハボロネから車で約6時間。ハボロネをはじめ、マウン、カサネなどから軽飛行機をチャーターして行くこともできる。

トゥリの宿泊施設

Ⓗトゥリ・サファリ・ロッジ
Tuli Safari Lodge
住 Tuli Game Reserve
☎77-402-388
URL www.tulilodge.com
料 ⓈUS$690　ⓌUS$920
CC MV　室 10

荒涼としたデッドフレイの大地に残る立ち枯れた木々

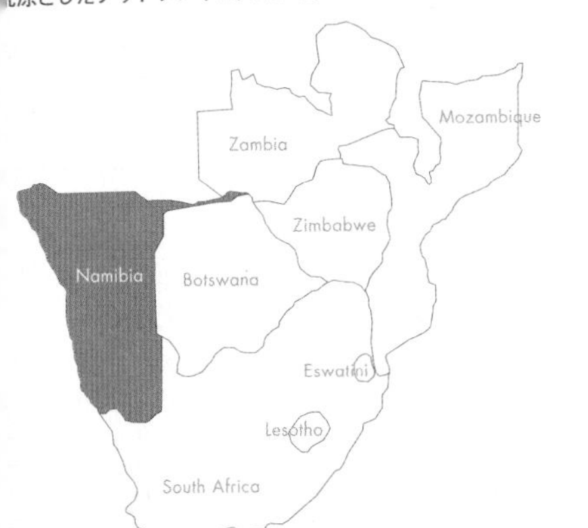

ナミビア

Namibia

General Information

ナミビアの基本情報

正式国名
ナミビア共和国
Republic of Namibia

面　積
約 82.4 万 km²（日本の約 2.2 倍）

人　口
約 244.8 万人（2018 年）

首　都
ヴィントフック Windhoek
人口約 42 万人（2018 年推計）

元　首
ハーゲ・ガインゴブ大統領
Dr. Hage G. Geingob

政　体
共和制（独立 1990 年）

民族構成
オバンボ族 50%、カバンゴ族 9%、ダマラ族 7%、ヘレロ族 7%、ナマ族 5% など。

宗　教
キリスト教が約 90%、ほかに伝統宗教。

言　語
公用語は英語。ほかにアフリカーンス、ドイツ語、各部族の言葉が話されている。

通貨と為替レート

N$

単位はナミビア・ドル(N$)。補助通貨はセント(¢)。N$1＝100¢
2020 年 1 月 20 日現在
N$1≒7.6 円　US$1≒N$14.4
紙幣の種類＝ N$200、100、50、20、10
硬貨の種類＝ N$5、1、50¢、10、5

南アフリカ・ランド(R)とほぼ等価。ナミビア国内では南アフリカ・ランドがナミビア・ドル同様に流通している。ただし、南アフリカでナミビア・ドルは通用しないので、出国前にランドに両替しておいたほうがいい。

祝祭日（おもな祝祭日）

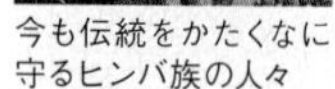

今も伝統をかたくなに守るヒンバ族の人々

2020 年の祝祭日は右記のとおり。グッドフライデイ、イースターマンデイ、キリスト昇天祭は年によって移動するので注意。また、民族の祭りとして有名なのは、ヘレロ族の人たちがオカハンジャに集うヘレロ・デイ Herero Day（8 月末頃）など。

1月 1日	元日	New Year's Day
3月21日	独立記念日	Independence Day
4月10日	グッドフライデイ	Good Friday
4月13日	イースターマンデイ	Easter Monday
5月 1日	メーデー	Workers' Day
5月 4日	カッシンガデイ	Cassinga Day
5月21日	キリスト昇天祭	Ascension Day
5月25日	アフリカの日	Africa Day
8月26日	英雄の日	Heroes' Day
12月10日	人権の日	Human Rights Day
12月25日	クリスマス	Christmas Day
12月26日	家族の日	Family Day

ビジネスアワー

官庁やオフィスは月～金曜 8:00 ～ 17:00、土・日曜休み。銀行は月～金曜 8:00 ～ 15:00、土曜 8:00 ～ 12:30、日曜休みが基本。店によっては金曜は 20:00 頃まで営業しているところもある。

電圧&プラグ

電圧は 220V、50Hz。プラグは南アフリカと同じ丸型 3 ピン B3L タイプ。ドイツ型の丸型 2 ピン C タイプが使えるところもある。

電話のかけ方

日本からナミビアへの国際電話のかけ方　(例) ヴィントフック (061) 1234567 にかける場合

国際電話会社の番号
001（KDDI）※1
0033（NTTコミュニケーションズ）※1
0061（ソフトバンク）※1
005345（au携帯）※2
009130（NTTドコモ携帯）※3
0046（ソフトバンク携帯）※4

＋ 国際電話識別番号 **010** ＋ ナミビアの国番号 **264** ＋ 市外局番（最初の0を取る）**61** ＋ 相手の電話番号 **1234567**

（※1）「マイライン」「マイラインプラス」の国際通話区分に登録している場合は不要。詳細は、URL www.myline.org　（※2）au は 005345 をダイヤルしなくてもかけられる。（※3）NTT ドコモは事前に WORLD WING に登録が必要。009130 をダイヤルしなく

チップ

南アフリカ同様、レストランやバーなどでは料金の10%程度、高級ホテルのポーターやメイドにはN$5～10、ガイドなどには自分の満足度によって、ある程度のチップを払うのがマナー。

飲料水

水道の水は飲んでも問題ないといわれているが、ミネラルウオーターを飲用するほうがいい。

気　候

雨季は12～3月、それ以外は長く厳しい乾季が続く。朝晩はかなり冷え込むのでフリースなどの防寒具を持っていこう。また日差しが強いので帽子は必携。乾燥しているので、水分はこまめに補給すること。

入出国

▶入出国カードの記入例→P.386

パスポート

入国時に残存有効期間が6ヵ月以上必要。また、原則として未使用ビザ欄が3ページ以上必要。

ビザ

日本国民は90日以内の観光の滞在であればビザ不要。ただし、予約済みの出国用航空券などが必要。また、90日の滞在可能期間にかかわらず、実際に滞在する期間に合わせた期間の滞在許可を出すことが多いので、入国後、日程変更などが必要となった場合は、十分に気をつけるように。

安全とトラブル

治安

政情が安定しており治安はおおむねよいが、近年の高い失業率により、都市部への地方からの人口流入が著しい。観光列車内での暴行やATM周辺での強盗など外国人旅行者を狙った事件も報告されており、十分注意したい。タクシーは、特に夜間の利用はできるだけ避けるように。また、交通事故も多発している。

なお、アンゴラと国境を接する東・西カバンゴ州北部ならびにザンベジ州には、地雷が残っている可能性があり、これらの地域には日本の外務省より「十分注意して下さい」という危険情報が発出されている（2020年1月現在）。

病気

北部の一部では、マラリアの危険地域が残っている。雨季には蚊が発生するので注意したほうがいい。また、HIVの感染率は非常に高いといわれている。

緊急連絡先

警察 ……… 10111
消防・救急… 211111

●在ナミビア日本大使館
住 78 Sam Nujoma Drive, Klein Windhoek, Republic of Namibia
☎ (61)426700

ナミビア南部で見られるキバーツリー

日本からのフライト時間

日本からの直行便はないので、ヨハネスブルグやアジスアベバを経由するのが一般的。ヨハネスブルグから所要約2時間。

時差

日本より7時間遅れ。日本が昼の12:00のときナミビアは5:00。2017年、夏時間・冬時間の切り替えが廃止され、年間を通してサマータイム時のタイムゾーン（UTC＋2）に変更された。

ナミビアから日本への国際電話のかけ方　(例)東京(03)1234-5678にかける場合

国際電話識別番号		日本の国番号		市外局番と携帯電話の最初の0を取る		相手の電話番号
00	＋	81	＋	3	＋	1234-5678

てもかけられる。　（※4）ソフトバンクは0046をダイヤルしなくてもかけられる。
※携帯電話の3キャリアは「0」を長押しして、「+」を表示し、続けて国番号からダイヤルしてもかけられる。

携帯電話が普及しているので、公衆電話はあまり見られない。SIMフリーの携帯を所持していれば、US$1程度でSIMカードを購入できる。

公衆電話はガソリンスタンドやキャンプ場にある

砂漠、野生動物、海、渓谷――ナミビアでは、それらすべての景観がドラマチック。アフリカ大陸の中でも特筆すべき大自然が、見る者を圧倒する。日本人にとってはまだなじみの薄い国だが、ヨーロッパからの観光客は多く、特に自然が好きな人にはこたえられない魅力がある。観光ポイントへの交通手段は極端に少ないのが難点だが、それだけにフロンティアに来たのだという感慨もひとしおだ。

ナミビアって、どんな国？

先住民はサン族の人たち

ナミビアの土地に最初に暮らしていたのはサン族とコイコイ族、かつてブッシュマンと呼ばれていた人たちだ。ところが紀元前400～300年頃、南下してきたバントゥー系の民族に追われ、サン族はほとんど姿を消してしまった。しかし、現在もほんの少数ではあるが、伝統的な生活を守って暮らすサン族がナミビアには存在する。

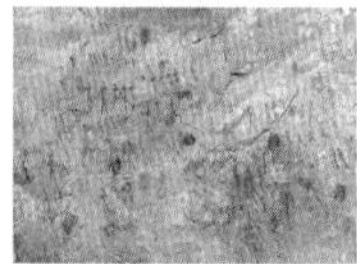
サン族が描いた壁画

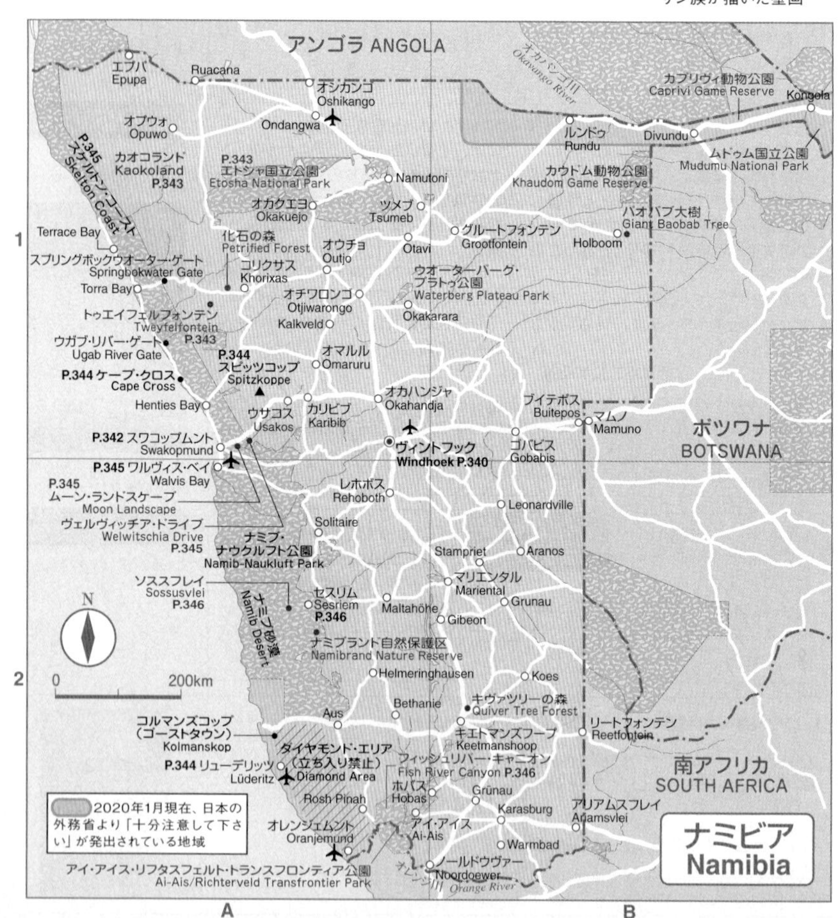

これだけは見逃せない！

- どこまでも続くナミブ砂漠
- ヒンバ族が暮らすカオコランド
- 野生動物の宝庫、エトシャ国立公園
- サン族の壁画が残るトゥエイフェルフォンテン

①ナミブ砂漠といえばまずはソススフレイ
②ヒンバ族の女性
③ライオンなどの大型動物も見られるエトシャ国立公園
④見応えのある壁画が点在する

「南西アフリカ」から「ナミビア」へ

初めてヨーロッパ人がナミビアに上陸したのは15世紀末であったが、当時は砂漠が広がる不毛の地とだけ認識されていた。その空白地帯に目をつけたのがドイツ。1884年に「南西アフリカ」と名づけ、保護領にした。

ところが1914年に南アフリカ軍が侵攻、国際連盟の委任統治という形で南西アフリカを統治するようになる。第2次世界大戦後、国際連合は南西アフリカを信託統治下におこうとするが、南アフリカはこれを拒否。1966年、国連総会は南アフリカの委任統治の終了を決定し、1968年には国名を「ナミビア」と改称した。

その後、国連安保理と南アフリカで調整が続けられ、「ナミビア共和国」として独立を果たしたのは1990年3月21日のことだった。独立とともにナミビア独立運動のリーダーで南西アフリカ人民機構（SWAPO）議長のサム・ジョヌマが大統領に就任。民主主義、経済自由化に基づく国造りを推進していった。

ドイツ統治時代の面影が残るヴィントフック

ナミビアの料理って？

地方では、トウモロコシの粉をお湯で練ったものやお粥のようなものに肉や魚を煮込んだシチューなどが家庭料理として食べられているが、観光地で目にするのは、ドイツの影響を受けた料理。例えばソーセージやハムなどで、ソーセージ＆チップス（フライドポテトの上に大きなソーセージがのったもの）などもよく見かける。ジャガイモ料理などもバリエーションがある。また、海岸沿いの町ではカキやエビ、魚などを使ったシーフード料理が発達し、おいしい料理を提供するレストランも数々ある。

ナミビアはカキの産地として有名

スワコップムントにはおいしいシーフードレストランが多い

ドイツ統治時代の面影が残る高原の町

ヴィントフック

Windhoek

MAP P.338-A1

人口約36万人を数えるナミビアの首都。国土のほぼ中央に位置し、周りをなだらかな山々に囲まれた町だ。水が湧き出す池（現在のズー・パークの場所）があったことから、そこに動物が集まり、やがて人が集まり、そして町となった。ドイツ統治時代に首都がおかれて以来、独立後の現在もナミビアの首都として発展を続けている。

☎市外局番　061

ACCESS

✈ヨハネスブルグやケープタウンから、南アフリカ航空またはエア・ナミビア、ブリティッシュ・エアウェイズを利用して入るのが一般的。所要はともに約2時間。市内から東へ約45km離れたホセア・クタコ国際空港Hosea Kutako International Airportに到着する。国内線の一部は、市内の南約2kmの所にあるエロス空港Eros Airportに発着。

🚌インターケープが南アフリカのアピントンやケープタウンから長距離バスを運行している。アピントンから所要約13時間、R500～。ケープタウンから所要約21時間25分、R750～。

空港から市内へ

国際空港からはシャトルバスが出ている。市内まで所要約40分、N$250～350程度。予約・問い合わせは観光案内所へ。

国内線が到着するエロス空港からは、ロビーを出た所で待っているタクシーを利用する。市内まで所要約10分、N$70程度。

ナミビア観光局 Namibia Tourism Board

MAP P.340-A2
住 C/O Haddy & Sam Nujoma Dr.
☎ (061) 2906000
URL www.namibiatourism.com.na
開 月～金　8：00～13：00
14：00～17：00
休 土・日・祝

歩き方 WALKING AROUND

町の中心となるのは市民の憩いの場となっている**ズー・パークZoo Park**周辺で、タクシー、長距離バス乗り場は南側にある。この公園の前を南北に走っているのが**インディペンデンス通りIndependence St.**。銀行やみやげ物屋などが建ち並ぶヴィントフックのメインストリートだ。中央郵便局の正面あたりから西へ延びる、街路樹の美しい通りが**ポスト・ストリート・モールPost Street Mall**で、たくさんのブティックやカフェが軒を連ねている。

植民地時代の面影を残す駅舎

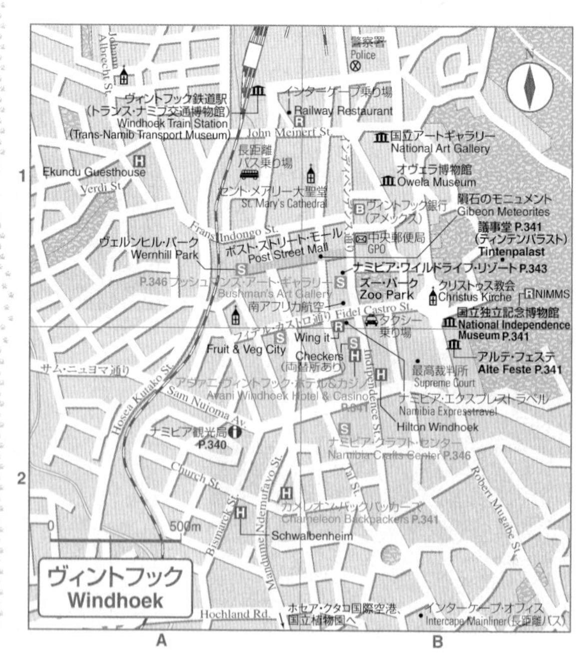

アフリカで最も美しいといわれるヴィントフックの町並み

ズー・パークZoo Parkから東へ**フィデル・カストロ通りFidel Castro St.**を上っていくと見える美しい教会は、ルーテル派の**クリストゥス教会Christus Kirche**。すぐ隣には特徴的な外観の**国立独立記念博物館National Independence Memorial Museum**がそびえ建っている。その南にある白い建物は、かつてドイツの要塞であった**アルテ・フェステAlte Feste**で、1892年に建てられた町で最も古い建物のひとつだ。

教会の東にある黄色い建物は**議事堂(ティンテンパラスト) Tintenpalast**。1913年に建てられた歴史ある建物で、中を見学することもできる。

最もにぎやかなインディペンデンス通り

アルテ・フェステ
MAP P.340-B2
※国立博物館として公開されていたが、2019年12月現在閉鎖中。

国立独立記念博物館
MAP P.340-B1
開 月～金 8:00～17:00
土 9:00～13:00
日 10:00～12:00
※最上階に町を見渡せるレストランがある。

議事堂(ティンテンパラスト)
MAP P.340-B1
☎(061) 2889111
ガイド付きツアーを月～金曜の9:00 ～ 12:00、14:00 ～ 16:00の間に催行。担当者が不在のこともあるので、電話で予約をしたほうが無難だ。所要約1時間、無料。

ポスト・ストリート・モールにある隕石のモニュメント

ヴィントフックの旅行会社
定期ツアーからプライベートツアーまでさまざまなツアーを手がけている。
●アフリカン・エクストラヴァガンザ African Extravaganza
☎(061) 372100
URL african-extravaganza.com

H ホテル

Hotel Restaurant Shop Winery

アヴァニ・ヴィントフック・ホテル&カジノ ★★★★

Avani Windhoek Hotel & Casino

MAP P.340-B2

ヴィントフックで指折りの高級ホテル。ホテル内にはレストラン、バー、スパをはじめ、本格的なカジノまで揃っている。客室は2タイプのスイートやスタンダードルームなど計5種類。いずれも高級感あふれるインテリアでまとめられている。

住 129 Independence St.
☎(061) 2800000
URL www.minorhotels.com
料 ⓈⓌN$1600～
CC ADMV
室 173
Wi-Fi あり(客室)

高級感あふれる客室

カメレオン・バックパッカーズ

Chameleon Backpackers

MAP P.340-A2

町の中心部にも近く、何かと便利な立地。広々とした敷地内にはプールやバーもあり、のんびりと過ごすことができる。キッチンもあるので、自炊派にはうれしい。客室はドミトリーのほか、さまざまなタイプがあり、セキュリティがしっかりしているので安心だ。

住 5 Voight St.
☎(061) 244347
URL www.chameleonbackpackers.com
料 ⓈN$400～ ⓌN$500～
ⒹN$170 テントN$300
CC MV
室 18
Wi-Fi あり

庭で開かれるブライパーティーも楽しい

ナミブ砂漠への拠点の町

スワコップムント

Swakopmund

MAP P.338-A1

ナミビアの西端、スワコップ川の河口に位置する、人口約4万4000人を擁する、ヴィントフックに次ぐナミビア第2の都市。旅行者にとってはナミブ砂漠への拠点となる町でもある。海沿いにあるためビーチリゾートなども点在し、多くの観光客の姿も見かける。

☎市外局番　064

ACCESS

✈エア・ナミビアがヴィントフックのホセア・クタコ国際空港から毎日、スワコップムントの南東約35kmの所に位置するワルヴィス・ベイ空港まで運航。所要約35分。また、南アフリカ航空がヨハネスブルグとケープタウンから運航している。

🚌ヴィントフックからインターケープが週2便程度運行。所要約4時間15分、R240 〜。また、観光客向けにシャトルも運行されている。所要約4時間、N$300程度。

●ヴェルヴィッチア・シャトル Welwitschia Shuttle
ヴィントフック市内を毎日14:00発。
☎(064) 405105
URL welwitschiashuttle.com

●タウン・ホッパーズ Town Hoppers
ヴィントフック市内を毎日14:00発。
☎(064) 407223
URL www.namibiashuttle.com

空港から市内へ

ワルヴィス・ベイ空港から市内までシャトルバスが運行している。N$200程度。

観光案内所

MAP P.342-A1 住 Sam Nujoma Ave.
☎(064) 404827
開 月〜金　8:00〜13:00
　　　　　14:00〜17:00
　土　　　9:00〜13:00
　　　　　15:00〜17:00
　日　　　9:00〜13:00

クリスタル・ギャラリー

MAP P.342-A1
住 Cnr. Tobias Hainyeko & Theo-Ben Gurirab Ave.
☎(064) 406080
URL www.kristallgalerie.com
開 月〜土　9:00〜17:00
休 日　料 N$30

歩き方 WALKING AROUND

スワコップムントの町は碁盤の目のようにきれいに整備されており、ドイツ統治時代の面影を残す古い建物が建ち並んでいる。ゆったりできるカフェなども多いので、ぜひ散策を楽しみたい。

また、ビーチリゾートとしても知られ、海岸沿いにはヤシの並木が続く。高級ホテルからバックパッカー宿まで揃っており、旅行会社も何軒かある。

町のメインストリートは東西を走る**サム・ニュヨマ通り Sam Nujoma Ave.**とその周辺。観光案内所や歴史ある**ハンザ・ホテル Hansa Hotel**、市役所や銀行なども集まっている。

町の見どころとしては、世界一大きな水晶が飾られている**クリスタル・ギャラリー Kristall Galerie**や**スワコップムント博物館 Swakopmund Museum**、以前駅舎だった**スネーク・パーク Snake Park**などがある。町の中心にある**ヴェアマン・タワー Woermann Tower**の上からは市街が一望できる。

並木道のカフェでのんびりするのもいい

そのほかのエリア Other Destinations

野生動物の宝庫
エトシャ国立公園
MAP P.338-A1

Etosha National Park

ライオン、ゾウといった野生動物を見たいなら、迷わずここへ。エトシャ・パン（乾いた湖）を中心に広がる約2万2912km²の広大な自然保護区で、114種の哺乳動物、340種の鳥類が暮らす野生の王国だ。1日で見て回るのは無理なので、キャンプをしながら数日かけてじっくりと過ごしたい。ベストシーズンは、日中でも比較的涼しく、動物が水場に集まりやすい乾季の5～10月。12～3月の雨季も緑に囲まれて美しい。

ヒンバ族が暮らす土地
カオコランド
MAP P.338-A1

Kaokoland

エトシャ国立公園の北西に広がるこのエリアには、アフリカで最も古い生活様式を続ける民族のひとつヒンバ族が暮らしている。遊牧民である彼らは、上半身裸で全身赤茶色をしている。これは強い日差しや虫から肌を守るために、バター（ファット）と赤い粘土を混ぜたものを体中に塗っているから。身につけているアクセサリーや髪型なども非常にユニークだ。

このエリアで一番大きな町**オプウォ Opuwo**や**エプパの滝 Epupa Falls**を訪れると彼らに会える。お願いすれば写真も撮らせてくれるが、モデル代としていくらかお金を渡すこと。近年、たくさんの外国人観光客が訪れるようになり、あと数年で、伝統的な暮らしを続けるヒンバ族はいなくなるのではないかといわれている。

ヒンバ族の女性

数多くのサン族の壁画が残る、ナミビア初の世界遺産
トゥエイフェルフォンテン
MAP P.338-A1

Tweyfelfontein

アフリカ大陸に残されているサン族の壁画のなかでも最も広範囲に描かれているのがこの場所。普通の壁画が赤石を砕いたものに血などを混ぜて木や毛などで描いているのに対し、ここの壁画は岩に彫りつけているのが特徴だ。あまりにたくさんの壁画が残されていることから、ここは動物について教える学校、または地図の役割を果たす絵だったのではないかという推測もある。

サン族の壁画

エトシャ国立公園
URL www.etoshanationalpark.org
開 日の出～日没
休 なし
料 N$80（16歳以下無料）
ACCESS
🚗ヴィントフックから車で約6時間。

ナミビア各地へ
ヴィントフックとスワコップムント、ワルヴィス・ベイを除いて、一般に交通事情は悪く、公共の交通機関はほとんどないといっていい。自然公園などの見どころへ行く場合には、自分でレンタカーを借りるか、ツアーに参加するしかない。

カオコランド
ACCESS
🚗ヴィントフックから車で約8時間。

国立公園の入園許可証と予約
国立公園に入るには基本的にナミビア環境観光省が発給する入園許可証が必要。通常は公園内の窓口で取得できるが、公園内に泊まる予定の場合は事前に申し込みを。
オフィスはヴィントフックとスワコップムントにあり、入園許可証の申請とキャンプ場の予約ができる。
●**ナミビア・ワイルドライフ・リゾート**
Namibia Wildlife Resort
MAP P.340-B1、342-A2
URL www.nwr.com.na

世界遺産
2007年に文化遺産に登録
トゥエイフェルフォンテン
ACCESS
🚗スワコップムントから車で約5時間、ヴィントフックから約6時間。

オットセイの群れに出合える
ケープ・クロス
MAP P.338-A1
Cape Cross

スワコップムントの北西約115kmの所に位置するミナミアフリカオットセイの生息地。何万頭ものオットセイが群をなす。臭いがきつく、鳴き声がうるさいが、これはたくさんのオットセイのなかから自分の親と子を見分けるためらしい。また、ここはポルトガル人ディアゴ・チャオが、ヨーロッパ人として初めてナミビアに到着した土地でもある。

オットセイが生息するケープ・クロス

アフリカのマッターホルンとも呼ばれる
スピッツコップ
MAP P.338-A1
Spitzkoppe

標高こそ1728mとそれほど高くはないが、平原に悠然とそそり立つその姿は「アフリカのマッターホルン」とも称される。雨乞いの様子を描いたサン族の壁画も残されている。麓にはキャンプ場もあるが、このキャンプ場は水もトイレもないので、万全の準備で出かけるようにしよう。またこの周辺では、地元の人たちが水晶などの貴石を売る小さな店を出しているので、興味があればのぞいてみるといい。

悠然とそびえるスピッツコップ

かつてダイヤモンド鉱山として栄えた町が近くにある
リューデリッツ
MAP P.338-A2
Lüderitz

大西洋に面した、ドイツ統治時代の面影を残す小さな町。町の見どころとしては、教会や旧駅舎など植民地時代の建物や、沖合のアザラシやペンギンの繁殖地などがある。最大の人気スポットは、ここから約14km離れた所にある**コルマンズコップKolmanskop**。かつてダイヤモンド鉱山で栄えたこの町は、現在ゴーストタウンと化しており、ここを巡るツアーが催行されている。

ケープ・クロス
開 10:00～17:00
休 なし
料 N$80
ACCESS
🚗スワコップムントから車で約1時間。

ナミビアの鉄道
ヴィントフックを中心として、ワルヴィス・ベイ、ゴバビス、ツメブ、キエトマンズフープ、アピントン（南アフリカ）などへの路線がある。料金は安く、南アフリカの鉄道に比べれば安全ではあるが、おすすめはできない。ヴィントフック～スワコップムント、エトシャ行きの高級列車デザート・エクスプレスDesert Expressも運行されている。
●トランス・ナミブ
URL www.transnamib.com.na

スピッツコップ
ACCESS
🚗スワコップムントから車で約1時間。

リューデリッツ
ACCESS
🚗ヴィントフックまたはスワコップムントから車で約8時間。コルマンズコップのゴーストタウンツアーは、リューデリッツの町なかの旅行会社や宿泊施設でアレンジできる。

ナミビアのダイヤモンド
ナミビアのダイヤモンドの多くは山ではなく海で採れる。発見当初はなぜ不毛のナミブ砂漠の海岸でダイヤモンドが産出するのか謎とされていたが、調査の結果、もともとキンバリーから産出したダイヤモンドの原石がオレンジ川によって海まで流れ着き、それが海流に乗ってナミブ砂漠に漂着したものとわかった。これは一般に漂砂鉱床と呼ばれる。現在もまだリューデリッツの南からオレンジ川にかけての海岸線はダイヤモンドエリアとして立ち入り禁止区域となっている。

海と砂漠が背中合わせに続く
スケルトン・コースト
MAP P.338-A1

Skelton Coast

ナミビアの大西洋岸に続く砂漠地帯。一般にスケルトン・コーストと称されるのは、スワコップムントのあるスワコップ川河口の北側からアンゴラと国境を分けるクネネ川河口の間。**スケルトン・コースト公園Skelton Coast Park**の入口は南と東にふたつ(→欄外)ある。海と砂漠が背中合わせにどこまでも続き、世界で最も不毛な土地のひとつに数えられる。この「スケルトン・コースト(骸骨海岸)」という名称は、かつてこのあたりの沖合で座礁する船が多く、運よく岸にたどり着いたとしても、砂漠を抜けて生きて帰ることはまず不可能であったことに由来しているという。

フラミンゴの生息地
ワルヴィス・ベイ
MAP P.338-A2

Walvis Bay

スワコップムント・コーストの南東約30km。砂漠が広がる大西洋岸において随一の良港であるこの町は、ほかのナミビアの町と少し異なる歴史をもつ。1884年に「南西アフリカ」としてドイツがナミビアを保護領とする前から、このワルヴィス・ベイだけは飛び地としてすでにイギリスのケープ植民地であった。そのため1990年にナミビアが独立したあとも、1994年までは南アフリカの領土の一部だった。市街はだだっ広いだけで、これといった見どころはない。町の南西にあるラグーンには、何万羽ものフラミンゴが生息しており、特に夕暮れにフラミンゴが飛び交う姿は壮観だ。町の東外れにある砂丘(デューン Dune)は、サンドボーディングやバギーを楽しむ人たちに人気がある。特にDune7という砂丘が有名で、しばしばコンサートやパーティなどが開かれている。

ラグーンには何万羽ものフラミンゴがいる

"月面世界"が広がる
ヴェルヴィッチア・ドライブとムーン・ランドスケープ
MAP P.338-A1

Welwitschia Drive & Moon Landscape

スワコップムントの東、車で2時間ほど行った所では、砂漠の真ん中で何千年も生きるという不思議な巨大植物ヴェルヴィッチアが見られる。最も大きなものは直径4m以上にもなり、2000年近くは生きているだろうと推測されている。

また、ここへ行く途中に広がる奇妙な風景がムーン・ランドスケープ。なだらかな山々が視界いっぱいに広がる様はまさに「月面世界」。よく見ると岩に黒や赤いものが付着しているが、これは地衣類の一種。

スケルトン・コースト
日帰りで訪れる場合は、南のウガブ・リバー・ゲートUgab River Gate(→MAP P.338-A1)または東のスプリングボックウオーター・ゲートSpringbokwater Gate(→MAP P.338-A1)から公園内へ入ることができる。公園内に宿泊する場合はナミビア・ワイルドライフ・リゾート(→P.343欄外)に事前に予約を入れる。

ACCESS
🚗スワコップムントからウガブ・リバー・ゲートまで車で約1時間30分、スプリングボックウオーター・ゲートまで約2時間。

ワルヴィス・ベイ

ACCESS
🚗ワルヴィス・ベイ空港から車で約20分。ヴィントフックやスワコップムントとの間をヴェルヴィッチア・シャトルやタウンホッパーズなどのシャトル(→P.342欄外)が走っている。

巨大なヴェルヴィッチア

世界遺産
2013年に自然遺産に登録
ナミブ砂漠

ACCESS
🚗ヴィントフックからセスリムまで車で約6時間。セスリムからソススフレイへは車で1～2時間。必ず四輪駆動車で。

ナミブ砂漠のホテル
Hリトル・クララ
Little Kulala
☎+27-11-807-1800（ヨハネスブルグ）
URL www.wilderness-safaris.com
※2019年12月現在改装中。2020年6月再開予定。

おみやげを買うなら……
●ヴィントフック
Sナミビア・クラフト・センター
Namibia Crafts Center
数々のブースが集まっている。
MAP P.340-B2 ☎(061) 242222
URL namibiacraftcentre.com
開 月～金 9：00～17：30
土 9：00～16：00
日 9：00～13：30
休 祝
Sブッシュマンズ・アート・ギャラリー
Bushman's Art Gallery
伝統的な手工芸品など。
MAP P.340-B1 ☎(061) 228828
開 月～金 8：30～17：30
土 8：30～13：00
日・祝 9：00～13：00
休 なし
●スワコップムント
Sピーターズ・アンティーク
Peter's Antique
古道具などを扱う。
MAP P.342-A2 ☎(064) 405624
開 月～金 9：00～13：00
15：00～18：00
土 9：00～13：00
16：00～18：00
日・祝 16：00～18：00
休 なし

フィッシュリバー・キャニオン
開 日の出～日没 休 なし
※9月半ば～4月半ばはクローズ。
料 N$80（16歳以下無料）

ACCESS
🚗拠点となるホバスHobasの町までヴィントフックから車で約8時間。アイ・アイスAi-Aisまでは約9時間。

ビューポイントから大渓谷を望む

赤い砂漠が広がる
セスリムとソススフレイ →P.32
MAP P.338-A2
Sesriem & Sossusvlei

ナミビアといえば、やはり砂漠。砂漠抜きにナミビアを語ることはできない。なかでも広さ約4万9768km²を誇る**ナミブ・ナウクルフト公園Namib-Naukluft Park**は世界最古の砂漠のひとつといわれる。といっても絵はがきやポスターでよく見られるアプリコット色の赤い砂漠は、アクセスのしやすいスワコップムントやワルヴィス・ベイ周辺では見られない。広大なナミブ砂漠の中でも最奥部といえるソススフレイを目指そう。300ｍもの高さをもつ世界最大の砂丘群が延々と連なる様は、まさに圧巻。また、砂漠の真ん中に白く干上がった湖と枯れ木が並ぶ**デッドフレイDead Vlei**も人気のフォトスポットだ。

ソススフレイへの基地となるのはセスリム。キャンプ場もある。ここからソススフレイへ行く途中の**デューン45Dune 45**はよく絵はがきに登場する美しい砂丘で、日の出のウオッチングスポットとしてツアーに組み込まれていることが多い。だが、時間が許すなら、まずは急いでソススフレイまで行くことをおすすめする。日の出とともに見渡すかぎりの砂丘が真っ赤に染まっていく姿は、ナミビア観光のハイライトだ。

果てしなく広がるナミブ砂漠

世界で２番目に大きい渓谷
フィッシュリバー・キャニオン
MAP P.338-A2
Fish River Canyon

ナミビアの最南端に位置する大渓谷。最大幅約27km、深さ550ｍ、長さ160km、アメリカのグランド・キャニオンに次いで、世界第2位の規模を誇る。南アフリカとの国境にまたがる**アイ・アイス・リフタスフェルト・トランスフロンティア公園Ai-Ais/Richtersveld Transfrontier Park**の北部に位置し、渓谷の最南端にはホットスプリングで有名なアイ・アイスAi-Aisの町がある。公園内には渓谷に下っていくハイキング・トレイルが整備されており、トレッキングを楽しむことも。眺めのいいビューポイントも点在している。

モンコン周辺の風景。レソトでは馬は重要な交通手段だ

そのほかの国々

Other Countries

Orientation
オリエンテーション

「天空の王国」で絶景ハイキング

Lesotho
レソト

ポニーに乗ってトレッキング！

南アフリカ共和国に東西南北を囲まれた小さな国レソト。ドラケンスバーグ山脈が領土のほとんどを占めており、世界で最も標高の高い国のひとつ（最低標高地点約1400m）であることから、「天空の王国The Kingdom in the Sky」と呼ばれる。小国であるがゆえに、常に周辺からの侵略の脅威にさらされながらも、バソトの主権を守り続けてきた非常に誇り高き国家だ。現在も王国として伝統的な政治形態を残している。

壮大な光景が広がるドラケンスバーグ山脈

レソトって、どんな国？

山と谷が連なる大自然が広がる

レソトとは「ソト族（バソト）の国」という意味で、国旗の白、青、緑はそれぞれ、平和、雨、繁栄を象徴している。

レソトには、首都のマセルのほかに町らしい町はほとんどない。あるのはごつごつした岩肌がむき出しになった山と谷ばかりだ。人々はほんのわずかな土地に張りつくようにして暮らしている。マセル以外の地方では、人々はソト族の伝統的な「バソト・ハット」と呼ばれる三角形状の帽子をかぶり、カラフルな毛布を巻きつけ、馬やロバにまたがって移動する昔ながらの生活様式で暮らしている。確かに土地はやせてはいるけれど、自然は四季折々の姿を見せ、青空はどこまでも高く、夜は無数の星で満たされる。

バソト・ハット

これまでの歩み

バソト王国の始まり

先住民はサン族であったが、18世紀にソト族が北方より侵入し、バソト王国を建国。だが、1835年にグレート・トレックで北上してきたボーア人が侵略を開始したことで、イギリスのケープ植民地と友好協定を結ぶこととなった。

ところが1854年のオレンジ自由国の建国で再度領土併合の危機にさらされると、イギリスに保護を依頼。その結果、1868年にバソトランドとしてイギリスの保護領とされ、オレンジ自由国との国境をカレドン川と定められてしまった。

レソト王国の誕生

その後民族評議会による独立運動が起こり、1966年にモシェシェ2世を元首とするレソト王国が誕生した。独立後も王国として伝統的な統治形態を守っているが、形だけで現在の国王は政治には一切関与していない。

独立後、モケレ党首が率いるバソト会議党（BCP）とジョンサン党首が率いるバソト国民党（BNP）の激しい勢力争いが始まり、憲法の停止や議会の解散、軍事クーデターと政局は慢性的に不安定だった。さらに1994年には国王レツィエ3世が全閣僚の解任と議会の解散、憲法の停止を一方的に宣言し、「国王クーデター」を強行。これに抗議する群衆に発砲し、死者を出す騒ぎとなったのが、周辺国の調停によりレツィエ3世は父の前国王モシェシェ2世に譲位した。しかしモシェシェ2世は、復位1年を待たずして交通事故で死亡。1996年、レツィエ3世は一切政治に関与しないことを宣言し、復位した。

混乱を乗り越えて

1998年の総選挙でモシシリ氏が率いるレソト民主会議（LCD）が圧勝すると、不正があったと野党が異議を申し立て、ついに暴動が発生。60人以上の死傷者を出した。しかしその後は、再選挙を行うことで与野党が同意し、2002年には国際的な監視の下、やりなおし選挙が実施された。結果、与党LCDが圧勝し、BNPが野党第一党となったのである。

その後、2005年に地方自治体選挙でもLCDが圧勝。2012年には民主会議（DC）が最大議席を獲得し連立政権を樹立するが不調に終わり、モシシリ首相が辞任。2014年はレソト国防軍（LDF）による軍事行動が発生し、不安定な内政が続いたが、2015年2月に行われた総選挙は平和裏に実施され、モシシリ氏が首相に返り咲いた。2017年6月の選挙で全バソト会議（ABC）が第1党となり、タバネ氏が首相に就任した。

農耕と牧畜で成り立っている？

国土が狭く資源にも乏しいので、おもな産業は農耕と牧畜くらいしかない。そんなことから南アフリカへ出稼ぎに出る人も多い。輸出入はすべて南アフリカ経由であるうえ、通貨、関税同盟により、経済は完全に南アフリカの支配下におかれている。

おみやげに喜ばれるバソト・ハット

草で編んだカゴや独特の形をしたバソト・ハットが代表的な特産品。杖やムチなどもよく目にする。ほかに織物や素焼きの皿、壺なども素朴で味わい深い。

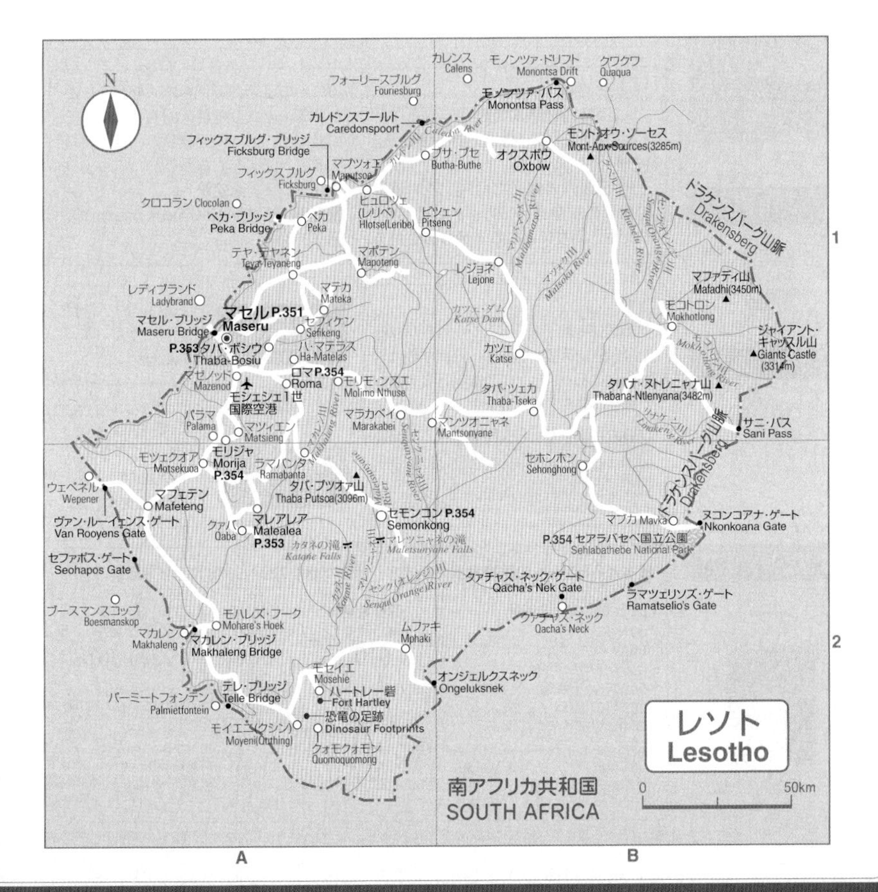

レソトの基本情報

気候

　レソトの気候は比較的温暖だが、山岳地帯では冬に雪が降る。年間降水量は700～1000㎜。

正式国名
レソト王国 Kingdom of Lesotho

国　歌
Lethotho Fatse La Bo Ntat'a Rona
（レソト、父なる地）

面　積
約 3 万 km²（日本の九州の約 0.7 倍）

人　口
210 万人（2018 年）

首　都
マセル Maseru
人口約 33 万人（2016 年）

元　首
レツィエ 3 世 King Letsie III

政　体
立憲君主制（独立 1966 年）

民族構成
ソト（バソト）族が 99.7%を占める。そのほか少数のヨーロッパ系やカラード、中国系などがいる。

宗　教
96.2%がキリスト教徒。

言　語
セソト語と英語が公用語。日常ではほとんどセソト語が使われ、英語はビジネスのときのみ用いられる。

通貨と為替レート

M

　単位はロティ Loti、複数形はマロティ Maloti（M）。補助通貨はセント（s）。M1＝100s。

2020 年 1 月 20 日現在
M1≒7.6 円　US$1≒M14.4

紙幣の種類＝ M200、100、50、20、10
硬貨の種類＝ M5、2、1、50s、20、10、5

　南アフリカ・ランド（R）と等価。レソト国内ではランドがロティ同様に流通。ただし、南アフリカでロティは通用しないので注意。

入出国

パスポート
　入国時に残存有効期間が 6 ヵ月以上で、見開き 2 ページ以上の余白が必要。

ビザ
　90 日以内の観光の場合、予約済みの帰りの航空券があればビザは不要。ただし、滞在に必要な十分な資金があることの証明の提示を求められることがある。また、陸路入国もビザなしで可能だが、必ず南アフリカ、レソト両国の出入国印をもらうこと。

●在日レソト大使館
住 東京都港区赤坂 7-5-47 U&M 赤坂ビル 1 階
☎（03）3584-7455

安全とトラブル

治安
　周辺国と比べると、レソトはかなり安全な国といえる。しかし、犯罪件数は増加傾向にあり、マセルでは旅行者を狙った強盗事件もしばしば発生している。

緊急連絡先
警察…2232-2099　救急車…2222-3000
消防…2231-7163
※在南アフリカ日本国大使館が兼務（→ P.61）

時差とサマータイム

　日本より 7 時間遅れ。サマータイムはない。

電圧とプラグ

　電圧は 220V、50Hz。プラグは南アフリカと同じ丸型 3 ピン B3L タイプ。

電話のかけ方

公衆電話

日本からレソトへの国際電話のかけ方　（例）マセル 2234-5678 にかける場合

国際電話会社の番号		国際電話識別番号		レソトの国番号		相手の電話番号
001（KDDI）※1 0033（NTTコミュニケーションズ）※1 0061（ソフトバンク）※1 005345（au携帯）※2 009130（NTTドコモ携帯）※3 0046（ソフトバンク携帯）※4	＋	010	＋	266	＋	2234-5678

※携帯電話の 3 キャリアは「0」を長押しして、「+」を表示し、続けて国番号からダイヤルしてもかけられる。

（※1）「マイライン」「マイラインプラス」の国際通話区分に登録している場合は不要。詳細は、URL www.myline.org　（※2）au は 005345 をダイヤルしなくてもかけられる。（※3）NTT ドコモは事前に WORLD WING に登録が必要。009130 をダイヤルしなくてもかけられる。（※4）ソフトバンクは 0046 をダイヤルしなくてもかけられる。

※レソトから日本への電話のかけ方はジンバブエから日本へのかけ方と同じなので、P.291 を参照のこと。

緑の山々に囲まれた美しい町

マセル

Maseru

MAP P.349-A1

1966年の独立後多くのビルが建てられ、銀行やオフィスビル、ショッピングセンターをはじめとする、近代的な高層ビルが建ち並ぶ首都へと発展した。だが、イギリス統治時代の面影を残す建物もいくつか残っている。いまや、地方のように毛布を羽織って馬にまたがるソト族(バソト)の姿は見られないが、その代わりに多くの車が往来する。

行き方 ACCESS

ほとんどの旅行者にとって、マセルがレソトの玄関口となる。南アフリカの首都のひとつ、ブルームフォンテンからのミニバスは、マセルの西のカレドン川のほとりのタクシー乗り場で停まる。目の前に出国ゲートがあるので、ここで出国手続きを行う。ゲートを抜け、カレドン川に架かる**マセル・ブリッジ Maseru Bridge**を渡ると入国ゲートがある。今度はここで、レソトへの入国手続きを行う。国境を越える際には、必ず両国の手続きをすること。うっかり通り過ぎてしまったために密入国とみなされ、身柄を拘束されてしまったケースもあるので要注意だ。入国ゲートを抜けた所にタクシー・ランクがあるので、ここでミニバスまたはタクシーに乗る。ミニバスは

☎市外局番 なし

ACCESS

✈ヨハネスブルグからSAエアリンクがモシェシェ1世国際空港へ毎日3便運航。所要約1時間。空港から市内まで約18kmあり、タクシーでM120～150。

🚌ブルームフォンテンから所要約3時間、R100。ミニバス乗り場にあるカウンターで乗車前に料金を支払う。

ボーダー・ポスト

●マセル・ブリッジ Maseru Bridge

MAP P.351-A1

開 24時間

※国境はほかにもあるが、夕方で閉じられる所が多い。

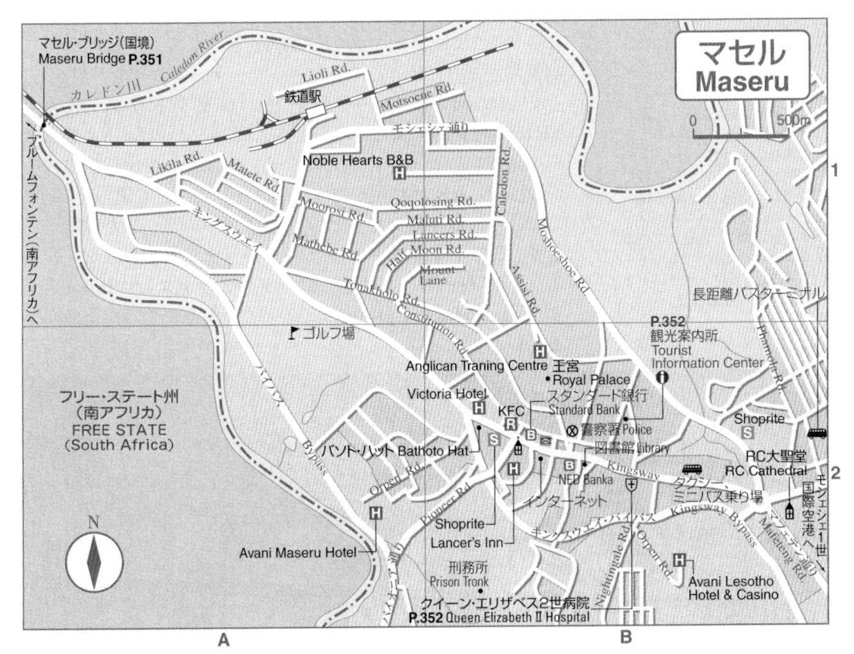

観光案内所
MAP P.351-B2
☎2231-2427
URL visitlesotho.travel
開 月～金　　8:00～17:00
休 土・日

観光案内所近くに立つ、バソト・ハットの形をしたクラフトショップ

両替
　キングスウエイのスタンダード銀行にはATMもあり、クレジットカードでの引き出しも可能。ただし、南アフリカ・ランド(R)とマロティ(M)は等価なので、普通にランドが流通している。

ランドマークでもあるRC大聖堂

クイーン・エリザベス2世病院
MAP P.351-B2
☎2231-2501

伝統衣装は毛布？
　レソトでソト族の人々が身につけているのがバソト・ブランケットBasotho Blanket。雨や風、寒さを避けるために発展してきたレソト独自の民族衣装だ。独特のカラフルなピンストライプが特徴で、素材はおもに羊毛。高地に位置するレソトを旅する際は1着購入するのもおすすめ。1枚M800程度。

M5程度で乗り合いのタクシーならM7程度、貸し切りの場合はM30～40。なお、この国では南アフリカ・ランドが自国通貨同様に通用するので、両替する必要は特にない。市街の中心部まではミニバスで5分ほど。

歩き方

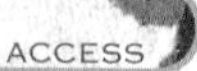

　国境からのミニバスの終点は市街東部に位置する。このあたりはマーケットの露店がひしめき合うようにして並んでおり、庶民の匂いのするエリアだ。市街の観光案内所前まではミニバスもあるが、1km程度の道程なので歩いても行ける。
　細い路地を抜けて、広い通りに出てみよう。目の前にそびえる赤れんがの堂々とした建物は**RC大聖堂RC Cathedral**だ。その前はロータリーになっているが、大聖堂の正面から西へ真っすぐ延びているのが、マセルのメインストリート、**キングスウエイKingsway**だ。ショッピングセンターやオフィスが整然と建ち並んでいる。
　西へ向かうと、途中左側に広い中庭のある建物があるが、これは**クイーン・エリザベス2世病院Queen Elizabeth II Hospital**。大型カジノをもつレソト指折りの最高級ホテル、**アヴァニ・レソト・ホテル&カジノ Avani Lesotho Hotel & Casino**はこの南東の高台の上に立っている。日中はこの病院の裏側からアヴァニ行きのミニバスが出ているので、宿泊者はこれを利用すると便利だ。タクシーなら片道M25くらい。
　キングスウエイをさらに西へ進むと、道は緩やかな坂道になる。ここに図書館や銀行がある。さらに坂道を越えた所に郵便局があり、その先にスーパーマーケットの看板が見える。その斜め向かいに立つ高層ビルが**ビクトリア・ホテルVictoria Hotel**。周辺には草で編んだバソト・ハットや籠などを売る露店がたくさん並んでいる。この一角が比較的にぎやかな所で、みやげ物屋やファストフード店なども建ち並ぶ。ここにひときわ目立つ大きなバソト・ハットの形をした建物があるが、この中にレソトの民芸品を扱うクラフトショップがある。もう1軒のカジノをもつホテル、**アヴァニ・マセル・ホテル Avani Maseru Hotel**はこのバソト・ハットの角を曲がった先にある。

長距離バスターミナル周辺は雑然としている

人どおりの多いキングスウエイ

「楽園」を思わせる美しい景色が広がる

マレアレア

MAP P.349-A2

Malealea

マセルから南へ約85km、マレアレアはレソトの南西部に位置する小さな谷あいの村だ。マセルから車で約2時間。この村に**マレアレア・ロッジMalealea Lodge**という宿があり、**ポニー・トレッキングの基地**として旅行者の人気を集めている。

バスはでこぼこの道を進んでいく。1時間くらいで、山を切り開いたようにして広がるマレアレアの村にたどり着く。その右側の岩壁に小さなレリーフを見つけることができる。そこにはこう刻まれている。"Gateway of Paradise（楽園の入口）"と。ここからの村の眺めはまさに「楽園」を思わせるほどすばらしいものだ。空は抜けるように青く、なだらかな丘陵が続き、そこにぽつんぽつんと民家が建っている。吹き抜ける風も心地よい。目指すマレアレア・ロッジまではここから7kmほど。運転手に頼んでおけば、ロッジの前で降ろしてくれる。また、この村の近くにはサン族の壁画が3ヵ所残されているので、村の子供をガイドに雇って散策してみるといい。

山に囲まれた草原に伝統的な家が立つ

歴史的な要塞が残る

タバ・ボシウ

MAP P.349-A1

Thaba-Bosiu

マセルの東約10kmの所にある小高い山。バソト王国の難攻の要塞であり、レソトの独立を象徴する最も重要な歴史遺産のひとつ。バソトランドを興したモシェシェ1世は、1824年にここに要塞を構えた。その後、ズールー族、イギリス軍、ボーア人と、次々とやってくる侵入者の攻撃をはねのけ、約40年にわたり、ついに陥落することはなかった。

タバ・ボシウとはソト語で「夜の山」という意味で、昼間は小さな丘にすぎないのに、夜になると山になるという伝説が残っている。麓にビジターセンターがあり、ここでガイドを申し込むと頂上まで案内してくれる。頂上には要塞跡やモシェシェ1世の墓などが残っている。

ACCESS

🚌マセルから約85km、ミニバスで所要約2時間30分、M50程度。ただし、ブルームフォンテンからのアクセスは、マセル経由よりもマフェテン経由のほうがいい。ブルームフォンテンからウェペネルWepener（南アフリカ側国境）までミニバスで所要約1時間30分、M100程度。ボーダー・ポストを通過して、ヴァン・ルーイェンス・ゲートVan Rooyens Gate（レソト側国境）からマフェテンまでミニバスで5〜10分。マフェテンからマセル行きのバスでモツェクオアまで約20分。バスの場合はここでミニバスに乗り換える。時刻表などはなく、乗客が集まらなければ出発しないが、マレアレア方面へ行く人は必ず数人はいるので辛抱強く待とう。たいていは1時間か2時間くらい待てばバスは来る。料金はM20程度。

Ⓗマレアレア・ロッジ
Malealea Lodge
☎(082)552-4215（南アフリカ）
URL malealea.com
料 ⓈR315〜660
ⓌR420〜880
キャンプM135
CC MV

タバ・ボシウのホテル
Ⓗタバ・ボシウ・カルチュラル・ビレッジ
Thaba Bosiu Cultural Village
☎5884-0018
URL www.thevillage.co.ls
料 ⓈⓌR1200〜
CC MV

レソトのツアー

マセルの観光案内所で旅行会社を紹介してくれる。なお、参加人数が少ないほどひとり当たりの料金は高くなる。

●マセル発1日ツアー

マツィエン＆モリジャ	：M400程度
マレアレア	：M500程度
セモンコン	：M600程度
オクスボウ	：M650程度
カツェ（ダム）	：M650程度

●マセル発半日ツアー

マセル市内観光	：M300程度
タバ・ボシウ	：M350程度
ロマ/タバ・ボシウ	：M450程度

ACCESS
🚌マセルからシェアタクシーで所要約3時間、M90程度。

セモンコンの宿泊施設
Hセモンコン・ロッジ
Semonkong Lodge
☎2700-6037
URL www.semonkonglodge.com
料 ⓈM730〜　ⓌM1210〜
　ⒹM275　キャンプM165
CC MV
　レストランはあるが、自炊も可能。マス釣りもできる。

マレツニャネの滝

スキーができるリゾート
Hアフリスキー・マウンテン・リゾート
Afriski Mountain Resort
☎5954-4734
URL www.afriski.net

世界遺産
2000年に複合遺産に登録
2013年にエリア拡大で再登録
マロティ・ドラケンスバーグ公園（→P.186）
　南アフリカのウクハランバ・ドラケンスバーグ国立公園と、レソトのセアラバセベ国立公園（MAP P.349-B2）で構成されている。レソトの国立公園は2013年のエリア拡大で世界遺産となった。

ACCESS
　南アフリカ側はダーバンから車で約3時間。日帰りツアーで訪れるのが普通。レソト側からは、数日間のツアーとなる場合が多い。あるいはマブカ（MAP P.349-B2）まで行き、そこから国立公園までのバスが出ている。所要約2時間。

ロマの宿泊施設
Hロマ・トレイディング・ポスト・ロッジ
Roma Trading Post Lodge
☎5024-5001
URL www.tradingpost.lodge.com
料 ⓈⓌM762.30〜
　ⒹM257〜
CC 不可

モリジャ博物館
☎2236-0308
URL www.morija.co.ls
開 月〜土　8:00〜17:00
　日　12:00〜17:00
休 なし 料 大人M20、子供M10

「煙立つ場所」という名の村
セモンコン
MAP P.349-A2
Semonkong

　マセルから南東に約120kmの、山あいにある小さな村。ごつごつした岩肌に緑の草がびっしりと張りついた、荒涼とした風景が広がっている。セモンコンとはソト語で「煙立つ場所」という意味で、**マレツニャネの滝Maletsunyane Falls**（レビハンの滝Lebihan Fallsとも呼ばれる）が水しぶきを上げている。192mの高さは、南部アフリカ最大の落差を誇る。特に雨の多い夏季には水量が増し、滝つぼ近くにあるキャンプサイトからは迫力ある眺めが堪能できる。この滝は1881年に、キリスト教布教のためにレソトを回っていたフランスの使節団によって報告されている。
　村には**セモンコン・ロッジSemonkong Lodge**があり、マレアレアと並ぶ**ポニー・トレッキングの基地**として知られている。ガイド付きで1日R500前後で楽しめる。セモンコンまでの道程は高低差もあるので、マセルから車で3時間ほどかかる。服装は、冬は相当寒いのでとにかく暖かい格好で出かけること。夏でもかなり冷え込むので、何か羽織るものを。また、山の天候は変わりやすいので雨具も準備しておきたい。

レソト大学がある若者の町
ロマ
MAP P.349-A1
Roma

　マセルの南東約35kmの所にある。町なかは石造りの建物が建ち並び、レソト大学の若い学生の姿を多く目にする。町の北には**ハ・バロアナの壁画Ha Baroana Rock Painting**が残り、近郊では恐竜の足跡も発見されている。

モリジャ博物館は必見
モリジャ
MAP P.349-A1
Morija

　マセルの南約40kmの所にある小さな村。ここにある**モリジャ博物館Morija Museum & Archives**は国内唯一の博物館で、レソトの文化と歴史をよりよく理解するためにぜひ足を運びたい。
　モシェシェ1世とヨーロッパから来たキリスト教使節団との交流を示す公文書や使節団から献上された品々などが展示されているが、なかでも、恐竜の化石や石器時代の遺品は興味深い。館内にはティールームやショップも併設されている。各種ワークショップのほか、ローカルアーティストたちに出会えるフェスティバルなども定期的に開かれているので、要チェック。
　また、モリジャ郊外でセルフ・ウオーキング・ツアーを楽しむのもいい。使節団の歴史をたどるコースや恐竜の足跡を見にいくコースもある。詳しくは博物館のパンフレットを参照。

Orientation
オリエンテーション

スワジ族の伝統文化に触れる

Eswatini
エスワティニ

「最後のアフリカ古王国」ともいわれるエスワティニ。人々は近代化、民主化を求めながらも、これまで続いてきた伝統文化を尊重して暮らしている。とはいっても普段は洋服で暮らし、祭りのときはそれらをすべて脱ぎ捨て、民族衣装(ほぼ裸)に着替えて民族ダンスに熱中する。「アフリカ」らしい自然、そして文化に触れたかったら、エスワティニへ行ってみよう。

大型の野生動物に出合える
ムリルワネ自然保護区

伝統衣装を身につけた男性

自然保護区で見られる野生のサイ

エスワティニって、どんな国?

最後のアフリカ古王国

国民の90%以上がスワジ族で占められているエスワティニ。ほかのアフリカ諸国と比べても圧倒的に同種族の率が高く、世襲君主による伝統的政治が行われている。社会は家長制で、一夫多妻も認められている。男性の地位は、女性に比べて圧倒的に高い。

「自分より強い者とは戦わない」という不戦主義でイギリス寄りの姿勢をとり続け、いざとなればズールー族との政略結婚などで対応して、武力抗争もなく続いてきた。そんなエスワティニは、最後のアフリカ古王国ともいわれている。

王国の成り立ち

スワジ族が王国を形成したのは19世紀初めの頃。近隣のズールー王国の南部からボーア人たちが移動してきてその圧力が高まったため、1846年にイギリスに保護を求めた。だが、イギリスが1893年にトランスバール国との間でイギリス・トランスバール協定を結んでしまったため、結局はボーア人が統治することになった。しかし、ボーア戦争後の1903年にはイギリスの支配下に入り、1906年にイギリスの保護領となる。

1964年に国王ソブーザ2世の下、部分的自治が認められ、ついに1968年にスワジランド王国として独立した。ところが1973年に国王はインボコドボ国民運動(INM)以外の政党の活動を禁止し、憲法を停止してしまう。そして1978年には国王が立法、行政に絶対的権力をもつ新憲法が制定されるのである。

その後、1982年に国王ソブーザ2世が死去。1986年に王子がムスワティ 3世として即位するが、1990年頃から民主化を求める運動が活発化し始める。1993年に選挙制度が多少改革されたが、政党禁止令は廃止されなかった。そのため1996年、スワジランド労働組合連盟(SFTU)主導の大規模なストライキが勃発。その後、4回にわたる総選挙が実施された。2006年には新憲法が制定され、形式的には立憲君主制へ移行したが、現代的な政党活動が認められないなど、今でも事実上の王政は維持されている。2019年、スワジランドからエスワティニに国名を変更した。

南アフリカとの結びつきで発展

肥沃な土地と温暖な気候から、農業国として発展。水・鉱物資源などにも恵まれているが、経済的には隣接する南アフリカに大きく依存している。そのため、南アフリカとの関係性がこの国を大きく左右するといっても過言ではない。ちなみに、ナミビアやレソトなどと同様に、「ランド圏」と呼ばれる南アフリカの共通通貨圏に所属していて、自国通貨のリランゲニ同様にランドが流通している。

自然保護区で見られるアフリカゾウ

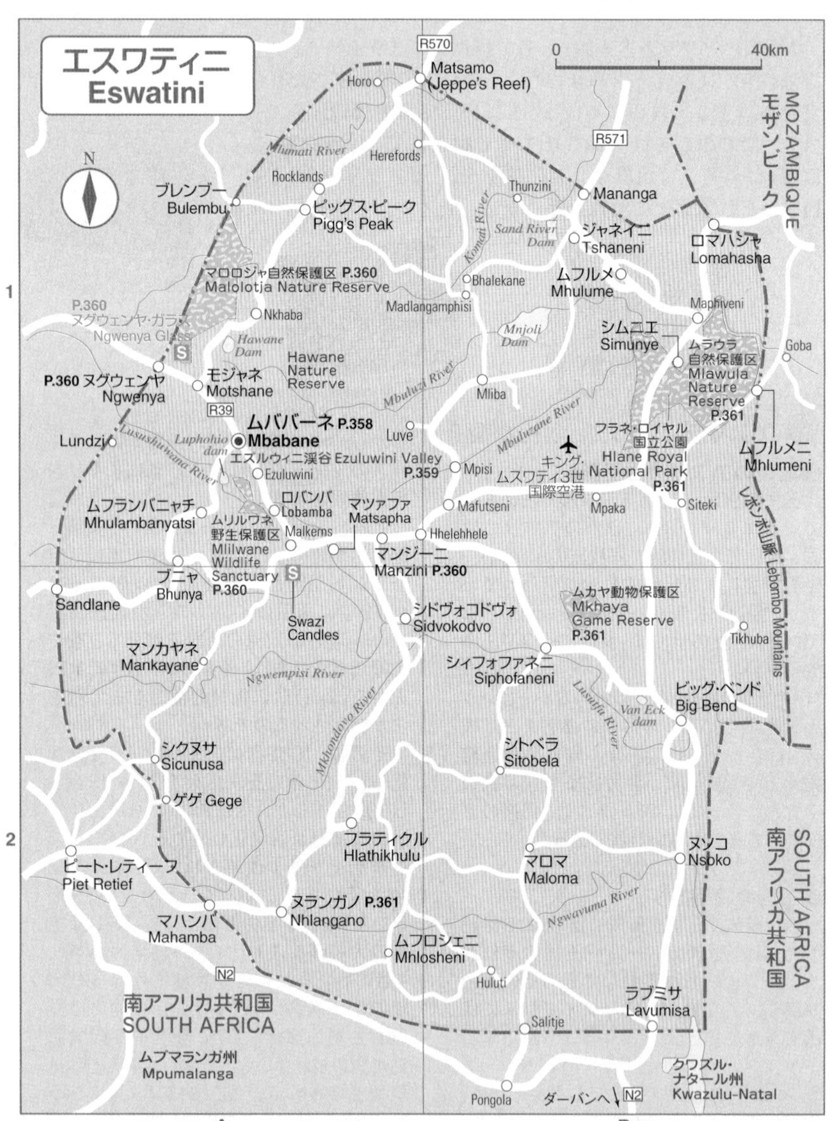

エスワティニの基本情報

国　旗
盾と槍2本がデザインされている。

正式国名
エスワティニ王国
Kingdom of Eswatini

面　積
約1万7000km²(四国よりやや小さい)

人　口
約113万人(2018年)

首　都
ムババーネ Mbabane(行政府)
人口約9万5000人
※王宮はロバンバ Lobamba にある。

元　首
ムスワティ3世 Mswati III

政　体
王制(独立1968年)

民族構成
バントゥー系スワジ族、ズールー族などアフリカ人97%、その他ヨーロッパ系、カラードなどが3%。

宗　教
キリスト教90%、イスラム教2%、ほか部族固有の伝統的宗教。

言　語
公用語は英語、シスワティ(スワジ)語。

気候
雨季(10～4月)は低地草原は40℃以上になることもある。乾季(5～9月)は雨が少なく温暖だが、低地草原でも夜はかなり冷え込む。

通貨と為替レート

E

リランゲニ Lilangeni、複数形はエマランゲニ Emalangeni(E)
2020年1月20日現在
E1=100c(cent)≒7.6円
US$1 ≒ E14.4
紙幣の種類＝E200、100、50、20、10
硬貨の種類＝E5、2、1、50c、20、10、5

南アフリカ・ランド(R)と等価。エスワティニ国内ではランドがリランゲニ同様に流通している。ただし、南アフリカでリランゲニは通用しないので、エスワティニ出国前にランドに両替しておいたほうがいい。

入出国

パスポート
エスワティニ入国時点で3ヵ月以上の残存有効期間が必要。また、2ページ以上の余白が必要となる。

ビザ
日本国民は30日以内の観光の場合、予約済みの帰りの航空券を持っていれば、ビザは不要。

安全とトラブル

周辺国と比べるとかなり安全といえるが、強盗などの犯罪は増加傾向にある。夜のひとり歩きは避け、車でも十分な注意を払いたい。2020年1月現在、日本の外務省から危険情報は出ていない。

緊急連絡先
警　察 …… 999
(ムババーネ) …… 2404-2221
救　急(ムババーネ) …… 2404-2111
消　防 …… 933

※日本大使館・領事館は設置されていないが、南アフリカのプレトリアにある日本大使館が業務を兼轄する(→P.61)。
●在南アフリカ日本大使館(プレトリア)
…… (00-27)12-452-1500

時差とサマータイム

日本より7時間遅れ。日本が昼の12:00のときエスワティニは5:00。サマータイムはない。

電圧&プラグ

電圧は220V、50Hz。プラグは南アフリカと同じ丸型3ピンB3Lタイプ。

電話のかけ方

日本からエスワティニへの国際電話のかけ方　(例)ムババーネ1234-5678にかける場合

国際電話会社の番号		国際電話識別番号		エスワティニの国番号		相手の電話番号
001(KDDI)※1 **0033**(NTTコミュニケーションズ)※1 **0061**(ソフトバンク)※1 **005345**(au携帯)※2 **009130**(NTTドコモ携帯)※3 **0046**(ソフトバンク携帯)※4	+	**010**	+	**268**	+	**1234-5678**

(※1)「マイライン」「マイラインプラス」の国際通話区分に登録している場合は不要。詳細は、URL www.myline.org (※2) auは005345をダイヤルしなくてもかけられる。(※3) NTTドコモは事前にWORLD WINGに登録が必要。009130をダイヤルしなくてもかけられる。(※4) ソフトバンクは0046をダイヤルしなくてもかけられる。

※携帯電話の3キャリアは「0」を長押しして、「+」を表示し、続けて国番号からダイヤルしてもかけられる。

※エスワティニから日本への電話のかけ方はジンバブエから日本へのかけ方と同じなので、P.291を参照のこと。

丘陵地帯に開けた首都

ムババーネ

Mbabane

MAP P.356-A1

人口約9万5000人の行政府の首都がムババーネMbabane。丘陵地帯にあるため、涼しく過ごしやすい町だ。観光のメインとなるのはムババーネの南東にあるエズルウィニ渓谷Ezuluwini Valley。エズルウィニ渓谷には王宮や博物館のあるロバンバLobamba、自然保護区があるマンテンガMantengaを中心に、多くのホテルが点在している。

☎市外局番 なし

ACCESS

✈SAエア・リンクがヨハネスブルグ～エスワティニ間を毎日4便程度運行。所要約50分。

🚌ヨハネスブルグのO.R.タンボ国際空港からバスが出ている。R750。

空港から市内へ

🚗フライトに合わせてシャトルバスが出ている。ムババーネまでE50。

歩き方

WALKING AROUND

近年の発展はめざましく、オフィスビルやショッピングセンターといった近代的な建物が増加中だが、田舎町の雰囲気も残っていて、ゆったりとした空気が流れている。町自体にこれといった見どころはないが、のんびりとリラックスできる。

ムババーネの中心は、大きなショッピングセンターの**スワジ・プラザSwazi Plaza**。ここには、ショッピングセンターや書店のほか、銀行や観光案内所なども入っており、ムババーネでも一番にぎやかな所だ。バスターミナルとタクシー乗り場もスワジ・プラザに隣接している。

紙幣にも描かれている**シベベ・ロックSibebe Rock**は、町の北西8kmほどの所にある。オーストラリアのエアーズ・ロックに次いで、世界で2番目に大きい一枚岩の山だそうだ。ぜひ訪れてみたい。

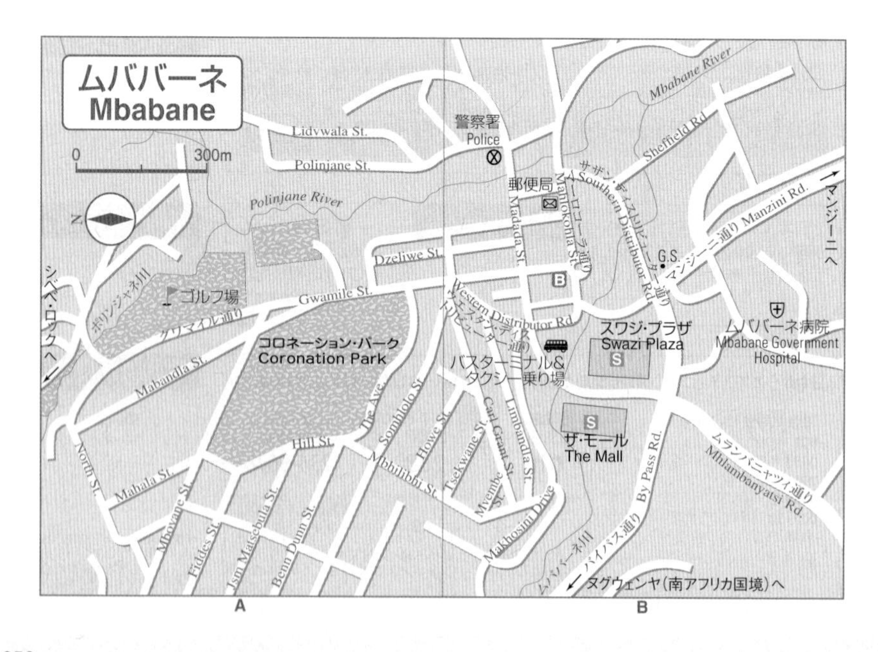

郊外の見どころ ATTRACTIONS

王宮と国立博物館がある
エズルウィニ渓谷
MAP P.356-A1 / P.359-A〜B
Ezuluwini Valley

ロバンバLobamba（→MAP P.359-B）は、ムババーネから南東へ約12km、エズルウィニ渓谷の中心に位置するスワジ王家の都。現在、王はロバンバから10kmほど離れた**ロジタ・ステート・ハウスLozitha State House**に住んでいる。**国立博物館National Museum**では、スワジ文化や王家の系図などが紹介されており、伝統的な様式の家が再現されているので、訪れてみるといいだろう。またすぐ近くに前王ソブーザ2世を記念する公園もある。

現在、王家の習慣が垣間見られるのは、未婚女性がリード（アシ）を手に持って踊り、それを王女に差し出す**リードダンスの日Reed Dance Day**と、最も神聖な儀式が行われる**インクワラデイIncwala Day**の年に2回の祭りのときだけ。このときは**ロイヤル・クラールRoyal Kraal**（→MAP P.359-B）と呼ばれる王宮が一般公開される。

2013年に行われたリードダンス

エズルウィニ渓谷
ACCESS
ムババーネからバスやミニバス（コンビ）が出ている。タクシーもあるが流しは少なく、ホテルで呼んでもらうか、スワジ・プラザ近くのタクシー乗り場を利用する。バスの場合、所要約30分、E12程度。タクシーを利用した場合は、E120〜。

国立博物館
MAP P.359-B
☎ 2416-1179
開 月〜金　8:00〜16:30
　 土・日　10:00〜17:00
休 なし
料 大人E80、子供E30

ムリルワネ野生保護区に生息する固有種のブレズバック

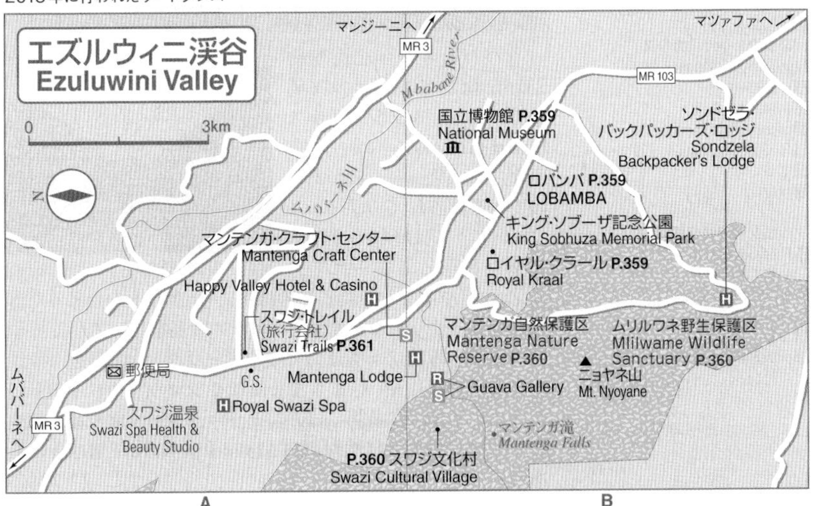

マンテンガ自然保護区
MAP P.359-B
☎ 2416-1101
Mail www.sntc.org.sz
開 8:00〜18:00
休 なし
料 E100(伝統舞踊の観賞込み)
※宿泊施設もある。

ムリルワネ野生保護区
MAP P.359-B
☎ 2528-3943
開 6:00〜18:00 休 なし
料 E45

ロバンバの西に位置する**マンテンガ自然保護区Mantenga Nature Reserve**の中には、スワジ族の伝統的な村を再現した**スワジ文化村Swazi Cultural Village**がある。ガイド付きで村の中を案内してもらえ、民族舞踏を観ることもできる。また、この自然保護区の中には**マンテンガ滝Mantenga Falls**(→MAP P.359-B)がある。

マテンガ自然保護区の南は、**ニョヤネ山Mt. Nyoyane**を中心に**ムリルワネ野生保護区Mlilwane Wildlife Sanctuary**が広がる。キリンやインパラ、シマウマなどのほかブラック・イーグルなど珍しい鳥が見られ、サイクリングコースも整備されている。

マンテンガ自然保護区を流れる川

そのほかのエリア
Other Destinations

マンジーニ
☎市外局番 なし

Access
🚌ムババーネからバスで所要約1時間、E40程度。タクシーを利用した場合はE150程度。

ヌグウェンヤ
☎市外局番 なし

Access
🚌ムババーネからバスで所要約40分、E12程度。タクシーを利用した場合はE100程度。

おすすめのショップ
S ヌグウェンヤ・ガラス Ngwenya Glass
MAP P.356-A1
☎ 2442-4142
URL ngwenyaglass.co.sz
開 8:00〜16:00
休 なし
CC MV

マロロジャ自然保護区
MAP P.356-A1
☎ 2444-3241
URL www.sntc.org.sz
開 6:00〜18:00
休 なし
料 大人E40、子供E25

エスワティニ最大の都市
マンジーニ
MAP P.356-A1
Manzini

人口約11万人のエスワティニ唯一の商工業都市。首都ムババーネよりも大きな都市で、交通の要所でもあり、近代的なビルが建ち並ぶ都会的で忙しい町だ。朝市が開かれることでも知られ、特に木・金曜は手工芸品のやりとりでにぎわう。

ムババーネの北西に位置する国境の町
ヌグウェンヤ
MAP P.356-A1
Ngwenya

ムババーネから北西へ約23km、南アフリカとの国境近くにあり、**スワジ・ガラスSwazi Glasses**で有名な町。町なかには数々の工房があるので、ぜひ訪れてみよう。スワジ・ガラスは廃材のガラス瓶を再利用して作られており、コップや皿などの食器類のほかにも、動物をかたどった置物やアクセサリーなどがある。ガラス製品を作っている様子が見学できる工房もあるので要チェックだ。この周辺には世界最古の鉄鉱山や、さまざまな鳥類やシマウマやワイルドビーストなどの草食動物のほかにヒョウやジャッカルなども生息する**マロロジャ自然保護区Malolotja Nature Reserve**もある。

ヌグウェンヤ鉄鋼山

マロロジャ自然保護区の近くにあるマグガ・ダム

マロロジャ自然保護区の北にある**ピッグス・ピーク Pigg's Peak**は、かつて金鉱で栄えた場所。現在は、手工芸品の産地となっている。

カジノ付きのリゾートホテルがある
ヌランガノ
MAP P.356-A2

Nhlangano

南西の国境の町**マハンバMahamba**に最も近い町がヌランガノで、木材とたばこの集積地。郊外にはカジノ付きのリゾートホテルもあり、南アフリカからの観光客に人気がある。

広大な動物公園が広がるサファリのメッカ
スワジランド東部
MAP P.356-B1～2

Eastern Swaziland

レボンボ山脈Lebombo Mountainsの麓にはアフリカらしい乾燥した原野が広がり、サトウキビ農園も多い。かつて王族の狩猟地であった**フラネ・ロイヤル国立公園Hlane Royal National Park**は、エスワティニ最大の自然保護区。約220km²もの広大な敷地に、ライオンやゾウ、ヒョウなどのビッグファイブのほか、ほかではあまり見ない珍しい鳥も多く生息している。その東には、**ムラウラ自然保護区Mlawula Nature Reserve**が隣接している。いずれもキャンプ場がある。マンジーニの南東約30kmの所にあるのが、**ムカヤ動物保護区Mkhaya Game Reserve**。狩猟とサファリで人気があり、ゾウやクロサイなどの大型動物にも出合うチャンスがある。また、**ングニNguni**という この地固有の家畜牛の飼育でも知られる。

フラネ・ロイヤル国立公園で出合ったシロサイ

現地の旅行会社
●スワジ・トレイル Swazi Trails
各種ツアーやサファリ、ホテルの手配などを行っている。
MAP P.359-A
☎2416-2180
URL www.swazitrails.co.sz

フラネ・ロイヤル国立公園
MAP P.356-B1
☎2528-3943
URL biggameparks.org
開 6:00～18:00 休 なし
料 E50

ムラウラ自然保護区
MAP P.356-B1
☎2383-8885
Mail www.sntc.org.sz
開 6:00～18:00 休 なし
料 大人E35、子供E16

ムカヤ動物保護区
MAP P.356-B2
☎2528-3943
URL biggameparks.org
開 10:00～16:00
休 なし
料 要問い合わせ

南部アフリカで見られるングニ牛

木の葉を食べる親子のキリン（ムカヤ動物保護区）

Orientation
オリエンテーション

インド洋を望むポルトガル風の町並みが美しい

Mozambique
モザンビーク

日本人にはまだなじみのない国、モザンビークだが、南部アフリカの国の中でどこか異彩を放っている。ほかの国々がイギリスの影響を大きく受けてきたのに対し、モザンビークはアラブやポルトガルの色彩が濃い。海岸線に広がる澄み切った海。そして笑顔の明るい人々。だが、17年間にも及ぶ内戦を乗り越えてきたという事実も忘れてはならない。歴史と自然が調和した笑顔あふれる国へ。

サファリが楽しめるゴロンゴーザ国立公園

モザンビーク島にあるサン・セバスチャン要塞

透明度の高いインド洋

本格的なポルトガル料理が食べられる

モザンビークってどんな国？

始まりはヴァスコ・ダ・ガマの到着

1498年、ポルトガル人のヴァスコ・ダ・ガマがモザンビーク島に到達したのを機に16世紀初頭からポルトガルによる植民地化が開始された。1898年にロウレンソ・マルケス（現マプト市）に移るまで、ポルトガル領東アフリカの首都はモザンビーク島におかれていた。

独立をめぐって内戦が勃発

20世紀に入ると、反ポルトガル蜂起が勃発。1964年にモザンビーク解放戦線（FRELIMO）を中心に独立闘争に進展し、1975年6月25日に独立を果たした。独立してからは社会主義路線を進むが、間もなく反政府ゲリラのモザンビーク民族抵抗運動（RENAMO）との間で内戦が勃発してしまう。

17年も続いた内戦に終止符

1992年、イタリア政府の仲介のもとローマにおいて包括和平協定が調停され、17年間にわたる内戦が幕を閉じた。内戦終結後、モザンビークに対する国連平和維持活動（PKO）に日本も参加。計169人が派遣された。その後は、民主政治のもと好調な経済成長を続けている。

多文化が融合した料理を楽しもう！

ポルトガル植民地の歴史があるモザンビークでは、本格的ポルトガル料理が味わえる。さらに、アラブやスワヒリなどの料理のほか、それらが融合した独特の味を楽しむことも。

伝統的な主食は、米かトウモロコシの粉を水で練った「シマ」と呼ばれるもの。ピーナッツの粉とココナッツミルクを混ぜ合わせて、野菜や肉、魚と一緒に煮込んだカレーも定番料理のひとつだ。

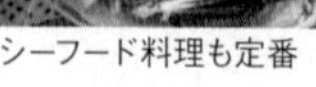

シーフード料理も定番

ポテトを使ったポルトガル料理

女性に欠かせない伝統の布とは？

町を歩いているとカラフルな1枚の布をスカートのように腰に巻きつけて歩いている女性を見かけるが、いったいあれは何か。実は伝統的な衣装で、「カプラナ」というのだそうだ。ときには荷物をくるんだり、ストールのように羽織ったり、つまり日本でいう風呂敷みたいなもの。地方によっては、葬式の際に着用するなど正装として認識されているそうだ。

カプラナの布で作られた人形

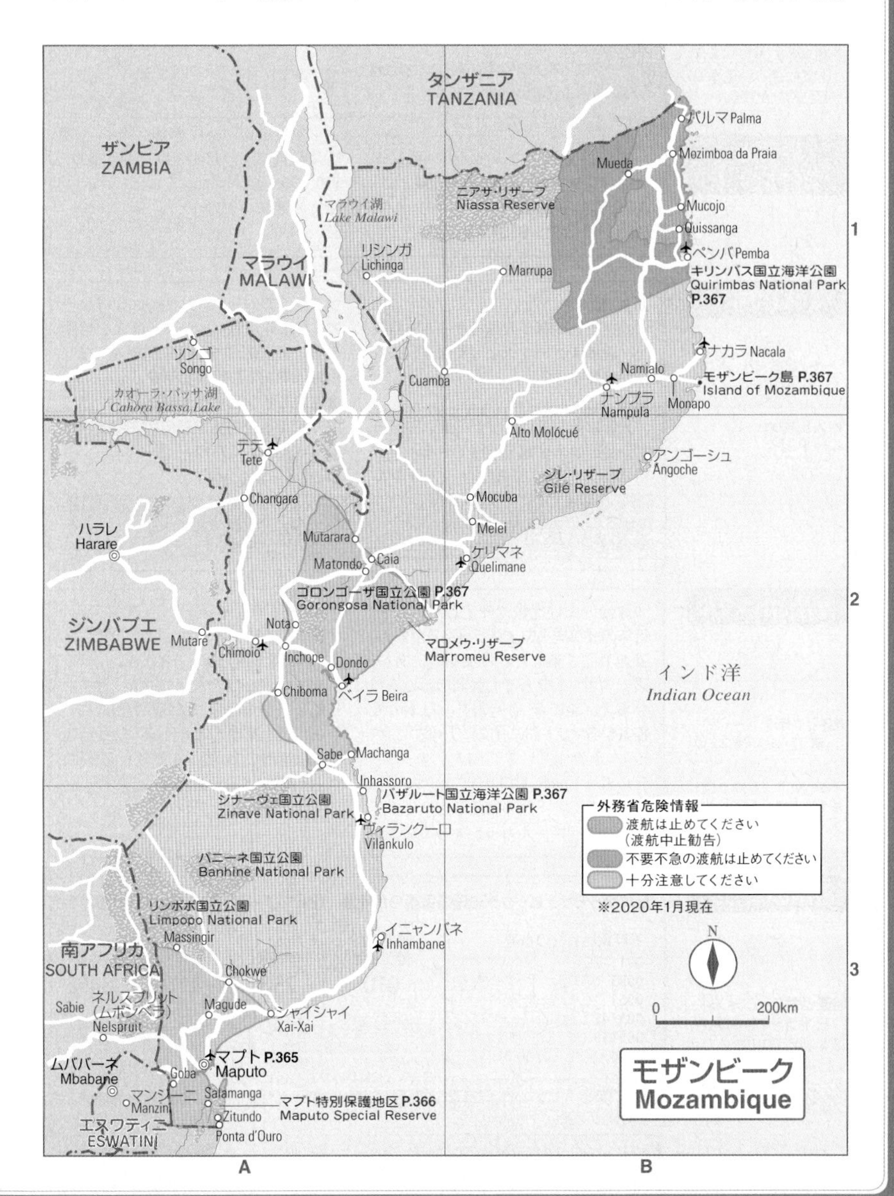

モザンビークの基本情報

気候

中北部は熱帯性、南部は亜熱帯性の気候。高温多湿の雨季（10 ～ 4月）と比較的涼しい乾季（5～9月）に分かれる。

正式国名
モザンビーク共和国
Republic of Mozambique

面　積
約 79 万 9380km^2（日本の約 2.1 倍）

人　口
約 2949 万人（2018 年）

首　都
マプト Maputo
人口約 108 万人（2017 年）

元　首
フィリッペ・ジャシント・ニュシ大統領
Filipe Jacinto Nyusi

政　体
共和制（独立 1975 年）

民族構成
マクア、ロムウェ族など約 40 部族。

宗　教
キリスト教が約 40％、イスラム教約 20％、そのほか伝統宗教など。

言　語
ポルトガル語（公用語）。ほかにマクア語、シャンガーナ語など。英語もビジネスや学問の場でよく使われる。

通貨と為替レート

MZN

単位はメティカル（MZN）。補助通貨はセンタボ（¢）。MZN1＝100¢

2020 年 1 月 20 日現在
MZN1≒1.7 円　US$1≒MZN63

紙幣の種類＝ MZN1000、500、200、100、50、20
硬貨の種類＝ MZN10、5、2、1、50¢、20、10、5、1

入出国

▶ 入出国カード
→ P.384

パスポート
残存有効期間が入国日から 6 ヵ月以上、連続 4 ページ以上（見開き）の余白が必要となる。

ビザ
入国に際してはビザが必要。在日モザンビーク大使館で取得できる。手数料はシングルが 8500 円、マルチプルが 1 万 7000 円。シングルは発行から 2 ヵ月間有効でマルチプルは 3 ヵ月間有効。1 回につき 30 日間滞在可能。詳細は下記に問い合わせを。

●在日モザンビーク大使館
住 東京都世田谷区桜新町 1-33-14
☎ (03) 5760-6271/2
URL www.embamoc.jp

緊急連絡先
警察 ……… 112
消防 ……… (21) 322222
救急 ……… (21) 493687
●在モザンビーク日本大使館（マプト）
……… (21) 499819/20

安全とトラブル

電圧とプラグ

電圧は220/240V、50Hz。プラグはCタイプと、南アフリカと同じ丸型3ピンのB3Lタイプ。

政治的には比較的安定しているが、近年の経済成長により所得格差が拡大。強盗や空き巣などが増加傾向にある。観光スポットなどでも強盗などの犯罪が増え、2019 年 12 月現在、日本の外務省からマプト州とソファラ州に「レベル 1：十分注意して下さい」、カーボ・デルガード州の下記以外の地域に「レベル 2：不要不急の渡航は止めてください」、カーボ・デルガード州（パルマ郡，ナンガーデ郡，モシンボア・ダ・プライア郡，ムイドゥンベ郡，マコミア郡，メルコ郡，キサンガ郡及びイボ郡）に「レベル 3：渡航は止めてください（渡航中止勧告）」という危険情報が発出されている。ひとり歩きは避ける、公共バスなどは利用しないなどの警戒が必要だ。なお、滞在中は身分証明書（パスポート）の常時携帯が義務づけられている。

電話のかけ方

時差とサマータイム

日本より7時間遅れ。日本が12:00のときモザンビークは5:00。サマータイムはない。また、南アフリカとの時差はない。

日本からモザンビークへの国際電話のかけ方　(例) マプト (21)12-3456 にかける場合

国際電話会社の番号		国際電話識別番号		モザンビークの国番号		市外局番		相手の電話番号
001（KDDI）※1 0033（NTTコミュニケーションズ）※1 0061（ソフトバンク）※1 005345（au携帯）※2 009130（NTTドコモ携帯）※3 0046（ソフトバンク携帯）※4	＋	010	＋	258	＋	21	＋	12-3456

※携帯電話の 3 キャリアは「0」を長押しして、「+」を表示し、続けて国番号からダイヤルしてもかけられる。

（※1）「マイライン」「マイラインプラス」の国際通話区分に登録している場合は不要。詳細は、URL www.myline.org　（※2）au は 005345 をダイヤルしなくてもかけられる。（※3）NTT ドコモは事前に WORLD WING に登録が必要。009130 をダイヤルしなくてもかけられる。（※4）ソフトバンクは 0046 をダイヤルしなくてもかけられる。

※モザンビークから日本への電話のかけ方はジンバブエから日本へのかけ方と同じなので、P.291 を参照のこと。

人口約108万人の首都

マプト

Maputo

MAP P.363-A3

熱帯の美しいビーチにどこまでも広がる珊瑚礁、そしてアフリカ、アラブ、ポルトガルの影響を受けて発展した独特の文化と美しい町並み。1992年、17年もの間続いた内戦が終結し、モザンビークは今、観光立国として成長を遂げようとしている。さまざまな文化が融合したこの国では、近隣諸国とは違った雰囲気が味わえる。

おもな見どころ ATTRACTIONS

18世紀にポルトガル人が"プチ・リスボン"を建設しようとしてできた町で、当時はこの地に最初に到達したポルトガルの貿易商人ロウレンソ・マルケスLourenço Marquesの名にちなみ「ロウレンソ・マルケス」と呼ばれていた。1898年に首都がモザンビーク島からロウレンソ・マルケスに移り、独立後はマプトと改称された。道幅の広い街路が直交する計画都市で、ポルトガル風の建物も目立つ。内戦の被害で多くの建物が破壊されたが、2005年頃から新たな修復や建設が始まり、近年著しく近代化が進んでいる。マプト鉄道駅は、パリのエッフェル塔で有名なエッフェルEiffelが1910年に建てたもの。白とグリーンを基調とし、ビクトリア様式の大理石のバルコニー、高さ20mの銅製のドーム形の屋根は必見だ。

☎市外局番 21

ACCESS

✈ヨハネスブルグから、南アフリカ航空などがマプト国際空港へ運航している。所要約1時間。リスボンからTAPポルトガル航空が週2便運航している。また、カタール航空がドーハから週3便運航している。

🚌ヨハネスブルグ、プレトリアからインターケープとグレイハウンドが運行している。所要9時間～11時間、R400～。

味のある建物で開かれる市場

多文化が融合した料理

ポルトガル植民地の歴史があるモザンビークでは、本格的ポルトガル料理が味わえる。さらに、アラブやスワヒリなどの料理のほか、それらが融合した独特の味を楽しむことができる。

ポルトガル料理もよく見かける

自然史博物館
MAP P.365-B2
住 Travessia's Zambeze Sq.
☎ (21) 49-0879
開 火～金　9:00～15:30
　土・日　10:00～17:00
休 月 料 50MZN ※日曜は無料

興味深い展示が並ぶ

頑丈そうなアイアンハウス

マプト特別保護地区
ACCESS
🚗マプトから車で約1時間。

そのほかの見どころとしては、モザンビーク国内に生息する野生動物のはく製やレプリカ、世界唯一のゾウの胎児の成長過程を追ったホルマリン標本などを展示している**自然史博物館Natural History Museum**や、エッフェルが1892年にポルトガル総督公邸用に設計した、全面が鉄板で覆われているという**アイアンハウス(鉄の家)Casa de Ferro**(→MAP P.365-A2)などがある。

庶民の生活に触れたいのであれば、**中央市場Mercado Central**がおもしろい。カラフルな野菜や果物、漁港から揚がった魚などの生鮮食品をはじめ、スパイスや生活雑貨などが山のように並ぶ。また、毎週土曜には観光スポットである**要塞Fortaleza de Nossasenhora**の横の広場でみやげ物市場が開かれる。色鮮やかなろうけつ染めのバティックや黒檀製のマコンデ彫刻、アフリカンな小物や絵はがき、アクセサリーなどなど、さまざまな種類のおみやげ物を見ることができる。

郊外の見どころ ATTRACTIONS

3ヵ国にまたがる保護地区

マプト特別保護地区

MAP P.363-A3

Maputo Special Reserve

マプトから南へ約79kmに位置し、面積は約778km^2。1932年に特別保護地区に指定された。南アフリカ、エスワティニ、モザンビークの3ヵ国にまたがる国境横断保護地区の一部で、約240頭のゾウのほか、シマウマ、カバ、アンテロープ、フラミンゴ、ナイルクロコダイルなどが見られる。ホテルのツアーデスク、旅行会社などで、首都マプトから日帰りツアーの手配が可能。

H ホテル

Hotel Restaurant Shop Winery

ポラナ・セレナ・ホテル ★★★★★

Polana Serena Hotel

MAP P.365-B2

1922年創業の格式と伝統のあるホテル。2011年に改装を終え、より豪華に生まれ変わった。フランス料理や寿司カウンターなど3つあるレストランやバーをはじめ、スパやプールなど完備していて、居心地のいいリゾート気分が味わえる。

住 1380 Avenida Julius Nyeree
☎ (21) 24-1700
URL www.serenahotels.com
料 ⓈⓌUS$202～
CC AMV
室 153
Wi-Fi あり(客室)

客室は落ち着ける内装

ペスターナ・ロブマ・ホテル ★★★★

Pestana Rovuma Hotel

MAP P.365-A2

市街中心部に位置する12階建てのホテル。ほとんどの客室にマプト湾を望むバルコニーが付いている。プールやレストラン、バーもありとても便利。

住 Rua da Se 114
☎ (21) 30-5000
URL www.pestana.com
料 ⓈⓌUS$122～
CC DMV
室 118
Wi-Fi あり(客室)

カテンベ・ギャラリー・ホテル

Catembe Gallery Hotel

MAP P.365-B2外

カテンベにある、こぢんまりとしたブティックホテル。マプト特別保護地区へのツアーや市内ツアーなどのアレンジもしてくれる。

住 Rua B 77, Catembe
☎ (84) 228-3623
URL www.galleryhotel.co.mz
料 ⓈⓌUS$100～
CC MV
室 28
Wi-Fi あり(客室)

そのほかのエリア Other Destinations

1991年に世界遺産に登録された
モザンビーク島
MAP P.363-B1
Island of Mozambique

インド洋に浮かぶ、長さ約2.5km、幅0.5kmの細長い島で、本土とは長さ約3kmの橋で結ばれている。もともとはアラブ人たちが住み、インド洋貿易の中継地として栄えていた港だった。16世紀にポルトガル領となり、1898年までポルトガル領東アフリカの首都として繁栄し、キリスト教の重要な伝道拠点にもなった。天正遣欧少年使節の4人の日本人がヨーロッパからの帰路、1586年9月にモザンビーク島に着き、季節風の流れが変わるのを半年間待っていた場所でもある。

ポルトガル、インド、アラブの文化が入り交じった美しい町並みが特徴的。南半球に現存する最古のヨーロッパ建築ノサ・セニョラ・デ・バルアルテ礼拝堂、現在は博物館として公開されているサンパウロ宮殿、かつてポルトガルの現地最高機関と総司令部がおかれていた**サン・セバスチャン要塞Fort St. Sebastian**などの見どころの多くは北部に集中し、南部はおもに居住区となっている。

ライオン、ゾウなどの大型動物に出合える
ゴロンゴーザ国立公園
MAP P.363-A2
Gorongosa National Park

モザンビーク中部の都市ベイラの北西、東アフリカ地溝帯の南東端に位置する、面積約3770km²の国立公園。かつてはライオンやゾウ、カバ、サイなどが多く生息することで知られていたが、1980～1990年代の内戦時代に、密猟などで動物の数は約10%までに大幅に減少。内戦後、動物たちを公園内に戻そうという動きが始まり、2004年にはアメリカの財団による約40億円の寄付で、政府による本格的な復興事業がスタートした。今では、内戦時代の被害を受けずに済んだ400種類以上もの鳥類に加え、野生動物の多くが戻りつつある。

どこまでも続く白浜と透明度の高い海
キリンバス／バザルート国立海洋公園
MAP P.363-B1/A2~3
Quirimbas/Bazaruto National Park

2500kmに及ぶ海岸線をもつモザンビークは熱帯のビーチと珊瑚礁の浅瀬が美しく、スクーバダイビングをはじめとするマリンスポーツの愛好者にとってはパラダイスである。貴重な海の生物が観察できることで有名で、サメやエイに加え、カラフルな熱帯魚が多く生息している。そんなインド洋沿いで2ヵ所、ペンバ近くのキリンバスと首都マプトとベイラの中間あたりにあるバザルートが、国立海洋公園に指定されている。

世界遺産
1991年に文化遺産に登録
モザンビーク島
料 MZN100
ACCESS
🚌州都ナンプラから約180km。ナンプラ市街のバスターミナルから島行きのバスで所要3～4時間。午後便はない場合が多いので注意を。

モザンビーク島の要塞

サン・セバスチャン要塞
開 9:00～17:00
休 なし　料 MZN200

ゴロンゴーザ国立公園
☎(23) 53-0122
URL www.gorongosa.org
開 3～7月　6:00～18:00
　8・9月　5:30～18:00
　10～12月　5:00～18:30
休 1～2月　料 US$20
ACCESS
🚗ベイラから車で行くしかない。所要約3時間。事前に、国立公園にツアーについて問い合わせを。

公園内をサファリ・ドライブ

キリンバス国立海洋公園
ACCESS
✈マプトからペンバへLAMモザンビーク航空が運航している。所要約2時間30分。

バザルート国立海洋公園
ACCESS
🚗ベイラまたはマプトから車で行くしかない。ツアーに参加すると便利。

インド洋に浮かぶバザルート国立海洋公園

統的な民芸品を作るアフリカ人女性

旅の準備と技術

Travel Information

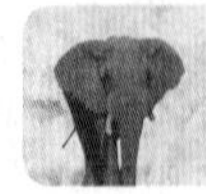

出発前の手続き

南部アフリカへの旅を決めたら、まず確認しておかなくてはならないことがいくつかある。ここでは、日本を出国して無事に帰ってくるための最低限のことを中心に、旅に必要な道具や情報収集の方法について紹介したい。ビザが必要な国（→P.384）もあるので、できるだけ早めに手続きをするようにしたい。

パスポート（旅券）とは？

国が発行する国籍証明書であり、身分証明書でもある。これがなくては海外旅行は始まらない。旅立つ予定が決まったら、すぐに取得しておこう。また、入国許可の条件としてパスポートの残存有効期間というものがあり、残存有効期間が短いと入国を拒否されることもある。残存有効期間が1年を切ったら切り替え（新規発給申請）ができる。

現在、一般に取得できる旅券は2種類ある。赤い表紙の10年間有効（発給手数料1万6000円）のものと、紺色の表紙の5年間有効（発給手数料1万1000円、12歳未満は6000円）の旅券だ。ただし、20歳未満は容姿の変化が著しいことから、5年間有効のパスポートのみ取得可能となっている。また、0歳の子供でも独立したパスポートを取得しなくてはならない。

●申請と受領

旅行会社に申請手続きを依頼することもできるが、手数料がかかるし、どのみち受け取りは本人が出向かなくてはならない。時間があれば（取れれば）、難しいことはないので自分で手続きを行ってみよう。混み合う時期を除けば、1時間もかからないで終わる。申請から1週間から10日で旅券が発行される。受領日には、申請時にもらった受理票と発給手数料（印紙代）を用意し、本人が受領する。

査証（ビザ）について

南部アフリカ各国に入国する際、日本国籍をもつ人で、短期間の観光目的の滞在であれば、モザンビークを除き、事前に日本でビザの申請をする必要は基本的にはない（→P.384。また詳細は各国のジェネラルインフォメーションのページを参照）。ただし、手続きや条件は予告なしに変更される場合もあるので、出発前に必ず大使館で確認するように。日本に大使館がない場合は、旅行会社に問い合わせてみるといい。

お金の持ち方と両替について

南部アフリカを旅するのにどの通貨をどういうかたちで持っていくのが便利だろうか。持っていくお金のタイプは、現金以外にクレジットカード、トラベルプリペイドカード、国際キャッシュカードなどがある。それぞれの特徴を研究し、自分の旅のスタイルに合った上手な組み合わせを考えてみよう。

パスポートの申請に必要な書類

①一般旅券発給申請書（1通）
申請場所でもらえる。パスポートのサインは申請書のサインが転写されるので、そのつもりで記入する。

②戸籍謄（抄）本（1通、6ヵ月以内のもの）
本籍地の市区町村で発行してもらえる。ただし、有効なパスポートがある人は、氏名と本籍に変更がなければ不要。

③住民票（1通、6ヵ月以内の発行のもの）
住民基本台帳ネットワークを運用している自治体では、原則不要。

④身元確認の書類（コピー不可）
有効期間中または失効後6ヵ月以内のパスポートや運転免許証など公的機関発行の写真付きのものは1点、健康保険証などの写真の付いていないものは、学生証や会社の身分証明書などと合わせて2点。※印鑑が必要な場合があるので持参を。

⑤写真（1枚、6ヵ月以内の撮影）
フチなし縦45mm×横35mm。ただし、写真内の顔の縦の長さは34±2mm。正面（肩口まで）、無帽、無背景で本人と確認できるもの。カラーでも白黒でもよい。裏面に名前を記入。

⑥有効なパスポート

未成年の入国

●南アフリカ
18歳未満の外国人が南アフリカに入国する場合、出生受理証明書などが必要だったが、2019年11月より不要になっている（18歳未満の子供が単独で入国する場合は必要書類の携行が義務づけられている）。
URL south-africa.jp/u18

●ボツワナ
18歳未満の外国人がボツワナに入国する際に、例えば両親が同行している場合、親子関係を証明する英文の出生証明書が必要。詳しくは在日ボツワナ大使館に問い合わせを。

●現金

日本円も都市の銀行では現地通貨に両替が可能だが、南部アフリカ地域ではあまり見慣れない通貨のため、場所によっては両替を受け付けてくれない可能性もある。通用度で考えれば米ドル。ビザ代も米ドル払いがほとんどなので、小額の米ドル紙幣を多めに用意しておいたほうがいいだろう。ただ全額現金となると、盗難が心配になってくる。

●クレジットカード、デビットカード

海外に出て何かと便利なのがクレジットカード。南アフリカでは、クレジットカードの通用度が高く、書店や地方のスーパーマーケットなどでもカードで支払いができる。また、レンタカーを借りるときの身分証明としても活用できる。南部アフリカで通用度が高いのは、MasterCard、VISAの2種類。ただし、大都会や観光地以外の地方では使えないことも多いので注意を。また、クレジットカードでのキャッシングはレートがよいので重宝する。ちなみに、ICチップ付きのクレジットカードで支払う際は、サインではなくPIN(暗証番号)が必要だ。デビットカードは、使用方法はクレジットカードと同じだが支払いは後払いではなく、発行金融機関の預金口座から即時引き落としが原則となる。口座残高以上に使えないので予算管理をしやすい。加えて、現地ATMから現地通貨を引き出すこともできる。

●トラベルプリペイドカード

トラベルプリペイドカードは、外貨両替の手間や不安を解消してくれる便利なカードのひとつ。多くの通貨で国内での外貨両替よりレートがよく、カード作成時に審査がない。出発前にコンビニATMなどで円をチャージし(入金)、その範囲内で渡航先のATMで現地通貨の引き出しができる。各種手数料が別途かかるが、使い過ぎや多額の現金を持ち歩く不安もないので大いに活用したい。

●国際キャッシュカード

国際キャッシュカードとは、海外のATM(現金自動預け払い機)でも、自分の預金口座から現地通貨で預金を引き出せるカードのこと。南部アフリカでは国際空港の到着ロビーや大都市を除いて外貨専用の両替所が少ないため、ほとんどの場合、両替は銀行ですることになるのだが、外貨両替専用の窓口があるところが少ないため、銀行で外貨を両替すると時間はかかるし、両替できるのは平日の営業時間内にかぎられる。このカードがあればATMで現地通貨が引き出せる。南アフリカやジンバブエ、ボツワナ、ナミビアの町なかにはATMがところどころにあり、日本と同様に24時間、土・日曜、祝日でもお金を引き出すことができて便利だ。

また、手数料こそ取られるが、借金ではないという安心感がある。また、万一現金などをすべて紛失した場合などでも、日本にいる家族などにその口座に入金してもらうだけでいいので、手間がかかりトラブルの多い送金を頼まなくても済む。

●ナミビア

ナミビアに入国する18歳未満の旅行者は英文の出生証明書などが必要。詳しくはナミビア大使館に問い合わせを。

URL namibiatokyo.or.jp

旅券申請時の本人確認書類の追加

「個人番号カード(マイナンバーカード)」はパスポート申請に必要な本人確認書類に適用される。なおマイナンバーは写真つきなので、運転免許証などと同様に「1点でよい書類」となる。

URL www.mofa.go.jp/mofaj/toko/passport/pass_2.html#6

パスポートに関する注意

国際民間航空機関(ICAO)の決定により、2015年11月25日以降は機械読取式でない旅券(パスポート)は原則使用不可となっている。日本ではすでにすべての旅券が機械読取式に置き換えられたが、機械読取式でも2014年3月19日以前に旅券の身分事項に変更のあった人は、ICチップに反映されていない。渡航先によっては国際標準外と判断される可能性もあるので注意が必要。

URL www.mofa.go.jp/mofaj/ca/pss/page3_001066.html

おもなクレジットカード発行金融機関

●アメリカン・エキスプレス(AMEX)
Free 0120-020-222
URL www.americanexpress.com

●ダイナースクラブ(DINERS)
Free 0120-041-962
URL www.diners.co.jp

●JCB(JCB)
Free 0120-015-870
☎0570-015-870(携帯から)
URL www.jcb.co.jp

●三井住友カード(VISA)
Free 0120-816-437
URL www.smbc-card.com

●三菱UFJニコス(AMEX、VISA、MasterCard、JCB)
URL www.cr.mufg.jp

※カードによって問い合わせ先の電話番号が異なる。詳細はホームページを参照。

おもな国際キャッシュカード発行金融機関

●スルガ銀行
Free 0120-50-8689
URL www.surugabank.co.jp

海外旅行保険について

保険の加入についてはすべて任意になっている。個人旅行や出張の際はもちろん、ツアーに参加する場合でも、保険は自分の意思で加入するもの。そのため、「必要ない」と思う人もいるかもしれないが、旅行中に不意の事故に遭ったり、具合が悪くなってしまうことが起きないともかぎらない。そんなとき、保険に入っていれば金銭面での負担が軽くなり、また世界中にネットワークがあるため病院の紹介などもしてくれる。

●保険の内容

海外旅行保険にも、その内容にはいくつかの項目がある。基本契約の①傷害保険(死亡、後遺障害、治療費用)、特約として②疾病保険(治療費用、死亡)、③賠償責任保険(誤って物を破損したり、他人を傷つけた場合などの賠償代)、④救援者費用保険(事故に遭った際、日本から家族などが駆けつけるための費用)、⑤携行品保険(旅行中に荷物を紛失、破損、または盗難された際の補償)、⑥特別費用保険(死亡や入院にともなって、相続人が出費する諸経費を負担する)などだ。①～⑤がセットになったプランもある。

国外運転免許証について

国外運転免許証International Driving Permitは、海外旅行中にドライブをする人の必需品。日本の免許証があれば誰でも取れ、住民登録がしてある都道府県の運転試験場(公安委員会)や、指定の警察署で申請できる。申請に必要な書類は、免許証(有効期間が1年以上残っているもの)のほかに、パスポート、写真(縦50×横40mm)1枚で、費用は2350円。パスポートがビザ申請などの関係で手元にない場合は、そのコピーでもよい。公安委員会などに行き、備えつけの申請書とともに提出すると、多くの場合約30分で発給される。

国際学生証について

日本で学生と認められているのなら所持できる国際学生証International Student Permit(ISIC)は、約130ヵ国の割引制度が利用可能。フルタイムで在籍する学生ならすぐ発給される。必要書類は、在学証明書か学生証のコピー、写真1枚(縦33×横28mm)と申込書で、費用は1800円、郵送の場合は2550円。ISICジャパンなどで発行してもらえる。オンラインでも申請可能。2019年6月から基本的にバーチャルカードの発行となっているが、プラスチックカードも追加料金(750円)で発行可。

旅の持ち物について

●快適な旅は荷物を軽くすることから

南部アフリカに関していえば、とりあえず必要なものはすべて現地でも揃う。持っていこうかどうか迷ったときは、持たない決断というものも重要だ。

おもな保険会社
●損保ジャパン日本興亜
Free 0120-666-756
URL www.sjnk.co.jp
●AIG損保
Free 0120-207-207
URL www.aig.co.jp
●東京海上日動
Free 0120-868-100
URL www.tokiomarine-nichido.co.jp
●三井住友海上
Free 0120-632-277
URL www.ms-ins.com

「地球の歩き方」ホームページで海外旅行保険に加入

「地球の歩き方」ホームページで海外旅行保険に加入できる。24時間いつでも手続きをすることができ、旅行出発当日でも申し込み可能だ。
URL www.arukikata.co.jp/hoken

クレジットカード付帯保険の「落とし穴」

クレジットカードには、カードそのものに海外旅行保険が付帯されていることが多い。ただし、クレジットカードの付帯保険では、「疾病死亡補償」が補償されていない、多額の自己負担金がかかった、複数のカードの傷害死亡補償金額は合算されないなどの「落とし穴」がある。

国際学生証の申請
●大学生協事業センター
☎(03) 5261-4611
URL www.univcoop.or.jp/uct
●ISICジャパン
☎(03) 6890-1585
URL www.isicjapan.jp
※郵送での申込みに関する問い合わせはISICジャパンへ。

格安航空券やツアー、ホテルの手配がオンラインで可能

PCと電話を使った格安航空券オンライン手配だけでなく、PEX航空券手配がいつでもできる『アルキカタ・ドット・コム』。ホテルやパッケージツアー、保険の申し込み、鉄道やレンタカーの手配も可能。
URL www.arukikata.com

海外旅行の最新で最大の情報源はここ!

海外旅行最新情報が満載の「地球の歩き方」ホームページ! ガイドブックの更新情報はもちろん、世界各国と地域の基本情報、エアラインプロフィール、海外旅行の手続きと準備など、旅に役立つコンテンツ満載。
URL www.arukikata.co.jp

●貴重品の持ち方

南部アフリカ地域は、特に都市部において治安が悪化しており、スリやひったくりなどの被害に遭う旅行者も少なくない。まず現金やクレジットカード、パスポートなどは、貴重品袋に入れて肌身離さず持ち歩くか、ホテルのセーフティボックスに入れるという方法がある。ただし、夜歩いていて、貴重品袋もろとも盗られてしまったという例もあるので、やはりいくつかに分けておくのが賢明だ。万一強盗に遭ったときに備え、すぐに差し出せるように小額の現金を財布に入れて持ち歩くというのもひとつの方法だ。

ホテルは基本的にセーフティボックスでの現金の紛失などについては責任を負わないので絶対安全とはいえないが、最近は暗証番号形式のセーフティボックスを置いているところもある。スーツケースの中に入れ、鍵をかけておいてもいいだろう。

●旅の服装

南部アフリカは南半球に位置するため、季節は日本とほぼ逆。ただし、日中と夜では寒暖の差もあるので、服装は気温の変化に対応できるものを選びたい。基本的には軽装で構わないが、レストランやナイトクラブなどに行く場合は、それなりの服装をしたい。ジャケットが1枚あるとたいへん役立つ。

旅の情報収集

旅をより安全に、そして楽しくしてくれるのがよい情報だ。下記を参考に、自分のスタイルに合ったより充実した旅にするための手助けにしてほしい。

●関係機関に問い合わせる

東京の南アフリカ観光局では、オリジナルの日本語版パンフレットのほか地図などが入手できる。各国大使館でも観光客向けのパンフレットや簡単な地図を用意しているところもある。また、日本交通公社の「旅の図書館」は観光の研究や実務に役立つ専門図書館として南青山にリニューアルオープン。地図やパンフレット等の配布はなく、旅行の相談や問い合わせも不可だが、資料の閲覧やコピー（有料）は可能。

●インターネットを活用する

下記以外にも、現地の観光局や宿、旅行会社などがホームページをもっているので、そちらも参考に。

●南アフリカ観光局（日本語）

URL south-africa.jp

●外務省・海外安全ホームページ（日本語）

URL www.anzen.mofa.go.jp

●インサイドガイド（英語）

URL insideguide.co.za/cape-town

●厚生労働省検疫所

URL www.forth.go.jp

●「地球の歩き方」ホームページ（日本語）

URL www.arukikata.co.jp

旅の荷造りチェックリスト

必需品／チェック欄	
パスポート	□
現金（日本円、米ドル）	□
航空券（eチケット控え）	□
海外旅行保険証書	□
クレジットカード	□
国際キャッシュカード	□
顔写真（2枚以上）	□
YH会員証、国際学生証、国外運転免許証	□
石鹸	□
シャンプー	□
めがね、コンタクト、用品	□
歯ブラシ、歯みがき粉	□
ティッシュペーパー	□
日焼け止め	□
シャツ	□
短パン	□
水着	□
長ズボン	□
長袖シャツ、トレーナー	□
ビーチサンダル	□
帽子、サングラス	□
下着	□
靴下	□
薬品類	□
ボールペン、メモ帳	□
ビニール袋	□
カメラ	□
フィルム、バッテリーチャージャー、メディア	□
雨具	□
辞書	□
ガイドブック類	□

在日南アフリカ大使館

南アフリカの大使館はビザに関する情報のみ提供。観光の情報は、南アフリカ観光局（→下記）へ。

住 東京都千代田区麹町1-4半蔵門ファーストビル4階
☎ (03) 3265-3366
FAX (03) 3239-2690
URL www.sajapan.org
開 9:00～17:30
休 土・日、日本と南アフリカの祝日

南アフリカ観光局

住 東京都港区元赤坂1-1-2 赤坂ライオンズビル2階
☎ (03) 3478-7601
FAX (03) 3478-7605
URL travel.south-africa.jp
開 9:00～12:00 13:00～17:30
休 土・日、日本の祝日

日本交通公社「旅の図書館」

住 東京都港区南青山2-7-29 日本交通公社ビル
☎ (03) 5770-8350
URL www.jtb.or.jp/library（蔵書検索可能）
開 10:30～17:00
休 土・日曜、毎月第4水曜、年末年始、その他

シーズンで見る南アフリカ

時期によってまったく違った表情を見せる南アフリカ。訪れるエリアや目的によって、いつがベストシーズンかは異なってくる。南半球にあるので、季節は日本と逆になる。つまり、日本が夏だと南アフリカは冬。日本のようにきちんとした四季はないが、大きく乾季と雨季に分かれる。

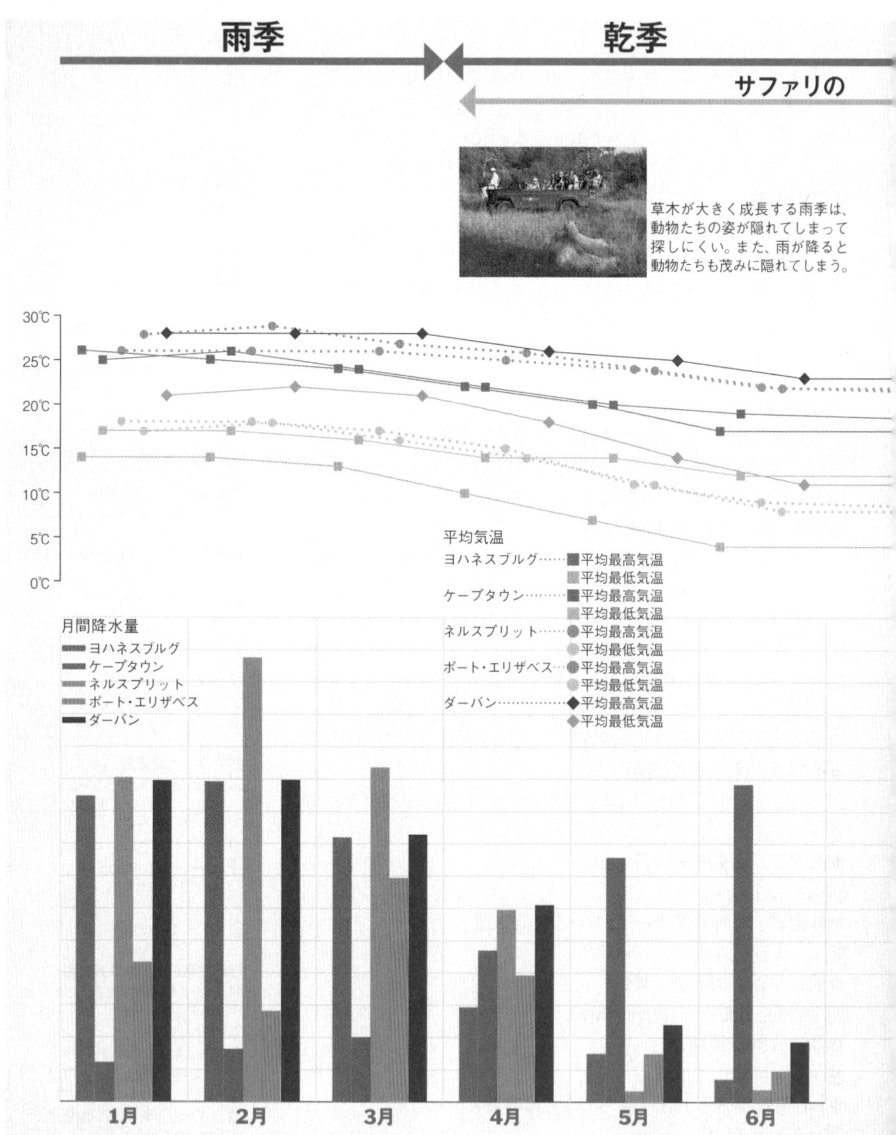

草木が大きく成長する雨季は、動物たちの姿が隠れてしまって探しにくい。また、雨が降ると動物たちも茂みに隠れてしまう。

旅のベストシーズンは？

一般的に、気温がそれほど暑くなく雨も少ない5～8月頃が過ごしやすいが、雨季であっても連日雨が降り続くようなことはないので、それほど気にすることはない（ただし、エリアによっても異なるので要注意）。ちなみに大西洋とインド洋に面するケープ半島は地中海性気候のため、ほかのエリアとは雨季と乾季が逆になる。5～9月は寒く、風も強い。雨もかなり降るので、服装には注意したほうがいいだろう。

地理と気候
→P.418

乾季　雨季

ベストシーズン

花（ナマクアランド）のベストシーズン

乾燥した大地が1年にたった1度だけ、色鮮やかな花の絨毯と化すナマクアランド。見られるチャンスはほんの数週間で、一番すばらしいビューポイントも毎年変わってしまう。

花（ケープ半島）のベストシーズン

比較的いつ訪れても外れがないが、ケープ半島に植生している花の多くが咲きだすのは8月中旬頃～。

ジャカランダのベストシーズン

「ジャカランダ・シティ」とも呼ばれているプレトリア。7万本を超えるジャカランダが植えられており、この時期になると町全体が紫色で染まるほど。

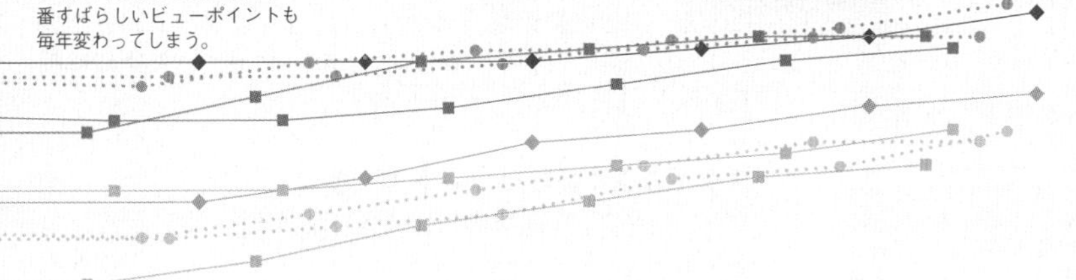

クジラ観察のベストシーズン

クジラが交尾・出産のためにオバーバーグ地方にやってくるのは6～1月で、ピークは8～11月。ときどき跳ねたり、岸近くまで泳いできたりするので、陸からも十分に観察できる。

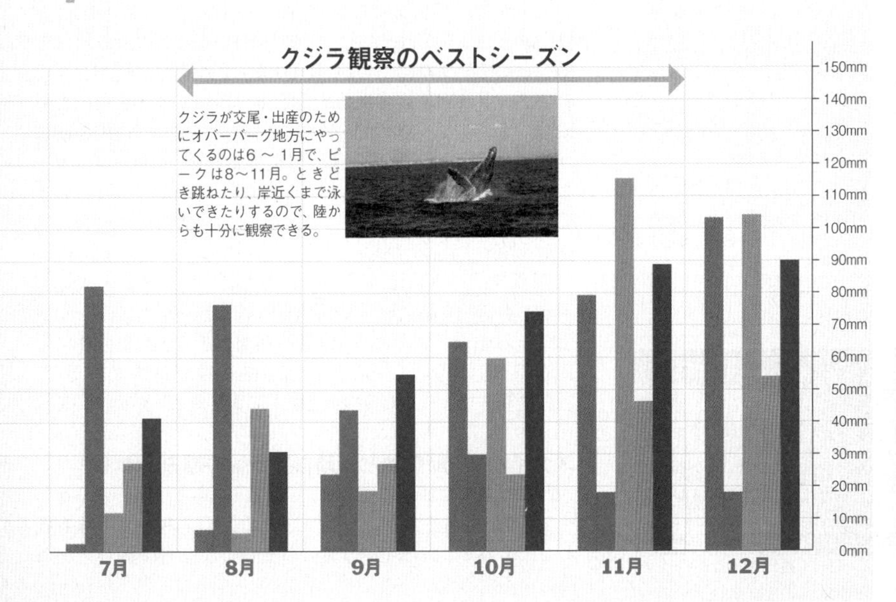

※ケープタウンは雨季と乾季が逆になる。

物価と予算

南部アフリカには、バックパッカーからハネムーナーまで幅広い層のニーズに応える見どころが揃っている。旅行にいくら使うかは、各自の価値観や予算によって違ってくるが、ここでは3つのスタイル例と大まかな予算を紹介しよう。物価はほかのアフリカ諸国に比べればかなり高く、日本とほぼ同程度と考えていい。

物価の目安

- ●缶ジュース、テイクアウトのコーヒー、お茶：約R10程度
- ●サンドイッチ、パイなど：テイクアウトでR5～
- ●フィッシュ＆チップス：R80程度
- ●ファストフード：R50～
- ●絵はがき：R1 ～
- ●タクシー：都市により距離ごとの料金が違うが、最低R20は必要
- ●バス、ミニバス：市内ならR5～10
- ●長距離バス：ケープタウン～プレトリアが片道R400～
- ●レンタカー：1日R400～

パッケージツアーの選び方

南部アフリカの定番ツアーといえば、ケープ半島とケープタウンを観光し、ボツワナのチョベ国立公園でゲーム・ドライブなどのサファリを楽しみ、ジンバブエ（またはザンビア）でビクトリアの滝を観賞するというもの。さらにナミブ砂漠やクルーガー国立公園周辺の私営動物保護区内の豪華ロッジ宿泊が付いたものや、ドラケンスバーグのハイキングやナマクアランドのワイルドフラワー観賞ツアーなどテーマに特化したパッケージもある。

ほとんどが8日間以上だが、2泊5日でビクトリアの滝とチョベ国立公園を楽しむものやケープタウンなど1都市に滞在する弾丸ツアーも出ている。スケジュールや予算に合わせて選ぶといいだろう。

豪華な滞在が楽しめるキャンプ・ジャブラニ

スタイル1：節約型自由旅行

B＆B（ベッド＆ブレックファスト）やコテージ、ゲストハウスなどに泊まり1泊R300～700。国立公園内などでキャンプや自炊用コテージに泊まれば、R200程度で済む。朝食が含まれていない場合は、テイクアウトか自炊、近くのカフェでR50程度、昼食はカフェのランチでR60～80、夕食はレストランでグラスワインやビールを飲んでの食事でR200～300。市内移動にはタクシーを使い、1～2回でR100程度。長距離移動には飛行機を利用し、1～3時間程度の移動には長距離バスを利用する。南部アフリカ内の移動であれば、飛行機は片道R1500～3500。長距離バスであれば、ケープタウンからプレトリアまで横断してもR600程度で済む。これだと長距離移動費を除き、1日5000～1万円で済む。

スタイル2：豪華リゾート滞在型

ケープタウンや私営動物保護区の豪華リゾートに宿泊し、1泊R2000～。ゲーム・ドライブなどのアクティビティや滞在中の食事がすべて含まれた私営動物保護区などでは、1泊R1万以上するところがほとんど。ワインやビールなどの飲み物代でR150～、チップだけでも1日R100はすぐに消える。また、多くのリゾートは空港から離れた所にあるので、送迎代だけでもR500～2000は必要。都市リゾート滞在の場合は、市内移動にガイドの運転する車を雇えば1日R2500程度、クルーズツアーなどの観光アクティビティに1日R200～500は使う。1日の予算は最低3万円は必要だが、友人2～3人で宿泊代や車代などを割り勘にすれば、ひとり2万円でもかなりリッチに過ごせる。

豪華リゾートに滞在するだけでなく、さまざまな観光スポットも巡ってみたいという人は、パッケージツアーを検討してみるのもいいだろう。時期や利用ホテル、航空会社にもよるが、10日間40万円程度（日本からの航空運賃含む。ただし燃油サーチャージは別）からさまざまなツアーが出ている。

スタイル3：節約型と豪華なプランの組み合わせ

どこか1ヵ所で豪華リゾートを楽しみ、あとは節約するというタイプ。もちろんどんなリゾートに何泊するかで予算も変わってくるが、南部アフリカのさまざまな魅力に触れ合える旅となるだろう。

ルート作り

旅のスタイルは人それぞれだが、せっかくの個人旅行だから、時間に縛られずに思う存分楽しみたいと思うもの。だが、広大な南部アフリカにはさまざまな見どころが点在し、移動に時間を要する場所も多い。決められた日程で効率よく旅するためには、まず自分がどこへ行き、何をしたいのかを明確にする必要がある。

ルート作りのポイント

これは見逃せないという場所や見どころが決まったら、P.378～379で紹介するルートを参考にしながら、自分なりのルートを本書巻頭の折り込み地図をコピーしたものなどに書き込んでみよう。そして各区間の移動手段と所要時間を書き出し、簡単な日程表を作ってみるといい。そのとき重要なのが、十分にゆとりのある予定を立てること。旅先では何が起こるかわからないからだ。

また、安いからといって安易にヒッチハイクをする、不慣れな公園内で野宿やキャンプをするなど、無茶な計画は決して立てないこと。公共交通機関を利用する場合にも十分に安全性を確認すること。何よりも安全が第一だ。

ルートの組み立て方

旅の楽しみは、地元の人たちと触れ合うことでもあるが、南アフリカで公共交通機関を乗りこなすことは治安面から考えても難しい。特に小さな町と町を結ぶミニバスはよほど慣れている人でなければ乗りこなせず、乗り場周辺の治安もかなり悪い。長距離移動には、できるだけ飛行機を利用するようにしたい。もちろん長距離バスを利用するのもいいが、乗り場は治安の悪い所にある場合が多いので、宿から乗り場へ行く際にはタクシーで行くなどの慎重さが必要になってくる。

各都市から各見どころへ行くには、現地発のツアーに参加するのが最も効率的。宿泊込みのツアーも出ている。また、郊外であれば、レンタカーを利用するのもいいだろう。

旅の目的に合わせたルート

期間や予算、旅のスタイルによっても変わってくるが、ここでは目的に合わせたいくつかのルートを紹介しよう。都市間の長距離移動には飛行機を利用すると考え、ある程度余裕をもって巡るのに必要な日数を割り出している。個人で手配することを前提にその難易度を★で示したが（数が多いほど難度が高い）、現地発ツアーなどに参加すれば、もちろんそれだけ難度は低くなる。

観光客に人気のケープタウン

南部アフリカの旅の手配を得意とする旅行会社

テーマを掘り下げる旅行や、かぎられた時間で効率よく動く旅行をしたいとき頼りになるのが、この地域に強い専門旅行会社。目的や行き先を伝え、相談に乗ってもらおう。

●クロノス・インターナショナル
URL www.firsight.jp
住 東京都港区新橋2-12-15 田中田村町ビル6階
☎ (03) 5501-7799
FAX (03) 5501-0599

●道祖神
URL www.dososhin.com
住 東京都品川区西五反田 7-24-4 KUビル7階
☎ (03) 6431-8322
FAX (03) 6431-8663

●ファイブスタークラブ
URL www.fivestar-club.jp
〈東京〉
住 東京都千代田区神田神保町 1-13 CONVEX神保町8階
☎ (03) 3259-1511
FAX (03) 3259-1520
〈大阪〉
住 大阪市北区芝田2-7-18 LUCID SQUARE UMEDA3階
☎ (06) 6292-1511
FAX (06) 6292-1515

●マックスサファリ
URL www.maxsafari.com
住 東京都中央区銀座1-15-7 マック銀座ビル2階
☎ (03) 3564-8226

●ユーラシア旅行社
URL www.eurasia.co.jp
住 東京都千代田区平河町 2-7-4 砂防会館別館4階
☎ (03) 3265-1691（代表）
Free 0120-287-593

ルート①
これだけは見逃せない！
・喜望峰
・テーブル・マウンテン
・ワイン・ランド
・ビクトリアの滝
・チョベ国立公園

●ルート①　短期間で観光名所を網羅　★

ここだけは、という観光名所に絞り込んだルート。南アフリカとジンバブエ、ボツワナの3ヵ国を回る。時間があれば、ガーデン・ルートなども訪れてみたい。ここではケープタウンで入国し、ヨハネスブルグで出国するルートにしたが、もちろん逆でもOK。なお、このタイプの旅スタイルは日本からも多くのパッケージツアーが出ていて、個人で行くよりも安くなる場合もある。

ルート②
これだけは見逃せない！
・喜望峰
・テーブル・マウンテン
・クジラ・ウオッチング・ツアー(8〜11月)
・アグラス岬
・ザ・ヘッズへのクルーズ
・チチカンマ国立公園とストームス・リバー
・オーツホーンのダチョウ農園
・アドゥ・エレファント国立公園

●ルート②　ガーデン・ルートを行く　★

ケープタウンから続くインド洋沿いには、印象的な崖道や峠道なども多く、最高のドライブコースとなっている。ここではレンタカーを借りてゆったりと海岸線の各町を巡りたい。ケープタウンからポート・エリザベスまで、バズ・バスまたは長距離バスで、各町に立ち寄りながら行くのもいい。気に入った町では少し長めに滞在して、町歩きやアクティビティなど楽しんだり、ツアーに参加して近隣の町や観光スポットへ行くのもいいだろう。

ルート③
これだけは見逃せない！
・クルーガー国立公園
・チョベ国立公園
・ビクトリアの滝
・シュルシュルウェ・ウンフォロージ公園
・グレーター・セント・ルシア(イシマンガリソ)湿地公園

●ルート③　どこまでもサファリを満喫　★★

サファリを満喫したいのであれば、少なくとも各場所に2〜3泊はしたい。国立公園内は広く、場所により見られる動物などが違ってくる場合もある。例えばクルーガー国立公園は、南北350kmにも及ぶのだ。公園内のキャンプサイトに宿泊すれば安く上がるが、せっかく南部アフリカに来たのだから、一度はどこかで豪華ロッジに泊まってみるのもいいかもしれない。さらに優秀なレインジャーがいれば、動物に遭遇する確率もぐっと高まり、さまざまな習性についても教えてくれる。なお、ゲートウエイとなる町から公園までの移動には意外に時間がかかるので余裕をもったスケジュール作成を心がけたい。

エレファントサファリに挑戦！

間近でライオンを観察

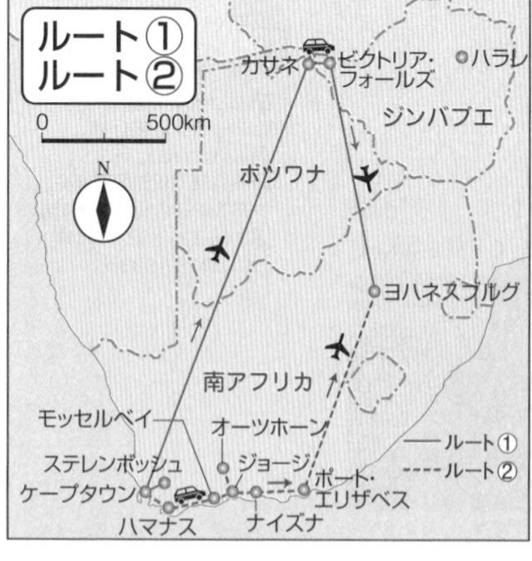

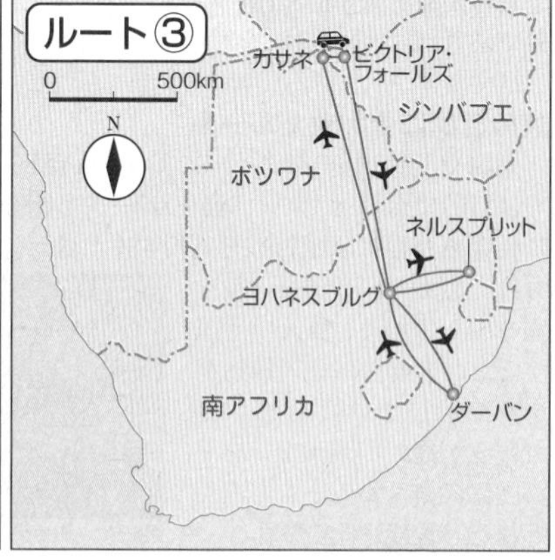

間近でゾウに出合えるチョベ国立公園

大自然は外せない

●ルート④　歴史や文化に触れる旅　★★★

各都市間は飛行機で移動し、そこから近隣の見どころへはレンタカーで巡るか、現地発着ツアーに参加して行くといいだろう。特にマロティ・ドラケンスバーグ国立公園内は広く、サン族の壁画など歴史的な見どころも多い。キャンプサイトやロッジもあるので、ここで2〜3泊してみるのもいいだろう。また、ケープタウンやヨハネスブルグ、ダーバン、ピーターマリッツバーグの市内には、歴史や文化に触れる博物館や建物、町並みなどが多く点在する。できれば地元ガイドの説明を聞きながら、じっくりと巡りたい。

ルート④
これだけは見逃せない！
- ロベン島
- ズールーランド
- マロティ・ドラケンスバーグ国立公園
- ソウェト
- アパルトヘイト博物館
- グレート・ジンバブエ遺跡

●ルート⑤　壮大な大自然を肌で感じる旅　★★★

壮大な大自然を感じられる場所へ行くには、移動にもかなり時間がかかると考えていいだろう。高級ロッジなどに宿泊する場合は、空港からの送迎を依頼することも可能だが、それ以外は基本的に、拠点の町からレンタカーを運転していくことになる。効率よく巡るために、現地発着ツアーなどに参加するのもいいだろう。

ドライブに最適なチャップマンズ・ピーク・ドライブ（ケープ半島）

ルート⑤
これだけは見逃せない！
- 喜望峰
- テーブル・マウンテン
- ナミブ砂漠
- オカバンゴ湿地帯
- ビクトリアの滝
- チョベ国立公園
- クルーガー国立公園
- ブライデ・リバー・キャニオン

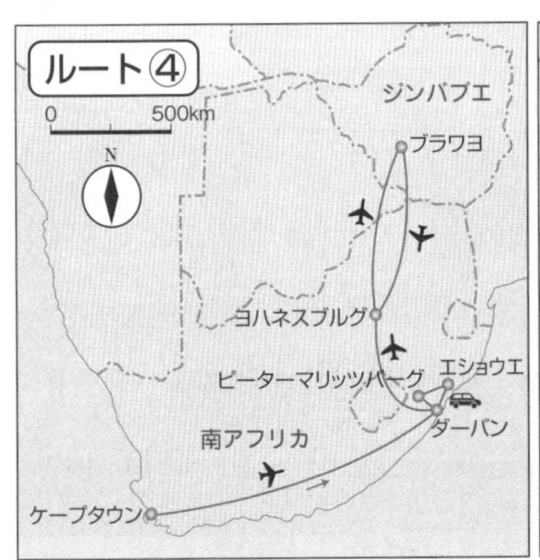

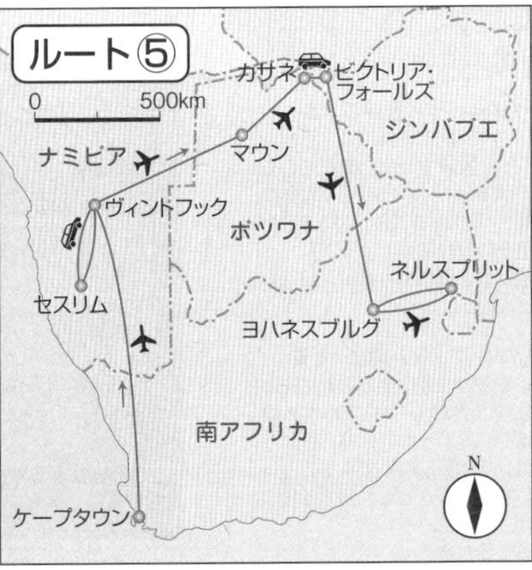

南部アフリカへの道

旅先を南部アフリカと決定したら最初にやらなくてはならないこと、それは旅のスタイルを決めること。もし、「気ままな自由旅行」であるなら、航空券の手配が旅の第一歩。また、「パッケージツアーの利用」なら、申し込みさえ済ませれば、あとは旅行会社がやってくれる。ここでは、航空会社と航空券について説明しよう。

日本と南部アフリカを結ぶ航空会社

南部アフリカを目指すとき、ゲートウエイにすると便利なのがヨハネスブルグだ。南アフリカ国内はもちろん、周辺諸国へのフライトも豊富にある。

日本から南部アフリカへは直行便がないので、第三国（一般的にアジアや中東の大都市、あるいはヨーロッパの大都市）を経由することになる。

●乗り継ぎのよさと安さで人気のアジア経由

アジア経由では、キャセイパシフィック航空（CX）、シンガポール航空（SQ）を利用して、それぞれ香港、シンガポール経由でヨハネスブルグまたはケープタウンへ行く方法などがある。ヨーロッパ経由に比べて運賃も安く、乗り継ぎ時間も含め、19～23時間で目的地へ着くことができる。

●運賃の安さで人気の中東、アフリカ経由

中東経由では、ドバイ経由のエミレーツ航空（EK）やドーハ経由のカタール航空（QR）、アブダビ経由のエティハド航空（EY）などがある。ヨーロッパ経由に比べて運賃が安く、乗り継ぎ時間を含めても19 ～ 23時間で目的地に着ける。ただし、日本発着の便数が少ないのが少々難点。

それ以外にも2回以上の乗り継ぎで行く方法もあるが、経由地でストップオーバー（途中降機）しながら旅をしたい人向きだ。また、ジンバブエ、ザンビア、ボツワナ、ナミビア、モザンビークへはエチオピア航空（ET）のアジスアベバ経由便がある。

南アフリカの空の玄関口、O.R.タンボ国際空港（ヨハネスブルグ）

各航空会社の問い合わせ先

●南アフリカ航空
☎(03) 3470-1901
●キャセイパシフィック航空
Free 0120-46-3838
●全日空
☎0570-029-333
●日本航空
☎0570-025-031
●シンガポール航空
☎(03) 3213-3431
●エミレーツ航空
☎(03) 6743-4567
●カタール航空
☎(03) 5402-5282
●エティハド航空
☎(03) 3298-4719

eチケットについて

現在、航空各社とも「eチケット」と呼ばれるシステムを導入している。これは従来の紙の航空券を発券せずに、航空券の予約データを航空会社のコンピューターで管理するもの。搭乗者が持っていくのは、電子メールや郵送で届くeチケットの控えなので、今までのように航空券を紛失する心配はなくなった。万一、eチケットの控えを紛失しても搭乗は可能だが、チェックインをスムーズにするためにも帰国までなくさないこと。また現地で入国の際には、出国便が明示されたeチケットがないと入国できない場合もある。

「たびレジ」に登録しよう

外務省の提供する「たびレジ」に登録すれば、渡航先の安全情報メールや緊急連絡を無料で受け取ることができる。出発前にぜひ登録しよう。
URL www.ezairyu.mofa.go.jp/tabireg

リコンファームの要・不要

南アフリカに乗り入れている航空会社のうち、P.380欄外で紹介している会社は基本的にリコンファームは不要だが、ジンバブエ航空などを利用する際には、忘れずにリコンファームをする必要がある。

航空券の種類と選び方

旅行者が購入できる航空券は、大きく分けて通常3種類。普通運賃のもの（いわゆるノーマル）、特別運賃（ペックス運賃）のもの、そして俗に格安航空券と呼ばれるものだ。このうち、普通運賃の航空券は旅行者にはあまり一般的ではない。ほかのふたつに比べて格段に値段が高いためだ。

●特別運賃（ペックス運賃）について

特別運賃は、さまざまな制限をつけることによって普通運賃から値段を割り引いたもの。数種類あるが、一般的なのが個人対象の特別回遊運賃であるペックス運賃だ。ペックス運賃のメリットは、格安航空券よりも予約の優先度が高く、また、正規に認められているものなので、航空会社で直接予約・発券してもらえること。問い合わせたその場で、席が確保できるかどうかがわかるのは大きい。ただし、一度発券してしまうと、ルートはもちろん搭乗日も変更できないので、よくスケジュールを練ってから購入する必要がある。

●格安航空券について

それでは、特別運賃よりももっと安くチケットを手に入れたい場合はどうすればいいのだろうか。この場合は、団体運賃のばら売り航空券（エアオンと呼ばれる）や、特別なルートから市場に出回っている航空券、いわゆる格安航空券を探すことになる。格安航空券は、航空会社で表向きに認められている存在ではない。そのため航空会社で直接購入することはできないので、旅行会社で手配・購入することになる。旅行会社や格安航空券の情報を掲載しているインターネットのホームページなどを調べて、料金を比較してみるといいだろう。

ただし、格安航空券は安いだけに、それなりの制約があることも承知しておこう。基本的な制約として、たとえ予約した便が欠航になるなど、**いかなる理由があっても航空会社の変更は不可。同様に払い戻しも不可、ルートの変更も不可**（航空券の種類によっては緩和されることもあるので、購入時に確認を）である。

オーバーブッキング

航空会社がキャンセルを見込んで、実際の席数よりも多めに予約を取ってしまい、乗れない人ができてしまうことをいう。格安航空券は優先順位が低いため、このような場合は逆に優先的においてきぼりをくう。これを避けるためには、混雑する時期の利用は控えるのがいちばん。また、搭乗日にはできるだけ早く空港に行き、早めにチェックインをしてしまおう。近年はインターネット上でチェックインできる会社も増えてきたので、それを利用するのもいい。

日本のたばこの免税範囲

2018年10月1日より、たばこの免税範囲が変更され、日本製、外国製の区別がなくなった（紙巻たばこ400本、葉巻たばこ100本、そのほかのたばこ500g）。

（注1）免税数量は、それぞれの種類のたばこのみを購入した場合の数量であり、複数の種類のたばこを購入した場合の免税数量ではない。

（注2）「加熱式たばこ」の免税数量は、紙巻たばこ４００本に相当する数量となります。

なお、2021年10月1日からは、紙巻たばこ200本、葉巻たばこ50本、加熱式たばこ個装等10個、その他のたばこ250gとなる。

URL www.customs.go.jp/kaigairyoko/cigarette_leaflet_j.pdf

南部アフリカへ運航しているおもな航空会社と運航情報（2020年1月現在）

航空会社（略号）	日本出発の空港（出発時刻）	経由地	最終到着地（到着時間）	所要時間
南アフリカ航空(SA)、全日空(NH)、キャセイパシフィック航空(CX)、日本航空(JL)	成田、羽田、関空、中部、札幌、福岡ほか	香港	ヨハネスブルグ（翌7：10～7：30着）、ケープタウン（翌8：30着）	19時間30分～
シンガポール航空(SQ)	成田、羽田、関空、中部、福岡、広島（9：15～17：25発）	シンガポール	ヨハネスブルグ（翌6：10～21：15着）	20時間～
エミレーツ航空(EK)	成田、羽田、関空（23：00～0：30発）	ドバイ	ヨハネスブルグ（翌16：35着）、ケープタウン（翌16：45着）	23時間～
カタール航空(QR)	成田、羽田（22：20～23：50発）※2020年4月から関空に就航予定。	ドーハ	ヨハネスブルグ（翌14：40～14:50着）、ケープタウン（翌17：05着）	23時間～
エチオピア航空(ET)	成田（20：40発）	アジスアベバ ※ソウル乗り継ぎ	ハラレ、ルサカ、ハボロネ、ヴィントフック、マプト（翌12:35～21:00着）	22時間～

※南アフリカ航空は2020年3月1日から香港～ヨハネスブルグ便を運休予定。

南アフリカの入出国

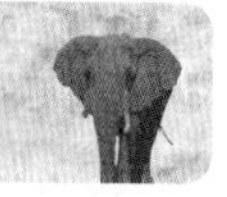

日本から飛行機で南アフリカに入る場合、ほとんどはO.R.タンボ国際空港(ヨハネスブルグ国際空港)またはケープタウン国際空港を利用することになる。2010年のサッカー・ワールドカップ開催の際に各空港の施設は新築・改装され、周辺交通機関も大幅に改善された。ここでは基本的な入出国の方法について説明しておこう。

入国の手続き

飛行機を降りて空港ターミナルに入ったら、**到着Arrival**、あるいは**入国Immigration**の表示に従って進むと、**入国審査Passport Control**のカウンターがあるので、そこでパスポートを提示する。カウンターで帰りの航空券(eチケットの控え)の提示を求められたり、旅の目的や滞在日数、滞在先などを質問されることもある。パスポートに入国スタンプを押してもらえば、審査完了となる。

入国審査を受けると、**手荷物受取所Baggage Claim**がある。掲示板にフライトナンバーが示されるので、その番号に従ってターンテーブルへ。荷物を受け取り、**税関Customs**へ向かう。免税範囲内であれば、緑色のランプの「**申告なしNothing to Declare**」のゲート、免税範囲を超えている場合は赤いランプの「**申告ありGoods to Declare**」へ進み、申告をする。

ヨハネスブルグまたはケープタウンに着いても、市内には出ずに直接ほかの都市へ行く場合は、**乗り継ぎカウンターTransfer Desk**で手続きをする。ここで国内線のチェックインをすることになるのだが、日本の空港で預けた荷物はそのまま最終目的地に運んでくれる場合と、一度ヨハネスブルグまたはケープタウンで受け取って、あらためて国内線のチェックイン時に預けなければならない場合がある。日本を出発する際の空港でのチェックイン時に、忘れずに確認をすること。

出国の手続き

空港に着いたら、各航空会社のチェックインカウンターで搭乗手続きをする。出発ロビーの入口を入ると、正面に電光掲示板があり、航空会社とフライトナンバーが出ているので、それに従ってカウンターを探す。チェックインを済ませたら、**出国Departure**のポイントへ進み、そこで出国審査を受け、パスポートに出国のスタンプを押してもらう。

搭乗前の荷物検査が終われば、あとは搭乗開始を待っていればよい。レストランやカフェ、ショップが多く並んでいるので退屈することはないが、搭乗ゲートは意外に離れていることも多いので、必ず事前に場所を確認し、搭乗30分前までにはゲートに着いているようにしよう。なお、搭乗前にゲート変更がされることもときどきあるので、ゲートへ向かう前に再度確認をするように。

南アフリカの入出国カードについて

2020年1月現在、南アフリカでは入出国カード記入の必要はない。

付加価値税VATとは

VATとは日本でいう消費税に当たる税金。VATはその国の居住者が支払うべき税金なので、旅行者は購入した商品価格の14%が免除される。ケープタウン国際空港、O.R.タンボ(ヨハネスブルグ)国際空港のチェックインカウンターのそばにVATデスクがあるので、出国する前に手続きを行う。購入価格の合計がR250以上であることが条件で、対象商品と領収書(商品の価格、販売者の住所、氏名、登録番号が記入されているもの)を提示する。

URL www.taxrefunds.co.za

入国時の注意点

ケニア、エチオピアなどを含む黄熱汚染国を経由して入国する際には、たとえ飛行機の乗り継ぎで12時間以上滞在しただけでも黄熱予防接種証明書(イエローカード)の携行が義務づけられているので要注意。

URL www.forth.go.jp

✉ヨハネスブルグの国際空港で国際線と国内線の乗り継ぎの際に、荷物のクレームタグを切ってしまい、空港内で手続きカウンターを探していたところ、オレンジのジャケットを着た空港職員のような人が近づいてきて、チケットを取り上げ、案内するからついてこいと言われました。きちんと案内はしてくれたのですが、お金を要求されました。キョロキョロしたり、隙を見せるとやはり危険です。ヨハネスブルグでは気をつけましょう。

(ずみ '13)['20]

南アフリカから周辺国へ

南アフリカから近隣諸国へ行くには、飛行機を使うのが一般的だが、観光客が多く訪れるビクトリア・フォールズ付近の国境や国立公園が2〜3ヵ国にまたがる国境では気軽に陸路で行き来できる。ただし、そのほかの国境付近はあまり治安がよくないうえ、状況はいつも変わりやすいので事前の情報収集に努めよう。

国によってビザの必要の有無など異なるので注意

南アフリカから近隣諸国へは、ヨハネスブルグ、ダーバン、ケープタウンなどから**南アフリカ航空South African Airways (SA)** のほか、**SAエア・リンクSouth African Air Link (4Z)** や**SAエクスプレスSouth African Express (XZ)**、**エア・ボツワナAir Botswana (BT)**、**エア・ナミビアAir Namibia (SW)** などが各国の主要都市へ飛んでいる。また、陸路の国境も問題なく越えられる場合が多い。なお、本書で紹介している南部アフリカ各国に入国する際、日本国籍をもつ人で、短期間の観光目的の滞在であれば、モザンビークを除き、基本的に事前に日本でビザの申請をする必要はない（2020年1月現在）。ただし、ザンビアとジンバブエは空港または国境でビザを取得する必要がある（→P.384）。

豪華列車で国境を越える場合
ロボスレイルなどの豪華列車に乗って、南アフリカからジンバブエに入る場合は、特別に車内で出入国の手続きができる。

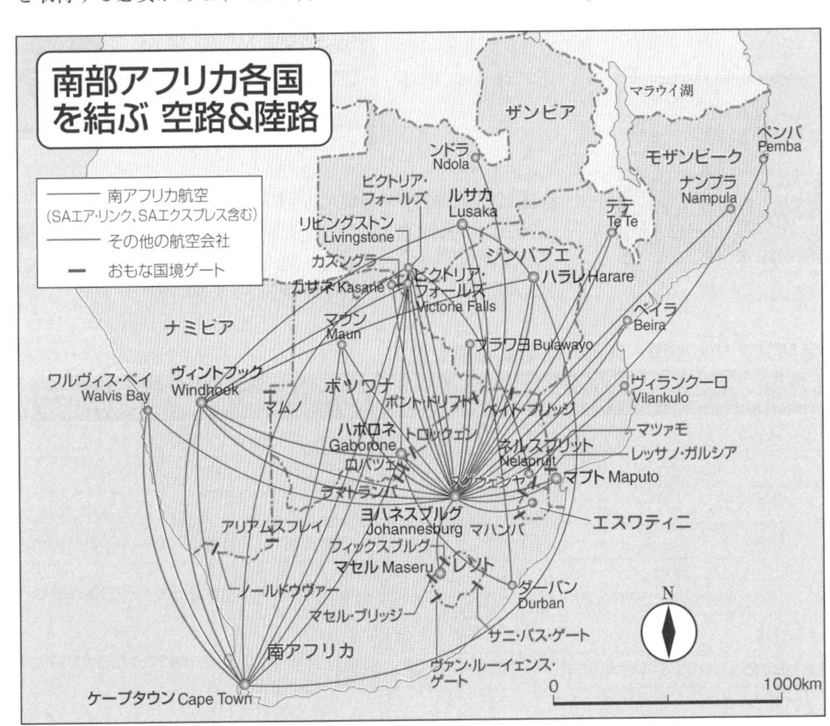

おもな航空会社
●南アフリカ航空
URL www.flysaa.com
●SAエア・リンク
URL flyairlink.com
●SAエクスプレス
URL www.flyexpress.aero
●コムエアー
URL www.britishairways.com
●エア・ナミビア
URL www.airnamibia.com
●エア・ボツワナ
URL www.airbotswana.co.bw

ジンバブエ、ザンビア、ナミビア、ボツワナ4カ国の国境が接するカズングラ

ザンビアのリビングストン空港を発つSAエア・リンク機

南アフリカと周辺諸国を結ぶ空路

南アフリカと各国の主要都市を結んでいるほか、ボツワナとナミビア、ジンバブエとナミビアなど各国を結ぶ便も多くある。いずれも南部アフリカ内の移動であれば、シーズンや航空会社にもよるが片道R200～。所要1～2時間で移動できる。

豪華サファリロッジへはセスナも飛んでいる

陸路の国境について

陸路で近隣諸国へ移動するには、国境を通ることになる。基本的にパスポートを見せるだけでOKだが国境によっては荷物検査が行われる場合もある。また、各ゲートにより開いている時間が異なるので注意するように。なお、レンタカーでは国境を越えることが認められていない国や、国境を越えられる場合でも追加料金が必要な国もあるので、レンタカー会社に事前に確認を。

ボツワナからジンバブエへの国境

各国の入出国カードについて

2020年1月現在、南アフリカを除く南部アフリカ各国では入出国カードの提出が必要。記入法は国によって多少異なるが、入出国カードの記入例（→P.385）を参考に。

南部アフリカ各国へ入国する際に必要な書類

国	ビザ	入出国カード	税関申告書	備考
南アフリカ	×	×	×	
レソト	×	○	×	
エスワティニ	×	○	×	
ジンバブエ	○	○	×	※現地でビザ取得が可能（→P.291、317）
ザンビア	○	○	×	※現地でビザ取得が可能（→P.294、313）
ボツワナ	×	○	×	
ナミビア	×	○	×	
モザンビーク	◎	○	×	（→P.364）

※◎は事前に日本でビザを取得する必要がある国、○は現地でのビザを取得が可能な国、×はビザを不要の国を示します。

入出国カードの記入例

ジンバブエ

Government of Zimbabwe

I.F. 1
Regulations
Section 4

IMMIGRATION DECLARATION

IMPORTANT---READ CAREFULLY
To be completed clearly in English, in block capitals and in the declarants own handwriting.
Tick ✓ where applicable.

1. MODE OF TRAVEL ① AIR | FLIGHT No. ② SA40 | CAR/BUS REG. No. | TRAIN No. | OTHER
2. SURNAME (Exactly as in passport) ③ YAMADA | FIRST NAMES (Exactly as in passport) ④ TARO
3. DATE OF BIRTH (Day, Month, Year) ⑤ 15.12.1970 | SEX ⑥ M ✓ F | MARITAL STATUS ⑦ Single / Married ✓ / Widowed / Divorced / Separated
4. NATIONALITY (Exactly as in passport) ⑧ JAPANESE | ⑨ PASSPORT No. AB1234567 | ⑩ DATE OF EXPIRY (Day, Month, Year) 20.12.2028
5. OCCUPATION or PROFESSION ⑪ OFFICE CLERK | No. OF ACCOMPANYING CHILDREN UNDER 18 ⑫ Male 1 Female
6. NAME OF HOST & ADDRESS AT DESTINATION IN ZIMBABWE ⑬ ZIMBABWE HOTEL, VICTORIA FALLS | ⑭ ADDRESS IN COUNTRY OF PERMANENT RESIDENCE 2-9-1, HATCHOBORI, CHUO-KU, TOKYO JAPAN
7. PURPOSE OF VISIT & DURATION OF STAY (Please tick) ⑮ Business / Holiday ✓ / Education / Transit / Visiting friends & relatives / Other
⑯ No. of days 5DAYS
8. FUNDS IMMEDIATELY AVAILABLE (Please state currency) ⑰ US$500
9. Have you, or any of your dependants, been convicted of any crime in any country? ⑱ Yes No ✓
If YES, declare full details of ALL convictions on the reverse of this form and sign such declaration: Ignore contraventions of by-laws or regulations where a fine of $200 or less was imposed.

Signature of Declarant ⑲ 山田 太郎 | Signature of Officers

FOR OFFICIAL USE ONLY
Visa No. | Authority
Date of Issue | Place of Issue
Receipt No. | Issuing Officer | (Date Stamp)

①交通手段
②フライトナンバー
③姓 ④名
⑤生年月日（日・月・年の順）
⑥性別（男性は M、女性は F にチェック）
⑦結婚状況（独身 Single、既婚 Married、未亡人 Widowed、離婚 Divorced、別居 Separated のいずれかにチェック）
⑧パスポートの国籍
⑨パスポート番号
⑩パスポートの有効期限（日・月・年の順）
⑪職業（会社員の場合は OFFICE CLERK）
⑫同伴している 18 歳以下の子供の数（男子 Male、女子 Female を分けて記入）
⑬滞在先の住所（宿泊先を記入）
⑭日本の住所
⑮渡航目的（観光の場合 Holiday にチェック）
⑯滞在日数
⑰（緊急時に用意できる）所持金
⑱自身または扶養家族がいずれかの国で有罪になったことがあるか？（ない場合は No にチェック）
⑲署名（パスポートと同じもの）
⑳出生地（町）、出生国
㉑パスポートの発行地
㉒パスポートの発行日
㉓渡航目的
㉔日付（日・月・年の順）

ザンビア

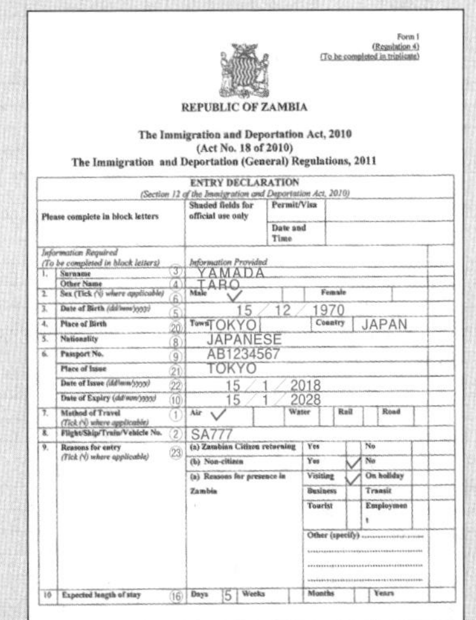

Form I
(Regulation 4)
(To be completed in triplicate)

REPUBLIC OF ZAMBIA

The Immigration and Deportation Act, 2010
(Act No. 18 of 2010)
The Immigration and Deportation (General) Regulations, 2011

ENTRY DECLARATION
(Section 12 of the Immigration and Deportation Act, 2010)

Please complete in block letters | Shaded fields for official use only | Permit/Visa | Date and Time

Information Required (To be completed in block letters)	Information Provided
1. Surname ③	YAMADA
Other Name ④	TARO
2. Sex (Tick (√) where applicable) ⑥	Male ✓ Female
3. Date of Birth (dd/mm/yyyy) ⑤	15 / 12 / 1970
4. Place of Birth ⑳	Town TOKYO Country JAPAN
5. Nationality ⑧	JAPANESE
6. Passport No. ⑨	AB1234567
Place of Issue ㉑	TOKYO
Date of Issue (dd/mm/yyyy) ㉒	15 / 1 / 2018
Date of Expiry (dd/mm/yyyy) ⑩	15 / 1 / 2028
7. Method of Travel (Tick (√) where applicable) ①	Air ✓ Water Rail Road
8. Flight/Ship/Train/Vehicle No. ②	SA777
9. Reasons for entry (Tick (√) where applicable) ㉓	(a) Zambian Citizen returning: Yes No (b) Non-citizen: Yes ✓ No (a) Reasons for presence in Zambia: Visiting ✓ On holiday / Business Transit / Tourist Employment / Other (specify)
10 Expected length of stay ⑯	Days 5 Weeks Months Years

11	Residential address in Zambia ⑬	AVANI VICTORIA FALLS RESORT
12	Business address in Zambia	
13	Amount of money immediately available to the applicant ⑰	US$500

14 DECLARATION
I herby declare that the information furnished by me in this application is true, correct and complete to the best of my knowledge.
I understand that any incorrect, misleading or untrue information or the withholding of any relevant information may affect my entry into Zambia

⑲ 山田 太郎 ㉔ 28 / 5 / 2020
Signature Date

FOR OFFICIAL USE ONLY
Received by: .... Officer
Receipt No.: ....
Permit / Visa No.: ....
File Ref. No.: ....
Remarks: ....
OFFICIAL STAMP

入出国カードの記入例

ナミビア

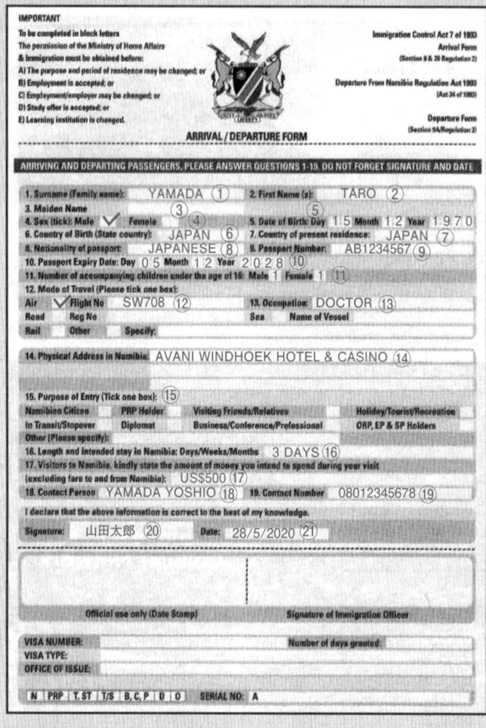

IMPORTANT
To be completed in block letters
The permission of the Ministry of Home Affairs
& Immigration must be obtained before:
A) The purpose and period of residence may be changed; or
B) Employment is accepted; or
C) Employment/employer may be changed; or
D) Study offer is accepted; or
E) Learning institution is changed.

Immigration Control Act 7 of 1993
Arrival Form
(Section 8 & 29 Regulation 2)

Departure From Namibia Regulation Act 1993
(Act 34 of 1993)

Departure Form
(Section 9A/Regulation 2)

ARRIVAL / DEPARTURE FORM

ARRIVING AND DEPARTING PASSENGERS, PLEASE ANSWER QUESTIONS 1-19. DO NOT FORGET SIGNATURE AND DATE

1. Surname (Family name): YAMADA ①　2. First Name (s): TARO ②
3. Maiden Name ③ ⑤
4. Sex (tick): Male ✓ Female ④　5. Date of Birth: Day 15 Month 12 Year 1970
6. Country of Birth (State country): JAPAN ⑥　7. Country of present residence: JAPAN ⑦
8. Nationality of passport: JAPANESE ⑧　9. Passport Number: AB1234567 ⑨
10. Passport Expiry Date: Day 05 Month 12 Year 2028 ⑩
11. Number of accompanying children under the age of 16: Male 1 Female 1 ⑪
12. Mode of Travel (Please tick one box):
Air ✓ Flight No SW708 ⑫　13. Occupation: DOCTOR ⑬
Road Reg No　Sea Name of Vessel
Rail Other Specify:

14. Physical Address in Namibia: AVANI WINDHOEK HOTEL & CASINO ⑭
15. Purpose of Entry (Tick one box): ⑮
Namibian Citizen　PRP Holder　Visiting Friends/Relatives　Holiday/Tourist/Recreation
In Transit/Stopover　Diplomat　Business/Conference/Professional　ORP, EP & SP Holders
Other (Please specify):
16. Length and intended stay in Namibia: Days/Weeks/Months 3 DAYS ⑯
17. Visitors to Namibia, kindly state the amount of money you intend to spend during your visit (excluding fare to and from Namibia): US$500 ⑰
18. Contact Person YAMADA YOSHIO ⑱　19. Contact Number 08012345678 ⑲
I declare that the above information is correct to the best of my knowledge.
Signature: 山田太郎 ⑳　Date: 28/5/2020 ㉑

Official use only (Date Stamp)　Signature of Immigration Officer

VISA NUMBER:　Number of days granted:
VISA TYPE:
OFFICE OF ISSUE:

N | PRP | T, ST | T/S | B, C, P | D | O　SERIAL NO: A

①姓
②名
③旧姓
④性別（Male= 男性、Female= 女性）
⑤生年月日（日／月／年）
⑥出生国
⑦居住国
⑧パスポートの国籍
⑨パスポート番号
⑩パスポートの有効期限
⑪同行する 16 歳以下の子供の数（男子 Male、女子 Female を分けて記入）
⑫入国手段と便名
⑬職業
⑭ナミビアでの滞在先（ホテル名）
⑮渡航目的（観光の場合 Holiday/Tourist/Recreation にチェック）
⑯滞在日数
⑰ナミビアで使用する予定の金額
⑱コンタクト先
⑲電話番号
⑳署名
㉑日付

ボツワナ

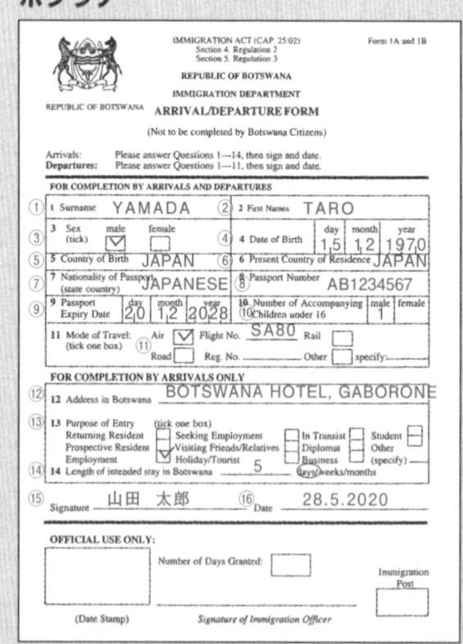

IMMIGRATION ACT (CAP. 25:02)
Section 4. Regulation 2
Section 5. Regulation 3
Form 1A and 1B

REPUBLIC OF BOTSWANA
IMMIGRATION DEPARTMENT
REPUBLIC OF BOTSWANA　ARRIVAL/DEPARTURE FORM
(Not to be completed by Botswana Citizens)

Arrivals: Please answer Questions 1—14, then sign and date.
Departures: Please answer Questions 1—11, then sign and date.

FOR COMPLETION BY ARRIVALS AND DEPARTURES
① 1 Surname YAMADA　② 2 First Names TARO
③ 3 Sex (tick) male ☑ female ☐　④ 4 Date of Birth day 15 month 12 year 1970
⑤ 5 Country of Birth JAPAN　⑥ 6 Present Country of Residence JAPAN
⑦ 7 Nationality of Passport (state country) JAPANESE　⑧ 8 Passport Number AB1234567
⑨ 9 Passport Expiry Date day 20 month 12 year 2028　⑩ 10 Number of Accompanying Children under 16 male 1 female
11 Mode of Travel: (tick one box) ⑪ Air ☑ Flight No. SA80 Rail ☐ Road ☐ Reg. No. Other ☐ specify:

FOR COMPLETION BY ARRIVALS ONLY
⑫ 12 Address in Botswana BOTSWANA HOTEL, GABORONE
⑬ 13 Purpose of Entry (tick one box)
Returning Resident ☐ Seeking Employment ☐ In Transit ☐ Student ☐
Prospective Resident ☐ Visiting Friends/Relatives ☐ Diplomat ☐ Other
Employment ☑ Holiday/Tourist ☐ Business ☐ (specify)
⑭ 14 Length of intended stay in Botswana 5 days/weeks/months
⑮ Signature 山田 太郎　⑯ Date 28.5.2020

OFFICIAL USE ONLY:
Number of Days Granted:
Immigration Post
(Date Stamp)　Signature of Immigration Officer

①姓
②名
③性別（Male= 男性、Female= 女性）
④生年月日（日／月／年）
⑤出生国
⑥居住国
⑦パスポートの国籍
⑧パスポート番号
⑨パスポートの有効期限（日／月／年）
⑩同行する 16 歳以下の子供の数（男子 Male、女子 Female を分けて記入）
⑪入国手段（便名を記入）
⑫滞在先の住所（ホテル名）
⑬渡航目的（観光の場合 Holiday ／ Tourist にチェック）
⑭ボツワナでの滞在日数
⑮署名
⑯日付

※レソト、モザンビークについても基本的には同様。上記記入例を参考に。

ビザ申請書の記入例

ザンビア

PHOTO 4.5x3.5cm

REPUBLIC  OF ZAMBIA

⑯ Tel/Mobile: (03)3553-6667
Fax:
Contact no. of Applicant/Agent (day time)
Company stamp with phone no. is acceptable.

VISA APPLICATION

Please fill it in English.

①1. Surname of Applicant (*in capitals*) YAMADA

②2. Other Names TARO

3. Addresses :
③ (a) Permanent 3-5-2 AKASAKA, MINATO-KU, TOKYO, JAPAN
(b) Present 2-9-1 HATCHOBORI, CHUO-KU, TOKYO, JAPAN

④4. (a) Nationality JAPANESE (c) Race ASIAN
(b) Nationality of Parents at time of Applicant's Birth JAPANESE

⑤5. (a) Date of Birth 15.12.1970 (c) Sex MALE
(b) Town and Country of Birth TOKYO, JAPAN

⑥6. Will you be traveling alone or accompanied by your wife and/or children? N/A
(Note – Children over 10 years of age must make separate applications.)
If accompanied by your wife give the following particulars : ※10歳以上の子供は別途申請書が必要です。
(a) Full name
(b) Place and Date of Her Birth

⑦7. Passport :(a) Number AB1234567
(b) Date and Place of Issue 20.12.2018 JAPAN

8. (a) Date of First Entry into Zambia N/A
⑧ (b) Length of Residence in Zambia N/A

9. Destination and Object of Journey LIVINGSTONE
⑨ Sightseeing at Victoria Falls, Livingston

⑩10. Probable Length of Stay 5 DAYS 23.05.2020 ~ 29.05.2020

11. Full Residential Address to which Traveling
⑪ LIVINGSTONE HOTEL

12. Date of Expected Departure from Zambia and Route of Entry to Country of Destination :
⑫ 29.05.2020 Livingstone-Johannesburg-Hong Kong-Tokyo

13. If on Business or Pleasure, Names and Addresses of Firms or Persons to be Visited
⑬ LIVINGSTONE

14. (a) Particulars of any Previous Residence in, or Visits to, the Country of Destination
⑭ N/A
(b) Particulars of any Relations or Friends in the Country of Destination
N/A

⑮15. Signature of Applicant 山田太郎

①姓
②名
③住所（ⓐ本籍 ⓑ現住所）
④ⓐ国籍 ⓑ申請者が生まれた時点での両親の国籍 ⓒ人種
⑤ⓐ生年月日 ⓑ出生地 ⓒ性別
⑥同行者の有無（同行者がいる場合aに名前、bに出生地と生年月日を記入）
⑦ⓐパスポート番号 ⓑ発効日と発行地
⑧ⓐ前回訪れた日付 ⓑ滞在日数
※初訪問の場合、N/A（該当なし）。
⑨目的地と渡航の目的
⑩滞在日数
⑪滞在先の住所
⑫今回の出国予定日と日本までの渡航ルート
⑬訪問予定の人や会社の名称と住所（休暇、仕事に限らず）
⑭ⓐ以前の訪れた際または今回の訪問先（ない場合はN/A） ⓑザンビアにおける知人や友人、仕事関係者の名前（特にいない場合はN/A）
⑮署名
⑯電話番号

南アフリカの国内交通

南アフリカ国内の交通手段は、おもに飛行機、長距離バス、バズ・バス、ミニバス、レンタカー、鉄道などがある。ただし、公共のバス（長距離バスを除く）や鉄道は安全とは言い切れないので、できるだけ利用を避けるように。主要観光地はほぼ舗装道路で結ばれているため車での旅行が主流。郊外であれば、レンタカーで巡るのもいいだろう。

おもな航空会社 →P.384

そのほかの航空会社（LCC）

●クルラKulula

ヨハネスブルグ～ケープタウン/ダーバン/ジョージ/イーストロンドンなどを結ぶ格安航空会社（LCC）。

URL www.kulula.com

●マンゴー Mango

ヨハネスブルグ～ケープタウン/ダーバン/ジョージ/ポート・エリザベス、ケープタウン～ダーバン/ブルームフォンテンなどを結ぶLCC。

URL www.flymango.com

●サフエアー Safair

ヨハネスブルグ～ケープタウン／ダーバン／ポート・エリザベス／ジョージ／イーストロンドンなどを結ぶLCC。

URL www.flysafair.co.za

ヨハネスブルグのもうひとつの空港

ヨハネスブルグ北部（約30km）にランセリアLanseria国際空港があり、サフ・エアーやマンゴーなどのLCCはそちらに発着する便もあるので注意しよう。

飛行機

国内は、**南アフリカ航空South African Airways（SA）**とその関連会社の**SAエア・リンクSouth African Air Link（4Z）**、**SAエクスプレスSouth African Express（XZ）**、そのほかいくつかの格安航空会社（LCC）などが主要都市と地方都市間を結んでいる。また、近隣諸国への路線も充実している（→P.383）。

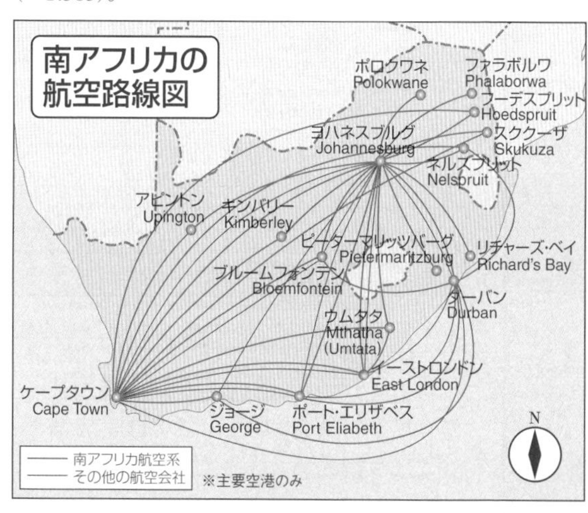

主要航空路線の所要時間（目安）

	ケープタウン	ポート・エリザベス	イーストロンドン	ダーバン	ブルームフォンテン	ヨハネスブルグ	ネルスプリット
ケープタウン	―	1時間10分	1時間30分	1時間50分	1時間35分	2時間10分	2時間40分
ポート・エリザベス	1時間10分	―	1時間	1時間20分	1時間35分	1時間45分	―
イーストロンドン	1時間30分	1時間	―	1時間20分	―	1時間30分	―
ダーバン	1時間50分	1時間20分	1時間20分	―	1時間10分	1時間10分	1時間
ブルームフォンテン	1時間35分	1時間35分	―	1時間10分	―	1時間15分	―
ヨハネスブルグ	2時間10分	1時間45分	1時間30分	1時間10分	1時間15分	―	50分
ネルスプリット	2時間40分	―	―	1時間	―	50分	―

長距離バス

南アフリカ国内を移動する際に、最も有効な公共交通手段は長距離バスだろう。所要時間でいえば概して鉄道よりも早く、観光客の利用も多いので比較的安全といえる。料金的には鉄道よりも高く、本数は鉄道よりも多い。発着所も町の中心部にあることが多い。ただし、都市のバス乗り場は治安状況が悪化しているので、乗り場付近で重い荷物を持ったままうろうろしないように。また、主要都市以外は毎日1便程度しか走っていないので、余裕をもったスケジュール作成が必要となってくる。国内線の飛んでいる都市から周辺の都市への移動など、飛行機とうまく組み合わせて利用するといいだろう。

※ヨハネスブルグやプレトリアの長距離バスターミナルでは、邦人旅行者が付近を通行中に首絞め強盗に襲われる事件が複数発生している。バスを下車した直後に襲われた人もいるので、できるだけヨハネスブルグでの乗降は避けるように。また、やむなく利用する場合は、宿泊先や訪問先に出迎えを依頼し、出迎えが来るまでターミナルビル内にとどまるように。

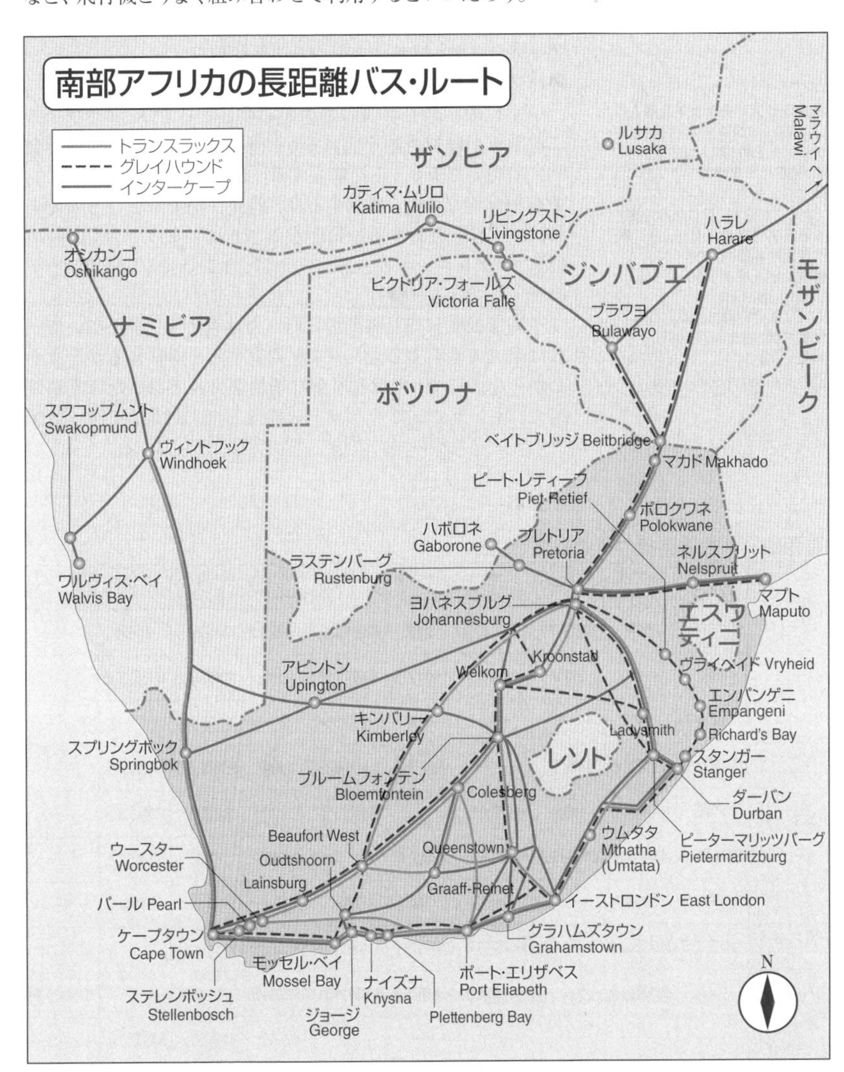

おもなバス会社
●インターケープ
☎(021) 380-4400
URL www.intercape.co.za
●グレイハウンド
☎(011) 611-8000
URL www.greyhound.co.za
●トランスラックス（シティ・トゥ・シティ）
☎(086) 158-9282
URL res.prasa.com/Translux
URL res.prasa.com/citytocity/booking

おもなバス会社としては、**インターケープIntercape、グレイハウンドGreyhound、トランスラックスTranslux（シティ・トゥ・シティ City to City）**などがあり、南アフリカ全土や周辺国の主要都市間を結んでいる。いずれもバスはデラックスバスで、シートはリクライニングになっている。さらに車内はエアコンが効いているので快適だ。もちろんトイレも付いている。そのほか、会社や路線によっては、ヘッドホンで音楽が聴けたり、ビデオが見られたり、コーヒーが配られたりとさまざまなサービスがあり、快適な移動ができる。

バスのグレードやサービスについては、どこの会社も大差はないが、グレイハウンドとインターケープがやや高級感があり、料金も若干高い印象だ。また、同じ会社のバスでも、時間や曜日によって料金が異なることがある。

オンラインでチケットを購入
事前にインターネットでチケットを予約・購入してしまえば、当日は出発時刻までにバス乗り場に行けばいいだけなので、とても便利。同じ路線を走る各バス会社のスケジュール、運賃比較も同時にできる。
●コンピュチケット Computicket
バスや飛行機のほか、スポーツや演劇、音楽などのチケットも購入できる。
URL online.computicket.com

●バスの予約

いずれのバスも事前の予約が必要となっている。オフィスに電話をかけて予約を入れるか、直接オフィスまたは旅行会社に出向いてチケットを購入する。また、各社ともオンライン予約が可能なので、利用する日と時間が決まっているのであれば、日本を出発する前に席をおさえてしまっておくといいだろう（クレジットカードがあれば、オンラインでeチケットの購入もできる→欄外）。

予約をせずに当日乗り場に行った場合でも、席が空いていれば乗せてもらえるが、バスが到着するまで乗れるかどうかわからないので、やはり事前に予約を入れておいたほうが確実だ。オンラインでチケットを購入しておけば、チケットオフィスに立ち寄らずに直接バスに乗ることもできる。

長距離バス主要路線の所要時間（目安）

	ケープタウン	モッセル・ベイ	ナイズナ	ポート・エリザベス	イーストロンドン	ダーバン	ブルームフォンテン	ヨハネスブルグ	プレトリア	ネルスプリット
ケープタウン	—	6時間	8時間10分	13時間40分	18時間	23時間30分	14時間30分	19時間50分	21時間	—
モッセル・ベイ	6時間	—	2時間	6時間20分	11時間30分	21時間30分	11時間	16時間40分	17時間50分	—
ナイズナ	8時間10分	2時間	—	4時間	9時間	6時間45分	—	—	—	—
ポート・エリザベス	13時間40分	6時間20分	4時間	—	4時間50分	14時間45分	10時間	16時間55分	18時間55分	—
イーストロンドン	18時間	11時間30分	9時間	4時間50分	—	9時間55分	7時間	13時間45分	14時間45分	—
ダーバン	23時間30分	21時間30分	6時間45分	14時間45分	9時間55分	—	19時間	8時間	9時間10分	—
ブルームフォンテン	14時間30分	11時間	—	10時間	7時間	19時間	—	5時間30分	6時間40分	—
ヨハネスブルグ	19時間50分	16時間40分	—	16時間55分	13時間45分	8時間	5時間30分	—	—	4時間50分
プレトリア	21時間	17時間50分	—	18時間55分	14時間45分	9時間10分	6時間40分	—	—	5時間30分
ネルスプリット	—	—	—	—	—	—	—	4時間50分	5時間30分	—

●乗車時の注意

チェックインはバスの出発の30分前から行われるが、始発の町でなければバスが到着してから行われるのが普通だ。バスの時間は意外と正確なので、予定時間よりも早めにバス停で待っていたほうがいいだろう。

荷物はバスの側面のトランクに入れる。その際、荷物にシールが張られ、代わりにクレームタグを渡される。下車時の荷物引換証となるので、なくさないように最後まで大切に持っていること。

ナイズナ駅前のトランスラックスのバス乗り場

バズ・バスBaz Bus

ミニバス同様、中型のバン。ケープタウン～ポート・エリザベス～ダーバン～ヨハネスブルグ～プレトリアといった主要都市間をカバーしており、クルーガー国立公園やボツワナのチョベ国立公園、ジンバブエのビクトリアの滝などへのツアーが組み合わさったパッケージもある。このバスの利点はユースホステルなどの安宿をドア・トゥ・ドアで（宿から目的地まで直接に）結んでくれることにある。深夜に到着しても安心だ。頼めば、安宿でなくてもOK。どんな僻地でもルートから逸脱することがなければどこへでも連れていってくれる。しかしいろんな所に立ち寄りながら進むので、時間がかかる。また、運行が週3～5便と決まっているので、事前に予約を。

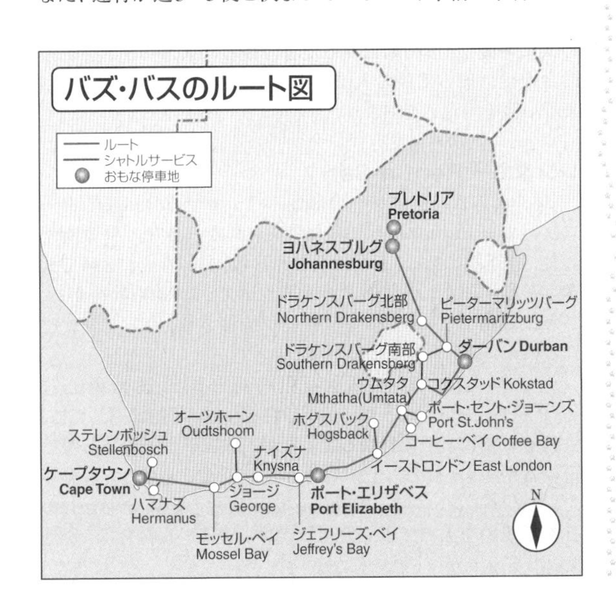

バズ・バスの予約
☎(021) 422-5202（予約）
URL www.bazbus.com

ほとんどのバックパッカー宿で代行予約をしてくれる。また、上記ホームページからの予約も可能だ。通常のチケットのほか、8日間（R3200）や14日間（R5200）、21日間（R6400）乗り降り自由のトラベルパスもある。いくつもの町に立ち寄りながらゆったりと旅したいのであれば、期限がなく、路線上であれば何度でも乗り降り可能な片道チケット（ケープタウン～ポート・エリザベスR2950、ケープタウン～ダーバンR5730、ケープタウン～ヨハネスブルグ／プレトリアR6900）がお得。

車体に描かれたバズ・バスのマーク

バズ・バスで巡るガーデンルート
→P.44

バズ・バスのツアー例

宿泊先まで送迎してくれるのでとても便利。

●1日ケープ半島ツアー
軽食、ランチ、入場料込み。所要約8時間、R995。

●クルーガー国立公園4日間
公園内でのゲーム・ドライブ、宿泊料込み。R8799～。

●アドゥ・エレファント国立公園2日間
公園内でのゲーム・ドライブ、入場料、宿泊料込み。R1万5500。

観光客には利用しにくいミニバス（コンビ）

ミニバスMinibus

どんな小さな町でも走っている中型バンの乗合バス。これを乗り継げばどこへでも行ける。長距離バスが通っていないような区間もあるし、数十kmしか離れていない町へ移動する場合、長距離バスだとR100〜150も取られるが、ミニバスならR5〜10程度で済む。

ミニバスは大きくふたつに分けられる。町の近郊にあるタウンシップへ向かう近距離用のものと、都市と都市を結ぶ中・長距離用のものだ。乗り場は別になっていることが多いが、いずれも町の中心部にある。

基本的に予約を入れて乗るものではないし、時刻表があるわけでもない。また、満員にならなければ出発しないので、2〜3時間待ってもいっこうに出発しないときもある。通常、料金は車が動き出してから集める。後ろの席に座った場合は前の人に手渡し、前の席に座った場合後ろの人から手渡されたお金を受け取って係の人に渡す。なるべくおつりのいらないよう小銭を用意しておこう。

レンタカーRent-a-Car

エイビスAVIS、ハーツHertz、バジェットBudget、ヨーロッパカーEuropcarなどの大手レンタカー会社の営業所が各地、各空港にある。料金は会社や日数、日程などによって大きく変動するが、小型のマニュアル車で1日R400前後から。さらに1kmごとにR1程度の料金が加算され、ガソリン代は別というシステムのところがほとんどだ。

レンタルには日本の運転免許証と国外運転免許証（→P.372）、クレジットカードが必要となる。年齢に関しては、会社や車種によって異なってくるが、23歳以上と規定している場合が多い。ほとんどの場合、追加料金で乗り捨ても可能だ。初めからレンタカーを利用して回る予定なら、あらかじめ日本で予約を入れておいたほうがいいだろう。料金は、現地でクレジットカード払いになる。

ミニバスの安全性

車内で強盗に遭うケースもまれにあるようだ。また、車内よりもターミナル付近が極めて治安が悪い。特にヨハネスブルグ。リュックを担いでターミナル付近をうろついていれば、間違いなく襲われると覚悟したほうがいい。地元の白人はターミナルに近づくことさえしない。地方の町でもターミナル付近は注意しよう。特に人通りの少ない日曜日は危険だ。

なおミニバスは一見普通の車に見えるが、特徴としては利用者のほとんどが黒人で、ぎゅうぎゅう詰めに乗っている。この場合、乗車時に周囲の乗客によって金品を奪われるというわけではなく、ミニバス自体に問題がある。通常、乗車可能人数を大幅に超えて客を乗せているため、事故が起こった際には大量の死傷者が出る。

また、ほとんどのミニバスは保険に入っていないため、万一事故に巻き込まれても何の補償も得られない。南アフリカでは毎月約1000人が交通事故で亡くなっているが、その多くがミニバス絡みの事故といっても過言ではない。

国外運転免許証について

→P.372

主要レンタカー会社の日本での予約先

●エイビス
Free 0120-311-911
URL www.avis-japan.com
●ハーツ
Free 0120-489-882
URL www.hertz-japan.com
●バジェット
URL www.budgetjapan.jp
●ヨーロッパカー
☎ 050-3786-0056
URL www.europcar.jp

交通事情

市街地やハイウエイなどの道路は非常によく整備されており、日本と同じ左側通行なので運転しやすい。シートベルトの着用が義務づけられている。最高時速は市街地で60キロ、ハイウエイで100キロ、フリーウエイで120キロ。注意点として「ストップ・アンド・ゴー」が挙げられる。これは交差点に入る車は必ずいったん停車しなければならず、先に停まった車が先に発車できるというルールだ。また、ガソリン代を支払う際、地方ではクレジットカードが使えない場合もあるので注意を。

空港のレンタカーオフィス窓口

●レンタカー利用時の注意

走行時は必ず窓を閉め、ドアロックをしよう。信号待ち停車時は周りに注意を払うことを忘れずに、物売りなどにも窓を開けたりはしないこと。なお、レンタカーでは国境を越えることが認められていない国や越えられても追加料金が発生する国もあるので、事前に各レンタカー会社へ問い合わせを。

鉄道

●乗車の際の注意

鉄道での移動はあまりおすすめできない。ブルートレインなどの豪華長距離特急なら安全だが、ヨハネスブルグ～プレトリア間の近郊列車を中心に、列車内での犯罪（強盗など）が多発している。こうした近郊列車は1等車でも安全ではないので、鉄道の利用は避けたほうがいい。密室となってしまう車内、列車停車時などに、実際数多くの被害者が出ている。それでも、長距離特急を使う場合は1等車を利用するように。

また、エアコンがなく、窓を開ける場合は窓際に物（貴重品など）を置かないこと。特に停車時は注意するように。それともうひとつ、ヨハネスブルグやプレトリア、ダーバンといった大都市の駅やその周辺は治安が非常に悪い。乗車前や降車後に、駅前をむやみに出歩くのは非常に危険だ。

ステレンボッシュの鉄道駅舎

窓は必ず閉めること！

停車の際には窓を開けておかないこと。そこから手を突っ込まれて押し売りされたり、物乞いされたりする。最悪の場合拳銃を突きつけられるというケースもある。特にヨハネスブルグのダウンタウンでは、信号待ちで停車中に窓ガラスを割られるなどして襲われることもあるので、決して近づかないように。
※カージャックに注意→P.405

必ず保険に加入しよう

車をレンタルする際には、万一の事故や盗難に備え、必ず保険に入っておこう。対人補償や対物補償のほか、車両補償など各種揃っている。いざというときのためにも、フルカバーのコースを申し込むと安心だ。

鉄道の安全性

鉄道は、旅行者が使うような豪華列車以外は使わないほうがいい。特にヨハネスブルグ～プレトリア間は被害が多く報告されているので要注意。犯人グループは電車が駅に近づく頃になって（速度が落ちてくるため）、数人でターゲットを取り囲み、金品を奪ってから車外に飛び降りるという手口で、つかまることはまずない。1等車ほど逆にお金を持っているだろうと見られて被害に遭いやすい。一般電車では1等車であろうとセキュリティは期待できない。

ケープタウンの近郊列車内。シートは破れ、落書きだらけ

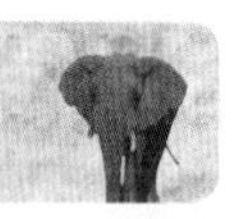

宿泊

南アフリカでは、どんな小さな町へ行っても、ホテルとB＆Bは必ずといっていいほどあり、宿探しに困ることはまずない。ただし、学校の夏休み期間（12～1月、特にクリスマスから年末年始）とイースター期間はオンシーズンと呼ばれ、ホテルやキャンプ場の料金が倍近くに値上がりし、それでも予約でいっぱいになってしまう。

気になる用語あれこれ

●P.P.（Per Person）
「ひとりにつき」という意味だがなかなか厄介な言葉。ダブルかツインの部屋にひとりで泊まってもふたりでも料金は同じことが多いが、例えばR150P.P.と書いてある場合、ふたり分の料金でR300になる。Sharing（割り勘）という言葉が後ろについている場合もある。しかしP.P.と書いてあってもひとりで泊まればひとり分しか取らないときもあるので、そのつど確認したほうがいい。

●Levy
宿泊税のようなもの。V.A.T.（付加価値税）はたいてい宿泊料に含まれているが、3つ星以上のホテルやゲストハウスになると、1泊ひとりにつきこのLevyが加算されることがある。

●ロンダベルRondvale
コテージなどと同じだが、丸い形で草葺き屋根の南アフリカらしい外観の宿のこと。

●シャレーChalet、ロッジLodge、キャビンCabin
コテージとほぼ同じで、寝袋や自炊用具が必要なものからすべてが揃った豪華なものまでいろいろ。各々が独立した家屋と思えばいい。バンガローと呼ぶこともあり紛らわしい。

草葺き屋根のロンダベル

宿泊施設の種類

宿の種類は、ホテル、B＆B（ベッド＆ブレックファスト。朝食付きの英国式ペンション）のほか、ホステルまたはバックパッカーズと呼ばれるドミトリー（相部屋）中心の安宿の3つに分けられる。はっきり何がどう違うのか線を引くのは難しいが、宿名にたいてい「～ Hotel」、「～ B＆B」、「～ Backpackers」または「～ Hostel」とついているのでほぼわかるだろう。

●ホテル

1つ星から5つ星まで星で分けられており、普通、海外からの団体が泊まるのは3つ星以上。しかし、2つ星でも設備的にやや老朽化しているくらいで不快なことはないし、かえって歴史のある味わい深い宿が多い。各部屋に駐車場か車庫が付いたモーテル形式のホテルもある。ツォゴサン、サン・インターナショナル、シティ・ロッジのようなチェーンホテルも多く、インターネット割引や特典が受けられるカードを発行しているところもあるので、興味ある人は各ホテルに問い合わせてみよう。高級ホテルだと入口に24時間警備員をおくなどして安全に配慮している。

●民宿（B&B、ゲストハウス、ロッジ）

均一で無個性なホテルと違い、それぞれに個性があり最も当たり外れがあるのがこの種の宿。朝食付きの民宿をベッド＆ブレックファスト、略してB＆Bというが、ゲストハウスやロッジでもたいてい朝食は付くし、明確な区別はない。一般の住居の空き部屋1室だけのものから、星がなくても4つ星、5つ星ホテル並みの豪華なゲストハウスまであり、オーナーの趣味、センスによって内装もさまざま。自炊可能な大きなキッチンが付いている部屋があったりもする。別料金でレストラン並みの食事を作ってくれたり、レストラン、パブを併設していたりするところもある。また、ツアーの主催など旅行会社並みのサービスをするところもある。

小さいB＆Bだと看板もなく、シーズン限定や予約のみの営業だったりするので、実際はかなりの数がある。関連協会も多く、観光局や電話帳、新聞、タウン誌などで見つかる。空港や駅、バスターミナルまで迎えにきてくれることが多いが、オーナーがたまたま外出していたり、ほかの宿泊客を送迎している最中であったりすることもあるので、予約していても、行く前には必ず電話をしよう。

●ユースホステル、バックパッカーズ、キャンプ場など

ドミトリー(相部屋)形式で、トイレ・シャワー共同の宿をユースホステルまたはバックパッカーズ(たいていこの言葉が名前の頭かあとにつく)という。普通、自炊用の調理道具や食器が揃った台所も付いている。ユースホステル会員でなくても泊まれるし、会員証や国際学生証で割引になるところもあれば、まったく関係ない個人経営のところもある。ドミトリーだけのところもあれば、専用のバスルームが付いた個室や、キャンプが可能な庭をもつところもある。バーの階上でひっそりと営業しているところもあれば、カフェテリアやパブ、プール、旅行会社もあるところまでいろいろ。

たいていのホステルはバックパッカー向けのツアーやスポーツ、バーベキューなどのプログラムを実施しており、ほかのバックパッカーからの情報収集にも最適の場所だ。さらに、旅をともにする同伴者も見つけやすい。季節による料金の変化はないが、人気のある宿はいつも、それ以外でも連休前は満室のことが多いので事前に電話確認したほうがいい。また電話をすれば迎えにきてくれるところもある。各自のロッカーや入口の鍵をくれたりするが、たいていは24時間出入り自由で部屋は開いているので、盗難には十分気をつけたい。

キャラバンパークやキャンプ場は、公営、私営ともに多いが、公営の場合、受け付け時間が17:00頃で終わってしまうところもあるので、到着が遅くならないようにしたい(事前に電話で確認を)。シャレーChaletやコテージCottageといわれる小屋を併設しているところも多い。場所によっては、夏季には値段が跳ね上がる。

●サファリロッジ

私営動物保護区などにある豪華ロッジ。自然のなかに立つ隠れ家的な雰囲気で、周囲を柵などで囲っていないことから、敷地内で野生動物の姿を目にすることも。各客室はプライバシーを十分に考慮した造りになっていて、設備も充実。アウトドアのシャワーがあったり、プライベートプールが付いていたりする。ここでは、朝と夕方にサファリを楽しみ、それ以外の時間はゆったりとロッジ内で過ごすといったスタイルが主流。通常、滞在中の全食事代とゲーム・ドライブなどのアクティビティ代が含まれている。

予約は必要？

予約は基本的にどんな宿でも入れられる。高級ホテルは現地旅行会社などをとおして予約したほうが直接行って部屋を取るよりかなり安くなるので、前もって予約するにこしたことはない。B＆Bも客室が2〜5部屋ぐらいと小規模なところが多いため、もし気に入ったところが見つかればすぐにでも予約をしておこう。また、B＆Bとバックパッカーズに関していえば、空港や駅、バスターミナルまで迎えにきてくれるところも多いので、前もって電話を入れておいたほうがいい。

●セルフケータリング Self-Catering

「自炊の」という意味で、食事を出す宿でも、部屋にコンロや冷蔵庫などの調理設備が付いていれば、この言葉が使われる。Self-Catering Cottageは、農家の空き部屋や山小屋でランプとコンロ、テーブルだけのものから、電子レンジ、オーブン、高級食器を備え、バスルーム、エアコン、TV付きのリビングダイニングに寝室、バーベキュー用テラスが別に付いた1軒の独立した家までさまざま。キャンプ場などでは、ただのコテージと呼ばれることもある。

ユースホステルについて

日本ユースホステル協会のホームページで、簡単な情報収集と入会申し込みができる。

●日本ユースホステル協会

URL www.jyh.or.jp

国際学生証について

→P.372

野宿、野営について

国立公園、自然保護区内でキャンプができるが、それ以外でのキャンプは、強盗や猛獣の来襲など、夜中にどんな事態が起こるかわからないのでやめるべき。国立公園内での宿泊については下記のホームページから予約できる。

●南アフリカ国立公園

URL www.sanparks.org

家具付きのサファリテントも人気

ブドウ畑に囲まれた、ワイナリー併設の宿泊施設もある

食事

豊かな農産物と魚介類に恵まれ、畜産も盛んな南アフリカ。ケープタウンやヨハネスブルグ、ダーバンなどの大都市には、シーフードやイタリアン、中国料理、インド料理など各国料理のレストランが多数ある。ただ、せっかく南アフリカへ来たのだから、一度は郷土料理を試してみたい。

飲み物

水道水は飲めるところが多いが、ミネラルウオーターを飲用したほうがいい。お茶は南アフリカの特産のルイボスティーLooibos Teaがあり、ノンカフェインで各種ミネラルを含むため、ヘルシードリンクとして日本にも輸入されている。

●ビール

国産で一番普及しているのがキャッスルCastleだが、ライオンLionのほうが日本人の口に合うかもしれない。グラス1杯R40くらい。

●ワイン

ワインのページを参照(→P.100、419)。1ボトルR30くらいからある。ワインの持ち込みが可能な店もある。

●そのほか

ブランデー以外に、マルーラMarulaという果物から造ったお酒やCape Velvet、Van der Humのようなリキュール、焼酎もある。

世界でも指折りのグルメシティで極上料理に舌鼓

→P.38

アフリカの郷土料理って？

郷土料理なら、ケープタウンを中心とした地方に伝わる、スパイシーなマレー料理を現地風にアレンジしたケープ・マレー料理（ケープ料理とも呼ばれる）が有名だ。煮込みやカレー、カレー風味の肉や魚とピラフを盛り合わせたビリヤニBeriyaniなどが中心となる。

アフリカ先住民たちも、もちろん伝統料理をもっているが、家庭内でのみ供され、レストランで味わえることは少ない。だが、観光地では多くのリゾートホテルがビュッフェなどでその地独特の郷土料理を提供している。機会があれば、ぜひ試してみたい。

南アフリカはワインの産地なので白・赤ともおいしく、種類も豊富に揃っている。値段も、レストランでボトルで頼んでもほとんどが1本3000円以内と安い。アルコール類に関しては、レストランで飲んでも、店で買ってきてもほぼ値段が変わらないという、酒が好きな人にはうれしい国ともいえる。ビールもグラス1杯300円程度だ。

料理の質と料金はほぼ正比例

この国では、安くておいしい店を見つけることは難しい。つまりおいしい店ほど料金も高いのだが、それでも日本と比べればだいたい同額程度かやや安くで食べられる。この際思いっきり贅沢をしてみるのもいいだろう。なお、なかには予約が必要な店もあるので（Booking Essentialと書かれている）、事前に確認をしておくように。また、予約不要という店でも、有名店（特にケープタウンやワイン・ランドの人気店）であれば予約したほうが無難だ。

COLUMN | 南部アフリカのアルコール
キャッスル
Castle
南アフリカで最もよく飲まれているビールのひとつ
ヴィントフック
Windhoek
ナミビア産のビール。風味豊かで、しっかりとした味わいが特徴
タフェル
Tafel
ナミビア産のビール。のど越しがさわやかで、暑い日にぴったり
ザンベジ
Zambezi
ジンバブエ産のビール。ホップの香りが豊かで、苦みがあるのが特徴
アマルーラ
Amarula
マルーラと呼ばれる果実を自然発酵させたもので、トロリとした甘い口当たり

ショッピング

南アフリカではショッピングセンター、町のみやげ物店、道端の露店を含め、どこでも豊富に品物が揃っている。商店では日本同様の正札価格で、交渉による値下げというものはあまりない。フリーマーケットや露店でも、そうめちゃくちゃにふっかけてくることもなく、安心して買い物ができる。

南アフリカといったら金とダイヤモンド

世界最大の金産出国の南アフリカだが、現在、金の地金の売買は厳しく統制されており、装飾具や調度品などが買い物の対象となる。金貨はヨハネスブルグのO.R.タンボ国際空港でも買うことができるが、外貨でしか購入できない。ダイヤモンドやタンザナイトのほか、水晶などの貴石、半貴石もお買い得だ。原石も手頃な値段で手に入る。また、金や宝石の加工の様子や研磨工場を見学できる店もある。

動物王国ならではのみやげ物

南アフリカはさまざまな動物がたくさん生息している。そのため動物に関したみやげ物も多い。ダチョウをはじめ、さまざまな動物の革や毛皮の製品があるが、店から証明書をもらうのを忘れないこと。象牙やワニ革などワシントン条約に触れるものもなかにはあるので、日本を出国する前に確認しておきたい。

伝統的な民芸品はいかが？

南アフリカにはたくさんの民芸品が売られている。木彫りの置物や民族楽器、革製の盾、ビーズ製の装飾具、陶器など。地元のアーティストによるデザインの衣料品やカバー類もカラフルで楽しい。骨董品もある。また、ダーバンのインド人街では、銀製品やサリーなどがおすすめ。

世界に名だたる南アフリカのワイン

ワインは、国際的な賞を受賞しているものもあるほど品質が高く、みやげ物としても最適。数多くの種類があるが、日本に輸入されているものは、そのうちのごく一部なうえ、さらに値段も日本の半額程度なので、この機会にぜひ買っておきたい。特にワイナリーでは、そこでしか購入できない貴重なワインに出合えることもある。何本かまとめて買った場合は、別送してもらうと便利だ。ただし、免税となるのは760mℓサイズの瓶が3本までなので、それ以上購入した場合は、日本入国の際に申告し、税関で税金分を支払うことになる。

ほとんどのワイナリーでワインテイスティングができる

南部アフリカのおみやげ
→P.40、52

キュリオショップとは？

南アフリカでは、みやげ物店は、スーベニアショップSouvenir ShopよりキュリオショップCurio Shopと呼ばれることのほうが多い。

ミュージアムショップも必見！

博物館のショップには、絵はがきや本はもちろん、アクセサリーやTシャツなども売っていて、みやげ物店よりも安い場合が多い。博物館を訪れた際には、ぜひチェックしてみよう。

ワシントン条約とは

正式には「絶滅の恐れのある野生動植物の種の国際取引に関する条約」といい、1973年にアメリカのワシントンDCで採択されたことから通称「ワシントン条約」と呼ばれている。この条約には、日本をはじめとする世界の約170ヵ国が加盟していて、各国の税関で厳しく取り締まりを行っている。

輸出許可書または原産地証明書があれば日本に持ち込めるものと、いかなる理由であろうとも商業目的の国際取引は禁止されているものがあるので、事前に確認をしておこう。

●経済産業省のホームページ
URL www.meti.go.jp/policy/external_economy/trade_control/02_exandim/06_washington

観光地や町の広場などで週末に行われているフリーマーケットでも掘り出し物が見つかる

南アフリカワイン
→P.100、419

通信事情

通信事情は比較的よく、公衆電話やホテルの電話などほとんどの電話から国際電話もかけることができ、プリペイドカードも普及している。また、インターネット環境もおおむね良好だ。しかし、国立公園や砂漠、サバンナなどを含め、人がほとんど住んでいない地域では、携帯電話もつながらないことが多いので注意を。

電話のかけ方

●南部アフリカ各国の国内から国内へ

2020年1月現在、携帯電話の普及で公衆電話の数は減りつつある。公衆電話はコイン式(青色)とカード式(緑色)のものがあり、国際電話もかけられる。テレホンカードは電話機に挿入するタイプとしないタイプの2種類がある。後者はアクセス番号にダイヤルして、アナウンスに従い、カード裏面の銀色のシールを削ると現れる番号を入力したあと相手先の電話番号を入力する。少々面倒だが、公衆電話はもちろん、ホテルの客室内の電話など、どの電話からもかけられるのがメリット。

●南部アフリカから日本へ

南部アフリカの国から日本へ電話をかける方法は、おもにふたつある。直接自分でダイヤルするダイレクト通話と電話局などからオペレーターをとおして日本にかける方法だ。国ごとにかけ方が異なるので、詳細については各国のジェネラルインフォメーションのページを参照のこと。

ちなみにオペレーターをとおしてかける方法は、ステーションコール(相手先の電話番号を指定する)、パーソン・トゥ・パーソン(電話番号と相手を指定する)、コレクトコール(通話料相手払い)の3種類ある。

●日本から南部アフリカへ

日本から電話をかける場合は、001(KDDI)、0033(NTTコミュニケーションズ)、0061(ソフトバンク)、005345(au携帯)、009130(NTTドコモ携帯)、0046(ソフトバンク携帯)のいずれかの番号のあとに国際電話識別番号010(auは不要)、相手先の国番号、0を取った市外局番(ある場合のみ)、電話番号の順にダイヤルする。固定電話の場合は「マイライン」「マイラインプラス」の国際通話区分に登録している場合、国際電話会社の番号は不要となる。また、ソフトバンク(携帯)は0046をダイヤルしなくてもかけられる。詳細は、各国のジェネラルインフォメーションのページを参照。

携帯電話の普及について

南部アフリカでは日本同様、携帯電話が普及している。海外対応の携帯電話を日本の空港でレンタルすることもできるが、頻繁に利用するようであれば、現地でSIMカードを購入するのが安くて便利。SIMカードとはID番号が記録された

日本での国際電話の問い合わせ先

●KDDI
Free 0057
●NTTコミュニケーションズ
Free 0120-506506
●ソフトバンク
Free 0120-0088-82
●au
Free 0057
●NTTドコモ
Free 151 ※ドコモの携帯から

〈日本語オペレーターに申し込むコレクトコール〉

●KDDI
ジャパンダイレクト
URL www.001.kddi.com/lineup/with-operator

携帯電話を紛失した際の連絡先

利用停止の手続きについては下記へ。海外からかける場合は、各国の国際電話識別番号に続けて次の番号をかける。全社24時間対応。

●au
☎+81-3-6670-6944
※auの携帯からは無料
●NTTドコモ
☎+81-3-6832-6600
※NTTドコモの携帯からは無料
●ソフトバンク
☎+81-92-687-0025
※ソフトバンクの携帯からは無料

ICカードで、SIMカード対応の携帯電話にカードを入れて利用できる。会社や有効期限等によっても異なるが、R100程度〜で購入することができ、通話料（国内）も1分間R2程度の場合がほとんど。携帯電話本体もR200程度〜で各機種が揃っている。現地の空港やショッピングセンターなどに店が入っているので、確認してみるといいだろう。

インターネット事情

インターネットについても、都市ではかなり普及している。ヨハネスブルグやケープタウン、ダーバンなどの中級以上のホテルであれば、Wi-Fiが使えるところが多い。カフェなどでもWi-Fiを無料で利用できる場合が多い。ただし、町から離れたサファリロッジなどでは、インターネット環境は整っていても天候などの影響でなかなか通じないこともある。

また、国際空港では、無料Wi-Fiが整備されていることがほとんど。あるいはWi-Fiが無料で使えるエリアをはじめ、インターネットが無料で利用できるパソコンが何台か置いてあるインターネットコーナーもある。ただし、備えつけパソコンで日本語入力ができるものはほとんどない。いつでもどこでもインターネットに接続したい場合は、日本で海外用Wi-Fiルーターをレンタルする方法もある。

おもなSIMカード会社
●エム・ティー・エヌ
MTN
URL www.mtn.co.za
●ボーダコム
Vodacom
URL www.vodacom.co.za

ボーダコムのSIMカードの場合（2019年12月現在）
SIMカード　R105
7日プラン　R259
（通話R110分、データ1GB）
14日プラン　R524
（通話R275分、データ2GB）

おもなモバイルルーター取り扱い会社
●グローバルWiFi
URL townwifi.com
●イモトのWiFi
URL www.imotonowifi.jp

INFORMATION

南アフリカでスマホ、ネットを使うには

まずは、ホテルなどのネットサービス（有料または無料）、Wi-Fiスポット（インターネットアクセスポイント。無料）を活用する方法がある。南アフリカでは、主要ホテルや町なかにWi-Fiスポットがあるので、宿泊ホテルでの利用可否やどこにWi-Fiスポットがあるかなどの情報を事前にネットなどで調べておくとよいだろう。ただしWi-Fiスポットでは、通信速度が不安定だったり、繋がらない場合があったり、利用できる場所が限定されたりするというデメリットもある。ストレスなくスマホやネットを使おうとするなら、以下のような方法も検討したい。

☆各携帯電話会社の「パケット定額」

1日当たりの料金が定額となるもので、NTTドコモなど各社がサービスを提供している。

いつも利用しているスマホを利用できる。また、海外旅行期間を通してではなく、任意の1日だけ決められたデータ通信量を利用することのできるサービスもあるので、ほかの通信手段がない場合の緊急用としても利用できる。なお、「パケット定額」の対象外となる国や地域があり、そうした場所でのデータ通信は、費用が高額となる場合があるので、注意が必要だ。

☆海外用モバイルWi-Fi ルーターをレンタル

南アフリカで利用できる「Wi-Fiルーター」をレンタルする方法がある。定額料金で利用できるもので、「グローバルWiFi（【URL】https://townwifi.com/）」など各社が提供している。Wi-Fiルーターとは、現地でもスマホやタブレット、PCなどでネットを利用するための機器のことをいい、事前に予約しておいて、空港などで受け取る。利用料金が安く、ルーター1台で複数の機器と接続できる（同行者とシェアできる）ほか、いつでもどこでも、移動しながらでも快適にネットを利用できるとして、利用者が増えている。

ルーターは空港などで受け取る

ほかにも、いろいろな方法があるので、詳しい情報は「地球の歩き方」ホームページで確認してほしい。
【URL】http://www.arukikata.co.jp/net/

旅の健康管理

南部アフリカの衛生・医療状態は、ほかのアフリカ諸国に比べてよい。一部の地域を除きマラリアなどにかかる危険性も少ないし、伝染病予防注射の義務もない。しかし、旅行中は普段より体が疲れやすくなっている。少しでもおかしいなと思ったら早めに休息を取り、万一病気やけがをしたら一刻も早く医者に診てもらうこと。

診察が必要な場合はどうする？

よほどの地方や僻地でないかぎり、病院、医院、薬局はどの町にもあり、英語も通じる。ただし、公立の病院だと生死にかかわるような事態でもないかぎり、かなり待たされると覚悟しておいたほうがいいだろう。待ちたくない（というより待つべきではない）人は、私立の病院や個人の医者に行くか医者を呼んでもらったほうが賢明だ。しかし、1万円程度の保証金がないと診てもらえないこともあるので、ある程度の現金は常に持っていたほうがいい。

また、治療や入院費、輸送費（救急車、タクシーなど）もかなり高くついてしまう。いざというときのためにも、必ず海外旅行保険に入っておくこと（→P.372）。

特に注意が必要な病気とけが

●日焼け、日射病、熱射病 Sunburn、Heat Exhaustion

南部アフリカの日差しは強烈で、高地や海岸はもちろん、町にいてもすぐに日焼けする。日本でも普段戸外にいる人や焼きたい人でも日焼け止めクリームと帽子は必携。また、できれば長袖を着たほうがいい。曇りの日も紫外線の量は晴れの日とあまり変わらないことを覚えておこう。また、乾燥していてすぐに汗が蒸発してしまうため、実感以上に体から水分、塩分が失われている。のどが渇いたと思っていなくても、普段より多めに水やスポーツドリンクなどを飲むようにすること。

●風邪、冷え Cold

南部アフリカは、場所にもよるが日本より乾燥しているため、晴れと曇りや、昼と夜、低地と高地の寒暖の差が大きい。また、大西洋沿岸のビーチの水温はかなり低いし、晴れていても突然強風や雨になることもある。夏に旅行する場合でもカーディガン1枚くらいは用意しておきたいし、防水性のコートがあればもっといい。

万一雨にぬれたらすぐに乾いた服に着替え、熱い飲み物を取って（できればぬるま湯につかって）体を温めよう。風邪から別の病気にかかる危険性も防ぎたい。カイロも意外に役立つ。

日差し対策も忘れずに

海外旅行保険について

→P.372

エイズHIV

南部アフリカではエイズが深刻な問題となっている。比較的感染率の低い南アフリカでさえ9人にひとりあるいは5人にひとりが感染しているともいわれている。周辺国はさらにこれ以上の感染率だ。体液や血液によってしか感染しないので、感染者との性交渉がなければ基本的には感染しない。ただし、交通事故などに遭って、輸血が必要となる場合もある。南アフリカでは、医療技術が進んでいるので、日本や欧米並みのスクリーニングが行われてはいるが、HIV感染者が多いため、製剤や輸血による感染の可能性は否定できない。

ポリオについて

ポリオウイルスによって発症する急性麻痺を特徴とした病気。日本では小児のうちに2回の接種が義務づけられているが、1975～1977年生まれの人はワクチンの効果が低かったと報告されている。念のため、予防接種を受けておいたほうが好ましい。

薬について

現地で薬を入手することは可能だが、自分に合うかどうかわからない。痛み止めや風邪薬、下痢止めなど、普段自身が使用している常備薬を日本から持っていったほうが安心だ。

水について

川の水は基本的に飲用できない。ハイキングなどをする人は、ミネラルウオーターを購入して持参しよう。

●マラリア、ビルハルツ住血吸虫 Malaria、Bilharzia

マラリアは一部地域でのみ発生する。南部アフリカでは南アフリカのリンポポ州、ムプマランガ州、クワズル・ナタール州、クルーガー国立公園などのほか、エスワティニ、ジンバブエ、レソトを旅行する場合は注意を払いたい。予防薬は現地で手に入るほか、日本でも一部の医療機関や薬局などで処方してもらえる。蚊によって感染するため、刺されないよう長袖に長ズボン、虫よけスプレーなども必要。薬を飲んでいても100%安全ではないので、発熱や冷や汗、頭痛、腹痛などがしたら早く医者に診てもらったほうがいい。

ビルハルツ住血吸虫はおもに川や湖に生息しているが、それ以外の地域でもいないとはかぎらない。その地方の水を飲んだりそこで泳ぐ場合は、危険かどうか地元の人に聞くこと。この虫が皮膚をとおして体に入ると、その部分がひりひりしたり、発疹ができたりする。体内に寄生し何週間かして卵を産み始めると、高熱、腹痛、血尿などの症状が出る。初期の症状はマラリアやチフスの場合と見分けがつきにくいので、早めの診断と手当てが必要だ。

なお、アフリカから帰国後に体調不良を感じた際には、アフリカへ行ってきた旨をきちんと医師に伝えること。日本人医師は熱帯病に慣れてないため、診断に時間がかかってしまうと命取りにもなりかねないからだ。

●動物 Animals

動物保護区や国立公園内以外でライオンなどの捕食動物に遭遇することはまずないが、サファリ中は絶対に車から離れないように。車外に出て実際に襲われた旅行者もいる。また、万一目の前に捕食動物が突然現れたときには、背中を見せて逃げてはならない。捕食動物は獲物を追いかける習性があるため、よけい襲われやすくなる。また、東部海岸で海が近い所だと、川でもサメがいることがある。

動物にかまれた場合には、すみやかに医師の診察を受けるように。観光客がかまれた例はほとんどないが、南アフリカでは毎年狂犬病で死者が出ているので注意が必要だ。蛇にかまれたら、その部分より心臓に近い所をきつめに縛り、早く手当てを受けることが必要だが、毒が体に回るのを少しでも防ぐために、なるべく体を動かさないこと。同行者がいればすぐに医者を呼んでもらおう。

●ヒル、ダニ Leeches、Ticks

ヒルは湿った林の中などにいて、トレッキング中の人間などにしばしばくっつき血を吸う。引っ張って取るとかぶれのもとなので、塩やたばこの煙で落とす。ダニはどこにでもいる。チフスの感染源にもなるので、ヒル同様、虫よけスプレー、服、靴などで防備を。

防虫対策もしっかりと

マラリアの予防薬について

人によっては激しい副作用をともなう場合もあり、あまりおすすめできない。それでも心配な人は、旅行を計画する段階で早めに医師や検疫所に相談するといいだろう。

狂犬病について

狂犬病ウイルスに感染した犬などにかまれることにより発症。幻覚や精神錯乱などの神経症状を経て、全身が麻痺し、最終的には昏睡状態となって死亡にいたる。発症後の有効な治療法は存在しないため、十分な注意と予防が必要。見知らぬ犬や動物には決して手を出さないように。狂犬病の恐れのある犬などにかまれた場合は、ただちに傷口を石鹸と水で洗って消毒し、できるだけ早く医療機関で受診するように。

病院の連絡先

〈ヨハネスブルグ〉

●メディクリニック・モーニングサイド
Mediclinic Morningside
☎(011) 282-5000/5127(緊急)

●ネットケア・ミルパーク・ホスピタル
Netcare Milpark Hospital
☎(011) 480-5600

〈ケープタウン〉

●ネットケア・クリスチャン・バーナード・メモリアル・ホスピタル
Netcare Christiaan Barnard Memorial Hospital
☎(021) 441-0000

●メディクリニック・ケープタウン
Mediclinic Cape Town
☎(021) 464-5500/5555

〈ダーバン〉

●ネットケア・セント・オウガスティン・ホスピタル
Netcare St. Augustine Hospital
☎(031) 268-5000

特にビッグファイブ(ゾウ、ライオン、サイ、ヒョウ、バファロー)には注意

病気のときに役立つ簡単な英会話・用語

●症状を伝える

具合が悪い。　I feel ill.（アイ フィール イル）

めまいがする。　I feel dizzy.（アイ フィール ディジー）

下痢です。　I have diarrhea.（アイ ハヴ ダイアリア）

※下線の部分に下記チェックリストの単語を入れると症状を伝えることができる。

例）吐き気がします。　I have nausea.

●病院へ行く

近くに病院はありますか？
Is there a hospital near hear?（イズ ゼア ア ホスピタル ニア ヒア）

日本人のお医者さんはいますか？
Are there any Japanese doctors?（アー ゼア エニー ジャパニーズ ドクターズ）

病院へ連れていってください。
Would you take me to the hospital?（ウ ジュー テイク ミー トゥ ザ ホスピタル）

●病院での会話

診察を予約したい。
I'd like to make an appointment.（アイドゥ ライク トゥ メイク アン アポイントメント）

ケープタウン・ホテルからの紹介で来ました。
Cape Town Hotel introduced you to me.（ケープ タウン ホテル イントロデュースド ユー トゥ ミー）

私の名前が呼ばれたら教えてください。
Please let me know when my name is called.（プリーズ レッ ミー ノ ウ ウェン マイ ネイム イズ コールド）

●診察室にて

入院する必要がありますか？
Do I have to be admitted?（ドゥ アイ ハ フ トゥ ビー アドミティッド）

次はいつ来ればいいですか？
When should I come here next?（ウェン シュダイ カ ム ヒア ネクスト）

通院する必要がありますか？
Do I have to come to the hospital regularly?（ドゥ アイ ハ フ トゥ カ ム トゥ ザ ホスピタル レギュラリー）

ここにはあと1週間滞在する予定です。
I'll stay here another one week.（アイル ステイ エ ア アナザー ワン ウィーク）

薬をください。
Please give me some medicine.（プリーズ ギブ ミー サ ム メディスゥン）

●診察を終えて

診察代はいくらですか？
How much is it for the doctor's fee?（ハ ウ マッチ イズイットフォー ザ ドクターズ フィー）

保険が使えますか？
Does my insurance cover it?（ダ ズ マイ インシュアランス カ バー イット）

クレジットカードでの支払いができますか？
Can I pay it with my credit card?（キャナイ ペ イ イットウィズ マイ クレディット カード）

保険の書類にサインをしてください。
Please sign on the insurance paper.（プリーズ サイン オン ザ インシュアランス ペーパー）

※下記の単語を使ってお医者さんに必要なことを伝えよう。

●どんな状態のものを

生の	raw
野生の	wild
脂っこい	oily
よく火がとおっていない	uncooked
調理後時間がたった	a long time after it was cooked

●けがをした

刺された、かまれた	bitten
切った	cut
転んだ	fell down
打った	hit
ひねった	twisted
落ちた	fell
やけどした	burned

●痛み

ヒリヒリする	burning
刺すように	sharp
鋭い	keen
ひどく	severe

●原因

蚊	mosquito
ハチ	wasp
アブ	gadfly
毒虫	poisonous insect
ヒル	leech
ダニ	tick
毒蛇	viper
リス	squirrel
(野)犬	(stray) dog

●何をしているときに

ジャングルに行った
went to the jungle
ダイビングをした
went diving
キャンプをした
went camping
ハイキングをした
went hiking
川で水浴びをした
went swimming in the river
ゲーム・ドライブをした
went game driving
山登りに行った
went climbing

※該当する症状があれば、チェックをしてお医者さんに見せよう。

□吐き気	nausea	□咳	a cough	□耳鳴り	ringing in the ear
□めまい	dizziness	□鼻づまり	a stuffy nose	□結膜炎	conjunctivitis
□動悸	palpitations	□くしゃみ	a sneeze	□目の充血	bloodshot
□熱	a fever	□頭痛	a headache	□発疹、汗疹	rash
(□脇の下で測った	armpit__℃	□胃痛、腹痛	a stomachache	□じんましん	urticaria
□口の中で計った	oral__℃)	(□しくしく痛い	a gripping pain	□呼吸が苦しい	difficulty breathing
□寒気	chills	□差し込むように痛い	a sharp pain)	□便秘	a constipation
□鼻	a running nose	□食欲不振	a poor appetite	□軟便	loose bowels
□痰	sputum	□食あたり	a food poisoning	□血尿	blood in the urine

危険情報

正直にいって、南部アフリカは安全な所とはいえない。南アフリカでは近年、残念ながら大都市には、職のない貧困層や周辺諸国からの不法移民が大量に流入し、犯罪は急激に増加している。南部アフリカの都市では強盗に遭う可能性は非常に高く、滞在中は強盗に遭うことを前提に行動してほしい。

被害に遭うことを前提とした行動を

在留邦人の強盗被害数が多いことからも、南アフリカで強盗に遭う確率が高いことは明らかだ。なお、2020年1月現在、日本の外務省よりヨハネスブルグ、プレトリア、ケープタウン、ダーバンに「十分注意して下さい」との危険情報が発出されている。渡航前に必ず外務省の最新情報を入手するように。ヨハネスブルグは別格として、近年はケープタウンやダーバン、プレトリア、ブルームフォンテンなどでも犯罪が多発しているが、本当に危険なのは一部の大都市だけだ。それ以外の町であれば、それほど神経質になる必要はないだろう。ただし、日が暮れてからと、日が昇る前は決して出歩かないほうがいい。

日本人被害の特徴と対策

①被害の75%は強盗被害

南部アフリカでの犯行の手口は単純だ。東南アジアのトランプ詐欺や睡眠薬強盗のように手の込んだ犯罪は少ない。例えばナイフや拳銃を突きつけて脅す、後ろから突然襲いかかり羽交い締めにする、ツーリストアタッカー（犯人が旅行者にすごい勢いでタックルし、倒れてひるんだ隙にカメラや財布などを奪う手口）などと、とにかく頭を使わず体を使う。犯行の手口は非常に単純でわかりやすい。それだけに、注意をしていれば未然に防げるというものではなく、とにかく危険な地域や時間帯には出歩かないというほかに防止策はない。

②被害の大半は単独個人旅行者

襲われるのは、ひとりで町を歩いているときがほとんどだ。町を歩くときは周囲の状況に常に細心の注意を払っておくこと。誰かに後ろからつけられているような気配があれば要注意。突然、前と後ろから挟まれて、拳銃やナイフを突きつけられるというのもよくあるパターンだ。ひとり旅の場合、できれば現地で友達になった旅行者と一緒に出歩いたほうがいい。複数で行動していれば安全というわけではないが、少なくとも犯行抑制効果は期待できる。

ツアー参加者の場合、慣れた添乗員が付きっきりで世話をしてくれるし、移動もすべて貸切バスで地面に降り立つのはバスの乗降口と目的地の出入口のみという状況なので、身勝手な行動を取らないかぎり犯罪に遭う確率は少ない。

海外安全ホームページ
URL www.anzen.mofa.go.jp

南アフリカの緊急連絡先
●警察 ☎10111
●救急、消防 ☎10177
●日本大使館（プレトリア）
☎(012) 452-1500
●在ケープタウン領事事務所
☎(021) 425-1695

レソトの緊急連絡先
●警察 ☎2232-2099
●消防 ☎2231-7163
●救急 ☎2222-3000

エスワティニの緊急連絡先
●警察 ☎999 ●消防 ☎933
●救急（ムババーネ）
☎2404-2111

ジンバブエの緊急連絡先
●警察、救急、消防 ☎999
●日本大使館（ハラレ）
☎(04) 250025～7
☎0712-202086（24時間緊急）

ザンビアの緊急連絡先
●警察、救急、消防 ☎999
●日本大使館（ルサカ）
☎(0211) 251555

ボツワナの緊急連絡先
●警察 ☎999
●救急 ☎991～3
●消防 ☎998
●日本大使館（ハボロネ）
☎391-4456

ナミビアの緊急連絡先
●警察 ☎10111
●救急、消防 ☎211111
●日本大使館（ヴィントフック）
☎(61) 426700

モザンビークの緊急連絡先
●警察 ☎112
●救急 ☎(21) 493687
●消防 ☎(21) 322222
●日本大使館（マプト）
☎(21) 499819～20

南アフリカの犯罪発生状況(2016年4月~2017年3月)
南アフリカ警察庁(SAPS)によると、2016年度の犯罪状況は前年度に比べ、カージャックや強盗など、凶悪犯罪が増加。2010年のサッカー・ワールドカップ開催以前に比べると減少しているが、以降横ばい状況で減少、増加を繰り返している。また、カージャックに関しては前年比14.5%増と急激に増加している。日本人旅行者が犯罪の被害者となった事件は, 2017年1年間で37件。
殺人1万9016件
性犯罪4万9660件
強盗14万956件
※日本の警視庁によると、2018年の日本における犯罪発生状況は、殺人915件、レイプ等1307件、強盗1787件。この数字と比べると、いかに南アフリカでの犯罪発生状況が悪いかがわかる。

南アフリカの治安の現状
→P.64

ヨハネスブルグ駅周辺での犯罪
ヨハネスブルグ駅周辺では、監視カメラを設置したり、警官を増やしたりと、国を挙げて治安問題に取り組んでいる。実際、犯罪発生率は減少したという報告もある。しかし、その影響でか今まで安全だった郊外地区の治安が悪化してきたという声も聞く。もちろん、外国人旅行者がバックパックをかついで歩いていれば、今でも十中八九強盗に遭うと覚悟したほうがいい。

駅構内にも危険はひそんでいる

スキミングに注意
近年、南アフリカにおいてクレジットカードのスキミング被害が急増している。ヨハネスブルグやケープタウンなどの都市部のATMを利用する場合、路上のATMはできるだけ避け、セキュリティのいる場所やショッピングセンター内のATMを利用するようにしよう。

③強盗被害はヨハネスブルグのダウンタウンに集中

ヨハネスブルグのランドマークであるカールトン・センター付近からヨハネスブルグ中央駅、ヒルブローにいたる一帯(つまり、ヨハネスブルグ中心部)は、いつ強盗に襲われてもおかしくない超危険エリアだ。地元の住民もそのエリアは歩かない。旅行慣れした人であれば、駅を降りた瞬間にただならぬ空気が漂っているのを感じ取れるはずだ。特に駅周辺(駅の構内も含む)、ミニバス乗り場付近、マーケットエリアを歩くのであれば、強盗に遭うことを覚悟のうえで歩くこと。むやみに歩き回るのは、犯人グループの目につきやすくなるので避けるべきだ。また、ホテルのあてもなく、大きな荷物を持ってヨハネスブルグ中央駅やバスターミナルに降り立つのは無謀というほかない。

④夜間にかぎらず、白昼でも路上強盗は多発

南アフリカの冬の日暮れは早い。17:00くらいになるとあたりは暗くなり始める。言うまでもないが、夜間の外出は極力避けよう。どうしても夜出かけるときは近距離であっても必ず車で移動すること。しかし、南アフリカ(特にヨハネスブルグ)の恐ろしいところは、犯行が暗闇のなかだけではなく、白昼堂々人どおりの多い路上でも行われることだ。とにかく、危険エリアには興味本位で近づいたりはしないこと。100%に近い確率で強盗に遭うだろう。

⑤ホテル、空港などでの置き引き、引ったくりに注意

到着したばかりのときは、土地に不案内であるうえ、やっと目的地に到着したという安心感から気が緩みがちだ。犯人はそこをついてくる。特にツアーで参加している人は気を抜きがちなので注意。また、ホテルや空港の中は警備がしっかりしているから安全というのも幻想だ。自分の荷物は自分で守ることは旅行の基本である。

ヨハネスブルグ滞在の心得

ヨハネスブルグは世界で最も犯罪が多発する危険都市だ。特にダウンタウンでは昼夜を問わず、いつ強盗に遭ってもおかしくない。犯行はナイフや拳銃を用いた強引かつ凶暴なものなので、ヘタに抵抗しないほうがいい。泣こうが叫ぼうが周りの人は見て見ぬふり。襲われたら最後、助けはないと思ったほうがいい。ヨハネスブルグで出歩くのなら、暴行されたうえ金品を巻き上げられるか、また女性ならレイプされ、最悪は殺

クライム・タウンと呼ばれるヨハネスブルグ

される覚悟が必要だ。まず、心に留めておかなければいけないのは、どんなに汚い格好をしていても、日本人は際立って目立つ存在であり、お金を持っていることは誰もが知っているということだ。まして、カメラを持ち歩いたり、バックパックを担いで歩いたりというような行動は、どうぞ襲ってくださいと宣伝して歩いているようなものだ。

出歩く際には、パスポートや航空券、現金、クレジットカードといった貴重品は必ずホテルのセーフティボックスに預けておくこと（日本人が腹巻きに大金を隠していることも彼らは知っている）。そして財布の中には、盗られても仕方がないと思えるほどの現金しか入れておかないこと。もしも襲われたら無駄な抵抗はせず、財布を渡してしまったほうがいい。立ち去っていく犯人を追いかけてつかまえようなどという気は起こさないほうが身のためだ。

カージャックに注意

自動車を運転するときには、交通事故を起こさないように注意することは言うまでもないが、それに加えてカージャックにも注意する必要がある。南アフリカでは1年間に2万件以上のカージャックが発生しているのだ。レンタカーで移動することは、路上を歩かなくて済むので、一般の交通機関を利用して移動するよりも犯罪に巻き込まれる確率は少ないだろう。しかし、車の中であれば犯罪に遭うことはないというのは、この国では通用しないのだ。以下の注意は必ず守ってほしい。

①ルート

交通量の多い道路を利用すること。

②走行中の注意

必ずドアをロックし、町なかや信号待ちのときは窓を閉める。

③ヒッチハイカー、物売りなど

見知らぬ人に停車を求められても、絶対に停車しない。

④襲われそうになったとき

すぐに逃げられるように、交差点などで停車する際には前の車との車間距離を十分に空けておく。

⑤追突されたら

わざと後ろから追突して、降りてきたところを狙うというケースもあるので、むやみに車から降りない。

⑥駐車場

ホテルなどの駐車場であっても、乗降の際には周辺に不審者がいないか確認する。

⑦車の整備はしておくこと

エンストに気をつけ、ガソリンは十分に入れておく。

⑧万一、カージャックに遭ったら

銃やナイフを突きつけられたら、抵抗せず素直に車を明け渡す。その際、自動車のナンバーや車種、色や形のほか、犯人の人相・着衣などを可能なかぎり覚えておく。

南アフリカにおける旅行者犯罪被害実例集

●ヨハネスブルグのカールトン・センター近くのショッピングモールをひとりで観光していたAさんは、3人組の黒人に背後から首を絞めつけられ、金品を強奪された。

●ヨハネスブルグ中央駅構内の階段をふたりで歩いていたBさんとCさんは、4人組の黒人に突然後ろから襲われた。Bさんはポケット内の現金を抜き取られただけだったが、Cさんは財布にチェーンを付けていたためにズボンごと引き裂かれた。

●サントンのショッピングセンターのATMを利用しようとしたDさんは、操作にまごついていると、親切そうな黒人が近づいてきた。「私がやってあげましょう」と言って、一緒に操作してくれるふりをしてカードをかすめ取られた。

●ヨハネスブルグからプレトリアまでメトロ（近郊電車）を利用して移動していたEさんは、1等車のコンパートメントで5～6人の男に囲まれ金品を強奪された。駅に到着する直前、スピードが落ちてきたところを見計り、犯人グループは電車から飛び降りた。

ブルーライトギャングに気をつけて！

道路を車で走行中、別の車が近づいてきて、助手席の男がIDカードのようなものを提示して停車させる。彼らは、警察官や麻薬取締官を名乗り、捜査を装って所持品を検査するふりをして、現金や貴重品を強奪するという手口の犯罪者だ。青色灯を点灯させて覆面パトカーを装う場合もあることからブルーライトギャングと呼ばれる。この場合、停車を求められても、すぐに路肩に停車するのではなく、ガソリンスタンドなど大勢人のいる所で停車するように心がける。

トラブルの対処法

前項では遭いやすい犯罪の特徴とその対策について述べてきたが、それでは不運にも実際に被害に遭ってしまった場合はどうしたらいいか。ここでは、その対処法について触れておきたい。被害に遭ってしまった場合は、いずれもすみやかに警察署に出向いて、被害を届け出る。個人で対処できない場合は、日本大使館に連絡を取ること。

パスポート（旅券）をなくしたら

まず現地の警察署へ行き、紛失・盗難届出証明書を発行してもらう。次に日本大使館または領事館でパスポートの失効手続きを行い、新規発給または帰国のための渡航書の申請をする。スムーズに進めるために、パスポートの顔写真ページとeチケット、日程表のコピーを原本とは別の場所に保管しておこう。必要書類および費用は以下のとおり。

・現地警察署の発行した紛失・盗難届出証明書
・写真（縦4.5cm×横3.5cm）2枚
・戸籍謄（抄）本1通
・旅行日程が確認できる書類（航空券や旅行会社の日程表）
・手数料（10年用1万6000円、5年用1万1000円、帰国のための渡航書2500円。いずれも支払いは現地通貨の現金で）

荷物をなくしたら

旅行中に荷物を盗られたり置き忘れたりしたら、残念だが、まず戻ってくる可能性はない。ただし、海外旅行保険に加入していて、担保項目に携行品が含まれていれば、それほど落ち込む必要はない。現地の警察で盗難届出証明書を書いてもらい、保険会社に連絡を入れておこう。

現金をなくしたら

戻ってくることはまずない。万一のためにも、クレジットカードやトラベルプリペイドカード、国際キャッシュカードなどは別に持ち歩こう。すべてをなくしてしまった場合は、日本大使館に助けを求めるしかない。

クレジットカードをなくしたら

一刻も早くカード会社に連絡すること。いざというときのために盗難・紛失時の連絡先とカード番号を必ず控えておこう。カード無効の手続きをしたら、帰国後、再発行の手続きをすればいい。

携帯電話をなくしたら

悪用されたり無断使用されないためにもすぐに利用停止の手続きを取ること（→P.398欄外）。また、警察で紛失届出証明書をもらってくるように。

パスポート情報について

「パスポート申請手続きに必要な書類」の詳細や「IC旅券作成機が設置されていない在外公館」については、外務省ホームページで確認を。
URL www.mofa.go.jp/mofaj/toko/passport/pass_5.html

紛失・盗難届出証明書とは

強盗や盗難に遭った場合、または紛失してしまった場合、すみやかに最寄りの警察署に出向き、盗難（紛失）届けを出す。このときに発行してもらえるのが、保険の補償請求の際に必要となる盗難（紛失）届出証明書（ポリスレポート）。いつ、どこで、どのように紛失、または盗まれたかをレポートとしてまとめてもらうもの。

クレジットカードをなくした場合の連絡先

24時間日本語で対応。国際電話識別番号（南アフリカの場合00）に続けて下記番号をダイヤルする。

●アメリカン・エキスプレス（AMEX）
☎44-20-8840-6461（コレクトコール）
●ダイナースクラブ（DINERS）
☎81-3-6770-2796（コレクトコール）
●JCB
☎81-422-40-8122（コレクトコール）
●三井住友カード
☎0800-99-4603（南アフリカから。コレクトコール）
☎81-3-6627-4067（そのほかのエリアから。コレクトコール）
●DCカード
☎81-3-3770-1818（コレクトコール）
●MasterCard
☎0800-990418（南アフリカから）

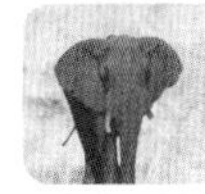

旅の言葉

南アフリカでは、英語、アフリカーンスのほか、ソト語、コーサ語、ズールー語、ンデベレ語など全部で11の公用語があるが、最もよく使われているのは英語とアフリカーンスだ。黒人の間では各民族だけが理解できる独特の言葉も話されているが、文書や標識などは英語かアフリカーンス、あるいは両方で書いてあることが多い。

アフリカーンスとは？

17世紀のオランダ語に、フランス語、ドイツ語、英語、東南アジア出身の奴隷からもたらされた言語などが組み合わさって発展してきた言語だが、オランダ語の方言と考えてよい。アフリカーナーと（自ら）称する白人やカラード（→P.415）を中心に話されていて、だいたいつづりどおりに発音すればよい。ここでは、特に英語と違う発音の仕方と、旅先でよく使う表現、言葉だけをとりあげたが、アフリカーンスを話す人は、英語も話すことが多いので、そう困ることはないだろう。

基本用語

●あいさつ

お元気ですか？：Hoegaand? / Hoe gaan et het?
元気です：Goed dankie　どうぞ：asseblief
すみません：Ekskuus　はい：Ya　いいえ：Nee
～でしょう？：Ne?　よい：Lekker　悪い：Sleg

●交通、観光

到着：aankoms　出発：vertrek　～へ：na　～から：van
今日：vandag　明日：more　昨日：gister　券：kaartjie
片道：enkel　往復：retore　午前am：vm　午後pm：nm
都市：stad（Kapstad：Capetown）
市の中心：middestad
町：dorp　大通り：laan　通り：straat　道：pad, weg
信号：robot（南アフリカの英語でも使用する）
観光案内所：toeristburo　案内：inligting
部屋：kamers　オフィス：kantoor　薬局：apteek
駅：stasie　教会：kerk　出迎え、有用：bakkie
岬：kap　山：berg　湾：baai　突端、点：punt
砂浜：strand　平原、平野：veld
湿地、沼地：vlei　浅瀬：drift

●食事

野菜：gronte　果物：vrugte　肉：vleis　魚：vis
チーズ：kaas　パン：brood　ワイン：wyn
ミルク1杯：glas melk　コーヒー1杯：koppie koffie
ビール：bier　ホテルのバー：kroeg
右：regs　左：links

アフリカーンスの発音

原則としてつづりどおりに読めばいいが、日本語にない音が多いので、だいたいの目安としてほしい。

a：「あっ」のような発音
e：「え」のような発音
i：「えん」のような発音
o：「おー」か「おい」
u：唇をとがらせて「えん」
r：巻き舌でのどから「るるー」
aai：「あーい」のように
ae：「あ」と「は」の中間
ee：「いー」のような発音
ei：「えい」のような発音
ou：口をすぼめて「うー」
oe：半開きの口で「うーあ」
ooi：「ぶ」の音のあとに「おい」のような発音
oei：「ぶ」の音のあとに「おえい」のような発音
tj：「ち」のような発音

数字

1：een　12：twaalf
2：twee　13：deriten
3：drie　14：veerten
4：vier　15：vyftien
5：vyf　20：twintig
6：ses　21：een en
7：sewe twintig
8：agt　50：vyftig
9：nege　100：honderd
10：tien　1000：duisend
11：elf

曜日

月曜日：Maandag Ma
火曜日：Dinsdag Di
水曜日：Woensdag Wo
木曜日：Donderdag Do
金曜日：Vrydag Vr
土曜日：Saterdag Sa
日曜日：Sondag So

※『地球の歩き方』掲載の英会話（ほか6言語）の文例が“ネイティブの発音”で聞ける。「ゆっくり」「ふつう」の再生スピードがあるので初心者でも安心だ。
URL www.arukikata.co.jp/tabikaiwa

地球の歩き方

ぷらっと地球を歩こう!

ぷらっと
Plat

自分流に
旅を楽しむための
コンパクトガイド

これ1冊にすべて凝縮!

軽くて持ち歩きにピッタリ!

- 01 パリ
- 02 ニューヨーク
- 03 台北
- 04 ロンドン
- 05 グアム
- 06 ドイツ
- 07 ホーチミン/ハノイ ダナン/ホイアン
- 08 スペイン
- 09 バンコク
- 10 シンガポール
- 11 アイスランド
- 12 ホノルル
- 13 マニラ/セブ
- 14 マルタ
- 15 フィンランド
- P16 クアラルンプール/マラッカ
- 17 ウラジオストク
- 18 サンクトペテルブルク/モスクワ
- 19 エジプト
- 20 香港
- 21 ブルックリン
- 22 ブルネイ
- P23 ウズベキスタン サマルカンド ブハラ ヒヴァ タシケント
- 24 ドバイ
- 25 サンフランシスコ
- 26 パース 西オーストラリア
- 27 ジョージア
- P28 台南

定価1100円〜1650円（税込）

＼写真や図解でわかりやすい!／

人気の観光スポットや旅のテーマは、
じっくり読み込まなくても写真や図解でわかりやすく紹介

＼モデルプラン＆散策コースが充実!／

そのまま使えて効率よく楽しめる
モデルプラン＆所要時間付きで便利な散策コースが満載

ビ・サンド私営動物保護区で出合ったシロサイ

南アフリカ百科

Studying about South Africa

歴史

南アフリカは人類発祥の地としても注目され、近年でもたくさんの原始人の人骨が発掘されている。先住民とされるのはサン族とコイ族で、全土に暮らしていた。現在、人口の大部分を占める黒人の祖先がこの地に入ってきたのは15世紀頃だ。ズールー族やコーサ族の源であるバントゥー語族が南下して、各地に定住した。

南アフリカの歴史年表

1497年	ヴァスコ・ダ・ガマ、インド洋航路発見
1652年	オランダ人入植者、ケープに上陸
1806年	イギリス、ケープ植民地を占領
1833年	イギリスによる奴隷制の廃止
1835年	ボーア人のグレート・トレックが始まる
1852年	トランスバール共和国建国
1854年	オレンジ自由国建国
1867年	西グリカランド（キンバリー）でダイヤモンド発見、ダイヤモンド・ラッシュが始まる
1880～1881年	第1次ボーア戦争
1899～1902年	第2次ボーア戦争
1910年	南アフリカ連邦成立
1948年	国民党内閣、アパルトヘイト政策を開始
1961年	イギリス連邦から離脱、共和国となる
1962年	ネルソン・マンデラ投獄
1976年	ソウェト蜂起
1989年	デクラーク大統領就任
1990年	マンデラ釈放
1991年	アパルトヘイト関連法の廃止
1994年	マンデラ大統領誕生
1997年	新憲法発効
1999年	ムベキ大統領就任
2004年	ムベキ大統領再任
2008年	モトランテ大統領就任
2009年	ズマ大統領就任
2010年	サッカー・ワールドカップ開催
2018年	ラマポーザ大統領就任

ヨーロッパ列国による覇権争い

ポルトガルの航海者バルトロメウ・ディアスが喜望峰を発見したのが1488年、ヴァスコ・ダ・ガマが世界一周の途中に立ち寄ったのが1497年。白人による本格的な入植が始まったのは17世紀のことだ。1652年にオランダ東インド会社のヤン・ファン・リーベックがケープタウンに上陸。アジアへの船舶の補給基地の建設が目的だったが、その後オランダ系の農民（ボーア人）が大量に入植し、ケープ植民地を造った。

ナポレオン戦争の勃発により、イギリスが1795年、ここを保護領とした。ナポレオンの敗北後、1803年にケープ植民地は一時オランダに返還されたが、1814年のウィーン会議で正式にイギリスの植民地となった。ところが、1833年にイギリスが奴隷解放を宣言すると、奴隷の労力に頼り切っていたボーア人はこれに反対し、グレート・トレックを開始して内陸に移動し、1839年にナタール共和国を建国した。しかし、1842年にイギリスは軍隊を派遣して制圧、1845年にここを植民地化した。

一方、オレンジ川を渡って内陸に逃げたボーア人は1852年にトランスバール共和国、1854年にオレンジ自由国を相次いで建国。トランスバール共和国は、1877年に一時的にケープ植民地に併合されたが、1880年に武装蜂起（第1次ボーア戦争）し、ポール・クルーガーの活躍により独立を回復した。

南アフリカ連邦の誕生

その後、1886年にヴィットヴァーテルスラントで金鉱脈が見つかると、ケープ植民地総督であったセシル・ローズはジェームソン侵入事件を起こし、トランスバール共和国とオレンジ自由国の併合を企てたが失敗する。一方、オレンジ自由国は隣接するバソトランド（現レソト王国）の併合を試みるが失敗。1867年には同国の領内であった西グリカランド（現キンバリー周辺）でダイヤモンドが発見されるが、1871年、イギリスに割譲された。

その後、1899年に勃発したボーア戦争（第2次ボーア戦争）では、トランスバール共和国とオレンジ自由国が同盟を組んでイギリスに対抗したが敗北。1910年、ケープ植民地にナタール、トランスバール、オレンジ自由国を合わせ、南アフリカ連邦が成立した。

アパルトヘイトの導入

南アフリカ連邦最初の首相となったルイス・ボータは、1911年に鉱山労働法を制定した。これは白人労働者の保護を目的とした法律で、最初の人種差別法といわれている。1913年には先住民土地法を制定し、黒人を指定地に隔離するというアパルトヘイト（人種隔離政策）の基盤を築いた。第1次世界大戦では連合国側として参戦し、ドイツ領であった南西アフリカ（現ナミビア）を占領した。

1924年にはボーア人のナショナリズムを提唱するヘルツォークによる内閣が成立し、ボーア人のうちのプア・ホワイト（貧しい白人）と呼ばれていた人々の保護を目的として、産業調停法や賃金法といった人種差別法案を立法化した。一方、黒人たちはアフリカ民族会議（ANC）を結成し、これらの法案に反対した。第2次世界大戦後も、国民党のマラン首相はアパルトヘイトの必要性を唱えた。この公約は危機感を覚えていた白人たちの心をとらえ、選挙で圧勝。1948年、内閣成立とともに、人種間通婚禁止法、背徳法（→P.413欄外）、人口登録法、集団地域法といった人種差別法を次々と立法化し、一方で共産主義弾圧法を制定し、武闘路線をとるANCによる民族主義運動を弾圧した。

1952年にはネルソン・マンデラによる反アパルトヘイトの大キャンペーンが実施され、多くの逮捕者を出した。1960年にはパス法（→P.412欄外）に反対した黒人たちがシャープビル事件を起こし、69人が死亡、186人が負傷する大惨事となり、運動の指導者約2000人が拘留され、約2万人の逮捕者を出した。

ネルソン・マンデラ大統領の誕生

この一件で世界の注目が南アフリカに集まり、アパルトヘイトに対する非難が高まったが、1961年にはイギリス連邦を脱退、南アフリカ共和国として完全に独立した。その後、国際世論や国連からのアパルトヘイトに対する糾弾が激化し、国際的に孤立化していった。1989年にデクラークが大統領となり、アパルトヘイト撤廃に乗り出し、1990年にはネルソン・マンデラを釈放、1991年にはアパルトヘイト基幹法撤廃法案が議会を通過し、法律上アパルトヘイトは撤廃された。1994年には初めて全民族が参加して新憲法制定議会選挙が行われ、ANCが勝利。マンデラ大統領が誕生した。

1999年6月にはマンデラの後継者としてターボ・ムベキが大統領に就任。2004年の総選挙でもANCが圧勝し、ムベキ大統領が再任された。2010年にはサッカー・ワールドカップ開催国になり、国際社会のなかでも大きな一歩を踏み出した。

ヨハネスブルグのソウェトにあるマンデラの旧家（現博物館）

ステファナス・ヨハネス・ポール・クルーガー
Stephanus Johannes Paulus Kruger

1852年、ケープ植民地のクラドック地方生まれ。学歴はなかったが、黒人との戦いで頭角を現し、第1次ボーア戦争の際にはイギリス軍を撃退。1883年、トランスバール共和国の大統領に選ばれた。第2次ボーア戦争での敗戦後、1904年に亡命先のスイスで死亡した。

ルイス・ボータとヤン・スマッツ
Louis Botha & Jan Christiaan Smuts

第2次ボーア戦争のあとの南アフリカに登場したふたりの政治家。1905年、ふたりは人民党を結成し、ボーア人の自治権回復のために奔走した。イギリスへの懐柔策を推進し、1910年の南アフリカ連邦の成立とともに、ボータが首相に、スマッツが副首相に就任した。

ジェームス・バリー・ヘルツォーク
James Barry Hertzog

第2次ボーア戦争ではボーア軍の将軍として参戦。1910年の南アフリカ連邦成立にともない、ボータ内閣の司法相に任命された。ボータの対英懐柔策に対し、ボーア人のナショナリズムを強く打ち出し、1914年に国民党を結成した。1924年に首相に就任したあとは人種差別法案を次々と制定し、アパルトヘイトの基礎を築いた。そして、1931年にはイギリスから自治領の地位を獲得した。

ネルソン・マンデラ
Nelson Mandela

1918年7月18日、コーサ族の首長の息子として生まれる。1944年にANC青年部を結成し、黒人の自由を主張し続ける。1952年に初めて逮捕されて以来、1990年に釈放されるまで、人生の多くを刑務所で過ごすことを余儀なくされた。1993年にデクラーク大統領（当時）とともにノーベル平和賞を受賞。翌1994年に、南アフリカ共和国大統領に就任する。2013年12月5日、満95歳をもって永眠。

アパルトヘイト

南アフリカは誰のものか。これは非常に難しい問題だ。黒人はもともと自分たちが住んでいた国だと主張するし、白人は自分たちが開拓した国だと主張する。どちらの主張にも一理ある。しかし、白人が人権を無視したアパルトヘイト政策によって、黒人の土地と労働力を搾取しながら国を拡大させてきたことは忘れてはならない。

アパルトヘイトの起源

南アフリカが国として現在の形になったのは、ボーア戦争後の1910年、南アフリカ連邦の成立によってだ。その後首相となった国民党のボータやマランは白人の利益保護を目的とした人種差別法案を次々と成立させ、アパルトヘイトの基盤を築いていった。これに対し、黒人はアフリカ民族会議(ANC)を結成し、これらの人種差別法案に反対した。

反アパルトヘイト運動と弾圧

1952年にはマンデラによる反アパルトヘイトの大規模なキャンペーンが行われ、多数の逮捕者を出した。1955年にはルツーリの呼びかけにより自由憲章を採択した。しかし、1959年に穏健派のルツーリに反発した過激派グループはANCを脱退し、パン・アフリカニスト会議(PAC)を旗揚げした。彼らはパス法に反対して、1960年にシャープビル事件を起こす。集会に白人警官が発砲、69人が死亡し、186人が負傷するという大惨事となった。事件直後にルツーリもパスを焼き捨て、それに多くの黒人が同調し、この波紋は南アフリカ全土に波及した。政府は厳戒令を発令、ANCとPACを非合法化し、黒人指導者約2000人を拘留、2万人以上を逮捕した。

その後ANCとPACは地下に潜伏してゲリラ活動を行う一方で、国外に拠点を設けた。この事件により南アフリカは世界から非難の矛先を向けられることになる。イギリスからも人種差別を非難されたことから、イギリス連邦からの独立を宣言、南アフリカ共和国が成立した。同時に新共和国憲法を発布し、大統領を元首とする白人だけの政府に、国会は上下2院制を採用した。しかし、非白人には参政権を認めず、諮問機関として、黒人には先住民代表審議会を、カラードとインド系住民に代表審議会をそれぞれ設けただけだった。

一時は沈静化を見せた黒人の民族主義運動であったが、1970年代に入り、活動は再燃する。1972年のトランスバールのアフリカ人大学での教育改革運動、1973年のダーバンでの労働者ストライキ、そして1976年6月16日にはソウェト蜂起が勃発する。直接の原因はアフリカーンス(→P.407)の必修科目への強制導入に高校生たちが反発したものであったが、蜂起を指導したのはビコによる「黒人意識運動」の高校生組

アフリカ民族会議
African National Congress (ANC)
1912年に先住民土地法案に反対して結成された南アフリカ先住民民族会議(SANNC)をもとに、1923年改称。反人種主義、黒人の権利擁護を目的とする。1960年のシャープビル事件のあと非合法化されるが、1990年に合法化された。現在は下院の過半数を占める与党となっている。

パス法
16歳以上の黒人が白人の居住区に入る際に、身分証明書の携帯を義務づけた法律。証明書を携帯していなかったり、無断で自分の居住区を離れたりした場合、身柄を拘束された。

アルバート・ルツーリ
Albert John Luthuli
徹底した非暴力主義の民族主義運動家。1950年代からANCのナタール支部長として活躍した。1960年にノーベル平和賞を受賞。

スティーブ・ビコ
Steve Biko
「黒人意識運動」の指導者。映画『遠い夜明け』(→P.243)のモデルとなった民族運動家。

イーストロンドンに立つビコの像

織、南アフリカ学生運動(SASM)とソウェト学生評議会(SSRC)で、およそ2万人が集まる大規模なデモとなった。これに対し軍隊が発砲し、128名の死者を出した。

国際社会からの孤立

アパルトヘイト政策に対する国際世論の風当たりは強く、国連は1974年に国連における南アフリカの投票権を停止、1977年、国連安全保障理事会は南アフリカに対する軍事物資の供給を世界的に禁止した。1978年には国防相として国内外に強行策を採っていたボータが首相に就任。1984年に憲法を改正し、黒人を無視した白人・カラード・インド人による人種別3議会制議会を設立した。

しかし、この政策の実施を契機にヨハネスブルグ周辺の居留地を中心に黒人の暴動が発生し、当局は1985年に非常事態宣言を発令し、鎮圧に努めた。これが各国の非難を浴び、これを受けて一時は譲歩したかのように見えた南アフリカ政府の対応であったが、すぐに再度非常事態宣言を発令して、黒人指導者の大量逮捕に踏み切った。

1986年にはアパルトヘイトに反対するアメリカ、日本を含む欧米各国からの部分的経済制裁を受け、国際社会からさらに孤立していった。

アパルトヘイトの終焉

1989年になると、ボータの辞任を受けて大統領に就任したデクラークはアパルトヘイト政策撤廃に乗り出す。1990年には黒人指導者マンデラを釈放、1991年にはアパルトヘイト撤廃法案を成立させ、人種差別政策に法律上の終止符を打った。1994年には全民族が参加して初めての新憲法制定議会選挙が行われ、マンデラが新しい大統領に就任した。

しかし、これで問題がすべて解決したわけではない。アパルトヘイト時代に形成されたゆがみはそう簡単に是正されるはずはなく、黒人のなかには期待していたほど変わらない現状に不満をもっている人も多い。また、政治犯罪や人権侵害についての調査機関として真実融和委員会が設立され、アパルトヘイトによる被害の責任を追及する動きも強まっている。

ソウェトにある1976年6月16日記念碑

南アフリカのおもな政党

●アフリカ民族会議（ANC）
→P.412欄外

●国民党（NP）
アパルトヘイト政策を推進してきたボーア人系の政党。デクラーク大統領（当時）によって民主政治への政策転換が図られた。

●インカタ自由党（IFP）
クワズル・ナタール州に基盤をおく。ズールー族を中心とする黒人のナショナリズムを主張する黒人右派政党。ANCとの抗争を繰り返し、テロ行為によって、今でもときどき新聞紙上をにぎわせる。

●パン・アフリカニスト会議（PAC）
1950年にANCから分裂した黒人極左政党。テロ行為も辞さない暴力的な政治活動で知られている。

背徳法
1950年に制定された法律で、白人と非白人との性的関係を禁止する法律。アパルトヘイトの根幹をなす法律で、白人の純血を守り、カラードの増加を防ぐことを目的としていた。

民族

南アフリカは多様な民族で構成された国である。先住民族であるコイ族、サン族、アフリカ中央部から移住してきたバントゥー語族、そしてアフリカーナーと呼ばれるヨーロッパ系の人々にアジア系の移民と多様だ。さらに混血も進み、カラードと呼ばれるヨーロッパ系と黒人とアジア系民族との混血の人口も増えつつある。

バントゥースタンとホームランド

1913年に先住民土地法が制定されて以来、黒人はリザーブと呼ばれる居留地に閉じ込められることになった。1950年代になり、政府はそれまでの黒人隔離政策から白人と黒人は別々に発展していくべきとする分離発展政策に転換し、1959年にバントゥー自治促進法を制定した（バントゥースタンBantustansとは、以前存在した南アフリカの自治区および独立国のこと）。

この法律によって黒人は文化や言語によって10の地域に振り分けられた。これらのバントゥースタンは名目だけの自治権を与えられた。1970年にはバントゥー・ホームランド市民権法が制定され、バントゥースタンはホームランドと呼ばれるようになった。

1976年以降、南アフリカ政府はトランスカイなど4つのホームランドに独立を与えた。

ズールー族の女性

コイ族、サン族 Khoi、San

南アフリカの先住民で、黄褐色の肌をもつアフリカ大陸最古の民族であるとされている。外見はほとんど変わらないが、生活形態の違いなどにより、サン族とコイ族に分類される。かつてブッシュマンと呼ばれたのはサン族であり、狩猟採集が生業。ドラケンスバーグをはじめ国内全土に多くの壁画を残している。コイ族は牧畜を生業としており、その舌打ち音（クリック）を多用する特徴ある言語からホッテントットとも呼ばれていた。白人の侵入以来、人口は激減し、民族の血が絶えるのもそう遠くないといわれている。サン族はカラハリ砂漠で、コイ族はナマクアランドで生活している。

バントゥー語族 Bantu

もともとはアフリカ中央部に源を発する農耕民族。西暦500年頃から南下を始め、現在はアフリカ中部から南部にかけて広く暮らしている。南アフリカの黒人の多くが、バントゥー語族の子孫で、ソトSotho、ングニNguni、シャンガーン・ツォンガShangaan Tsonga、ヴェンダVendaの4グループに大別される。さらにソトは北ソトNorth Sothoと南ソトSouth Sotho、ツワナTswanaの3部族に、ングニはズールーZulu、コーサXhosa、スワジSwazi、ンデベレNdebeleの4部族に分けられ、これにシャンガーン・ツォンガとヴェンダを加えて、9つの部族に分類される。ここではよく登場する4つの部族について言及しておこう。

●ズールー族Zulu

ズールーとは「楽園の民」を意味する。彼らは牛を連れて南下し、10〜14世紀頃南アフリカに入ってきたといわれている。クラールと呼ばれる柵で丸く囲った村に、草葺きの家を建てて暮らしており、先祖崇拝の伝統的信仰はいまだ息づいている。19世紀にシャカ王が誕生したことにより、その強大な軍事力によって周辺の部族を制圧・統合し、インド洋沿岸にズールー王国を築いた。しかし、その後グレート・トレックにより移動してきたボーア人と衝突、1838年のブラッド・リバーの戦いで敗れ、その権威は失墜した。

さらにイギリス軍の侵入を受け、1879年に占領・分割統治され、おもな居住地は1897年にはトランスバール共和国とナタール植民地に分割された。南アフリカ共和国ではバントゥースタン政策によって、1972年に自治政府が設置された。アパルトヘイト廃止後もズールー王国の再興を目指すインカタ自由党(IFP)(→P.413欄外)が、クワズル・ナタール州を基盤として活発な政治活動を行っている。

●コーサ族Xhosa

赤く染めた布に白塗り模様の布をまとった独特の姿で知られている。農牧民だが、呪術的な要素を多分に含んだ独自の文化を形成。バントゥー語族のなかでは最南端に暮らす。バントゥースタン政策により、1963年にトランスカイに、1972年にシスカイにそれぞれ自治政府がおかれた。

●スワジ族Swazi

16世紀頃南下し北部ナタールに定着した人々が祖先といわれている。トウモロコシなどを栽培する農耕民族で、19世紀にはスワジ王国を形成した。スワジ族はヨーロッパの文化を受け入れる政策をとってきたため、顕著な伝統生活は残っていないが、古来からの王制は維持されている。

●ソト族(バソト)Basotho

独特のバソト・ハットをかぶり、伝統的な柄物の毛布をまとってポニーにまたがる姿で知られる。バントゥー語族の一派だが、16〜19世紀に周辺の部族の抗争で生じた難民が現在のレソト周辺に流れ着き、ソト族を形成したといわれている。彼らは先住民であったサン族(→P.414)を追い出し、レソト王国を建国。王を首長とした君主制は今も健在だ。農耕、牧畜を中心とした生活を続けている。

アフリカーナー(ボーア人)Afrikanaer(Boer)

南アフリカに最初に入植したオランダ系白人の子孫。現在も白人住民の約60%を占め、ボーア人の名前でも知られる。ボーアとはオランダ語で農民を意味する言葉で、当時入植者の多くが農民であったことに由来。オランダ語から派生したアフリカーンス(→P.407)を自らの言語としている。南アフリカ連邦成立後もボーア人民族主義を訴え続け、これがエスカレートしてアパルトヘイト政策につながっていくことになる。

カラードColoured

17世紀に入植したボーア人とコイ族や黒人との、または奴隷として入ってきたアジア系民族との混血。特にケープ地方に多く、彼らもアパルトヘイトによる差別の対象となった。

インド系住民Immigrants from India

インド、パキスタンなどからサトウキビ畑の労働力として強制的に連れてこられた人たちの子孫が大部分を占めるが、後に商売などを目的として移住してきた人たちの子孫もいる。特にクワズル・ナタール州に多く、ダーバンなどにはインド人街もある。現在、彼らのほとんどは南アフリカ生まれの3 〜 4世であり、銀行員やサービス業に従事している人も多い。

ズールー族のビーズ細工

みやげ物店で必ず見かけるのがズールー族のビーズ細工。カラフルな色使いとさまざまな模様が目を引く。これらのビーズの色や模様にはそれぞれ意味が込められており(例えば白は愛、赤は情熱を意味する)、それを身につけている人の年齢や地位、出身地など示している。今ではズールー族の伝統工芸品のような扱いを受けているが、ビーズはヨーロッパ人が持ち込んだもの。それまでは植物の種などを用いて作られていた。

人形もかわいい

カラードに対する差別

1948年に国民党のマランが首相となり、アパルトヘイトが本格化されるまではそれほど厳しい差別を受けていたわけではなかった。皮膚の色が白く、白人と見分けのつかない人は白人社会の一員として受け入れられていた。インド系の母をもつサイモン・ファン・デル・ステルもそういったカラードのひとりで、ケープ植民地の総督にまで上り詰めた人物である。ケープタウンの北東にある町ステレンボッシュの名前は彼にちなんでつけられたものだ。しかし、アパルトヘイトの本格的導入とともに、公職に就くことはおろか、選挙権さえ剥奪された。

インド系住民の姿もよく見られる

宗教

南アフリカの人口の大半がキリスト教徒といわれている。そのなかでも最も大きなグループはカルバン主義のオランダ改革派で、アフリカーナーを中心に信仰されている。また、イギリス系住民は英国国教会に所属する人が多く、ほかにもローマ・カトリックや長老派などに属する人もいる。

アパルトヘイトとカルバン主義

ボーア人の偏った解釈によれば、自分たちは旧約聖書に記された「選民」ということになり、南アフリカは「約束の地」ということになる。また、黒人は自分たち白人とは異なった種類の生き物であり、決して平等ではないと規定した。神による天地創造時からの差異としたのだ。

ちなみに、カルバン主義ではこの天地創造時からの差異をたたえている。しかし、カルバン主義の名誉のためにいっておくと、カルバンの主張の力点は、差異はあってもすべての人間は政治的に平等であるという点におかれていた。

※プロテスタントのカルバン主義とは、16世紀の半ば、フランスのジャン・カルバンが起こした宗教改革の主張。贅沢や浪費を抑え労働に励めと説き、新興の中産層に支持を広げた。

ピート・レティーフのオランダ改革派教会

アパルトヘイトの精神的下地にも実は宗教が深くかかわっていた。オランダ改革派とアフリカーナーとしてのナショナリズムが結びつけられ、「真の神のしもべはキリスト教徒である白人のみで、ほかの人種は白人に仕えるために存在する」という選民思想が生み出されていったのだった。

そんななか、注目したいのは黒人社会におけるキリスト教だ。現在、南アフリカの黒人の約80%がキリスト教徒だとされている。初めはヨーロッパからの使節団が布教したものだったが、黒人の司祭や牧師が誕生するにいたり、教会は黒人のものとなった。さらに、ここから独立・発展し、伝統的な信仰や儀式などを取り込み、教義や儀礼などをアフリカ化したものが独立教会と呼ばれるもので、これこそが黒人自身の教会といえる。これらの独立教会は国内に2000以上あり、特にリンポポ州やムプマランガ州に多い。なかでも最大のものがジオン・キリスト教教会でポロクワネ近郊に本拠地を構えている。

黒人の生活のなかには、民族的な伝統的宗教が習慣として色濃く残っている。ズールー族やコーサ族の村には、さまざまな方法で祖先と交信してお告げを伝えたり、未来を予言したりする能力をもつサンゴーマ（霊媒師）がおり、部族社会のなかで特別な地位を占めている。また、薬草などを使った伝統的な薬も治療や健康維持などに盛んに利用されている。

一方、クワズル・ナタール州に多いインド系住民のほとんどは、自らの宗教であるヒンドゥー教やイスラム教を信仰している。国内には約55万人のヒンドゥー教徒と80万人のイスラム教徒がいる。また、ユダヤ人の間ではユダヤ教が信仰されており、約10万人の信者がいる。

ズールー族のサンゴーマ

産業

南アフリカは、アフリカの中で最も豊かな国だ。GDP（国民総生産）は2954億米ドル（2016年）、ひとり当たりGNI（国民総所得）は5490米ドル（2016年）に及び、南部アフリカ開発共同体（SAPA）の中核国として君臨している。その一方で、失業率は25.5%（2015年）にも及び、大きな社会問題となっている。

南アフリカの経済的発展を支えてきた重要な産業は鉱業だ。この国では、石油を除くほとんどすべての鉱物資源が採掘されている。特に金の産出量は世界第7位で、ほかにもプラチナやクロム、ウラン、チタンなどの埋蔵量は世界有数だ。現在でも、外貨の多くをこれらの鉱産物によって獲得している。

特に有名なのはダイヤモンドで、南アフリカの歴史を変え、経済の発展を支えてきたといっても過言ではない。しかし、現在はボツワナなどほかの南部アフリカ諸国よりも生産量は減少しつつある。世界のダイヤモンド市場はキンバリーに本社のあるデ・ビアス社やオーストラリアのリオ・ティントなどが採掘・加工から販売にいたるまですべてを取り仕切っている。

原石の販売は中央販売機構（CSO）が担当しており、年に数回、指名されたディーラーだけを集め、ロンドンで行われる。こうして価格の決定権はCSOが握っているために、ダイヤモンドの値崩れはほとんどない。現在でも多くの黒人が鉱夫として労働に従事しているが、1995年には金鉱山で100人以上が死亡するという大惨事があり、劣悪な労働条件が問題視されている。

工業は、国内で採掘される豊富な鉱産物と優良な港に恵まれ、著しい発展を遂げた。国内経済で最も大きな比重を占めているが、世界市場に進出するまでにはいたっていない。業種は重工業から軽工業まで幅広いが、おもな生産物としては機械、鉄鋼、化学製品、織物などが挙げられる。

農業は、ほとんどの作物を国内で自給しており、世界でも数少ない輸出国として、たばこやトウモロコシ、小麦などを各国に輸出している。特にサトウキビは重要な産業のひとつで、世界でも有数の規模を誇っている。

アパルトヘイト政策下では世界中から経済制裁を受け、海外資本の撤退が相次いだために、国の経済を圧迫したが、現在はドイツ、アメリカ、イギリスなどたくさんの海外企業が進出している。もちろん、日本の企業も例外ではなく、南アフリカに駐在している日本人は約1500人（日本の外務省）に及び、そのほとんどがヨハネスブルグやプレトリア、ダーバンで生活している。また、ケープタウン沖ではマグロ漁などの遠洋漁業の大型漁船がたくさん停泊している。

南アフリカのおもな貿易相手国とその貿易額の割合
（2017年度）

輸出	
中国	9.5%
アメリカ	7.7%
ドイツ	7.1%
日本	4.7%
インド	4.6%

輸入	
中国	18.3%
ドイツ	11.9%
アメリカ	6.6%
インド	4.7%
サウジアラビア	4.7%

日本との経済関係

2018年度の貿易実績は、日本から南アフリカへの輸出額がUS$25億1900万であるのに対し、南アフリカからの輸入額はUS$51億4100万と、US$26億2200万の日本側の赤字になっている。日本からの輸出品目は自動車や自動車部品、電機製品がおもなもの。南アフリカからの輸入品目で特筆すべきものとしてプラチナが挙げられる。日本に輸入されるプラチナの約半分が南アフリカからのもので占められている。最近はトウモロコシなどの農産物やマグロ、イセエビといった海産物の輸入が急増している。また、ワインブームの波に乗り、最近は南アフリカ産のワインにも注目が集まっている（→P.419）。

ダイヤモンドを掘るために開けられたキンバリーのビッグ・ホール

地理と気候

南アフリカは、アフリカ大陸の南端に位置し、総面積は約121万9090km²で、日本の約3.2倍。ナミビア、ボツワナ、ジンバブエ、モザンビーク、エスワティニと国境を接しており、国内にも飛び地のようにレソトがある。自然環境は緑豊かな平野から、盆地、乾燥した砂漠、標高3000mを超える山脈まで、変化に富んでいる。

最高峰
シャンパン・キャッスル
Champangne Castle
3337m
最長河川
オレンジ川 Orange River
2250km

南アフリカの天気情報
●南アフリカ天気サービス
South African Weather Service
URL www.weathersa.co.za
●日本気象協会
URL tenki.jp

南アフリカの国土

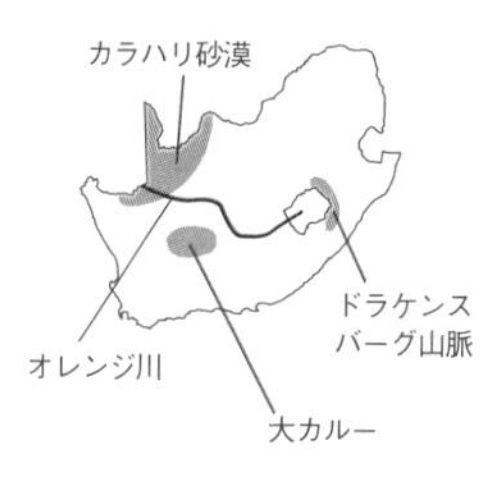

ドラケンスバーグ山脈の山並み

国土の中央には約40万k㎡にわたり海抜1500m以上の乾燥した盆地の大カルーが広がり、中東部には標高3000mを超える山々が連なるドラケンスバーグ山脈がそびえ、その東のインド洋沿岸には緑豊かな平地がある。また、北西部には広大なカラハリ砂漠が広がっている。そして、ドラケンスバーグ山脈に源流をもつオレンジ川が、蛇行しながら西へ流れ大西洋に注いでいる。

国土は南緯22～35度に位置しているが、インド洋沖を北から南へ流れる暖流（アグラス海流）と大西洋沖を南から北へ流れる寒流（ベンゲラ海流）、さらに貿易風や地形の影響を受け、気候は地域によって大きく異なる。

東部は10～3月の夏が雨季となる。ヨハネスブルグなどの内陸部は夏（1月）の平均気温が15～25℃、冬（7月）が5～16℃。乾燥しているので過ごしやすいが、冬はやや寒い。また、ダーバンやズールーランドなどのインド洋沿岸部は降水量が多く、夏の湿度はやや高いが、冬も温暖で1年中過ごしやすい。ドラケンスバーグ山脈では冬には降雪も見られる。

逆に、ケープタウンを中心とした南西の海岸部は5～8月の冬に雨が集中する。このあたりの気候は地中海性気候に似ており、夏が15～26℃、冬が8～18℃と年間を通じて気温差が小さいうえに、乾燥しているので、たいへん過ごしやすい。

中央内陸部は夏季に多少の雨が降るくらいで、1年中雲ひとつない晴天が続く乾燥地帯だ。キンバリーの夏の平均気温は30℃、冬は22℃と年間をとおして暑いが、湿度が低いので思いのほか過ごしやすい。ただし、冬の夜は6℃くらいまで下がる。

北西部の砂漠地帯には乾いた大地が広がり、1年を通じてほとんど雨が降ることはない。夏の暑さは連日40℃に達し、冬でも30℃近くある。ただし、冬の明け方は0℃近くまで冷え込むことも珍しくない。

ダーバンにはサーフポイントも多数ある

南アフリカワイン

南アフリカのワイン生産の歴史は古く、日本でも年々輸入量が増えている。だが、それらは星の数ほどある南アフリカのワインブランドのほんの一部にすぎない。何と南アフリカには、約600のワイナリー、約6000種類のワインが存在するのだ。南アフリカへ行ったら、ぜひさまざまな種類を試してみたい。

2009年に誕生350年を迎えた南アフリカワイン

南アフリカワインの歴史は、約360年前(1655年)にオランダ人のヤン・ファン・リーベックがブドウの苗木をヨーロッパからケープタウンに持ち込んだことで始まった。1659年2月2日に南アフリカ初のワインが生産され、17世紀後半にヨーロッパでの宗教改革のため多くのユグノー(新教徒のフランス人農民)が南アフリカに渡ってきたことにより、ワイン造りがさらに発展。ナポレオンが活躍した1800年前後には、南アフリカ産のデザートワイン(コンスタンシア・ワイン。今のヴィンデコンスタンス)がヨーロッパの王侯貴族らにもてはやされた。

アパルトヘイト政策時代は各国の経済制裁により世界への輸出が閉ざされていたが、1990年代前半の人種差別撤廃後、世界市場への門が再度開かれた。その後、高品質でリーズナブルな南アフリカワインは欧米で絶賛され、21世紀に入っても生産量・輸出量ともに飛躍的に伸ばしている。2009年には誕生350年を迎え、ワイン生産量世界第9位の地位を誇るまでに発展した。

リーズナブルでありながら、高品質

南アフリカワインの特徴は、価格がリーズナブルであるうえに高品質なこと。フルーティ(果実味が多い)で、飲みやすく、バランスのいい上品なワインであること。また、農薬の使用量などにおいて厳しいガイドラインが設けられて、酸化防止剤の使用量も世界で最も少ない国のひとつとして注目を浴びている。開封してからも長持ちする、二日酔いになりにくい健康的なワインでもある。

さらに、南アフリカには「人・環境・教育」など、現地の社会発展につながるワインが多数ある。例えば、経済的に貧しい黒人たちに直接利益を還元できるフェアトレード・ワインや子供たちの教育支援に役立てているプロジェクトワインなど。多くの社会問題を抱えている南アフリカだからこそ、このようなワインが生まれてきたのかもしれない。

ステレンボッシュにあるドルニエのワイナリー

南アフリカのブドウ収穫期

2～3月。パールでは4月に新酒祭りが、ステレンボッシュでは10月にフード&ワイン祭りがある。

南アフリカのワインルート

ほとんどのワインセラーとワイン生産者の組合では、試飲や見学が可能。ただし、要予約。

- **Cape Route 62**
  ケープタウンからカルー地方へと続くワインルート。
  URL www.route62.co.za
- **Constantia Valley**
  ケープタウンから約15km。
  URL www.constantiavalley.com
- **Durbanville**
  ケープタウンから約20km。
  URL www.durbanvillehills.co.za
- **Franschhoek**
  ケープタウンから車で約1時間。
  URL franschhoek.org.za
- **Klein Kaloo**
  オーツホーン近郊にある小カルー地方に広がる。
  URL www.kleinkaroowines.co.za
- **Overberg**
  ハマナス近郊に広がる。
  URL www.overbergwine.com
- **Robertson**
  ケープタウンから車で約2時間。
  URL www.robertsonwinevalley.com
- **Stellenbosch**
  ケープタウンから車で約45分。
  URL www.wineroute.co.za
- **Swartland**
  ケープタウンから車で約40分。
  URL www.swartlandwineandolives.co.za
- **Tulbagh**
  ケープタウンから車で約1時間。
  URL www.tulbaghwineroute.com
- **Worcester**
  ケープタウンから車で約1時間。
  URL worcesterwineroute.com

海洋動物

南アフリカといえば、ライオンやゾウ、キリンなど、まず陸上に生息する動物を思い浮かべるが、海洋動物の人気も高まっている。オットセイやペンギンの生息地もあり、クジラが観察できることでも有名だ。普段は見られない野生の海洋動物たちを間近に見られるというのも、南アフリカならではの魅力だ。

おもな用語

●噴気、潮吹き
クジラ類によって吐き出される湿気を含んだ雲状の空気で、スパウトspout、ブロウblowという。

●ブリーチング
水から完全に跳ねるか、あるいは体の一部を現し、しぶきをあげて着水すること。

●フルーキング
深く潜るときに、体を降下させるため空中に尾を持ち上げること。

●ロブテイリング
尾で激しく水面をたたくこと。

●フリッパースラッピング
胸ビレで水をたたきつけること。

クジラ観察の注意

法律により、クジラの300m以内に近づくことは禁じられているため、ダイビングなどによるクジラ観察はできない。しかし、それでも波しぶきがすごいので、場所によっては陸から観察するときでもレインコートを着ていたほうがいい。また、クジラのそばで騒いだり、物を投げたりしないように。

ペンギン・コロニー

オットセイ、サメ、カワウソ、ヒョウ、カモメなどが、ペンギンやその卵、ヒナを食べる。また、過去に、アフリカン・ペンギンは、オイルの原料として大量に殺され、グアノ（堆積肥料）採取のために巣が壊され、さらには原油の流出などによる海の汚染などで、大陸部から消えた。ペンギンは南アフリカのレッドデータ（絶滅危惧種）で要注意種にリストされている。そこで本土では近年コロニーを作るように誘導し、ペンギンの保護、繁殖に努めている。西ケープ州のBoulder's Beach、Betty's Bay、Lambert's Bayにコロニーがある。

南アフリカで見られる海洋動物

●ミナミセミクジラ Southern Right Whale

体長12.5〜15.5m、体重30〜60t。噴気（潮吹き）の口がふたつに分かれているかV字形をしており、背ビレがなく、カラシティ callocityという角質化したこぶ状の隆起が頭部に見られるのが特徴。おなかや背中に白い斑紋が見られることもあるが、全体的に黒色。繁殖・出産のためにケープ州の西・南部の海岸・湾に6〜11月にやってくる。

●ザトウクジラ Humpback Whale

体長11.5〜16m、体重40t。体長の3分の1にも及ぶ長い胸ビレ、ずんぐりとした体型と背ビレ、高さ2.5〜3mに及ぶ霧状に広がる噴気がおもな特徴。尾ビレはギザギザで黒白の斑紋がある。ケープ州沿岸にやってくるのは5〜12月。

●ニタリクジラ Bryde's Whale

体長約14m、体重12〜20t、暗い灰色をしていて、体の後部につりばり状に突き出た背ビレがある。頭上に3本の平行な隆起線があるのがいちばんの特徴。温かい水域を好み、ケープ地方の海岸の沖合で1年中見られる。

●イルカ Dolphin

イルカもときどき観察できる。喜望峰からナミビアの西海岸にかけての海にしか生息せず、体の色が灰、黒、白色に分かれたコシャチイルカHeaviside's Dolphin、ランバーツ・ベイからポート・エリザベスにおもに生息し、体に黄色がかった斑紋があるマイルカCommon Dolphin、ずんぐりした灰色で通常群れをなして行動するバンドウイルカBottlenose Dolphinなどがいる。

●オットセイ Seal

南アフリカで見られるのはミナミオットセイ属のミナミアフリカ・オットセイCape Fur Sealで、ケープ・クロス（ナミビア）から南へ喜望峰を回って東のアルゴア湾までの沿岸に生息する。

●ペンギン Penguin

南アフリカには、フンボルトペンギン属のケープ（アフリカン）・ペンギンCape (African) Penguinが見られる。ロバのように鳴くのでジャッカス・ペンギンJackass Penguinというあだ名がついている。体長60〜70cm、体重3〜3.6kg。オスのほうがメスよりも若干大きいが、はっきりした違いはない。

索引 Index

南アフリカ

ジンバブエ

ザンビア

ボツワナ

ナミビア

レソト

エスワティニ

モザンビーク

地球の歩き方 シリーズ一覧

2024年4月現在

＊地球の歩き方ガイドブックは、改訂時に価格が変わることがあります。＊表示価格は定価（税込）です。＊最新情報は、ホームページをご覧ください。www.arukikata.co.jp/guidebook/

地球の歩き方 ガイドブック

A ヨーロッパ

A01	ヨーロッパ	¥1870
A02	イギリス	¥2530
A03	ロンドン	¥1980
A04	湖水地方＆スコットランド	¥1870
A05	アイルランド	¥1980
A06	フランス	¥2420
A07	パリ＆近郊の町	¥1980
A08	南仏プロヴァンス コート・ダジュール＆モナコ	¥1760
A09	イタリア	¥2530
A10	ローマ	¥1760
A11	ミラノ ヴェネツィアと湖水地方	¥1870
A12	フィレンツェとトスカーナ	¥1870
A13	南イタリアとシチリア	¥1870
A14	ドイツ	¥1980
A15	南ドイツ フランクフルト ミュンヘン ロマンチック街道 古城街道	¥2090
A16	ベルリンと北ドイツ ハンブルク ドレスデン ライプツィヒ	¥1870
A17	ウィーンとオーストリア	¥2090
A18	スイス	¥2200
A19	オランダ ベルギー ルクセンブルク	¥2420
A20	スペイン	¥2420
A21	マドリードとアンダルシア	¥1760
A22	バルセロナ＆近郊の町 イビサ島／マヨルカ島	¥1760
A23	ポルトガル	¥2200
A24	ギリシアとエーゲ海の島々＆キプロス	¥1870
A25	中欧	¥1980
A26	チェコ ポーランド スロヴァキア	¥1870
A27	ハンガリー	¥1870
A28	ブルガリア ルーマニア	¥1980
A29	北欧 デンマーク ノルウェー スウェーデン フィンランド	¥1870
A30	バルトの国々 エストニア ラトヴィア リトアニア	¥1870
A31	ロシア ベラルーシ ウクライナ モルドヴァ コーカサスの国々	¥2090
A32	極東ロシア シベリア サハリン	¥1980
A34	クロアチア スロヴェニア	¥2200

B 南北アメリカ

B01	アメリカ	¥2090
B02	アメリカ西海岸	¥2200
B03	ロスアンゼルス	¥2090
B04	サンフランシスコとシリコンバレー	¥1870
B05	シアトル ポートランド	¥2420
B06	ニューヨーク マンハッタン＆ブルックリン	¥2200
B07	ボストン	¥1980
B08	ワシントンDC	¥2420
B09	ラスベガス セドナ＆グランドキャニオンと大西部	¥2090
B10	フロリダ	¥2310
B11	シカゴ	¥1870
B12	アメリカ南部	¥1980
B13	アメリカの国立公園	¥2640
B14	ダラス ヒューストン デンバー グランドサークル フェニックス サンタフェ	¥1980
B15	アラスカ	¥1980
B16	カナダ	¥2420
B17	カナダ西部 カナディアン・ロッキーとバンクーバー	¥2090
B18	カナダ東部 ナイアガラ・フォールズ メープル街道 プリンス・エドワード島 トロント オタワ モントリオール ケベック・シティ	¥2090
B19	メキシコ	¥1980
B20	中米	¥2090
B21	ブラジル ベネズエラ	¥2200
B22	アルゼンチン チリ パラグアイ ウルグアイ	¥2200
B23	ペルー ボリビア エクアドル コロンビア	¥2200
B24	キューバ バハマ ジャマイカ カリブの島々	¥2035
B25	アメリカ・ドライブ	¥1980

C 太平洋／インド洋島々

C01	ハワイ オアフ島＆ホノルル	¥2200
C02	ハワイ島	¥2200
C03	サイパン ロタ＆テニアン	¥1540
C04	グアム	¥1980
C05	タヒチ イースター島	¥1870
C06	フィジー	¥1650
C07	ニューカレドニア	¥1650
C08	モルディブ	¥1870
C10	ニュージーランド	¥2200
C11	オーストラリア	¥2750
C12	ゴールドコースト＆ケアンズ	¥2420
C13	シドニー＆メルボルン	¥1760

D アジア

D01	中国	¥2090
D02	上海 杭州 蘇州	¥1870
D03	北京	¥1760
D04	大連 瀋陽 ハルビン 中国東北部の自然と文化	¥1980
D05	広州 アモイ 桂林 珠江デルタと華南地方	¥1980
D06	成都 重慶 九寨溝 麗江 四川 雲南	¥1980
D07	西安 敦煌 ウルムチ シルクロードと中国北西部	¥1980
D08	チベット	¥2090
D09	香港 マカオ 深圳	¥2420
D10	台湾	¥2090
D11	台北	¥1980
D13	台南 高雄 屏東＆南台湾の町	¥1980
D14	モンゴル	¥2420
D15	中央アジア サマルカンドとシルクロードの国々	¥2090
D16	東南アジア	¥1870
D17	タイ	¥2200
D18	バンコク	¥1980
D19	マレーシア ブルネイ	¥2090
D20	シンガポール	¥1980
D21	ベトナム	¥2090
D22	アンコール・ワットとカンボジア	¥2200
D23	ラオス	¥24
D24	ミャンマー（ビルマ）	¥20
D25	インドネシア	¥24
D26	バリ島	¥22
D27	フィリピン マニラ セブ ボラカイ ボホール エルニド	¥22
D28	インド	¥26
D29	ネパールとヒマラヤトレッキング	¥22
D30	スリランカ	¥18
D31	ブータン	¥19
D33	マカオ	¥17
D34	釜山 慶州	¥15
D35	バングラデシュ	¥20
D37	韓国	¥20
D38	ソウル	¥18

E 中近東 アフリカ

E01	ドバイとアラビア半島の国々	¥20
E02	エジプト	¥19
E03	イスタンブールとトルコの大地	¥20
E04	ペトラ遺跡とヨルダン レバノン	¥20
E05	イスラエル	¥20
E06	イラン ペルシアの旅	¥22
E07	モロッコ	¥19
E08	チュニジア	¥20
E09	東アフリカ ウガンダ エチオピア ケニア タンザニア ルワンダ	¥20
E10	南アフリカ	¥22
E11	リビア	¥22
E12	マダガスカル	¥19

J 国内版

J00	日本	¥33
J01	東京 23区	¥22
J02	東京 多摩地域	¥20
J03	京都	¥22
J04	沖縄	¥22
J05	北海道	¥22
J06	神奈川	¥24
J07	埼玉	¥22
J08	千葉	¥22
J09	札幌・小樽	¥22
J10	愛知	¥22
J11	世田谷区	¥22
J12	四国	¥24
J13	北九州市	¥22
J14	東京の島々	¥26

地球の歩き方 aruco

●海外

1	パリ	¥1650
2	ソウル	¥1650
3	台北	¥1650
4	トルコ	¥1430
5	インド	¥1540
6	ロンドン	¥1650
7	香港	¥1320
9	ニューヨーク	¥1320
10	ホーチミン ダナン ホイアン	¥1650
11	ホノルル	¥1650
12	バリ島	¥1650
13	上海	¥1320
14	モロッコ	¥1540
15	チェコ	¥1320
16	ベルギー	¥1430
17	ウィーン ブダペスト	¥1320
18	イタリア	¥1760
19	スリランカ	¥1540
20	クロアチア スロヴェニア	¥1430
21	スペイン	¥1320
22	シンガポール	¥1650
23	バンコク	¥1650
24	グアム	¥1320
25	オーストラリア	¥1760
26	フィンランド エストニア	¥1430
27	アンコール・ワット	¥1430
28	ドイツ	¥1430
29	ハノイ	¥1650
30	台湾	¥1650
31	カナダ	¥1320
33	サイパン テニアン ロタ	¥1320
34	セブ ボホール エルニド	¥1320
35	ロスアンゼルス	¥1320
36	フランス	¥1430
37	ポルトガル	¥1650
38	ダナン ホイアン フエ	¥1430

●国内

北海道	¥1760
京都	¥1760
沖縄	¥1760
東京	¥1540
東京で楽しむフランス	¥1430
東京で楽しむ韓国	¥1430
東京で楽しむ台湾	¥1430
東京の手みやげ	¥1430
東京おやつさんぽ	¥1430
東京のパン屋さん	¥1430
東京で楽しむ北欧	¥1430
東京のカフェめぐり	¥1480
東京で楽しむハワイ	¥1480
nyaruco 東京ねこさんぽ	¥1480
東京で楽しむイタリア＆スペイン	¥1480
東京で楽しむアジアの国々	¥1480
東京ひとりさんぽ	¥1480
東京パワースポットさんぽ	¥1599
東京で楽しむ英国	¥1599

地球の歩き方 Plat

1	パリ	¥1320
2	ニューヨーク	¥1320
3	台北	¥1100
4	ロンドン	¥1320
6	ドイツ	¥1320
7	ホーチミン／ハノイ／ダナン／ホイアン	¥1320
8	スペイン	¥1320
10	シンガポール	¥1100
11	アイスランド	¥1540
14	マルタ	¥1540
15	フィンランド	¥1320
16	クアラルンプール マラッカ	¥1650
17	ウラジオストク／ハバロフスク	¥1430
18	サンクトペテルブルク／モスクワ	¥1540
19	エジプト	¥1320
20	香港	¥1100
22	ブルネイ	¥143
23	ウズベキスタン サマルカンド ブハラ ヒヴァ タシケント	¥165
24	ドバイ	¥132
25	サンフランシスコ	¥132
26	パース／西オーストラリア	¥132
27	ジョージア	¥154
28	台南	¥143

地球の歩き方 リゾートスタイル

R02	ハワイ島	¥165
R03	マウイ島	¥165
R04	カウアイ島	¥187
R05	こどもと行くハワイ	¥154
R06	ハワイ ドライブ・マップ	¥198
R07	ハワイ バスの旅	¥132
R08	グアム	¥143
R09	こどもと行くグアム	¥165
R10	パラオ	¥165
R12	プーケット サムイ島 ピピ島	¥165
R13	ペナン ランカウイ クアラルンプール	¥165
R14	バリ島	¥143
R15	セブ＆ボラカイ ボホール シキホール	¥165
R16	テーマパークinオーランド	¥187
R17	カンクン コスメル イスラ・ムヘーレス	¥165
R20	ダナン ホイアン ホーチミン ハノイ	¥165

地球の歩き方 御朱印

	御朱印でめぐる鎌倉のお寺 三十三観音完全掲載 三訂版	¥1650
	御朱印でめぐる京都のお寺 改訂版	¥1650
	御朱印でめぐる奈良の古寺 改訂版	¥1650
	御朱印でめぐる東京のお寺	¥1650
	日本全国この御朱印が凄い！ 第壱集 増補改訂版	¥1650
	日本全国この御朱印が凄い！ 第弐集 都道府県網羅版	¥1650
	御朱印でめぐる全国の神社 開運さんぽ	¥1430
	御朱印でめぐる高野山 改訂版	¥1650
	御朱印でめぐる関東の神社 週末開運さんぽ	¥1430
	御朱印でめぐる秩父の寺社 三十四観音完全掲載 改訂版	¥1650
	御朱印でめぐる関東の百寺 坂東三十三観音と古寺	¥1650
	御朱印でめぐる関西の神社 週末開運さんぽ	¥1430
	御朱印でめぐる関西の百寺 西国三十三所と古寺	¥1650
	御朱印でめぐる東京の神社 週末開運さんぽ 改訂版	¥1540
	御朱印でめぐる神奈川の神社 週末開運さんぽ 改訂版	¥1540
	御朱印でめぐる埼玉の神社 週末開運さんぽ 改訂版	¥1540
	御朱印でめぐる北海道の神社 週末開運さんぽ	¥1430
	御朱印でめぐる九州の神社 週末開運さんぽ 改訂版	¥1540
	御朱印でめぐる千葉の神社 週末開運さんぽ 改訂版	¥1540
	御朱印でめぐる東海の神社 週末開運さんぽ	¥1430
	御朱印でめぐる京都の神社 週末開運さんぽ 改訂版	¥1540
	御朱印でめぐる神奈川のお寺	¥1650
	御朱印でめぐる大阪 兵庫の神社 週末開運さんぽ	¥1430
	御朱印でめぐる愛知の神社 週末開運さんぽ 改訂版	¥1540
	御朱印でめぐる栃木 日光の神社 週末開運さんぽ	¥1430
	御朱印でめぐる福岡の神社 週末開運さんぽ 改訂版	¥1540
	御朱印でめぐる広島 岡山の神社 週末開運さんぽ	¥1430
	御朱印でめぐる山陰 山陽の神社 週末開運さんぽ	¥1430
	御朱印でめぐる埼玉のお寺	¥1650
	御朱印でめぐる千葉のお寺	¥1650
	御朱印でめぐる東京の七福神	¥1540
	御朱印でめぐる東北の神社 週末開運さんぽ 改訂版	¥1540
	御朱印でめぐる全国の稲荷神社 週末開運さんぽ	¥1430
	御朱印でめぐる新潟 佐渡の神社 週末開運さんぽ	¥1430
	御朱印でめぐる静岡 富士 伊豆の神社 週末開運さんぽ 改訂版	¥1540
	御朱印でめぐる四国の神社 週末開運さんぽ	¥1430
	御朱印でめぐる中央線沿線の寺社 週末開運さんぽ	¥1540
	御朱印でめぐる東急線沿線の寺社 週末開運さんぽ	¥1540
	御朱印でめぐる茨城の神社 週末開運さんぽ	¥1430
	御朱印でめぐる関東の聖地 週末開運さんぽ	¥1430
	御朱印でめぐる東海のお寺	¥1650
	日本全国ねこの御朱印&お守りめぐり 週末開運にゃんさんぽ	¥1760
	御朱印でめぐる信州 甲州の神社 週末開運さんぽ	¥1430
	御朱印でめぐる全国の聖地 週末開運さんぽ	¥1430
	御朱印でめぐる茨城のお寺	¥1650
	御朱印でめぐる全国のお寺 週末開運さんぽ	¥1540
	日本全国 日本酒でめぐる 酒蔵&ちょこっと御朱印〈東日本編〉	¥1760
	日本全国 日本酒でめぐる 酒蔵&ちょこっと御朱印〈西日本編〉	¥1760
	関東版ねこの御朱印&お守りめぐり 週末開運にゃんさんぽ	¥1760
52	一生に一度は参りたい！ 御朱印でめぐる全国の絶景寺社図鑑	¥2479
53	御朱印でめぐる東北のお寺 週末開運さんぽ	¥1650
54	御朱印でめぐる関西のお寺 週末開運さんぽ	¥1760
D51	鉄印帳でめぐる全国の魅力的な鉄道40	¥1650
	御朱印はじめました 関東の神社 週末開運さんぽ	¥1210

地球の歩き方 島旅

1	五島列島 3訂版	¥1650
2	奄美大島 喜界島 加計呂麻島（奄美群島①）4訂版	¥1650
3	与論島 沖永良部島 徳之島（奄美群島②）改訂版	¥1650
4	利尻 礼文 4訂版	¥1650
5	天草 改訂版	¥1760
6	壱岐 4訂版	¥1650
7	種子島 3訂版	¥1650
8	小笠原 父島 母島 3訂版	¥1650
9	隠岐 3訂版	¥1870
10	佐渡 3訂版	¥1650
11	宮古島 伊良部島 下地島 来間島 池間島 多良間島 大神島 改訂版	¥1650
12	久米島 渡名喜島 改訂版	¥1650
13	小豆島～瀬戸内の島々1～ 改訂版	¥1650
14	直島 豊島 女木島 男木島 犬島～瀬戸内の島々2～	¥1650
15	伊豆大島 利島～伊豆諸島1～ 改訂版	¥1650
16	新島 式根島 神津島～伊豆諸島2～ 改訂版	¥1650
17	沖縄本島周辺15離島	¥1650
18	たけとみの島々 竹富島 西表島 波照間島 小浜島 黒島 鳩間島 新城島 由布島 加屋	¥1650
19	淡路島～瀬戸内の島々3～ 改訂版	¥1760
20	石垣島 竹富島 西表島 小浜島 由布島 新城島 波照間島	¥1650
21	対馬	¥1650
22	島旅ねこ にゃんこの島の歩き方	¥1344
23	屋久島	¥1760

地球の歩き方 旅の図鑑

W01	世界244の国と地域	¥1760
W02	世界の指導者図鑑	¥1650
W03	世界の魅力的な奇岩と巨石139選	¥1760
W04	世界246の首都と主要都市	¥1760
W05	世界のすごい島300	¥1760
W06	地球の歩き方的！ 世界なんでもランキング	¥1760
W07	世界のグルメ図鑑 116の国と地域の名物料理を食の雑学とともに解説	¥1760
W08	世界のすごい巨像	¥1760
W09	世界のすごい城と宮殿333	¥1760
W10	世界197ヵ国のふしぎな聖地&パワースポット	¥1870
W11	世界の祝祭	¥1760
W12	世界のカレー図鑑	¥1980
W13	世界遺産 絶景でめぐる自然遺産 完全版	¥1980
W15	地球の果ての歩き方	¥1980
W16	世界の中華料理図鑑	¥1980
W17	世界の地元メシ図鑑	¥1980
W18	世界遺産の歩き方 学んで旅する！ すごい世界遺産190選	¥1980
W19	世界の魅力的なビーチと湖	¥1980
W20	世界のすごい駅	¥1980
W21	世界のおみやげ図鑑	¥1980
W22	いつか旅してみたい世界の美しい古都	¥1980
W23	世界のすごいホテル	¥1980
W24	日本の凄い神木	¥2200
W25	世界のお菓子図鑑	¥1980
W26	世界の麺図鑑	¥1980
W27	世界のお酒図鑑	¥1980
W28	世界の魅力的な道	¥1980
W29	世界の映画の舞台&ロケ地	¥2090
W30	すごい地球！	¥2200
W31	世界のすごい墓	¥1980
W32	日本のグルメ図鑑	¥1980

地球の歩き方 旅の名言&絶景

ALOHAを感じるハワイのことばと絶景100	¥1650
自分らしく生きるフランスのことばと絶景100	¥1650
人生観が変わるインドのことばと絶景100	¥1650
生きる知恵を授かるアラブのことばと絶景100	¥1650
心に寄り添う台湾のことばと絶景100	¥1650
道しるべとなるドイツのことばと絶景100	¥1650
共感と勇気がわく韓国のことばと絶景100	¥1650
人生を楽しみ尽くすイタリアのことばと絶景100	¥1650
今すぐ旅に出たくなる！ 地球の歩き方のことばと絶景100	¥1650
悠久の教えをひもとく 中国のことばと絶景100	¥1650

地球の歩き方 旅と健康

地球のなぞり方 旅地図 アメリカ大陸編	¥1430
地球のなぞり方 旅地図 ヨーロッパ編	¥1430
地球のなぞり方 旅地図 アジア編	¥1430
地球のなぞり方 旅地図 日本編	¥1430
脳がどんどん強くなる！ すごい地球の歩き方	¥1650

地球の歩き方 旅の読み物

今こそ学びたい日本のこと	¥1760
週末だけで70ヵ国159都市を旅したリーマントラベラーが教える自分の時間の作り方	¥1540
史跡と神話の舞台をホロホロ！ ハワイ・カルチャーさんぽ	¥1760

地球の歩き方 BOOKS

御船印でめぐる船旅	¥1870
BRAND NEW HAWAII とびきりリアルな最新ハワイガイド	¥1650
FAMILY TAIWAN TRIP #子連れ台湾	¥1518
GIRL'S GETAWAY TO LOS ANGELES	¥1760
HAWAII RISA'S FAVORITES 大人女子はハワイで美味しく美しく	¥1650
LOVELY GREEN NEW ZEALAND 未来の国を旅するガイドブック	¥1760
MAKI'S DEAREST HAWAII	¥1540
MY TRAVEL, MY LIFE Maki's Family Travel Book	¥1760
いろはに北欧	¥1760
ヴィクトリア朝が教えてくれる英国の魅力	¥1320
ダナン&ホイアン PHOTO TRAVEL GUIDE	¥1650
とっておきのフィンランド	¥1760
フィンランドでかなえる100の夢	¥1760
マレーシア 地元で愛される名物食堂	¥1430
香港 地元で愛される名物食堂	¥1540
最高のハワイの過ごし方	¥1540
子連れで沖縄 旅のアドレス&テクニック117	¥1100
食事作りに手間暇かけないドイツ人、手料理神話にこだわり続ける日本人	¥1100
台北 メトロさんぽ MRTを使って、おいしいとかわいいを巡る旅	¥1518
北欧が好き！ フィンランド・スウェーデン・デンマーク・ノルウェーの素敵な町めぐり	¥1210
北欧が好き！2 建築&デザインでめぐるフィンランド・スウェーデン・デンマーク・ノルウェー	¥1210
日本全国 開運神社 このお守りがすごい！	¥1522
地球の歩き方 ディズニーの世界 名作アニメーション映画の舞台	¥2420

地球の歩き方 スペシャルコラボ BOOK

地球の歩き方 ムー	¥2420
地球の歩き方 JOJO ジョジョの奇妙な冒険	¥2420
地球の歩き方 宇宙兄弟 We are Space Travelers!	¥2420
地球の歩き方 ムーJAPAN ～神秘の国の歩き方～	¥2420

地球の歩き方 旅の図鑑シリーズ

見て読んで海外のことを学ぶことができ、旅気分を楽しめる新シリーズ。
1979年の創刊以来、長年蓄積してきた世界各国の情報と取材経験を生かし、
従来の「地球の歩き方」には載せきれなかった、
旅にぐっと深みが増すような雑学や豆知識が盛り込まれています。

W01
世界244の国と地域
¥1760

W07
世界のグルメ図鑑
¥1760

W02
世界の指導者図鑑
¥1650

W03
世界の魅力的な
奇岩と巨石139選
¥1760

W04
世界246の首都と
主要都市
¥1760

W05
世界のすごい島300
¥1760

W06
世界なんでも
ランキング
¥1760

W08
世界のすごい巨像
¥1760

W09
世界のすごい城と
宮殿333
¥1760

W11
世界の祝祭
¥1760

- **W10** 世界197ヵ国のふしぎな聖地&パワースポット ¥1870
- **W13** 世界遺産　絶景でめぐる自然遺産　完全版 ¥1980
- **W16** 世界の中華料理図鑑 ¥1980
- **W18** 世界遺産の歩き方 ¥1980
- **W20** 世界のすごい駅 ¥1980
- **W22** いつか旅してみたい世界の美しい古都 ¥1980
- **W24** 日本の凄い神木 ¥2200
- **W26** 世界の麺図鑑 ¥1980
- **W28** 世界の魅力的な道 178 選 ¥1980
- **W31** 世界のすごい墓 ¥1980
- **W12** 世界のカレー図鑑 ¥1980
- **W15** 地球の果ての歩き方 ¥1980
- **W17** 世界の地元メシ図鑑 ¥1980
- **W19** 世界の魅力的なビーチと湖 ¥1980
- **W21** 世界のおみやげ図鑑 ¥1980
- **W23** 世界のすごいホテル ¥1980
- **W25** 世界のお菓子図鑑 ¥1980
- **W27** 世界のお酒図鑑 ¥1980
- **W29** 世界の映画の舞台&ロケ地 ¥2090
- **W30** すごい地球! ¥2200

※表示価格は定価（税込）です。改訂時に価格が変更になる場合があります。

あなたの**旅の体験談**をお送りください

「地球の歩き方」は、たくさんの旅行者からご協力をいただいて、
改訂版や新刊を制作しています。
あなたの旅の体験や貴重な情報を、これから旅に出る人たちへ分けてあげてください。
なお、お送りいただいたご投稿がガイドブックに掲載された場合は、
初回掲載本を1冊プレゼントします！

ご投稿はインターネットから！

URL www.arukikata.co.jp/guidebook/toukou.html
画像も送れるカンタン「投稿フォーム」
※左記のQRコードをスマートフォンなどで読み取ってアクセス！

または「地球の歩き方　投稿」で検索してもすぐに見つかります

地球の歩き方　投稿

▶投稿にあたってのお願い

★ご投稿は、次のような《テーマ》に分けてお書きください。
《新発見》――――ガイドブック未掲載のレストラン、ホテル、ショップなどの情報
《旅の提案》―――未掲載の町や見どころ、新しいルートや楽しみ方などの情報
《アドバイス》――旅先で工夫したこと、注意したこと、トラブル体験など
《訂正・反論》――掲載されている記事・データの追加修正や更新、異論、反論など

※記入例「○○編20XX年度版△△ページ掲載の□□ホテルが移転していました……」

★データはできるだけ正確に。
ホテルやレストランなどの情報は、名称、住所、電話番号、アクセスなどを正確にお書きください。
ウェブサイトのURLや地図などは画像でご投稿いただくのもおすすめです。

★ご自身の体験をお寄せください。
雑誌やインターネット上の情報などの丸写しはせず、実際の体験に基づいた具体的な情報をお待ちしています。

▶ご確認ください

※採用されたご投稿は、必ずしも該当タイトルに掲載されるわけではありません。関連他タイトルへの掲載もありえます。
※例えば「新しい市内交通パスが発売されている」など、すでに編集部で取材・調査を終えているものと同内容のご投稿をいただいた場合は、ご投稿を採用したとはみなされず掲載本をプレゼントできないケースがあります。
※当社は個人情報を第三者へ提供いたしません。また、ご記入いただきましたご自身の情報については、ご投稿内容の確認や掲載本の送付などの用途以外には使用いたしません。
※ご投稿の採用の可否についてのお問い合わせはご遠慮ください。
※原稿は原文を尊重しますが、スペースなどの関係で編集部でリライトする場合があります。

トラベル・エージェント・インデックス

Travel Agent INDEX

専門旅行会社で新しい旅を発見！

特定の地域やテーマを扱い、
豊富な情報と経験豊かなスタッフが
そろっている専門旅行会社は、
航空券やホテルの手配はもちろん、
現地の生活情報や最新の生きた情報などを
幅広く蓄積しているのが魅力です。
<トラベル・エージェント・インデックス>は、
旅のエキスパートぞろいの
専門旅行会社を紹介するページです。

※ 広告に記載されている内容（ツアー料金や催行スケジュールなど）に関しては、直接、各旅行代理店にお問い合わせください。
※ 旅行契約は旅行会社と読者の方との直接の契約になりますので、予めご了承願います。

あとがき

南部アフリカの魅力をひと言で言うのは、非常に難しい。ダイナミックな大自然に、その地で生きる野生動物たち。伝統的な生活を今も続ける小さな村々に、ヨーロッパの影響が色濃く残る町並み、そして近代的なビル群。ビーチ沿いのゲストハウスから野生動物の気配を間近で感じられる豪華ロッジまで、滞在スタイルもさまざまだ。植民地時代やアパルトヘイト、内戦といった暗い過去をもつ国々も、その地で生きる人々の笑顔は明るく、そしてたくましい。驚きと発見に満ちあふれ、未知なる魅力で私たちを引きつける。

本書は、これらの国々をひとりでも多くの人に知ってもらいたいという願いのもとに編集されています。今回の改訂に当たり、多くの人々のご協力をいただきました。この場をお借りして厚く御礼申し上げます。今後もより充実したガイドブックを作るため、皆様のご意見、ご要望、そして旅の報告を心よりお待ちしております。

STAFF

制作：河村保之
編集：アナパ・パシフィック
　　　梅原トシカヅ
編集・執筆：井脇直希
執筆・写真：川村潤市
写真協力：©iStock
デザイン：開成堂印刷
巻頭デザイン（P.1、10～21、28～33、56）
　：岡崎理恵
イラスト：三浦ユカ
校正：東京出版サービスセンター
地図：高棟博（ムネプロ）
表紙：日出嶋昭男

Producer : Yasuyuki Kawamura
Editorial Production : Anapa Pacific Co., Ltd.
Toshikazu Umehara
Editor & Writer : Naoki Iwaki
Writer & Photographer : Junichi Kawamura
Photo Provider : ©iStock
Design : Kaiseido Co., Ltd.
Gravure Design : Rie Okazaki
Illustrator : Yuka Miura
Proofreading : Tokyo Shuppan Service Center
Maps : Hiroshi Takamune（Mune Pro）
Cover Design : Akio Hidejima

SPECIAL THANKS TO：Holiday Inn Cape Town、Best Western Fountains Hotel、Park Inn by Radisson Cape Town, Foreshore、Radisson Blu Hotel & Residence、Sabi Sabi Earth Lodge、Avani Windhoek Hotel & Casino、Elephant Hills Resort、Avani Victoria Falls Resort、Hyatt Regency Johannesburg、横山敬子、ケープタウン領事事務所、プラネット・アフリカツアーズ、Fujiyama （順不同・敬称略）

本書の内容について、ご意見・ご感想はこちらまで
〒141-8425　東京都品川区西五反田 2-11-8
株式会社地球の歩き方
地球の歩き方サービスデスク「南アフリカ編」投稿係
URL ▶ https://www.arukikata.co.jp/guidebook/toukou.html
地球の歩き方ホームページ（海外・国内旅行の総合情報）
URL ▶ https://www.arukikata.co.jp/
ガイドブック『地球の歩き方』公式サイト
URL ▶ https://www.arukikata.co.jp/guidebook/

地球の歩き方　E10　南アフリカ　2020～2021年版
1998年 3月13日　　初版発行
2024年 4月24日　改訂第12版第1刷発行

Published by Arukikata. Co.,Ltd.
2-11-8 Nishigotanda, Shinagawa-ku, Tokyo, 141-8425

著作編集　地球の歩き方編集室
発 行 人　新井邦弘
編 集 人　由良暁世
発 行 所　株式会社地球の歩き方
　　　　　〒141-8425　東京都品川区西五反田 2-11-8
発 売 元　株式会社Gakken
　　　　　〒141-8416　東京都品川区西五反田 2-11-8
印刷製本　開成堂印刷株式会社

※本書は基本的に 2019 年 11 月～ 2020 年 1 月の取材データに基づいて作られています。
発行後に料金、営業時間、定休日などが変更になる場合がありますのでご了承ください。
更新・訂正情報：https://www.arukikata.co.jp/travel-support/

●この本に関する各種お問い合わせ先
・本の内容については、下記サイトのお問い合わせフォームよりお願いします。
URL ▶ https://www.arukikata.co.jp/guidebook/contact.html
・広告については、下記サイトのお問い合わせフォームよりお願いします。
URL ▶ https://www.arukikata.co.jp/ad_contact/
・在庫については　Tel 03-6431-1250（販売部）
・不良品（乱丁、落丁）については　Tel 0570-000577
学研業務センター　〒354-0045　埼玉県入間郡三芳町上富 279-1
・上記以外のお問い合わせは　Tel 0570-056-710（学研グループ総合案内）

※本書は株式会社ダイヤモンド・ビッグ社より 1998 年 2 月に発行したもの（2020 年 3 月に改訂第 12 版）の最新・改訂版です。
学研グループの書籍・雑誌についての新刊情報・詳細情報は、下記をご覧ください。
学研出版サイト　https://hon.gakken.jp/